中国近世の福建人

士大夫と出版人

Akinori Nakasuna
中砂明徳——著

名古屋大学出版会

中国近世の福建人——目　次

序説……I
一　マンジの国で　I
二　士大夫のノルムの形成と朱子学　13
第一部　福建士大夫と官僚社会
第一章　劉後村と南宋士人社会……39
一　「当代一流の人」　39
二　士狭人稠の地　47
三　灰色の時代　56
四　更化と善類　65
五　『清明集』の名公　84
六　公論の芒刺　92
七　「鄂州」前後　105
第二章　明末の閩人……117
一　閩人コンプレックス　117
二　二百年来、相なし　124

三　倭寇体験　133
四　宇宙間の一大変　137
五　偵　探　153
六　紅　夷　165
七　鄭芝龍　174

第二部　歴史教科書と福建人

第三章　教科書の埃をはたく――『資治通鑑綱目』再考……185
一　埃をかぶった教科書　185
二　編集過程　193
三　サークルの中で　195
四　出　版　200
五　類書の中の『綱目』　203
六　尹起莘と周密　210
七　「凡例」の浮上　223
八　凡例の二忠臣　239
九　遅れてきた精読者　250

十　労作の中身　265
十一　諸注の合流　277
十二　慎独斎　288

第四章　不肖の孝子――『少微通鑑』……299
一　明代の「通鑑」　299
二　少微先生　304
三　元刊本の存在　311
四　「陸状元本」・『綱目』・『少微』　315
五　「松塢師弟」　321
六　劉剡の細工　336
七　『節要続編』　343
八　劉剡の工夫　354
九　年代記の変質　364

第五章　『通鑑』のインブリード――「綱鑑」……367
一　「綱鑑」なるもの　367
二　余象斗本とその他　373
三　『少微通鑑』との関係　378

四　『大方綱鑑』 383
五　評　林 392
六　「綱鑑」のテクスト 403
七　『通鑑』『綱目』以前 413
八　続編同士 421
九　『続綱目』の叛臣 425
むすびに 429

結　語 …… 433

注 439
後　語 559
図版一覧 巻末17
作品名索引 巻末10
人名索引 巻末1

序説

一　マンジの国で

中国史を通観するのに、「南北問題」が大きな鍵となることは誰しも否定しないであろう。桑原隲蔵の「歴史上より観たる南北支那」（一九二五）は様々な指標を用いて南支那が北支那を凌駕してゆく過程を描きだした。(1) 以後、南の農業開発、経済発展とくに長江下流域のそれについて多くの研究成果が積み重ねられてきたが、桑原の基本構図は受け継がれている。つまり、中国史の進展は、「南支那」の進展と重ね合わせて語られてきたのである。

しかし、南が北を政治的に凌駕することはほとんどなかったのも事実である。南北朝時代は、北朝の隋唐によって統一されたし、遼・金・元と宋の並立もおおむね北方優位のうちに展開し、最終的には元朝の天下混一に結着する。モンゴル人を漠北に押し返した明もまもなく北京に遷都した。「政治・軍事の北」に対する「経済・文化の南」という構図が近世中国史の基調とみなされてきた。

いま経済のことはさておくとして、文化面のみに注目しよう。南人の文化的優位を示す指標としてよくあげられるのが、科挙の合格者数である。すでに北宋の中期以降、南人が科挙において優勢となっていたが、変則的な科挙制度が行われた元代をはさんで、明代に南北差は決定的なものとなった。統一王朝としての全国的な配慮から、北人に対する救済措置として「南北巻」という制度が出来上がり、北巻（北直隷・山東・山西・河南・陝西）の合格者数が確保（三五パーセント）されて、進士登第者の不均衡はある程度是正された。[2] しかし、合格者の順位にこの調整は関係ない。そこで、桑原は明朝一代の進士第一甲、つまり上位三名の南北比較を行い、南が北の七倍（二百七対二十九）に達していることに注目し、南の文化的優越の指標をここにも見出している。[3]

しかし、南支那と一口に言っても、その中には今日言うところの華中・華南の両方が含まれる。遅くに中国に組み込まれた雲南・貴州はおくとして（明代の科挙枠で言うと、これらは「中巻」に入れられる）、南朝期にすでに開発が進行していた長江中・下流域と、一部のコロニーを除いては長らく未開であった福建・広東を比べても、その歴史的様相は随分違う。それを南と一括りにすることで、大づかみできることもあれば、見えにくくなるものもまたある。

文化的先進性ということが問題になる時も、「先進」が指す地域はふつう南全体ではなく、長江下流域、いわゆる「江南」である。しかし、江南が文化の多領域において「先進」の名に値するようになるのは、じつはそれほど古いことではない。

十五年ほど前に私は「江南史の水脈」という文章でそのことを強調し、[4] ついで一般向けの書物『江南　中国文雅の源流』でもそのことを再説した。[5] 今はその結論だけを述べると、蘇州・松江にそれぞれ顧炎武・董其昌という学術・芸術の大家が出現した十七世紀以降こそ、江南に文化的「先進」の称号を与えるにふさわしいが、それ以前の江南は突出した存在ではなかったということである。十六〜十七世紀の交に出版文化は一つのピークを迎える。その百花繚乱の中で江南から良質な書物がかなりの量で生み出されるようになり、清朝の考証学の基礎条件を提供した。あるいは、董其昌の芸術は主に新安商人による流通に乗って、ステイタスを獲得していった。この時点でこそ、江南の文化はローカル性を脱したと見るのである。この時に展開された江南人の多彩な活動が強烈な刻印を残したために、以後の文化史はそのイメージによって構成され、またそれが過去にまで投影されているが、そうした文化史の構図に幻惑されてはならない。

その点で、南中国の人々が北方人から「蛮子」と呼ばれていたことに注意を喚起したい。この呼称は中国にやってきた西方の商人たちの間にも定着し、元代の中国情報を書き留めた『東方見聞録』もまたこの呼称を用いている。ヴェネチア人から三百年後にやってきたイエズス会士もまた、その呼び方を踏襲する。

もっとも、ヴェネチア人は江南の諸都市の繁栄について熱心に語っており、彼は「マンジ」に貶価を込めてはいない。その記述の影響を大いに受けていたイエズス会士もまたしかりである。彼らはヴェネチア人より深くシナの地に根を下ろし、旅行者ではなく居住者としてシナを見ていた。『シナ新地図帳』を編集したマルティノ・マルティニ（一六一四—一六六一）が中国に入った頃には、彼らの足跡は広西・雲南・貴州を除く十二省に印されていた。『東方見聞録』の中国情報が実見のものばかりではないのと同じように、マルティニのそれも大半は中国の地理書（羅洪先『広輿図』をもとにして作られた十六世紀末の『広輿記』）の情報を整理したものだったが、それでも彼らの布教経験や接触した官僚から得られた情報が各地にちらばった会士相互の連絡により集約されて盛り込まれていた。(6) マルティニをはじめイエズス会士たちは江南の繁栄を驚異に満ちた視線で書きとめてはいるが、意外なほどに南北差には触れるところがない。その一方で、彼らは「マンジ」がもともとは蔑称であったことを意識すらしなかった。要するに、「マンジ」は南を示す一種の記号と化していたのである。

それでも、マンジは南北相対化の記号として有効なものであると考える。カタイ（北中国）とマンジを並べることで、北と南が水平に見られる。歴史をさかのぼって、南北朝時代に北方人が南方人を「島夷」と呼び、南方人が北方人を「索虜」と呼んでいたことはよく知られていよう。南北朝期と近世の「第二」南北朝期では、その間に南方が発展しているから、比較にならないという反論が予想されるところだが、南人自身の文化史上の言説をひとまずカッコにくくり入れ、北からあるいは中国の外から、南をそして江南を見なおすことも必要だろう。そして、南にも、南北を相対化して中国史を見ることができた人はいたのである。

朱子の『資治通鑑綱目』について、「南宋人の彼は南に肩入れし、自らの王朝と状況が似ていることもあって、東晋を正統とした、これは漢民族の抵抗精神の表れである」といった説明をしばしば見かける。しかし、彼の本音は別として、『綱目』が東晋に正統を認めたのは、北方で生まれた統一王朝の晋の流れを汲むからであり（「正統之余」）、劉宋以下の南朝には「正統」が与えられず、南北朝時代は形式的には対等に扱われている。のちに、朱子の正統論を面白く思わない南人学者によって別種の正統論が語られるようになるが、それらの議論と朱子のそれとは区別されねばならない。『綱目』では、正統は道義的観点とは別に統一王朝に与えられる。したがって、周・秦・漢・隋・唐に正統が与えられ、さらに彼の論理からすれば宋・元朝にも当然正統が与えられることになる。夷狄の元朝に正統を与えたくないというのは、明代に入っておきた議論である。

私は彼らのフレーズを逆用して、「江南に早くから文化的正統の地位を与えない」という立場を取る。そして、南の文化を「コロニーの文化」とみなす。桑原「南北支那」が描いたように、中国史は漢民族の南進の歴史という側面を持つ。四世紀の西晋朝の崩壊、十世紀の唐の滅亡、そして十二世紀の北宋の南遷といった政治的動乱の際に、とりわけ多くの人口が南遷した。彼らの定着により、中原の文化も移植されたが、それはコロニーの文化であって、当初独自性を持つものではなかった。むしろ、南方に移っても、エリートたちの意識の中には常に中原が存在した。その中原を牛耳っていたのが「夷狄」であることが、南のエリートに優越感とトラウマがないまぜになった複雑な感情を抱かせ、彼らに文化的正統をより強く主張させることにもなったが、我々までがそれに乗ることはない。

科挙に代表される文化的指標が南の優越を示しているではないか。たしかに南を一括りにすればそう言える。すでに宋代において、南は進士合格者の数で北を圧しつつあった。しかし、その中身を見ると奇妙な事実に気づく。トップに来るのは、南でも早くに拓けた江南地域ではなく、福建なのである。南宋に入っても、首都杭州を擁する浙西の倍以上であり、学術史上取り上げられることの多い浙東をも上回っている。人口比を加味すれば、福建の強さは異常と言ってもいい。

福建の開発は、江南に比べれば随分遅れた。[7] その開化の程度を示すエピソードとしてよく取り上げられるのが、唐代後半にようやく進士合格者がぽつぽつ出るようになったという事実である。唐代の福建はコロニーの空気を濃厚に漂わせていた。転機をもたらしたのは唐末の混乱による植民、そして五代の地方政権閩国の成立である。福建出身の士人たちの先祖は、晋の南遷時あるいはこの閩国政権の王氏とともに南に移ってきたという伝承を持つ者が多く、[8] この時の植民活動が大きな意味をもったことを示している。

宋代に発展は加速する。泉州における海外交易の発展は活力源の一つであったろう。「山多田少」で農業生産力は低く、当時から食料も広東、浙江に仰ぐことがしばしばであり、福建において海外へのそれも含めた交易活動が占める比重は大きかった。しかし、福建人の志向は商業にばかりあったわけではない。儒をなりわいとすることも、彼らの重要な生活戦略であった。科挙においてあれだけ大量合格者を出したのは、文化レベル云々よりもまずこの生活戦略が成功したことを意味している。コロニー前線ゆえの強さと言えるだろう。朱子はこうした同胞のありようを痛烈に批判して「為己の学」の重要性を説き、「挙子の業」をこれに対置した。その彼の学問が死後「挙子の業」に取り込まれてしまうのは皮肉であるが。

一方で大量の登第者を出し、他方に朱子学が生まれたという点で、南宋期の福建は面白い研究対象である。しかし、アメリカで盛んに行われ、日本にも輸入された南宋の地域社会論の中で、[9] 福建はたとえば浙江ほどには注目されてこなかった。泉州を中心とした福建南部についてのモノグラフがやはりアメリカで書かれたが、『コミュニティ、交易、ネットワーク』というタイトルが示すように、主たる関心は交易によって活性化された地域発展史にある。[10]

私が福建出身の大文人劉克荘（一一八七―一二六九）を取り上げて一九九四年に論文を書いたのは、南宋後期を生きた彼の二〇〇巻になんなんとする文集がそれ相応に取り上げられてこなかったのを、単純に「もったいない」と思ったからだが、その頃から中国で彼に光が次第に当たり始めた（私の論文はそうした動きと全く無縁である）。近年の慶事として、やたらに誤脱が多くて難物の『後村先生大全集』の点校本が出たことをあげねばならない[11]。本格的な年譜も出されたし[12]、詩人[13]あるいは学者[14]としての彼を取り上げた著作も続々出ている。しかし、そこには劉克荘個人の再評価があるだけで、福建人としての劉克荘あるいは彼を中心とした福建人群像が描き出されているわけではない。私の旧稿にもし取るところがあれば、その点を意識しているところであろう。改稿して本書（第一部第一章）に収めたゆえんである。

さて、私にはもう一つ解けない疑問がある。それは、福建人が科挙で強みを発揮したにもかかわらず、その勢力が朝廷で重きをなすに至らなかったということである。合格者を多く出すことで官界にも大量進出し、南宋には大臣級の官僚も輩出した。しかし、福建人が国政の中心にあったのはごく短い時期でしかない。

南宋の福建を代表する三人を挙げよと言われれば、私なら朱子・真徳秀・劉克荘に指を屈する。朱子が学者としてだけでなく、官僚としても注目された存在だったのに、中央政府には短期間しかいなかったことはよく知られている。その孫弟子で、南宋の衰勢挽回の切り札として期待を集めた真徳秀もまた、中央にあったのはごくわずかだった。そのさらに弟子である劉克荘は官界に有力なコネクションを築いたが、やはり在朝期間は短い。こうした現象は科挙の合格者数に見合っていない。また、科挙での成功と中央政界における位置とのギャップは宋代だけの問題ではない。

南人全般が科挙において不利であった元代はさておき、明代の福建人は宋代ほどでないにせよ、相変わらずの強さを示している。しかし、中央官界での彼らの影は宋代以上に薄い。王朝前期の二人を除き、十七世紀の初頭にいたるまで宰相級の内閣大学士が長らく出なかった事実がそれを端的に物語っている。たしかに、「半壁の天下」の南宋では福建の比重は大きかったが、一統の王朝下しかも中央政府が北に去ってしまってからは、いかにも中央から遠い。しかし、それだけでこの現象の説明がつくだろうか。

一方、福建は「海国」としての顔を持つ。明代の福建では当初海禁の励行によって、公然とした対外交易の道は閉ざされていたが、その中でも福建人は禁を犯して南海へと船を出していた[15]。十六世紀に入ると、福建人の対外活動は爆発的に増大し、彼らは倭寇の一方の主役を担う[16]。

北京を目指すエリートと、海の向こうを見る商人・船員は福建人の二つの顔である。外から福建人を見た場合、それが別々の顔としてとらえられていただろうか。ここで前出のイエズス会士マルティニの言葉を聴こう。

この省の富と産物の量の増大に貢献しているのは、活発な商業と商人たちの明敏な決断力である。他省のシナ人は海に乗り出し、帝国の法を犯して遠い国々に商売に出かけることを躊躇しているが、彼らはシナ帝国から持ち出した金、ムスク、宝石、水銀、絹・麻・綿織物、その他の貴重な品々、さらには豊かな鉱脈を有する鉄、鋼鉄そしてそれらを使って巧みに作られた道具を、外国の商品と交換する。この省からはふつうに商人たちが日本、フォルモサ（台湾）、フィリピン、セレベス、ジャワ、カンボジア、シャム、その他アジアやインディアの島々に出かけて大きく儲けた後、銀、丁子、肉桂、胡椒、白檀、琥珀、珊瑚その他を持ち帰る[17]。

これは海外に出て行った商人たちについて述べたものだが、福建人気質についての記述がさらに続く。

この省の住民は破廉恥な欲望にうつつを抜かし、男色・女色の両方にふけって悪名高く、おまけにずるがしこくてうそつきである。各都市でまちまちな言葉が話されているため、彼ら同士でもほとんど意を通じ合わせることができない。知識人の言葉はよそでも通用するが、ここでは余り理解されないし、使われてもいない。しかし、当地の多くの人は大変な才覚の持ち主であって、文学や学問に打ち込み、試験を経て、有名なドクトル（進士）になる者も多い。その一方で、当地からは物騒な海賊やシナ人の中でも最も残忍といわれる連中を輩出している。というのも、彼らの中には古代の蛮風が残っており、最も遅くにシナの法や習慣を受け入れたからである[18]。

彼は福建から両種の人間が出ることに触れるだけで、両者を生み出した共通の土壌に直接に言及しているわけではない。しかし、言語・風習の面で「文明化」を容易に蒙らず、その一方で海外の世界に開かれていた福建が、住民に他省と異なるユニークな個性をもたらしたことを看取している。

そして、マルティニが続けて「福建ではキリスト教がかなり普及している。当初こそ住民は受け入れに難色を示したが、教理の説明に納得して容易に教えに従うこととなった[19]」と述べるように、当時の中国で最も多くの信者を生んでいた。福建でイエズス会が活動を始めるのは、会士ジュリオ・アレーニが福州出身の内閣大学士葉向高の導きで福建に入った一六二四年であって、他省に比べてむしろ遅いが、たちまちのうちに教勢を拡大した。とくに、下層の士人（生員）クラスに多くの信者を生み出したことが注目されている[20]。明末にキリスト教ないし西洋文化に関心を有し、会士のシンパとなった士人は思いのほか多いが[21]、信者はやはり少ない。そうした中で福建のケースは際立つが、一六三〇年代から四〇年代にかけてアレーニとともに福建布教の中心にあったアントニオ・デ・ゴヴェアが書いた年報[22]を読むと、信仰は一般の庶民層にも広がっていたことが分かる。外来文化の受容能力は、福建人が共有するものだったらしい。

当時の福建人のユニークさは宣教師だけではなく、彼ら自身が語っていることでもある。第二章で主に取り上げるのは、泉州の黄克纘、福州の葉向高、そして同じく福州の董応挙である。このうち、葉向高はキリスト教導入とのかかわりで西洋の研究者に注目されてきたし[23]、万暦末年の政界に重きをなした人物として、単著の主題にも取り上げられるようになった[24]。また、董応挙については、彼の文集『崇相集』が日本人の海外遠征[25]、琉球問題[26]、鄭芝龍[27]に関連する史料を含むところから、素材としては注目されてきた。しかし、中央政局や対外関係を主題とする研究に使われたのであって、記録を残した福建の士大夫自体に関心があるわけではない。主に福建人の間でかわされた書簡を読み解くことによって、彼らが置かれていた境位を自らに語らしめたい。

南宋後半と明代末期の福建を取り上げるのは、この時期の史料が多く残っていて、その中で福建人が雄弁に自らを語っているという単純な理由からだが、私は福建の地域的発展といったテーマには興味がない。それは中国あるいは福建の地域史研究者にゆだねたい。したがって、宋代から明代にかけて通時的に福建の変遷を追うというアプローチを本書は取らない。関心は、福建人の語りの中から南さらに中国全体における福建の位置をさぐりあてることにある。南宋後半と明代末期はいずれも王朝政府の統制力が弱体化し、中央政治史の文脈からすれば斜陽の時代である。しかし、それゆえにこそ、地域の特色が露頭しやすく、その中でも福建士大夫の声はユニークさにおいて際立っている。劉克荘や葉向高・董応挙らが「おしゃべり」なのはむろん個人的資質によるところが大きいが、かかる能弁家を生み出した時代相というものもあるはずで、それを考える手がかりとしたいのである。

*

文章を書き残したエリートを扱う第一部に対し、第二部では、自らの足跡をはっきりした形では残していない「裏方」の福建人に焦点を合わせる。素材は『資治通鑑』の子供たちである。

『資治通鑑』と『資治通鑑綱目』は司馬光・朱子という大名人が編んだものであって、近世の史学に巨大な足跡を残した堂々たる歴史書である。史学史的にはそうだが、読み手の側に回ると話は違ってくる。両書とも普及したのは、オリジナルの形ではない。司馬光自身が「借りていって、最後まで読みとおしたのはたった一人だけ。ほかの者は一編も読まないうちにあくびをして眠たそうである」と嘆いた有名なエピソード[28]が示すように、『通鑑』はなかなか通読できるものではなかった。しかし、歴史書というより、歴史教科書として必読が建前となる。それを読ませる工夫が「節本」(ダイジェスト版)であった。『資治通鑑綱目』自身がそうした節本の一つだったが、朱子の地位が最も高かった明代において、『綱目』より普及したのは、正体不明の「少微先生」による節本であった。この『少微通鑑』の影の主役は、南宋から明代にかけて出版の一大中心だった福建の建陽の出版業者である。そして『綱目』もまた、彼らの手による改編を被った形で普及したのである。

建陽の出版が中国文化史に大きな役割を果たしたことは、今や常識となりつつある。安かろう悪かろうの建陽本(麻沙本)は長らく中国知識人の悪評を被ってきた。そうした中で建陽本に注目したのは、清末民初のビブリオフィルたち（『書林清話』の葉徳輝ら）だが、彼らの関心も書物の珍奇さにあって、それらが果たした社会的機能に思いを致すことはなかった。しかし、彼らが建陽本の存在を多く書きとめたことが、それを出版した書肆への注目を促し、建陽の書肆の系譜や活動が詳しく跡づけられた（方彦寿の一連の研究[29]など）。近年では建陽版本の社会的功能を問う研究もアメリカで出ている。[30]

日本でも建陽本は早くから注目されてきたが、関心が寄せられたのはもっぱら明代後半に出版された小説の版本に対してだった。[31]しかし、近年では科挙研究の盛行（二〇〇七年の『科挙学論叢』の発刊[32]や科挙文献のあいつぐ刊行、[33]八股文の再評価[34]）が建陽本に新たな光を当てることになった。科挙の研究の主流は、今でも制度の解明や社会階層の流動性との関わりの探究にあるが、試験の中身自体が中国のエリートにどのように内面的な影響を及ぼしたかにも目が向けられるようになっている。中でも、アメリカではベンジャミン・エルマン、[35]日本では宮紀子[36]の研究が重要である。最近台湾から出た沈俊平の著書[37]は建陽出版の受験参考書のリストアップが主で、その中身の分析にまでは及んでいないが、それでも正面から挙業書に向き合ったものとして意味を持つ。おそらく、これからは史料の公刊普及も手伝って、そうした方向に研究が進んでいくのだろう。

話を本筋に戻すと、第二部第三章では、『綱目』が編集されてから、普及版である「七家注本」が成立する明代中期までの約三世紀にわたる歴史をたどってゆく。『綱目』は近世史学において重要な意味を持ち、朝鮮・ベトナム・日本にも影響を与えた書物である。しかし、「正統論」も含めて正しく理解されてきたかどうかは別問題である。朱子の作品であることで神棚にあげられたのは、この書物にとっての不幸であった。ましてや、歴史教科書である『綱目』は、史料的価値がほぼゼロに等しいこともあって、近代史学の扱う対象から外れた。いわば「埃をかぶった教科書」である。本論で紹介するように、『綱目』への夫子自身の関与の度合いをどの程度に見るかについては様々な見解が歴代闘わされてきた。しかし、それらの議論の視野には、『綱目』普及に一役も二役も買った「七家注」の成立過程の問題は全く入ってこない。

私はそこにこだわる。『綱目』に注をつけた七人は最後の一人を除くと、すべて本書の主題である福建人ではない。その一人も正体不明と来ている。しかし、それらの名前の背後には建陽出版界が控えていた。むろん、「七家注本」が建陽人によって作られたこと自体は、普及本についている序文の一つを読めば分かることである。そこでは「建陽で生を終えた大先生が編んだ書物を、建陽の後輩が注釈をそろえてまとめあげた」とオチがつけられている。しかし、普及本冒頭に載る「七家注」関連の序跋はほとんどいわくつきである。それらにまんまと乗せられてきた知的怠惰（もっとも、七人の忠臣たちはいわば朱子の従祀者のようなものだから、それらに手がつけられなかったのも当時にあってはやむを得なかった）を脱するために、洗い直しの作業を行う。その過程で「七家注」成立と『少微通鑑』の編集が連動していることも明らかになるだろう。

埃をかぶってはいるとはいえ、『綱目』は一応中国史学史（ないし江戸期日本史学史）の素材である。しかし、『少微通鑑』はほとんどまともに取り上げられたことがない。その中で、早くに書誌学的関心を寄せたのが、中国屈指の目録学者王重民（一九〇三―一九七五）である。しかし、本当の善本に比べて食指が動かなかったのか、慧眼の書誌学者はこの「通鑑節本」を本気で相手にしていなかったようである。彼にかわって鈍重な歴史屋が『少微通鑑』に再検討を加えたのが、第四章である。

しかし、建陽の出版者たちの細工が施されたのは、『通鑑』の両節本にとどまらなかった。『少微通鑑』にはすでに『綱目』の要素が入り込んでいたが、いっそのこと『綱目』そのものを持ち込んでしまえという発想のもとに生まれたのが「綱鑑」である。同じく節本とはいえ、血統的には随分優劣がある両者の血が配合された。いや、癒合と称すべきか、とにかく奇態な眺めがここに現れる。百花繚乱、じつに様々なスタイルの「綱鑑」がそれぞれに差異化を競いながら明末の出版界を横行する。そこは、剽窃・改竄は朝飯前の世界である。しかし、そうした種々のインチキにもそれなりのエネルギーが必要なのであり、「按鑑」（『通鑑』を参考にしたとする商標）を冠する歴史小説にかけられたのより多大な労力が投入された（小説には、「綱鑑」にはない絵を入れる労力がかかっているが）。何せこちらは受験参考書として、役に立つことを売りにしなければならなかったのだから。第五章では、これまでは小説研究のほうでもっぱら名前が知られてきた明末建陽出版者の最大手余象斗が作った『大方綱鑑』とそのライヴァル本を比較することで、「綱鑑」の特徴を浮き彫りにする。

しかし、建陽出版界の狂瀾は「綱鑑」の狂い咲きに見られるように、行き着くところまで行き着いた。清朝に入っても「綱鑑」は相変わらず読書人の哺乳瓶ではあったが、手をかえ品をかえ様々なものが出ることはなくなった。同時に資源節約型の時代は終焉しつつあったのである。経書でいえば『十三経注疏』、史書でいえば十七の正史が蘇州常熟の汲古閣によって良質のテクストとして提供され、『資治通鑑』のフルテキストも同じく蘇州の陳仁錫校訂と称して刊行された（『綱目』の前・正・続のセットも彼の名のもとに刊行されている）。十七世後半以降の清朝の考証学者たちはかかる好条件のもとで仕事ができた。彼らの目には、建陽本はいかにも貧相に映った。そうした書物を作り、またそれに振り回されていた明人は笑うべき対象としてしか見られなくなる。

彼らが笑うのはいい。自慢したくなる気持ちも分かる。しかし、後世の我々までがその尻馬に乗ってしまってはよろしくない。近世前半、南宋から明にかけての学術文化を支えてきた建陽出版界、そこで活動した福建人と協業者の仕事をあらためて見直すことは、南の文化の質を衡量することにもつながるであろう。

本書はフロンティア性を残していた福建が中国の文化を牽引していた南宋から明末の時期を生きた様々な福建人を取り上げるが、本論に入る前に南宋において起こった文化的変動についてややくわしく述べておきたい。

二　士大夫のノルムの形成と朱子学

（1）二つの序文

まずは次の二つの文章を見ていただきたい。

開禧年間（一二〇五—〇七）に都で初めて輔漢卿（広）に会った。彼は朱文公の最古参の弟子で、公の語録や著述をすべて持っていて、私のところに来るたびに、それを二人で熟読吟味して、時が経つのも忘れるほどだった。私が地方に赴任することになった時、彼はそれらをすべてくれた。嘉定元年（一二〇八）、私が成都にいた時、度周卿（正）がそれを後学の者たちのために出版したいと言ってきた。「出し惜しみするのではないが、世に出さないのは後学を誤ることを心配するからである」と答えると、周卿は色をなして「そんなことにはなりません」と言ったが、私は「あなたは今の学徒の欠点を知っているか。……張宣公（栻）が程子の意を以って孔・孟の仁についての言説を類聚した（『洙泗言仁録』）のを知った文公は、手っ取り早く勉強して分かった気になって耳に入れたものをすぐに口から出す安易な風潮を招くことを心配された。もし、この書が行われれば、そのとおりになるのではないか、それを恐れるのだ」と答えた。これを聞いて周卿は出版の話を先送りにしたが、けっきょくは数年後に私から原稿を手に入れて青衣（成都）で出版することになった。それは私が所有しているものの二、三割にすぎなかった。それでも、私は学習の弊害にならないように、前に述べた趣旨を序文に盛り込むように言った。その後、李貫之（道伝）が六、七割がたを江東（池州）で刊行し、このたび史廉叔が手に入れた黄子洪（士毅）の「類本」は公の説をほぼ余すことなく尽くしている。廉叔は出版の際に、私が語録に関心を有することを知って、序文の執筆を依頼してきた。そこでかつて周卿に告げたことをもう一度言うのである。[38]

私にはほかに淫するものはないが、書癖だけはどうにもならない。臨安の本屋の陳思はしばしば私のために珍品を集めてくれていて、その本の由来を尋ねると打てば響くように必ず答えが返ってくる。ある日、自分が編輯した『宝刻叢録』を送ってきて、一筆添えて欲しいと言う。何度も断ったのだが引き下がらない。中身を覗いてみると、石刻の時代や所在地が一目瞭然の形で示されている。ああ、商人風情でこんな立派な仕事をするとは、士大夫も形なしだ。溜息をつきつつ、この拙文を寄せる。[39]

＊

初めの文章は眉州刊『朱子語類』に対して嘉定十三年（一二二〇）に寄せられたもの。朱子が亡くなってちょうど二十年経った時点である。すでに五年前に李道伝が池州で「語録」を刊行していたが[40]、この眉州本の特徴は記録者ごとにではなく、テーマ別編成（類本）をとったことにある。現行の『朱子語類』がこれを踏襲していることは言うまでもない。この文章の書き手が張栻と朱子のやりとりを持ち出しているのも、そのことに関わっている。「仁」のことを述べた先賢の有り難いお言葉を集めるのはよいが、分類編成は「仁」に直接言及したもの以外を排除する危険性をはらむ。これだけ押さえておけばよかろうという安心感は「仁」の全的な追究の道を閉ざすことになり、入門者への折角の配慮が皮肉な結果を生み出しかねない[41]。朱子がこう言ったのは四十三歳[42]、まさか五十年後に再伝の世代が自らの「語言文字」について、かつて自分が口にした懸念をなぞるとは思ってもみなかっただろう。

前者の「教育者の憂い顔」に比べて、次の文章はくつろいでいる。出入りの本屋との馴れ合いの気分が漂う。この本屋、書き手が言うように只者ではない。『宝刻叢編』の編集兼発行人陳思には、同姓の本屋の陳起父子との関係にはっきりしないところがあるが[43]、とにかく彼の名義の書物として、ほかに漢晋以後の書論を編集した『書苑菁華』や書家の小伝集成『書小史』あるいは『海棠譜』などがある。その店舗には書物だけでなく、石刻の拓本もずらりと並んでいたに違いない（『宝刻叢編』はその販売カタログである）。のちにはお上の覚えもめでたかったのであろう、有名人の小字を出典つきで並べた『小字録』には「成忠郎緝熙殿国史実録院秘書省捜訪」なる肩書きを掲げてもいる。[44]

さて、書き手のほうだが、彼は『書苑菁華』にも序文を寄せており、両者の親近ぶりを裏付ける。とすれば、序文執筆を何度も断ったというのは単なる文飾なのだろうか。『宝刻叢編』のほうは「最初は嫌々、開けてびっくり」という文の運びなのに対して、『書苑菁華』のほうはひとまず褒めておきながら、そこに収録されている書論に対して「本当の意味で書を知る者とは言えない」とケチをつけている。[45] 本屋が施した編集作業には評価を与えるが、美的評価が入ってくると話はまた別だということなのだろう。

一方、本屋の方からすれば多少の注文がつこうが、お言葉そのものがありがたい。欲しいのは看板である。『宝刻叢編』の序文に「紹定二年（一二二九）、鶴山翁」と自署したのは、鶴山先生魏了翁（一一七八―一二三七）である。同い年の真徳秀（一一七八―一二三五）と当時の士大夫社会の名声を二分する存在であった。四年前に弾劾されて、湖南の靖州に流竄の身だったが、当地に鶴山書院を建てると遠近の学徒が来集し、彼の名声はますます高まっていた。[46] 陳思がわざわざ執筆依頼をしたのはそうした時代の気配を読んでのことだったろう。要注意人物のお墨付きなぞ却って危なくはないか、とはお節介だろう。陳思にとってはそれより恐いものがあった。「編集が杜撰で、版木や紙墨を無駄遣いしている他の本屋のものとは比較にならない」[47]と、二年後に名代のビブリオフィルで『直斎書録解題』を編んだ陳振孫にもダメ押しの序文をもらっている。陳振孫が言うようにカタログを出す商売敵はいくらもいたし、後追い企画もあったろう。[48]「開けてびっくり」を文字どおりに取るなら、魏了翁が「またか」とうんざりするほど同種の試みがあったということである。その中では『宝刻』の編集の工夫は確かに目を引くもので、書物の力が筆をとらせたという鶴山の言葉もそれなりに信を置いてよいのかも知れない。

ところが、『語類』の方はといえば、たしかに新機軸を打ち出してはいた。朱子の語録の決定版『朱子語類』の編者黎靖徳もそのことは評価している。しかし、そこまでだと彼は言う。「校勘をしないために、文字の脱落がひどく、読めないところがある。[49]」彼がこう述べた十年前にやはりテーマ別編集の『語録格言』が出ている。それに寄せられた王遂の序文には、黄士毅の編集本を世に出した主体を魏了翁だとするが[50]、彼は単に序文を書いただけである。

そう、この序文の作者も魏了翁なのである。前に引用したのとは別の文章でも「朱子の高弟に交わることによって、悉くその著作を得て同志に与えた。今蜀で伝わっている本の出所はすべてここにある[51]」と述べているように、彼は朱子の弟子輔広からテクストを得てこれを四川で普及させた。当時まだ三十をまわったばかりの鶴山が彼の地の士大夫社会の中で領導的地位を占めるに至った一因は、新しい学問の息吹を送りこんだことにあった。その一つ『語孟集注』について、

福建・浙江の書肆が刊行したものに比べると二、三割、趙忠定公（汝愚）が四川の制置使時代に成都で出版したものに比して六、七割がたは変わっている[52]。

と彼は言う。鶴山が輔広を「朱文公に従うこと最も久しい」としたのは誤りで、その入門は先生晩年のことだが[53]、むしろそれゆえに彼がもたらした朱子の著作は正確かつ最新の情報として貴重視されたのである。『語孟集注』が一応の完成をみたのは淳熙四年（一一七七）だが[54]、それからも改訂作業が続けられたことはよく知られている。

度正が出版の話を持ちかけてきたり、史廉叔が序文を依頼したりしたのも、鶴山の占めた位置からして当然だが、彼は道学の蜀における発信源を自任するだけに、その責任感も相当なものであって、それが冒頭の発言となったのである。しかし、序文執筆はその書物に参画する行為であり、それゆえに鶴山自身がこの出版の負の側面に責任があるとみなされもした。

ここに並べてみた二つの序文は書き手が同じというだけで、書物の性質は全く異なるし、それに応じて書き手が示す表情も違う。しかし、書物を世に出すということ――執筆はむろん、読み手をにらんだ編集方法、序文を書くという行為の重みについて考える手がかりを与えてくれる。

しかし、これから述べるのは書物・出版の話そのものではない。南宋という時代が出版の一大躍進期であること

はすでによく知られている。「今の人の読書がいいかげんなのは、出版された本が多いからだ」[55]と嘆く朱子自身が生計の足しにしようとして、友人の止めるのも聞かずに本作りにいそしんだことを明らかにした研究もある。[56]しかし、ここで問題にしたいのは書物の力が作用している、より大きな場について である。二つの序文はこのままでは交わることはない。そこに有効な補助線を引けるかどうかが以下の叙述の課題となる。

（2）複製芸術

「朱子の印務」について論じた陳栄捷の『朱子新探索』には、先生の金石趣味を取り上げた一項がある。[57]少年時代の彼は金石の拓本を集めようにも小遣いもなく、かろうじて欧陽脩の『集古録』を眺めることでその渇きを癒していた。時には文字を目で追ううちに我を忘れ、逸品をじかに手にとって摩っている自分を夢想することもあった。[58]長じても貧困は相変わらずだったが、それでも一かどの目利きにはなっていた。

朱子が信頼した同好の士に、ほぼ同年輩の王厚之（一一三一―一二〇四）という人がいる。[59]赫々たる業績を挙げたわけではないが、当時の文化を考えるうえではなかなか看過できない存在である。古器の収蔵家としては『鐘鼎款識』の著があり、石刻については『復斎碑録』というカタログを作っている。後者は今日見ることができないが、先掲の『宝刻叢編』にも『碑録』から四百条あまりの引用がなされており、当時の権威だったことを物語る。

しかし、宋人にとっての厚之とは、何といっても「蘭亭の人」であった。王羲之の「蘭亭序」の中でも当時「天下第一」と評されたのが「定武本」だが、問題は北宋末の美術収集家薛紹彭が自らの蔵品の価値を高めるべく、石から五字を欠損させたとか、石を我が物にして代わりにニセモノを世上に流通させたとの風評がまとわりついていたことにあった。[60]五字が欠けているからこれぞ定武本といえば、それ以前の五字未欠本の方がいいに決まっていると反論が来る。ヤレ肥本が本物だ、イヤ痩本の持つ味わいは他に代えがたいと、それはもうやかましい議論があったのである。そうした議論の中で、『遂初堂書目』の作で知られ、やはり朱子の友人だった尤袤（一一二四―一一九四）とともに、王厚之は必ずといっていいほど言及される権威であった。[61] 朱子もまた百種取り揃えていたという王厚之のコレクションの中から「蘭亭序」を借り受けているが、そこに付けられた陸游（一一二五―一二〇九）らマニアたちの数多くの跋語を見て控えめな感想を記している。[62]

蘭亭熱は世代を追うごとにますます昂じた。陸游の甥で『回文類聚』の編者でもある桑世昌は王厚之の息子から父親の蔵品を借観するなどして目を肥やして『蘭亭博議』という本を出し、[63] さらに兪松は『蘭亭続考』（淳祐二年＝一二四二序）を著した。『続考』に並んでいる蘭亭各本の跋文を眺めると、有名どころはほとんど雁首を揃えている。

こうした蘭亭熱のありようを能弁に語ってくれるのが、朱子の諡議を父に代わって作り一躍文名を高めた後村劉克荘（一一八七―一二六九）である。彼は兪松からじきじきに蘭亭の善本を入手したのを始めとして諸本の収集に情熱を注ぎ込んだ。[64] 修業の甲斐あってその鑑定眼に一目置かれるようになり、友人たちの所蔵品にしきりに跋を書くよう求められた。その中で真贋・優劣を遠慮なく述べており、並々ならぬ自信を窺わせる。たとえば長年の盟友林希逸の持つ一本について「定武石が消えたのち、贋物が横行し、真贋が所を代える体たらく。だから、これは大切にされるがよい」と言ったかと思うと、別の一本に対しては「いま士大夫の家蔵品や都城の本屋が売っているのと同じ薛氏のすりかえ本で定武本にはほど遠い」[65] と切り捨てる。名将韓世忠（一〇八九―一一五一）が、入手した硬黄本を王羲之の真蹟と思い込んで（実は高宗の皇后の臨書）高宗に献じたという笑い話[66]は、武辺までが「蘭亭序」に飛びつくほどのブームがあったことを示している。

「蘭亭序」のついでに、もう少し後村のお喋りに耳を傾けてみよう。同じく王羲之の「楽毅論」。「蘭亭序」の焦点が五字欠にあったように、これまた欠落のあるなしが問題にされた。

その拓本には海の字で終わっているものと、全部揃っているものがある。世上では「止海字本」が善本であるということになっていて、大事に抱えこんでいる人が多いが、残念ながら完全本ではない。直龍図閣の陳宓《ふく》は五百銭で「都下の常売人」の篋中にあった一字の欠けもないものを入手して「これぞ古人の全容を髣髴とさせる」と大喜びして大切にしたが、彼は元祐年間に出た『続閣帖』の中に全本が収録されているのを知らなかったのだ。[67]

朱子はかつて「楽毅論」の一本を示された時、沈括・尤袤の言葉を引きつつ、石が北宋のかなり早い段階で断片と化し、文字の方も模糊となったはずなのに、あまりにその拓本がくっきりと鮮明であることをいぶかしんだ後、「続閣帖所収の全本の由来を知らない」と言い添えていた。[68] おそらく『続閣帖』に収められたものはしょせん臨本にすぎないことを朱子は知っていただろう。それを当時有数の書家であった陳宓（一一七一―一二三〇）が知らなかったとは考えにくいのだが、完全本への強い希求に目がくらんだのだろうか。

『宝刻叢編』の中にも「楽毅論」についての言及がある。権威として引かれるのはやはり王厚之である。[69] 井戸の中から幽霊ならぬ秘石が現れたり、幻の完全本が出てきたりする時空間を「地世年行、炯然として目に在る」ように秩序だててくれる『宝刻叢編』がありがたがられたゆえんだが、後村の友人所蔵の一本は本体が本物なのに、厚之の跋が偽物だった。[70] 本物の目利きには「権威の保証」自体の真贋の判定能力をも問われたのである。

太宗の勅命によって翰林侍書の王著が内府所蔵の書蹟を模刻して編んだ『淳化閣帖』も収集の対象となった。北宋初の待詔風情の模刻と王羲之では比べものにならぬと言うなかれ、拓本はごく少数下賜されただけで原版が焼失したとされているので、やはり貴重なものだった。多数の再版が制作され、「潭帖」「絳帖」「武岡帖」そのまた翻刻と、集めだしたら切りがなく、血道をあげるのにもってこいである。

近人の多くは『閣帖』を識らない。某の家は某本を珍蔵し、ある人は大枚をはたいて某本を手に入れたが、これらすべて本物ではない。

後村はこう決めつけた後、自らの探求歴を語りだす。出発点は弟から貰った汪逵の「閣帖弁記」[71]である。著者は朱子から並ぶ者なき書画コレクターと言われた人で、[72] その記述は信用できるというわけである。こうして「弁記」片手にその記述と一致する本物探索の旅が始まる。ところが断片は見つかっても、道中常に携行する書筺はなかなか一杯にならぬ。そうして二十年が経ってしまったところで幸運が舞い込んできた。北宋末の有名なコレクター李瑋の蔵品と称する十巻ものを入手できたのである。巻ごとに所蔵印が念入りに押してあるし、李廷珪墨が使われているなど、「弁記」の記載と一々合致する。これは間違いあるまいと会子三千楮を払って入手した。その愉悦をひとり占めしておいて贋物を掴んで嬉々としている連中（この場合は後村の同郷の収集家たち）を横目で見ながらニヤリとしていてもよかったし、現にどういう思惑か「弁記」を広めぬ方がよいと言う者があった。しかし、「知識を独り占めにせず、人に逢えば必ずこれを告げた」と後村はわざわざ啓蒙を買ってでる。(73)

このように書については満幅の自信を有する彼だが、画のほうはいささか心許ないところがあった。

盧鴻草堂図。方楷の珍蔵品。ただ、「十志」に誤字が多い。……「疑氷の言は信なり」とは、蒙叟（荘子）の「夏虫は氷を知らない」（秋水篇）を用いたのであり、荊公（王安石）のこれを踏まえた詩句もある。それを知らずに（氷に引きずられて）「疑」を「凝」と書いているのは、大いに笑うべきである。楊風子（五代の楊凝之）の跋も周益公（必大）の跋も偽物。鄭編修（おそらくは同郷の鄭樵）の家にある絹本もまたしかりだ。(74)

唐代の有名な隠者盧鴻の「草堂図」は北宋末からしきりに題詠に取り上げられるようになり、現在一本が台北国立故宮博物院に蔵されている。故宮の蔵品にも二百年を隔てた楊凝之（九四七年）と周必大（一一九九年）の両跋が並んでいる。(75)

伯時の臨せる韓幹の馬。前に元中（李沖元）が杜甫の讃を書きつけ、後に伯時が自跋を書いている。元中の小楷は当時でも有名で、伯時の行書は諸帖の中に散見する。この軸物の字と比べてみると、少しも違わない。字が真なら画も本物にきまっている。「伯時は絹にではなく紙に描くし、絵の具ではなく墨を使う。なのに、この絵は絹でカラーである」と言う者があれば、「韓幹に似せようとしてそうしたまでのこと。もし、これが紙に描かれ色を使っていなければ、文句なく伯時の馬とされ、韓幹の馬だとは言われまい」と答える。(76)

画材を問題にして李公麟作を疑う見解に対して、後村は筆跡鑑定の方から友人の蔵品を援護する。後村の二つの跋文で問われているのは絵画そのものの質ではなく、跋文であり、画材という形式である。「草堂図」を権威づける役回りとなった周必大（一一二六―一二〇四）は前出のコレクター汪逵所蔵の唐代の呉道玄画について、

> 絹は長いこと時間が経つとけばだってきて、腕のいい職人でなければ補修不能なのに、この画の絹は新品同然だと言う者がいる。しかし、蘇舜欽や東坡の筆跡をはじめ、以後の有名人の跋語が軸を埋めつくしている。珍品と言えるだろう。[77]

と記す。

呉道玄の画の本物が四百年後にそうそう残っているはずもないことは分かりそうなものである。米芾（一〇五一―一一〇八）ですら真品は四本しか見ていないと言っている。[78]しかし、

> 古人は遠い存在だ。曹不興や呉道子はそれに比べれば近世の人だが、それでも一筆も見られぬのに、ましてや顧愷之・陸探微など何をかいわんやだ。

と言い、「五代・北宋の李成・范寛といったところを入手するだけでも珍らしい[79]」という当たり前のことを口に出さねばならなかった。後村がある友人について「顧・陸から唐宋の名手にいたるまで、その来歴を知り尽くし、その目利きは誤ることがなかった[80]」と評しているのは、そうでない収蔵家がほとんどだったからである。米芾や周必大あるいは後村のように参照与件を多く持ち合わせている者は数少ない。さらに、内容から作品を鑑定しうる者はほんの一握りにすぎない。ならば、コレクターたるもの、作品の本質よりも周辺部についての研鑽を積むべきなのか。たしかに後村は『閣帖』の李廷珪墨を、「李瑋図書」印を強調しているし、近世諸公の跋文なら比較材料も豊富で、有力な判定基準になる。

しかし、「草堂図」の跋文が贋物というのは分かりやすいが、跋文が真、本物が贋という代物があるから厄介である。米芾は本物についた古跋を切り取る手口を紹介している。[81]贋物にくっつけるためである。また、自らの所蔵

品についてものによってこれこれの印を押し分けている」と述べて、ゆくゆくは人手に渡った時のために鑑定指南を与えている。[82] そうしないと、「米芾のところからの出物」を称する贋物が横行しかねなかったのである。

彼の『画史』『書史』にはそうしたモノの真贋をめぐる言説があちこちに顔を出しているのだが、それを通して浮かび上がってくるのは、「好事者と賞鑑之家とは二等たり」という構図である。[83] そして、「賞鑑之家」のチャンピオンたる米芾は友人の王詵[84]ら半ば絵画ブローカーと化していた連中にしてやられる「好事者」を正しく啓蒙してやろうとする。

しかし、北宋末までは宮廷の秘府が名品を寡占しており（そのカタログが『宣和書譜』『宣和画譜』である）、『画史』『書史』の世界はまださほどの広がりを持たなかった。それが解体され、作品が金人によって北に持ち去られたり、散逸したりして骨董の世界に平準化が起きた南宋になると、正しく指南してやらねばならぬ「好事者」はますます増えてくる。

『洞天清禄集』の出現は（当時どれだけの読者を持ったかは別にして）そうした事態にこたえるものだった。宋代における士大夫の趣味生活の確立を告げるものとして青木正児らによって取り上げられた書物である。[85] この中には蘭亭序や楽毅論・閣帖への言及はむろんのこと、画や怪石、硯、琴、青銅器などさまざまなアイテムが取り上げられている。

しかし、この本はそれらの趣味に対する蘊蓄を傾けたというよりも、その一々に「○○弁」という表題がつけられているように、要するに真贋鑑定の手引き書であり、読みどころは贋物づくりの技法の紹介部分にある。たしかに、素材や跋文などは値踏みの助けになるが、いつそれに裏切られぬとも限らない。

硬黄紙。唐人が経典を写すのに使用。黄蘗で染めるのは虫除けのため。紙には蠟がかけてあるので、滑らかで光沢がある。書をよくする者は愛用。いま世に「二王（王羲之・献之）の真蹟」とされるものにこの紙が用いられていることがあるが、これは当然唐人の模本であって真蹟ではない。[86]

韓世忠がこれを読んでいたら待てよと思ったかも知れない。しかし、これを逆手にとって、硬黄紙を偽装すれば、唐代の作をデッチあげることもできる。彼だけを笑ってばかりはいられないのである。

書の模刻は中国における複製芸術であり、絵画とて『洞天清禄集』の「古画弁」を見れば、再生産がたやすく思えてくる。跋文の使いようで一のものが二になる。そうした世界の中でモノの真贋の境界線がぼやけ、そもそも何を真贋とするのかも定かでなくなりはじめている。「真」を言いつのって世界を測る物差しなぞ一顧だにしない単細胞もいれば、啓蒙家の身振りの下にじつはフェイクの存在を楽しんでいる複雑な分子も存在する。その間に「賞鑑之家」の判断についていくより仕方ない平凡で生真面目な多くの人たちがいる。こうした構図は骨董の世界においては至極あたりまえのようにも見えるが、はたしてそうであろうか。

（3）士大夫のテクネー

贋物にだまされても命が取られるわけではない。収集家の世界で微細な差異を争う前に、より段差のきつい階梯を士大夫は昇らねばならない。科挙を勝ち抜く技法はより喫緊の課題であった。いみじくも『東莱先生分門詩律武庫』は自らを「詩戦の具」と定義する。[87]「東莱先生」呂祖謙（一一三七—一一八一）の名を戴いた「実戦本」はいくらも出ていた。

麻沙で出版される呂兄の著述は真偽相半ばしている。世間の俗事から離れた私（「閑人」）には利に逸る本屋の所業を押さえこむことはできない。[88]

朱子は盟友の死後に建陽で彼の名を騙る営利目的の書物がたくさん出ていることを苦々しく語っている。『武庫』が真偽どちらなのかは決めがたいが、それと同系の名前を持つ『精騎』については呂祖謙自身が文責を認めている。[89]しかし、朱子が言うように、真偽は半々、いやそれ以上に仮託の書が多かったろう。

その中で先生の作と認定されてきたものに『古文関鍵』がある。[90]そこには「看古文要法」「看韓文法」「看柳文法

「論作文法」といった直裁的な見出しが並び、
文章作法を学ぶには、韓愈・柳宗元・欧陽脩・蘇軾を熟読して、その文章のスタイルを見てからあまねく古人のレトリックについて考えよ。蘇軾については、その意を用いるべきである。文をまねれば飽きられてしまうだろう。近頃よく読まれているからだ。[91]

といったあけすけな読書・作文の法が開示される。ここで気になるのが、目録に「呂祖謙評」とある横に「建安蔡文子註」と見える二番手の男である。[92] この人物、『資治通鑑』の節本としてのちに元代にさかんに行われる『陸状元資治通鑑詳節』(第四章参照)の一本にも校正者として名を列ねており、[93] 建安すなわち建陽の出版界の人間である。

この『詳節』にも巻一に「論看通鑑法」が据えられるが、じつはこれまた呂祖謙の「読史綱目」をそっくり頂戴したものだった。[94] 蔡文子はそのほかにもやはり呂祖謙編をうたう『呂氏家塾増注三蘇文選』、[95] 袁枢(一一三一―一二〇五)の『通鑑紀事本末』の撮要本にも姿を見せており、[96] なかなか幅広い仕事をしているのである。

やはり建陽において『通鑑詳節』の一本に刊行者としてかかわった同姓の版元があった。[97] 蔡文子との関係は分からないが、同じく「蔡氏家塾校正」を称する仕事に『孫仲益内簡尺牘』がある。著者孫覿(一〇八一―一一六九)の名は今日でこそ余り知られていない。しかし、「凡そ其の片紙・隻字の人間に遺落する者これを宝として、以って矜式とせざるはなし」[98] という発行人のうたい文句は少し大袈裟だが、「四六」(四六騈儷体)の分野において、東坡の後継者として楊万里(一一二七―一二〇六)と並び称された存在だったことは疑いない。[99] 楊万里については『誠斎先生四六発遺膏馥』という本がやはり出版され、本・後・続・別の四集が出ているが、続集には誠斎だけでは足りないと、梅亭李劉(嘉定元年＝一二〇八進士)の作も取り込まれた。[100] その梅亭については『四六標準』という本も出ている。[101] 韓柳らの古文も大切だが、同時に「四六」も学ばねば公的な文章は書けない。

古文運動以来、文章の旧格は変わった……しかし、朝廷の制誥や士大夫の表啓は相変わらず対句で書くしかない。欧陽脩・曾鞏・王安石・蘇軾らの大儒だって腕を揮って取り組んだほどで、このことは宋代を通じて変わらず、これを「四六」という……士大夫は科挙の時には時文がうまくなり、いざ合格したら今度は時文を捨てて四六を巧みにつくる。そうでなければ文士とは言えない(102)。

ただ、個人選集には限界がある。それならいっそ人数をうんと増やせばいい。これをやってのけたのが、建陽の書肆富学堂魏斉賢と葉蕡による『聖宋名賢五百家播芳大全文粋』（紹熙元年＝一一九〇序）である。富学堂魏斉賢が有名な本屋である(103)のに対して、葉蕡についてはほとんどその事績を知ることはできないが、この書物が好評を博したせいか、引き続いて『聖宋名賢四六叢珠』を今度は陳彦甫という人物と組んでやはり建陽で出し(104)（慶元二年＝一一九五序）、さらに二年後同じく建陽の劉元起家塾刊『後漢書』の校正者の中にも姿を見せている(105)。

『大全』には四六に限らずあらゆるスタイル、用途（ただし、生活と無縁な「論」はむろんない）の文例を取り揃える。名文集といえば、北宋初に王朝政府の手で『文苑英華』が編集され、やはりあらゆるジャンルの文章が集められている。これも単なるアンソロジーではなく、一種の模範文章集でもあるが、当然収録は前代までに限られる。同時代の文章を集めたものとしては呂祖謙の『宋文鑑』があり、これも政府の命で作られたものだが、もともとは民間で作られていた『聖宋文海』を改編したものであった(106)。『大全』の「五百家」の中には北宋人もいないわけではないが、なるべく読者に身近な時代に取材するのが編集方針であった。たとえば、巻八五はまだ存命中の朱子の尺牘にあてられる。こうした書物が求められていたのである。一方、『叢珠』は門類をさらに子目に分かち、「総説」を掲げた後、「故事」（用語集）「四六全編」「四六摘句」と続けてチャート式の構成を取る。

『大全』の用途の広さ、『叢珠』の方法論をさらに徹底させたのが、宋末の「一網打尽」モノの一冊『新編通用啓箚截江網』である。前半の内容は、

甲集　巻四換易活套門――書き出しの用例。たとえば「官俗起居套」は相手への呼び掛け用語集。官員だけでなく医者・術者に及ぶ。巻五文物門――書画等の用語集の後、法帖・画軸の贈答の手紙例。巻七・八芸術門――琴・棋はもちろんだが、星占い・風水・人相見・雑劇もそこに入ってくる。風水を見て

もらう依頼状（例「適得沙形、雖非龍耳覚見、山水環聚、少愜人意、欲浼藻鑑、試一観之」）、芝居の招待状（「優人携書来謁、未免瞷之。擬就下舍、以芸自呈。敢屈遇此一観」）など。

丙集　巻一〜四　婚姻門——姻戚同士（世婚）二度目（再醮）など様々なケースがあるし、年齢も気になる（晩婚）。それぞれの聘礼について呼ぶ側呼ばれる側双方の書状。もちろん、欠席通知もあり。付録ではあるが、「農商工芸」の人々の場合も取り上げられる。たとえば仲買人（牙儈）の女が工匠に嫁する場合とか。

といったもので、以下、丁集——巻一〜四慶誕門、五〜八栄達門、戊・己集——仕官門、庚・辛集——慶喜門、壬集——喪葬門とゆりかごから墓場まで続く。最後の癸集は僧道相手の場合を扱う。まさに雑魚一尾をも逃すまいという網の目の詰み具合である。なお、『截江網』に例文を掬い取られた同時代人の後村は何より四六の作文能力を自慢にしていた[107]。

また、少し前に出た『新編四六宝苑妙語』はこれほど親切ではないが、受信者への効果を計算に入れた方法論を説いて、かなり評判を呼んだらしい。葉徳輝『書林清話』以来、版権の有無が論じられる時の材料である訴状に『方輿勝覧』と並んで、海賊版からの保護が求められている書物である[108]。

両書の発行人祝穆は四六（『方輿勝覧』も四六作文のための名所案内）だけでなく、『事文類聚』の編纂、『全芳備祖』の校正と、「類書」（百科事典）界における巨魁だったが、「朱子の母党」でもあった[109]。朱子の母祝氏が夫とともにこの地にやってきた時に一族も移ってきたのである。祝穆は朱子のもとで学んだといわれており[110]、その子の洙（一二二一生）は先生の孫の鑑と協力して晩年の集注テクストを公刊している[111]。

博覧の弊害をしばしば説いた先生の膝元で育ちながら、祝穆は先生の教えに背いたのだろうか。類書の編者たちが序文で博覧を非難する言説に無神経ではないことを時に示すのは、多少の後ろめたさがあるからだろう。

ヒルデ・デ・ウェールトは『事文類聚』に加えて『古今源流至論』『山堂考索』『玉海』の四つを取り上げて、それらの博覧主義と朱子学的知の緊張関係、そして前者が後者といかに折り合いをつけたかを論じている。四つの中では『源流至論』のみが伝統的な類書と違って、組織的な構成を取り、博覧を排除する傾きのある朱子学的知のありかたをトレースしたものとなっているが、あとの三つは結局のところ朱子の存在を他の学派から際立たせることなく、博覧の一環に組み込んでしまっているというのが、彼女の整理である[112]。

従来、知のパッチワークとも言うべき類書が思想史の文脈に位置づけられることはなかった。類書は昔から存在するものだし、せいぜい「挙子の業」用のものと片づけられていた。それをデ・ウェールトは思想史の対象に取り上げ、朱子学的知が「伝統的な知」の枠組みの中へ浸潤していく様相を観察した。しかし、類書的な知が本当に「伝統・保守的」なものなのかは必ずしも検証されていないし、たとえそうだとしても「伝統」が普及する事態の新しさこそが問われるべきである。「類書」あるいはアンソロジーは、宋朝が国初に『文苑英華』『冊府元亀』を編纂しているように文化的な国威発揚の意味を持つと同時に、帝王に供せられる工具書でもあって、そこには多くの読者の存在が想定されていない。したがって、校勘がきちんとされても、「見せよう」という愛想はない。しかるに、南宋期に陸続と出版されたこの手の書物は広範な読者を想定し、そのニーズにこたえて様々なモデルを提供したのである。

モデルへの要求はあらゆる分野に見て取ることができる。前掲の『詩律武庫』の巻一慶誕門を例にとれば、まず「天上石麒麟」という目が立てられ、出典の『南史』徐陵伝の母の故事をあげ、さらにそれを用いた杜甫の詩を添えるという単純な得物でしかない。しかし、詩を道具として、作者から切り離して事項ごとにファイルすることの意味を考えてみてもよいだろう。また、この時代には杜甫や蘇東坡の詩を「分門纂類」することが行われたが(『門類杜工部詩』[113]『門類増広十註杜工部詩』[114]『王状元集百家注分類東坡先生詩』[115])、さらに、その分類が詩型によるのでなく、「時令門―春類―探春目」といった風に完全に名詩辞典と化したものが『分門纂類唐宋時賢千家詩選』である。一応「後村先生編集」ということになっているが、現存のものには序文もついていなければ、後村の文集にも出てこない[116]。これと似た道具立てなのが、宗室の風流人趙孟奎（一二八五卒）が序文（威淳元年＝一二六五）を寄せている『分門纂類唐歌詩』である[117]。これらには道具の使い方が示されていないが、淳祐年間（一二四一―一二五二）に江湖派の詩人周弼（一一九四生）が編んだ『三体詩』に対する村上哲見の解説、

この書物の特色とするところは、「家法」「詩法」などという名称が示すように、単に唐詩を選んで収めたというのではなく、それによって詩の「法」＝原理、規範をあらわそうとしている点である。そのために、全体を単に三つの形式に分けるだけでなく、それぞれの形式について、表現のスタイルによって作品を分類している。

この分類は、おそらくこの書物以前には例のないもので、編者周弼の独創といってよいであろう[118]。

はその出現の事件性を過不足なく言い表している。「実接」「虚接」「用事」といった項目のもとに作品を分類したのはまさしく彼の独創ではあるが、テクネーへの希求という時代精神を体現した鋭利な「詩戦の具」でもあり、『論学縄尺』『太学新編黼黻文章百段錦』といった文章を格によって分類した工具書の同時代現象として語られねばならない[119]。

*

こうした現象の出発点に「挙子の業」があったことは事実である。呂祖謙の名を借りた「東莱先生現象」は書肆が科挙という舞台の上で演出したものであった。しかし、肝腎なのはむしろその先である。

『精選古今名賢佳話詩林広記』という書物がある。先賢の詩を「朱文公云」といったコメントつきで紹介し、さらに陶淵明の詩ならそれに対する東坡の和詩を付けてくれるといった念の入りようで、「挙子の業」用としか言いようがないものである。しかし、『文章軌範』の謝枋得（一二二六―一二八九）の弟子でもある編集人蔡正孫[120]の序文（歳屠維赤奮若＝己丑＝一二八九）が「変乱の後、挙子の業を棄てたおかげで詩の道に打ち込むことができた。閑な時に晋宋以来の名人たちの作や人口に膾炙した詩数百篇を選んで書き写しては子弟に教え、併せて前賢の評話や関

連する作品を博捜して付録とした」[121]と述べるように、王朝は替わって科挙はなくなってしまっていた。

それでも読者はこうした書物を要求していた。文・史の世界の「東莱現象」に対して詩の世界ではやや遅れて「須渓現象」が起こる。高津孝が論じた詩文評点のチャンピオン劉辰翁（一二三二—一二九七）が、時代の寵児として登場していた。蔡も劉もいわば遺民世代である。したがって高津はこうした詩の流行を「ナショナリズムの内向」と捉えているが[122]、王朝鼎革期の文化事象を「遺民意識」とつなげて理解するのはやや安易である。そうした側面がないとは言わないが、むしろかかる知のありかたが挙子の業という直接の需要を離れて、士大夫に骨がらみとなってまとわりついていたことが重要である。

お手本が求められたのは、何も詩文の分野に限られない。『皇朝仕学規範』（淳熙三年＝一一七六序）を見よう。模範たる士大夫のありようを太祖朝以下の「名臣伝」「皇朝名臣四科事実[123]」「皇朝類苑」「名臣言行録」以下百種の文献より引用して、「為学」「行己」「涖官」「作文」「作詩」の各門の下にまとめる。朱子編『宋名臣言行録』が成ったのはわずか三年前のことである。この説教臭い書物を編んだ張鎡が、青木正児が風流人の範とした人物と同一なのかは不明だが[124]、別人であったとしても、それぞれが士大夫の生活の公私の側面に範を垂れたことになる。

『仕学規範』の引用書目にも「名臣」が並んでいたように、南宋時代における「名臣」「名賢」を掲げた書物の簇出には目を見張らされる。すでにいくつか登場しているが、ここであらためて書名を並べてみよう。

『名臣碑伝琬琰集』（杜大珪編、紹興四年＝一一三四序）、『名賢氏族言行類稿』（章定編、嘉定二年＝一二〇九序。以上二書は『四庫全書』にも収められる）、『皇朝名臣言行類編挙要』（鍾堯兪編[125]）、『皇朝名臣言行事対』（竇済編）、『名臣事纂』（葉適編[126]）。朱子の『宋名臣言行録』もこうしたものの中の一冊にすぎない。文学においても『新刊国朝二百家名賢文粋[127]』『古今名賢歌詩押韻[128]』と「名賢」ばやりである。歴史の分野では「増入名儒議論」という形を取り[129]、元代の『文献通考』も「名儒」を看板に掲げはしないものの、じっさいには先学の議論の増入がウリの一つである。これに判決集『名公書判清明集』も付け加えられるであろう。

これらの中には坊刻のものも多く、素性が一番確かな『宋名臣言行録』でさえ、呂祖謙にその編集の杜撰を言われて朱子が反論できなかったように、[130]書物のつくりとしてはいい加減なものが多い。しかし、「名臣」「名賢」の氾濫は、本朝の名人の言行が規範として要請されていたことを雄弁に物語る。ここではもはや個々の名前は無化される。人はそこから士大夫がいかに行動し、いかに詩文をものし、いかに気の利いた議論を吐くのかを学ぶ。士大夫とは何かと問うても、古の聖賢は大まかな方向性を指し示してくれはするものの、士大夫を現実に生きるテクネーを教えてくれはしないのに対して、近世の名賢は一応の指針を与えてくれる。これらの書物の横行は、南宋時代において士の範型に対する共通理解への希求がきわめて強かったことを示しているのである。

（4）編集人朱子

「挙子の業」（試験勉強）に「為己の学」（修養の学）を対置した朱子は「東莱先生現象」になすすべもない「閑人」と自らを呼んだ。しかし、少数派たる「為己の学」の宣揚のためにこそ戦略が要求されるのである。編集人としても、朱子は当代一流だった。弟子たちへの書簡を読むと、彼がいかに書物を出すことにこだわりを持ち、編集・校勘に非常に意を用いたかが分かる。杜撰な編集により読むに耐えない書物が横行する中で、朱子と弟子たちのチームは当時最強であり、『宋名臣言行録』のいささか雑な編集は些細な汚点にすぎないように見える。

乾道四年（一一六八）、二程（程顥・程頤）の門人が記録した問答などを収録した『程氏遺書』の刊行は、朱子のスクールにとって一時期を画する出来事だった。

いま温陵（泉州）で印刷中です。数カ月もせずに上がってくるでしょう。昨日あちらから送ってきた十余板の見本を見たが、サイズは大きすぎず、携帯に便利です。[131]

出版を持ちかけたのは泉州の市舶司だったが、[132]朱子はその後の進捗状況を掌握していただけでなく、校正にも関与していた。[133]ところが、スクールが広がってゆくにつれて、編集工房に誤算が生じる。これ以前にも『上蔡語録』の

校訂原稿が「何者かによって持ち去られて出版される」[134]ということがあったのだが、以後のトラブル略年表を示すと、

乾道九年（一一七三）婺州義烏で『語孟精義』再刊の動きあり。呂祖謙に調査かたがた中止するように説得してもらう。この時はまだ発禁の圧力をかけることをためらっている。[135]

同　『伊洛淵源録』成る。ところが、「編集中に後生が伝出して流布していた。[136]」

淳熙四年（一一七七）『語孟集注』成る。うち、『論語集注』は「朋友の間で伝去され、郷人が断りもなしに刊行、気づいた時には、すでにあちこちに出回っていて回収しようがなかった。[137]」

淳熙六年（一一七九）南康軍知事着任中、軍教授の楊大法が長官の著書（おそらく『語孟集注』）を学糧銭で刊行しようとした。朱子は、魏安行がかつて『程尚書論語』を刊行して坐贓の罪に問われたことを引き合いに出して思いとどまらせようとし、版木に載せた分については自腹を切って賠償することを申し出る。それを頼み込む手紙の中で、婺源でも最近『西銘説』を刻した者があったが、手紙をやって版を毀たせたと述べている[138]（しかし、偽学の禁の時に本軍に毀板の命令が下っているところを見るとじっさいには出版されていた[139]）。

淳熙十三年（一一八六）広西の安撫使詹体仁に何度も中止を懇請したにもかかわらず、『語孟集注』『中庸章句』などが刊刻される。破産してでも版木を回収したいと申し出るが結局折れて、向こうが送ってよこした印本に二年前からの改訂部分を記載して供するにとどまった。[140]

淳熙十五年（一一八八）『中庸章句』等が刻本前に盗印されたと聞いて調査したが、突き止められず。[141]

このほかにも『周易本義』が成書前にやはり「伝出模印」され、版木を回収した時にはもう世に広まっていたとい

う。[142]

朱子はテクストの流布は不本意だとしばしば嘆く。好意的な伝道だけでない。中には「窃出」「盗印」もあったと強い口調で語る。有名な唐仲友弾劾事件（淳熙十二年）の際にも公使庫銭流用の出版を理由の一にあげた彼だから、坊刻のみか官刻についても慎重な態度を取ってはいる。

彼とてどの著作に対しても同じ態度だったのではない。一族の故郷婺源で『西銘説』が刊行されようとした時、その版木を廃棄した彼が、『中庸集解』については出版を応援した。南康軍在任中には下僚による出版を阻止しようとしたが、近隣の学官が『語孟要義』（建本初刊時の名は『精義』）を出そうとした時には序文を寄せている。[143] 出来がいいと判断したテクストの弘布は望むところだった。

しかし、彼は決して完璧主義者ではなかった。仕事を急いでいるように見える夫子があちこちに姿をのぞかせる。『近思録』は校勘が十分でないため誤りが生じました。後にこちらの書坊から出版させ、巻尾の増補分を巻中に組み込み、重複している文字を削りました。[144] 改訂部分に付箋をつけて送るから検討してください。改めるべきところは改めてよし。旧本のこれ以上の流布を防ぎたいのです。[145] 注の中にあなたが記した二句の意味がはっきりしませんが、出版せざるを得ません。戻ってきてから相談しましょう。長くは待ってはいられないのです。[146] 誤りを改めるにやぶさかでないのが朱子の偉さだし、諸般の事情からとりあえず出版せねばならなかったこともあるだろう。出版には出版の力学がある。呂祖謙は『精義』の近所での出版中止の斡旋を朱子に頼まれた時、「婺州で出る本はふつう値段が高く、出版費がかさむので貧士には難しいです。したがって、建本の売れ行きをじゃまする ことなどありえません」と返事したが、[147] これは「費用がかかるし大変だろうから、止めさせて欲しい」と書き送った朱子の本音を呂が見透かしたものだろう。二人の間に交わされた書簡の配達人の中に「販書人」「鬻書人」が登場することや、[148]呂祖謙の「こちらではご著書を読みたくても手に入れられない者が多いので、本屋に百余冊ほど送らせてくださればありがたいです」[149]という文言は、朱子と出版者の関係の親密さを垣間見せてくれる。彼とて建陽に生きる人、「閑人」でいられるわけはないのである。

　だが、それだけではない。

　　『淵源録』をお返しします。こういった類の書物は慌てて出してはいけません。速成で杜撰なものを出すくらいなら数年をかけてほぼ完璧という状態になるのを待ったほうがよいでしょう。……かつて『語孟精義』を出されましたが、あれは慌て過ぎでした。[150]

性急なのは原稿を録出したり、盗みだしたり、熱意の余り著者の了解も得ずに出版にとりかかる地方官たちだけではない。呂祖謙にこう諭される朱子自身が時に性急だったのである。いったい「伝出」「盗去」と彼は言うが、はたしてすべてが「不本意」だったのだろうか。不完全本が伝わるのを恐れて、死の直前まで弟子に小出しにして見せるだけで『易伝』を写録させなかった程頤に比べて、朱子はオープンで隙を常に見せていた。それが故意だとは言わないが、秘伝主義を選択することもできたはずである。

版本だけではない。伝出されればそれが次々と写録される。死の直前まで『大学』の改訂に孜々として努めたという余りに有名なエピソードは、それまでことあるごとに弟子たち周囲の人間が写し取った種々のテクストが撒き散らされたということでもある。

　それは「蘭亭序」「楽毅論」『閣帖』のテクストが微妙な差異を競い合いながら流布していった事態と重なりあう。魏了翁は輔広が持つ晩年のテクストを入手することで、高みに立ったことを思い出してほしい。

　　未完成の本を軽率にも出版普及させて、それを止めようともしない友人の姿を見ては、その無責任さ加減や将来の展望を持っていないことが気にかかるのです。[151]

と述べる朱子さえもが、時代の性急さに巻き込まれていたのである。むしろ朱子門下のあの熱狂は、夫子が時代の要求する速度に応じて刻々とテクストを産生していったからこそもたらされたのではなかったか。

むろん、朱子学が他のスクールから際立って人々を吸引する魅力を持ったのは、世界の、人間の原理を開示したことにあった。しかし、「為己の学」のテクネーを人々に伝授する方法においてもすぐれていたことが学徒を引きつけたのである。朱子は懇々と読書の工夫について説き、テクストの綱領を指し示した。それは東莱一派の「論看通鑑法」や「看左氏規模[152]」といったむき出しの戦略ではない。しかし、方法論の開示要求に答えたという点では同じだった。

ここで『通鑑綱目』を例に取ろう。朱子は友人で建陽の隣の建安出身の袁枢が編んだ『通鑑紀事本末』に賞賛を送る[153]一方で、これに満足せず独自の工夫で『通鑑』を編集しなおした。項目を立ててその下に関係記事をまとめ、「綱」と「目」を大書・分注つまり字の大小で分かち書きすることによって、「綱」という見出しのもとにその解説が来るという形ができた。『通鑑』だとある事柄について読もうとしても、あたりをつけてその周辺のすべてに目を通さねばならないが、『綱目』は見出しに着目すれば、容易に目当ての箇所にたどり着ける。『綱目』といえば、「綱」に『春秋』の筆法が寓されていることばかりが言われるが、「綱」のインデックス機能も重要である。そして、これは、見出しのもとに関係記事を集めてくる類書のスタイルに似る。

あるいは、弟子たちが編纂した「語録」を見よう。そのかなりの部分が読書法を説いたものだが、「語類」という整理法によってそのことがより鮮明になった。分類することで抜け落ちるものがあるという魏了翁のつぶやきは、結局かすかなものでしかなかった。『朱子読書法』なる単行本[154]まで出たことが、人々の要求のありかを示している。朱子学はなかば官学化されてゆく中で、「朱子についての論文の書き方」(『群書会元截江網[155]』)や『文場資用分門近思録[156]』といった形で「挙子の業」に取り込まれてゆくけれども、それを単に通俗化と切り捨てるのではなく、むしろ「挙子の業」を中に含みこんだ方法論への時代の要求という視点から見なければ、その後の朱子学の展開を押さえることは難しいだろう。

少数のテクストを精読することを勧め、多読濫読を切に戒めた朱子だが、実際一介の読み手がどれだけのテクストに触れえたのだろうか。「蘭亭序」や『閣帖』のテクストが溢れかえり、朱子のテクストが「窃去」「盗印」も辞さないほどに熱狂的に迎えられたのを見てきた。明末清初[157]に比べれば、より局限された世界の中における出来事ではあるが、その熱量はなまなかなものではない。

*

いろいろ見てみたい、かといってなかなか手に入らない。朱熹少年がかつてため息をつきながら『集古録』を眺めたように、貧しい後輩たちは『宝刻叢編』等のカタログは手にしえても、そこに並んでいる商品を購入するほど豊かではなく、指をくわえているよりしかたなかったろう。しかし、カタログだけでも十分に楽しめる。北宋中期頃からの「〇〇譜」（「茘枝譜」「菊譜」「梅譜」「蘭譜」「揚州芍薬譜」「蟹譜」「硯譜」「香譜」「雪林石譜」など）の頻出はそのことを示している。陳思の『海棠譜』もその一つである。

すべてをできるだけコンパクトな形で総覧し、かつそこからアイテムを引き出す道具がほしいという欲求が「纂門分類」というタイトルに直截に表出される。「詳説」をうたう傍らで「精義」が売り物にされ、「大全文粋」「詳節」といった語義矛盾もものかはの欲張ったものが出現してくる。

南宋末年に古鄮山人左圭が編んだ『百川学海』は、ふつう「叢書」の早い例として取り上げられるものだが、何でも詰め込んでやれとばかりに、「心」の字の解剖あり（「聖門事業図」）、有職故実あり（「春明退朝録」）、地方官としての心得あり（「昼簾緒論」）、詩話あり、「〇〇譜」あり、閣帖研究あり（「法帖譜系」）といった一見雑然としたつくりながら、その実計算された献立なのであって、そのタイトルといい、当時の人々の欲望が那辺にあったかをよく示している。

これらが需要された背景に科挙の狭き門（「棘闈」）をくぐり抜けようとする人々の激増があったのは言うまでも

ない。しかし、それと同時に諸々の世界を一望のもとに領略したいという人々の希求の強さこそが南宋時代を特徴づけるものであり、その中から士大夫のノルムもまた形成されていったのである。

第一部　福建士大夫と官僚社会

第一章　劉後村と南宋士人社会

一　「当代一流の人」

南宋の滅亡を間近に控えた咸淳五年（一二六九）の正月、郷里莆田の士大夫たちに惜しまれつつ、後村劉克荘は逝った。四十年来の親友林希逸の手になる「行状」によれば、死後数日のうちに泉州以南、福州以北からも弔問客がおとない、やがて四方の交旧や「銘・序・跋・詩を得し友」が参集したという。弔問客たちの「これで斯文に宗主がなくなった」との嘆きはその存在の大きさをよく言いあてているが、「千載の士」と呼ばれると少し大げさな気がしなくはない。しかし、そうした値踏みはさておいて、いましばらく行状や門人洪天錫の手になる墓誌を中心に彼の行路を辿ってみたい(1)。

彼が生を享けた淳熙十四年（一一八七）には、王朝中興の祖高宗が世を去っており、後を継いだ孝宗の治世の晩期にあたっていた。朱子学を弾圧する偽学の禁が始まったのは八年後のことである。

後村は二十歳前後の時期を首都臨安に過ごした。開禧北伐の紛擾の最中である。

詩人いずくにか青衫あるを得んや、今歳戎と和するに百万縑。

此れ従り西湖に柳を挿すを休め、桑樹を剰栽して呉蚕を養わん(2)。

北伐の失敗により金朝に賠償を払い、歳幣を増額することを余儀なくされたことへの憤激を皮肉でくるんだ詩人は、当時太学に籍を置いていた。この頃の太学の受験者は三万人をはるかに上回った。南宋の太学の三舎生（外舎、内舎・上舍）の定員は八百人程度だが、滞留する者が多かったから、欠員は限られている[3]。その狭き門に殺到するのには理由がある。太学に籍があれば、解試の受験が一般の州経由とは別枠になり、倍率は四、五倍ほどで、ほかにも様々な特典に恵まれていた[4]。

したがって、太学生は十分にエリートなのだが、そこで頭打ちになる者も多い。たとえば、後村の郷里の先輩丁伯杞（一一六一―一二二九）である。彼は後村より十年程前に、三十六歳で入学していた。しかし、進級はなかなか叶わず、二十年後の試験でトップの成績を収めたものの、押韻のミスがたたって取り消しとなった。翌年の太学解試に応じて合格したが、省試には失敗。四年後に内舎に進学し、さらにその九年後上舎試に臨んだ時、発作に襲われて寄宿舎に運ばれたところであえなく言切れた[5]。このほかにも後村が机を並べた同窓生には、父と同じ年の郷先輩がいた[6]。

丁伯杞の寄宿舎（允蹈斎）の隣の寮（持志斎）には後村の弟や従弟が住んでいたが、そこに鄭清之（一一七六―一二五一、一二一七進士）という男がやはり十五年間くすぶっていた。四十をまわったところで省試に応じた時、日暮が迫っても詩の押韻がうまくゆかない。持ち込みの韻書をめくって「他年蒙渥沢、方玉帯囲賴」と泥縄で仕上げたことを寮生仲間に告げたところ、「就職も叶わんのに、もうその後の栄達を夢見ているのか」と冷やかされた。ところが意外にも合格、苦し紛れに捻りだした文句は後半生の予讖となった[7]。しかし、後村在学中にはまだ平凡な一学生にすぎない。後村は弟たちを介してこの人物と知り合うが[8]、この出会いは彼のその後の行程を大きく左右することになる。

後村の文名は太学入試の目ざましい成績で、すでに都下に聞こえていた。もともと彼の生地は詩賦を以って天下に聞こえたといい[9]、「莆体」と呼ばれる独自のスタイルを持っていた[10]。それに加えて、後に「江湖派」と称されるマイナーポエットたちとの交流[11]が詩賦の才に磨きをかけた。

同学の辛苦を見たからというのでもなかろうが、彼は自分の文章が科挙向きでないと分かると、[12]科挙の道を最後まで追求しなかった。一族は父の世代で六人のうち三人、同世代では十四人のうち三人の進士を出しているのだが、[13]彼はけっきょく南郊恩赦の際に二十三歳で恩蔭により出身する。初任は洪州靖安県の主簿で、さらに陸九淵門下の大儒袁燮（一一四四—一二二四、一一八一進士。後村の父と同年の進士である）の招きで幕僚に迎えられた。

二十七歳の時、吏部侍郎までのぼった父の弥正（一一五七—一二一三）が亡くなる。喪に服してから、生地の隣州の右理曹（司理参軍）として復帰し、真州録事参軍を経て、嘉定十年（一二一七）、江淮制置使の幕府に参画した。おりしも長江のはるか彼方の地殻変動が、すぐそこまで伝わってきていた。

六年前、後村の師の一人余嶸《こう》（一一六二—一二三七、一一八七進士）が金国賀生辰使に任ぜられて涿州まで来た時、モンゴル軍が漠南に繰りだして居庸関を突破していた。以来、山東・河南にまで驥足を伸ばした「黒韃」軍団の姿が南人の視界に次第に大きく映じるようになっていたのである。「国家の大讐未だ報いられず、天其れ或いは外夷に手を仮りて以って此の虜を斃さんか。[14]」たしかにモンゴルは天が金打倒のためにもたらした配剤に見えたが、「入幕当初、朝野では盛んに虜の衰えが口にされた[15]」と後村が述べた楽観ムードは嘉定十一年（一二一八）三月の泗州の敗戦で水を差され、翌年の春には金の遊騎が建康対岸に姿を見せた。後村はかねてから辺防には並々ならぬ関心を有しており、制置使に方策を上ったが、いれられなかった。[16]

それどころか、朱子の高弟黄榦（一一五二—一二二一）ら先輩たちが幕府を去った後、[17]無策の責めが後村に集まった。[18]すっかり嫌気がさした彼は前線を離れて帰郷する。さいわい、山東の「忠義軍」の働きで金軍は退けられ、太学の後輩たちは和平派の大臣を斬るべしと気炎を上げた。しかし、

人は道《い》う、山東は職方に入れりと。書生肝小さく慮空《いたず》らに長し。
遺民は蟻の如く飢えは給し難し。侠士は鷹の如く飽けば颺《あが》り易し。[19]

と後村が懸念したように、帰投してきた山東諸豪の向背は時機に応じて変わり、「韃靼の牌号を帯びる者[20]」もあった。軍事的成功は彼らに負うところが大きかったが、山東に国政が振り回されることにもなった。彼らに対する工作費も歳費五百万緡、米四十万石とばかにならなかったのである。[21]

後村は前線を去るに際して旧作の詩稿を焼き捨て、[22]それまでの自分に訣別を告げた。閑適の生活の中で新作は滾々と湧き出た。[23]それらはやがて『南嶽稿』としてまとめられて評判を呼び、永嘉学派の総帥葉適（一一五〇—一二二三、一一七八進士）から文壇に「大将の旗鼓を建てる」ものと絶賛を浴びることになる。[24]

しかし、烽火が照らしだす長江の前線の緊張から解放されても、[25]惰眠を貪っていたわけではない。先輩方信孺（一一七七—一二二二、『韓昌黎集』を校訂したビブリオマニア崧卿の子）との語らいも彼の血を沸き立たせただろう。信孺は開禧北伐の失敗の尻拭いに敵国に使いして一躍名を上げたが、この時は後村同様前線での責めを負って引き籠っていた。[26]こうした名物男との贈答詩が多く収められたことも、『南嶽稿』の成功の一因だろう。[27]

嘉定十四年（一二二一）冬、後村は母の勧めもあって、一度は辞退した広西への辟召を受ける。当時、広西行きは選人が京官となる（後村の表現によれば「選坑を脱する[28]」）ための一時の「腰掛け」を意味していた。[29]後村の場合はあと一歩、「一考」分を埋めればよかった。京官になるために考（キャリア）と挙（五人の推薦者）を揃えるのが並大抵でないことは、彼が同郷人たちの為に書いた墓誌銘等を見れば分かる。[30]後村の場合、泉州の老儒傅伯成（一一四三—一二二六、一一六三進士）に著述を献じてすでにその知遇を得ていた。[31]傅は後村が二十三歳の時に父に代わって書いた朱子（一一三〇—一二〇〇、一一四八進士）の覆謚議[32]（その結果、文忠が文にかわった）に舌をまいたという。彼は挙主には恵まれていたのである。

この旅は彼の人生で最も長いものだった。武夷山脈を越えて臨川で江湖派の社友曾極と出会い、豊城からは風雪に見舞われながら贛水、袁江を上り湖南に入った。[33]霊山衡岳に立ち寄った後は、范成大（一一三六—一一九三、一一五四進士）とほぼ同じコースを辿って仙境に入った。[34]范の『桂海虞衡志』を待つまでもなく、桂林は勝地の名をほしいままにするようになってから久しかった。後村もまた諸洞をめぐり、題名を刻み込むのに熱中したことだろう。

懸壁万仞の余、江流其の趾を繞る。仰視すれども天を見ず、森秀は地を抜いて起つ。

中洞は既に深豁、旁竇は皆な奇脆。惜しいかな題識多く、蒼玉は半ば鑱毀さる。[35]

四十年足らず後に蒙古の騎兵がこの地に姿を見せるとは、むろんこの時想到すべくもない。

一年も経たぬうちに故郷へ戻り、嘉定十六年（一二二三）冬、改官（選人→京官）のために久々に上京した。当時年間の改官者は六十人前後だったと見られる。[36] 三年に一度の進士登第者が三百人弱くらいであったことを考えれば、その関門の狭さが分かるだろう。

児時、弾を長安市に挟み、人間に果たして愁い有るを信ぜず。

江南・江北路を行くこと遍くして、始めて愁いの会《よ》く人の頭を白くするを知れり。[37]

悩みも知らず都大路を高歌闊歩していた二十年前とはわけが違う。しかしまだ三十七歳、将来は長い。なお、この時に臨安の書肆陳起に『南嶽稿』を渡した可能性があるが、これが後日の禍根となる。[38]

改官の結果知県として赴任が決まったのは、郷里から約三百キロ、閩江を遡った建陽県、つまり朱子終焉の地であった。その死後すでに四半世紀を閲していたが、その祠を一新したことは道学者流の中での評判を高めたことだろう。[39] それ以上に彼の精神生活そして政治生命に大きな影響を与えたのが、真徳秀（一一七八―一二三五、一一九九進士）との親近であった。[40] 西山先生は理学の巨星の一人であり、後進たちの崇仰の的である。

しかし、真徳秀は新帝理宗即位にまつわる暗部である済王竑の「冤死」事件に批判的な態度を隠さず、専権宰相史弥遠（一一六四―一二三三、一一八七進士）の走狗である台諫の「三凶」の攻撃の的となり、その火の粉は一拍をおいて一介の県知事にまで振りかかってきた。詩史上名高く、後村自身蘇東坡の「烏台詩案」に比した「梅花詩案」がそれである。[41] 史弥遠と共に理宗擁立に与り、要枢の地位へかけ上がろうとしていた太学時代の友鄭清之のとりなしでことなきを得、通判への昇進まで決まった。しかし、結局「詩案」は彼にしつこくつきまとって、二度目の奉祠生活を余儀なくされる。帰郷した彼にはすでに寄り添う愛妻の姿もなく、[42] しばらくは失意の日々が続いた。「端平更化」（一二三四）は、足掛け二十七年間に及ぶ史弥遠時代に終止符を打ち、宿敵の金国また潰えて、世は春の訪れを信じた。鄭清之が首班の座につき、真徳秀も中央復帰を遂げる。五十に手が届こうとしていた後村もまた都に上った。輪対の場での堂々たる上言は、人々に彼の経綸の才を感じさせるに十分だったという。しかし、それに苦々しい思いをした者の弾劾により、再び郷里に帰る。その後も浮沈は繰り返され、広東や江東の地方官として実績を挙げて中央復帰の気運も生まれたが、その度に話は壊れた。

それでも、還暦を迎えようとする彼にまだ晴舞台が待ち構えていた。淳祐六年（一二四六）、服喪を終えたかつての宰相史嵩之（一一八九—一二五七、一二二〇進士）の復権が取りざたされる中、中央に復帰して中書舎人に任じられた後村の前にうず高く積み上げられた詞頭の山に、史嵩之の「致仕制」という途轍もなく重みのある一枚がつけ加わった。その時の苦闘ぶりは後に紹介するが、とりあえず彼の側に立っていえば、その意図が誤解されて指弾を受け、立朝はまたしても短いものに終わった。

やがて友の鄭清之が宰相に復帰すると、在郷のまま提点刑獄の任に就くことが認められ、また母の喪が明けると上京を促されたが、この時も台諫の一人の執拗な攻撃の前に一年足らずで都を後にする。

この度の隠居暮しは長きに及んだ。日が高くなるまでたっぷり睡眠をとり、釣り糸を垂れて時が経つのも忘れて悠々自適の毎日を過ごしたと彼は言う。[43] しかし、世間の方が彼を放って置かない。かつて葉適が予言したとおり、文壇に大将の旗は打ち立てられていた。文筆活動には一層脂がのり、自作を持ち込んで批評・序跋を求める後進がひきもきらなかった。

「生墓」まで用意し終えた[44]七十四歳の老翁が中央に呼び出されたのは、景定元年（一二六〇）である。在京期間は今回が最も長い。寄る年波に勝てず、目や腕がいかれてしまったものの、中書舎人の激務を全うした。二年後引年の願いに対して、故郷に近い建寧府の知事に任じられて都城の門を出る時は宸筆を賜る殊遇に浴した。晩年の彼は次々と友人に先立たれ、眼疾が昂じて明を失ったが、その暗闇の中で枯淡の老境を遊弋していたのか、それとも王朝の命運に漠たる不安を感じていたのかは分からない。

＊

八十余年の長い生涯の中で、立朝の時期は締めて五年にも満たない。行状・墓誌のきらびやかな記述と実際の政界における比重は、自ずから別の問題である。おまけに、一代の宗匠ともうたわれた人物が『宋史』の列伝からこぼれ落ちている。彼が他人のために撰した行状・碑文・墓誌がもとになって『宋史』のいくつかの列伝が組み上がっていることを考えれば皮肉である[45]。後世から閑却されていたわけではないのだが、その評価は決して高くない。また、彼の出処進退については、最後の立朝が賈似道（一二一三—一二七五）の推挽によるものだったことが、後世非難されることになった[46]。詩界の先輩陸游（一一二五—一二〇九）が晩年韓侂冑（一一五二—一二〇七）の召しに応じて登朝したことが思い合わされるが、陸游はちゃんと『宋史』に立伝されている。清朝の詩人王士禛は彼を「揚雄・蔡邕の轍を踏みて自覚せざる者」とまで断じている[47]。

いな、変節の士と言われようが、揚雄・蔡邕に比せられるような文名が後世に残るならよい。彼は「近世では理学をありがたがって詩賦を軽視している。詩賦がつくられたとしても率ね「語録」や「講義」をそのまま韻文に仕立てただけである[48]」と、理学全盛の時代に文学の王道たる詩作が軽んじられていることに強い不満を持っていた。したがって、四庫館臣の「真徳秀に学んだのは、名声を得ようとしてのことにすぎない[49]」という評には甘んじたかも知れないが、八十一歳の時生涯を振り返って「史書に残るような事業はないが、詩のみは何とか虚名を享受できよう[50]」とうそぶいたように、斯道については自負する所が大きかった。詩作のみではない。詞においても一流であり、評論家としても『後村詩話』も出している。すでに見たように、書画の鑑定眼も信用されていた。まずは当時一流の文化人と言って過たない。

しかし、宋一代の文化に視野を広げると、途端に影は薄くなってしまう。最も得意とする詩においてすらそうである。「南宋四大家」（尤袤・陸游・楊万里・范成大）の仲間入りすらできなかった。そうした評価は現代にも及んでいる。たとえば、中国社会科学院が一九九六年に編集した『宋代文学史』では第十四章「南宋後期詩人」の第二節「江湖派詩人」の中に登場するが、個人として立項されていない。かろうじて「南宋後期其他詞人」の中に項目が立つだけである。詞人としての評価が高いのも、もっぱら「辛棄疾張りの」憂国の作を詠んだことによるが、[51]「愛国」を褒められて芸術家はよろこぶだろうか。また、『後村詩話』も一世代前の『滄浪詩話』の個性の前にはかすんでしまう。

しかし、これは彼個人の能力の問題だろうか。後村が生きた、とりわけその壮年期以降の理宗朝という時代そのものに負うところが大きい。この時代については朱子学の公認が特筆されるが、端平更化のチャンスを生かして「偏安」を打開することもならず、国運の衰勢をくいとめることができなかったというのが一般的な評価である。一方、北ではユーラシア全体に走った世界史の衝撃の中から、モンゴルの征服者群を別にしても、後村より三歳下に耶律楚材（一一九〇—一二四四）、元好問（一一九〇—一二五七）らの文化人が登場していた。また、後村が生まれた西紀一一八七年には、南宋四大家はいずれも還暦を越え、朱子は五十八歳、陸九淵四十九歳である。こう眺めて見ると、たしかに文明の元気の衰えを感じる。あるいは宋朝の掉尾を飾る賈似道や文天祥（一二三六—一二八一、一二五六進士）といった強烈な個性が際立つのも、王朝が滅びたことが前提としてある。その中で後村は時代の身丈に合った存在でしかありえない。

しかし、近年になって詩人としての後村に光が当たるようになった。その研究動向が王述堯によってまとめられているが、[52]こうした文章が二〇〇四年に書かれたこと自体、再評価の機運の盛り上がりを示している。しかし、注目はやはり文人としての彼に集まっていて、時代を生きた士大夫・官僚として彼を取り上げた仕事はほとんどない。後村の交友関係を明らかにした向以鮮（点校本全集のうち詩詞の担当者でもある）や、地域社会における後村に注目した小林義廣の研究があるが、いずれもサークル内の人間として彼を見ることに関心を集中している。[53] 韓国の趙東元は政界の中での彼を扱っているが、伝記と銘打つものの、じっさいには賈似道の公田法に多くの頁数が割かれていて、後村の生涯の全体は描かれていない。[54]

つまり、『後村先生大全集』一九六巻のうちごく一部が料理されているにすぎないのである。『續資治通鑑長編』『建炎以来繫年要録』といった密度の濃い編年史料に恵まれない南宋後半期において質量ともに一級の史料の整理整頓すら、程章燦による本格的な年譜が登場する前世紀末まで手がつけられていなかった（この年譜によって旧稿を改めたところがある）。訛誤の数も最大級である『大全集』の点校も完成した。[55] このように基礎作業ができたことで、あらためて後村の時代的位置を確定する条件は整ったと言えよう。

後村の一生は南宋の後半生にあたる。彼は時代の宗匠として時の権力者から道学の徒、江湖の詩人たちと、じつに多くの時代の小個性たちと接触を持っていた。本章では後村の伝記を中心にすえながら、彼が多面的に描き出した南宋後半の官僚社会像を描き出すことを目的とする。

二　士狭人稠の地

まずは後村の生地、興化軍から話を始めよう。古来福建は七閩の地と呼ばれてきたが、宋代に入ると「八閩」の称が並び行われ、後者は福建の通称となる。福・建（南宋になって建寧府に昇格）・泉・漳・汀・南剣六州に、興化・邵武二軍を加えた八つは、宋人によって武夷山脈寄りの「上四州」、海に面した「下四州」に二分して意識された。後者に属する興化軍は西に泉州が控え、東は福州に接する。後村には、桑原隲蔵が取り上げたアラビア出自の泉州商人蒲寿庚の兄（寿宬）との交流があったが、[56] 興化と大海港の近さを端的に物語っていよう。媽祖信仰の発祥地にも擬せられている。[57] 大きな海港はないが、泉・福と一つの社会・経済圏を形成していた。その詳細については、南宋までの福建南部の発展を論じたヒュー・クラークの著書が参考になる。[58]

後村以前の興化軍を語るには『莆陽比事』（莆陽は当地の雅称）という文献を覗いてみるにしくはない。嘉定年間に李俊甫という人物が当地に赴任していた林瑑《てん》のところに持ち込んだ草稿をもとに板行された書物である（ただし、現存のものには後年の増補が紛れ込んでいる）。[59] 原著者はご当地出身で数年後に進士となった人であり、[60] 林瑑（一一五九—一二二九、一一八四進士）は隣県の福州福清の出である。当時の閩の士人たちは、故郷近くの地に任官することがめずらしくない。[61] じつは彼がこの書に跋を付したのより五年前に、後村が二十三歳で結婚した妻が彼の女なのである。[62]

書物の体裁は四字句対の韻文に注を付ける形を取り、その名のとおり「事づくし」のスタイルである。内容は南宋になって盛んになった方志（当地でも、紹熙三年（一一九二）に本格的な方志が編まれたという）[63] というより人物志と呼ぶべきものである。

この書が述べることは強ち誇張ではなく、当地からは人材が輩出し、朱子学もおおいに普及した。[64] しかし、ここでは後村を生み出した歴史的土壌を『比事』に沿う形で粗描しておくにとどめよう。

まず『比事』を開いて目を見張らされるのは、巻一の「烏石官職、莆陽朱紫」の項である。ここには郡城の東北に控える、天下随一の荔支（後村の大好物でもある）の産地とうたわれた烏石山の近辺から輩出した進士や官人の氏族名が「闕下林唐貞元孝子攢之後、福帥枅之族　前埭林唐武衛之後、朝奉嶽之族」といった調子で蜿蜒と列ねられる。「義門烏石劉省元夙・朔之後、吏部侍郎弥正・正字起晦之族」として後村の一族も姿を見せている。海に瀕した白港（白湖）にも著姓が集中した。林・鄭・黄・陳といった福建お馴染みの姓や方氏などが「郡望」「県望」を通りこして、それこそ「何町の何家」といった風にひしめきあっている。後村が郷人のために数多く書いた墓誌銘の中にも同様な表現が見受けられる。[65]

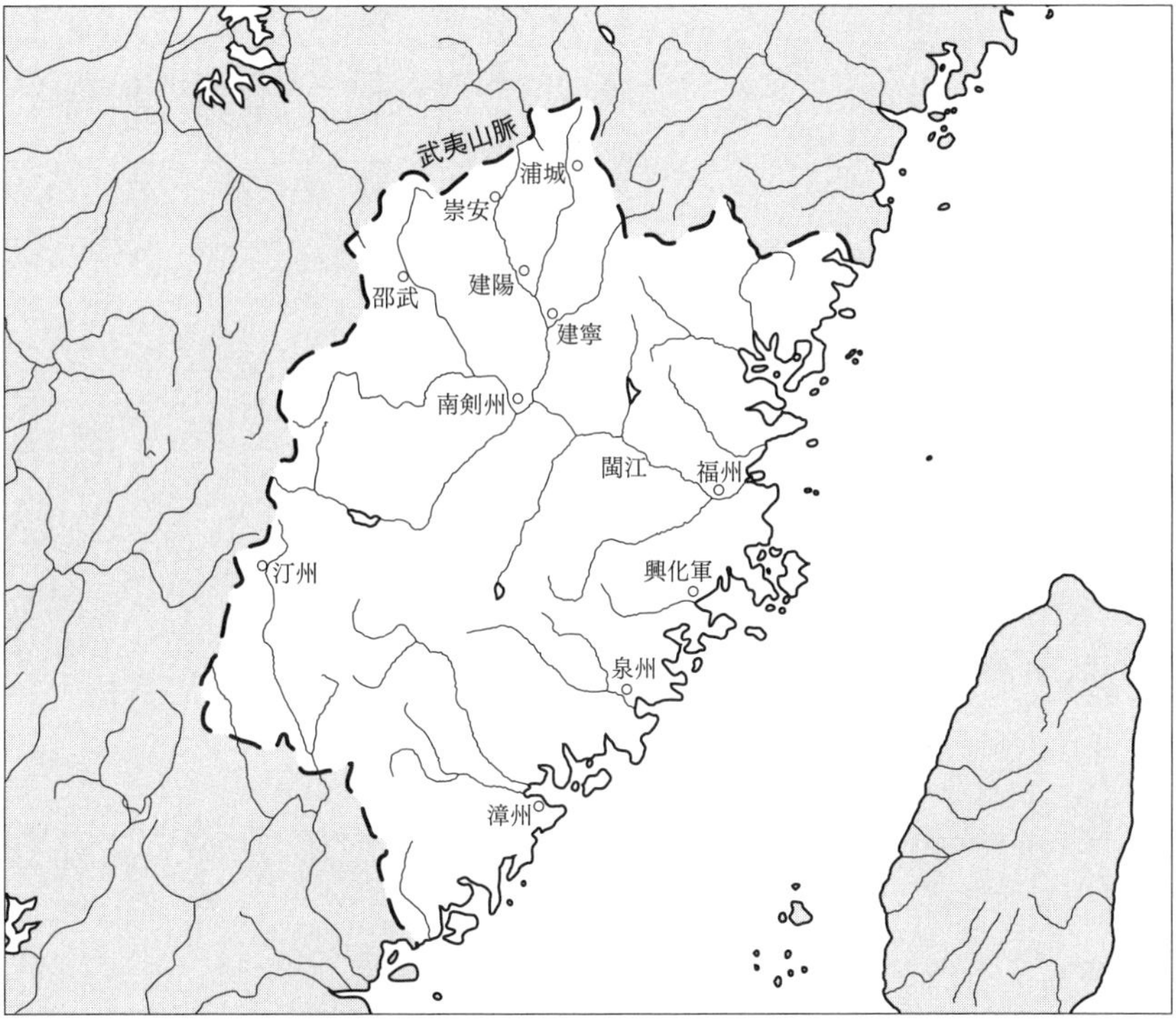

地図 1-1　南宋時代の福建

とりわけ、「熙寧年間に川を橋によって断ってから莆陽の科挙合格者は倍増し、木蘭に堤防と水路を作り、南方の壷山をめぐる形に水を引きこんでからは名族がますます多くなった」と述べて、開発と人士の輩出が結びつけられているのが印象的である。熙寧・元豊間に作られた木蘭陂が莆人にもたらした恩恵はかり知れなく、その事業に殉じた銭四娘と十年がかりでこれを仕上げた李長者はこの地の信仰を集め、後村がその「廟記」を執筆している。(66)

　事実、熙・豊以後に当地出身の進士が激増している。そして後村の壮年期には「前代名賢、皇朝進士」（巻二）の項の「正科八百、特科五百」（嘉定七、一二一四年の時点）という数字に到達した。ここでジョン・チェイフィーの著書に附載される統計を借りて、宋末までの正科進士の統計を近隣の州と合わせて示せば、

	〔両宋〕	〔北宋〕	〔南宋〕
福州	二七九九	五五〇	二二四九
建州（建寧府）	一三一八	八〇九	五〇九
興化	一〇二六	四六八	五五八
泉州	九二六	三四四	五八二

となる[67]。南宋に入っての伸びは福州・泉州に比べると鈍いように見えるが、南宋期に科挙に大量進出した宗室出身者が泉州（南外宗正司の所在地）の六分の二、福州（西外宗正司）の十分の一を占めるのに対して、興化軍における趙姓進士は五パーセントに満たないので、これは大した数と言わねばならない。やはりチェイフィーによれば、福建路自体が両宋を通じてトップ（北宋二六〇〇、南宋四五二五）で二位の両浙東路（北宋九一一、南宋三九〇〇）を大きく引き離しており、州軍単位で見れば、興化は両宋で四位、南宋では八位である。ちなみに、南宋の上位七傑は福・温（浙東）・明（浙東）・吉（江南西路）・饒（江南東路）・泉・眉州（成都府路）であって、江南の中核域は入っていない。

単に登第者が多かっただけでない。莆人にとってさらに鼻が高いのは、抜群の成績を収めた優等生が多いことで、宋朝に入って六人が状元の栄誉に浴しているが、中でも紹興八年（一一三八）、住居が三里と離れていない黄公度（一一〇九—一一五六）、陳俊卿（一一一三—一一八六）が一、二位を占め、さらに「榜幼」つまり最年少の十八歳で龔茂良（一一二一—一一七八）が登第したことは郷人にとってはまさしく一大事件であった（巻一「名亜虎榜、魁占龍頭」）。

十三年後には、郷書（解試）の上位七名が翌年すべて合格する快挙があった（巻一「四異同科、七名聯第」）。その中に後村の祖父夙（一一二四—一一七一、当時二十八歳）がいた。九年後には、その弟の朔（一一二七—一一七〇、当時三十四歳）が、青衣の人が携えた文巻の上に「省元」の二字が記されていたという夢そのままに南省に魁となった。兄弟の先祖の代には、虹が家にまとわりつく瑞祥があったといい、劉氏はとりわけ祝福された家柄だったのである（巻一「青衣告夢、紫気呈祥」）。

兄弟はいずれも温州に勤務したことがあり、彼の地の後進たちに大きな影響を与えたという（巻五「永嘉理学、高密儒風」）。その中に若き日の葉適がいた。彼と劉一族の長きにわたる交流[68]がここにはじまる。その後、葉適は莆田に戻った師の郷紳としての活動を描いている。[69]木蘭陂のお陰で米の増収が見込めるようになったとはいえ、「土狭」では限界があった。平野部には過重な人口圧がかかっていた。おまけに甘蔗等の商品作物への転作もそろそろ本格化しつつあったために、[70]浙江や広東に米の供給を仰ぐことが常態となっていた[71]（これは後世も変わらない）。大干ばつの際にそのツケは一気に回ってきたが、劉夙は郷人を率いて広東の潮・恵州の米商を招くべく、知事に力勝銭を免じるよう建言し、思惑があたって商人が城下に四集したという。夙・朔の兄弟は中年で倒れて輿望ほどには顕われなかったが、夙の子弥正（一一八一進士）、朔の子の起晦（一一七八進士）、起世（一一九六進士）、孫の希仁（一二二一進士）と登第者が相次いだ。[72]

二劉のやや前の世代にすぐれた指導者がいて、人士の輩出に大きく寄与した。「わが莆の文学は湘郷を開山とする」（巻三「湘郷門人、艾軒弟子」）といわれた鄭厚（一一〇〇生、一一三五進士）、その従弟で共に学を講じた鄭樵（一一〇四―一一六二）、そして二劉の師でもある林光朝（一一一四―一一七八）の三人である。うち後世に名高いのは『通志』の著者鄭樵だが、当時後進たちに大きな影響力を有したのは艾軒林光朝である。若き日の後村も彼の文章の片言隻句に至るまで諳んじていたという。[73]

もっとも、林は暗記できるほどの分量しか著述を残さなかった。それは「文章で世の評判となるのは先生の意図するところではなかった」と後村も言うように、[74]艾軒の学問のあり方によるものだが、そのために後世への影響はさしたるものではない。「莆南夫子」と呼ばれた彼は、中微した洛学を伝えて朱子にバトンタッチし、二劉を通じて葉適ら永嘉学派にも影響を与えた、[75]つまり「学案」的記述ではリレー走者的な存在である。しかし、彼の三十年近い講学は莆田県内のみならず、隣の仙遊・福清からも多くの門下生を集め、官界にも多くの人材を送り込んだ。

ところが、宗師自身が進士となったのは隆興元年（一一六三）で、五十歳と遅い。孝宗治下の新時代が始まったところで、専横を極めた秦檜（一〇九〇―一一五五、一一一五進士）の政治色が拭い去られ、政界に重きをなし始めていた陳俊卿がそれに一役買っていた。[76] 同時にそれは莆人、さらに閩人にとって黄金時代の幕開けでもあった。

「七年三元」――乾道二年（一一六六）の蕭国梁（一一三三生）、五年の鄭僑（一一三三生）、八年の黄定（一一三三生）と状元を立てつづけに出し[77]（八年の第二人黄艾も莆人）、相変わらずの好調ぶりだが（蕭・黄の出身地永福県は山を越えた隣州に属するので厳密には莆人ではないが、当時の意識では一括りにされていたのだろう）、同じ頃に宰執にまで昇る者が出てきた。

乾道元年にまず葉顒《ぎょう》（一一〇〇―一一六七、一一三二進士）が執政入りする。この時はわずか九カ月に終わったが、死の直前に左僕射への復帰を果たす。それと同時に執政入りした陳俊卿は四年に右僕射となり（巻三「魁亜聯名、相枢同朝」）、二年足らずの間宰相を務めた。その罷免と踵を接するように、隣の泉州から梁克家（一一二八―一一八七、一一六〇進士状元）が参政となり、八年から九年にかけて右丞相の任にあった（八年以後、左右僕射が左右丞相に改称される）。

淳熙元年（一一七四）、かつての白面秀才龔茂良が参知政事を拝命、四年に彼が罷免された後はしばらく空白が生じるが、九年梁克家が右丞相に復帰する。梁が十三年に引退した時には同じく泉州の留正（一一二九―一二〇六、一一六〇進士）が簽書枢密院事となっていた。留は十六年に右丞相、紹熙元年（一一九〇）には左丞相へと進み、五年まで相位にあった。そして「七年三元」の一人、鄭僑が同年から慶元三年（一一九七）まで宰輔を務めている。[78]

『比事』は葉・陳・梁・留を「四相」に数える。うち二人は泉州の出なので、「三元」同様やや牽強の気味があるが、「両州三駅路、二紀四台星」という里謡を持ち出して両地の近さを強調している（巻三「二紀四相　七年三元」）。

その中で、陳俊卿の存在がひときわ光る。後村が北宋時代の名宰相や南宋初期の大物政治家張浚（一〇九七―一

一六四、一一一八進士）と同格の位置づけを与えるのはいささか大袈裟だが、郷里の後輩たちからすればまさしく「台星」であった。[79]

また、龔茂良は林光朝・劉夙らとともに、孝宗の近臣曾覿（一一〇九―一一八〇）、龍大淵の一党と厳しく対峙した（巻五「力止童貫、合撃大淵」）。それが孝宗の機嫌を損ね、「福建子、信ずべからざることかくの如し」との吐き捨てるような言葉とともに竄責にあい、その晩年は悲惨だった。[80]しかし、この世代から次々と宰執が出たことは輝かしい記憶として残った。

昔吾が邦の元老大臣に正献陳公（俊卿）や正簡葉公（顒）、荘敏龔公（茂良）のような人たちがいたが、その相業は光り輝き、国家を長く支えた。[81]

＊

『比事』のお国自慢につき合うのはこのくらいにしておく。唐末の詩人徐寅・黄滔らにはじまって、能筆の蔡襄（一〇一二―一〇六七、一〇三〇進士）（巻四「紙貴徐寅、字宝君謨」）、『通志』の鄭樵といった名人に事欠かないが、じつは超大物が残っている。仙遊県出身の「姦臣」蔡京（一〇四七―一一二六、一〇七〇進士）である。彼がこの書に登場するのはたった一度、同郷でありながら彼のもとに伺候しなかった清貧の士の話につけあわせで出てくるだけである。[82]

お国自慢の本の「臭いものに蓋」に目くじらを立てても始まらない。むしろ問題にしたいのは、ここに描かれているのが莆陽の士人社会の上澄みだということである。後村の青年期に、当地は一回平均十〜十五人の進士を出している。これは大した数だが、福建の試場の熾烈さを頭に入れるとこのくらいは当たり前、むしろ少ないのではとさえ思えてくる。後村撰述の墓誌にも、仕進の意を絶った郷人がぞろぞろ出てくる。

後村より三歳年長の小学時代の同窓林時（一一八四―一二四一）は十九歳の時に州試で第二位の成績を収めた秀

才だった。かつて上位七名がそのまま翌年の省試に合格した土地柄だから、彼の偏差値は非常に高かったと言ってよい。ところが、省試に五度挑戦して失敗、気位が高いから特奏名試の受験をいさぎよしとせず、常々「吾が家は三世積善の家だから子孫で必ず出世する者が出てこよう」と次代に期待を託したまま亡くなった。[83] 後村の弟の舅林傅（一一七八―一二四四）もやはり場屋に頓挫したが、積善などという目に見えぬものをあてにせず、家塾に名師を招いて教育投資を惜しまなかった。そのかいあって死の四年前には次子の合格を目にすることができた。[84] また、姉婿の方濯（一一八四―一二六三）も執念を捨てなかった。省試六度の失敗の挙げ句に南廊試によって任官、それでも正進士の取得を諦めず、鎖庁試を受けて見事悲願を果たすが、この時もう五十五歳だった。スタートの遅れが大きく響いて、京官へのパスポート「職削」（推薦状）を手に入れられぬまま、州教授に終わった。[85]

出世レースから下りてしまう生き方もある。後村の周辺では叔父の弥邵（一一六五―一二四六）がその典型で、俗世間のつき合いは最小限に止め、経については陳俊卿の子で朱子・黄榦に師事した宓に、史については鄭僑の子鄭寅に、そして『易』については朱子の高弟蔡元定（一一三三―一一九八）の子の淵（一一五六―一二三六）に諮問して、莆陽および福建の恵まれた文化的環境の中で学究生活を送った。[86] また、妹婿の方采（一一九七―一二五六）は二度の省試失敗で以後の受験を断念し、そのエネルギーを書画骨董の収集に傾けた。[87]

進士に合格したからめでたしめでたしというわけでもない。やや先輩の方符（一一七六―一二三三）は叔父が朱子門下だった縁で、省試のために上京する途中、考亭精舎に最晩年の大儒を訪ねた。気に入られて数日語り合い、それに気をよくしたのか、試験にも見事合格した。これを聞いた朱子はさっそく彼に祝い状を送った。この時符はまだ二十四歳、順調なスタートである。ところが彼が五十八歳で亡くなった時、通判にまでしか達していなかった。「子約（符の字）にしてあの程度なのか」と郷人の嘆息を誘ったという。[88] 後村の親友方大琮（一一八三―一二四七、一二〇五進士）も登第は二十三歳と若かったが、五十の時点で知県にまでしか進んでいない。[89] 進士→改官とすんなり上へ行けるわけではないのである。改官者には後村のような恩蔭出身も割り込んでくる。

しかし、これら後村周辺の人々の挫折は、エリートの贅沢な悩みと言うべきかも知れない。後村に墓誌銘を書いてもらうことを望むべくもない下層の士人たちには選択肢すら恵まれておらず、汲々たる毎日を送っていたのだろうから。

後村は例外中の例外、選良中の選良として至極幸運なスタートを切ったことをいま一度確認しておこう。祖先は彼に美田を残さなかったが、その名声は天下に聞こえていたし、父は顕官にまで達している。たしかに進士でないのは疵であり、それも決して小さなものではない。ただ、挙業に汲々とせずにいられたのは、二代にわたる人間関係の積み上げがあったからである。葉適の絶賛も代々の交流が前提になければ、こうまで手放しだったかどうか。「家」の利点に加えて、莆陽という土地が有利に作用した。莆陽は都から遠く離れているが、その士人社会のネットワークはかなりの広がりをもっていた。また、賦において天下を風靡した「莆体」や『直斎書録解題』(陳振孫が当地に通判として勤務していた時に、地元の有力士族方氏の旧書五万一千百八十余巻を伝録したもの[90])の存在が端的に物語る文化的蓄積を有していた。

後村は徒食の御曹司ではなく、彼自身の才能と努力がさらに将来を豊かに切り開こうとしていた。淮南幕府時代、仕事に追われて折角の「詩料」を前にしながら落ち着かず、しかも周囲の不理解もあって心楽しくない日々を送ったと言っているが、彼がこの時築いた人脈は後で生きてくる。最初の挫折となった南嶽祠時代にしても、そこから生み出された作品が、彼の声名をいっそう高めることになった。

このように環境に恵まれたのであれば、彼が林光朝・陳俊卿を仰ぎ見た如く、次代の莆陽の士人社会を領導する役割を担うことが期待されたはずである。しかし、彼が壮年を迎えた時、莆田の黄金時代はすでに過去のものになりつつあった。

三　灰色の時代

後村が敬愛する郷先輩として、もうひとり忘れてはならない人がいる。復斎先生陳宓（一一七一―一二三〇）である。後村はその門下に足しげく出入りしていた。

靖安県主簿・真州録事参軍・江淮の幕府に赴任するたびに、公は序文を大書して餞にくださった。また、私のために碑文や詩も書いてくださり、その他の手紙も箱いっぱいにある。

後村は書家としても名高かった復斎の親筆をたくさん有しながら、それを人に惜し気もなくくれてやり、のちに後悔することになる。[91] 若き日の彼はこの大儒に可愛がられたらしい。しかし、前代の林光朝を継ぐ莆陽人士の精神的支柱も、

老師大儒には艾軒林公、湘郷・夾漈の二鄭公と近世の復斎陳公といった面々がいらしたが、功業を立てるまでには至らなかった方もあれば、隠居して孤高を持し、時勢の激動の中で勇退される人もあった。[92]

とあるように、父の俊卿ほどの顕官に到達することはなかった。嘉定七年、四十四歳で都入りした彼に栄達の機会はあった。後村によれば、時の宰相史弥遠の父（浩、孝宗朝の宰相）と陳俊卿の間の交誼から、宰相が協力を要請したことがあったという。[93] 人心収攬のためにも道学の一脈を受け継いだ彼が味方につけば心強い。ところが、復斎はそれに乗らなかった。

最近登用されるのは、宰相の親戚でなければ縁故者であって、親類以外からは批判を受けております。執政には御し易い人を、台諫には口の重い人を選んでおり、尚書都司・枢密院の属官といった政治の要枢にも個人的に親しいものしかおりません。[94]

このように宰相の政治の急所をいち早く指摘し、二年後に輪対の場で激越な発言をして外任に出ることになった時、

史弥遠が「あなたの言うことはまことにごもっともだが、私のように愚かな者には実行できなくて恥じ入るばかりです」[95]と言ったという。この挿話は後の莆人にとっては誇らしいものになるが、復斎がその後中央に返り咲くことはなかった。彼の顕彰は、三年長く生きた宰相の死後まで待たねばならなかったのである。

郷紳として大きな存在だった復斎と中央との関係は、後輩たちに影響を及ぼさずにはおかなかった。後村はのちに、十六歳先輩の丁伯桂（一一七一―一二三七、一二〇二進士）の神道碑を次のように切り出している。

宝（慶）・紹（定）の間、一人の宰相が国政を独占し、抜擢されるのは明州人（史氏の故郷）か婺州人のみ。宰相は「閩人は信頼できない」と言い、とりわけ莆田の士をにくみ、陳宓・鄭寅といった人たちは皆姿を消し、朝廷から莆人がいなくなった。[96]復斎と並称されている鄭寅はかつての執政僑の子。これまた後村とは親しかったが、やはり端平更化まで顕官にのぼることはなかった。[97]

さて、史弥遠が明・婺の人士だけを登用したというのは、事実認識として正しいのだろうか。当時のゴシップ集（『貴耳集』）には次のような話がのる。

丞相府で催された宴席に雑劇の一座が呼ばれたことがあった。士大夫に扮した俳優が「満朝朱紫貴、尽是読書人」と唸れば、相方が「さにあらず。『満朝朱紫貴、尽是四明（明州）人』じゃ」と落した。以後、相府での宴会では二十年間雑劇は呼ばれなかった。[98]

史弥遠と共に理宗擁立に加わった鄭清之、余天錫（一二二三進士）などは明州人だが、史の党派の頂点を形成する「四木」（薛極：一一六四―一二三四、一二二三進士（特賜）・胡榘・趙汝述：一一八四進士・聶子述：一一九〇進士）、「三凶」（莫沢：一一九三進士・李知孝：一二一一進士・梁成大：一二〇五進士）の出身がまちまちなのを見ても、[99]ここまで極端だったとは思われない。

丁伯桂の神道碑の撰述時点が史弥遠の死後であることも考えねばならない。過去を振り返っての「朝に莆人なし」は、彼らにとってむしろ名誉であった。この文言が冒頭にもってこられたのもそれを示している。朝に顕れた莆人がいなかったのは事実としても、史弥遠が殊更に目の敵にしていたというのも誇張があるだろう。

宝・紹の間は、山東の軍閥李全の蒙古投降で権勢に陰りが見え始め、世論の批判に敏感になっていた史弥遠が「三凶」を用いて露骨な言論統制策に転じた時期である。嘉定十七年（一二二四）閏八月に理宗が登極した。新帝即位まで用意周到に事を運んできた史弥遠は老儒の傅伯成、楊簡（一一四一―一二二六、一一六九進士）、柴中行（一一九〇進士）を褒表し、真徳秀、魏了翁（一一七八―一二三七、一一九九進士）らを中央に召還して新政のイメージ作りに努めた。とりわけ福建の士人たちが期待をもって見守ったのが、西山真徳秀の動向であった。

しかし、宝慶元年（一二二五）早々暗雲がたちこめる。湖州の人潘壬が李全と連絡を取りながら、済王をかつぎあげようとする事件が出来したのである。済王は史弥遠の差し金で皇子の座を追われ、この時は湖州にあった。彼は叛徒に無理遣り黄袖を着せかけられたが、逆に州兵を以て潘壬を敗走せしめた。無為の貴公子でないからこそ、史弥遠にとっては厄介な存在であった。

結局、済王は縊死に追い込まれたが[100]、すぐに魏了翁や後村の淮南時代の同僚洪咨夔（一一七六―一二三六、一二〇二進士）が王の冤罪を訴え、礼部侍郎に任じられた真徳秀もこれに呼応した。

この間の真徳秀の動きはなかなかに複雑である。彼は当時湖南安撫の任にあったが、前年九月以来徴召の命に再々接したのに、後任者の未着を理由に潭州に留まり、十二月中旬漸く印記を通判にわたして登朝の途についた。しかし、四旬余りを経て漸く信州まで来たところで、武夷山脈を越えれば家郷の浦城までほんのわずかでもあるし、この際、満身創痍の一家の安養を認められたいと休暇を願い出た。この間にクーデタが起きていた。

願いは認められて浦城に到着したが、二カ月の休暇後また延期を申し出、さらに外任を乞うなどなかなか腰を上げない。そうこうするうちに月日が経って、入京したのは辞令を受け取ってから九カ月以上経った宝慶元年六月のことだった[101]。この間に後村が西山に送った書簡が存する。

月初めに出発されたとのことですが、入対はいつになりましょうか。先だって陳益夫（貴謙、福州の人）が湖南から手紙を寄越して近況を知らせてくれました。心上において工夫をほどこし、出処進退についてはすでに心はお決まりあそばしているとか。それなのに、なお私にご下問くださるお気持ちをもったいなく思います。一般論としては出でざるをよしとすることでしょう。しかし、蓋世の名声を有しておられる先生が、泥をかぶりたくないばかりに君臣の義を乱すようなことはなさらないでしょうから、出馬はやむなきこととお分かりのはずです。

西山の心は決まっていたように見えるが、じつはそうではなかったから、後村に意見を尋ねたのである。後村は済王の変に言及して、犠牲者である故人に哀痛の詔を下すべきであると言い、辺防については年来の持論である「次辺・江面（長江のライン）」重視を説き、具体的に将帥に誰を登用すべきかにまで踏み込んで論じた後、「初志を改められることなく、どしどし献言されて、天下の期待にお答えくださいますように」と激励した。[102] 同時期に傅伯成の諮問には出馬しないほうがよいと答書を出しているのと好対照である。[103]

こうした期待を背負って、西山は入見の際に大論陣を張る。第一箚において、三綱五常の道こそが中夏と夷狄の文明を分かち、王朝の盛衰を左右すると力説する。現にその道が先朝で遵奉されてきたから、人々の厚い信頼が寄せられてきたのに、この度の事件はそのよき伝統を突き崩す由々しき問題であり、文明への信頼を維持するためには済王の後を立てねばならぬと述べる。[104] 第二箚では人心収攬の方策を説き、第三箚では外患を取り上げながら内政の充実を訴えた（ここで彼が人材として挙げている中の傅伯成や陳宓は閩人である）。[105] 後村はのちに撰した師の行状の中で、この上奏をくわしく引用してその重要性を強調している。

この時の西山と皇帝とのやりとりが残されている。[106] それによれば、理宗は済王の問題に触れられた時は痛いところを突かれてさすがに幾分色をなしたが（「聖上正色宣諭『朝廷之待済王亦可謂至矣』」）、聖王舜と比較されて今後の精進次第ですと自尊心をくすぐられて気を取り直し（「玉色微有喜色」）、三箚を読み終える頃には「玉音温然」となった。「朕は宮中にあって書物を観ることくらいしか楽しみがない[107]」と勉強熱心な皇帝が名儒に持った第一印象は悪くなかった。

しかし西山には、自分を利用して人心収攬を図る史弥遠の逆手を取る器用さもなければ、味方もいなかった。時の宰相は西山公が人望を担い、皇帝にも目をかけられているために、しばしば甘言と脅しを両用して自党に引きいれようとしたが、公は動かされなかった[108]。

という状況では、彼に対する包囲網ができあがるのも自然の流れである。右足の赤腫を理由に休暇を乞うた後、続けざまに奉祠を願い出、台諫の批判にさらされると「黜責を乞う状」を上り、九月初めには宮観指揮が下された。わずか三カ月での失脚であり、十一月には祠禄まで召し上げられた[109]。

先生が礼部侍郎を免職となり帰郷されようとするや、流言はかまびすしく、いかなる禍が待ち構えているか予測できなかった。途中で尚書として召しだされた某に挨拶に赴かれたところ、病だからと面会を断られた。また、某舎人は先生の故吏だが、都に入るのに浦城（西山の郷里）を通らず迂回して上饒に道を取って西に向かった[110]。

あっという間に人々にそっぽを向かれた西山は、有名な『読書記』の執筆に精力を傾注した。当時の彼を後村は次のように描写している。

門人にこうおっしゃった。「『人君為治』の一門は陛下に伝えるためのものであり、范（祖禹）の『唐鑑』を範として書いた。もし私が用いられることがあれば、これを持って朝廷に赴こう」……また、こうも言われた「わが『兵政』の一門はいままで類書がない。天下はまさに多事の秋であるから、汲々としてこれを編集したのである[111]。」

なお意気盛んな師の謦咳に接して感銘を受けた門人の中に後村もいた。建陽県の知事になっていた彼が宝慶三年（一二二七）に学校に朱子ゆかりの四君子を祀った時、記念の文章を寄せたのも西山であった[112]。

しかし、この年後村は「梅花詩案」に捲き込まれた[113]。南嶽祠時代に梅を詠んだ詩の末連に「東風謬《あやま》ちて花の権柄を掌り、却って孤高の主張せざるを忌む[114]」とあった。この「東風」が史弥遠を指したものとしてあげつらわれたのだが、本当に風刺が寓されていたのかどうか。『斉東野語』によれば、「未だ必ずしも朱三は能く跋扈せず。都《すべ》て鄭五の経綸を欠くに縁る」の句が弾劾の対象となったとする[115]。これなら、帰順者李全（↑朱全忠）を統御できない宰相（↑鄭畋）を批判したことになるが、これは露骨に過ぎる。「落梅」詩は文集に載る（巻三）が、こちらは文集に収められていない。後村自身は「梅花」の方にしか言及していないが[116]、「行状」には「落梅」と「朱三」の両詩が史弥遠を激怒させたとする[117]。詩そのものよりも、真徳秀とのつながりが当局ににらまれてフレーム・アップされたのだろう。二年後に潮州通判に任命されると直後に再び弾劾を被って、奉祠生活に舞い戻った。

「宝紹の間、朝に莆士なし」に話を戻そう。その疎外感は煎じつめれば後村自身のそれの投影ということにもなりかねない。しかし、莆田の郷紳の代表格陳宓、福建全体として見れば師の真徳秀の境遇は、彼にとって自身の疎外感をそのまま一般論に転化するに十分であった。のちに淳祐年間になって、後村は二人の丞相に宛ててこう書いている。

西北を統一できないのだから、吏部の人事選考や科挙で多く閩・浙の士が選ばれるのは自然のなりゆきです。しかし、現在人材を進退する者は、「私は福建人を悪む」と言い、科挙を掌る者は「私は閩・浙人の進出を抑える」と言っています[118]。

福建は浙江とともに人材の供給源とみなされていた。ところが、科挙の成績と官界での閩人の評価にはズレがあった。史料には他省人の閩人嫌悪が時々顔を覗かせる。孝宗の龔茂良に対する「福建子信ずべからず」などもそうだが、最も有名なのは王安石（一〇二一―一〇八六、江西人）の呂恵卿（一〇三二―一一一一、泉州晋江人）に対する嫌悪感の表明である。王安石が引退後、呂恵卿のことを苦々しく思い、往々にして「福建子」の三字を書いたという話は様々な書物に取り上げられ、南宋初年には人口に膾炙していた[119]。孝宗の「福建子」もそれを踏まえたもので、個人攻撃にすぎないようにも見える。しかし、前掲の書簡の前段に「呂吉甫（恵卿の字）のような輩を憎むのはいいが、閩士には蔡君謨（襄）・陳述古（襄、一〇一七—一〇八〇）のような人もいるではないですか」とあることからすると、嫌悪の対象はやはり閩人全体に及んでいると見るべきだろう。閩人の官界への大量進出が嫌悪感を生み、それは吏部の銓選により調整されて普段は表面化しないが、時に噴出するのだろう。

その点、乾道から淳熙年間にかけての「二紀四台星」の輝きは、福建人が科挙に見合う形で官界に重きをなした稀有な時代であったが、以後莆陽からは宰執に登る者が途絶えた。隣州からは孝宗期以後も、韓侂冑時代の傅伯寿（泉州、伯成の兄、一一六三進士）、陳自強（福州、一一七八進士）、そして史弥遠時代にも鄭昭先（福州、一一八七進士）、曾従龍（泉州、一一七五—一二三五、一一九九進士状元）らが出ている。[120] しかし、前二者は韓侂冑と一蓮托生の存在だから、閩人にとっては余り多くを語りたくない存在だったし、後二者は史弥遠の前にその影はきわめて薄い。『莆陽比事』の作者が栄光をうたった頃、すでに停滞の影が忍びより、福建全体にも逼塞状況が生じていたのである。

善し悪しは別にして、朝にある先輩が後進を吸引するのは明州に限ったことではない。「郷嫌を避ける」という考え方もあるが、引っぱってくるのが「端人正士」ならよいというのも君子の理屈である。真徳秀が入朝した時に傅伯成や陳宓の登用を訴えたことからも分かるように、彼は中央政界における閩人の核となりうる存在だったが、その希望はたちまちしぼんだのである。

＊

しかし、政界の空気は動きだしていた。そもそも真徳秀に噛み付いた梁成大（太学生たちは「梁成犬」とあだ名した）[121] ら台諫「三凶」が目覚ましい活躍を示したということは、裏返していえば根回しと事なかれを手法としてきた史弥遠政治が動脈硬化を来していた証拠でもある。史弥遠を現実感覚に長けた政治家として評価する見方もでてきているが[122]、何せ二十七年は長きに過ぎた。

末年の宰相にとって頭痛の種は李全の存在であった。懐に飛び込んだ窮雛はみるみる太って、ともすれば鷹匠の手を離れて天空高く舞い上がろうとしていた。済王の事件にも脇役として姿を見せていた彼は宝慶三年（一二二七）五月にモンゴルに降伏したが、宋との間で二股をかけて表面は恭順の風を装っていた。しかし、紹定三年（一二三〇）閏二月、彼の放った間諜が皇城の武器庫を焼き、都びとの安逸にゆさぶりを掛けた。宋朝はなお彼を節度使に任じて懐柔を図ったが、それを蹴飛ばされて面目を失った。

ここに至ってようやく弱腰の当局に対する批判の声が表面化する。理宗の信任を得て鄭清之が浮上し、同じ頃鄭と師弟関係にある趙葵（一一八六—一二六六）、趙范の二人[123]が公然と李全膺懲を要求しだした。宰相もとうとうこれに押し切られる。

年末には李全渡江の誤報に踊らされた首都住民がパニックに陥り、遂に史弥遠は病を理由に相第に引っ込んだ。一時海上権を掌握して揚州城下に迫った李全は、二趙の働きで翌年正月に敗死に追い込まれた。安堵のため息をついた都を、後村は遠くから思いやっている。

聞くならく、都人競い出て嬉び、御街の簫鼓は年時に倍せり。

相公入奏して天顔喜び、半夜揚州捷旗を送る、と[124]。

老獪な相公の影響力が依然として大きかったことは、九月の都名物の火事において証明された。太廟・三省・六部などが燃えさかる中で、殿前司副都指揮使は脇目も振らずに宰相の屋敷に駆けつけたのである。しかし、これで宰相への風当たりはいっそう厳しいものとなった。

反比例して、時政の犠牲者真徳秀に注目が集まるのは、自然の成り行きである。紹定五年（一二三二）、モンゴル軍が開封攻略にとりかかり、史弥遠が帰郷を乞うポーズを示していた頃、泉州の長官として復帰した西山に、後村は餞の詩を贈っている[125]。

明くる年、主人を失った開封に征伐軍の大将スベテイが入城する一方で、宋の側でも孟珙（一一九五―一二四六）が金の武仙の軍に大勝を収めた。そして、十月にはモンゴル軍の都元帥タガチャルが使者王檝を史弥遠のおい嵩之が鎮する襄陽に派遣して共同作戦を持ち掛けた。外に対しては常に慎重居士だった史弥遠が「晩年に兄の子（嵩之）を軽信し、韃と交わって金を滅ぼそうとした[126]」のも時勢に押し流されてのことだった。同月長かった独相体制が崩れて鄭清之が右丞相となり、やがて落魄の権力者は世を去った。

長期政権崩壊後の動きは急だった。「嘉定以来、権力者が言論を嫌い、人々は口をつぐむようになった[127]」と後村が述べたような重苦しい沈黙が一気に吹き飛ばされた。「三凶」は朝より退けられ、亡き宰相は「天が権姦を成敗した[128]」とまで悪しざまに呼ばれ、史弥遠時代の総括が始まった。

臣は郷里にあって、癸巳（一二三三）十月以後下された詔令に対し、田舎の樵夫や老人たちでさえ欣躍鼓舞せざるはなく、太平の世がまもなくやってくると噂しているのを見ました[129]。

やがて都に出た後村の言葉に誇張はあろうが、人々の高揚した気分がよく出ている。翌年、福州に転任していた西山が諸政一新の切札としていよいよ都に召されることになった。当時後村は西山に招かれて幕府に参画していた。その前後の作と見られる「病後訪梅九絶[130]」は彼の肉体の病のみか精神的なトラウマが癒されつつあったことを示している。

梅と交わりを絶ちて幾星霜、南枝を瞥見して喜びて狂わんとす。
便ち壷を佩び、鉄笛を携え、花の為に百千場を痛飲せん。

「詩癖」と「酒狂」の二罪[131]の封印を解く宣言は、そのまま時代の解放感の流露であった。

師の出座直前に後村は福州郊外の鼓山に共に遊んだ。この時「先生は大臣として政府におられるべきで、地方長官の器に収まる人ではない[132]」と言った後村や周辺の人々は、西山の再登板に大きな期待をかけていたのである。

四　更化と善類

端平元年正月に宋蒙連合軍が金を滅ぼした知らせで、都は沸き返っていた。宋側では何といっても孟珙が殊動甲の大活躍だった。

軽騎でまっすぐにモンゴル軍のテントに赴いた。倴盞（タガチャル）は喜んで馬乳を取って地に注ぎ、またしきりに公に飲むよう勧めて言うことには、「君が武仙を殺せば、賽因[133]である。」賽因とは中国語の「たいへんけっこう」という意味である。……端平甲午正月蔡州を囲んですでに二カ月をこえていた。皇帝から将兵を激励する御札が下り、みな感激して奮闘しようと思った。公の先鋒は南門に向かい、金字楼に着くと雲梯を並べて、軍鼓を合図に諸軍を進ませた。一番乗りは馬義で、それに趙栄が続いた。公は兵一万を率いて城内に入り、金の元帥の高家奴を殺した。西北に人を偵察にやったところ、金と韃は土門の水上で対峙していた。そこで西門を開き、吊橋を下ろしてタガチャルを迎え入れた。江海が金の参政張天綱をとらえて戻ってきた。公が守緒（哀宗）の所在を尋ねると、天綱は言った。「先に西北が危ないのをご覧になり、玉璽を小さな竹屋に置き、周りに薪と草を積ませた。また、戦況を見にゆかれ、いまやこれまでと退いて号泣し首をくくっておっしゃった。『死んだらすぐに燃やせ。』」

金朝の末路を活写したこの文章は、孟珙の神道碑の一節である。[134] 彼の死後に遺族が朝廷に神道碑文を賜らんことを請い、学士院に撰述が命じられたのに筆を下す者がなく、お鉢が後村に回ってきたのであった。材料は遺族が提供したものだが、蔡州攻防の前にタガチャル・孟珙両雄の出会いの場を配し、事実を細大もらさず記した名文であり、理宗も「措詞平正」と評価している。[135] たしかにこれは宋朝の歴史を画する一大事件になるはずだったのである。

しかし、熱病に浮かされたような空騒ぎに眉をひそめる者もあった。元旦に発せられた「直言を求める詔」に対して翌月西山が福州から上った封事には、暴走への懸念が色濃く漂っている。

私が承りましたところ、京湖の帥臣（史嵩之）が奉った八帝陵の図を陛下は何度もご覧になり、悲喜こもごものお気持ちで、今後のことを卿監・郎官以上に集議するようお命じになられたのは、旧章を参考にして朝謁の使者を派遣し、一祖六宗の霊を慰めようとする意図だと拝察しました。しかし、何分遠方の地におりますから、伝聞が正確かどうかわかりません。韃人が河南の地をわが朝に帰すのを汐にいっそ中原に進出しては如何との気運があると聞いておりますが、これが事実ならば、宣和年間の過ちを再び繰り返すことになると日夜心配で堪りませんでした。集議の内容を知り、朝廷が使者派遣や出兵に対して慎重な態度を崩していないことが分かりました。

と、前説で一応胸を撫で下ろして見せたうえで、なお懸念材料ありとして本論に入る。かつて自ら金への使者に立った経験に触れながら、二十年前に主張した備敵の策を故相が聞き入れず事態を放置したために、遅れを取り戻すには最低十年はかかると述べる[136]。故土回復の天与の機会を逸すべからずとする強硬派の動きに釘を刺すのがこの封事の目的だった。この時、西山の傍らにあった後村は副本を示され、師自身がこれに手を入れたものを後々まで宝蔵したという[137]。

西山の懸念は前線にのみあったのではない。「江湖閩浙の寇警」はとりあえず静かになったが、まだ不穏な情勢にあった[138]。紹定年間、塩賊の淵薮「上四州」の汀州・邵武軍に発し、江西・湖南南部さらに浙東までを襲った反乱[139]は招撫使に任ぜられた福州人陳韡《い》（一一八〇―一二六一、一二〇五進士）の水際だった活躍でほぼ鎮められつつあったものの、福建の人士に大きなショックをあたえた事件だった[140]。

興化でも高さ三、五尺の城壁が用をなさなかったので、あわてて修理が行われた。その時郷論をまとめ上げて地方官に協力したのが陳宓である[141]。興化軍だけでなく、この時各地の城壁や譙楼の修理に手がつけられている[142]。

そうした状況を親しく知っていた西山が、都の浮かれようを耳にして嘆息したとしても無理はない。西山の慎重論は必ずしも孤立したものではなかったが、彼らの声には事態の進行を食い止める力がなく、三月に謁陵の使者は派遣され、四月に史嵩之から哀宗の遺骨が届いた。「こんなものは単なる朽骨にすぎぬ[143]」といった醒めた物言いは熱狂の前にとかくかき消されがちであり、五月ついに出兵が挙行された。

この「端平入洛[144]」を推し進めた張本こそが、今や独相となった鄭清之である。彼は野にあった老臣・新進の起用を打ち出して新政のイメージ作りにひとまずは成功していた。

> 倴僁（タガチャル）将軍早回を約し、楚材丞相更に頻りに催す。
> 江東将相真に虎の如し。去きて報ぜよ、胡雛過ぎ来ることなかれと[145]。

モンゴルの主力は前線から引き上げ、一種の真空状態が生まれていた。金を滅ぼした高揚と自信が軍中にはあった。しかし、モンゴルがそっとしておいてくれるというのは虫のいい願望にすぎない。丞相が趙范（両淮制置大使）、趙葵（淮東制置使）と組んでこの挙に出たのは、明らかに危険な賭けだった。

彼らには焦りがあった。前年には慎重論の立場を取っていた二趙が積極論に急転したのは、京湖軍の史嵩之—孟珙のラインがモンゴルと結んで滅金に成功したのに対抗しようとしたからであった。両者の対立は根深く、この出兵に対して史嵩之は側面援助をしなかった。把み取った洛陽は、たちまち指の隙間からこぼれおちた。その大失策にもかかわらず、皇帝の宰相および二趙に対する信任は揺るがなかったようで、逆に和平を主張した史嵩之の方が九月にいったん退場する格好になる。

こうした激動の季節に西山ついで後村が政局へと飛び込んでいった。まず、師の動向から見てゆく。入朝後の九月十三日、西山は理宗の前で四劄を読み上げているが、そのやりとりをかいつまんで再現してみよう[146]。

> 午の刻、選徳殿で謁見奏事。再拝して昇殿。まず久闊を叙し、召されたことを謝す。
> 理宗「卿が都を去ってから十年にもなるが、常に心にかけていた。」

次いで第一劄を「此天命未定時也」まで読み上げたところで「今は上天が四方を見そなわし、民のために主を選ぼうとしている時です」と力説すると、理宗は首肯すること再三。[147]

（また、箚子を読み上げる。）「……二十年前、祈天永命（『尚書』召誥）の言を献じましたが、迂闊の論と見なされて天を欺き人をなみすることがひどくなりました。天より頻りに詰責が下され……盗賊兵変は天下の半ばを覆いました……根本を見つめ直せば危惧すべきところがあります。しかるに辺臣は思慮もなく、或いは和平にことよせて急場をしのぎ、或いは強気に打って出て功を急いでおります……夏秋以来陰気が積み重なって雨が降り止みません……人事によって天心を推し量ると、甚だ懼るべきものがあり、そこでまた「祈天永命の説」を進める次第です。しかし、「祈る」とは世俗にいう加持祈祷の類ではなく、敬を修めることです……酒色娯楽の一つにでもふけることがあれば、敬が損なわれます。[148]」

ここまで読んで、特に酒を慎まねばならないと強調。理宗同意。……

「陛下のお心が安定しなければ天理も安定しないのです」まで読んだところで、人の心は天の心にほかならず、それが欲に覆われれば天に似なくなるので、欲を退け、心を純粋に保つことを勧めた。[149]……

（読み上げ）「……各地に盗賊があいついで発生し、人民が多数被害を蒙り、人口が七、八割減っています……陛下が一新の詔が発せられたのに、依然として旧套を脱しない者がほとんどです。[150]」

理宗「士大夫は往々にして面を革めるのみで、心を革めぬ。」

西山「士大夫は権臣（史弥遠）が財利を重んじたのに影響されて、利を知って義を知らぬのです。」

理宗「一変させるのは難しいだろう。」

西山「陛下と大臣が黜陟を明らかにして士大夫に義利の分を知らしめれば、時間はかかりましょうが変えられます。[151]」

こうした調子で、箚子を読み上げながら、ところどころで解説を加え、皇帝がこれに頷く場面が繰り返される。

第二箚ではもっぱら対外政策について論じ、浙江からの兵站線は伸びきり、おまけに汴水が湮塞しているから進取は無理とした。しかし、進取を図った現政権の失策を批判するのではなく、前政権に全責任を転嫁する。[152]

第三箚では洛陽の失陥にもかかわらず、敵方には内変が起きている等の伝聞によりかかった楽観論が幅をきかせていることに懸念を表明し、兵政における至当の策は同異紛々の中から導きだされるとする一方で、士大夫はとかく意見の同異から互いに愛憎を生じがちなことを憂えている。[153]

そして最終第四箚で蟄居時代に書き綴った『大学衍義』のキャンペーンに努める。理宗が関心を示すや「ここにございます」と指し示し、点検を済ませた上で献上する旨を述べる。読了後、福建情勢（反乱・塩賊）についてしばし語り合う。再拝して退出。[154]

上奏が公表されると、或る人はその激烈ぶりが前回の出馬時に及ばないことをいぶかしがった。公は笑って言われた。「私も年を取った。いまさら後輩たちのまねをして声名を求めたりしようか。国事のことのみを思い、それに貢献できるよう考えているだけだ。[155]」

十年経って衰えぬどころか、いやます誠心が皇帝の気持ちを動かしたのか、翌月から『大学』の進講を命じられた。その様子は西山自身が「講筵進読手記」を残しているほか、後村が師に捧げた行状の中で力を込めて描いているところなので、いま暫らく西山にスポットライトを当てよう（以下は、長くなるので摘訳を施した）。

十月十四日「明明徳、格物致知」について、

西山「『知至りて後に意誠なり』とは、知が至るのを待ってそれから意を誠にするということではありません。……しかし、『大学』が格物致知を首に置くのは天下の理を明白に見きわめるべきだからです……これよりは政治を大臣と論じる場合、可否がはっきりするまで徹底的に意見をたたかわせてください……」

理宗（満悦の体で）「卿が進めた『大学衍義』を早速今日から進講せよ。」

西山「本の準備ができておりません。」

理宗「ここにすでにある。」

内侍が第一帙・第二帙を捧げきたる。

西山「お暇なおりに御覧に供せればと思っておりましたのに、こうして進講させていただけるとは千載一時の栄遇と存じます。」

展巻進読、終了。

西山「この序文は紹定二年に成ったものですが、昔時は権臣がのさばっておりましたので、ご覧に供する手立てもありませんでした。今こうして進講できるとはまこと幸せにございます。」

ティータイム。

理宗「外路の会子の価格があがらぬようだが。」

西山「故相の時に大量に印造し、今また軍事費捻出のためにその数を減らせません。嘉定年間に旧会子二を新会子一に換える案を採用し、違反者には厳刑峻法を以って臨んだのに効果が上がらず、庚寅・辛卯（紹定三・四）の頃には地方で一会が五百五十〜六百文にまで下がりました。印造の教を減らすべきです[156]。」

開禧北伐の際に乱費した会子の収換のため、新しく発せられた第十四・第十五会子は旧会二と引き換えられた。しかし、この流通量半減策は会子の信用を落としたばかりか、第十四・第十五会子が一向に収換されぬまま、大火後の帝都復興のために第十六会子が発行され、巷には紙幣が溢れかえった。発行額は乾道・淳熙間に二千万だったのが、開禧北伐で一億四千万に増え、李全の背叛後には二億九千万となっていた[157]。旧会収換のために今度は一対一の比率で、第十七会子が発行されたが、事態は一向に改善されなかった[158]。後村の言によれば、紹定末年には一会が更に三百銭に落ち込んでいたという[159]。

さて、進読後の会話である。

理宗「虜使が和平を議するためにやってくることについて、とやかく言う者が多いようだが。」

西山「そのような話は聞いておりません。しかし、昔から戦をしていても使者は往来するものです。ですから虜が侵略してきたとしても使者は礼遇しなければなりませんが、まだ侵略していないのですからなおさらです。使者は退けて断交すべしとか、拘束して帰国させるなという者がいますが、それはいけません。礼を以って帰国させるべきです。万一、和平の意を表してきたとしても軽信してはならないのは、かつて金人が和をちらつかせて我々をたぶらかした故智を虜人が金に対して応用しているからです。それが善意に出るのなら無下にすることはできませんが、悪巧みとすれば、それにかかってはなりません。万事に怠りなく備え、処置を一日でも引き延ばしてはいけません。」

理宗「朝見を求めてきたらどうする。」

西山「国書を持参しているのでしょうか。」

理宗「ない。」

西山「では引見の必要はございません。鎮江から送り帰すべきで、止むを得ない時は都堂で接見することにすればよかろうかと。[160]」

「虜使」とは滅金合同作戦を話し合うためにモンゴルから襄陽に派遣された王檝《しゅう》のことである。[161] これを受けた朝廷は史嵩之を交渉の窓口として荅使鄒伸之を王檝に同行させた。それが前年のことで、この年の二月に鄒・王はオゴデイにオルホン河畔で謁見、この時モンゴル側の「投拝」要求を呑んだのではという憶測を呼んでいた。使者が襄陽に戻ってきたのは「出兵後」の七月であり、出発前とは情勢が急変していた。王檝は従来の金朝の使者とは別のコースを辿って、襄陽・江陵から直接江流を下って鎮江に姿を現し、露骨な敵状視察だとの憤激を買っていた。

しかし、宋側には入洛の役の失敗が何といっても泣き所であり、それまで対モンゴル交渉の窓口だった史嵩之が去った今、王檝をどう扱ってよいかだれしも戸惑っているというのが実情だった。国書を持参しないからといって、おいそれと送還することはできなかったのである。

十月十九日　日新、新民について、

西山「陛下が権臣の蔽うところとなって十年間韜晦の日々を送られるうち、聖徳について云々する声もおこりましたが、今や一新の世となり、日月食の後のように天下が聖徳をまぶしげに振り仰いでいます。しかし、日新又新の功を怠ることがあれば、たちまち天下の失望を買います。また、更化の当初は贓吏を懲らしめ、賄賂を禁じ、一時士大夫は身の引き締まる思いをしたものですが、数カ月でまたゆるんでいます。「新士大夫」を作り上げられずに、「新民」を作ることができましょうか。(162)」

「面を革めるのみで心を革めず」と士大夫の生態をシニカルに見つめる皇帝と、上からの綱紀粛正で「新士大夫」を作り上げようとする西山の間にはズレがあった。

十月二十六日の進講後には、また講和問題について話し合われた。

理宗「虜人の和平の議を軽々しく信じられぬ。」

西山「そのことは申し上げました。」

李侍御「襄陽（楊恢）からの情報では虜酋は「和」の字をもともと知らず、ひたすら投拝を要求し、それを臣下が講和と言い換えているとのことです。」

西山「朝見の儀は如何なりましたでしょうか。」

理宗「使者がやって来てから考えることにして、従吉の後（皇太后の死は紹定五年十二月）を待って引見したい。」

李侍御「敵兵は蔡州を取ってから忽然と去り、息州を急攻してはまたさっと兵を引き上げました。全くつかみどころがありません。」

西山「所謂鷙鳥将に撃たんとするの形です。(163)」

十一月二十四日『大学衍義』の中の呉王夫差の故事について説明した後、越王句践の心中を読み取れなかった夫差を、蒙古に振り回されているわが朝に引き比べた。

西山「韃人が西夏・金を滅ぼした時、最初は和平をもちかけておいて続いて兵を送り込んだと聞きます。吾が方の使者が手厚く遇されたのに、それに対する報使が要求を持ち出さぬとはいかなることでしょうか。襄陽から派遣した使者が帰って来ぬうちに王師が三都を奪取したのに、向こうは詰問もしてきません。王檝が蒙古に神物の警が下ったことも回回征伐（バトゥ・グユクらによる西征）のことも公表するのは何ゆえでしょうか。心から我を愛するのか、わが兵力を恐れるのか、それとも大夫種（句践の臣）のような謀臣がいて、わが国をもてあそんでいるのか、その点を見極めねばなりません。[164]」

十一月二十八日　後殿で意見具申した時も、やはり王檝のことが話題の中心だった。

西山「和議は絶対にあてにできません。『北夷の性として寒さを好み、暑さを嫌うので春夏には兵を挙げず、したがって来年の冬までにじっくり備えをすればよい』という意見がありますが、丁亥（宝慶三年）・辛卯（紹定四年）の年には真夏に蜀に侵入した事例に鑑みると、辺防の事は至急を要します。相手の使者に対しては礼を失しても手厚すぎてもいけません。王檝は国書も持たぬのに正使の待遇を要求しておりますが、いざ和議が成って正式の使者が来た場合、どう処遇したらよいのでしょう。[165]」

十二月十三日　講義の後、

理宗「丞相の劄子を見たか。」

西山「何について論じたものでしょうか。」

理宗「朝見についてだ。」

西山「見ておりませんが、李𡌴（一一六一―一二三八、一一九〇進士）と相府に行った時、丞相は朝見の礼について左司鄭寅（前出の莆人）に検討させ、その処置はまずは穏当といってよかろうと言っておりました。朝見には何の礼を用いるのでしょうか。」

理宗「臨軒の礼を用いる。」

西山「余鑄（一一九〇進士、淮南時代の後村の同僚で当時中書舎人。入朝前の後村を自分のかわりに推薦している[166]）から臨軒の礼を用いるのではと聞いて喜んでいたのですが、丞相に会うと感触が違うので不安になりました。やはり臨軒と聞いて誠にもっともだと思います。」
理宗「徐僑（一一六〇—一二三七、一一八七進士、朱門弟子）は引見すべからずという意見だが。[167]」
西山「彼の意見は憂国の情より発したもので他意はありません。異論の存在は認めねばなりません。引見の是非はともかく、和議は決してあてにできません。陛下より親翰を制帥に賜り、使者には礼を以って接すべく、また備えを怠るなと訓諭されますように。」
理宗「丞相が書を送るそうである。」
西山「陛下の親筆が加わるにこしたことはありません。神宗陛下が辺事に留意され、毎晩燈火のもと辺臣に賜る宸翰をしたためられたことを想起されますよう。」
理宗「もっともなことだ。」
西山「任地の先々で、孝宗陛下の宸筆の石刻を目睹いたしました。あるものは作物の出来や天候状態を問い、あるものは町に遺棄された嬰児がないかを尋ねたもの。孝宗陛下はただひたすら生霊のことを気にかけられておられたのです。陛下にはこれを手本とされますように。[168]」
朝見を不可とする強硬意見は少数派となり、その礼をめぐる議論に焦点が移行していた。けっきょく臨軒（皇帝が正殿ではなく前殿に座す）による接見だけでなく、王檝が去る際には後殿で引見まで行われ、正式の国使待遇を受けたのである。
明けて端平二年、乾の方位より兵事の兆しの風が吹き、月が太白を犯して人々の不安を掻き立てた。天はかかる「兵象」を平等にモンゴルの上にも表していたはずだが、一月二十二日、西山は「本朝にこそ正統があります。天が戒を示したのは陛下を愛するがためであり、区々たる胡羯のためではありません」と手前勝手な理屈で皇帝を励ました。[169] この日、彼は上奏の後理宗に再三呼び止められ、科挙を総裁するよう求められた。[170] 新政初の科挙が彼に委ねられたことの意味は明らかである。そしてこの時の科挙は、大きな注目を集めた。

入試委員長真徳秀を支えたのは、後村の親友、隣の仙遊県出身で西山門下の王邁（一一八五―一二四八）である。進士となったのは三十三歳の時で、『比事』の撰者李俊甫と同年である。『斉東野語』の作者周密（一二三二―一二九八）の父の目撃談によれば、王邁はのちに福建転運司の宴会の末席に連なった時、馴染みの官妓が舞い始めるやそれに応じて立ち上がり、そのままぬけぬけと女を連れ去ってしまうという人を食った振る舞いに及んだという。[171]その尻拭いをしたのがやはり後村の友人で、当時の転運判官の方大琮であった。

王邁がその不羈の性ゆえに任官先で常に衝突を起こしたことを後村も伝える。[172]しかし、それは彼の圭角の多さのみによるのではないと付言することを忘れていない。上司で史弥遠の党袁韶（一一六一―一二三七、一一八七進士）との対立、あるいは廷試の試験官だった時の同僚王元春（一一九六進士）との衝突。後者は「済王の変」に絡み、[173]後村は史党の代表と名指している。[174]彼が知人を優等に置こうと横車を押してきたのに対して王邁は肯んぜず、怒った元春は「三凶」の一人李知孝を動かして王邁を免官へと追い込んでいる。後村と同じ屈託を王邁も味わわされていた。

その彼にも転機が訪れた。泉州の南外睦宗院の教授となった折りに西山が知州として赴任してきたのである。西山は彼を高く買って州政の諮問に与からしめた。そして新政下の科挙でも先生を助けることになったが、やはり周密が興味深い挿話を書き留めている。

端平二年の進士の中には莆田の隣、福州福清県の林希逸（一一九三生）も含まれる。最初に述べたように、のちに後村の行状を書くことになる人物である。彼は王邁と郷里は一嶺を隔てるのみで、素から親しかった。希逸は後村より六歳年下、時に四十を回っており、そろそろ焦りが出る頃ではある。彼は人目に付かぬ弊衣姿で王邁の前に現れてこっそり出題を教えてくれるよう頼んだ。王はその前に西山に出題の適否を問われて注文を付けたところだったので、林に自分の考えた問題を教えておいて、まだ決めかねている西山の下問にそれをもって答えた。

試験の直前、受験生が「わたしは誓って友人を登第させる。神よご照覧あれ」という王邁のつぶやきを耳にしたという。彼は情実を恬として恥じなかったのである。そして、同い年の林彬之と「郷音」をもって受け答えすることを願い出て、他人に分からぬお国なまりで示唆を与えたというから恐れ入る。[175] 林彬之はまた後村の友人でもあった[176]（この時五十二歳）。この時莆人は十四人も合格しているが、そのうち林彬之を含め六人について後村がのちに墓誌銘を書くことになる。後村の二歳上の方大東（一一八五―一二三六）[177]、五歳下の呉叔告[178]、七歳下の李丑父（一一九四―一二六七）[179]、九歳下の鄭偘《かん》（一一九六―一二五一）[180]、十一歳下の方景楫（一一九八―一二五七）[181]である。同世代や少し後輩のもう若くはない友人たちの登第は、後村にとっても感慨ひとしおだったであろう。

後村は友人も含んだこの時の合格者を皆「文学にすぐれた者」として王邁の目を評価し[182]、師西山の采配によって「場屋が引き締まり、空疎な不勉強者はそそくさと逃げだし、挟書の弊害も少なかった」と讃える。理宗は「科挙の弊害は極まった。カンニングの風潮を一掃せねばならない」と述べて、西山に期待していた[183]。それは満たされたのか、それとも周密の伝える話が事実とすると、やはり縁故情実が作用したと見るべきなのか。

かかる風評が生じたのも、それだけこの時の科挙が注視されたからだろう。周密の話では、西山が王邁のいいなりに動いたように描かれて戯画的である。むしろ西山を風刺したものなのかも知れない。市井の小民たちも自分で勝手にかつぎあげた偶像を早くも引きずりおろしにかかっていた[184]。

西山自身、「更化」が名ばかりなのを痛感していた。もともと彼を朝廷に引っ張ったのは鄭清之であり、その入洛の失敗について西山はいささか苦しい弁護を試みているのに、丞相の方は彼の政見をとり立てて聞き入れた様子はない。三月に参知政事に任命された時には病魔に蝕まれつつあった。泉・福州で勤めている間に疲弊が蓄積したところに暑い盛りに召しだされ、しかも道中『大学衍義』の校勘に余念なしという精励ぶりが寿命を縮めた。科挙が終わった後も賓客の応接に暇なく、遂に昏倒した。それでも夢の中で鄭寅と会子の問題を論じていたと後村は述べる[185]。西山は五月に不帰の客となった。

師の遺表を代筆し[186]、行状を書いた弟子の後村がいまやその後を継がねばならない。前年の九月、師の後を追うように彼は都に召されていた。鄭清之は後村のことを忘れておらず、その座右には「陳振孫・劉克荘」の銘記があったという[187]。鄭は丞相就任の賀啓が山のように寄せられる中、唐朝の名宰相裴度に自分をたとえてくれた太学以来の友人の四六を随一の出来ばえと評した[188]。後村の方も己れを韓愈に擬する気持ちがなかったと言えば嘘になるだろう。とにかく、後村が都に呼び寄せられたのも、丞相と西山によるところが大きかったのである。

後村は入京早々の備対箚子において、師の懸案でもあった「日々十六万楮」を乱発せざるを得ない財政難打開について の士大夫たちの献議を診断上手の治療下手と切って捨てた後、和糴（穀物の強制買い上げ）の対象を大富豪に絞り込み、「歳入一〇〇万斛」を誇る大地主の本籍田産の十分の七、僑産のすべてを買い上げ——というより、代償は十年後払いだから召し上げ同然——を主張するなど鼻息の荒いところを見せていたが[189]、一年経って「最近の出来事を見るに、元年とはしだいに様子がかわりつつある[190]」ことを実感していた。

西山の死の翌月、独相体制は終わりを告げ、右丞相に喬行簡（一一五六—一二四一、一一九三進士）が並び立った。喬は呂祖謙（一一三七—一一八一、一一六三進士）門下の婺州の人。鄭清之と共に史相末年の執政だったが、史弥遠と一定の距離を保っていたし、元老ともいうべき存在だったから、その任命は表向き朝野にすんなり受けとめられたように見える。しかし、この人事のよってきたるところは鄭清之の指導力の欠如にあり、二相並命は彼の影響力の低下を示していた。

二相（ともに枢密使を兼務）の下で枢密院編修官となっていた後村は七月輪対の場に臨み、前政に後ろ髪を引かれつつある皇帝に現実を直視して、二相を信頼するよう訴えた。それに対して、理宗は「政治は丞相の手にまかされている」と答えたが、後村は左相への眷顧が衰え、勢いを得た右相が党与を引き込んでいるとの風説が存することに触れ、そのために両人が返政を願い出ているのは小人どもの思う壷であり、自分の上司だから二人の不和など根も葉もないことはよく知っていると述べた[192]。

後村は二相の力関係についてははっきり言わないが、王邁の同月の上奏はその点を明示する。彼は二相並命直後に、喬がかつて史弥遠と親しく、これは同じく史党たる袁韶復帰を招き寄せるものと批判していたが[193]、翌月の輪対で鄭の一派を「明党」、喬の派を「婺党」と呼んで朋党の形成をはっきり指摘した[194]。これが正しいなら、「明にあらざれば婺」という史弥遠の支持基盤が二つに割れただけのことになる。これに比べると、後村の方には回護の感が否めない。じつは後村自身も、のちに王邁の墓誌を書く中で友の上奏を引いて二相の対立を認めているのである[195]。

王邁はこの時の上奏で弾劾にあって朝を去る。そのいきさつについて、後村は「辺事を論じて実を過ぎた」のを弾劾されたと述べるだけで[196]、いま一つ要領を得ない。しかし、王の文集を読むなら、それが全子才を名指しで痛烈に批判したことによるものと知れる[197]。全は入洛の主将の一人であり、降秩されたものの依然軍を指揮していた。廟堂が辺帥を統御できない状況で、王邁の後ろ盾である鄭清之も彼を庇いきれなかったのだろう。

王邁は魏了翁のとりなしで漳州通判への左遷で済んだが、友を後村が国門に見送った詩の一節に「南帰すれば定めて西山の下を過ぎらん。細かく行蔵を把って墓阡に告げよ[198]」とあって、師の抱いた経綸の志と益々かけ離れてゆく現実に対する苦い思いが滲み出ている。

モンゴル軍はユーラシア大遠征の一環としての南征を既に開始していた。十一月、これに対処し、さらに辺境の司令官相互の不和を押さえ込むために、老臣の曾従龍が江淮（東部戦線）、魏了翁が京湖（中部戦線）の督視軍馬に任じられた。開府となれば、当然幕僚が必要になる。曾は後村を連れて行こうとしたようだが[199]、赴任前に亡くなってしまい、魏が両方面を兼務することになった。鶴山は再三辞退したが、とうとう懇請の前に折れた。ところが、この人事の裏には策動があり、それを察知して幕下に人がなかなか集まらず、支費も十分に与えられなかった[200]。そして都を出て三カ月、彼は召喚の命に接するのである。

彼を引きずり回した策動の主が誰かは分からない。ただ同月には一年半ぶりに史嵩之が淮西制置使として前線に復帰していることが注目される。戦況が思わしくない時に対モンゴル和平派で、両国の間で暗躍していた王檝とのパイプを持つ史嵩之が浮上したのであった。

「善類」[201]と自ら標榜する人々にとって新政のアンチテーゼたる史氏の復活は脅威であった。朝野に立ちこめる不信の霧はいっそう濃くなった。「善類が一つに集まったところで対立が生まれた」と後村は元年の備対箚子で述べていたが、猜疑にかられた「善類」同士の足の引っ張りあいがいよいよ表面化し、後村もその渦中に捲き込まれた。行状は言う、

後村に進士の称号が与えられて郎官に昇進するとの噂が左府（鄭清之サイド）から洩れ、呉泳は自分の出世の妨げになるのではないかと考えた。そして呉昌裔の上疏により話はつぶれた。御史（呉昌裔）は舎人（呉泳）の弟である。[202]

しかし、後村自らが語るところは違う。前年の輪対の時、待班所に呉泳が居合わせた。後村と皇帝の議論が長びき、しびれを切らした泳は退出してきた後村に向かって「立ちん棒で腹が減ったわい」と文句を言ったが、示された奏稿を読んで感嘆、後村が都を去る際には餞にやってきて「弟の弾劾は思いもしなかったことだ」と弁解したというのである。[203]呉泳は後に自らの代わりに後村を推薦したという事実もある。[204]

呉氏兄弟は蜀の人。やはり更化とともに都へ出てきた。後村等が西山に続くように出てきたのと同様、彼らの上にも西山と並ぶ鶴山魏了翁がいた。その点では後村と似た立場にあった。新政に対する期待で彼らの胸も膨らんでいたが、彼らの故郷は直接モンゴルの侵略を被っており、辺防についてはより切実な関心を有していた。兄の泳（一一八一生、一二〇八進士）は中書舎人として「三凶」等の史党にとどめをさし、[205]弟昌裔（一一八三―一二四〇、一二一四進士）は杜範（一一八二―一二四五、一二〇八進士）、徐清叟（一二一四進士）らと共に端平二年十二月に御史台入りして「三諫」と並び称された。北宋の蔡襄が詩を詠んでたたえた「三諫」の南宋版になぞらえられるほど、その動向は注視を集めたが、[206]彼らの舌鋒は鄭清之にも向けられた。大いに腹を立てた丞相は、徐清叟を太常少卿に棚上げして羽翼を切ろうとした。こうるさい台諫を表向き昇進させてじつは批判を封じ込めるのは常套手段だった。

杜範と呉昌裔は早速異を唱えて同僚の留任を要求し、鄭清之との対立は尖鋭化した[207]。

こうした最中に後村の抜擢の噂が流れたのである。呉昌裔は後村を鄭清之の手先と見倣して、次のような手厳しい非難の矢を放った。

小才で口がうまい男です。早くから文章をよくしましたが、識見は浅薄です。真徳秀がその師であり、以前からその知遇を得てその門に出入りしておりましたが、徳秀が病気になるとあわてて他の門をたたきました。曾従龍はその上司であり、彼が督視軍馬となった時、幕僚をそろえたのは後村なのに、陛下が曾従龍に赴任を促されると意見を変えてこれを邪魔立てしました。王邁は郷人であり、肝胆相照らす仲だったのに、彼が台諫に弾劾されるとその面会を断りました……時事を探って大臣に通報し、その意図をそれとなく台諫に知らせてその口を封じようとしました。その計り知れない心術に人々は恐れをなしています[208]。

そして後村を弾劾した後も、三諫対「明党」の構図を描きだしている。

杜範が首として何柄を弾劾したがために宰相の親朋は恐れ、徐清叟が明（州）人を弾劾したがために宰相の郷党は恐れ、私が劉克荘を弾劾すると、宰相の門客たちが恐れました[209]。

後村に向けられた批判のうち、督府の件について「後村が意見を変えた」というのが何を指すのか分からないが、曾従龍の後をついだ魏了翁の悪戦苦闘ぶりを見れば、勇んで前線に向かうことにためらいがあったとしてもやむを得まい。師や友に対する背信行為については呉の言いがかりだろう。西山の死後、野辺送りのために福建参議への任命を願い出た[210]のは嘘とは思えぬし、師の行状の撰述を後村は託されているのである。また、詩の応酬を見る限り王邁との交友関係は、むしろこの後深まっている。

核心は「変節漢」よりも、鄭清之と近しいことにあった。「尚書都司と枢密院の属官は宰相とのコネによって選ばれる」とかつて陳宓が指摘した政治構造そのものは一向に変わっていない。そこに、呉らが後村を敵視する理由があった。後村自身、次の失脚については誇らしげでさえあるが、この時のことについては多くを語っていない。

人々が「観潮」を楽しんでいる頃（端平三年秋）、後村は国門を後にした。

車前の彎帽、声とともに散じ、関外の華簪は一揖して休む。
惟だ浙江潮の好事なるありて、肯えて逐客に随いて厳州に至る。[211]

人情紙のごとし、見送る人がさっさと帰ってゆく中で、しつこく追いかけてきてくれるのは浙江潮だけだった。王邁や後村が去った後も、莆人として方大琮がなお朝に留まっていた。しかし、彼も状況を悲観していた。更化揮わず、一転して「亡」の一字が公然と人々の口の端に上っていると彼は上奏において述べた。[212] 嘉熙元年（一二三七）五月に臨安名物の火事が起こり、延焼人家四万七千有奇、被災者二十九万三千人という史相末年の火災を上回る甚大な被害が出た。[213] 更化の挫折を招いたそもそもの原因はすべて済王の問題の未処理にあるという声は、福州の人で後村らの友人、やはり「端平二年組」の潘牥（一二〇五―一二四六）ら多数に上った。[214]

対応に苦慮する廟堂を眺めて、そこに立身の機会を見いだしたのが侍御史の蔣峴（一一九六進士）である。彼は後村のかつての同僚であり、信頼する友だったが、[215] 敢えて衆論に異を唱え、火災と済王の事は無関係と論じた。こうした「冷静な」議論がこの時代に通るはずもなく、学生たちの攻撃の的になり、追い詰められた彼は方大琮・潘牥に加えて、当時漳州にいた王邁、そして帰郷後袁州の知事になっていた後村をもひとからげにして弾劾したのである。

この弾劾は大きな波紋を呼んで、以後輿論の騒擾はぴたりと収まったというが、ことは中堅官僚の左遷であって、政局を大きく左右するものではない。しかし、じつは『宋史』に後村が顔を覗かせるのはこの弾劾事件と、後述する史嵩之致仕事件くらいなのである。[216] 後村にとって、皮肉にもこの事件は先の風評を吹き飛ばし、新政の挫折の象徴としての付帯価値まで生み出してくれたのである。

この事件が起きた時、後村らをひき上げた鄭清之はすでに相位を降りていた（端平三年九月）。「小元祐」の実現を嘱望されて廟堂に上ったはずが、政局の運営の失敗のみか、商人との癒着まで取りざたされた（「明党」の中にはこれら商人も含まれていたことは容易に想像がつく）。批判者によれば、賄賂によって人事を左右していたのは実権を握っていた子の士昌だが、父も一蓮托生とみなされていたのである。[217]

これを責めたてた杜範・呉昌裔も執政李鳴復（一二〇八進士）との対立から相次いで中央を去る。[218] では、一旦両成敗で鄭清之と共に廟堂を去りながら、二カ月後に再び相印を帯びた喬行簡が勝利者かというとそうではなかった。

先に史嵩之が淮西の前線に戻ってきたことに触れたが、それ以前にモンゴルと通じて内情を伝え、王檝を導きいれたという批判がぶつけられていた。江西安撫使に復帰すると、給事中洪咨夔が封駁を行い、呉泳が論奏、[219] 刑部尚書の辞令は史嵩之と同郷の袁甫（一一七四―一二四〇、一二一四進士状元）が繳還、[220] 呉昌裔もこれに呼応していた。[221] 史嵩之はこれをかわすために母の病を理由にいったん明州に戻ったが、やがて淮西制置使に復帰すると、あとはトントン拍子で嘉熙二年（一二三八）正月には執政待遇を獲得、翌月には参知政事に昇り、督視軍馬となったのである。

一方、帰郷した後村は、王邁に対して「たとい終身一事なくとも、亦た千載をして孤標を仰がしめん」「君と西山の学を死守し、人をして末路の蹉するを譏らしむるなかれ」[222] と在野生活への決意を表明したかと思うと、鶏鳴く朝まだきの夢の中で上奏文を袖裏に丹墀の下に控えていると、父が現れて問答を交わした後、追班の声を聞いてはっと目覚めるなど、都への思いを断ち切れずにいた。[223]

局外にいても、政治情勢は邸報という形で耳に飛び込んでくる。後村らを陥れた蔣峴の政治生命も長続きせず、その失脚の報も入ってきた。邸報をめぐって王邁との間で交わされた一連の詩には快哉というより、憤怒の思いがさめやらずにいる。[224]

しかし、「善類」は朝局を破綻させた責任を「小人」たちや史嵩之、あるいは一定した政治指針を持たずにその復活を許した理宗や鄭清之に帰するが、彼ら自身免責されるのだろうか。

彼らは新政当初、史弥遠時代の弊害を盛んにあげつらった。その剔抉は容赦ないまでに冴えわたっている。ところが、いざ新政のビジョンを描きだす段になると切れ味が鈍る。独裁を排除するだけでは、新たな敵との対峙、流民の処置や軍事費膨張といった問題への答えにはならない。

端平の御世とあいなり、人々は西山の来朝を元祐年間の司馬光のごとく待ち望んでいた。会子は紙切れ同然で物価高、人々の暮らしは苦しい。本物の学者が用いられれば、必ずや対策を立てて、たちまち問題は解決されるだろう。都びとはそう思い、「物価引下げには真直院」というキャッチフレーズができた。西山は入朝すると、道学の尊崇や正心誠意を第一義に掲げ、『大学衍義』を献じたが、無知な愚民は彼の発言が現実に即していないのを見て、今度は「西湖の水まるごとで、たった一杯の麵」というフレーズを追加した。(225) これまで見てきたように、彼はひたすら道学ばかりを説いていたわけではなかった。

『大学衍義』では庶民の腹はふくれない。ただ、西山の正心誠意は掛け値なしのものだったし、しかし、大半の「善類」はそうではなかった。政策論議以前の、いたずらに史氏憎しにこり固まった感情論も往々にして見られる。済王の事案にせよ、当時の人々にとってみれば由々しき問題だったことを我々は理解すべきだが、こうした後ろ向きの問題にいつまでも熱中するのは、この問題が政争や世論操作の恰好の道具でもあったからである。

善類士大夫たちにとって自らの経綸をいよいよ中央で試す絶好のチャンス、それが「端平更化」だったはずである。しかし、中央での政治作法を学ぶ前に舞台を下りるものが相次いだ。後村等のように引きずり降ろされた者ばかりでない。自らあっさりと降りてしまう者もまた多かった。そこには抗議のマニフェストあるいは政治の駆け引きの側面が存することを看過するものではないが、それにしても彼らは退くに急である。この頃の立朝者の記録をみると「出関」や「国門を出る」という言葉がやたらに目につく。勅許も得ない職場放棄もあった。長年野党的立場にあった彼らは、泥をかぶってまで中央に固執しなかったのである。

五　『清明集』の名公

嘉熙三年（一二三九）正月、平章軍国重事喬行簡、左相李宗勉（一二〇五進士）、右相史嵩之という三頭体制が成立した。後村は李宗勉の推挽もあって、広東提挙でのカムバックが決まった。その前に江西提挙に擬せられたが、彼はこれを受けなかった。丞相には手紙で「江西は名部にして監司の高選」なのにキャリア不足の自分がつくべきではないと書いているが、同路に任じていた従弟希仁が弾劾されたのを知らなかったため「妨嫌（関係するポストに親族が就いている時に任官を避ける）」でひっかかると思い込み、自分は需次差遣と踏んだというのが本音だろう。「この冬、子供たちの成人式の物いりで家計が逼迫した」ために一家の長として任官の必要は感じており、順番待ち（需次）でなく、すぐに任官したかったのである。この時、彼に草詔の任を与えようという動きもあったようだが、「私は科挙に合格しておりません。つくべき官には分相応というものがあり、その位置が間違っていれば、多くの人々の怒りを買いましょう」と予防線を張ったのは、あながちポーズではなく、前回の苦い経験が頭にあったからだろう。中央へ飛び込む時期にあらずとの判断も働いたかも知れない。「地方で粗官となり、そのサラリーで親を養い、子供を育てられればよい[226]」という彼にとって、一カ月後にあらためて下った広東提挙のポストはおあつらえ向きだった。

　閩人本に務むるを知るも亦書を知る。若し耕樵せざれは必ず儒を業とす。
　ただ有り、桐城南郭の外、朝に原憲たりて暮れには陶朱[227]。

商人の肩がこすれあうほど繁盛する泉州城を通過し、賈似道が最期を遂げることになる漳州木綿舗を通り[228]、広東に入った。

　幾樹天に半ばし、紅は染むるが如し。居人は云う、是れ木綿花なりと[229]。

南宋時代に広東を中心に栽培されるようになっていた綿花は、彼の目にはまだ珍しかったのだろうか。

贛客紛紛として刃を露して過ぎ、断じて徼吏の敢えて譏訶するものなし。
身は今これより牢盆の長。爾に較べて能く賢なること幾何なりしや。[230]

江西から広東に入ってきた塩商人の武装におそれをなす関所の役人たちの姿を見て、任地が近いと緊張を新たにした。

「建陽の吏民は今なお私が知事に着任した日のことを記憶し、江西（袁州）の父老は私が知州を辞任した日のことを覚えている[231]」と丞相に対して自慢するほど、彼は「塩米の俗吏」としての手腕にたのむところが大きかった。のちに、「長い間俗吏として奔走し、学問のほうは渉猟を事とするだけで本物の儒者ではない[232]」と謙遜してみせるが、それは「雅流を気取って俗事に手を染めるのをいさぎよしとしない[233]」士大夫たちとは違うのだという自負の裏返しであった。

嘉熙四年（一二四〇）八月に同地の漕司（転運）に転じた頃、中央政局に変動が起こりつつあった。対モンゴル戦線は孟珙や後村の淮南幕府時代の同僚で邵武の人杜杲《こう》（一一七三―一二四八）らによって持ちこたえられていた。後村は杜の神道碑の中で彼を事ごとに妨害しようとする史嵩之の悪意を強調しているが[234]、戦況の全般的な好調は史嵩之の勢威増大に繋がるものだった。

この年の二月に、史嵩之は都に召還されていた。さらに喬行簡退き、李宗勉が世を去って、年末には史嵩之だけが残った。独相体制の復活である。史嵩之還朝の折りには彼を型通りに讃える賀啓を献じた後村だが[235]、行状は彼が丞相に対して静かな抵抗を示したことを記す。丞相が両淮の戦線に供給する屯田用の耕牛を広東から調達した時、これに見事に応じてみせながら、表謝の中で「吏民と話をするたびに、これは朝廷としてはやむをえざる処置なのだと言い聞かせました」という一文を滑りこませてそれとなく諷したというのである[236]。

このせいかは分からないが、後村が史嵩之の党派に目をつけられたのは事実で[237]、淳祐元年（一二四一）六月、奏事を命じられた時、史党の侍御史金淵（一二一四進士）に弾劾された。後村は上京を命じられて泉州まで来たところでそれを知った[238]。再び奉祠生活に逆戻りである。

一方、史嵩之も都では居心地の悪さを覚えていた。叔父が絡んだ済王案の記憶はいまだに人々の脳裏から去っていなかった。史嵩之は高斯得（一二〇一生、一二二九進士）の編んだ「寧宗紀」を改竄するなどしてその後ろ暗さを消し去ろうとしたが[239]、むしろ逆効果だった。また、モンゴルの攻勢は弛むことなく、蜀の地は蹂躪されていた。

後村は淳祐三年の元旦に侍右郎官を拝命するが、またしても史党の濮斗南（一二二九進士）に阻まれた。再び祠禄を食むことになった彼は丞相に礼状を送るばかりか、その父の史弥忠（一一六五―一二四四、一一八七進士）にも挨拶を欠かしていないが[240]、その胸中は複雑なものだったに違いない。

史嵩之の旗色は次第に悪くなっていた。年末には批判をかわすために五度奉祠を請うほど追い詰められていた。淳祐四年の正月、端平時の「三諫」の一人で、復帰後中央政府で急速に重きをなすようになった杜範が同知枢密院事となった時、史嵩之は彼と端平時に激しく対立した李鳴復を参知政事に引き上げた。これはまんまと図に当たり、李との共政を快しとしない杜範はかつて同様に都を去ろうとした。ところが、慌てた皇帝は城門から彼を出さぬよう命じ、太学からも杜範擁護の声が上がるばかりか、批判の矛先は李鳴復からさらに史嵩之に向けられた[241]。

丞相にとって決定的な痛手となったのが、九月の父の死だった。史嵩之には「善類の中の質柔気弱な者」を釣り上げて信任し、「士大夫を変化せしめる術」を心得ているとの評もあったが[242]、この際の振る舞いは拙劣と言わざるを得ない。かつて叔父史弥遠が母を亡くした時は、一応半年を待って起復した。しかし、太学生らの批判によれば、史嵩之はやがて訪れるであろう父の死を予測して、馬光祖（一二二六進士）、許堪（一二一七武進士）ら服喪を終えていない者を起復させるという見え透いたお膳立てをしたうえで、起復の後に奔喪したというのである。三学の諸生たちはここぞとばかりに騒ぎたて、太学の寄宿舎の廊下には「丞相朝入、諸生夕出。諸生夕出、丞相夕入」という大字報が掲示されて、丞相と学生のいずれを取るかを政府に迫った。京学で騒ぎの張本と見られた遊士（寄留学生）が追放されようとすると、学生たちは抗議行動に出た[243]。「正論は国家の元気、今正論は猶お学校に在り[244]」と言う学校弁護の声に屈する形で、史嵩之は服喪を余儀なくされたのであった。

代わって范鍾（一二〇八進士）、杜範が左右丞相の座につき、これで後村の前途は再び開け、淳祐四年秋に江東提刑を拝命した。范鍾にあてた手紙では型通りの辞退を申し出ているが、

私の体力はなお駆策に堪えるものです。以前は広東の任も厭いませんでした。今回の江東の任は福建とは隣でありますし。ましてや、四年間の休養生活で、俸禄を必要としないことがありましょうか[245]。

と色気をのぞかせることも忘れてはいない。

それまでは訴訟に煩わされていたのに、一年経つと一日にわずか訴状が数枚あるいはゼロという状態になった。胥吏はおまんまの食いあげで多くは逃げ去り、州の胥吏が県の同業者に対して「どうしてこのところ翻訴がないのだ」と尋ねると、「県知事の判決文を農夫も言い伝え、士大夫は伝写して子弟に教えきかせているからです」と答えた。

建陽時代を回顧した文章の一節だが、「健訴の地」を牛耳って、訴訟を頻繁に起こさせることで懐を肥やす胥吏たち（県で解決されずに州に持ち込まれる訴訟がないと州の胥吏は上がったり）を干上がらせた名判官の輿望は高く、後村の妻が危篤に陥った時には快癒を祈る声がひきもきらず、離任後三十年たっても彼の来訪の報せを聞いて山奥からはるばる老人たちが出迎えたという[246]。てらいもなく過去を振り返れるのは相当な自信である。

江東提点刑獄の地位はその手腕をより発揮できる場であった。治所の饒州を拠点として九つの州軍の巡行がその最大の仕事である。規定では五月から七月にかけて二年で一巡となっていたが[247]、再三督励の詔が出ているのを見れば、職務を疎かにする監司は数多かったはずである。

職務は刑事案件に止まらない。本来は転運司の管轄である民事まで処理した。属官二人のうち、民訟は幹官、獄案は検法官という分担があると後村は述べている[248]。数年後に当地に赴任した蔡抗（蔡元定の孫、一一九三—一二五九、

一二二九進士）あたりはしきりに「戸婚は本司に属さず」と述べて他司の領分の侵奪を気にしているが[249]、転運司の治所が遠いこと（建康府だから饒州とは路内の端と端にある）などを理由に受理している[250]。

このほかにも、官吏の挙刺はむろんのこと、経総制銭の催科（乾道八年以来[251]）や、災害の報告に虚偽がないかどうか検分する仕事もあった[252]。後村はさらに塩税の催科まで背負わされて、「これでは、奉行寛大を以って旨とし、漕司の誅求のブレーキ役を果たすべき憲司の特徴が活かされないし、獄事に専念できない」とぼやいている[253]。

かてて加えて、江東は饒・信州といった天下に名立たる健訟の地を抱え込んでいた[254]。「牛頭阿旁」のごとく恐れられた胥吏[255]や、子分を各地にばらまき州城には「譁局」を置いて訴訟を牛耳る豪民に事欠かなかった[256]。

後村がやってきた時、深刻な干ばつにも見舞われていた。ただでさえ、饒州の租額十八万石が実収八万石に減じており、さらに前線の淮西・淮東に計九万石を送らねばならない[257]。そこに天災が折り重なった。州城の修理もままならず、いったん事あればお手上げだった[258]。この難治の局を自分なりによく乗り切ったと納得したのだろう、のちに淳祐九年（一二四九）から宝祐六年（一二五八）までの十年間の作品を「続藁」にまとめた際、それに先行する江東での判語を付録とした。「訴訟をさばく際には、必ず書類を一字一字検討（対越）してから裁断を下しており、そこに個人的な感情をまじえたことはなく、それまで滞っていた訴訟、疑獄を多く解決した」という成果を集めた「建渓（建陽）十余冊、江東三大冊」のうち、前者はちっぽけな県のことなので省き、後者のみを文集に収めたのである[259]。

景定二年（一二六一）に初刻が出された『名公書判清明集』にも、後村の判語が二十二本収められている。江東関係のものは「開慶元（一二五九）年上巳日」と跋文に記した「続藁」によったのだろうが、そのほかに建陽時代のものまで収められている。「建渓十余冊」が形を変えたものか、それとも先に引用した記事にあったように「士大夫の伝写」したものが『清明集』の版元の手に入ったのであろう。『清明集』がどこで出版されたかは明らかでないが、書物の性格上、建陽である可能性は高い。後村の判語も容易に入手できたろう。

判語の伝写、刊行は当時の流行とさえ言えた。後村が「対越」という語を使っているように、南宋期には「断訟語」を集めた范応鈴（一二〇五進士）の『対越集』四十九巻がある。[260] また、後村が跋を付しているものに『唐察院判案』[261]『平心録』がある。前者の著者は唐璘（一二一七進士）で、後村はこの作を「仕官者は座右におくべきものである」と評している。後者の著者は呉革で、「門生故吏」の編纂になるという。[262] 後村は呉の知臨安府としての活躍を讃え、「獄空詩」や『平心録』を読んだ感想を述べた書簡を送っている。[263] 広東の人李昴《ぼう》英（一二〇一―一二五七、一二二六進士）が序文を書いた『方帥山判』も「判決が出ると僚佐は争って筆写した。時間が経って量が多くなったので、分冊にして出版する」[264] とあるように同種の書物である。

方帥とは方大琮のことである。彼も後村同様に官界に復帰し、福建転運判官を経て、後村と入れ替わるように淳祐元年に広東に赴任した。この後、江東から中央に召された後村が友を引き上げようと骨を折ったが、果たさないまま任地に没した。後村が捧げた墓誌の中でも「判決は多い時は千言を超え、少なくとも数百字。広人がこれを珍誦した」とその手腕を讃えている。[265] この書が編まれたのは彼の没後まもなくのことに相違なく、僚属たちは地元の名士李昴英に序文を依頼したものだろう。さらに、李は『潜守治獄好生方』という書物の存在を教えてくれ、[266] 自身四本の判語を文集に残してもいる。[267]

この時期に集中的に判語集が編まれた背景には、士大夫に「俗吏」としての処理能力が求められたことがある。「名裁判官」としての自己演出あるいは顕彰だけでなく、同時に統治のマニュアルとしての需要があったから刊行もされた。「訟学」が登場した時代なので、[268] 訴訟を起こす側にとっても「傾向と対策」の役割を果たしたかも知れない。

また、これにかかわった者の相当数が朱子の学統に連なるか、後村周辺の人々なのが注目される。ここで『清明集』の巻頭の「清明集名氏」を並べてみよう。当時の名裁判官番付である。[269] カッコ内はそこに記されている名前と出身地を示す。字は省略した。

晦庵先生朱氏（　新安）　西山先生真氏（徳秀　建安）　履斎先生呉氏（潜　宣城）
抑斎先生陳氏（韡　三山）　意一先生徐氏（清叟　建安）　留畊先生王氏（伯大　三山）
久軒先生蔡氏（抗　建安）　庸斎先生趙氏（汝騰　三山）　昌谷先生曹氏（彦約　南康）
滄洲先生史氏（弥堅　四明）　西堂先生范氏（応鈴　南昌）　苕渓先生章氏（良肱　霅川）
裕斎先生馬氏（光祖　婺女）　鉄庵先生方氏（大琮　莆陽）　後村先生劉氏（克荘　莆陽）
自牧先生宋氏（慈　建安）　雨巌先生呉氏（勢卿　建安）　丹山先生翁氏（合　建安）
秋崖先生方氏（岳　三衢）　実斎先生王氏（遂　鎮江）　石壁先生胡氏（潁　潭州）
文渓先生李氏（昴英　番禺）　浩堂先生翁氏（甫　建安）　廬山先生陳氏（埴　南康）
桃庵先生劉氏（希仁　莆陽）　立斎先生姚氏（瑶　延平）　息庵先生葉氏（武子　邵武）
臞軒先生王氏（邁　莆陽）

先頭の朱子の諱の空白に、本書のメッセージが示されている。それに続くのが真徳秀である。三番手は丞相にまでなった呉潜、その地位ゆえに三番手なのだろうが、朱・真の後塵を拝さざるを得ない。曹彦約（一一五七―一二二八、一一八一進士）と葉武子（一二一四進士）は朱子の弟子、陳韡は真徳秀と関係の深かった陳孔碩（一一七五進士）の子であり、蔡抗は朱子の高弟蔡元定の孫である。また、史弥堅は弥遠の弟で嵩之の叔父にあたる人物だが、兄とは距離を置いて地方官暮らしが長く、建寧で義倉を実施して真徳秀に称えられている。[270] 真徳秀、陳韡、蔡抗、方大琮、劉希仁、王邁に加え、『洗冤集録』の宋慈（一一八六―一二四六、一二一七進士）も、後村が建陽県知事時代に知己となった人である。[271]

また、ここには登場しないが、朱子の高弟で後村の先輩でもある黄榦の文集にも、三十三本判語が収録[272]されている。「判語」が文集に収められるのは「雅流」には似つかわしくないが、「俗吏」としての実績を示すことは、本人あるいは周辺にとって抵抗のないものとなっていた。

「俗吏」と言っても、むろん胥吏とは全く違う。名公たちの判語には、胥吏への根深い不信感が基調としてある。極端にいえば、彼らは人間としての出来がそもそも違うのであって、とても教誨が通用する相手ではなかった。しかし、健訟の風の責めを胥吏だけに帰することはできない。判案の主人公の多くは、士人や士人たらんとする人々なのである。

この時代に「士人」という語は士一般を包括するだけでなく、士大夫と区別される存在を限定的に指すこともあることを高橋芳郎が指摘している。[273] 入流してはいないが「庶」とは一線を画する存在を「士人」と呼ぶことがあった。『清明集』に出てくる「士人」はこちらの意味であることが多い。彼らは統治側にとってはしばしば頭痛の種であった。

潜彝父子はその財産によって儒者の衣冠を身につけている(納粟補官を指す)。平時は宛転として賢士大夫の詩文を乞い求めて、其の武断豪強のあとを飾り立てようとしている。

政府に穀物を収めることによって「小使臣」(武階)の肩書き[274]を手に入れて郷曲に武断した親子の処置に、「未だ嘗て士人を罪したこともない」後村は大いに苦慮した。[275]

ところが、地域社会に影響力を行使したのはれっきとした士大夫に加えて、彼らであった。数からいってもむしろその動向こそが地方統治の成否を左右したのである。彼らはまた官人ピラミッドの広大な裾野を形作っていた。端平年間に後村が侍右郎官(下級武臣の銓選にあたる)を兼ねていた頃、その管下にあった「本選在籍の小使臣」は一三九〇〇人だった。とくに問題なのが納粟補官者の増大で、後村はあと数年で彼らが銓選の大部分を占め、他の出身経路を阻害するのではないかと憂慮している。[276] のちに景定元年(一二六〇)に権兵部侍郎となった時に、皇帝に対して、

役所の机の前に座って副尉以下の任命状に署名したのは、千や万の単位です。ここから推しますに、大小使臣の告身・綾紙を給された者も数知れません。[277]

と述べている。武階の末端の副尉が膨大な数に上り、その上の大・小使臣もぶ厚い層を成していた。潜氏のように、これらの人々の多くは教養、品格の点では士と呼ぶ資格はない。後村も彼らに嫌悪感を抱いていただろう。しかし、同時に彼が湖・秀州の不作を救うために納粟補官を提案[278]しているように、「名器を愛惜する」建前を維持するのは難しかった。

胥吏はしょせん胥吏であり、その気になれば断乎たる処置も取りうる。しかし、士人たちには別様の対応が必要である。潜氏にしても悪事云々を別にすれば、「賢士大夫」に詩文の交わりを求めて懸命にその社会への参入を目指す様は「賢士大夫」自身あるいはその祖先のかつての姿なのである。彼らが悪事を働いたからといって、ただちに刑に上せば、自らのよって立つところを切り崩す結果になりかねない。手ぬるかろうが「教誨」でその自覚を促すのが精一杯というのが実情であった。何とか彼らにも士たるにふさわしい立居振る舞いを学ばせ、地方社会を良導する存在に引き上げることこそ、道学を身につけた士大夫たちが理想としたところであった。

泉州で地方官としても見事な手腕を発揮したとされる真西山にしてもそうだが、道学と俗吏は両立しうるもの、いや本来同一人の中に備えるべきであった。後村は義理の学が興ってから、ますます俗吏が軽んじられるようになったと述べたことがあり、自らを道学の徒には数えていないかのごとくだが、彼自身「名公」の仲間入りをすることで、朱子を頂点とする「道学＋俗吏」の共存という理念の一典型に数えられたのである。

六　公論の芒刺

史嵩之退場後の范鍾・游似の両相のうち、後者と後村の間柄は親密だったが、前者には嫌われていた。飢饉に見舞われている最中の交替は望ましくないとの理由で范によって中央入りが阻止された、と行状は記す。范鍾が相位を去った淳祐六年（一二四六）四月、ようやく後村は入朝を命じられた。今度は彼自身が中途半端な交代は本意でないとして七月まで任地にとどまったうえで、老母の待つ故郷への帰省を願いでるが、これは認められなかった[279]。七月十八日、饒州を離れた後村は一週間後信州に着いたところで、太府少卿任命の報に接する[280]。八月十五日に都入り、二十三日召対、即日同進士出身を賜り、秘書少監に任じられ、翌日には国史院編修官、さらに三日後には侍講に充てられるめまぐるしさだった[281]。師の西山のように大議論を振り回さなかったが、『尚書』商書、『論語』陽貨、『周礼』夏官司馬などを進講した[282]。

十月一日転対に臨み[283]、四日後景霊官における祭祀に参列後、中書舎人の兼任を命ぜられた。翌日には「上三房」「下三房」に分かれたうちの前者の担当を仰せつかって辞退したが認められず、十三日に任務についた[284]。時に「太・武・京三学の友朋が祝福した」と行状はいう。

中書舎人は六十に手の届いた人間にはきつい仕事だった。彼は東坡筆の「玉堂詞草」を示され、

この巻は塗抹が多く筆もまずいので、公の書ではないと疑う人もいる。しかし、六十歳の老人に詞頭が夜に下され、それから準備してたちまちのうちに文章を作るのだから、技巧をこらしている余裕などあろうか。

と言って本物と目利きしたことがあった[285]。彼もまた「在省七十余日の間に七十制」という多忙な日々を過ごしたが[286]、慌ただしさの中にも、久々に上京した首都のここ十年間の風俗の変化を見逃していない。講義の際に、理宗に次のように言っている。

都城の風俗はやや昔と異なっております。王侯の邸第、湖山の亭館が櫛比し、豪奢な建物の丹碧が照らしあい、士大夫は財を貴んで徳をいやしみ、小人は宴遊にうつつをぬかしております[287]。

巻では北宋滅亡の宣和・靖康から甲子がちょうど二まわりめにあたるという「厄運の説」がささやかれていたが[288]、この迷信に妙に説得力を持たせる事件が出来していた。前年には丞相杜範が就任後半年足らずで急死（五年四月）、それから三カ月もしないうちに劉漢弼（一一八八―一二四五、一二一七進士）、さらに兵部侍郎徐元杰（一一九四―一

二四五、一二三二進士状元）が相次いで変死したのである。いずれも反史嵩之色の鮮明な人々だっただけに、「山相」（史嵩之は当時こう呼ばれた）による毒殺ではないかとの疑惑が広がり、彼の失脚の際に気勢を上げた学生たちがまたしても真相の解明を求めて騒ぎだした。当局も検証に乗りだしたが、明確な証拠もなく、事件は迷宮入りした。范鍾が相を退いたのも事件の処理の曖昧さを批判されたことによるのであろう。一つ空いた宰相の椅子に誰が座るのかが憶測を呼んでいた。史嵩之の喪明けの時が刻一刻と近づいていた。

後村が都に出てきてまもなくの召対劄子も、もっぱらこの問題に対する懸念で埋めつくされている。

仁をもって立国した本朝は弱きに流れ、全盛から偏安に追い込まれました。三百年間名臣は輩出しましたが、夷狄の患によく対処できた者はありません。……それでも景徳年間の寇準、慶暦年間の呂夷簡、靖康年間の李綱、建炎年間の秦檜は次善の人材としてまだしもよく難局にあたったといえましょう。……ところが、陛下はこうした人物を得ようとして果たさず、似て非なる人物を宰相とされました。……彼が去ったにもかかわらず人々がなお彼を畏れているのは、陛下の英断で起復が取りやめになったものの、いまなお陛下が姦臣のことを思われているのではないかといううわさが巷間に流れているからであります[289]。

史嵩之の名前は一切出さないが、あの秦檜の「万一」以下だと厳しく切り捨てている。史嵩之の復帰の噂が広まると「従官・言路・館学」が連章合疏し、「五学の諸生」たちで意見書を出したものがひきもきらず、そのすべてが史嵩之の復帰に反対するものだったという[290]。

こうした強度のアレルギーのために、史嵩之の復活は阻まれた。表向きは致仕が決まり、すべては落着したかに見えた[291]。しかし、問題はその中身だった。致仕は官僚生活に完全にピリオドを打つものではない。致仕の取り消し（落致仕）もありえた。致仕の形如何では復活の目もある。中書「上三房」担当の後村にその草制の仕事が回ってきた。彼は再び渦中の人となったのである。その状況は事件の経緯を克明に記した「掖垣日記」に生き生きと描きだされている。

十二月九日、史嵩之の「守本官職致仕」が決まり、二日後にその詞頭が中書後省に届いた。後村はその前に「下三房」担当の趙汝騰（一二二六進士）や給事中の趙希𡌴《き》と協議して、もし措置が「公論」にかなわない内容ならば、まず後村が繳還を行い、それが受け入れられなければ二趙が続くという二段構えを取ることに話が決まっていた。いざ致仕の制が下ると、後村は繳還しようとしたが、趙希𡌴の「詞頭に罪状が書かれていないことだけが問題である。単純に繳還すれば、陛下は気をそがれて致仕制の降下自体を撤回されるかも知れない。すると話がかえってややこしくなる」という助言に従い、十二日に史嵩之の罪名を明らかにされんことを上奏した。(292) その中には山相の「無父の罪」「無君の罪」が挙げられている。「無父の罪」とは父の日頃の訓戒に逆らい、臨終の際の「起復はならぬ」との言葉に背き、父の死をひとまず隠して朝堂に出入りし、私党に邪謀を授けて起復の後に奔喪したことなどを言うが、こちらは表向きの争点で、「無君の罪」にこそ政争の本質が露頭している。

かつて史嵩之が外帥から入相したのは召還によるものだというが、

詭計を用いてこっそり都にかけつけ、「張路分（都監）」という別人を詐称してただちに将作監に入り、百官を謁見して実権を握ったやり口は（東晋の）王敦・蘇峻が石頭城を下したのを踏襲したものであり、これが罪状の第一です。

外帥の入相に在朝の士大夫たちがいかに神経を尖らせていたかが分かる。それをかわすべく史嵩之が使った策略は他の史料には見えないが、おそらく事実なのであろう。

外で王檝・タガチャルに交わることによって朝廷を劫制したのは、秦檜がダライの力を利用したのを真似たものであり、これが罪状の第二です。陛下を動揺させるために、警報が道途に飛び交うように仕組み、陛下に調子を合わせるには、勝利の上奏を懐中から取りだしてみせる。この操作は趙高が鹿を指して馬といったのに異なりません。これが罪状の第三です。

誇張が過ぎるように思われるが、外交・軍事権を掌握して朝局を制した山相にこうした嫌疑がかかるのもやむを得まい。

枢密使の印を明州に持ち帰り、斥候を使って明州に情報を集め、中書の堂案を明州で決済し、中書の役人を明州で使い、除目は先ず明州に報告されてから発令され、辺報は先ず四明に達してから上奏されました。桓温が姑孰から朝権を制した時もこれほどではありませんでした。これが罪状の第五です。

これは奔喪直後に明州で影響力を行使し続けたことを言うのだろう。起復が阻止されてからはまさかこのようなことが許されたとは思われない。

後村は史嵩之に恩遇を示そうという皇帝の気持ちは理解しているとして、「嵩之の罪状を明示すれば、書黄の根拠ともなるし、公論を満足させられもしよう」と言うが[293]、彼が掲げた「無父の罪」「無君之罪」がそのまま詞頭に明示されたら、史嵩之の退場は汚辱にまみれたものになる。当然、理宗はこれに答えず、史嵩之が自発的に致仕を乞うたケースとして降制せよとの宣諭が下された[294]。史嵩之の「乞致仕箚子」を受け取った後村は、「守本官職」のうち職は何なのかと伺いを立て、階官の下に永国公を帯びた形、つまり「無職」の形での致仕を提案した[295]。この回奏が公表された際に、後の提案の部分が節略され「所守何職」と尋ねた部分のみがクローズアップされて誤解を招いたと、後村は述べる[296]。皇帝が「観文殿大学士」という館職名を用意していたことをこの時点では知らなかったのだが、外から見れば、後村の問いかけが職つきの致仕の呼び水となった、あるいは後村がそのようにもっていったと映ったのである。

十四日、後村は進講の場で皇帝からじきじきに「除職」のことを聞き、執筆を促されたが、退出した時にはじめて「除観文殿大学士致仕」を知った。落ち度があって罷免された宰相は落職・不除職で致仕となるのが通例である。ましてや国家の「元悪」史嵩之に、元勲にこそふさわしい「大観文」が与えられようとは。輾転反側眠れぬ夜をすごした後村は翌日の奏状で、このまま書黄しようにも公議に罪を得ることになると板挟みの苦衷を吐露する。しかし、繳黄という切札は使わず、彼の原案「永国公致仕」の線であれば、台諫・侍従の批判を避けられると理宗に翻意を促したが、「卿もすでに除職は承知していたはず」と観文殿大学士での行詞を命じられた。[297]

十六日の奏状で後村はいったん逃げを打つ。「大観文」の草制なら翰林学士の任だと下駄を預けたのだった。翰林院に欠員があるのならともかく、二人の直院が現にいる。紹興二十五年の秦熺（檜の子）の致仕のケースも学士院が降麻を行った。職務権限を越えて天下の笑い者になりたくないと少々白々しいことも言ってみせ、皇帝の反応を窺ったが、では翰林とともに書行せよとの命が下っただけであった。[298]

十七日ついに二趙とともに繳還に踏み切る。彼はようやく「公論」の側に立つことを表明したのであった。十八日の草制を促す宣諭に対しては、公議を盾にとって拒んだ。

翌十九日、後村のもとに太学生が訪ねてきた。彼は懐から学生たちの意見書を取りだして見せた。その内容は不明だが、後村の「弱腰」を批判するものだったに違いない。後村は「もし皇帝の目を覚ます方法があるのなら、公論の批判は一身に浴びてもかまわない」と答えた。この答えを聞いた学生はおとなしく去ったという。[299] 彼は恩を売りつけようとする風だったと後村は述べているが、太学の動きを知らせると同時に、繳黄に踏み切った後村が皇帝との我慢比べに負けるかも知れないと思って圧力をかけにきたのであろう。

翌日、彼は斎宿していた太一宮から、母の侍養を理由に奉祠を乞うた。[300] これは認められなかったが、二十二日の夜更けに皇帝がとうとう折れたとの報せに接する。結局、「金紫光禄大夫永国公致仕」という後村が提示した形でけりがついたのである。二十一日、「太学上書」があったと後村は記すだけだが、面会にきた某の動きと繫がりがあることを言外に匂わせている。続いて殿中侍御史章琰（一二二六進士）が後村を弾劾、不名誉な形での辞職を余儀なくされた。[301] 苦心の制草[302]も日の目を見ることはなかった。

彼の無念さは「日記」の跋語を読めば、痛いほどに伝わってくる。そもそも日記が残され、これに大晦日に執筆された跋文が付されたうえでのちに文集に収載されたのは、自己弁明のためであった。その反論はいちいち腑に落ちるようにみえる。最初から断固として繳還しなかったのは史嵩之を恐れてのことだろうという批判に対して、

「士人で嵩之を攻める者は試験が免除され、士大夫で嵩之を攻める者は抜擢される」という時節なのだから、むしろ繳還の方がたやすいと答えているのはうなずける。また、太学上書の筆者である上舎生は潭州の人で、当時後村の親類の湖南転運が科挙（漕試）がらみで地元の士に訴えられていたので、上書者は後村が内にあってこの親類を庇うのを恐れてかかる所業に及んだのだと言うのもリアルである。[303]

この事件について、『宋史』が述べる経緯は次のとおりである。[304]史嵩之の終制に際して、台諫の急先鋒李昴英・章琰が貶竄を加えるべしと論じ、史党を逐うのに力があった監察御史黄師雍（一二二六進士）がこれに呼応し、山相復帰の路は閉ざされて致仕が決まった。ところが、元降の御筆には「守官」とあって「本官職」とはなっていなかった。それをわざわざ「観文」致仕を生むきっかけを啓いたのが後村であるとして、黄がまず弾劾、これに章が続いたというのである。つまり、『宋史』は後村の弁明を全く無視している。その点、周密は『癸辛雑識』の中で双方の言い分を紹介していて公平だが、[305]後村に軍配を上げているわけではない。しかも、後村が正史に登場するのは「四人組」事件とこれだけなのである。『宋史』の二つの記述を直線で繋げば、かつての時局の被害者がそれに懲りて今度は権力者におもねったという図柄が出来上がる。いや、実際には読者にほとんど気にも留められない影の薄さである。これでは彼の営為も水の泡だが、今はその是非よりも紛々の論議を捲きおこした背景について考えてみたい。

そもそも後村の政界復帰、矢継ぎ早の昇転には趙葵[306]（当時、知枢密院事）、陳韡[307]（同簽書枢密院事）、鄭寀[308]ら友人の力が大きく働いていたことは後村自身が認めているところである。趙葵は二代の武人の家柄、陳韡は福建の大儒陳孔碩の子と毛並みは違うが、ともに辺帥を歴任してきた。史嵩之が退場し、孟珙がこの年の九月に亡くなっていただけに、二人の存在は重みを増していた。ちなみに、孟珙に替わって江陵に赴任したのが賈似道であり、当時まだ三十四歳の新進であった。

福州の人鄭寀（一一八八―一二四九）については、後村がのちにその行状を書くことになる。紹定二年（一二二九）の進士とスタートは遅かったが、淳祐年間に入ると殿中侍御史として、史嵩之の党である「三不才台諫」を退けたことで頭角を現していた。「アンチ山相」で売りだした人物である。陳韡についても、後村は神道碑文の中で、彼がかつて王檝を斬ろうとして果たさなかったことに触れているが[309]、これは史嵩之の方針と対立するものであった。

ところが、章琰や李昴英の批判の矛先は後村以前に陳韡にも向けられていた。その理由は待望久しい「国本」(皇太子)の候補者が趙孟啓(のちの度宗)に固まりつつあったのに対して不遜の言を吐いたこと、それに山相の「孝」を盛んに称して庇ったというものだった[310]。

後村は陳の神道碑文の中で、このことについて弁明している。章琰は呉潜(一一九六—一二六二、一二一七進士状元)の走狗で、その執政入りの道を切り開こうとして陳の追い落としを策したのであり、李昴英は汀州に在任当時軍変を招いたのを、招捕使だった陳韡に弾劾されかかったことがあって、その逆恨みから陳を陥れようとしたのだという解釈だが[311]、後者については再反論もある[312]。

第一、史嵩之と陳韡を徒党とみなしたのは二人だけではなかった[313]。そして、陳は三学を敵にまわしていた[314]。淳祐年間とくに猛威をふるった「三学の横[315]」を陳が執政として押さえつけようとしていたのである。

この対立においては、鄭寀もまた陳の側にあったという。後村は懸命に否定するが、おそらくはともに福州人であることも関わって、二人は一蓮托生の存在とみなされていた。鄭寀が変死事件の検証において不徹底だったのも疑惑を呼んでいた[316]。後村は鄭が史党であることを否定し、鄭が皇帝に対して、

陛下が必ず史嵩之に大観文の命を下そうとしても、劉克荘らは起草しないでしょうし、時間が経つうちに学生たちが騒ぎ出すに違いありません。

と密奏してからまもなく、「除職の指揮は施行せず」との上批が下されたとして、彼こそがこの問題の解決の功績者であるとする[317]。

では、皆が史嵩之批判で一致しながら、ただ相互に行き違いや誤解が生じているだけなのか。鄭寀は翌七年早々

に、章・李を弾劾した。後村はこれに全く触れず、二人が朝を去ったのは陳韡を弾劾したことが帝の不興を買ったとだけ述べる。[318] しかも弾劾された陳韡はこれを厳粛に受け止めて罪を六和塔に待ち、謹慎の意を示したというのである。[319] 後村は鄭と陳の二人を曲解多き「公論」の被害者として描いた。

ところが、章・李の後に台諫入りしたのが誰かを知れば、全く別の画柄が浮かび上る。周坦（一二三八状元）・葉大有（一二三二進士）の二人はいずれも鄭宋の与党と目されている。周は翌月鄭と共に、章・李の二人を支持していた程公許（一二一一進士）を弾劾した。[320] そして二カ月後、鄭清之が右丞相に復帰する（七年四月）。じつは周坦は鄭清之と親しく、程を取り除こうとした真の理由は汚職の噂の絶えない鄭清之の息子の任官に程がかつて抗議したことにあった。[321]

鄭清之は端平の失脚以来故郷の明州にあった。

鄭公が明州に帰って十年の間、公（王邁）は貧乏だったが、毎年使いを走らせてその安否を尋ねられた。鄭公は後に私に「朋友の中で、苦境にあっても変わらぬ友情を保ったのは実之一人だけである」とおっしゃった。[322]

この話を素直に受け取れば、かつての権力者は当時みる影もなかったということになる。後村自身、鄭清之に対してご無沙汰だったようで、鄭に宛てた書簡の中で言い訳をしている。王邁が誕生日祝いの使者を毎年送ったのに、自分がそれをしなかったのは薄情ゆえにあらず、譴責をしばしば被っている自分が連絡を取れば累を及ぼすことを心配したのであり、あなたへの忠誠の念が変わっていない証拠に、奉祠の命が下されたことを「時相父子」（史嵩之と父の弥忠）に謝した書簡に「自分は鄭公の客分だ」と明言した、と。[323]

ところが、文集に残っている史親子への手紙にはそれらしき文言が見あたらない。[324] 後村は鄭清之が復帰する機運を察知してから再び連絡を取り始めたのだと意地悪く見ることもできる。手紙の末尾の「旦夕必ず出でて吾が君を図らん」との文言は追従というより、後村が書簡を送った本音、鄭の復帰の折には自分もまた朝に立ってともに君主を支えたいという希望を表していよう。

鄭清之は淳祐五年十二月には少師として都に第宅を賜り、その復帰の足場は固まりつつあった。しかし、端平入洛の失敗もさりながら、息子の芳しからぬ評判が彼の足を引っ張っていた。鄭寀らはそれらの批判の声をふさぐ露払いを務めたのであって、鄭清之が丞相に復帰した後も、執政となっていた呉潜を中央から逐うなど[325]しばらく猛威をふるったのである。鄭寀のために懸命に弁護の論陣を張る後村だが、致仕問題以後については一切口をつぐんでいる。

後村も言うように、現実の史党を除けば山相批判を口にしないものはない時世だった。下は学生から上は台諫・執政に至るまで異口同音であった。ところが、反史党の人々はその後互いに攻撃しあう。それは誤解のみによるのではない。「士人は免解、士大夫は擢用」、小物から大官に至るまで各々にそれぞれの思惑があった。史嵩之復帰の悪夢から醒めると、同床の必要はない。

「掖垣日記」跋語には、後村が陥れられた理由をいくつか挙げる中で、

私が都に召された時、「某公の薦語がきいたのだ」と噂された。そのころ、「某公」は諸人の批判を浴びており、私もその同類とみなされてとばっちりを被った。

と述べられている。[326]「某公」が誰なのかは開示されていないが、おそらく鄭寀・陳韡のいずれかであろう。史嵩之の致仕騒動の裏ではその後の政局争いが始まっており、後村もまたその渦中にあって失脚したのである。

山相復活の噂はその死（宝祐五年＝一二五七）にいたるまで絶えることがなかった。しかし、それにどこまで現実味があったのか。理宗は史氏への郷愁をしばしば口にしたらしく、そのたびに朝野に動揺が走ったというが、責任は皇帝の不定見だけに負わせられない。山相復活問題が政争の具となっていたことは否定しがたい。

後村は、以後たびたび「新麻は腕を断たれるも草するを容れるなし」の類の詩句を用いた。[327]正直者が馬鹿を見るのはこりごりというわけだが、彼もまた無垢であったと言えるだろうか。

鄭清之の復帰は、一面では端平の記憶を人々によみがえらせるものであった。

端平一変の功は元祐に等しいものがあります……その後の大臣は賢者を登用することを無駄とみなし、更化こそが韃人の侵入を招いたと疑うようになり、嘉熙（再変）、淳祐（三変）とそれぞれに端平を乗り越えようとしましたが、かないませんでした。そして、乙巳（淳祐五年、丞相杜範の時代）で四変、丁未（七年）で五変いたしました。

丁未の転局はそれまでの変化と違います。端平の旧相を以てまた端平の政事を修め、端平の人材を収拾するものであります[328]。

後村は後になってこのように時代の変化を評した。時がたつにつれて失敗の記憶は後景に押しやられ、端平更化は美化作用を蒙っていた。後村の中ではこの七年の「五変」は、

＊

という風にとらえられていた。しかし、「先生は自ら安晩と号したが、のこのこ復帰してきて、晩節の点で自ら不安を覚えないのだろうか」という皮肉なささやき[329]も一方にあったのである。対外的には、モンゴルが内紛のさなかにあってひと息つけたが、復活した丞相の株はすぐに低落した。

淳祐六年の暮れに雪の降りしきる中、後村は鄭清之に見送られつつ都を去ったが、翌年二月には知漳州を拝命した。漳州は郷里の二軒隣の州であり、後村自身がかつて母の侍養のために望んだポストである。しかし、後村はこれを断った。ちょうど国門を出た頃に弟の克遜（一一八九—一二四六）が亡くなっていた。

後村の母は息子たちの任官に従うことなく、郷井を離れようとしなかった。そこで、兄弟はかつて「母のために早く引退しよう」と語り合ったことがあった。後村が「四人組」として指弾されたのと入れ替わりに、克遜が朝に召された時もなかなか母の膝元を離れなかった。ようやく重たい腰を上げたが、都に到ればすぐ地方勤務を願い出

て隣の泉州に任地を得た。江東提刑となった後村が再三再四帰養を乞えば、弟もまた奉祠を願い出る。後村は弟からの手紙の自筆部分が頭と末尾の数行しかなく、後は息子に代筆させているのを見て、その身を案じて弟の奉祠願いを側面から援護したが、「不景気な土地のポストを脱れようとするための——当時泉州は斜陽の状況にあった[330]——仮病ではないか」と取り合ってくれない。けっきょく弟は病死した。[331]

翌八年の元日早々に宗正少卿の拝命が下ったが、当時都にあった林希逸に手書を託してこれを辞退した。すると再び知漳州の命が下り、さらに福建提刑へと変わった。しかも郷里での着任（本来なら福建路の提刑の治所は福州にある）の提示を受けてはさすがに拒むことはできなかった。[332]

こうした朝廷の、おそらくは鄭清之の配慮のお陰もあって、母の末期の水をとることができた。子供たちの官界での栄達には恬淡としていたが、後村が淳祐六年の入朝の際に進士及第を賜ったと聞いた時には大喜びして箸が進んだという。四兄弟いずれも進士でなく恩蔭出身だったことが、母の心に引っかかりを生んでいたのだろう。[333]

後村、時に六十二歳。前年に方大琮、そしてこの歳には王邁と親友の死にも見舞われ、またひとつの転機を迎えようとしていた。すでに五年前から左耳と左腕がきかなくなっていたが、[334]加えて立ちくらみの発作に襲われるようになり、[335]大好きな酒を断ってもいる。[336]しかし、服喪後の淳祐十一年四月に後村は再び都に上る。

この時、鄭清之政権はすでに四年を経ていたが、囂々たる批判の前に気息奄々としていた。安晩自身それをかわすためにしばしば返政を願い出、政権のがたつきにまたぞろ山相復帰の噂まで飛びかう始末だった。丞相が後村を呼び寄せたのも、理解者が欲しかったからである。安晩は諸賢の不寛容を後村にこぼした。[337]彼は寛仁大度の器量人でもあって、反対派だからといって無下に退けない懐の深さを持っていたが、世間はそういうところは見てくれず、失政のみをあげつらう。

しかし、理解者であるはずの後村と丞相の間までギクシャクしはじめる。五月の召対において「安晩の過失を攻めなかった」ことで後村は衆論の非難を浴びる。「あなたは詞臣（直舎人院）、講官（崇政殿説書）でもあり、陛下と顔を合わせる機会が多いのだから、最初の失敗は気にせずに今後しっかりやればよいのです」と某に勧められてから、[338]「進故事」の度に思い切ったことを言うようになり、丞相の痛に障る発言もするようになった。[339]

その間、体調は思わしくなかった。前年の春以来収まっていた発作が入朝の頃からぶり返し、医者に見せると「風虚」と診断され、[340]真夏の暑い盛りに一人綿入れを着ていた。[341]自然と欠勤も増えた。[342]しかしその一方で太常少卿も兼務しており、儀式担当の肉体労働は老体にこたえた。ある日、病体なのに俸禄に恋恋として職にしがみついていた太常の胥吏が儀礼のリハーサル中に倒れたのをみて、士大夫にはあんなみっともないことはできないと致仕を申し出た。[343]

しかし、後村の病状を心配した皇帝から灸をすえることを勧められ、烏附を服用したところ少し回復したらしい。[344]十月の直前奏事では「敵方は新主が即位したばかり（モンケは六月に即位）、河患も収まっておらず、とてもこちらを窺う暇はなく、状況は好転しているにもかかわらず、皆声を潜めて話をしているのは何故かといえば、それはある人物の復活を人々が懸念しているからです」と述べて皇帝に御灸をすえている。[345]

ここでは現丞相を批判してはいないが、副本を納めずその内容が外に伝わらなかったことが丞相との間に罅を入れたと後村は述懐している。[346]これには伏線があった。淳祐十年の雷変をきっかけに丞相批判を展開した監察御史呉燧（一二〇〇―一二六四、一二二九進士）が自ら罷免を求め、大理少卿昇格という慰留も蹴り、意見を同じくする潘凱（紹定中進士）、これに呼応して詞頭封還を行った董槐（一二二三進士）ともども都の人士の四学（太・武・宗の三学に加えて京学）での餞を背に意気揚揚と国門を後にした事件があった。[347]丞相には苦々しい出来事だったが、後村はこの呉・潘の二人の再登用を求めたのである。[348]

彼が丞相に苦言を呈したのは、入京以来後村自身に対してささやかれていた風評に対する自己防衛のためでもあったが、その苦心も虚しかった。陳宗[349]という学生が後村に干謁して望むところがかなえられないと、仲間をたきつけて批判の上書を行わせたこともあって、[350]彼自身公論に容れられない嘆きを託たねばならなくなった。

結局、翌月の台諫の攻撃により、後村はまたしても都を後にするが、帰郷の途中丞相の死の報せに接した。その行状の筆を執ったのはやはり後村だった。端平更化の立役者を讃えて二人の間の行き違いを微塵も感じさせない[351]。その丞相の対立者呉燧のために書いた神道碑の中でも、彼をすぐさま再登用した皇帝の徳を讃えるとともに、竄責まで追い込まなかった丞相の大度に言及することを忘れていない[352]。

しかし、同じく宰相の門下客で「端平二年組」の一人、同村出身の鄭偘のために書いた墓誌銘の中で「宰相に意見しようにも会うことができなかった」と書いている[353]。

その一方で「宰相の屋敷に行くことがあっても、すぐ引き上げて長っ尻をしたことはなかった」と自己弁明に努めねばならなかった[354]。太学以来二人の交誼は半世紀に及び、梅花詩案以来後村の人生の節目ごとに鄭清之は大きな役割を果たしてきた。宰相は『安晩堂集』という詩集ものした江湖派の社友であり、気質的に二人は近しいものを感じていたはずである。それでも、最後は公論にかき回されて、二人の友情にはいささか後味の悪さが残ったのだった。

七　「鄂州」前後

後村は最後の二十年間の大半を郷里に過ごした。その間詩作・詩評や友人たちの所蔵する書画の鑑定に多くの時を割いて悠悠自適の生活を送ったようである。寄る年波には勝てず、体のあちこちにきしみがきていたが、

誠翁僅かに四千首あり、ただ放翁幾んど万篇に満つ。

老子の胸中に残錦あり、天に問う、乞うらくは放翁の年を与えられんことを[355]。

陸游と同じ天年を与えられたいという願いは果たされなかったが、「胸中の残錦」はすべて織り上げられたといっ

てよいほどに多産である。

彼の詩を読む限り、その人生観の基調には楽天とユーモアがある。自らの老いを確認するかのように時折鏡に映る自分の姿を詩に詠んでいるが、たとえば「貌の醜きは猴行者（孫悟空）に似たり」[356]（ちなみに、隣の泉州開元寺西塔に猴行者のレリーフが刻まれたのは「四人組」事件が起こった嘉熙元年のことである）といったように、老いを対象化して洒落のめす視点を失っていない。晩年眼を病んでも、

日々茘枝を啖うこと三百顆、知らず、天の一隻眼を罰するを。
異なるかな、野老の白露団は貴人の寒食散より烈し。[357]

とうそぶく翁であった。

田舎翁の片方しか自由にならない耳目にも、辺境の緊張は確実に伝わっていた。嘉熙三年（一二三九）にモンゴル軍が大渡河をわたって大理国に攻め入ろうとしているという情報がもたらされて以来、韃人が南に大きく迂回してやわらかい腹部をついてくるのではないかという「斡腹」の説がしきりにささやかれるようになった。

後村はこの語を広東にいた頃に知ったという。[358]

ある日、経略使の劉直卿（伯正、一二〇五進士）侍郎が、相談事があると言ってきた。出向くと、枢密の箚子、丞相の書を出してきた。そこには「情報によれば、韃人は交趾から邕・宜に向かおうとしているとのことである。そこで経略使に軍馬を整え、転運使に銭糧を集め、調発に備えるよう命じる」とあった。

広東時代、友人たちと舟遊びを楽しんだ際に有名な九曜石に刻みこんだ題名がいまでも記録に残っているが[359]、極南の地にしてモンゴルと無関係ではなくなっていた。その後も、「斡腹の説、緩むが若く急なるが若く、はた信ぜんかはた疑わんか、歳々かくの如し」[360]という状況が続いた。たとえば、淳祐七年（一二四七）に、

鬼国は南丹州と金坑を争っている……南丹は韃騎が国境に迫っていると言い、宜州の長官はあわてて援軍を要請してきた。公（宋慈）は陳公（陳韡、この当時湖南安撫）に「この虜が大理・特磨（大理の東にある）の二国を

飛び越して直ちに南丹をつくことなどありません」と言ったが、はたしてその通りであった。(361)四川（羅氏鬼国）・広西（南丹州）の境をめぐる蛮族の主導権争いとからまってモンゴル来襲の報が伝えられ、その度に朝野は慌てふためき、また胸をなでおろすといった状況を繰り返した。

しかし、淳祐十一年に即位したモンケの体制が固まると南方への攻勢は急となり、二年後に大理国を滅ぼして、南宋制圧の橋頭堡は出来上がった。「斡腹」はにわかに現実味を帯びた。そして開慶元年（一二五九）九月、南宋遠征の別働隊ウリャンカダイ率いる軍馬がとうとう広西に姿を見せ、さらに北上する。

ちかごろ、蛮韃は腹部を突き、湖南の全・衡・永州、江西の臨江・瑞州に深く攻め入り、すべて陥落した。その中で陳元桂（一二四四進士、知臨江軍。『宋史』忠義伝に載る）だけが城郭に死した。他郡はおおむね賊が来ない先から城を捨て去り山谷に逃れたくせに、名目は「治所を移す」と称した。(362)

クビライとの合流をひたすら急ぐモンゴル軍の前に蜘蛛の子を散らすように逃げまどった地方官たちに、後村は怒りをぶつけている。モンゴル軍は上四州の邵武軍の建寧にまで姿を見せたのだから、無関心でいられるはずがなかった。

その頃、北ではクビライと賈似道の両雄がにらみあっていた。後村とは息子ほどの年の開きがある賈似道との間にはかなり早くから交流があったらしい。もともとは父親とつき合いがあったのだが、息子との交際が形に残ったものとしては、淳祐三年、当時湖広総領だった賈似道のために後村が「鄂州貢士田記」を執筆したのが最も早い。(363)この時点では、賈似道は三十一歳。以後トントン拍子で出世していく。そんな彼を、後村はかつて淮南の対金前線で活躍した崔与之（一一五八―一二三九、一一九三進士）と比べて、

今、秋壑公は淮南に幕府を建てて十年になるが、その忠勤は清献（与之）の時に百倍し、賢者善人を尊重してすこしも功績・能力を鼻にかけるところがない。(364)

と最大級の賛辞を呈している。賈似道が淮南に移ったのが淳祐十年、「それから十年」とあるので文章を書いたの

は開慶元年二月に彼が江陵へと移鎮する直前のことであろう。もともとこれは崔の書への跋文なのだが、揮毫を求めたのは後村の疏族であり、これから賈似道の幕客として出向こうとしているところだった。当然、彼は府主に後村の題跋を示しただろう。後村はほかにも漕試受験までの資金稼ぎをもくろむ同郷人のために、賈似道に口をきいてやっている[365]。

さて、上流への移鎮について、後村は翌年凱旋将軍として都入りした賈似道に次のように語りかける。

昨春の初、外蜀に移動になられたとの報を聞き、天下の士は皆「これは（唐の）元載・張延賞が郭汾陽（子儀）と李西平（晟）を離間させる故智である」と言って、顔を見合わせて憤慨しましたが、公の「出師の表」に「陛下にもお目にかからない覚悟です」「母に孝養をつくす暇もありません」「命をかけてこそそこに活路があります」とあるのを読んで、大変な臆病者でも此の語を言い伝え、涙を流さぬ者はおらず、友人の湯漢（一二〇二―一二七二、一二四四進士）が建州から手紙をよこしてきて、丞相の姦をにくみ、公の赴任を危ぶんだものです[366]。

唐朝の佞臣に比せられた「姦相」と賈似道の間の権力闘争がこの人事には絡んでいると見られていたのである。「姦相」とは丁大全（一二三八進士）を指す。彼は宦官の董宋臣らに取り入って台諫の地位を手に入れたが、ここで常識では考えられない行動に出る。宰相の董槐を弾劾した後、兵を率いて相第を取り囲み、董を連れ出してその首に刀を擬し、都の門外にまで連れ出した揚げ句に放り出したのである[367]（宝祐四年六月）。六年前、董槐は宰相鄭清之にたてつき、学生たちに見送られながら意気揚揚と国門を後にしたが、それと好対照の出来事であり、結果罷免された。後村はこのころ董槐によって再登用されようとしたが、丁の党によって阻止されたという[368]。

この尋常ならざる事件に学生たちはもちろん黙っていなかったし、その後も有名な「開慶六君子」が現れて丁大全を批判したが（十一月）、その割に彼は権力の座をやすやすと手に入れる。同月に執政入りを果たすと、六年四月に右丞相となった。しかし、開慶元年八月、モンゴル軍の淮水渡河を許した辺帥が彼の与党だったことが響いて失脚する。その後釜に座ったのが呉潜である。彼は未曾有の国難に際して海上への避難を献議して皇帝の不興をかい、太子問題でさらにその怒りを増幅させて罷免されるが、ことは皇帝との関係にとどまるものではなく、賈似道との暗闘が水面下で繰り広げられた。

けっきょく鄂州の役がすべてを決した。呉の罷免と入れ替わりに、景定元年（一二六〇）四月、賈似道が入朝する。この間のめまぐるしい動きを、後村は固唾を飲んで見守っていた。

禊は青山峡より掃われ、功は赤壁磯に高し。

只だよろしく頭を奉じて竄すべく、羓を剖くを待ちて帰るなかれ。(369)

クビライの北帰に胸をなでおろしたが、潭州から江西に転進したウリャンカダイ軍がまだ残っており、その報をもとに六首の詩を詠んでいるが、(370)やがて彼らも江の彼方に去った。この頃都入りがしきりに噂された賈似道に、後村は書簡を送った。

去年の九月四日、醜類十万が忽ち要害を越えて至り、朝野は色を失い、夷狄に蹂躙されるのではと恐れました。時に大丞相が蜀を平定されたばかりでしたが、ひとたび鄂州の警を聞くや決然として急行され、将兵に先んじて矢石をかいくぐられました。当時、長江の南にいた虜に対し、大丞相は軍を江北に駐め、彼は城を攻めきれず、軍を渡すこともできずに逃げ出しました。東南の衣冠礼楽の一線がかろうじてつなぎとめられたと評すべき出来事です。(371)

賈似道の入朝は手放しの歓迎を受けたのだろうか。かつて史嵩之の入相が非常な警戒心を以て受けとめられたことはすでに見たが、淳祐年間に後村の友の趙葵に入相の話が持ちあがった時も反対の声があがり、本人も辞退して実現しなかった。(372)士大夫たちの間に、賈似道の入相に対して同様の警戒感があったとしてもおかしくない。「鄂州」はそれを吹き飛ばして余りある事件だった。前政の評判が悪かったことも幸いした。

外からの入相、そして二世であるという点では、史嵩之と変わるところがない。しかし、父の賈渉には赫々たる功績もないかわりに史弥遠の負のイメージもない。また、彼が世に出るきっかけとなった姉の賈貴妃がすでにこの世になかったことも今となってはむしろプラスに作用した。後ろ指をさされる材料がほとんど存在しなかったのである。史嵩之の失敗も参考になっただろう。賈似道が老儒の登用をはじめ、人心収攬策に心を砕いたことはよく知られている。宮崎市定は「実際政治に疎い空論家のみを政府へ集めたことになり、宛かも南朝の貴族政治のような状態を彷彿させた」と手厳しいが、[373] その中に後村もいた。

彼は六月二十七日秘書監、[374] さらに八月二十八日に起居郎[375]任命の報に接し、これを辞退する上奏を行う一方で都に向かい、九月十八日道中の福州懐安県で今度は中書舎人任命の報を聞いた。[376] これも断ったが、けっきょく「腕を切られても新麻は書かない」という誓いを破ることになった。上京して十一月一日に召対に臨むと、

> 国家はここ数年来、凶相[377]が国の富強を図るといつわって権力を弄び、聖君を補佐する立場にあって覇政を行い、天下の宰相でありながらペテンを働きました。朝野ともに「相は相にあらずしてサルだ」と言っております。[378]

と、丁大全時代を総括し、その復活を許してはならないと論じた。その翌日には文集（リタイアして以後十年の文章を集めたもの）の献呈を仰せつかり、[379] さらに次の日には権兵部侍郎に任ぜられ、七十四歳にしてついに父親（四十七歳の時吏部侍郎）と同列の大官にのぼった。

翌年早々の朝賀の礼の際に第六拝目で笏を取り落としてころんでしまい、[380] その後の天基節（理宗の誕生日、正月五日）は無事にこなしたが、明慶寺（北宋開封の相国寺に相当）での満散拝儀でまた倒れそうになるなど、[381] よたつきが目立つ。それでも中書舎人として再び筆を執っては、丁大全の「上客」臯弁《びえん》（一二〇六—一二六四）や[382]「湖南・江西両路の生霊を魚肉となした」李曾伯の僚佐が復帰する道を断つことに努めた。[383] ただし、前者について黄震（一二一三—一二八〇、一二五六進士）が行状を書いており、その中で彼を丁の党と見なすとは笑止だと述べている。[384] また、ウリャンカダイの北上を許した責任を李曾伯に負わせられるかは、別問題である。

いま一人、後村が手厳しく糾弾したのが呉潜だった。後村が上京した月に、台諌に対して丁大全・呉潜の党派を

厳重に覚察すべしとの詔が出ていた。まもなく呉潜は潮州に流され、翌年四月に二人は相次いでさらに遠方にやられた[385]。後村は「鬼盾」の異名を取った丁大全と並べて呉潜をも「偃月」と呼んで李林甫に比している[386]。麋弇の行在奏事を繳還した時も、二人の同謀を強調していた。「章・李が呉潜のために路を開いた」と述べた陳韡の神道碑執筆もこの頃であり（陳の死亡は二年七月）、呉潜に対する敵意を後村は随所で表している。メモ風の「雑記」においても、人の心を幻惑させる術を備えた油断のならぬ人物として、二呉（兄の淵とともに）を挙げている[387]。端平更化の際の上言を見れば、呉潜は典型的な儒者官僚であり、『宋史』の伝論でも理宗朝の丞相の中で「潜ほどの忠亮剛直の者はわずか数人にすぎない」と評され、『清明集』の名公の一人でもある。その一方で、兄とともに何度も被弾をうけながらしぶとく政界を遊泳して、遂に丞相に至った。後村の敵意が何に由来するのかは分からないが、この批判が賈似道の思惑に沿ったものであるのは間違いない。

これらの行動が長年のブランクで政治の実情に疎くなった迂儒のものなのか、それとも賈似道の意を受けて注文どおりに事を運んだのかを問うつもりはない。方回や王士禛が後村の宰相に対する賀啓に文句をつけて以来、後村研究者の大半がその「冤罪」を晴らそうと懸命だが[388]、そうした「弁誣」には関心がない。ただ、弁護士たちが言わないことを一つだけ言うと、彼が賈似道の召しに応じて出てきたのは、官歴の最後を華やかなものにしようという一己の動機もあったろうが、同時に彼が置かれていた立場がしからしめたということである。文集に残された書簡を見ると、次第に郷里の後輩たちの推挙を主眼としたものが増えてくる。彼は莆陽ひいては閩の宗師として後輩たちの引き上げを期待される立場にあった。そのよしあしは別として、登朝を後村一個の問題として論じるのは、彼に期待されていた役割を閑却している。

景定四年（一二六三）の公田法の施行以降、賈似道の政道にそろそろ不平の声が聞かれ始め、翌年七月彗星の出現によって直言を求める詔が出て、漸く公然とした批判が現れる[389]。この時には後村は都を去っていた。彼は二年前に和糴の弊害に心を痛め、浙西歳額百万石の半ばを減らすために、嘉定年間の例にならって大吏の不正取得財をプールした「景定安辺所」の設置を提案していた[390]。前述したように、端平時には大富豪に的をしぼった和糴実施を上言してもいた。咸淳二年（一二六六）の段階でも公田法を支持していた[391]。浙西の巨大地主たちに違和感を抱いていただけに、この支持となったのだろう[392]。

後村晩年の出来事のうち、景定の登朝とともに大きなトピックだったのが、理宗の死だったと思われる。理宗の評価といえば、学問好きではあるが、一向に腰の落ち着かない凡庸な君主というのが通り相場である[393]。そうしたイメージは、ほかならぬ後村ら臣下の言がなかなか聞き入れられなかったところから来ている。しかし、同時に彼ら士大夫がいつまでも皇帝の英明の発揚を待ち望んでいることは見逃せない。少なくとも後村は、皇帝に対してきわめて敬虔な感情を抱いていた。生涯のトピックをメモ風につづった「雑記」の基調には、理宗の恩遇への感謝と皇帝の英明への賛仰の念がある。それがとても上辺だけのものとは思われないのは、「読大行皇帝遺詔感恩哀慟」六首、「大行皇帝挽詩」六首[394]とともに敬虔とでも呼ぶほかない感情がそこに脈打っているからである。文集献呈を命じられた時の感激ぶり、「後村」「樗庵」の御筆扁額を皇帝にねだって賜った時のはしゃぎようにもそれは表れている[395]。

宋朝の皇帝は他の王朝に比べておおむね在位期間が長い。理宗はその中でも屈指の四十年を数える。そしてその年月は「梅花詩案」以来の後村の活動期間とも重なっていた。後村は理宗の死の少し前に致仕して長い公的生活に漸くピリオドを打ったが、自分の時代が確実に終わったことを感じとっていただろう。

＊

後村の一生は南宋の後半生にあたると最初に述べた。彼が南宋後期の士大夫の代表選手と言おうとしたのではない。彼は本流正統を歩んできたわけではない。進士に登第していないことからしてそうだし、朱子学の公認により道学色が濃くなる中で、彼は「渉猟」を主とする都会派のディレッタントであり続けた。

しかし、後村はやはり時代の子であった。浅く広くという知の在り方は、南宋末年の風潮を紛れもなく反映していた。そうした時代の先頭を走っていたからこそ、様々な人間を吸引しえたのだった。若い頃には江湖派の詩人たちとつき合い、中年の一時期は西山にぴったりと寄り添い、後半生においては鄭清之・賈似道といった風流宰相ともウマがあった。逆に、辺幅の豊かさは「誤解」も生んだ。呉昌裔の評言をここでもう一度繰り返す。「繊能にして小慧、亦た一利口なり。」こうした評価を導きだす因子を彼はたしかに持っていた。

そして、彼の軌跡はまぎれもなく南宋士大夫のそれであった。同世代の士大夫たちにとっては、まず端平ありきだった。彼らは端平という年号をいつまでも口にし、振り返った。史弥遠時代に不遇感を味わった人々はあの時たしかに新しい時代の到来に胸膨らませたのだった。結果的にそれは挫折に終わったが、以来彼らに中央での活躍の機会が与えられた。その記憶が彼らにはいつまでも残ったのである。理宗の失政にあれほど厳しい批判の姿勢を示した彼らが、その恩遇に深く感謝しているのは見せかけではあるまい。彼らの頭の中で端平と理宗は一つだったのである。

同時に、端平以後年号が替わるたびに世は衰微に向かっているというのも彼らの共通認識だった。その傾斜に大きな影を投げかけたのが、史弥遠専権の記憶を留める史嵩之の存在だった。山相は常に御一新の大きな障害物だった。その史嵩之すら手出しを憚ったという淳祐年間の学生たちは「公論の府」を標榜していたが、政治的な責任を負わずにとにかくよく騒いだ。開禧北伐の頃の後村も、放言学生の一人だった。しかし、いまや後村らの世代は当局者としての責任を負わねばならなくなった。公論の芒刺の痛みに耐え、あるいはそれによって行動を制約された。じじつ、後村の失脚には時に太学の圧力が関係していた。

台諫が公論の代弁者として重きをなしていたことは、後村が異動のたびに宰執に対してだけでなく「台諫に謝する」啓を出している[396]ことからも分かる。公論をタテにした学生や台諫の鼻息を窺うことなしに、官界は遊泳できない。後村は挫折のたびにそのことを痛感させられ、慎重な処世を図るようになり、長年にわたる友との交誼にまで影響が及んだ。

公論は後村のみならず、多くの士大夫たちの行動を規制するとともに萎縮させせた。しかし、山相史嵩之の生存中はまだしも「公」の外装を保ち得ていた。その山相が亡くなったのは宝祐五年。それと入れ替わるように後宮とのコネで台頭してきた丁大全が執政の地位に昇ったのは、「攻撃目標」を見失った政治的空白が然らしめたのだろうか。

後村は「四人組」の方大琮・王邁・潘牥の誰よりも遥かに長生きして、賈似道の登場まで見届けることになった。「久々の名宰相登場」という彼の期待が本心からであったかは分からないが、「鄂州の役」と史嵩之・丁大全との比較からすれば、「善類」たちが賈似道に期待を抱いたとしても不思議ではない。宰相の専権を警戒する一方で、政局を切り回す剛腕が期待されてもいた。

西山のように自らの経綸を廟堂において実現しようという熱情の持ち主はごく少数であって、後村らも含めて大半の官僚たちは時の廟堂に期待をかけ、それが裏切られるという受動的態度から抜け出してはいない。宋朝は士大夫を遇することきわめて厚かった。奉祠制度の完備にもそれは表れているし、後村も『後漢書』范滂伝にコメントする中で、本朝の党禍は漢・唐につぐ烈しさにもかかわらず、敗者が死にまで追いやられないことを指摘して、士大夫を遇することの厚さを語っている[397]。宋朝士大夫はその恩遇に報いなければならないという使命感が強かった。朱子―真徳秀という、道学と政治を結びつけようとした師表の余韻も濃厚に漂っていた。

しかし、朱子―真徳秀―劉克荘と三人の閩人を並べてみると、後村のスケールの小ささは否定しがたい。王邁と「西山の学の死守」を誓った彼だが、廟堂にそれを反映させることすらできなかった。それは彼の能力の問題でもあっただろうが、閩の宗師的立場にあったという点は同じでも、もはや真徳秀を押し上げたような力が社会の側になかった。そして、士大夫が士大夫たることに安閑としていられない時代はすぐそこまで来ていた。

興亡は天数なるも亦人謀なり、戦艦・蒙衝一炬にして休む雪浪は山のごとく南北を限るも、江令・沈侯の羞を湔がず（「天塹」[398]）

死の少し前、おそらくは襄陽の敗戦の報を聞いて詠んだ詩だろう。赤壁の英雄は現れず、南朝の命運がくりかえされようとしていた。

第二章　明末の閩人

一　閩人コンプレックス

万暦三十五年（一六〇七）、李廷機（一五四二―一六一六）と葉向高（一五五九―一六二七）の二人の同年（万暦十一年の進士）が内閣大学士となったことは、官界で大きな反響を呼んだ。とくに葉向高のそれは驚きをもって受け止められたらしい。

葉向高は進士合格後、庶吉士に選ばれた（第二甲・三甲から試験により選抜）。この時の進士三百四十一名中、庶吉士は二十八人。明代後期には大学士にまで出世するための最初の関門となっていた。この時の庶吉士からは葉のほかに、方従哲（一五五六―一六二八）が七年遅れで入閣を果たしている[1]。一方、李廷機のほうは第一甲第二名（榜眼）である。この時の状元朱国祚（一五五九―一六二五）ものちに大学士となったが、李より十年遅れである[2]。こう比べれば、葉・李ともに順調な出世に見える。

しかし、葉の場合、トントン拍子だったわけでもない。庶吉士としての三年の研修期間終了後に翰林院に残留できるかが次の関門だが、それを浙江出身の有力政治家沈一貫（一五三一―一六一五、一五六八進士）に妨害されかけた。何とか事なきを得て[3]翰林院編修を授けられたところで父の死に接し、喪が明けたと思いきや今度は生母が亡くなり、官界に復帰（国子司業）したのは三十六歳の時である。万暦二十六年に皇長子の講官の候補に上ったが、当時大学士だった沈一貫にまたしても邪魔されかけたという。理由は「閩人を講官になどできない」であったが、けっきょくは首席大学士の助力で就任した[4]。将来の皇帝候補（この時点ではまだ太子に立てられていないが）付きになったのだから、やはり出世ライン上にある。そして、四十一歳で早くも入閣候補者に上がったが、この時の候補には閩人が四人も入っていた。彼以外の三人は、礼部尚書陳経邦（一五三七―一六一五、一五六五進士、興化莆田人）、当時官を離れていた黄鳳翔（一五四五―一六一五、一五六八進士、泉州晋江人）、そして南京吏部右侍郎李廷機（泉州晋江人）で[5]、黄も榜眼であり、陳も翰林院経験者といずれもトップ・エリートである。その中でも葉は異例に若い。しかし、この時は四人とも選に漏れた。

それが今回は実現したわけだが、南京の侍郎からの入閣も異例中の異例だった。顧起元（一五六五―一六二八、一五九八進士）の随筆『客座贅語』は空前の盛事と評し、四十九歳と年齢を特記してその若さを強調する[6]。一方、李廷機の入閣も別の意味で話題を呼んだ。彼は葉とは逆に沈一貫の党派とみなされており、葉の入閣が沈一貫時代の終わりを告げるものとするなら、李のそれは沈が引退後にまで影響力を行使するものと疑われたのだろう[7]。李はその声に押されて任命を固辞したが、皇帝は耳を貸さなかった。しかし、彼は就任早々に言官たちの突き上げにあって自宅に閉じこもって入直せず、百回以上にも上る辞職願を出しつつ、ズルズル五年も伴食生活を送ることになる。

二人の入閣は彼らの個人的問題を超えて、別の角度からも注目を集めていた。『元曲選』で知られる臧懋循（一五八〇進士）は葉向高の入相を祝って、「閩人の名相楊文敏を二百年後に継ぐ存在になること」を期待したが[8]、泉州人黄克纘（一五四九生、一五八〇進士）が同郷の先輩李廷機を励まして、やはり「わが閩には楊文敏公以来人材が乏しいので、ぜひ一番奮起をお願いしたい[9]」と書き送っている。楊文敏とは、永楽・洪熙・宣徳朝の三代に仕え、楊士奇・楊溥とともに「三楊」と称された大学士楊栄（一三七一―一四四〇、一四〇〇進士、建寧建安人）のことである。要するに、彼以来福建からは名宰相が出ていないだけでなく、大学士自体二百年の間出ていなかったのである。[10]

しかも、この万暦三十五年は新大学士の二人以外にも、閩人が目立った年だった。沈徳符『万暦野獲編』は次のように述べている。

ずっと福建からは大学士が出なかった。永楽年間に楊文敏が入閣したが、翰林経由ではない。その後二百年間ぱったり止まった。今上陛下の丁未（三十五年）の会試の主考官の二人、楊道賓（一五五二—一六〇九、一五八六進士）・黄汝良（一五八六進士）がともに礼部右侍郎・翰林侍読学士として入場し、李廷機が礼部左侍郎署部事・翰林侍読学士として知貢挙官となったが、いずれも福建晋江の人である。科挙を同県人三人でつかさどるのは王朝始まって以来のことである。三月の殿試では張瑞図（一五七六—一六四一、天啓年間に大学士となる）が探花（第三位）となり、五月の庶吉士選考では林欲楫（のちに礼部尚書）・楊道寅が選ばれたがこれまた晋江人。六月に李廷機が尚書に昇進し、福清の葉向高が南京吏部侍郎から礼部尚書に昇任し、二人が同時に大学士となった。八閩の盛はここにきわまった。[11]

一つ付け加えるなら、楊道賓もこの年、葉・李とともに入閣候補に上がっている。[12]

次節で述べるように、明代の福建人は科挙で振るわなかったわけではない。また、庶吉士選抜にも地域バランスが考慮され、[13]少なくとも明の後期には福建は二人、三年後の「居残り枠」も福建に一枠が当てられていた。[14]つまり、制度的には閩人に入閣の道が閉ざされていたわけではない。それなのに、二百年近く入相者がなかった。葉・李の入閣が快事であるのと裏腹に、これは怪事と称してもよかろう。

さて、李廷機を励ました黄克纘は、葉向高とも友人だった。進士合格は李・葉の一期先輩だが、この期には庶吉士は考選されていない。第二甲九名という高位合格だが[15]翰林入りもならず、地方勤務が続き、この頃は山東巡撫になっていた。彼の同期で最も目立っていたのは顧憲成（一五五〇—一六一二、第二甲二名）で、この頃は野に下って東林書院を主宰していた。東林の領袖として影響力を持った彼に比べると、黄克纘は随分地味だけれども、同期の中ではおそらく出世頭である。なのに、面白いことにしばしばコンプレックスを口にする。たとえば、左遷された同郷人を慰める手紙の中で、「閩人は常に海内に軽んじられている。だから智士は先を見越して引退後のことを準備しておくべきだ」と書く(16)。また、一期後輩の太僕少卿林道楠(一五五五―一六〇七、一五八三進士、興化莆田人)に宛てた書簡では、

> 閩人には援助の手が差し伸べられることが余りありません(「寡援」)。だから、官僚勤めには人の百倍の努力が必要だが、それでも人に後れをとってしまいます。あなたが西台(監察御史)に任官したのも刻意励節のたまものではないでしょうか。しかし、数度推薦されてやっと結局与えられたのが太僕寺の任です。滅ぼしがたい公論が存在しない限りは清濁・賢否の区別がなくなってしまいます。だが、これもわが閩人の過ちなのです。世の中には人におもねり、その意を迎えて邪魔者を取り除こうとする輩が多いが、わが閩はそうではありません(17)。

と友の不遇に同情する。林は「居台十八年」、湖広、陝西、広西などの監察御史として地方回りが長く続いた。湯賓尹(一五六八生、一五九五榜眼)が書いた墓誌によれば、後輩たちに追い抜かれても平然としていたというのだが(18)、そうでもなかったのだろう。

手紙の続きは黄自身の話になり、地方では災害が頻発しているのに中央では党争にかまけている、この時勢に官位に恋々としているのは愚かしいので引退願いを出そうと思うと述べる。しかし彼の心中が複雑だったことは、同年の閩人で当時応天巡撫の徐民式(建寧浦城人、三甲二〇八名)に宛てた手紙に表れている。

ここで、彼は同年中最も愚拙な自分に「司馬」が与えられた(万暦三十九年、巡撫として「九年考満」したことへの褒賞として兵部尚書が加官された(19))ことに対して「閩人でここまで来たのは分を超えています。これ以上の南北正卿(南京・北京の大臣クラス)は望むところではありません」と述べてはいるのだが(20)、本音は別のところにあったの

だろう。葉向高が彼に送った手紙の中で、九年の留滞を気遣って何とかしようと言っている[21]。その結果が加官であり、翌年の南京兵部尚書就任である[22]。

黄克纉は「閩人寡援」というフレーズを、閩人戴燿（一五六八進士、漳州長泰県）への手紙でも用いている[23]。戴もまた両広総督を長く勤めた人である（万暦二十六―三十六年）。この書簡も、朝士が多く門戸を分かつ中で身を処していくことが、閩人には特に難しいと言い、相手と自らを励ます内容であるのは変わりない。手紙が書かれた具体的な背景は分からないが、同人に宛てたもう一通の手紙に言及される事件と関係があるのだろう。戴燿は万暦三十六年に広西の欽州での失策がもとで削籍された[24]。それについて黄克纉は次のように言う。

欽州の失敗はその損害が甚だ小さいので、もし他省の人がこの想定外の事変に見舞われたら、重くても致仕、軽ければ罰俸で済まされるところです。しかるに急に職を奪うとは、何と閩人ばかりが重い禍いを受けることでしょうか[25]。

彼の怒りの矛先はこの事件にだけ向けられていたのではなかった。手紙の話題は雲南の「捐印」事件へと転じる。黄克纉の郷先輩である雲南巡撫陳用賓（一五四一生、一五七一進士、泉州晋江人）の部下が万暦三十五年に雲南の酋長が反乱を起こした際にその要求を呑んで官印を与えた事件を指す[26]。彼はなかなかの能吏で、雲南の辺境でビルマが蠢動していた時、郷人の黄襲を使者としてシャムに遊説に遣わし、ビルマと戦わせてこれを押さえ込んだ。黄襲はおそらく泉州から南洋に出て行った商人なのであろう[27]。任地は内陸なのに、海路を使った工作を発想するのが泉州人らしい。しかし、この捐印事件で彼はそれまでの成功を台無しにして、投獄されてしまう。同じころ、帝国の辺陬では遼東の棄地問題、後述する福建の税監高寀の横暴などあちこちで騒動が持ち上がっていた。それらに比べると今でこそ余り注意されないが、当時は相当に波紋を呼んだ事件である。

戴燿への書簡に戻ると、こうした事態を招いたのは「科道の悪意」に加えて、閩人に同郷愛（香火の情）が少ないからだという。同じことは、泉州出身の林欲厦（一五八六進士）への手紙でも述べられている。

わが泉人は人の側目するところとなっています。私は愚かで物事が分かっていないから、しばしば陳用賓のために冤罪を鳴らしてきましたが、それでとばっちりを被ることになっても甘んじる覚悟です。

そして、任地の山東では当地出身の馮琦（一五五八―一六〇三、一五七七進士）の名誉回復を求めて同省の人が一斉に声を挙げたのに、陳のために弁じた閩人はほとんどいない、閩人は斉人に及ばぬと言っている。[29]しかし、彼はいたずらに友の非運を嘆いていたのではなく、実際に職を賭して彼を弁護したのである。[30]

「寡援」といっても、当時内閣には閩人が二人もいた。黄克纘は李廷機に対して楊栄以来の名相たれと励ましていたが、この件についてのやり取りは残っていない。葉向高に対する働きかけのほうは確かめられる。[31]自宅に逼塞していた李廷機に何を言ってもはじまらないから、実質的には「独相」の葉を当てにしたのだろう。

葉向高も焦る友に時機を待てとたしなめながら、[32]その期待にこたえようとした。辞職という形で抗議しようとした黄克纘の留用と陳用賓の処分の再議を票擬したのである。しかし、このことがのちになって、郷人へのえこひいきとして蒸し返されることになる。[33]

黄克纘の言う「閩人寡援」とは、官界で閩人が他省人の支援を受けられないだけではなく、閩人自身にも連帯感がないということだが、身の回りの個人的な体験を印象論的に語っただけにも見える。しかし、より具体的に「近頃、郷人が吏部で人事を担当すると慎重に身を処して誰も推薦しようとしない。郷里にもえこひいきしないということで公平に見えるが、これこそ吾郷の通弊である」とも言っている。[34]賢人であれば同郷人でもかまわず推薦すべしという彼の主張よりも、人事選考にあたる閩人の萎縮振りのほうが印象的である。それは彼らが冷淡というよりも、やはり「閩人寡援」の状況がそうさせたのであろう。「閩人寡援」は黄克纘の専売特許ではなく、一種のクリシェであったらしい。それは、蔡献臣（一五八九進士、泉州同安人）が郭惟賢（一五四八―一六〇六、一五七四進士、泉州晋江人）に出した手紙の中に「閩人、もとより寡援と号す」と述べていることから確かめられる。[35]

ここまで登場してきた閩人より一世代先輩の郭応聘（一五二〇―一五八六、一五五〇進士、興化莆田人）に至っては、同県人への手紙で「閩人は官途にあって人に忌まれることすでに久しい」とまで言う[36]。郭応聘自身は当時巡撫にまでなっていた（のちに南京兵部尚書に達する）。また、隣の泉州人への手紙の中で、「わが閩は海に面しているが、代々人材は乏しくないし、科挙合格者は他省にひけをとらない」と述べた後、

このところ、閩人の仕官の道は明け方の星のように冴えません。叙遷される場合、閑職に回されるか、僻地に飛ばされます。なぜ閩人のみが政府においてここまで軽んじられるのでしょう[37]。

と記す。「閩人の仕官の道は落落として晨星のごとし」とは、彼の愛用のフレーズでもあったらしく、「同郷」の科道官秦舜翰（一五六八進士、泉州晋江人）らに宛てた手紙の中でも同様の表現を使っているが、さらに「先輩はかつてこのことを路傍の苦李にたとえました。そのココロは折り取ることはあっても、水をやることはない」と言う[38]。つまり閩人の不遇感は彼の先輩にも共有されていたのである。それがどこまでさかのぼるものなのかは分からない。しかし、前の話に戻れば、最高位の大学士が二百年出ていなかったという事実がある。それを打破した葉向高もかつては入閣など思いもしなかったと回顧し、その理由に自分が世事に暗いことに加えて、閩人であることを挙げている[39]。

葉向高を取り上げた近著である崔来廷の『海国孤生』[40]は、彼が手紙の中で自らを表現するのに用いた言葉をそのままタイトルとしたものである。崔は葉の孤独感を個人的なものとしか見ていないが[41]、それは他の閩人が共有するものでもあったのである。

前掲の郭応聘は閩人の孤独の原因として「性直諒」なることを挙げ[42]、黄克纘もまた官界における「正義の孤独」をしばしば口にする。しかし、話はそれほど簡単ではない。孤独という割には、黄克纘らの時期には閩人が各省の長になっている。たしかに、地方の長は中央の大臣に比べればぐんと格が落ちるが、現に二人の閣老が存在してもいた。彼らの不満とは裏腹に、逆にこの時期に閩人が台頭してきているとさえ言える。しかし、それが閩人自身の期待ほどではなかったからこその不満だと見るべきだろう。

ただ孤独というだけでなく、本当に嫌われていたとしたら、それはなぜなのだろう。個性で済む問題なのだろうか。残念ながら閩人自身は、そうした都合の悪いことには口を閉ざしている。少なくとも私はその理由を指し示す史料を見つけられずにいる。「閩方言」の問題が官界において彼らが異質視される一因だったであろうとの予測は立つ。外から見ると、その言語状況が異様に映った例としてイエズス会士の証言を挙げることができる。マルティノ・マルティニは『シナ新地図帳』の中で福建の省内でも方言が多様なことに触れるついでに、まともな南京音を行使する地域（延平府）があったことを指摘して[43]、その例外性を強調する。彼らに福建省内のバベル的状況とともに閩全体の特異性が強い印象を与えていたことは確かである。しかし、言葉の問題が官界にまで影響したことを、明代において示す材料を私は持っていない。持っていたとしても、それを分析できる能力がない[44]。

私にできるのは、明末の閩人の活動を通して彼らがいかなる歴史的境位におかれていたかを探ってみることである。具体的には、前章の劉後村以上に長命を保ち、様々な事件の目撃者あるいは当事者だった董応挙を中心として明末の閩人群像を取り上げる。しかし、その前に劉後村の時代と明末までの間の約三百年間を駆け足でたどってゆこう。

二　二百年来、相なし

元代の福建といえば、誰しも泉州の発展を連想するだろう。南宋末年の泉州は斜陽にあったが、モンゴル帝国の商業ネットワークに組み込まれることで息をふきかえした[45]。朱子学の発信地として盛んに書院も作られたし、建陽の出版界も健在だった。

しかし、閩人得意の科挙がしばらく中断され、延祐二年（一三一五）の再開後も、受験する南人側にとっては余りにも狭き門であった。そして科挙官僚が政治の主役だったわけでもない。『元史』に立伝されている漢人・南人の数は少ないが、福建人はとくに少ない[46]。また、名だたる文化人も出ていない。元代後半ににわかに脚光を浴びるにいたる金華学派（開祖は呂祖謙）や、地味ながら着実な注釈の仕事をした新安学派（第三章参照）に比べて、これといった足跡を歴史上に印していないのである[47]。

それが明代にどう変わったのか。科挙において宋代に見せた圧倒的な強さは復活したのか。科挙合格者の地域的分布は、分巻制度あるいは郷試合格者数の省別配当といった王朝の文教政策とのからみで、近年盛んに取り上げられる話題だが、ここでは徹底した統計的調査である呉宣徳の研究[48]によって概観しておこう。

明朝全体の科挙合格者について、呉宣徳は籍総計と貫総計の二つの数字を用意している。後者は本貫によるものであり、じっさいにはそこからの移住が相当存在するので、基本的には現住状況を反映している前者の数字をここで示しておく。総数二四八六二で、一位は南畿（南直隷。南京を中心とした副都圏で明代後半に文化の中心となる蘇州・松江を含む）で三八九二、二位が浙江で三四四四、三位が江西で二七五六、四位が北畿（北直隷）で二四一九、福建は五位で二三三七人である（ただし、貫総計となると、北畿を抜いて四位となる[49]）。

宋代に比べるとだいぶ順位が落ちているが、宋代と違うのは分巻制度の存在であり、南人の圧倒的優位を是正するために洪熙元年（一四二五）に導入された。発案者自身が江西出身の南人で、「三楊」の一人楊士奇である。その後多少の揺れはあったが、最終的には南五五、北三五、中一〇の割合が定着し、現実の合格者数もほぼこの線に沿っている。そこで、分巻制度の前後で変化が起こったかが問題になるが、呉が作った各科の合格者比率表を見ると、福建は国初の洪武年間には全体のほぼ一〇パーセント以上、時には二〇パーセントを上回ることもあり、永楽年間も一五パーセント内外の数字を保っているが、分巻導入以後は七～八パーセントに落ちた。しかし、パイが減らされた中ではよく健闘していると評価すべきだろう。むしろ、分巻の前後であからさまに数字を落としているのが、国初に多くの進士を輩出して首位を走っていた江西で、とくに明代後半に数字が低下する。福建と江西を比較すれば、福建は嘉靖・隆慶年間（十六世紀中盤）の十七科で五二三人（一科平均約三一人）、万暦年間（十六世紀後半から十七世紀前半）の十六科で五一九人（一科平均約三二人）であるのに対し、江西は前者では五一九人と拮抗しているが、後者は三九二人とかなり低落している。つまり、王朝全体で見ると福建は江西より四〇〇人以上少ないが、後半期には逆転しているのである（この間、浙江は南畿に拮抗していたが、万暦の後半には少し差を開けられた）[50]。

次に人口と進士の関係を見てみよう。呉宣徳も人口のファクターを考慮に入れる必要から著書の最終章を「人口与地理分布的差異」としているが、人口統計の処理の難しさ（資料が最も多く残る「里数」がどの程度人口の実勢を反映しているか）もあって、地理分布については浙江の統計分析と移民・冒籍の問題を扱うにとどまっている。今はそうした統計上の難点は問わず、概数を把握するために、梁方仲も使っている『万暦会典』所掲の万暦六年の戸数と明一代の進士合格者を並べてみよう[51]。

南畿	三八九二	二〇六九〇六七	浙江	三四四四	一五四二四〇三
江西	二七五六	一三四一〇〇五	北畿	二四一九	四二五四六三
福建	二三三七	五一五三〇七			

となる。首都圏の北畿は、直省ごとの郷試合格枠が固定される中で[52]南畿同様に優遇され、会試受験有資格者が他省より多い（景泰七年＝一四五六以後、万暦初年まで北直・南直ともに一三五。これに対し、江西が九五、浙江・福建が九〇）。これをひとまず外して考えると、閩人がやはり科挙に強いということが分かる。南畿・浙江・江西は人口が福建より相当多いので、理屈からするとその分競争率も高いことになる（科挙志向の強度が同じと仮定しての話だが）。たとえば福建では、嘉靖十六年（一五三七）は二九〇〇人、十九年は三〇〇〇人、三十七年は三七〇〇人で九〇人の枠を争っているが[53]、ほかの南方三省の受験者、少なくとも潜在的な科挙志向者の数は福建よりずっと多かったろう。その激戦区から勝ち上がってきたツワモノと南巻内のパイを争っての結果だから、福建はやはり科挙に強いということになる。

しかし、もう少し細かく見てゆくと別のことに気づく。呉宣徳は各省の分布に続いて、府州県分布に注目する。彼は進士を通算二〇人以上出した州・県をリストアップしているが、首位を独走するのは莆田の五〇二人（一県だけで一省の約四分の一を出している）、後村の故郷は相変わらず科挙に強い。第二位が泉州の晋江（李廷機・黄克纉の出身地）の三七三人、そして五位には福州閩県（二三七人）が入っている。[54] また、福建内の進士分布を調べた季平によれば、嘉靖以後、従来多かった福州・興化に加えて急速に泉州・漳州が台頭してきている。彼は各府州の歴代の数字を表にしているが、今は国初から万暦末年までを洪武～正統（二十四科）、景泰～正徳（二十四科）、嘉靖～万暦（三十三科）に区分して省内四傑の福・興・泉・漳の数を示せば、

福州	一九六	一九一	二二四	興化	七七	二一九	一九五
泉州	四一	六三	三七二	漳州	三三	四四	一七六

となる。[55] 最後の時期を約百年と長めにとったが、それを割り引いても泉州・漳州の躍進ぶりは明らかである。前に引いた『万暦野獲編』の記事に出てきたのも、葉向高を除けばすべて泉州人であった。

こうした数字は、省単位で考えていると見えにくい省内の偏差を表している。福建一省というより、その中の特定の地域（興化・泉州・福州）がきわめて強力というのが正確である。しかし大雑把にいえば、郭応聘が「他の名藩と上下せず」と言ったように、一省全体として胸を張れる成績を収めていたには違いない。官界のスタート時点では、条件も一並びだったはずである。

このことを確認したうえで、入仕以後の閩人を考えてみよう。まず、科挙の成績と官界での活躍が必ずしも比例していないことは、受験生の偶像である状元以下の三人がその後必ずしも栄達していないことに示されている。たとえば、張瀚（一五一〇―一五九三、一五三五進士）の『松窓夢語』が引用する「呉郡記」は、状元のその後をずらりと並べる（カッコ内に出身省を補う）。

張信（洪武二十七、浙江）↓不明。林環（永楽四、福建）・李騏（永楽十六、福建）・林震（宣徳五、福建）↓翰林院

修撰に終わる。劉儼（正統七、江西）・孫賢（景泰五、河南）→太常卿。曾彦（成化四、江西）→翰林院侍講。銭福（弘治三、南直）・康海（弘治十五、陝西）・羅倫（成化二、江西）・唐皐（正徳九、直隷）→翰林院修撰。楊維聡（正徳十六、北直）→太常卿。龔用卿（嘉靖五、福建）→国子祭酒。茅瓚（嘉靖十七、浙江）→吏部侍郎。唐汝楫（嘉靖二十九、浙江）→翰林院修撰。

そして、「誰一人として大学士になっていない」と述べた後、嘉靖四十一年（一五六二）組の状元申時行（一五三五―一六一四、南直）がすでに入閣して時間がたっているがまだ五十にもなっていないこと（彼が入閣したのは四十五歳の時）、加えて王錫爵（一五三四―一六一〇、南直）・余有丁（一五二七―一五八四、浙江）が同時に入閣したことを特筆する。[56] このことを「呉郡記」が強調するのは、申・王の二人が蘇州人だからである。しかし、この例に限らず、この頃から第一甲と栄達がかなりリンクするようになるのも事実である。

李廷機らの後輩で自身も崇禎朝の大学士である黄景昉（一五九六―一六六二、一六二五進士、泉州晋江人）が、不遇に終わった福州人の状元として、陳謹（嘉靖三十二→太子中允）をはじめ、馬鐸（永楽十）、そして前出の李騏、龔用卿がいずれも大臣クラスにさえ昇らなかったことを述べた後、万暦二十年（一五九二）の状元翁正春（一五五三―一六二六、福州侯官人）がようやく礼部尚書になったことを指摘するのも、[57] 同種の話である。

しかし、王世貞の「福建大魁に顕者なし」という指摘はやや異なる。[58]「福建では宣徳間まで上位合格者が最も多く、その後はさっぱりだが、たとえ状元になっても出世したものは少ない」として、洪武十八年（一三八五）の丁顕（建寧）、三十年の陳䢿[59]（福州）、永楽四年（一四〇六）の林環（既出）、十年の馬鐸（既出）、十六年の李騏（既出）、宣徳五年（一四三〇）の林震（既出）、景泰二年の柯潜（興化）、嘉靖五年の龔用卿（既出）、嘉靖三十二年の陳謹（既出）の九人のうち、わずかに柯が少詹事に、龔が国子祭酒、陳謹が右中允になったが、五人が若死にし、陳䢿も終わりをよくしなかったことを指摘する。偶然の要素も作用するし、サンプル数も少ないので、状元の不遇も不思議ではない。ところが、王世貞はさらにリストを継ぎ足してゆく。まずは会元である。

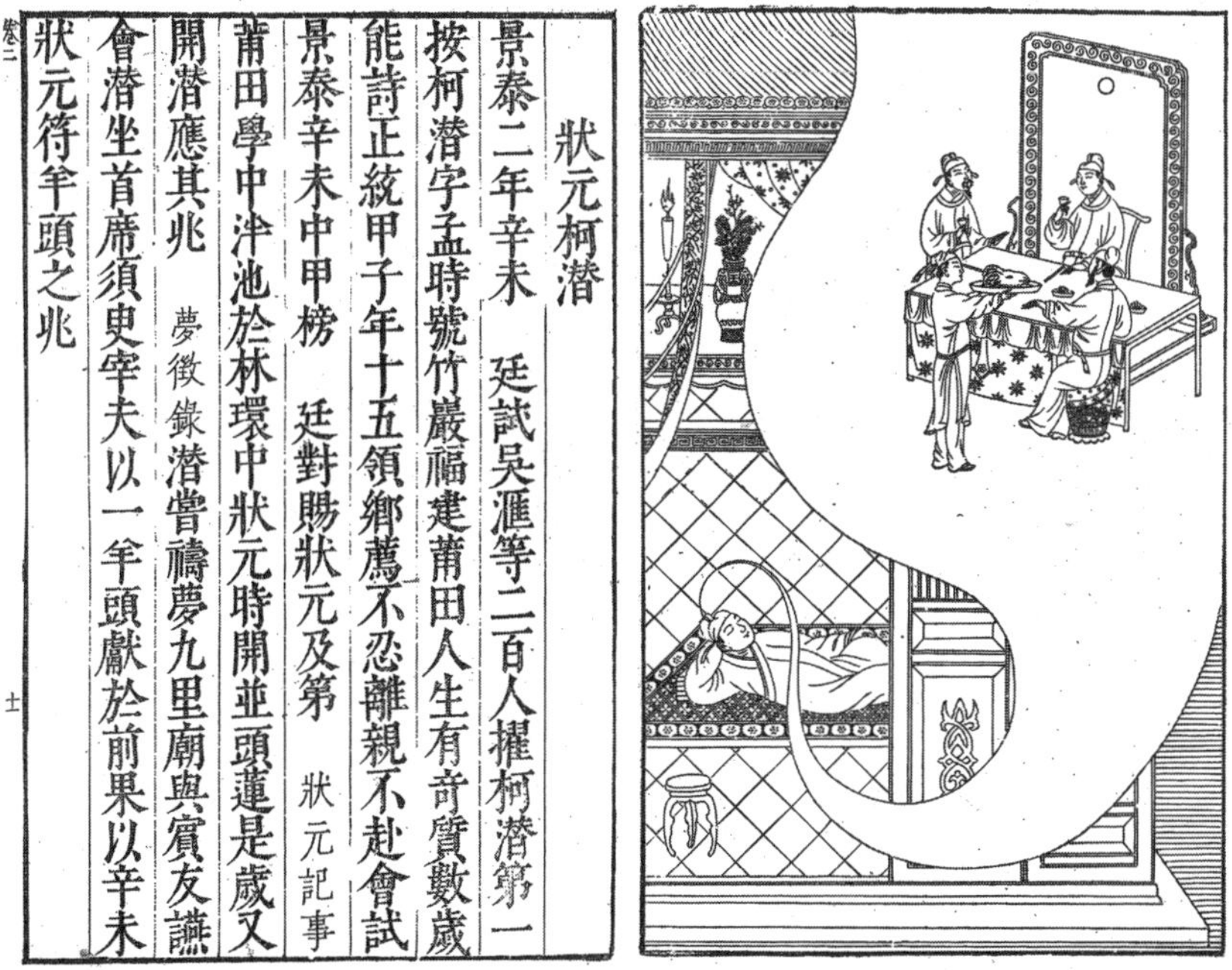

卷二
狀元柯潛
景泰二年辛未　廷試吳滙等二百人擢柯潛第一
按柯潛字孟時號竹巖福建莆田人生有奇質數歲
能詩正統甲子年十五領鄉薦不忍離親不赴會試
景泰辛未中甲榜　廷對賜狀元及第　狀元記事
莆田學中泮池於林環中狀元時開並頭蓮是歲又
開潛應其兆　夢徵錄潛嘗禱夢九里廟與賓友讌
會潛坐首席須臾宰夫以一羊頭獻於前果以辛未
狀元符羊頭之兆
十

図 2-1　景泰二年の状元柯潛（『明状元図考』国立公文書館所蔵）

永楽十年の林誌（殿試―探花、福州）、十三年の洪英（殿試―二甲十一名、福州）、十九年の陳中（殿試―二甲三十九名、興化）、嘉靖二十九年の傅夏器（殿試―二甲九名、泉州）、三十八年の蔡茂春（殿試―二甲四名、福州）[60]の五人を挙げ、そのうち洪だけが右都御史（巡撫）に上ったことを指摘する。会元は中間の首位にすぎないが、その象徴的な意味は大きい。さらに進士及第（一甲二、三名）を挙げてその終官を記す。

洪武二十一年唐震（福州）、二十四年張顕宗（→侍郎、交阯布政使。汀州）、永楽四年陳全（福州）、永楽九年黄暘（興化）、十年林誌（福州）、十三年李貞（漳州）陳景著（福州）、宣徳二年謝璉（→侍郎。漳州）、宣徳五年林文（→太常少卿。興化）、八年趙恢（福州）、成化八年（一四七二）李仁傑（→国子祭酒。興化）、正徳三年（一五〇八）戴大賓（興化）

官が記されるのは四人だけだが、残りを『明三元考』で検索すると、唐震――翰林編修。陳全――翰林侍読。黄暘――合格は五十四歳、編修官に終わる。林誌――三十四歳で合格、以後十五年官にあったが「まじめで物静か、世間とは没交渉同然」、諭徳が終官。李貞――三十六歳で合格、編修官を勤めた後、州教授に転出。陳景著――十八歳で合格、『性理大全』の編集に参加、完成後は親の侍養のため帰郷。趙恢――三十九歳で合格、右春坊庶子兼侍講。戴大賓――二十歳で合格するも若死にする。[61]

といった調子である。さすがにここまで網を広げると侍郎に昇った者に出会う。戸部侍郎にまでなった謝璉は同年の大学士高穀が彼を閣僚に推挙しようしたのを断ったというから、この話が本当なら入閣の目はあった。しかし、全体的には低調で、「世と渉るなきがごとし」（林誌）、「人となりは端謹」（趙恢）、あるいは親孝行のために帰郷というように、無欲恬淡といえば聞こえはよいが、受験でエネルギーを使い果たしたかのような例が目につく。そして、明朝一代の省別の人物名鑑とも言うべき『本朝分省人物考』を読むと、トップ合格者に限らず、閩人官僚にこうした類型の人が多いことに気づかされる。[62]

とにかく、王世貞は以上の十二人が大学士どころか、大臣（尚書）にすら上っていないことを指摘した後、「現在、嘉靖己未（三十八年）及第の林宗伯（礼部尚書）士章が始めて天荒を破った」と締めくくる。林士章が南京礼部尚書に任じられたのは万暦九年なので、王世貞がこの項目を執筆したのはこの頃だろう。しかし、林は就任せずにそのまま致仕した（五十八歳）。三科後の隆慶二年の榜眼で万暦二十一年に南京礼部尚書となった黄鳳翔（当時四十九歳）も同じく任についていない。真の意味での破天荒は李廷機とすべきかも知れない。[63]

王世貞はこの現象を指摘するだけで、コメントは加えていない。故事に通じた史家として淡々と事実を述べただけなのかも知れないが、『呉郡記』や黄景昉の記述が自省人による科挙回顧であるのとは違い、これは他省人による観察である。福建以外にこうした現象が起きていないからこそ注目されたのだろうし、彼が閩人の非運の背後に何を読み取ったのかは分からないが（科挙はジンクスが幅をきかせる世界だから彼もそう理解していたかも知れない）、事態の異常さを説明できないままに触知はしていたのだろう。

以上はトップ・スリーの話であって、象徴的には大きな意味を持つが、進士の主力は二甲・三甲にある。楊栄(二甲三名)もその一人であり、さすがに閩人もここからは尚書や高級官僚を出してはいる。ここでも呉宣徳の統計を見てみよう。

彼は「明中央政府主要部門進士任職状況表」と「明代大学士、六部尚書地域分布表」を作成している。[64] 資料の来源は万暦年間に焦竑(一五四一—一六二〇、一五八九進士)が編んだ『献徴録』である。官庁ごとに列伝が編まれているので統計は取りやすい。時期について呉は隆慶年間までとするが、実際には万暦初年を含む。まず、大学士・六部尚書(ただし南京六部尚書を含んでいない)の各省分布だが、総数でいうと福建は一四人で一一位(一位—南畿六四、二位—浙江五〇、三位江西—四九、四位—北幾四四、五位—山東二六)で福建の下には広東・広西・雲南・貴州しかない。進士の任官者に限れば順位は一つ上がるが、科挙の五傑(南畿、浙江、江西、北畿、福建)の中で完全に落後している。大学士でも他の四傑は江西の一九名を筆頭に二桁を数えるが、福建は三名しかいない(楊栄、陳山に、李廷機が加わっている)。

「中央政府主要部門」とは「内閣・詹事府・翰林院・六部・都察院」を指す。部門の官員数を足し算して、朝代ごとに数を示している。計一五三一名中、進士合格者は一二五三名(全体の八二パーセント)。進士だけを見ると、南畿二三三、浙江二〇一、江西一七七、北畿一〇八についで福建が八四、ここでは科挙の順位と同じである。ただし、すぐ下に山東八三、河南八二と続く。進士の歴代総数では福建二三三七に対して山東一五三四、河南一四一六だから、ぐっと差が詰まっている。

呉はさらに細かく、進士の主要部門入仕者を分巻導入の前後に分ける。分巻前は一三一名とサンプルが少ないので、ここではパーセントを表示している。全体的に見ると前後でそれほどの有意差はなく、福建も前の七・六パーセントから一パーセント減っているにすぎない。江西がここでもあからさまに数字を落としているが(三六・六パーセントから一一・五パーセント)、これは国初の異様な突出のほうに注目すべきであろう。前の表に戻って正徳年間以後（十六世紀以降）に限ってみると、浙江九八、南畿七七、江西四七、山東四〇、福建三五、北畿三四、山西二九、河南二五の順となる。

次に、前掲の『本朝分省人物考』を見てみる。採られているのは高官に限らず、すぐに官を辞したような文化人も含んでいるが、それゆえにむしろ広い意味での紳士名鑑となっている。『献徴録』同様に李廷機を収めるが、葉向高は入っていない。やはり万暦初年までのデータである。

全一一五巻中、各省に充てられた巻数を示すと、南直三一（巻一一〜四一）、浙江一五（巻四二〜五六）、江西一三（巻五七〜六九）、北直一〇（巻一〜一〇）、河南一〇（巻八四〜九三）、湖広八（巻七六〜八三）の次に福建の六（巻七〇〜七五）が来る（以下、山東五、山西・陝西四、四川・広東三、広西・貴州・雲南各一）。巻数はあくまで目安であって記述の量が問題だが、それをパーセンテージ（概算）で示すと、南直二四、浙江一九、江西一一、北直八、河南七、そして湖広と福建が五となる。楊栄のような人物には相当の字数が費やされるが、状元でもぱっとしない人物は二、三行で終わってしまうから、字数の総量は省別の人物の政治・文化面での活躍度をある程度反映していると言ってよい。ここでも江南や江西に比べて、福建がかなり水をあけられていることが分かる。

黄克纘らが実感的に述べたことはウソではなかった。しかし同時に、『献徴録』『本朝分省人物考』より後の閩人の官界における活躍には目を見張らされるものがある。明末の政治史は党争を軸に語られ、この時期にも「浙党」「楚党」といった言葉が史料に登場する。これは地域政党といったものではなく、リーダーの出身地をとって呼んでいるにすぎないが、「閩党」は出てこない。李廷機にしても葉向高にしてもそうした強権的なリーダーではなかったから、「閩党」という語も生まれなかったのである。しかし、閩人は集団として力を行使しなくても、ユニークな個性を発揮した。次節以下でそれを見てゆこう。

三　倭寇体験

董応挙（一五五七―一六四三）[65]、あざなは崇相、号は見龍。万暦二十六年（一五九八）に四十二歳でようやく進士に合格している。葉向高は、彼のことを福建の中でも王慎中（一五〇九―一五五九、一五二六進士、泉州晋江人）・鄭善夫（一四八五―一五二三、一五〇五進士、福州閩県人）の早熟の才についで久々に現れた文章の名手とするが[66]、八股文は得意ではなかったのであろうか。

二歳下の葉向高はエリートコースをさっさと先に進んでいた。万暦七年に二十一歳で挙人となり、翌年の会試には落第したが、三年後には進士となっている。彼の言によれば、万暦七年の同期の挙人九十人（定額どおり）の中で進士に合格して翰林入りを果たしたのは葉のほかに三人だけである[67]。黄景昉が福州人状元初の大臣だと指摘した翁正春と林堯兪（一五八九進士、興化莆田人）、黄国鼎（一五九八進士、泉州晋江人）である。無条件で翰林院の肩書きを得る一甲は別として、庶吉士になれるのは福建では一期に二人である。林堯兪も後に礼部尚書まで昇るが、黄国鼎は右春坊右庶子に終わっている。三人ともに挙人から進士になるまでに十年以上を要している。いかに葉がエリートであるかが分かるだろう。受験秀才としての実力は、親友だった同年進士の楚人郭正域の「試験答案の文章は変幻自在で、人口に膾炙している[68]」という評に表れている。

一方、董応挙が北京の官（吏部文選主事）となったのは万暦三十八年、五十四歳の時である[69]。しかし、広州の学校の教授からスタートしたことを思えば、十二年でここまでこぎつけたのは幸運の部類に属すると言えるかも知れない。

彼は上京後、地元と北京の間をめまぐるしく往還するが[70]、その間葉向高と書簡をかわし、政策についても論じ合っている。たとえば、葉向高が上京前の董応挙に宛てた返翰[71]を見ると（これに対応する董の書簡は残っていない）、建夷（ヌルハチ）の死命を制する人材がいないこと、遼東の巡撫らが朝鮮の併合を唱えたのを阻止して、善処を陳情した燕行使を慰めたことなどが取り上げられている[72]。

閣僚の葉向高は当然としても、当時南京にいた董応挙もまた北辺に関心を持っていた。この手紙に対応するものではないが、「東夷尤も急」としてやはり対ヌルハチ対策について論じた書簡（万暦三十七年）が残っている[73]。杜松（のちにサルホ山の戦いで満洲軍に一敗地にまみれる）は老将だが、かといってお払い箱にするのは難しく、李成梁（遼東の大軍閥）は事をぶち壊したが（遼東の住民を強制退去させた「棄地」を指す）、彼が擁する李家軍の力は「新進」とは比較にならない、「南将」は鋭いといっても対北方民族については日ごろ慣れている北・西の人を使ったほうがよいとして、これらすべては「容易に口に出せることではなく、閣下が相手だから申し上げるのです」と書く。つまり、当時の北京、いや彼がいた南京において（南京の科道官たちは事あるごとに勇ましく中央政府を糾弾する）「杜松、李成梁らロートルの時代は終わった。これからは新進気鋭の南将の出番だ」という声が大きくなっていたのだろう。董応挙はそうした連中を冷静に眺めていたのである（ただし、彼は十二年後に遼陽の陥落という危機の中で、南の老将沈有容の起用を強く推すことになる）。

文官である彼は戦の現場を知らなかった。しかし、天啓年間に再び中央に復帰すると、遼東からの避難民安挿のための屯田事業をやり遂げ、その功績で天啓五年（一六二五）工部侍郎となった。やはり辺防において活躍した上海人徐光啓（一五六二―一六三三、一六〇四進士）とともに「競って塞上の雑図を伝え、孫・呉の優孟となる」と弾劾されたことがある[74]。批判する側からすれば、「軍事通気取り」という評価だが、少なくとも文官の中では戦争そして対外情勢の把握において非凡であったのは疑いない。徐光啓がイエズス会士との交流により学んだ火砲の術や要塞の造営において突出した存在だったことは有名だが[75]、董応挙の名は後世忘れ去られてゆく。しかし、この人もまた実戦感覚を持った人であり[76]、後述するように故郷でも常に臨戦態勢にあったのである。

二人の共通点は、父の世代が倭寇体験を持ち、それを聞かされて育ったことにある[77]。董応挙は、幼い頃に父老から「倭人があっという間に福州城下に肉薄し、たった千人の敵に城兵は股慄した。閩江に浮かぶ兵船も手出しができず、当局は金帛を渡してようやくお引き取りいただいた」といった話を聞かされていた。[78] 倭寇は董応挙世代の閩人にも強烈な記憶を刻み込んだ。葉向高は生まれたばかりの時に倭寇にあやうく殺されかけている。[79] それは覚えていなくても、やはり郷里の先輩たちから倭寇の話を聞かされていた。[80]

倭寇の残像とともに閩人に鮮烈な印象を与えたのが、倭寇が「戚虎」と恐れた将軍戚継光（一五二八―一五八七）である。嘉靖四十一年（一五六二）に福建に着任すると、当時猛威をふるっていた倭寇をほぼ三年がかりで鎮静化させたが、閩人に与えた感化は単なる恩人というにとどまらなかった。

戚継光は倭寇掃討後、その手腕を買われて一転して薊遼の守備を任された。この時、彼の求めに応じて北方に出向いた郭造卿（一五三二―一五九三、福州福清人）の墓誌を後輩の葉向高が書いている。[81] 郭は監生に過ぎなかったが、「当世の名卿賢士大夫」が交わりを求め、彼を競って引きたてようとしたという。その人物的魅力もさりながら、天下を跋渉しその形勢を知悉した軍事通だったことが彼の存在を大きく際立たせていたのだろう。彼がいかにしてそれらの知識を体得したかについては記されないが、その動機はやはり倭寇体験にあったに違いない。

戚継光の招きで北方に向かった郭造卿は、委託されて北辺の地誌である『燕史』の編纂にあたり、戚継光の離任後も書物の完成までは居残り、仕事を終えるとようやく故郷に腰を落ち着けた。葉向高が父子ほどの年の差があるこの老先輩と親しくなったのは、その晩年においてであった。[82] おそらく海内の名人たちに知己を得たこととともに、天下の形勢について聴かされたことだろう。

郭造卿より九歳年下の陳第（一五四一―一六一七、福州連江人）も郭と同型の人である。彼の名を高からしめたのは顧炎武に影響を与えた音韻学の書『毛詩古音考』だが、台湾を実地踏査して『東番記』というルポルタージュをものしたことも比較的よく知られていよう。[83]

これまで五岳を跋渉してきた彼にとって、渡海は天下行脚の延長線上にあったが、豊臣秀吉の朝鮮出兵がなければ実現しなかった。朝鮮から遠く離れた福建に再び倭寇の記憶をよみがえらせた秀吉の出兵は、単なる盗賊の群とはとらえられていなかった。葉向高は朝鮮から「凱旋」してきた総督邢玠を称える文章の中においてではあるが、「現在の倭の強さは虜（モンゴル）に匹敵する」と述べていた[84]。倭は背後に大きな政治権力が控える存在としてその影を色濃くしつつあった。そうした中で、倭人進出の橋頭堡として台湾がクローズアップされつつあった[85]。陳第の遠征随行はいわば前線視察の意味も持っていたのである。

陳第もまた生員にすぎなかったが、やはり若い頃に戚継光に「平倭策」を献じ、ついで万暦元年に福建の名将兪大猷（一五〇三―一五七九）に弟子入りして兵法を学び、師の上京に従って戚継光に再会し、彼の北方仕様の車営戦法が注目されて前線に起用された。郭造卿とは同じ頃に戚の幕下にあったのだが、二人の交流については分からない。陳第は戚継光の離任とともに帰郷した。そして、万暦二十一年、秀吉の朝鮮侵攻の火の粉が福建にも飛んでくることが懸念される中で[86]、「防海事宜」という論文を当局に献じている。彼は葉向高、董応挙共通の知人でもあり、とくに董応挙とは親しかった。葉向高は都から董応挙に晩年の陳第の病状について問い合わせている[87]。

兪大猷門下の同門には泉州人の鄧鐘がいた。若い頃は文科での合格を目指していたが、途中で武科に転じた。海防の実地にいた彼が書いた『武備籌略』が両広総督の目にとまり、『籌海重編』の編纂を命じられた[88]。当時の海防のバイブル『籌海図編』は嘉靖の大倭寇時に編纂されたものであり、その後の事態の推移をにらみ、秀吉の登場という新しい現実に合わせてバージョン・アップする必要があった。具体的には、南方に広がっていった倭寇、広東の曾一本、カンボジアまで足を伸ばした林道乾、そしてマニラに定着したばかりのスペイン人を恐慌に陥れた林鳳らの動向を整理し、「倭を恐れる」段階から「倭に狎れる」に移行しつつあることを指摘する[89]。かつては海の向こうから大倭寇が来襲してくるのをひたすら恐れていたのに対し、日本への海禁をしり目に交易に出かけてゆく連中が増えてゆき、それらが倭に通じて狎れあい、その手先となることが憂慮される時代へと転換しつつあったという認識である。

葉向高もこうした環境の中で成長してきたためか、武人に対する偏見がほとんどない。安徽宣城出身で、鄧鐘同様やはり文科から武科に転じた二歳年上の沈有容（一五五七―一六二七）とは、会試を受験するために上京した際に意気投合したという。沈は前述の東番遠征をはじめ福建海上で様々な活躍を見せることになる。[90]

四　宇宙間の一大変

秀吉の海外派兵が福建の海をざわめかせたとすれば、一六二〇年代に閩人の不安を駆り立てたのは倭に加えて「紅夷」すなわちオランダ人の存在だった。倭寇のように陸に上がって暴れまわることはほとんどなかったが、やがて倭と並ぶ危険要因として閩人に認識されるようになる。

オランダ人が福建海上に初登場したのは、万暦三十二年（一六〇四）のことである。その三年前にヤコブ・コルネリスゾーン・ファン・ネック率いる艦隊が広東海上に現れ、マカオのポルトガル人と一悶着を起こして引きあげていた。[91]そして万暦三十一年にマレー半島のパタニ（大泥）に艦隊を引き連れてやってきたウェイブラント・ファン・ワールウェイクが現地の福建商人李錦と接触する。この出会いについて漳州人張燮[92]（一五七四―一六四〇、一五九四挙人）の『東西洋考』は、李錦が紅夷の酋長「麻韋郎」に「交易がしたいならその相手は漳州が一番である。その海外の澎湖を拠点とすることができる」と入れ知恵したことを伝える。麻韋郎すなわちワールウェイクが「地方官が許さなければどうする」と尋ねると、李錦は「金に目のない宦官の高寀に働きかければ、皇帝に直接上疏して聞き入れられるであろう」と答えたという。そこで「猾商」の潘秀がまず派遣されたが、それを追いかけるようにしてワールウェイク自ら艦隊を率いて福建海上に現れた。[93]

税監の高寀は、万暦二十七年二月に福建市舶司が設けられて福建に派遣された。[94]彼はアウトローを使って搾取した財を内府に収めて忠臣ぶりを発揮し、舶税を完全にコントロールしていた。[95]その収入の大半は「漳、澄の賈舶」つまり漳州、海澄の商船がもたらしたものだが、この時期の舶税はほぼ二万両[96]というから、大した額ではない。だからこそ、彼はあらゆる手立てを使って銀を稼ぐことにこれ努めた。以後彼は十年以上福建にあったが、葉向高はその間に「閩の膏脂はほとんど絞り取られた」と表現している。[97]

しかし、高寀はオランダ人との接触には失敗した。江南の太倉出身で福建に赴任して八年になろうとしていた軍官施徳政(一五八九武進士)が、交易は賊を招きいれることになると御史に訴え、中央もそれを聞き入れてオランダ人を退去させたのである。[98]その際にオランダ人との交渉にあたったのが沈有容である。

彼は朝鮮の役の時に福建巡撫金学曾(一五六八進士)の招きで着任していた。日本へ偵探を派遣する計画が立てられた時にその使者に擬せられ、これは実現しなかったが、万暦三十年に澎湖を根城にする倭寇を掃討すべく出陣し、その勢いを駆って台湾に上陸した。陳第『東番記』はその時の随行記録である。

さて、高寀はオランダ人と接触する前年には、海外で一騒動を起こしていた。ルソン島のカビテ(機易山)で「金豆」が採掘されたとの噂を聞きつけて、マニラのスペイン政庁に使者を派遣し、探りを入れたのである。けっきょく、根も葉もないとわかって一行はひきあげたが、スペイン人側はこの使者派遣の真意を図りかねた。一五九三年にモルッカに遠征した総督ゴメス・ペレス・ダスマリーニャスが華人乗組員に殺害され、豊臣秀吉の「服従かさもなければ出兵」という恫喝に動揺し、さらにパリアン区に滞在する華人の圧倒的な実在感にスペイン人は脅威を覚えていた。そこへこの使者が派遣されてきたのだから、疑心暗鬼になるのも無理はない。小さなトラブルをきっかけにスペイン人と華人の間で戦闘が起こり、その結果華人の大虐殺が発生した。[99]

しかし、少し立ち止まって考えると、スペイン人ならずとも、高寀の使者派遣には首をかしげたくなるところである。「金豆」が本当に存在していたら、いったいどうするつもりだったのだろう。まさかじっさいに採掘隊を派遣しようとしていたわけではあるまい。おそらく「金豆」探査とは口実にすぎない。使者を派遣を万暦帝の礦税策

地図 2-1　明代の福建

の延長上に位置づければ、私貿易をカムフラージュし、有利に展開できると考えたのだろう。

　使者派遣の前年（万暦三十年）には、漳州月港で騒動が起きていた。海外から帰ってきた商船に、当時月港にいた高寀は税を納めるまで上陸を許さなかった。それに背いて上陸した者が逮捕されると商人たちが騒ぎ出し、高寀を殺せと呼号してその部下を海に沈めるデモンストレーションを行った。高寀は命からがら脱出し、以後二度と海澄に自身が来ることはなかったという。[100] 月港（海澄）を完全に掌握して船税以上のものを引き出そうとする目論見がついえたので、海外に目を向けたのだろう。

　また、彼をそうさせた一因は、隣の広東の状況にもあった。広東にも税監の李鳳がいたが、万暦三十年閏二月に彼を弾劾した南京の御史朱吾弼（一五八九進士）

は「或曰」をたたみかけて李鳳のよからぬ世評を次々と紹介していく。[101] 曰く「彼のふるまいは王者に僭擬するものがあり、堂には「華夷貢賦」の額がかかっている」。曰く「昔の広東の海賊黄蕭養（正統年間に広州を包囲）が地中に埋めた数百斤の大鉄猫（鉄製の錨）を掘り出して王業が興る印だと喧伝した」云々。

ついで、前年のこととして「紅毛夷」の海船三艎、つまり前述のファン・ネック艦隊への李鳳の対応が記される。オランダはマカオを襲ったが敗北し、逆に死者二十余を出してひきあげたが、人々は「澳夷」とトラブルを起こして逆恨みした李鳳がオランダ人を手引きしたと噂しているという。

朱吾弼はついで、李鳳が広東に朝貢にやってくるシャム人、さらに日本人と連絡を有していたと述べる。李鳳個人は悪運が尽きかけてやがては皇帝の怒りに触れて罰せられようが、処置が遅れると、オランダ、シャム、日本人を引きこんだ彼の行為がマカオに不安をもたらし、ひいては広東一省を混乱に陥れると警鐘を鳴らして、李鳳の召還を乞うたのであった。しかし、万暦帝がこれに耳を貸すことはなかった。

おそらく、高寀は隣省のご同類の動きを見てルソンにちょっかいを出し、またオランダ人との交渉に乗り気になったのだろう。ところが、彼はその後しばらくなりを潜める。葉向高が福建布政使で同年の陳所学（一五五九生）に書簡を出したのはおそらく万暦三十六年（一六〇八）の初頭だが、そこには「閩中の税使は以前は少しおとなしくしていたが、最近海上の奸人と手を組んで派手にやりだした」[102]とあるので、オランダ人との接触の失敗以後はしばらくおとなしくしていたのであろう。

和田正広によれば、中央において高寀の存在が再び問題視されだしたのは、万暦三十五年六月に高寀との対立が原因で巡撫を解任されてから後任が決まるまで福州で待機していた徐学聚（一五五六生。これまた葉の同年である）が同十一月に高寀に対する反撃の抗疏を行ったことが契機となっている。[103] 陳への手紙にも、陳所学が（旧）巡撫とともに高寀の横暴について上奏したが皇帝の反応はなく、閣老の彼とて「時局がこのようではどうしようもない」と無力感に襲われていたことが記される。[104]

しかしその後、葉向高が福建の官僚たちに書いた答簡から高寀の話題が消える。手紙の数がそれほど多くもなく、たまたま話題に出なかっただけかも知れないが、彼らが葉向高に手紙を書いたのは半ば陳情の意味合いをもっていたから、その返事にこの話が出てこないのは、さほど緊急性がなかったからだろう。[105]高寀の横暴を語る史料は『東西洋考』をはじめ数多くあるので、十数年にわたって常に暴れ回っていたような印象があるが、むしろ福建の税監に勤続十年以上であった事実に注意すべきであろう。高寀が「反福建的」な行動を一貫して取っていたならば、後述する万暦四十二年の暴動がもっと早く起きていてもおかしくない。彼の行動にも、その時々の状況に制約されて波があったはずである。また、葉向高は「閩の膏脂をほとんど絞り取った」とするが、膏脂で肥え太ったのは宦官ばかりではあるまい。

高寀の周囲が再び騒然としてきたのがいつからなのか、正確には分からない。しかし、彼の名前こそ出てこないが、後に弾劾された際に罪状に数え上げられた「通倭」の問題が、葉向高の書簡にしばしば登場するようになる。布政使陳邦瞻（一五九八進士）への手紙[106]はその劈頭に新巡撫丁継嗣の開府（任命は万暦三十九年八月）が述べられているので、それからまもなくしてのものだろう。葉向高は新巡撫をよく補佐するように要請した後、「通倭の一事は利害最大」と問題の大きさを強調する。当初は「奸氓」の仕業だったが、今では「良民」も参加するようになり、このままゆけば閩の禍となるだけでなく、「閩人皆倭」になると極言する。海上警備の兵も交易に参加しているため、私貿易を抑え込むことができない。軍人と「通倭の人」の結託を防ぐために後者を逮捕した軍人に恩賞を与え、違反者は死刑に処し、たとえ「勢豪顕宦の家」であっても容赦しないことが「今日閩中第一切要の事」であるとする。[107]

葉向高は彼と同年の巡撫丁継嗣（一五五五生）に大いに期待していたようである。彼らの間ではしきりに書簡がやり取りされた。これらの書簡を最近では三木聰が取り上げているが、重複をいとわずにここでも論じる。[108]文集に出てくる丁継嗣への手紙のうち最初のものには、通倭についての一般論と、「葉氏が通倭している」という噂による個人的事情が合わせて述べられている。さらに浙江からも通倭問題について福建との連携を望む上奏がなされたと述べた後、別の角度から問題を眺める。

朝鮮から連年漂流者が送還されてきますが、ことごとく通倭の徒です。この連中を軽々しく釈放しようものなら、取り締まりなど不可能です。兵部の覆奏の時、職方郎が私に「この連中は厳罰に処すべきだが、通倭者のために関説する者が多いので、例に従って出身の省に発回せざるを得なかった」と告げました。この連中は北京にいても、そのために関説する者がいるのですから、福建ではなおさらです。ここはあなたにしっかりしていただかねば、悪事を押しとどめることはできません。近日、朝鮮からまた漂流者の一団が送られた際に、「本国は甚大な被害を受けております。もし出身省に送還するのであれば、これは帰郷させるのと同じことで、（またやってくるであろうから）害はやまないでしょう」と切実な陳情をしてきました。今、兵部が覆奏し、西北極辺に送られることになりました。(109)

当時朝鮮から送還されてきた閩・浙人漂流者が多かったことを、范金民が『明実録』と『撫浙疏草』の記事によって紹介している。そのうち閩人が絡んだものを並べると、万暦三十八年十一月に「福建漂海人丁陳成等二十九人」、三十九年には「莆田・仙遊漂海人民林潤台等三十二人」が送還され、そして万暦四十年に杭州から出航した沈文らの商人団の中にも福建人が混じっていた。(110)

葉向高の手紙で面白いのは、福建から遠く離れた北京にまで「漂流者」の弁護人がいるという指摘である。北京の閩人官僚が救おうとしたのは漂流した乗組員というより、その船を送りだした「豪右」の利益であろう。黄克纘は官界での「閩人寡援」を嘆いていたが、ここでは北京に閩人の「奥援」があったのである。大学士葉向高は閩人でもあるがゆえに、なおのこと厳しく事に当らねばならなかった。葉一家の問題だけでなく、ことは閩人全体の名誉にかかわってくるからである。

また、別の手紙の中で、通倭者の交易品の中に『紀効新書』『籌海重編』各千余部があったという報告を得たと記している。[111] 前者は戚継光の、後者は鄧鐘の書である。「千余部」とは数が大きすぎるようだが、陳邦瞻宛の手紙にもやはり「千余部」とある。[112]『紀効新書』は秀吉の出兵後、朝鮮にも伝わって軍事教練にも用いられた。[113] 積荷の発覚以前にすでに日本に渡っていたとしても不思議ではない。また、兵書が即戦力になるものでもなかろう。葉向高はおそらくそのことも分かったうえで、この摘発に「通倭」の事実の象徴を見たのである。「郷官勢豪が取締りを妨害するので手のうちようがない」などと訳知り顔で言う者がいるといけないから、前もってお知らせしておくと巡撫に念を押し、最後に同年の林材[114]（一五五〇生、福州閩県）や佘《しゃ》夢鯉（一五五六生、福州福清）がしきりに通倭について知らせてくるので、一度問い合わせてみたらと締めくくる。葉向高には同郷の友人から情報が寄せられてきていたのである。

さらにまた別の手紙でもこの問題が取り上げられる。

一時、「倭人と商売をするのは小民が利を求めてのことで、別に倭人を中国に引きこもう（勾引）という意図はない」という意見がありましたが、利潤の追求がやがて倭人を引きいれることになるのが分かっていません。今、手を打たねば後悔することになるでしょう。琉球は倭に屈して併合されたので、倭がこれに借りて入貢を求めてくるのは必然の勢いです。そうなれば、沿海の禍は予想もつきません。「厳しく調べて拒絶する」という御教示のほかに策はありませんが、私は治乱には一定のリズムがあると考えています。南倭北虜が安静となって四、五十年が経ちますが、これはかつてなかったことであり、そろそろ蠢動の時でしょう。郷里の習俗が日増しに奢侈になっているのも、嘉靖の倭乱の時と同じです。[115]

嘉靖の倭乱の頃の好景気など、当時幼かった葉向高が明確に覚えていたわけではなかろうが、古老から話はよく聞いていた。その頃と今の奢侈を重ね合わせて憂慮したのだが、それは通倭によって経済が活性化していたということでもある。

ここに琉球が言及されているのが目を引く。以後、巡撫と宰相の間では頻繁に琉球問題が論じられ、両者の間には明らかに連携プレーが成立していた。その背景については、この時期における明・琉球・日本の関係をクリアカットにした渡辺美季の論文が詳説している。[116] また、夫馬進が当該期の中・琉・日関係に加えて、朝鮮をも組み込んだ検討を加えている。それらによりながら、葉と丁の連絡についてまとめておこう。[117]

万暦三十七年（一六〇九）に薩摩が兵を琉球に送りこみ、国王を拉致した。この年は朝貢年にあたっていたが、それを延期せざるを得なくなり、翌年琉球は毛鳳儀らを朝貢に派遣して琉日関係について事情を説明した。さらに同年蔡堅らが進貢したが、ここまではとくに問題は発生していない。

事態がにわかに緊張してきたのは、万暦三十九年十一月に貢物の半分を進めるために派遣された柏寿と、翌年早々に残り半分をもたらした馬良弼が福州で合流してからである。これについて葉向高は、のちに丁継嗣のために書いた墓誌銘の中で、貢期でもないのに通常時の十倍の随員を引き連れてやってきた柏寿に断乎たる対応を行った巡撫を称えている[118]（柏寿の名しか挙がっていないが、馬良弼のそれも含めて言っているのであろう）。

丁継嗣は万暦四十年七月に、貢期でないこと、定員超過、貢物に倭物が混入していることなどを理由に、正使はじめ少数の随員以外は帰国させ、常貢品以外をひきとらせるよう上奏した。これは礼部に下されて、礼部も同様の覆奏を行ったが、勅裁は下らなかった。ここに登場してくるのが、吏部文選司員外郎董応挙が万暦四十年十月に上した「厳海禁疏」である。[119]

彼は自らが閩人であると断ってから、嘉靖の末年に無惨な倭毒を被った原因は、倭と交易する閩浙沿海の奸民にあり、その背後に閩浙大姓がいたのだと指摘する。こうした構図はおなじみのものだが、閩浙大姓と対立して死に追い込まれた朱紈の評価は人により分かれる。[120] 董応挙は朱が死んで海禁が緩んだために閩に禍がもたらされたとして、朱のやり方が正しかったと主張する（したがって、彼は朱の追録と祭祀を提案している）。そして、葉向高同様に嘉靖時と現在を重ね合わせつつ、両者の違いも指摘する。嘉靖時には福州城内に「通倭者」が一人もいなかったのに対し、現在は省城内に通倭者がいるから事態はよほど深刻だとするのである。さらに郷人から仕入れた話として、かつてはかりに通倭者がいてもこっそり漳・泉の船に乗って出かけたものなのに、現在は公然と福州の海上から「倭の支島」に直接夏に出かけて冬に帰ってくると述べる。そして、琉人は「我が内地」を熟知しているだけに、琉球が「倭属」となったのは危険だとする。

この上疏は琉球を主題としたものではない。しかし、彼の中では「今、福州ぐるみ倭に通じている中で、私だけがこのことを言えば、家族は必ず禍を受けるでしょう」と述べるほどの通倭の深刻さと琉球の問題は切り離せないものだった。

彼の意見が時局にどの程度影響を及ぼしたかは分からない。この上疏は『明実録』には記されないが、『国榷』には縮約が載る。それだけ史家が意義を認めていたのだろう。[121] 少なくとも葉向高は友の上疏に非常に注目していた。琉球問題について巡撫の措置を支持する手紙の中で「販倭」にも言及し、

わが故郷の人たちは販倭を深刻な事態と受け止め、毎日のようにこれについて報じる手紙が届きます。当事者には董銓部の上疏を考えすぎだと見る向きもありますが、はたしてどうでしょうか。[122]

が董応挙だとする。一方、この書簡では二つの問題が取り上げられる。一つは、国元にいるわが子からこれらの奸民の中にわが家の名（寒家名色）をかたるものがいるとの知らせが届いたことで（前出の丁継嗣への書簡にも言及がある）、「もはやこの問題は他人事ではなく、家門のために禍を防がねばならない」と述べる。また、丁継嗣とともに上疏した巡按御史の陸夢祖[123]（一五九八進士）への手紙でも、倭を憂慮する郷人の中で急先鋒また、「海上の将卒が通倭の濡れ衣を着せて無実の者を逮捕して金品をせびりとっているのも事実だが、その一方で真犯人が「豪右」の庇護下でぬくぬくしている」と指摘する。[124]

前者については、両京の言官に知れれば恰好の弾劾材料になることを心配したのであろう。たとえば、王世貞が「破天荒」と評した漳州人林士章は礼部侍郎時代、「通番」で弾劾されている（幸い事実無根と判断され留任しているが）。[125] 自己防衛のためにも陸夢祖に通番者の取り締りを要請したのであろう。葉氏の名を騙るとは、これらの奸民

が福建南部の漳・泉ではなく、福州周辺から出ていることを物語っている。また、後者については、陸夢祖のほうから真の「通倭」者は少ないという報告を得たのに対する返答であろう。遠く北京にいながら、彼は事態をかなり正確につかんでいた。

このように、通倭の問題は葉向高にとってもまさに他人事ではなかった。一己の利害も含めて閩人の命運がかかっていると認識したからこそ、彼は中央にあって福建当局を援護した。そして、琉球問題も通倭と関連するものととらえられていたのである。

琉球の貢事についてはかつて礼部の覆疏の中において票擬しましたが、聖旨が下っていません。また、兵部の倭事について述べた上疏の中において票擬しましたが、やはり聖旨が下りません。陛下の意図をあえておしはかるなら、二つの理由が考えられます。一つは二百余年恭順の態度をとってきた国とにわかに交わりを絶つのが望ましくないこと、いま一つは「倭中の貢物」は遠くから運ばれてきたのでいまさら退けるまでもないというところでしょうか[126]。

この丁継嗣への書簡は、七月の丁の上疏→礼部の覆疏という流れに大学士の彼も関与し、丁に全面的支持を与えていたことを示しているが、朝貢担当の礼部だけでなく、兵部からも同様の動き（「条陳倭事」の内容は不明だが、礼部のそれと同じく倭警戒論を述べたものであろう）があったことが注目される。

この書簡の中でもやはり販倭に触れて、「省城で渠魁が逮捕された」ことを話題にしている。おそらくこれは後述することと考え合わせると、『明実録』に出てくる「蔡欽・陳思蘭」のことだろう。万暦四十年十二月に丁継嗣らの上疏を受けて兵部が覆奏し、通倭者として彼らを厳罰に処することが提議され、勅裁も下っている[127]。彼らの具体的な罪状は不明だが、直接に琉球あるいはその背後の日本と呼応して何かを企んでいたのではなく、非常事態に対する当局の引きしめ策の一環として検挙されたのではないだろうか。

葉向高も彼らを「新例をもって厳罰に処すべし」と言うのだが、「新例」とは同年六月に制定された「問刑条例」

を指す。「海船を私造して下海し、勢宦の牌額をかかげて倭国に貿易に向かう者」は、主犯が枷号二カ月のうえで煙瘴地面での永遠充軍、従犯は枷号一カ月の辺衛充軍と決まった[128]。しかし、范金民は前掲の論文の中で、地方では通番者がこの通りにはなかなか処断されなかったことを浙江の事例に即して明らかにしている。つまり、地方当局の中でも上層は中央の顔色を窺って厳罰主義を取ろうとするが、府・県レベルでは判決を甘くする傾向があった[129]。しかし、この場合は断乎たる措置が取られたのである[130]。

一方、丁継嗣は陸夢祖とともに勅裁を促す上疏を行ったが、やはり反応はなかった[131]。ようやく十一月十二日の葉向高の上疏が決め手となり、三日後に勅裁が下った。文集に収められた(巡撫としての)丁継嗣への最後の書簡では[132]、巡撫の催請を受けて彼が打った手が披露されている。今回の丁らの上疏が前回同様に礼部に下されて時間の無駄が生まれるのを避けるために、「下部」でなく「允行」と票擬し、これに皇帝への陳情の一掲(「琉球入貢掲」[133])を添えたのである。宰相にここまで踏み込んでこられては、さすがの万暦帝も決断せざるを得ない。それだけ葉向高が事態を深刻に捉えていた証拠でもある。

しかし、これで事態が解決されたわけではない。夫馬進が紹介しているように、この手紙の後段では琉球併合の後、焦点が鶏籠・淡水に移りつつあると述べる[134]。董応挙や葉向高は閩人の中では少数派であり、倭人の通市を認めようという多数派の意見を封殺する力はなかった。「倭が今度は鶏籠・淡水を狙っている」というのは、じっさいに琉球経由でそうした情報が入ってきていたこともあろうが、海防上の危機を言い募ることで通市論に対抗しようという狙いがあったのだろう。もっとも、この懸念が実現したかのような事件がまもなく起きるのだが。

ほぼ同じ頃、葉向高は董応挙への手紙でも面白いことを述べている。

販倭の禁は福建で厳しくなったので、浙江に流れたと聞いています。浙江と福建は禍福を共にする間柄、どうやってこれを防げばいいのでしょうか。閩人の士大夫で先が見える者は禁絶すればいいと言いますが、大多数は反対しています。彼らの「貿易によって倭から莫大な金銭が得られるが、逆にこれを絶てば倭が速やかにやってくるので、かえって害をもたらす」という意見は一見説得力があるので、当局も迷って決断が難しくなっています。しかし、これは閩人が自らを誤る議論です。頃直指（御史。名は不明）からの手紙には「福州・興化は禁じるべきだが、泉・漳は禁じるべきでない」とありますが、もっともな意見です。[135]

国家の首脳として浙江にも思いをはせつつ、閩人の立場からは「浙江の事態は対岸の火事では済まされない」と述べる。范金民が指摘するとおり、この時期に通倭は福建南部の漳州・泉州から浙江へと北上しつつあった。閩人の漂海民を先ほど取り上げたが、この外に浙江商人主導でこれに閩人が加わるというケースが増え、[136] 浙江と福建の通倭は分かちがたい問題となっていたのである。

福建が厳しくして浙江に流れたのだから、禁を緩めればよいというのが大多数の意見であった。一方、葉は「運命共同体」と言いながら、結局は禁絶に賛成する。しかし、最後に福州・興化と泉・漳州を分けて考える意見に賛意を示す。立場が一貫していないようだが、泉・漳州の禁を強化した場合に通倭者が浙江の前に福建北部で活動することを恐れたのであろう。

＊

この後、しばらくは事態が鎮静化したようである。故郷福清の県知事への手紙で「近来、奸徒はおとなしくなり、倭販は影をひそめた」と述べている。[137] また、閩を去ろうとする丁継嗣[138]への書簡においても、故郷の親友たちがしきりに手紙をよこして「あなたを福建から離任させるべきではないと書いてくる」と述べるだけで、通倭の話題は出てこない。[139] これまで見てきた丁継嗣への答簡の中で、葉向高が高寀に一度も言及していないことにも注意すべきだろう。琉球使節の到来、通倭者の蠢動といった事態を高寀は指をくわえて見ていたのであろうか。

その高寀が葉向高の書簡に再び登場するのは、丁継嗣にかわって左布政使から万暦四十一年の末に巡撫に昇格した袁一驥（一五五六生、一五八三進士。またしても葉向高と同年）宛の書簡においてである。[140] 高寀が広東に移るという噂が広東人を動揺させていることに触れ、葉向高は広人（北京にいる広東人か）に向かって、こうした噂が出るのも「地方士民の意」つまり福建人が高寀を厄介払いしたがっているからだと答えたという。一閩人としての立場はさておき、宰相としては福建の禍を広東に転嫁することはできない。高寀の広東入りは阻止すべきだし、税が最も重い広東に高寀が赴けば、その搾取に人民は耐えることはできないだろうと言う。じっさい、やがて高寀の広東行きが決まると、広東人たちは実力行使までしてこれを食い止めようとしたが[141]、この手紙を書いた時にはまだ皇帝の命令が出ていなかった。

おそらく同じ頃、陸夢祖の後任の巡按御史徐鑑[142]（一六〇一進士）に次のような手紙を出している。島夷は悪賢く、日々通貢を図っています。ちかごろの朝鮮からの上疏によれば、倭酋から朝鮮に送ってきた書に「閩・浙から商売に来ている者が数千に達している。どうして北には出し惜しみをするのか」とあったそうです。こちらの様子を窺った上で無理押しをするつもりでしょう。販倭の禁を厳しくしても、けっきょくは根絶できません。西洋もあわせて禁じれば、泉・漳の奸民がさらにひどい禍を起こすであろうことも考慮すべき事柄です[143]。

前半の朝鮮云々について、倭酋（将軍）から朝鮮に圧力をかけた事実があったのかは分からない。しかし、万暦四十一年に中・朝・日関係が緊迫してきたことは事実である。きっかけは、前年の六月に浙江総兵の楊崇業と遊撃の沈有容が琉球事情とともに、朝鮮南部における倭人の進出（己酉条約により日朝の貿易再開が決まったのが四年前、対馬から最初の歳遣船が釜山に入ったのが二年前のことである）について上奏したことにある[144]。ここにまた沈有容が登場しているが、当時浙江にいた彼のもとに朝鮮事情を伝えたのは、おそらく前述した「漂海人」だろう。

これに対して朝鮮側は八月に反論の上奏を行ったが明廷からの反応が得られなかったため、四十一年五月に再度上奏した。この上奏は『光海君日記』に載るが、葉向高の言う「倭酋が朝鮮に送った書」については言及がない[145]。明廷が朝鮮の無実を認めたのは九月のことであった[146]。

このように北からも圧力がかけられているという意識が、書簡後段の「西洋もあわせて禁じれば」つまり、東南アジア方面との交易も禁じる強行論を生んだのだろうか。これが徐鑑の意見なのか、それともこう主張した人が他にいたのかは分からないが、こうした極論が出ていたのには違いない。あるいは、琉球問題以後に厳禁派が勢いを得た結果かも知れない。いずれにせよ、「泉漳の奸民」からすればたまったものではない。西洋との交易が禁じられれば、彼らは日本との密貿易により傾斜せざるを得なくなり、それではかえって逆効果である。葉向高は厳禁論を支持しつつも、泉・漳の生命線が交易にあることが分かっているから、それが全面的に断たれた時彼らが暴発することを恐れたのだろう。

厳禁派が力を得る中、葉向高が郷紳の林材に送った手紙の中で「宇宙間の一大変」と評する[147]事件が発生した。万暦四十二年四月、高寀の転勤が本決まりとなると、それを聞きつけた福州の商人がこれまでの債権をとりたてようとして高寀の屋敷におしかけた。高寀はそのうち十数人を殺害して民家に火を放つとさらに巡撫の役所に突入し、彼をしかりつけた巡撫を人質にとった。そこに按察副使の李思誠（一五九八年進士）らが駆けつけ、高寀を説得して袁一驥を釈放させた。しかし、事態はこれで収まらず、高寀は手勢で警備を固め、市民たちからは高寀を血祭りにあげよとの声が起こった。それを調停して事態を収めたのは、いったん高寀に捕らわれた巡撫だった[148]。

葉向高は前掲の手紙の中で、こうした事態を招いたのは、巡撫が高寀を殺そうとしたからだとの外野の声に触れながら、「陛下に働きかけて必ず税監の撤回を勝ち取る、宰相を辞めるのはそれから」と書いた。一方、当事者の袁一驥には「陛下には撤回の意思がある」と励ましながら、中央に抵抗勢力が存在することをほのめかしてもいる[149]。

事件直後に時間を巻き戻して、当時故郷に帰っていた董応挙の動きを見よう。彼は知らせを聞きつけるとすぐさま福州城に駆けつけた。翌日、巡撫の身代わりに人質になっていた海道の呂純如（一六〇一進士）が釈放されると、二人で対策を話し合った。董応挙は「民に委ねればよい」、つまりこの際彼らの力を利用して高寀を片づけてしまえと剣呑なことを言ったが、呂は「そんなことになったら、満城流血の大惨事になるだけだ」と答えて、董応挙も納得したという。呂純如と巡撫は穏便に事を終わらせて被害を最小限に食い止めようとしたが、布政使の竇子偁（一五九二進士）はこの機に乗じて「その凶党を一掃せず、海上で他の奸賊が彼のやり口を真似たらどうするのだ」と言って、断固たる処置をとろうとした。問題は高寀一党に止まらないという認識である。

董応挙は義憤にかられた竇の意見、呂の深謀遠慮の両方を理解できると言うが、葉向高の「高寀が巡撫の身柄を押さえたのは自己防衛のためであって（危害を加えようとしたわけではない）、彼を召還しなければ死なせてしまうことになる」という内容の上疏を邸報で知って不満に思ったというから、その時点では強硬路線を支持していたのであろう。[150]

事件後の経緯についてはすでに崔来廷が紹介しているが、[151] ここでは葉向高の文集に収める高寀撤回を乞う上奏（五月十日、十一日、二十七日）のうち、第一上奏において「山海に拠る奸民がこれに乗じて乱をおこし、亡命の徒や倭夷と連絡すれば東南の禍が始まります」と述べていることに注目したい。彼は事件を高寀一己の問題としてはとらえていない。竇子偁と同様に、「奸民」の動向に注意を払っているのである。また、彼はこの上奏を「福建の撫按官の掲帖と郷里の縉紳・親友の書」を受けて行ったとして、前者は高寀と対立する立場からの報告なのでにわかに信をおけないが、後者は第三者の言として受け止めねばならないと言う。[152] 皇帝を説得するための戦術とはいえ、葉向高が地元の郷紳との連絡を重要視していたことはたしかである。

しかし、皇帝からは反応がなく、翌月の末に再び上奏を行う。間があいたのは、皇太后の埋葬が皇帝の当時の最大関心事であり、大臣たちもそちらに注意を傾けていたからである。林材はおそらくこの間に事態の早期打開を宰相に求めて書簡を送ったのだろう。董応挙が邸報で葉向高の「軟弱」を知ってがっかりしたというのもこの頃である。葬儀が終わったことで、ようやく撤回の命令が出た。

崔来廷はこの事件を各地の民変と異なり、海商が参加していることに注目すべきだとして、彼らは明王朝の硬直した海禁政策に反抗して自由貿易を求めたのであり、閩の郷紳がこれに呼応したのも彼らが海外貿易に関与し、商人たちと利害を共有したからだとする。

しかし、この評価は正しいであろうか。和田正広が指摘するように、この事件は高寀から商品の代金をとりはぐれるのを恐れた連中が引き起こしたものであり[153]、海商が参加したという事実を史料からうかがうことはできない。むしろ、通倭の奸民＝海商たちは、事件後の動乱要因として葉向高らに警戒されている。そして、高寀自身が通倭者同然の行動をとっていた。「硬直した海禁政策に反抗した」というのであれば、それは奸民たちのほうであっただろう。

「閩の郷紳がこれに呼応した」というのも疑問である。たしかに、彼らは北京の葉向高に郷里の憂慮すべき事態をひっきりなしに伝え、それが宰相への圧力ともなった。しかし、その葉向高自身は崔来廷も認めるように海禁論者なのである。また、記録に残っている郷紳の具体的な行動といえば、葉向高への手紙による陳情と、現場にかけつけた董応挙の行動ぐらいしかない。現場で事態を収拾したのは、巡撫袁一驥をはじめとする海禁派の一部の地方官であり、だからこそ彼らに対して閩人から称賛の声が様々に巻き起こった（袁一驥に対しては生祠まで作られた）。事態が鎮静化した後、自由貿易へと舵が切られたということもむろんない。

むしろ、高寀の騒動の背景としては、琉球の朝貢問題を契機に生じた緊張の中から厳禁論が強まってきたことを重視すべきであろう。厳禁論を志向する福建当局対高寀・奸民という構図の中で、高寀は稼ぎ場所を新たに広東に求めようとした。食い逃げを恐れた商人たちの抗議は自由貿易とは何の関係もないし、人民闘争史上の事件でもない。高寀の追放は「自由貿易派」＝通倭者にとっては不都合でさえあったかも知れない。丁継嗣と袁一驥がそれぞれ琉球問題、税璫問題の解決者でありながら、事件後考満にも達していないのに巡撫の職を辞しているのも気になる。前者の場合は表向きは下僚に対する監督不行き届きを弾劾されたのを受けてのことであり、後者についてはなぜ辞職を願い出たのかも不明で、葉向高が書いた「生祠記」にも「公、去る意愈々堅し」とするように、一見すると「通倭」とは関係ない。閩の上下をあげて袁一驥の留任を嘆願し、北京にまで陳情を仕掛けたが実らなかったために、せめてもと「生祠」が作られたという。[154] しかし、董応挙によれば、六月に高寀の撤回が決まってからも、九月まで高寀一党と当局側の暗闘は続いていたという。[155] 袁一驥の辞任の背景に通倭者側の圧力が働いたとまでは言わないが、北京の宰相から福建の小民に至るまで圧倒的な支持を受けているように見えても、実際には抵抗勢力の存在の前に疲労感を覚えていたのではないか。董応挙は巡按御史徐鑑への手紙の中で、召還された高寀が道中なおも風評を流していたと述べ、続けて「両衙門（巡撫と布政）が一度に尽きた」と述べている。[156]

五　偵　探

董応挙は高寀事件の現場にかけつけた後、復職のため上京した。吏部の役人として彼は、布政使竇子偁の致仕に対する覆奏を行った。[157] あの現場にいた仲間として、彼の処理のまずさを知りながらそれを隠して功績をもっぱら弁じたというが、そのことで兵科から指弾を受けた。[158] 彼がこのいきさつを語ったのは、前出の徐鑑宛ての手紙においてであったが、末尾のところで自分も批判されたことに嘆息をもらしている。彼は万暦四十三年（一六一五）に病を理由に都門を後にして故郷に帰った。[159] 半年後の九月には南京大理寺丞に任命されるが、実際に供職したのがいつのことなのかは分からない。[160] 後述するように、翌四十四年の前半には福州にいた。

董応挙は万暦三十九年以後、故郷と北京の間を数回行き来している。どうやら、そこにも「通倭」の問題が関係していそうである。万暦四十年に帰郷した時に、彼は堡を改築していた。もともと、彼の父の克済が嘉靖末年に郷人に諮って醵金を募って周囲百七十丈の堡を作っていた。当時七歳だった彼の名義で二十両が醵出されている。協力をしぶる郷人たちに「子供まで金を出しているのだから諸君も」と促すために、父がしたことだった。

ところが、月日が経つうちに郷人たちが堡石を私用に使うなどして、防備の役に立たなくなった。仕官以来十三年ぶりに帰郷した董応挙は通倭の悪化を嘉靖末年のことと重ね合わせ、危機感を抱いて新たに堡を建造することを思い立ったという。巡撫の丁継嗣らにも相談の上で四月に着工、総費用二〇一三両で旧堡にほぼ倍する周三百丈の工事は完成したが、そのうち彼が三百両を負担している[161]。

彼の故郷閩県にはほかにも堡が作られていた[162]。やはりもともとは倭寇対策用だったろう。秀吉出兵の際に思い出したように福清県の城壁工事が行われたのを見たが、お上の防御策がこの程度だから自衛措置が必要だった。しかし、周囲の住民は董応挙ほどの危機感を抱いておらず、彼が隣堡（東崎）に対して修築を呼び掛けても反応は鈍かった。コストパフォーマンスの点で割に合わないと考えられたのである。董応挙が「堡が賊に奪われてその拠点になれば省城が危うい」と公的観点から訴えても、逆に恨まれる始末であった。それでも、彼は当局に働きかけて資金援助を得ることによって、周辺住民の重い腰をあげさせようと努めている[163]。そして、彼の不安が的中するような事件が起きる。万暦四十四年、倭人の船団が福建海域に姿を見せたのである。

長崎代官村山等安の台湾への船団派遣に始まるこの事件については、当時平戸にいたイギリス商館長リチャード・コックスの日記などの欧文史料があるほか、近海におしかけられた中国側の史料も残されている。岩生成一にその双方を使った古典的な論文があるが[164]、主眼は欧文史料にあって漢文史料の使用については十分でなく、中国の対応そのものにはあまり関心を払っていない。近年では龐新平が当時の巡撫黄承玄（一五八六進士）の文集を使ってこの遠征が日明交渉に持った意味を論じているが[165]、福建に重きが置かれているわけではない。そこでこの事件をあらためて振り返っておきたい。

村山等安の子秋安率いる十三隻の艦隊はこの年の三月末に長崎を出帆したが、琉球が彼らの行動を前もって福建当局に通報していた。黄承玄の上疏[166]に載る諸情報をまとめると、次のようになる。

「報倭」の二字をかかげた琉球船が福建海上に現れたのは四月二十三日のことで、さっそく事情聴取が行われた。乗船していた琉球国通事官蔡廛は中山王尚寧の咨文を携えており、そこには「倭寇が戦船五百余隻を建造中との噂であり、三月の内に鶏籠山を脅取しようとている」と述べられていた。[167]

泉州府海防官からは別の報告が届いた。正月十六日に紅毛番の大船六隻、小船十隻が呂宋に到着して港口を封鎖し、やってくる船の積み荷の奪取を狙ったのに対して、呂宋国王（フィリピン総督）が洋商林懐貴らを遣わして、商人のルソン行きをやめるよう勧めてきたという。[168] 日本の話と無関係のように見えるが、マニラは中国・日本の貿易の中継基地ともなっており、[169] オランダ人の海上封鎖が成功すれば、ジャンクも日本船もマニラで交易できなくなる。そうなれば、中国から直接倭に通じる動きが強まる可能性がある。したがって、ルソンの問題もまた「通倭」に連結するのである。この報告を聞いた巡撫もそうした事態を想定しただろう。

また、銅山寨把総の報告では、三月十七日に広東の赤澳で賊船三隻に遭遇、船を沈めて賊を捕らえ尋問したところ「日本喞野沙機、長旗港等」に交易に行こうとしていたとの証言が得られた。彼らはまた「倭王が船を二十余隻建造し、東番山を占拠してそこを拠点に互市を行おうとしている」ことを伝えた。[170] この通倭者は前年に日本に渡った時に、村山隊派遣の情報をつかんでいたのだろう。

これらの報告を行った海道副使韓仲雍（一六〇四進士）は事態の展開をある程度予測できたと言う。彼はかつて泉州の兵備道として、東番（台湾）に「洋引」（通航証）を持たずに出航した者を取り調べた時、倭の「鳥尾船」が台湾でしばしば鹿皮・鮫皮を買い込んでいたとの情報を得ていた。また海道となってからは、「(万暦）三十八・九年の例」をみだりに引いて淡水へ渡航する洋引の添給を求めた連中の陳情を却下していた。そして、こうした密航者（「奸民」）が倭奴を台湾に引き込む可能性を予見していたというのである。[171]「万暦三十八、三十九年例」の指すところは明らかでないが、おそらく近海に出る船に与えられる洋引が三十八、九年に増発されながら、もとの数に戻されたのであろう。これらの洋引は元来漁船に与えられるものだったが、漁業の合法操業の装いのもとに、淡水さらには日本に渡って交易する通倭者の利用するところとなっていた。

また、「琉球が通報してきたのは倭事にことよせて中国を脅し、朝貢を優位に展開しようとしているだけだ」という意見に対しては、たとえ通報が真実でないにせよ警戒をおこたってはならないと述べる。しかも、問題は福建にとどまらないので、南直・浙江・広東当局との提携が必要だとするのである(172)。

五月には「夷船」の目撃情報が伝えられた。そのうち福州の東北海上の東湧島に停泊していた二船のもとに偵探として向かったのが、把総の董伯起である。彼が出立するに当たっては、董応挙も船の調達を援助した。東湧に着いた彼は倭人たちに怪しまれると開き直って巡撫から派遣されたことを話し、人質として日本に連行された(173)。岩生は、董応挙の文集に収められる「中丞黄公倭功始末」を使ってこの経緯を紹介しているが、董伯起と村山隊の遭遇から伯起が日本につれて行かれるまでの経緯を最も詳しく述べたのは、やはり董応挙の「東湧偵倭実語」(ただし、万暦刊の文集にしか載せない)である。双方の会話も書きとめられて非常に生彩があるが(全文を注に引いた(174))、首をかしげるところがある。翌年日本から帰還する董伯起がもっぱら脚光を浴びることになるが、偵探に派遣されたのは彼だけではなくほかに三人いて、その一人李進はかつて通倭者だった。日本人たちに「首軍(漢語では「老爹」にあたると説明される)は誰だ」と尋ねられて、一行が皆董伯起を指したために彼が日本に連行されることになったのだが、その時李進も同行しようとして断られた。「彼が通倭者であり、日本のことをよく知っているからだ」と報告は説明するが、なぜ事情通を連れてゆけないのかが分からない。しかし、この選択はこの後の明石道友ら村山周辺の方針と平仄は合っている。というのも、海に出たこともない「白皙の青年」を連行することで、彼らはある効果を狙った節がある(後述)。また、「海道の紅票」を山上に埋め、「器械」も携行しない董伯起らが「軍門派遣の者」だと名乗り、「わが方は兵船五百隻」を準備していると胸を反らすのを、日本人側がやすやす信じたというのも不自然である。この後董伯起について様々な噂が立ったのも、無理からぬところがある。

この騒動において興味深いのは、船団が日本に去った後の六月末に海道の韓仲雍らが「通倭劇賊」「海賊」「通倭大夥」を次々ととらえていることである(175)。彼らが倭を引きこんだというのだが、村山隊と接触があったとは報告されていない。たしかに倭と通じている証拠として、倭銃や慶長・元和の年号が記された「寄倭家信」などが押収されているが、村山隊との連絡を示す物的証拠というわけではない。通倭者の動きをつかんでいた海道がむしろこの機に乗じて一斉摘発に乗り出したものであろう。琉球の貢使が来た時に城内の通倭者が摘発されたケースに似ている。

次に村山隊が福州に及ぼした波紋について述べよう。董応挙によれば、船団が海上に現れたとの報が伝わると、「上下は震驚し、城門は昼も閉じた」[176]という。彼らが東方に去ってからも緊張が解けたわけではなかった。そうした中で、董応挙は「籌倭管見」という覚書をものしている。

これについては、夫馬進が鶏籠への脅威を董応挙が深刻に受け止め、持論であった海禁を放棄したかのごとく、琉球による朝貢貿易を拡大し、交易を認める方向に考えを変えたことを指摘する[177]。

これに付言すれば、董応挙にとっての脅威は日本の進出だけにあったのではない。彼は、昔日の倭と今日のそれを比較し、嘉靖時は殺戮を行うばかりで閩の民の恨みを買ったが、今回は巧妙に我人に恵みをかけ、人々がこれを匿い、通倭人たちは昔日のことを忘れたかのように倭国の友好ぶりを言い立てているとする。やはり、彼の最大の懸念材料は通倭者の存在なのである。

また、交易に対する態度が変化したのは、琉球に対してすでに「十年一貢の旨」が下っていたことが関係していよう。じっさいには琉球は十年どころか、万暦四十一、四十二年と朝貢を繰り返していたのだが、董応挙によれば、十年一貢の決定以後、中国商品が外に出なくなったために、かえって通倭者の日本渡航が増え、かつてはモンスーン待ちで夏に出かけていたのか、秋・冬にまで訪れるようになったという。通倭者が増えるくらいなら、琉球を通じて「漢物」が輸出される道をつけたほうがましだと考えて、彼は外寨での市を提案した[178]。十年一貢という建前は護持しつつ、しょっちゅうやってくる琉球使節を水際で処理すべく外寨（具体的にどこを指しているのか明らかではないが、海上の巡哨地のいずれかを想定していたのだろう）での互市を行ってガスをぬくことで、通倭が緩和すると考えたのである。

この意見書が、どの程度反響を呼んだのかは不明だが、郷紳としての彼は地方当局の諮問にあずかっていた[179]。たとえば、海道韓仲雍の諮問に対して答えた書状では、やはり往時の倭と今日の倭を対比して後者のほうがタチが悪いとするのは「管見」と同じだが、具体策として船の問題を取り上げる。兪大猷の言を引きつつ、倭に勝る中国の「長技」として船を挙げるが、海戦に馴れた将を起用しなければ高性能の船が倭人の手にみすみす落ちる危険があると憂慮し、海禁の上疏を行ったのも通倭者が中国船を倭人に譲り渡すことを恐れたからだと述べる[180]。

しかし、董応挙はここでも単なる傍観者、相談役ではなく、自身が渦中の人だったのである。彼の存在は福州で人々の注視するところとなっていた。彼によれば、「倭が蔡欽所・陳思蘭のそれぞれの子に船三百隻を督して来攻させ、通倭の禁止を上疏した董応挙と二人を処断した海道の石公に復讐しようとしている」[181]という噂を「番に通じ乱を喜ぶ者」が流していたという。董応挙は別の手紙で、陳思蘭を日本で「妻を蓄え、子を儲けた」代表例としてあげている[182]。また、葉向高に宛てた書状の中では、噂にはさらに尾ひれがついて「思蘭の女は王妃となり、蔡欽所の子は将となり」[183]、倭国の権威をバックにした大掛かりな復讐譚にまでふくらんでいる。陳・蔡の二人はすでに「省城の渠魁」として登場している（一四六頁。『実録』では蔡欽とする）。彼らが逮捕されたのと董応挙の海禁疏（同年十月）はほぼ同時期だから、二つが結びつけられてもおかしくはなかった。

また、明石道友らが現れる前にこの噂はすでに流されていたという。これが本当なら、通倭者は村山隊の派遣を事前に知っており、地方当局者たちに対して強硬な意見を陳述する可能性がある董応挙をあらかじめ牽制したということになるだろう。

董伯起から「自分が人質になることで村山隊は日本に引き上げる」という報告が入ると、福州の厳戒令は解かれたが、今度は「通番の棍徒」が「海道が長崎で伯起を探そうとしている」とまたしてもデマを飛ばしたという[184]。その意図ははっきりしないが、「東湧偵倭実語」に「伯起を探すという口実で、ゴロツキどもが通倭を図るのは避けねばならない」とあるのが参考になる[185]。デマを飛ばした側からすれば、まさに「海道と董応挙こそがこれを口実に交易を図ろうとしている」ということになる。これに対して董応挙は「伯起はすでに命を投げ出す覚悟でいるのに彼を捜索する必要があろうか」と反論した。

明けて万暦四十五年に諸人に出した手紙には、福州が危ないだけでなく、まず彼自身の安全がおぼつかないといった内容が枕詞のように出てくる。たとえば、同年進士の項維聡に送った手紙には、

海禁の疏は倭まで伝わり、私の名前も倭に知られるところとなったが、それは「某公の子」の差し金だということです。しかし、天の配剤で助かっています。前年に倭がやってきましたが、土堡にいたので無事でした。(186)

とある。「某公」は不明だが、福建の有力な郷紳だろう。また、曾明克（諱は不明）に宛てた手紙では、

ここ四、五十年倭警がなかったのに、今になって復活したのは通倭者のせいです。それなのに、私が通倭の禁止を上疏したことが彼らを追い詰めてこうなったのだと言われています。いったい、通倭が実際に禁じられたことがあったでしょうか。倭人自ら「中国から年に四、五十艘の船がやってくる。この船は官が派遣したものか、それとも自分で通航したものか」と言っているくらいです。ですから、禁止が彼らを追い詰めたとは理屈が成り立ちません。禁じてなお、四、五十艘がでかけていくのだから、禁じなければ千艘も出てゆくでしょう。(187)

ここにも、彼の上疏がある筋には評判の悪いものだったことが示されている。実際には、お上が半ば黙認する形で通倭がまた行われるようになってきていた。「それを自分の海禁論のせいにされては片腹痛い」と言うのだが、その彼自身が通倭の嫌疑をかけられてもいた。

董伯起の消息が分からない状況で、「もともと海に倭などいなかった」「倭が仇をとりにやってくる」「伯起は日本に行かずに董応挙の家に隠れている」「伯起が倭を誘って害をなそうとしている」「伯起は頭を（倭人のように）剃った」「伯起は日本から船に商品を積んで戻ってきて董の家にひそんでいる」などなど様々な風評が飛び交っていた。(188)前述したように董伯起の「拉致」については不可解なところもあるので、こうした噂が生じるのもある意味でやむをえない。しかし、董応挙は中傷にひるむことなく、いやむしろ中傷を跳ね返し、身の潔白の証を立てるた

めにも行動に出た。

彼が工作したのは、ベテラン沈有容の起用であった。当時、沈有容は郷里の寧国にくすぶっていた。しかし、対倭問題については、福建・浙江での経験から当時屈指のスペシャリストだった。董応挙は沈有容とそれまで面識がなかったというが、手紙のやりとりはしていた[189]。彼は以前からこの人物に注目しており、手紙を書いたのもおそらく彼が先だろう。海将として、戚継光は別格としても嘉靖期の兪大猷・秦経国と並べるほどに高く買っていたが[190]、それは戦上手というよりも交渉術を買ってのことだった。彼は「沈有容なら漳州の賊を傘下におさめて兵力として活用できる」と韓仲雍に助言した[191]。おそらく、沈が福建時代に漳州の通倭者を取り締まる過程で作ったコネクションを董は知っていたのだろう。

董応挙は布政使の畢懋良[192]（一五九五進士）にも沈有容の登用を薦め、畢がこれを巡撫の黄承玄（袁一驥の後任で万暦四十三年に任命）に転告し、その結果、沈有容の召致が実現した[193]。この時退休して帰郷していた葉向高もまた旧友に手紙を送って出馬を要請しているが[194]、あるいは董応挙の働きかけによるものだったかも知れない。沈有容は同年冬に董応挙のもとを訪れて情報を交換した[195]。日本に向かう前に福州にあてた董伯起の報告を彼は見て、慌しい状況の中にも余裕が感じられるのできっと戻ってくるだろうと言ったが、村山隊が再来するとは限らなかった。しかし、彼らの闖入が通倭の動きを刺激したことは間違いなく、福建当局も迅速な対応を迫られて沈有容を登用したのである。董応挙が抱いた危機感は孤立したものではなかった。

沈有容の予言どおり、翌年四月に明石道友が董伯起を送還すると称して再び海上に姿を現した。福州ではまたしても、「倭の意図を測りかねて、上下がまた驚惶する」状況に陥った。幸い、明石は恭順の意を示して沈有容の前に出頭した。沈は董伯起を巡撫のもとに連行したが、この時董応挙は「倭が伯起を利用して互市の計をなす」のを恐れて、あえて伯起に縄をかけて護送することを巡撫に提案している。董伯起をとりあえず軍官としてではなく、通倭の容疑者として扱うことにより、倭人にとっての利用価値を下げようとしたのだが、董伯起と自らの間に一線を引いて見せ、敵対派の批判をかわす意味もあっただろう[196]。

海道韓仲雍の明石に対する尋問の内容は『東西洋考』に「款倭詳文」として収められ、岩生論文も紹介するところだが[197]、その中で次の部分を注目したい。

総摂（秀忠）は跡目をついだばかりですが（すでに将軍位に十年以上あったが、万暦四十四年に大御所家康が亡くなったことを言う）、四夷が天朝に通じる中で自分だけが取り残されており、先世がかつて朝貢の列に入っていたのにその後見捨てられたことに心中忸怩たる思いでおりました。そこで伯起を送還したのです。伯起は言葉遣いが堂々としていていかにも中華の人物です。これまで船で商売にやってきた連中は高い冠をつけて幕府に進謁してきましたが、役所から派遣された者だと称して供応を求めたり、互市にやってきたのだと称してペテンを働いたりしました。これらがじつはすべて法に違反した奸民であり、こうした連中の存在が小国の教化を慕う心に影を差し、天朝の小を養う恩に浴させない結果となっていたことが、董伯起を見てようやく分かったのです。今やすっかり疑念が晴れたので、真心をいたすことを願うものであります[198]。

これに対応するのが、董応挙が沈有容に宛てた書簡（崇禎刻本にはない）に述べられた董伯起の動静である。

伯起は夷にいた一年の間、「色・貨」の二字の誘惑に負けませんでした。倭に着いた当初、道友が煮炊き女をつけたがこれを断り、十歳の男の子だけを使用人として留めました。王居華の斡旋で武蔵王に会うと、王は彼の帰還を許しました。すると道友・等安は彼に敬意を払うようになったのです。武蔵からの餞別四十三両はすぐに通事にくれてやりましたし、出発する際に等安が贈った六百両もはねつけました。したがって、家に着いた時は一文無しで、わたしが支援したほどです。当初、私も伯起がじつは財を持っているのではないかと疑っていましたが、彼は一家の命にかえてもそんなことはないと誓いました。仔細に調べさせても、それは確かです……伯起が倭に至ると、通倭者は皆彼を殺そうとしました。その中で福清の人王居華だけが彼をあわれに思い、面倒をみて武蔵王に会わせるべく、彼に資金を出し、自らその世話をすることは兄弟以上でした。伯起が王に会ってはじめて「仮官奸民の情状」があらわになったのです。帰国が決まった時も、王居華がなにくれとなく面倒を見ました。居華は倭の中に落魄していたのに、なけなしの財産を伯起のために使いました[199]。

ここに王居華という人物が登場する。王居華は岩生が「中丞黄公倭功始末」によって紹介したように、董伯起とともに帰国し、通訳として明石の帰順にも活躍した人だが、この書簡には日本での彼の姿が少しだけ顔を覗かせている。「倭の中に落魄」とは、彼もまた董応挙が嫌う通倭者の一人だったことを意味する。しかし、この記述はにわかには信じがたい部分を含む。彼がなぜ幕府に渡りをつけられたのかが全く説明されていない。

この謎を解く鍵は「仮官奸民」にあるのではないだろうか。明石の供述も、董伯起の報告も調子を合わせたように、今回の董伯起の日本行によって「仮官・奸民」の正体が明らかになったとしている。前述したように、村山隊は通倭者の李進の同行を拒否し、海外未経験の青年だけを連れ帰った。その青年に、「これまでは仮官・奸民を許容してきたが、これからは態度を一新する」とアピールすることで、中国当局の警戒感を解こうとしたのではないか。そして、奸民とは一線を画した人間の存在を示すために、王居華というかつての通倭者の一人が選び出されたのではないかと考える。ただ、この書簡に書かれているように、秀忠自身の企図と額面どおりに取るべきなのか、それとも村山等安の周辺がもっぱら仕組んだことなのかは判断がつかない。

また、明石の尋問にあたった韓仲雍に宛てた手紙では、別の観点から問題を眺めている（この書簡も崇禎刻本には収められていない）。

今回の出来事は、武蔵（秀忠）が立ったばかりで、薩摩の勢力に脅かされる不安から、中国への侵入を厳禁し、伯起を送還することで仁厚をもって我人を誘い、忌み嫌う薩摩を傾けようとする意図によるものです。武蔵は伯起に対して「わが国が天朝に求めるものはなく、ただ、一、二船の往来がかなえば外聞が保たれる」と言いました。「外聞」とはかの国でいうところの「名声」のことです。伯起が王の寵臣宗一に「汝の将軍が外聞を愛するというのなら、わが天朝とて同じことである。わが琉球を併合したのはなぜか」と問うと、「それは箇単に処理できる。わが将軍は薩摩を介して琉球から取り立てる二、三千の金米を惜しいとは思っておられぬ」との答えでした。そこにつけいって計を立て、武蔵をして薩摩に琉球を返還させ、武蔵に薩摩を制せしめ、その野心を消すのが上策です(200)。

ここでは、今回の送還が幕府と薩摩の対抗関係によって起きたと言う。前年の村山隊派遣がいかなる意図を持つものか、派遣の背後にどんな勢力がいるのかについて董応挙は何も言っていないが、董伯起送還は幕府の代替わりによる政策転換であり、薩摩との対抗上行われたものとするのである。この分析が正しいのかどうかはにわかに判断できないが、董伯起が連行された年は日本の元和二年（一六一六）にあたり、その八月に薩摩藩主に老中奉書が送られて領内に着岸した南蛮船の長崎・平戸への回航を命じたという事実がある。そこから、幕府と薩摩の対立という構図を描いたのかも知れない。

ここでもやはり、董伯起が実際に将軍やその寵臣宗一に会って話を聞いたとしている。「款倭詳文」には出てこない「宗一」の正体は分からない(201)。一方、「琉球併合の責任は薩摩にある。将軍にとって琉球からの歳賦は惜しいものではない」(202)という「款倭詳文」に見える董伯起の証言のニュースソースはここにある。具体的に人名を挙げているものの、じっさいに幕閣の要枢に接触したのかは不明とするしかない。

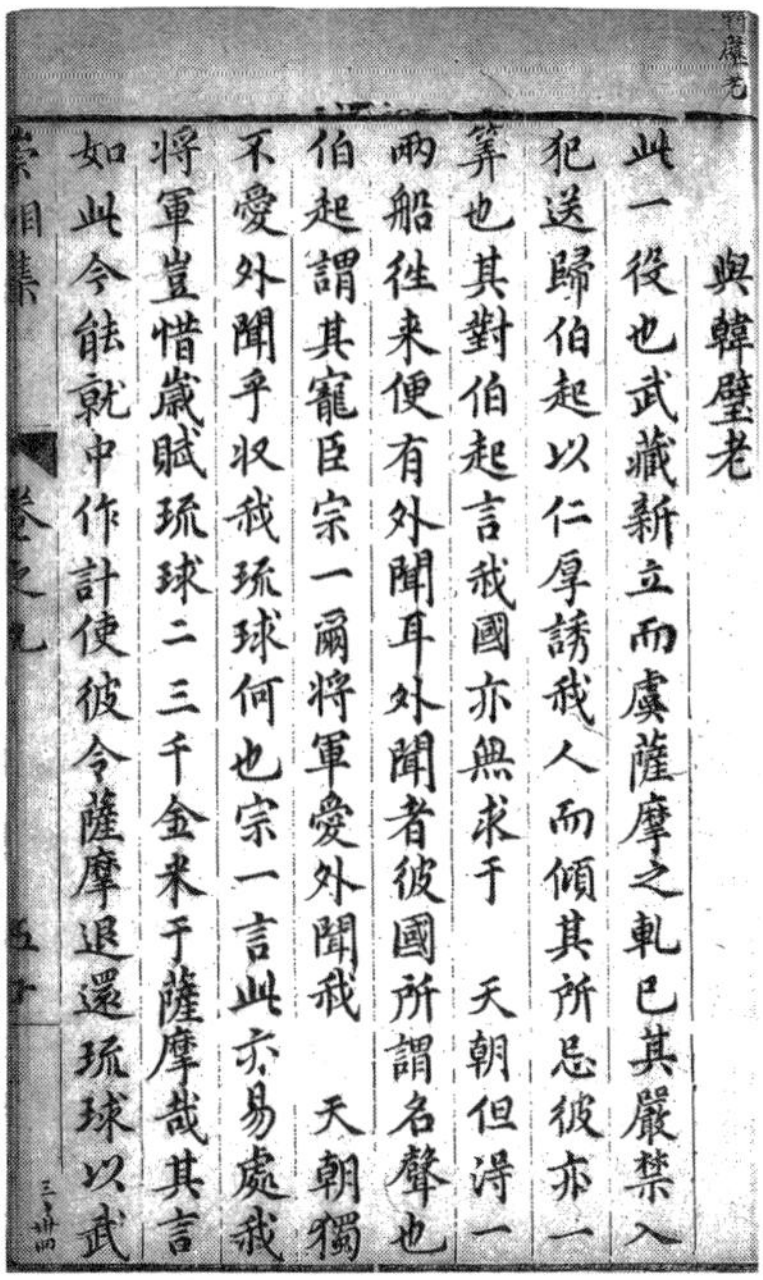
與韓璧老
此一役也武藏新立而虞薩摩之軋已其嚴禁入
犯送歸伯起以仁厚誘我人而傾其所忌彼亦一
算也其對伯起言我國亦無求于　天朝但得一
兩船往来便有外聞耳外聞者彼國所謂名聲也
伯起謂其寵臣宗一爾將軍愛外聞我　天朝獨
不愛外聞乎收我琉球何也宗一言此亦易處我
將軍豈惜歲賦琉球二三千金米于薩摩哉其言
如此今能就中作計使彼令薩摩退還琉球以武

図 2-2　武蔵と薩摩（『崇相集』国立公文書館所蔵）

しかし、幕府が無関係だったとも言えない。岩生が指摘するように、当時平戸にいたコックスの日記（一六一七年四月十三日条）に、長崎の中国人（李旦の弟）からの情報として「日本皇帝が百人以上も乗り組んだバルク船一隻をシナ沿岸に向けて送り出し、その船では三〇人の紳士がシナ皇帝に宛てた書状と……」とあり[203]、これを信じるならば、今回明石らは幕府の使節として出向いたことになる。岩生が明石を「遣明使」とする所以だが、幕府の意図についてはそれ以上忖度してはいないし、私にもそれを解明することはできない。

すでにこの時点で、使者派遣を聞いた人々は「シナの皇帝は日本人の献上品を受け取らない」と予想していたという。「両国間の憎悪」がそれを妨げると推測したのである。じじつ、明石は手厚いもてなしは受けたものの、差し出した「国王の書状」は「文理が通じず、用紙が体式にもあっていない」という理由でつきかえされている。ただ、「ハイそうですか」と上表の回収を願い出ているのは[204]、「国使」としてはあまりにあっさりしすぎている。

けっきょく、これ以上のことは分からないとするしかないが、董応挙の手紙に戻ると、彼は続く文面で少し違った提案をする。中国から日本に説諭の使者を派遣するのも一策だとするのである。相手方に要求するのは、一、悪事を働く輩の処刑、二、在留明人の送還、三、仮官人の処刑である。こうすれば、通倭は禁じなくても自ずから禁じられることになろうと言い、この策と明石を手厚く送り返してやるだけで以後は中日の通行を閉ざす方法を対置して、どちらでもよいとする[205]。当局が選び取ったのは後者の方策だが、前者と方向性が似た使者派遣が二年後に行われた。やはり、岩生が紹介する『異国日記』所収の万暦四十七年「浙直総兵官王某」の書状をもった単鳳翔一行である。書面では「流落商人・賭博棍徒」の取締要請がなされており、董応挙の要求案の一、三と同じである。しかも、この一行の道案内を勤めたのは明石であった[206]。しかし、今度は幕府のほうが書状を検討したうえで、疑点が多く無礼としてつき返している[207]。この派遣自体いわくつきで、単鳳翔も「仮官」だった可能性がある。

六　紅　夷

一六二〇年代に入ると、通倭の問題に新たな要素が付け加わる。紅毛の再登場である。天啓二年（一六二二）のライエルセン艦隊のマカオ攻撃に始まり、澎湖での拠点づくり、中国当局による要求を受けての撤収を経て、台湾南部にオランダ人が定着するに至ったことはよく知られているが、大抵はオランダ東インド会社を主語にしてその東アジア戦略の文脈上で語られるか、それとも早期台湾史の一コマとして取り上げられるかで、福建からこの問題を眺めた研究は前掲の崔来廷の著書とレオナルド・ブリュッセイの論文[208]を除くとほとんどない。むろん、二〇年代後半に興起する鄭芝龍には強い関心が寄せられてきたが（ブリュッセイ論文の副題も「Iquan（一官、欧文史料に登場する時の呼び名）の興起」となっている）、福建という空間自体よりも、海賊・商人集団の角逐の過程に注目が集まっている。また、崔の著書の主人公は葉向高なので、周辺にまで目が行き届いていない。そこで、ここでは福建当局と蘭人の交渉過程をオランダ語の史料・研究を使った台湾の林偉盛の論文によって整理（西暦を主に使用）した後[209]、閩人にフォーカスを絞りこみ、葉向高・董応挙らの事態への応対ぶりを見てゆくことにする。

ライエルセン艦隊を派遣したバタビアの総督クーンはマカオの占領の成否とは別に、最初から漳州の対面にある澎湖諸島に拠点を作ることを考えていた。ライエルセンはマカオ攻撃の失敗後、総督の指令どおりに一六二二年七月、澎湖に向かった。澎湖にいたジャンク船の首領から台湾に拠点を作るよう勧められ、いったん調査に向かったが大船を入れる良港がなかったため、八月にあらためて澎湖での拠点形成が決議され、交易を求める使者が福建当局に送られた。十月一日、浯嶼守備の王夢熊がマニラで活動する海商を伴い、巡撫商周祚（一六〇一進士）の書簡（天啓二年八月八日付）を持って澎湖に現れた。書簡の内容は十八年前同様に交易を拒絶し、澎湖定住も認めないというものであった。

これに対し、オランダ側は示威のため漳州付近で海賊行為を働いた。これが効いて、両者は再び交渉の席につくことになり、一六二三年二月にライエルセンは巡撫と福州で会見した。オランダ側の記録によれば、中国の領土外に適当な貿易港が見つかるまで澎湖にしばし滞在することを認める、港が見つかればそこに中国船が航行し交易するのを認める、福建当局からバタビアに使者を派遣する、蘭人が澎湖を去る場合は交換条件としてシナ船のマニラ航行を禁じることなどが取り決められたという。

林偉盛が指摘するように、この協定の内容はオランダ側が理解したものであって、巡撫の朝廷への報告とはくいちがっていた。後者では、澎湖からの即刻退去を求めていること、従来どおり咬𠺕吧（ジャカルタ、バタビア）への商船の渡航を認めたことを言うにとどまり、オランダ側に妥協してこれまでの政策を変えたなどとは一切書かれていない。巡撫は五月に朝廷に対して、すでに蘭人が澎湖の要塞を撤収して去ったと報告したが、これは連絡役の通訳の誤報であった。蘭人は澎湖の要塞を増築していたのであり、これを知った巡撫は違約を責めるとともに、澎湖撤収の交換条件としてバタビアへの毎年派船を提示した。

蘭人が撤退しないことの責任を取る形で商周祚が罷免された後、着任（天啓三年六月）したのが南居益（一六〇一進士、第五章に登場する南軒の息子）であり[210]、新都督の謝隆儀も同じ頃に厦門に着任した。オランダ側は新体制との交渉に打開策を見出そうとして二三年八月下旬に漳州湾に現れ、まず都督との折衝に入った。しかし、ここでも両者の見解はくいちがった。オランダ側は前回の協議で福建当局がシナ人のマニラ交易禁止を認めたと考えていたが、この時、都督から送られてきた書状には「長年マニラとは友好のうちに交易してきたのでそれを放棄するつもりはなく、オランダ側が交易を実現したいなら、中国船を拿捕した際の捕虜千人の解放が前提条件である」とあった。また、澎湖はむろんのこと、台湾での交易すら望んでおらず、その代替としてバタビアへの中国船渡航が相変わらず強調されていた。中国側からすれば、マニラに対するのと同様の態度を取っているだけだという理屈になる。しかしオランダ側に立てば、マニラに航行する船が圧倒的に多く、バタビアには年間数隻しかやってこないのに、同じ扱いだと言われても納得できるものではなかった。[211]

事態は膠着したが、十一月にバタビア来航歴がある商人が、漳州の海上封鎖を図っていた指揮官クリスティアン・フランクスを訪れ、三百名の商人が巡撫に対して蘭人との交易を要求していると言ってきた。この数字におそらく根拠はないが、オランダとの交易を望む一派がいたことは確かだろう。しかし、まもなくこの商人は殺され、オランダ寄りだった中左副総兵の張嘉策が革職された。[212] そして、巡撫はフランクスに互市を相談しようとおびき寄せ、これをとらえた。以後日本との交易で活躍していた李旦が仲介役となって、蘭人が澎湖を撤退し、台湾に定着したことはよく知られていよう。

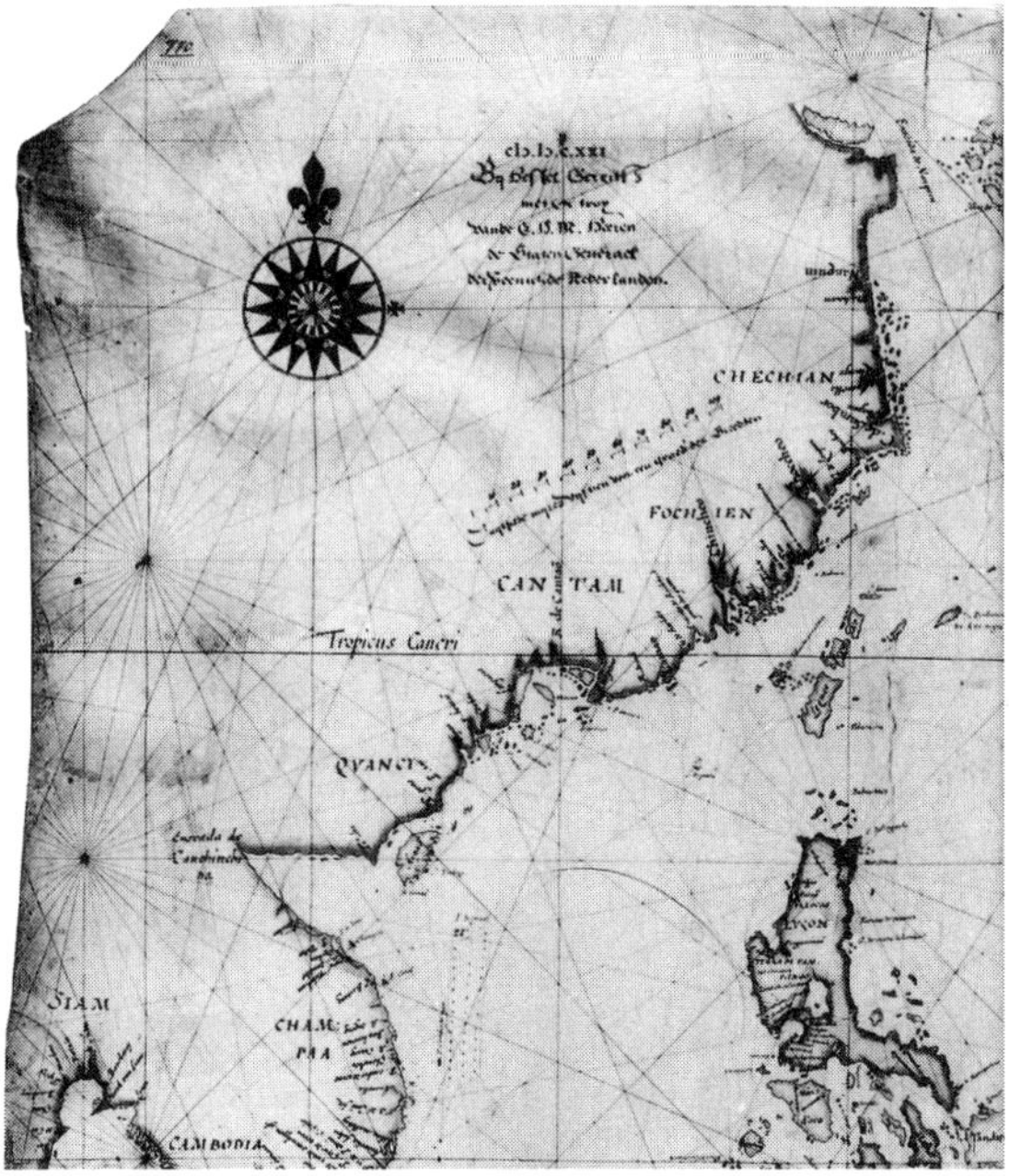

図 2-3　1621 年オランダ人作成地図（ベルリン国家図書館所蔵, 『十七世紀荷蘭人絵製的台湾老地図』漢声雑誌社より）

以上、林偉盛によって澎湖一件の経緯を見てきた。では、閩人たちは紅毛の登場をどのように受け止めていたのだろうか。まず、董応挙の弟子周之夔[213]（福州閩県人）が米の禁輸について論じた文章を見よう。彼は崇禎四年（一六三一）の進士なので、この時点ではまだ任官していない。直接のテーマは「米禁」だが、福建における米の流通ルートを細かく列挙してゆく中で、この問題に紅毛の存在が影響を及ぼしていることを指摘する。

今、紅夷が湖（澎湖）によっているので、最も厳戒すべきは金門所、中左所、浯嶼（いずれも澎湖の対面にある）であります。

これら商船が広東に向かう時の通り道が妨害されています。紅夷がいない時でも、南賊（福州から見て南の漳・泉の賊）が船を襲うので商販は困難です。かつて興・泉・漳の三郡で米が不足すれば、広東に供給を仰いでいました。広東米の半分は広人が販運し、残りを漳・泉人が南船に乗って買い入れていました。その資本は多いもので千両に達し、米船は多い時は数百艘、一艘につき千石以上搭載することもあります。下三府（興・泉・漳）が豊作であれば、広船や南船は福州港に入ってきますが、不作ですと彼らのところで広船・南船を押さえてその地に供給されるため、わが港に入るものは少なくなります。今の夷患については、紅夷を接済しているのが多く漳・泉人だと聞きます。広東米を紅夷に支給できないとなると、そのかわりに地元の米を押さえて彼らに支給することになりますので、接済の禁は漳・泉に最も厳しくして当然です。福州で米を調達し、紅夷が窃拠する地（澎湖）に赴こうとすれば、順風でも二十日かかり、風が向かなければ一、二カ月出航を待たねばなりません。したがってわが郡（福州）の接済の禁は漳・泉に比べてややゆるいのです。(214)

紅夷の出現は、福建の民生・経済にも大きな影響を及ぼしていた。ここでは紅夷船の中国船襲撃による米の流通阻害が焦点になっているが、取り上げられていないもう一つの問題が対マニラ交易への影響である。福建当局にはマニラへの商船派遣が福建の経済に与える影響の大きさが分かっていたから、オランダ側のマニラ渡航禁止の要求を容れなかったのである。しかし、オランダ船が海上を騒がせたために、マニラへの派船は難しくなっていた。すでに一〇年代においてオランダ人がマニラの海上封鎖やその近海でのシナ船拿捕を行っていたため、遣船は減少していた。紅夷が澎湖に拠点を作って平和裡に交易するといくら言い募っても、にわかに信じられないのも当然だろう。

この頃、董応挙は太僕卿に任命され（天啓二年四月）、遼東の避難民の収容に忙殺されていたが、巡撫南居益に手紙を書いている。執筆時期は分からないが、おそらく天啓三年の末か四年の初めであろう(215)。彼も弟子の周之夔同様に、海上の多盗に加えて紅夷の出現で米の流通が阻害されていることを指摘し、さらに紅夷対策を呈示する。かつて一把総にすぎなかった沈有容（当時は山東の大帥に出世していた）が紅夷を水際で退けたのに、今回は紅毛を城内に迎え入れたことに憂慮を表明する。「勾引の人」と紅夷の連絡が容易になるからである。彼が心配したのは、漳州だけでなく、福州にも勾引者がいたことである。しかし、南居益はオランダとの仲介に立った商人を処刑するなど、前任者とは違った強硬策を展開した。董応挙はそれを支持したのである。

紅夷が澎湖に拠れば、倭が必ず東湧に拠ることになります。もし、東湧によらなければ、紅夷といっしょになって（通倭者と）互市を行うでしょう。以前は倭を日本から引き込んでいましたが、こうなると（より近い）澎湖から倭を引き込むことになります。したがって、紅夷を駆除しなければ、閩が誰のものになるかわかったものではありません。紅夷は無能であり、頼みは銃（大砲）だけです。その大砲を制して、技を施せないようにすればよいのです[216]。

彼は問題を倭との関連でとらえている。倭が東湧に拠るという予測におそらく根拠はない。明石道友が停泊していたことを記憶から引っ張り出したにすぎないだろう。あの時は鶏籠の占拠を危ぶんでいたのに、それを持ち出さずに（スペインによる占領は二年後のことである）、なぜ東湧なのかといえば、村山隊のことを巡撫に連想させて危機感を喚起しようとしたのだろう。とにかく、彼は紅夷、倭、勾引者のトライアングルができることを最も恐れていたのである。そして、少なくともこの時点で彼が最も恐れていたのはやはり「通倭」であった。

紅夷と倭をつなげて考えているのは、前掲の周之夔も同じだった。

本物の紅夷は実は二百人程度です。大半は海賊が手先となって紅夷の威を借りて脅しているのです。紅夷と倭は一体です。紅夷が来ればその後に倭がついてきます。紅夷の要求によって呂宋と断てば、呂宋でも後患が起きるでしょう。澎湖からは淡水が得られますので、海上を行く者はここで必ず取水します。紅夷がその水の利を占めれば、他夷がこれに連結するでしょう。彼らが撤収するといったのは虚言で、実際には要塞は残っているし、船も去っていません。小夷のたった四、五船でこれだけの脅威なのですから、国を挙げてやってきたらどうすればいいのでしょう。琉球貢使が現在福州にいます。わが国の虚実を知って日本に通報し、日本が紅夷についでやってきたらどうすればいいのでしょう。

この前段では、海賊と紅夷が連結し、火薬が取引されていることも指摘されている。[217] 後に浜田弥兵衛事件でオランダと日本の競合関係が露になったことを知る我々には、「紅夷と倭が一体」とは杞憂か妄想に見えてしまうが、周之夔の目には、紅夷は倭の「新手」に見えていた。そして、ここでも問題の核心は紅夷の旗印のもとで暴れる海賊・奸民の存在にあった。

董応挙の手紙に戻ると、具体的な対策については巡撫側に考えがおありだろうとしているが、別の書簡（天啓四年の日付あり）では、もう一歩踏み込んだことを書いている。

前半は沈有容がオランダ人を撤退させた例を引き合いに出してまたかと思わされるのだが、彼が使った正攻法、すなわち舟と兵力を投入する「正兵」に対して、後半では「奇着」を紹介する。「力では破れないので、計略で誘うべきである。向こうは交易を求めているのだから、表向きは密貿易に応じる風を装い、相手の船に乗ったところで、備え付けの火薬桶にこっそり火種を仕込んで爆破させる」「犯罪者を仕立てて向こうに亡命させ、相手のふところに入り、隙をうかがって倒す」といった冒険主義的手法である。[218] たしかに、オランダ側史料によれば、巡撫は実際にフランクスをおびき寄せて捕えるという一種の奇策を用いている（漢文史料では、堂々と戦って生捕りにしたことになっている）。[219] しかし、董応挙が言う策はもっと乱暴であり、そんなにやすやす成功するのか疑いたくなる。しかし、ここで面白いのは、この奇着が彼自身の発案ではなく、前者は旧海賊、後者は漳州人から聞いたものだということである。そして、正攻法と奇襲を併用する際に、それを上疏に明言する必要はなく、事後報告でよいと言う。たしかに、後者の手法は公表したら台無しだが、それよりこうした奇着に期待を寄せる董応挙の変化に注目すべきだろう。

彼は北京にいながら、旧海賊（敵船のことを心得ているからオランダ人とかつて稼業を一緒にしていたものかも知れない）や漳人（通倭・通番者だろう）と情報のチャンネルを持っていた。かつて、自家製の堡に立てこもり、通倭者は敵だという態度を鮮明にしてきた彼に変化が訪れたらしい。沈有容登用を提議した時にも、そのメリットとして漳人を配下の兵力に転じることができるとしていたが、董伯起が日本から帰還して以後彼の地の状況をある程度知ることで、おそらく通倭者に対するスタンスを変えていったのではないか。通倭行為自体は相変わらず許せないものだったが、通倭者全般を敵に回すのでなく一部を利用することを学んだのだろう。

当時内閣に復帰してやはり北京にいた葉向高もまた故郷を思って、巡撫南居益と布政使陸完学（一六〇七進士）に手紙を書いている。[220] 前者では「紅夷が要塞をつくり、商船を略奪しているのを見れば、その狙いは小さなものではない」と述べた後、広東から「澳夷」を送ってきた一軍官の「掲帖」に言及する。この澳夷とは二十四門の西洋大砲とともに北京に召され、天啓三年四月初に到着したマカオの砲兵隊を指す。[221] 後者では、澳夷から「紅夷が他国と通謀している証拠を入手している」と告げられ、これが本当なら福建には由々しき事態であると慨嘆するが、前者ではさらに、「福建の患にとどまらず、海内の憂となるだろう」とより深刻な憂慮を示している。

両書簡に共通するのは、「紅夷より深刻なのは、海濱の人が夷狄を引き込み、物質援助をしていることである」という指摘である。「勾引」「接済」はクリシェと化しており、そう書いた本人がどこまで事態を正確に把握し分析を加えていたのか、いささか怪しくはある。しかし、問題の本質が閩人自身にあり、外交ではなく内政の問題だとする認識自身は正しいだろう。なお、巡撫への書簡では、「海濱之人（陸完学の手紙では同じ文脈で「奸民」が使われている）」を募集して厚賞を与え、夷狄を駆除するのがよいという「或る人」の提案を紹介しているが、「或る人」とは董応挙のことだろう。採用するかどうかは巡撫次第と言っているから、葉向高も奇着の使用を否定してはいない。

巡撫への書簡は、着任してからさほど日が経っていない頃に書かれたものだろうが、[222] これに対する南居益の返書を受け取った葉は返翰において、福建情報を確認しながら、次のように言う。

或る人が「昨年、漳・泉では三百人が志願して、紅夷を殺してその所有物を得たいが、官兵に横取りされたくないと言ったので、将吏はこの提案を受け入れず、それを見て彼らは解散した」と言うのですが、こうした話が本当にあるのですか。閩人の多くは武力を用いるべきだと言っていますが、漳・泉州の士大夫は「武力を使えば二州が戦場になり、真っ先に被害を受けることになる」と否定的です。しかし、前の巡撫が武力を使わなかったことも非難されました。いったいどちらに従ったものやら。衆論を集めてその長所を採用できるかは、あなたにかかっています。[223]

三百人の志願者が何者なのかは分からないが、官兵を敵視しているところから見て、海賊なのだろう。強硬論が渦巻く中で、漳州・泉州の士大夫がそれに否定的なのも注目される。彼らが独自の利害にもとづいて行動したことは、後でまた見ることになる。葉はほぼ同内容の書簡を巡按御史の喬承詔（一六一〇進士）にも送っており、そこでは夷船の大きさ、銅銃の威力、募集した「慣海の人」による奇襲作戦が述べられている。[224]崔来廷はこの書簡を引用して、葉向高が作戦について自己の見解を述べ「主戦」論を唱えたとするが、[225]彼の見解のもとになっているのはやはり「或る人」（これも董応挙だろう）の意見であり、南居益への書簡を見ても彼がはっきりと主戦の立場にあったわけではない。

前巡撫が漳・泉の士大夫、官軍の将兵など様々な利害の中で身動きが取れなかったのに対し、南居益は果断だった。自ら海上の軍事作戦に加わろうとするほどで、葉向高はまた手紙を書いて慎重に行動するよう説いている。強硬策にこの時点では不安を覚えていたのである。同じ書状の中で「奸民の勾引接済はどうしようもない。いかに厳しくとりしまっても絶つことはできない」と半ばさじを投げ出しているからである。「前線に出れば、紅夷に手の内を気取られるかも知れない」と葉は言う。[226]巡撫の敵は紅夷だけではなく内通者がいると見たからこそ、慎重に対処することを求めたのだろう。

その後、南居益は当局と蘭人の間に立って交渉しに来た「奸民」を斬り、紅夷の献上品を焼くという派手なパフォーマンスをやったが、[227]事前に葉向高に意見を求めたらしい。彼はそれに対して、胸のすく行為だとしながら、将吏が実行できないのではないかと心配している。その根拠は「泉南縉紳」から得た「この夷自体は制しやすいが、いかんせん彼らを支援する人間が多すぎる。それを断ち切りがたいのは軍官が率先してやっているからで、奸民はその尻馬に乗っている」という情報にあった。南居益の書簡に「閩中の吏治はゆるやかすぎる（太寛）」とあったのに対し、葉向高は汚れすぎ（「太溷」）だと応じた。[228]接済するのは奸民だけでないことを彼は知っていた。南居益は閩人の宰相に事情を説明して強硬策への中央の支持をとりつけようとしたが、葉向高は終始慎重であり、憂い顔をするばかりだったのである。

彼の心配をよそに、その後の南居益の施策は次々とあたり、紅夷を澎湖から撤退させることに成功した。[229]天啓四年七月に退休が認められて帰郷した葉向高は巡撫の業績を称える碑文を書くことになり、一貫して断固たる措置を取った南居益のことを福建の恩人と絶賛した。そして、巡撫が主戦論、交易認可論で割れている中で前者の立場を押し通し、兪大猷の息子咨皐を副帥に抜擢して防御体制を整備したことを強調する。澎湖での戦闘において倭夷百余が紅夷の助勢にかけつけたことを記すが、真倭かどうか確かめたわけではないだろう。しかし、閩人の中では紅夷と倭がやはり一対になっていたのである。

巡撫が地方の文武官の協力あってこその成功だと謙遜したのに対して、人々が「そうではない。公の決断あってこその成功なのです」と口々に言ったことを伝えるが、「澎湖はもともとわが土地ではないから、これを与えても支障はない」といった意見や交易推進派を押さえ込むには強硬策が必要だった。[230]

南居益の豪腕によって事態は沈静化した。しかし、彼が抜擢した兪咨皐は五年後には紅夷と通じていると指弾され、鄭芝龍ら諸海賊集団をほしいままに跳梁させた責任を問われることになる。問題は、葉向高が言うようにやはり根深かったのである。

七　鄭芝龍

董応挙は鄭芝龍が海上を騒がすようになったころには故郷に戻っていた。「福海事」と題する文章は、福建一省を問題にするのでなく、福州沿海が鄭芝龍の出現によってどのように変わったのかを述べる。[231] 前年に賊が五虎門に達し、沿海の堡を攻めて内港に睨みをきかせるに至っていた。一方、福建南部では初発の時点では数十艘にすぎなかった鄭芝龍集団が、当局が手をこまねいているうちに百余艘に増え、さらに一年もしないうちに七百艘に達し、今や千艘になろうとしていると述べる。そしてこれだけ勢力が膨張したのは、我々が民を見捨て賊のほうに追いやったからだとする。これに比べれば、現時点での福海の賊の勢力はたいしたことはないが、放置すれば閩南の二の舞になると警告を発したのである。

この文章には日付がないが、省内の飢饉を悪化させている米禁について論じた文章の中で、やはり「当初は数十艘、丙寅には一百二十、丁卯には七百、今は諸種の賊を合わせて千[232]」と述べているので、二つの文章とも丁卯の翌年つまり崇禎元年（一六二八）に書かれたものである。

当時の巡撫は董応挙と同年（一五九八進士）の朱一馮（天啓六年十月に任命）だった。彼に海賊対策を諮問された董応挙の答えは、「海上の豪傑」を利用して漁船を軍事に徴用するにしくはないというものだった。兵船があてにならないことを言うために、彼はここでも海賊の言を紹介する。「兵船はこわくないが、兄弟兵が怖い。」そして、兄弟兵とは漁船・商船が自衛した場合のことを指すと解説する。

海賊の言葉を借りて、彼は兵官に対する徹底的な不信感を表明する。そして、漁船を兵官の統制下に置くのでなく、海上豪傑に統率させるべきだとする。[233] 彼は兵官よりも海上豪傑の手腕に期待した。「海上豪傑」とは具体性を欠く表現だが、海賊に転化しうる存在で、漁船を動員できる力の持ち主を指すのだろう。

しかし、朱一馮はまもなく（崇禎元年三月）革職された。後任の熊文燦（一六〇七進士）に対しても、董応挙は献策を行った。鄭芝龍は前年十二月に泉州の中左所を訪れていたが、献策の時点では当局の撫を受け入れるかどうかまだ定かではなかった。この時「城内の奸人が密書を送ってその反側を挑発している」という噂があったといい、それに続けて「福海の賊が除かれないのは甚だ憂慮すべきである」と述べる。ここで言う城内とは福州のことだから、鄭芝龍の与党は福州にもいて「福海の賊」と連動していたのである。[234]

董応挙は当時吏部侍郎だった張鳳翔（一六〇一進士）に対しても、漳・泉問題を論じる手紙を書いている。[235]「漳・泉二郡は通番作賊を以って生理となす」という書き出しで、「漳・泉は鄭芝龍に残破され、福海もまた周三・鍾六によって騒掠された」と述べ、彼らに海上の支配権を委ねてしまった前撫（朱一馮）と総兵を批判する。「その郷の奥援を恃み、深酔して寇をもてあそぶ」とされる総兵はむろん兪咨皐を指している。同安県の知事であった曹履泰も、兪咨皐とオランダ人に通じている海商許心素の癒着を痛烈に批判していた。[236]

朱一馮については、食糧を売る商船の出海を禁じて賊の糧道を断ったつもりでいたが、賊は商船の接済を受けていたわけではなく、単に掠奪によって米を得ていただけなので全く効果がなく、かえって米禁のためにわずか百艘ほどの鄭芝龍の船団が千艘にまで膨れ上がったことを指摘する。米の流通がストップしたことで、漳・泉の飢饉がさらに悪化し、むしろ貧民たちの救済を呼号した鄭芝龍の勢力が増大する結果となった。接済通番する者と米粟の運船を区別して処置しなかったことが（区別できるかどうかは疑問だが）、今日の状況を招いたとする。

約五年前の周之夔の文章でも、米禁が問題になっていた。この時期の漳・泉の飢饉は苛烈だったが、福建の米流通の問題は宋代から存在しており、それ自体は特別のものではない。しかし、この時期には新たな要素として紅夷が加わった。葉向高が「かつての嘉靖時期を思わせる」とした万暦末年の好況は下り坂に入っていた。その原因をすべて紅夷に帰することはできないが、彼らの海賊行為が海外交易や海上の物資輸送にダメージを与えたことは確かであり、事態をより深刻化させた。それが鄭芝龍を利することにもなったのである。

さて、董応挙は新巡撫が賊の情形を熟知する自分に虚心坦懐に下問してくれたという。ここでも彼の献策は漁船の活用だが、今度は実際に取り上げられて、董応挙の息子が漁民を募集した。崇禎二年（一六二九）九月の海戦では許六らの賊を捕獲し、帰順していた鄭芝龍も同月に周三の党を捕虜にしたが、いずれも漁船の力を使ってのものだったという。じじつ、他の史料（『靖海紀略』など）を見ても、鄭芝龍の勝利に漁船の力が大きかったことが記されている。漁業者たちもまたオランダ人や海賊たちの出没によって生計を脅かされていたから、官兵よりも真面目に戦った。董応挙の見通しは、この点では間違っていなかったのである。この戦には巡撫自身が指揮を執っていたが、それを董応挙は間近で見ていたというから、七十翁はなお血気盛んである。

しかし、彼は熊文燦の人間的欠陥、すなわち人をよく罵倒し、独断専行型であるのを憂慮している。「漳・泉の士夫」は今や鄭芝龍の味方であり、彼のために政府からの経済支援を要請したが、巡撫はそれを拒否していた。今や閩が頼みとするのは熊しかいないのだから、北京の官僚たちが浮議に動揺せず彼を支えることが肝要であると、董応挙は張鳳翔に訴えたのだった。献策が受け入れられたからか、彼の巡撫に対する評価と期待は高く、彼を助けるよう各方面に働きかけている[237]。

一方、鄭芝龍に対しては「漳・泉の士夫」と違って警戒を解かない。彼は自らのライバルになる諸賊を滅ぼしたにすぎず、帰順もこれまでの殺戮の罪を贖うにはとうてい足りない、紅夷ついで李芝奇（李魁奇）のことで頓挫したから、罪を悔いているように見えるが、決して信用はできないとする。鄭芝龍招撫に力があったとされる同い年の泉州人何喬遠[238]（一五五七―一六三一、一五八六年進士）の傾倒ぶりとは好対照である。何喬遠は芝龍への経済支援を要請しており、彼もまた前述の「漳・泉の士夫」の一人であった。

董応挙はさらにこう言う。「私が海辺に住んでいて盗賊とやりあってきたのは、自分や家族の安全を考えてのことではない。寨遊の軍官や海防・修船の諸衙門にも嫌われ、陰で批判されることも多いが、それでもうるさく言うのをやめないのは、故郷の大禍を前にして黙っていられないからである。」そして、彼は地元福州だけでなく、閩全体のことを考えていた。この強烈な閩人意識は、鄭芝龍に対する立場や貿易に対する考え方の相違をこえて、『閩書』という本を編んだ何喬遠も共有するものだった。[239]

鄭芝龍招撫後も、劉香が海賊勢力として大をなしてオランダとも交渉を持ちながら、鄭芝龍と海上支配権をめぐって争った。そうした中で、晩年の董応挙が海上に関心を失っていなかったことは、茅元儀が彼に送った手紙からうかがうことができる。茅元儀は『武備志』を崇禎帝に献じることによって、「軍事通」を売り込み、北方前線に派遣されることになったが、そこで起きた兵乱の責めを問われて、福建の配所に暮らしていた。彼の文集には董に宛てた計四通の書簡が収録されているが、さすがにすべて軍事に関連したものである。そのうちの最後が、崇禎六年のものである。

当時、劉香は鄭芝龍との戦いにおいて敗北を繰り返して明らかに劣勢にあったが、オランダ人がここで介入して劉香に援軍を出し、鄭軍を大いに破った。勢いに乗った劉香は北上して福州を窺う勢いだったが、息を吹き返した鄭芝龍が金門島の料羅で劉香・オランダ連合軍に決定的な勝利を収めた。しかし、当局のオランダへの態度もこの頃から軟化し、台湾での交易を推進する意向であることを伝えたが、その背後には鄭芝龍の意図が働いていた。孤立した劉香は翌年オランダと戦って敗れて没落してゆき、鄭芝龍の一人勝ちとなる。崇禎六年とはその意味で、大きな分岐点であった。

私はかつてこう言ったことがあります。「熊撫軍（文燦）が閩を去れば必ず一大変が起きる。変わらなくても乱となり、変われば大乱となる。不変がもたらす禍は遅いが、変がもたらす禍は速い。速ければ禍は小さく、遅ければその分禍が大きいというが、この場合にはそれは当てはまらない。」この予言は今やすべて当たりました。諸夷に通じることを禁じなければ、閩は必ずや淪落して夷となりましょうが、禍が来るのには時間がかかります。紅夷に通じるのを禁じなければ、閩は必ず夷のものとなり、その禍は速いでしょう。鄭芝龍が帰順してきたこと自体はよいのですが、熊撫軍はこれに頼って心腹とし、かえって彼の存在に左右されるようになったのが、禍の始まりだったのです。時に彼を冷遇することがあっても、紛争解決のためにまた厚遇に転じました。厚遇し、彼が紅夷と通じていることを朝廷に報告した上で彼を介して紅夷と交易を行って閩を安んじようとすれば、結果的には鄭芝龍が閩を手中にすることになります。また、紅夷に交易を認めず、ひとり鄭芝龍に「紅夷と通じている」という罪状を負わせるならば、(交易を望む閩人たちを敵に回すことになり)、全閩挙げて芝龍となりましょう。あなたはこの点、どうお考えでしょうか[240]。

きわめて悲観的な内容である。料羅の勝利(一六三三年十月二十二日)以前に書かれたものだろうから、「予言は当たった」と言った茅元儀はこの勝利を聞いてどう思っただろう。しかし、当座の勝利(前年に熊文燦は離任し、この戦果を収めたのは後任の鄒維璉である)を別にしてその後の展開を見れば、茅元儀の予言は当たらずといえども遠からずである。

彼は諸夷(日本も含むのだろう)よりも紅夷がもたらす禍のほうを重く見た。そして、その紅夷と通じている鄭芝龍(実際には対立もしていたのだが、彼の急成長をもたらしたのが紅夷なのも間違いないところである[241])の存在が閩の命運を左右する、そして政府が紅夷との通市を認めようと認めまいと、いずれにせよ鄭芝龍に有利に働くに違いないというのが、茅元儀のシミュレーションだった。これに対する董応挙の回答は残念ながら残っていないが、鄭芝龍への警戒を説いてきた彼だから、その台頭の責めを熊文燦の施策にありとする点には異論があっても、危機意識の面では、茅元儀に共感したのではないかと思われる。

紅夷は料羅以後、福建沿海を脅かすことはなくなった。その点では茅の読みは外れた。しかしながら、海を制した鄭芝龍は福建の命運を握るに到った。崇禎六年の時点で誰もそこまで事態の展開を読めなかったのは無理もないが、その後の推移を二人がどう捉えていたのかを知る手立てはない。

そして北京の王朝が滅亡すると、鄭芝龍は福州に誕生した隆武政権を牛耳った。この政権は南京の弘光政権が倒れる混乱の中で、たまたま福建に出来上がったものにすぎないが、そのもとには多くの閩人官紳がはせ参じた。そのうち黄道周（一五八五―一六四六、一六二二進士、漳州漳浦人）、蒋徳璟（一六二二進士、泉州晋江人）、黄景昉（既出）は政権に加わる前から、すでに中央政府の要枢を経験していた（黄は弘光政権の礼部尚書、後二者は大学士を経験）。つまり、隆武政権には、海上の情勢変化と陸地での不況やあいつぐ飢饉によって急速に勢力を拡大した「福建の鬼子」鄭芝龍と、明末の官界で急速に台頭した閩人士大夫たちが同床異夢であれ、参集していたのだった。そうした意味で、隆武政権は明末の福建を体現する存在だった。それがあっけなく崩壊した後、福建の歴史的個性は色あせてゆくのである。

*

黄安にいた時、呉少虞（呉心学）大頭巾が私をからかって言った。「あなたは林道乾と知り合いになれるかね。」道乾が福建・広東の間にいた頃、閩人をからかう際には必ず林道乾を引き合いに出したもので、彼もそのつもりだったのだろう。私はこう答えた。「あなたは私を罵っているのか、それとも褒めているのか。褒めていると言うのなら、彼は大盗賊であり、私は清官なのだから、あなたのような人がこんな褒め方をするわけがない。罵っていると言うのなら、私みたいなちっぽけな人間は道乾とはまるで比較にならない。」道乾は海上に横行すること三十余年、浙江・南直から広東・福建に及ぶまで、税収が多く人物の宝庫である沿海地方は連年彼の害毒を被り、城市は攻略され、官吏は殺され、朝廷は深く憂慮した。責任を問われて都総統以下文武の大官が処刑されたほか、逮捕連行や左遷の途上で死んだ者は数知れないが、その間林道乾はあいかわらず海上を横行していた。今上（万暦帝）は聖明で、刑罰も的を射ており、倭夷は遠くへ逃れ、人民は枕を高くして寝られるようになった。しかし、林道乾はやはり平気の平左だった。王覇を称え、帰投する者は多く、彼のもとを離れようとしなかった。その才識はすぐれ、胆力は他を圧していたことは言うまでもない。もし、林道乾が知府になれば、海上に第二の林道乾が現れても好き勝手はできないだろう。もし李卓老が海上の林道乾と入れ替わったとしたら、知府林道乾は犠牲も出さず、武器も使わずに数日で李卓老を捕らえて殺すだろう。また、林道乾が行くところ敵なしだった頃に李卓老が計略をもって彼を始末し、数十年海上にあったお尋ね者を一掃することができたかどうかはおぼつかない。こんなことははっきりしているし、彼と自分を比較するような身の程知らずではない。ああ、平穏無事な時には人と挨拶をかわし、一日中泥人形さながらにつくねんと正座しているだけの人が、「雑念を起こさず、真実の大聖人、大賢人だ」と評される。少しずる賢いのになると、陽明学徒の講席にもぐりこみながら、陰では高官の地位を狙っている。ところが、いったん緊急事態となると、こうした人たちはたちまち色を失って、たがいに顔を見合わせるばかり。責任をおしつけあってそれを明哲保身と心得ている。国家がこうした連中ばかりを使うから、いざという時に人材がいない。また、才識・胆力がある者を「この連中は必ず天下を乱す」といって登用せずに封じこめれば、彼らは賊になるしかない。もし、国家が彼らを地方長官にすれば兵三十万以上の価値があるし、将軍にとりたてて兵権をすべて委ねれば朝廷は天下のことを心配せずにすむようになる。しかし、さかさまな世の中で、豪傑は不平を抱き、英雄も心配ごとをかかえてどうしようもなく、盗賊稼業へと追い立てられる。私はこのことを痛恨事と考えているのに、大頭巾はそれをネタにして冗談を言い、私は恥ずかしく思っているのに、大頭巾は非難する。こんなことで天下はいつ太平になるのか。[242]

これは、泉州出身の李卓吾（一五二七―一六〇二）が往年を回顧した文章である。その頃、福建から広東の海上を横行していたのが海賊林道乾だった。一六世紀中葉の嘉靖大倭寇に続く時代の大盗であり、広東さらには東南アジアへと拠点を移しつつ長く活動を続けた。だから、閩人と見れば「林道乾と同郷だから、関係があるんじゃないの」とからかったのは呉心学だけではなく、揶揄されたのも李卓吾には限られなかっただろう。しかし、李卓吾はからかわれてひるんだり、海賊と一緒にしてくれるなと怒ったりはしなかった。むしろ、彼を海上の豪傑ととらえ、立場かわって彼が地方の長になれば大変な能力を発揮するだろうと持ち上げる。その一方で、おつに取りすまして聖賢ぶったり、流行の陽明学徒を装いながら腹の中では別のことを考えている士大夫たちによって構成される政府が、林道乾のような人物を海賊稼業に追いやっていることを嘆く。彼一流の諧謔で、どこまでまじめに考えていたのかは分からないが、林道乾と官僚の自分(ただし、彼は進士には合格できず、挙人として任官した)を入れ替えてみたら、という発想自体は彼ならではのものである。

しかし、林道乾はアウトローであると同時に、当時の閩人にとって成功の一つのロールモデルだったはずである。そしてエリート層にとっても、林道乾は横目で見て、気になる存在ではなかったか。「閩人寡援」、李卓吾自身はそう述べたことはないが、こうしたフレーズが目立ってくるのが、李卓吾や林道乾と同世代の郭応聘の頃からである。挫折したといってもしょせんはエリートである人たちと、それ以前の段階で屈託を抱え込んだ李卓吾では、当然林道乾に対する考え方も異なるだろうが、それでも海上を誰はばかることなくスイスイと横行する姿は、「閩人寡援」の中で官界をアップアップしながら泳いでいた閩人エリートたちにとって、一種の羨望を覚えさせるものであったことは想像に難くない。

少なくとも、嘉靖年間以後の福建が通倭者の地として中央、他省から特別な目で見られるようになる一方で、閩人が他省人に比べて、アイデンティティを正負両方の意味で強烈に意識せざるを得なかったとは言えるだろう。彼らが結集して大きな勢力を形成することはついぞなかった。しかし、コンプレックスを抱えた黄克纘、中央政府にあって閩の動向に一喜一憂せざるを得なかった葉向高、そして通倭者と戦い続けた董応挙、彼らのいずれの生も、閩人であることを抜きにしては考えられないのである。

第二部　歴史教科書と福建人

第三章　教科書の埃をはたく――『資治通鑑綱目』再考

一　埃をかぶった教科書

内藤湖南『支那史学史』の『資治通鑑綱目』（以下、『綱目』とする）に対する評言はこうである。

尤もこの書は朱子が全部作ったものではない。大体の凡例を示して門人の趙師淵に書かしめたのであって、朱子の遺言によって出来たと云はれてゐる。凡例からしてやかましく、例へば「凡簒賊之臣書死范増王舜揚雄之類」とあり、本文の揚雄の死んだ所には「莽大夫揚雄死」と記して筆削を示している。これらも後世に大きな影響を与へ、この風の真似や又はその反対論が起った。日本の水戸の史論はこの綱目に刺戟されたものである。また別のところでは呂祖謙の『大事記』と『綱目』を比べて、「勿論この書を朱子の指図で出来た通鑑綱目に比べると一種の味がある。綱目は褒貶を加へたばかりで甚だ浅薄」とも述べている[1]。この評は今日の日本における『綱目』に対する一般的な見方と言ってよく、「綱目に刺戟されたもの」の「水戸の史論」に『神皇正統記』を加えたものが、事典的説明の定番ということになる[2]。

日本の史学への影響云々を別にすれば、湖南の評言のポイントは二つ、一つは『綱目』が朱子の「手定」のテクストではなく弟子に編集を委ねたものであること、そしてもう一つは「凡例からしてやかましく」「褒貶を加へたばかりで甚だ浅薄」であり、これに同種の二次的編纂物である『大事記』に見られる工夫もない、つまり「つまらん史書」という評価が加わる。

このうち、一点目について、趙師淵の関与をどこまで認めるかは人それぞれだが、門人の中でも目立った存在とは言いがたい彼の『綱目』への関与が、本書に対する後世の評価をかなり左右したことは間違いない。また、中国ではかなり「綱目体」の効用は認められているが、日本の歴史学者では島田虔次以外に、『綱目』に史書としての工夫を見る人を私は知らない。[3]『綱目』といえば、判で押したように「正統論」が強調されるばかりで、少なくとも歴史学の研究対象としてまともに取り上げられることはほとんどなかった。一九三〇年代に書かれた中山久四郎の論文がいまなお目立つほどだが、その主旨は日本における『綱目』史学の継承の歴史にあって、[4]本場におけるその受容については問題にしていない。

しかし、近代以前においても、日本では朱子の「正統論」がきちんと理解されているかどうか怪しいし、リゴリスティックな「勧懲史学」が性に合わない風土だから、『綱目』への貶価は早くから始まっていた。

朱子が綱目は、一字の褒貶と云ふことを主として、理窟めきて実学なし。古今の間に人たる人は一人もなきように思ひ、あれも貶し、これも貶し、縄にて縛りたるが如く、誠に無用の書なり。（『経子史要覧』）

これは中山の論文にも引用されている荻生徂徠（一六六六―一七二八）の発言だが、内藤のそれとほぼ重なるだろう。

さて、物茂卿が『綱目』を一刀両断に切り捨てていた頃、本場で『綱目』はどのように見られていたのであろうか。徂徠と同時代に生き、同様に「夷狄」である康熙帝（一六五四―一七二二）は、『綱目』の熱心な読者であったらしい。彼が勉強の成果の痕跡を御批として残したために、『四庫全書』において『綱目』は本来属すべき「編年類」から「史評類」へと配置換えになったほどである。『四庫全書総目』では、『綱目』は次のように紹介されている。

御批通鑑綱目五十九巻、通鑑綱目前編一巻、外紀一巻、挙要三巻、通鑑綱目続編二十七巻。康熙四十七年（一七〇八）に吏部侍郎宋犖が校刊し、すべて聖祖仁皇帝が御批を加えられている。朱子は司馬光の『資治通鑑』によって『綱目』を作ったが、凡例一巻のみが彼の手によって定められたものであって、その綱はすべて門人が凡例に依拠して作ったものであり、目についてはすべて趙師淵に委ねられた。後にその趣旨を通りやすいものにしたのが遂昌（浙江省）の尹起莘の「発明」、永新（江西省）の劉友益の「書法」であり、その名物に注釈をつけたのが望江（安徽省）の王幼学の「集覧」、上虞（浙江省）の徐昭文の「考証」、武進（江蘇省）の陳済の「集覧正誤」、建安（福建省）の馮智舒の「質実」であり、その伝写による齟齬を弁正したものに祁門（安徽省）の汪克寛の「考異」がある。明の弘治中に莆田（福建省）の黄仲昭が以上の諸家の書を取って各条の下に散入したものが今本であって、これらは皆朱子を尊崇する者である。したがって、大抵は本文を敷衍しただけで、あえて異議を挟んだりすることはなかったが、明末に張自勲が『綱目続麟』を作り、始めて『春秋』の旧法を以って凡例の誤りを正し、芮長恤が『綱目（分註）拾遺』を作り、通鑑原文と対照して刪節の失を弁じた。各人が自己の見解を唱える中で、わが聖祖仁皇帝の睿鑑は高深であって、一人孔子の筆削の旨にかない、陳仁錫の刊本によって親しく評定を加えられた。その権衡は至当、褒貶は明らかであり、群言を折衷して一に帰された。また、金履祥は劉恕の『通鑑外紀』が博覧のあまり奇説を取り上げるきらいがあるので、経伝の記述を集めて上は帝堯から下は周の威烈王に及ぶまでの範囲で『通鑑前編』を作り、また全書の綱領を「挙要」にまとめて末尾に付し、上古の逸聞を拾って「外紀」を作って頭にかぶせた。陳仁錫はその体例を少し変えて、題目を「通鑑綱目前編」として「綱目」と合わせて刊行して、朱子が及んでいなかった部分を補った。これについても聖祖は旧本によって品題を加えられた。商輅らの『通鑑綱目続編』は朱子の凡例に依って宋元両代の事を記すが、かなり誤りがある。六合の戦いを書き漏らし、明の太祖の兵を誤って賊兵としたのは末代の笑い種である。[6] 後に周礼の「発明」、張時泰の「広義」が作られて本条の下に付されたが、そのでたらめぶりは一つや二つのさわぎでない。陳仁錫が『綱目』の後に合刊したので、やはり聖祖のお目にとまることになってこれまた裁断をお示しになられた。乾隆壬寅（四十七年）、わが皇上は題詞を御製され、悖妄乖戻の失を正し、誤解を明らかにして真実を伝えられ、さらに廷臣にその書を取って詳しく刊正を加え、至公にかなうものにすることを命じられた。永遠に伝えられるべき業績であって、読史の指南となっている[7]。

『綱目』が編年類でなく史評類に入れられているのは、「御批」の方が重いからである。今から考えるとなんとも馬鹿馬鹿しいお追従にしか見えないが、じつはこの処遇自体が『綱目』というテクストの性格を反映しているとも言える。なぜなら、『綱目』の歴史とは、朱子あるいはその弟子たちによって編纂された「綱」（大書）と「目」（分注）のテクストが完成したところで終わったわけではなく、そこに種々雑多な要素が貼りついてゆく過程を含んでいるからである。御批もまたその一つと見ることができるのである。

さて、『総目』の文章には多くの問題が含まれている。最大の問題は内藤の評言の引き出しと見られる傍線部の編集過程に対するコメントである。これが検証を経たものではなく予断によるものであることは、後で紹介する現代の研究により明らかにされた。しかし、私にとって気になるのは、より瑣末な点である。波線で示した部分がそれだが、とりあえずここで正解を述べておこう。

一、徐昭文の「考証」は「名物の箋釈」ではない。本来、汪克寛の「考異」と同じ括りに入るものである。
二、今本（尹起莘以下の「七家注」を組み込んだもの）を作ったのは、黄仲昭ではない。
三、『通鑑前編』の作者金履祥がその付録として「挙要」「外紀」を作ったのではない。
四、陳仁錫が『綱目』と合刊した「前編」は、金履祥の作ではない[8]。

詳しくはおいおい述べてゆくことにするが、ここでは一、二に表れた四庫館臣の態度を取り上げておきたい。尹起莘「発明」以下のいわゆる「七家注」を一々列挙していて、『綱目』テクストの付加部分を閑却していないようにも見えるが、じつはそうでないことがここから明らかである。こうした評者に「朱子を尊崇する者」と褒められても、徐昭文は浮かばれるだろうか。いや、この評言自体がじつは怪しい。「尊崇」には違いないにしても、その中身こそが問われなければならない。

しかし、四庫館臣は御批を顕彰するのに懸命だから、こうした軽視もやむを得ないのかもしれない。そもそも「七家注」の諸人のうち、正史に立伝されているのは、『永楽大典』の総裁を務めた陳済（『明史』巻二〇一）と儒林伝（『明史』巻二八二）に入れられるほどの認知度は有した汪克寛で、あとの五人は『綱目』のおかげで何とか後世に名前が残っただけでほぼ無名に近い。それでも彼らの名前は、康熙帝の御覧に供された明末の陳仁錫校刊による『綱目』の巻頭に雁首を揃えていた。そして、陳仁錫本は明代の中期から後期にかけて建陽で何度も刊行された『綱目』七家注本を踏襲したものだから、七人の名前の認知度はかなり大きいものではあった（図3-1）。

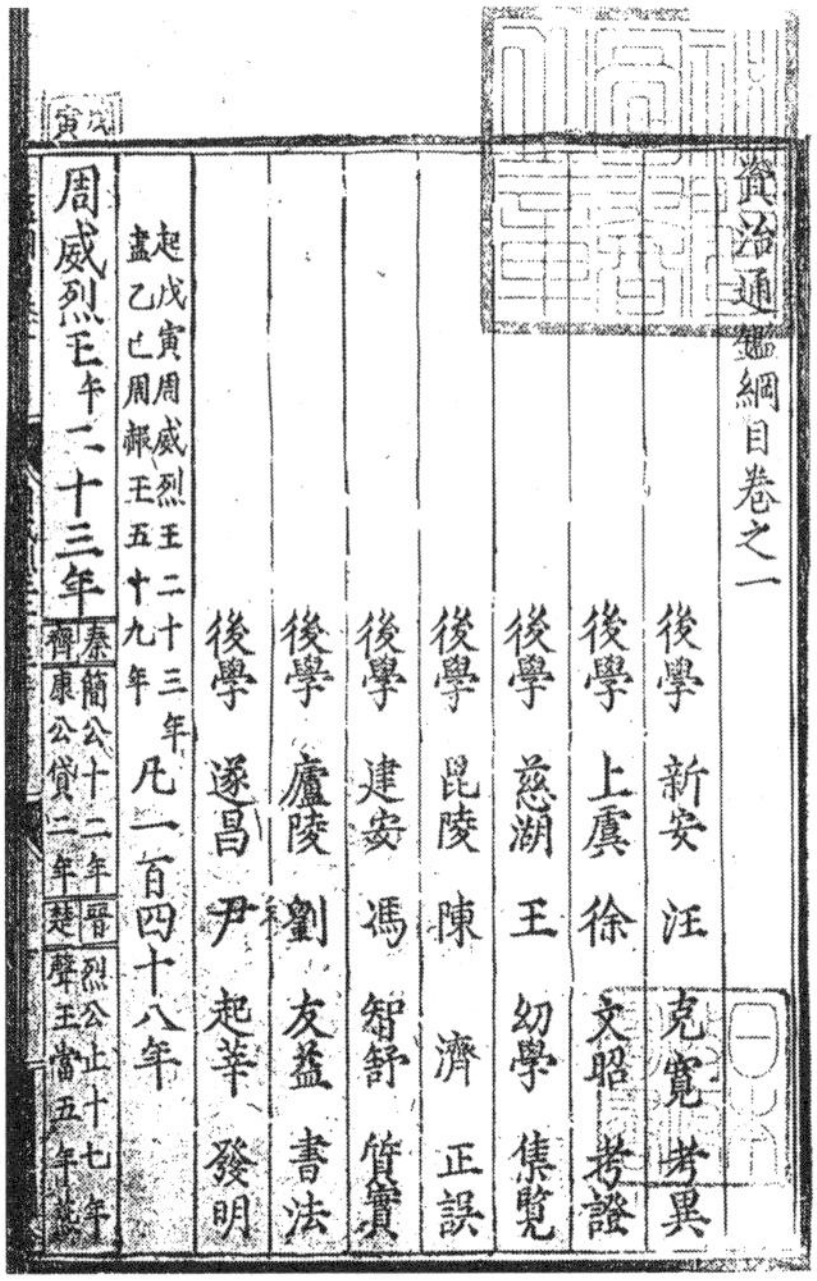
資治通鑑綱目卷之一
後學　新安　汪　克寛　考異
後學　上虞　徐　文昭　考證
後學　慈湖　王　幼學　集覧
後學　毘陵　陳　濟　正誤
後學　建安　馮　智舒　質實
後學　廬陵　劉　友益　書法
後學　遂昌　尹　起莘　發明
起戊寅周威烈王二十三年
盡乙巳周赧王五十九年　凡一百四十八年

図 3-1　「七家注」の面々（『資治通鑑綱目』国立公文書館所蔵）

じっさいには、『綱目』の読者の大半がまじめに「七家注」を読破したとは思えない。林羅山のように「七家注」にまで批点を施して喜んでいるような人は少数だろう。(9) しかし、満艦飾の「七家注」あってこその『綱目』とも言えるのである。少なくとも多くの読者が接した『綱目』は「七家注本」であった。尹起莘の「発明」や、「朱子手定の凡例」に拠って本文の一字一句にコメントを加えてゆく「考異」「考証」がなければ、『綱目』に対するイメージは随分違ったものになったはずである。「凡例からしてやかましく」「褒貶ばかりで浅薄」といった評言も、まさしくここから発しているのである。

したがって、この「七家注」がそれぞれどのようにして作られ、いかにして『綱目』テクストに取り込まれていったのかを見ることに、一定の意義が認められてよいであろう。しかも、その過程で力を行使したのは、四庫館臣の関心の対象となりようがない別の存在だったのである。

さて、七人の後に出てくる張自勲の『綱目続麟』と芮長恤の『綱目分註拾遺』は「『綱目』かくあるべし」と当為のテクストのありようを私案として示したものだが、『綱目』の歴史そのものにはほとんど影響しなかった。ここで四庫館臣が取り上げたのも御批の前の露払いを務めさせるためで、一応褒めてはいるが、それが本気だとは思われない。しかし、この両書は読者が『綱目』に向き合う際の一つの形を示している。後述する事柄とも関連するので、ここで取り上げておきたい。

前者は崇禎十六年（一六四三）に成ったもので、『綱目』編集の大方針であるとされてきた「凡例」に疑義を表明した。彼は四庫館臣同様に「凡例」を朱子手定のものと見ながら、だからといってそれを絶対視しない。彼が重視したのは、『綱目』通行本（「七家注本」）に収められた朱子の趙師淵宛書簡であり、そこから朱子が晩年まで『綱目』の編纂に迷いを持っていたこと、そして編集助手として趙師淵が当てにされていたことの二点を引き出す。ふつうなら、そこから「綱」は朱子が定めたものであり、「目」は助手が編纂した」となりそうである。しかし、彼はそこにとどまらず、本文の「綱」までもが多くは趙師淵の手に出るものと断じた。四庫館臣がこれをさらに進めて「「凡例」のみが朱子の作で後は弟子の手になる」とまで言うのは、単にフライングしたにすぎない。張自勲は単に印象論を述べたわけでなく、具体的に条文を一々挙げて、『綱目』の本文と、師説の敷衍をこととした「綱目の忠臣」とも言うべき「考異」「考証」「書法」「発明」をなで斬りにしてゆくのだが、四庫館臣は中身を検証せずに早合点したのである。後述するように、『綱目』の朱子と今日流の「監修者」とを同一視することは、けっしてできないのである。

一方、芮長恤の『綱目分註拾遺』は『続麟』にやや遅れて出た。「目」の文章までもが朱子の手になるという世間の誤解を正し、『通鑑』と『綱目』の文章をあらためて比べることによって「目」の杜撰な部分を正したとうたう。逆にいえば、それまで「目」が弟子の手に委ねられていたとする見方がなかったかのようでもあるが、そんなことはない。そういう主張はすでに行われていた。芮はそれを具体例によって示したのである。いずれにせよ、『綱目』について云々する人たちは所詮印象論でしか物を言っていないことがほとんどである。『綱目』のテクストの中に分け入り、検討を加えた人々は「七家注」の成立以後は呂坤（一五三六—一六一八）などごく少数派だった（しかも、彼の「綱目是正」は現存していない）。そうした点では、二書の出現は影響力はともかくとして、『綱目』の歴史において一時期を画するものではあった。

この二書に対する館臣の評は見たところ高い。前者への解題では、そもそも書物の常として伝写・刊刻の過程での訛脱を免れないのだから、それを一字一句に至るまで朱子の筆削と見ようとする（「七家注」でいえば「発明」「書法」の立場）ところに無理が生じるのであって、『続麟』がそこを洞察した点をほめる。(10) 後者については、聖人とて誤りがないわけではないのだから、かりに朱子の手定に出るものであったとしても後儒がこれを考訂するのはかまわない、ましてや門人代擬の作であればなおさらであるとして、『通鑑』と『綱目』の文章を丹念に校合した芮長恤を「綱目の功臣」と呼ぶ。(11)

しかし、館臣が本当に両者の価値を理解していたか怪しい。なぜなら、『続麟』の解題で「『綱目』の伝写・刊刻の過程で訛脱を生じた」ことを述べるが、これはすでに「七家注」の「考異」「考証」が問題にしたところである。張自勲の新しさはむしろ朱子自身が試行錯誤したという指摘にあるのに、そのことを看過している。張は言う、「「凡例」は『綱目』編集の早い段階で定められたものであるから、絶対ではない」と。「凡例不必従」は彼の得意のフレーズであった。

「凡例」は朱子が作ったものとして、長らく絶対の重みを持ってきた。それを「必ずしも従う必要がない」としたのは大きな変化である。張はさらに進んで、「凡例」に従う必要がないのだからと、それにもとづく朱子の正統論にも異を唱えるに至った。つまり、秦・晋・隋という不正の王朝に正統を認めないという主張である[12]（『綱目』では、これら三王朝に天下を統一した時点で正統が付与されている）。この主張自体は明初にすでに方孝孺（一三五七—一四〇二）が唱えていたが[13]、彼の場合は「凡例」を云々したわけでなく、朱子と別個の正統論を唱えたのである。張の場合は『綱目』のテクストによりそいつつ、こうした結論を導きだしたことに意味がある。

また、『分註補遺』の解題で「聖人とて誤りがないわけでない」と言っているのは張自勲の主張と同じように見えるが、「目」について言っているのであって、「綱」や「凡例」について張自勲のように踏み込んだわけではない。けっきょく、この二書を読んだ人でさえ、いや読んだからこそと言うべきか、『綱目』の問題点を弟子の編集という点に矮小化し、先生は神棚に祀ったままなのである。

『綱目』に対して、『続綱目』のほうは遠慮なくこきおろしている。しかし、一、二の誤りを取り上げて、「天下の物笑い」だとまで言うのは片腹痛い。むろん、清朝の学者が明人の仕事に対してよく口にする蔑視の一例ともみなしうるが、『綱目』への遠慮がこちらには不要とのリラックスムードが、本編だけでなく張時泰・周礼二家の注に対しても悪口を言わせている。しかし、実のところ「七家注」とこの二家注には思ったほどの開きはない。そのことが見えにくいのは、『綱目』がそれだけ別格扱いされているからなのである。

しかし、四庫館臣のこうした見方が以後の定番となる。朱子の関与を限定的なものと見ることは『綱目』の評価を下げることにも繋がり、また朱子学自身の値打が下がっていったから、すでに十八世紀の時点で『綱目』の値崩れは始まっていた。さらに近代史学の成立以後は、『綱目』がまともに取り上げられることはなくなってゆく[14]。その消息を物語っているのが『中国史学名著評介』（一九九〇—九二）[15]などの編著書がある倉修良の「朱熹和《資治通鑑綱目》」という二〇〇七年の文章である[16]。ここで、彼は従来中国史学界で自分も含めて『綱目』を軽視し、概説書でも『四庫全書総目』の説明が踏襲されてきたことを自己批判しながら回顧しているが、彼がそれを見直すきっかけとなったのが葉建華の論文だったという。葉は日本では余り言われない『綱目』体の効用を最も明解に述べた人でもある[17]。そして、朱子の史学思想を扱った著作を発表した湯勤福がやはり『綱目』編集の過程を再検討している。次に、二人の論文を覗いてみよう[18]。

二　編集過程

本章の関心は『綱目』が朱子の手を離れてからにあるので、編集作業や、朱子の関与をどの程度に見るかは副次的なことである。しかも、すでに材料は出尽くしていて新しい事実を指摘するのも難しい。要は同じ材料をどう見るかに帰着するのである。しかし、この問題も『綱目』のその後の評価に関わってくることなので、葉建華・湯勤福の論文を紹介しながら、簡単に述べておこう。

葉建華は『綱目』の編集過程を「原始草稿的編撰期」「完成浄本（初稿）時期」「修改定稿時期」の三段階に分ける。第一期は、『綱目』編纂の契機となった胡安国の「挙要暦補遺」（司馬光が『通鑑』を縮約した「挙要暦」の補遺）を朱子が入手した時点（葉は乾道三年（一一六七）あたりと推定）から朱子が序文（序例）を書いた時点（乾道八年）までである。この時期に高弟蔡元定に宛てた手紙に『綱目』への言及が散見することから、編集の「同志」（序文の表現）の主だったものは蔡だとする。

第二期は「凡例」が定まって、順調に作業が進行した時期。淳熙二年（一一七五）に書かれたと推定される呂祖謙への書簡の中に「原稿はほぼ出来上がり、清書をするのを待って」云々とある。

しかし、この後も改訂作業が続く。淳熙九年（一一八二）に朱子は「首篇の草本」を皇帝に進呈しようとまで言うが、十三年の潘恭叔宛書簡には「精力が衰え、完成できないのは千古の恨である」と述べ、以後改訂作業への言及はなくなるとする。

湯勤福は葉の論文を「前人の結論に対して突破するところあり」と評価しながらも、[19] 独自の整理を行う。葉の時期区分と異なる点は、初稿の完成時期（葉の第二期）を五年遅らせて淳熙七年としたことと、葉が修訂作業への言及の下限とした淳熙十三年以後にむしろ積極的な転機を認めることである。

七年に初稿が完成したとする根拠は、この年に書かれたと推定される張栻宛書簡の「修める所、未だ必ずしも是れ当たらず、更に後に須たんことを請う」という記述にある。これを「完成した初稿に対して不満を述べ、改訂の意図を示した」と見るのである。しかし、葉建華が重視した呂祖謙宛書簡の「原稿はほぼ出来上がり」に触れないのはいぶかしいし、「修める所」がはたして初稿の完成を言うのかどうかは疑わしい。[20] なお、一九九六年に四川で出版された『朱熹集』の点校者の一人郭斉もこの湯の分期には疑義を呈している。[21]

湯勤福は淳熙十三年以後に転回が起こったことを重く見るが、その根拠の一つは尤袤宛書簡である。「未完なのは千古之恨」という嘆きが出てきた後に、揚雄・荀彧の死の扱いについて述べられる。揚雄については、『通鑑』の「旧例」でゆけば王莽の臣下は皆「死」と書くのに、揚雄だけ例外的に「卒」とするのはおかしい、「死」と変えることは「温公直筆の正例」にむしろ適合するとする。荀彧については、自殺したのだからそのまま「自殺」と書けばよいとする。

湯はこの「直筆」「拠実」に朱子の歴史観の転換を見る。つまり、「凡例」とじっさいの編集作業との間に生じていた難題――『春秋』の「一字一字に褒貶を寓する」の原則と「実によって書く」方法の齟齬――への答えを朱子が見つけつつあったとするのである。そして、紹熙二年（一一九一）の黄榦宛書簡に「この数日来『綱目』を整理して、事が甚だすっきりとした」とあるのを、朱子がついに迷いから解放されたものと見る。

これが正しいとするなら、『綱目』に限らず朱子の史学思想がここで大きく転換したということになる重い指摘だが、ここでは朱子の史学思想そのものを云々するつもりはない。『綱目』のテクスト形成の問題に即してのみいえば、「朱子がこの時点で「凡例」を放棄した」と湯勤福が述べている点が見逃せない。彼は別の論文で朱子の趙師淵宛書簡を取り上げ、これを偽書と切って捨てた返す刀で現行の「凡例」まで偽と断じる。つまり、序文の時点では存在していた「凡例」は晩年に放棄されたとするのである。[22] 一方、葉建華は現行「凡例」は朱子が手定したものとする。

このように両者の見解はかなり異なるが、共通点が一つある。それは『綱目』への朱子の関与度を低く見る『四庫全書総目』の論を退け、できるだけ朱子の関与を認めようとすることである。この点については私も同意する。

それでは、いよいよ『綱目』の受容の話に進もう。

三　サークルの中で

『綱目』の公刊は朱子の死後二十年近く経ってからであった。一般読者の目に触れる前に『綱目』について知っていたのは、まずは編纂に協力した人々であり、ついで『綱目』について師に質問を行った弟子たちであった。葉建華と湯勤福の論文はともに前者に注目して『綱目』の編纂過程を検討したものだが、ここでは後者に注目してみたい。弟子への回答は「語録」という形で残され、咸淳六年（一二七〇）に『朱子語類』という形に結集された。したがって、これらは後世の『綱目』読者へのメッセージにもなりうる。

しかし、『朱子語類』の『綱目』への言及は巻一〇五の「論自注書」の中の「通鑑綱目」の項目にほぼ尽きる。『語類』全一二〇巻のうちの、わずか一巻の中の一項目にすぎない。『綱目』の編纂に朱子はかなり頭を悩ませたが、彼の学問体系全体からすればそれほど重要な位置を与えられていない。

ここに収められているのは、陳淳・黄義剛、余大雅（二条）、林賜、李方子による記録である。このうち、最も長いのが陳淳・黄義剛のものである。

問　「正統」の説によれば、三代以下では漢・唐は純粋な正統ではなく、「変中の正」であり、秦・西晋・隋は「統」であって、「正」でなく、蜀や東晋は「正」であっても、「統」でないということになるのでしょうか。

答　どうしてそんなふうに論じるのだ。天下が一つになって諸侯が朝見し、裁判が一に帰したらそれで正統なのだ。そこに正不正があろうと、それはそれであって、そのことはこだわる必要はない。始め正統を得ずしてのちに得るものがあれば、その時点が「正統の始」ということになるし、始め正統を得ていたものがのちに失えば、「正統の余」ということだ。つまり、秦は最初正統ではなかったが、始皇帝が天下を併合した時点で正統を得たのであり、晋も太康年間以後に正統を得たのであり、隋も陳を滅ぼして後に正統を得た。本朝の場合は太宗が太原（北漢）を併合した時点で正統を得たことになる。また、「無統」の時というのがあって、三国・南北朝・五代は皆天下が分裂しており、たがいに君臣関係ではないので、正統を得ていない。私がかつて『通鑑綱目』を作った時、無統の説を唱えた。この書は今なお編集が終わっていないが、後世の君子には必ず取るべきところがあろう。温公（司馬光）はひたすら年号を続けようとして編集している。これらの所（分裂時代）について一方を「帝」と書き、「崩」と書いて、残りを「主」と書き、「殂」と書いている。彼の臣下でも史官でもなく傍観者にすぎないのに、尊奉の態度を示すのは何ゆえか。これらの箇所は、ただ甲子のみを書いて、年号はその下に書く、たとえば「魏黄初幾年、蜀章武幾年、呉青龍幾年」といった具合に付記すればよいのだ。

問　南軒（張栻）は漢の後は蜀漢の年号をもって継ぐべきだと言われていますが、この説はいかがでしょうか。

答　それでもよい。彼もまた蜀漢を「正統の余」とみなしているのだ。東晋もまたそうである。

問　東周はどうでしょうか。

答　つまるところ、周は天子である。

問　唐の後半になると藩鎮が割拠しますが、これはどうでしょうか。

答　唐の天下は大変広い。服さなかったのは河北の数鎮だけである。[23]

田中謙二によれば、陳淳と黄義剛が師の講席にあったのは紹熙五年（一一九〇）以後のことである。[24]したがって、これは朱子晩年の発言である。このやりとりで気になるのは二点である。

一、弟子たちがこの期に及んでも朱子の正統論を理解していない。朱子の正統・無統の説は天下の一統・分裂を基準にしており、道義的なオーソドクシーはとりあえず問題になっていない。そのことが弟子たちにはまだ呑み込めていない。いや、『春秋』の「大居正」と「大一統」という二原則を考慮すれば、漢唐について「変中の正」とややこしいことを言う弟子たちのほうが伝統に沿った見方をしていると言うべきかも知れない。『綱目』編纂をめぐって朱子とやりとりした淳熙年間の弟子たちと違って、彼らは『綱目』の方針をよく知らなかったのだろう。正統論の話の途中で、朱子が『綱目』を持ち出しているところにもそれが示されている。

二、朱子は初めに「正統の余」という概念を提出し、あとで張栻の意見に同調して蜀と東晋が「正統の余」だとする。ところが、その間の「無統」の議論のところでは「甲子のみを書いて、魏・蜀・呉の年号を附書すべし」とも言う。これでは、蜀も、魏・呉とご同様ということになる。この発言を承ける形で、陳淳が張栻の議論を取り上げている流れから見て、「蜀章武幾年」は記録者の誤りではなかろう。けっきょく朱子は蜀漢を「正統の余」としているのだから、「蜀章武幾年」は物の弾みで言ったものとも見られようが、やはり晩年（慶元三—五年）に師事した林賜[25]が記録した発言が朱子の迷いを表している。朱子は林賜に三国の正統について聞かれて、蜀を「正」と答えたまではよいが、その後「蜀が亡んでまもなくすれば西晋となる。その間はかりに魏を正とする」と続けた。[26]蜀が亡んで西晋が成立するまでの二年間の空白の処理の問題である。朱子の説の新しさは「正統」が常にどこかにあるのではなく、正統が存在しない状態つまり「無統」を措定したことにあるのに、たった二年のブランク（正統・無統の建前から言えば、晋による天下統一までの十七年の空白であるはずだが）を「かりに」とはいえ、魏で埋めようとする意図は理解に苦しむ。しかし、「語録」を師の発言を正確に書き記そうとした一種のテープ・レコーダーと考えると、これまたその時の朱子の見解であったとしておくしかない。つまり、三国時代について朱子の見解は後年に至るまで若干のブレが見られるのである。

このようなあやふやな発言に比べて、余大雅（淳熙六―十六年に師事[27]）が記録した言葉は、我々がよく知る朱子のものである。

温公の『通鑑』は魏を主としているので、「蜀丞相亮寇何地」と書いているが、これは（陳寿『三国志』の）「魏志」にしたがったもので、道理として間違っている。私が作った『綱目』では蜀を主とした。後の劉聡や石勒らは皆晋の旧臣であるので、東晋はこれに君臨することになる。宋、後（北）魏以後の諸国については、両朝を併記して、一方を主とはしない。年号はただ甲子のみを書く[28]。

しかし、『綱目』の問題点は三国時代にのみあったわけではない。「女主」の扱いがその一つである。質問者が、

武后が唐をほしいままにした時期については、「帝（中宗）房陵に在り」と書けばよいということですが、漢の呂氏については、所謂「少帝」は恵帝の子ではありません。この場合は何と書くべきでしょうか。

と問うたのに対し、朱子はこう答えた。

「恵帝の子でない」（『漢書』巻四〇「周勃伝」）と言うのは、漢の大臣が弑逆の名を被りたくなかっただけのことである。「後宮美人の子である」（同書巻三「高后紀」）と言うからには、正嫡の子でないことが明らかなだけだ[29]。

質問者が言うように、現行の『綱目』は、退位させられた中宗の所在地を示すことによって唐の正統が絶えていないことを示している。ここでは取り上げられていない年号のことを補説すれば、周朝の間も一貫して中宗の年号

「嗣聖〇〇年」が大書され、周の年号は「周武氏天授二年」といったように分注で示された。

さて、質問者は則天武后と似たケースとして呂后を取り上げたが、こちらは話がややこしい。「少帝」が漢室の血を引かないとすると、呂后専権の間は正統が途絶えることになってしまうからである。余大雅が言う「少帝は恵帝の子でなく他人の子である」は通念となっており、先ほど三国の話に出てきた張栻の『経世紀年』でも、「仮に立てた恵帝の子についても紀元はできない」としている。(31)

これに対して朱子は『漢書』の別の箇所を引いて、少帝が実子でないというのは宮中クーデタを断行した大臣たちの情報操作であり、嫡子でないにせよ実子には違いないとする。朱子が本当に実子と信じていたかは分からない。むしろ、彼は漢の統がここで絶えてしまうことを嫌ったために別の材料を持ちだしてきたのであろう。

しかし、この答えの線で行くなら、少帝についてもその年数は大書されねばならないはずなのに、現行の『綱目』ではそうなっていない。呂后専権期は「高皇后元年」と分注され、少帝の後をついだ恒山王の殺害については、綱文に「呂后が『孝恵の子』と称した弘らを誅す」、目文に「少帝および諸帝は皆真の孝恵の子にあらず」と記される（巻三、高皇后八年九月）。

朱子が余大雅に答えた時点から考えを変えたのか、それとも別人の手によって現行の『綱目』の形になったのかは今となっては判断のしようがないが、結果的には呂后の時代は短いながらも無統の時期となった。

このように朱子の「語録」は、彼の様々な時点での発言をそのまま記すことによって、結果的に今日通行している『綱目』とは齟齬をきたす要素を含んでいるのである。

四　出　版

『綱目』の宋・元時代の刊行状況については、二〇〇二年に上海古籍出版社が刊行した『朱子全書』収録の『綱目』の校点者（「全集」という企画でもなければ、『綱目』に現代の校勘作業が行われることなどなかっただろう）でもある厳文儒が論文を書いている。それによりながら版本の流通についてまとめておく[32]。

『綱目』が世に出た経緯を説明するのは、李方子の序文である。彼は嘉定三年（一二一〇）に朱子の子、在が所蔵していた原稿を入手し、六年後に泉州に知事として赴任してきた真徳秀にこれを献呈した。真徳秀はこれを読んで「万世史筆の準縄規矩」と絶賛し、あらためて朱在の「新校本」を求め、参稽考定のうえで、泉州府の余財を使って印刷、李方子に序を書かせて刊行にこぎつけたのが、嘉定十二年（一二一九）であった。同年、真が江西に転任する時に、四方からの求めに応じられるようにと朝廷に上書して『綱目』の版木を国子監に献じた。

陳振孫『直斎書録解題』に「今、板は監中に在り」とあるように、国子監で版を重ねる態勢が整えられた。また、趙希弁『郡齋読書附志』は「陳孔碩・李方子その後に序す」としていて、李方子のほかに陳孔碩の序文がついていたことが分かる。

しかし、泉州の初印本は現存していない。現在中国の国家図書館に所蔵される宋刻本[33]には巻首に朱子の序文があるものの、陳・李二人の後序はなく、厳文儒は国子監に板木が移されて以降の版本とする。宋が亡んだあと、国子監の板木は跡地に立った西湖書院に接収されたが、『綱目』についても同様だった。同じく国家図書館所蔵の宋刻元修本[34]は西湖書院で重印が行われた時に、一部が修改されたものだとする。この本には陳・李の序文が備わっている。しかし、やはり国家図書館に所蔵されている同系統（西湖書院の版木が明代に南京国子監に移管）の宋刻明印本（存五七巻）には陳・李の序はないという。

『郡齋読書附志』によれば、首都以外では江西の吉州や四川の夔州で刊行されたが、いずれにも陳・李の序文がついていないという。吉州本（趙希弁によれば、板木四二〇〇枚強）の残本は上海図書館[35]、国家図書館に分蔵されているが、夔州本は（板木二八〇〇枚）は現存していない。

以上、厳文儒の説明を見てきたが、陳孔碩と李方子の後序の有無が一つのポイントであることが分かる。吉州・夔州本には両序がなく（真徳秀の出版とは別個にそれぞれ行われたのだから当然だが）、泉州―国子監系の本も残存例が少ないとはいえ、両序があるのは一つしかない（厳は泉州から国子監に移送された版木には当然両序も含まれていたが、国子監で重印された際に落ち、さらに元代に西湖書院で重印された時に復活したと見る）。しかも、李方子の序文はこの後の『綱目』諸本に受け継がれてゆくが、陳孔碩の序文は二度と現れない。厳文儒は西湖書院本に残る陳序を「いよいよ珍貴するに足る」と評して前掲の『朱子全書』所収の『綱目』に付録としてこれを載せている。

この両序には、『綱目』テクストを考えるうえでの問題が孕まれている。一つは趙希弁が挙げる二つの序文のうち、なぜ李のものだけが後世まで受け継がれたのかという問題であり、もう一つは李方子序の文章が含んでいる問題である。これらについて考えるために、二つの序文を見てみよう。

陳孔碩の序文は「『綱目』は司馬公の成書を『春秋』の法を以って断じたものである」という書き出しの後、『通鑑』と『綱目』の違いとして、前者が削った「四皓が太子を定めた（漢の高祖の後継者を四人の隠者が確定したエピソード）」を後者が復活させたことを指摘し、さらに「漢の昭烈を藩臣として扱い」「呂后・武后を年代記の柱として、漢・唐の王朝を忘れた」『通鑑』の記述を『綱目』が正したとする。しかし、これらの点については「前輩鉅儒」がすでに明らかにしたことであった。「先生は皆それらの説を窃取して伝注の下に加えられた」とは、胡寅ら諸儒の議論を「目」に入れたことを指し、これによって後世の人は三国・女主などの問題についてくわしく知ることができるようになったとし、これらは『通鑑』を助けてその不足を補うものであるとまとめる。むろん褒めてはいるのだが、同時に先輩の主張を敷衍したにすぎないと言っているようでもある。そして、この後に述べられるのは『綱目』自身のことではなく、もっぱら『春秋』『通鑑』という書物の廃興についてであり、『通鑑』が「党禍」の発生により湮滅しかけたが、南宋になってようやく復活して皇帝の御覧に供せられるようになったまさしくその時代に朱子が生まれて、『通鑑』を整理することになったためぐり合わせを指摘するが、『綱目』に特権的な位置を与えてはいない。「祖述することの困難は個人の力でどうにもできるものではない」と『通鑑』の廃興について嘆じているように、多くの仕事の積み重ねのうちに史書というものをとらえているのであって、朱子もその一翼を担ったと言っているにすぎないのである。(36)

李方子が「門弟」と名乗っているのに対し、陳孔碩は「後学」と称している。陳孔碩は呂祖謙に対しては門人と称していたが、(37)朱子とも交流があったことは朱子の文集に彼への書簡が数通収められていることから確かめられる。(38)しかし、それらには『綱目』への言及はないし、彼が編纂にタッチしていたという記録もない。やや外野席寄りの発言と見てよかろう。

一方、李方子は『綱目』出版のきっかけを作った人であり、朱子晩年の有力な弟子である。『朱子語類』にも『綱目』に関する発言の採録者として方子の名が見える。(39)彼もまた『春秋』→『通鑑』→『綱目』という流れで文章を切り出すが、「『春秋』の後継作品としての書にまさるものはない」と、『綱目』の存在意義を特筆する。ある人に「呂祖謙の『大事記』とは違って、獲麟の後からすぐに記述を始めないのはなぜか」と聞かれて、「『大事記』は『史記』の法を用いたものだからそれでさしつかえないのだが、『綱目』は『春秋』の旨にもとづくものであるからこそ獲麟の直後から記述を始められない。朱子は詳密を期して晩年に改定しようとしたが、これに時間を割く余裕がなかった」と答える(この文言は『綱目』の未完を言う時にしばしば引用されることになる)。その後、出版までの経緯が述べられ、四書五経の学習の後に『綱目』を読むべしと階梯を示し、「著書の凡例、立言の異同を附列して、読者の参考に供する」と付言する。

出版を計画し、実践に移したのは真徳秀だが、原稿を入手したのは李方子であり、読書の階梯に『綱目』を位置づけ、読者の理解を助けるべく、「凡例」と「異同」（『通鑑』との異同を指すのだろう）を付したのも彼であった。(40)彼の序文が第三者の陳孔碩のそれよりボルテージが高いのは当然である。そして、出版に至る具体的ないきさつを述べる文章はこのほかに存在しない。したがって、彼の序文のみが後世に伝えられたのは自然なのかも知れないが、もともと二人の序文はともに真徳秀が依頼したものであり、ある時点までは一つのセットと認識されていた。その片方のみが通行本では消えてしまったのを偶然と片づけられるだろうか。そして、残った李方子の序文にしても、付録されているはずの「凡例」「異同」が現存する宋刻本のどれにもついていないという矛盾を抱えている。『綱目』について、宋代で最もくわしい書誌情報を提供する趙希弁も李の序文の存在を知りながら、「凡例」「異同」の存在には触れない。この問題には後ほど立ち返るとして、次に公刊後の反応について見てみよう。

五　類書の中の『綱目』

サークルの外に出よう。出版から宋末までの半世紀あまりの間に『綱目』への言及はかなりの数に上るが、それらを一々取り上げることはしない。かわりに、類書の中で『綱目』がどう扱われているかに着目する。宋代にあって『綱目』はその名声ほどには普及していなかったと思われる。少なくともまじめに読んだ人間はわずかだったろう。しかし、『綱目』に何が書かれ、『通鑑』とどう違うのかは士人の必須知識となってゆく。だからこそ、類書にそうした需要にこたえる項目が設けられている。取り上げるのは、林駉の『新箋決科古今源流至論』（以下、『源流至論』）と章如愚の『山堂先生群書考索』（以下、『山堂考索』）で、宋代から明代にかけて建陽で何度も版を重ねたヒット商品である。

『源流至論』は「決科」というタイトルが示すように、科挙の参考書である。この手の「場屋採掇の用に供される」本が何とか『四庫全書』に収録されたのは、『山堂考索』とともに宋代の制度沿革を窺うことのできる書物として一定の価値ありと見なされたからであった[41]。

『源流至論』は四集（前、後、続、別）からなり、前の三集を林駉が、別集を黄履翁がそれぞれ編集したとされる。四集のセット本は元代になって盛んに建陽で刻された[42]。編者の二人についてはくわしいことは分からず[43]、嘉熙元年（一二三七）の黄履翁の序文が残るのみである。

『綱目』への言及は、前集の巻五「朱子之学」と続集の巻一「治鑑綱目」の項に見える。前者では朱子の死後、嘉定年間にいたって『四書集注』が秘書監に所蔵され、諡号が与えられたことを述べ、ついで彼の「詩易四書の論」「儀礼解」に触れた後、『綱目』が取り上げられ、ついで「語録」「家蔵の集」の紹介へと移ってゆく。『綱目』と『通鑑』の違いについても触れ、(1)「周末の僭王を別つ」、(2)「昭烈の正統を明らかにする」、(3)「揚子雲（揚雄）を王莽に繋ける」、(4)「狄仁傑を周に繋ける」の四点を挙げる。(2)〜(4)は『綱目』を代表するクリシェになってゆくもので、(2)(3)は朱子の「語録」にも見えていた。(1)の戦国末の七雄の扱い（周が存続している間は「君」とし、亡んだ後は「王」とする）の指摘が新しいといえば新しい。しかし、この項目全体は経史子集の順に手際よく朱子の仕事を紹介するもので、『綱目』自体が特段の扱いを受けているわけではない。同じく「前集」（巻二）において、『通鑑』には一項目が立てられてかなりの字数が費やされているのとは比較にならない。

ところが、「続集」の「治鑑綱目　文公褒貶之意」（治鑑は資治通鑑の略）の『通鑑』・『綱目』比較はぐんと詳細になる。もっとも、前半は朱子の序文を注に配するという形をとって、本文でその内容を敷衍するだけのものだが（つまり、パラフレーズの一例を示すことによって、『綱目』とは何かという問題が出た時の模範解答を提示している）、後半に入ると『綱目』の筆法の個別例が並べられる。蜀正統論以外のものを以下に箇条書きにして示す（カッコ内に補足説明を施した）。

①周の赧王五十九年に王は秦に入り、ことごとくその地を献じた。この年を正統の年紀とせずに分注とした[44]。

②晋の恭皇帝の元熙二年、劉裕が帝を廃して即位したが、次年以後を分注とし、以後の南朝についても同様である（『通鑑』は宋紀以下を立てて、南朝を主としている）。
③『通鑑』が武后紀を作ってその年号を記すのに対し、『綱目』はこれを書かずに終始中宗の嗣聖年号を記す。
④王莽の元鳳五年に「莽大夫揚雄死」と書き、分注で彼の文章「劇秦美新」について「君子、これを病めり」と書く（『通鑑』は「揚雄卒」とするのみ）。
⑤宋の元嘉四年に「晋処士陶潜卒」[45]と書き、分注では先世（陶侃）が晋の輔臣だったために身を後代に屈することを恥じ、宋に仕えなかったと述べる（『通鑑』ではそもそも陶淵明の死が書かれていない）。
⑥『漢書』では皇帝の太学訪問を「幸」で表現し、『通鑑』もこれを踏襲するが、『綱目』では「視」とした。これは師道を尊ぶからである。
⑦『唐書』では、公主との結婚を「尚公主」と表現するが、『綱目』では「公主適某人」と表現して人倫を明らかにした[46]（「尚」は男性側がへりくだっている表現である。ただし、唐代に「尚公主」としている例がある[47]）
⑧周の赧王元年に「孟軻去斉」と書く（『通鑑』はこれに触れない）。
⑨唐中宗嗣聖八年[48]に「周以狄仁傑同平章事」と書き、狄仁傑を周に繋げることによって彼の臣道を批判する。
⑩漢武帝元狩六年に「殺大農令顔異」と書いたのは、彼の死後公卿たちが皇帝の顔色をうかがうようになったことを嘆いたものである（『通鑑』では「大農令顔異誅」と書かれる）。
⑪漢武帝元鼎二年に「令株送徒入財補郎」と書き、売官によって郎の人選が劣化するきっかけになったことを示す（この記事は『通鑑』にはない）。

ついで、分注に適切な論を配したことを褒める。具体的には周顕王三十一年「秦人誅衛鞅」条の胡寅、赧王十七年「斉韓魏伐秦」条の蘇轍、同三十六年「秦趙会於澠池」条の楊時、秦始皇帝二十九年条の「韓人張良狙撃」の程頤である。

そして、最後の注に「語録」の「無統の論」に関する発言を引く。引用された陳淳・黄義剛の記録は前に示したが、[49]今度は原文で引くと、「某嘗作通鑑綱目、有無統之論。此書今未及修、後之君子必有取焉」である。ところが『源流至論』は下線部を「此書今方成」と改めたうえで、これに対応する本文では「もし晦翁が本当にこの書にきたりないものを感じていたのなら、こうした発言をするはずがない」とするのである。[50]もとの「語録」では、『綱目』が完成していない焦りと、完成すればのちの君子の参考に供しうるという自負がないまぜになっていた。それが「完成後」に満腔の自信を持って発せられた言葉に化けてしまっている。

この項目の末尾は「『綱目』は今や宮中図書館や国子監に所蔵され、進講にも供されている。朱子の言は証明されたといえよう」[51]と結び、『綱目』が国家公認となった現況を朱子が生前予測していたと言わんばかりである。『綱目』刊本が国子監で刊行されたことは前述したが、『宋季三朝政要』(巻一)によれば、嘉熙元年(一二三七)にその記事が繋けられている。また、淳祐四年(一二四四)に徐元杰が理宗に『綱目』を進講している。[52]この項目はこれらの出来事をふまえて書かれたものである。

『通鑑』との差異の指摘に戻ろう。「語録」に見られた大綱の問題だけでなく、随分細かい点に及んでいる。揚雄(④)、陶淵明(⑤)、狄仁傑(⑨)は、張良の扱い(常に祖国韓のために働いたとして「韓人張良」と表現される)とともに『綱目』のトレードマークだが、揚雄については前掲の尤袤宛書簡に述べられ、[53]狄仁傑については「語録」に間接的な言及があるものの、[54]陶淵明についての朱子のコメントは残っていない。[55]「孟子去斉」(⑧)に対するコメントも「語録」から拾える。[56]ただ、朱子の言及を探すまでもなく、これらは有名人の話なので少し注意すれば気づくかも知れない。

しかし、顔異(⑩)はどうか。彼を死に追いやった酷吏張湯とセットにしてそこそこには取り上げられる。[57]しかし、無辜の死者ならほかにいくらでも事例がある。この項が書かれたのと同時代の尹起莘「発明」は「無実の罪で死んだから殺と書いて官職(大農令)は取らずにおいた」と簡単にコメントするだけである(巻四)。「入財補郎」

⑾も地味である。

ただ、この二つは漢代のことなので、最初のほうを読めば気づき得る。異同の指摘の次に来る諸儒の議論も、周・秦の部分に集中している。しかし、唐代の「公主適」⑺についての指摘を見れば、調査はかなり広範囲に及んでいそうである。また、「視学」⑹の指摘は、『綱目』の「凡例」にも存するが、この時点で「凡例」が一般に知られていた形跡はない（知られていれば、これまで見てきた『源流至論』のスタイルからしてこれを引用しないはずがない）。指摘に意味があるかは別にして、目配りは細かい。

では、この項目の書き手（『類書』は集団制作であって、この項目の筆者も林駉とは限らないと考える）はそれだけ『綱目』を精読していたのだろうか。注記に出典がないので独自の調査かとも考えられるが、出来合いの仕事を使った可能性も否定できない。候補になりそうなものはある。一つは、前掲の李方子の後序に「凡例」とともに付列されたはずの「立言の異同」である。しかし、「凡例」同様こちらも当時一般には知られていなかったし、「凡例」と違って後世姿を現すこともなかった。もう一つは『綱目』の版本比較を行っている趙希弁の『資治通鑑綱目考異』である。これは三種の版本を比較すると同時に「温公・文公の書法」について考察したものであり、淳祐六（一二四六）年に秘書省がわざわざ借写を要求してきている[58]（進講が行われたあと、『綱目』と『通鑑』との書法の違いが重視されるに至ったのだろう）のを見ると、注目の書ではあったらしい。しかし、これも現存していないので確かめようがない。とにかく『源流至論』のこの記事は「凡例」普及以前の書法の解説としては、現存するものの中で「発明」「書法」に次いでくわしい。

さて、次に『四庫全書総目』が宋代の類書の中で「最も精博」と評している『山堂考索』を取り上げよう。章如愚は呂祖謙と同じく浙江金華の人で慶元二年（一一九六）の進士とされるが、くわしい事績は分からないし[59]、本書の成立時期もはっきりしない。現行本は前・後・続・別の四集計二百十二巻を数えるが、上海図書館蔵の宋刊残本の淳祐八年（一二四八）の序文には「章の遺稿を十集百巻として出版した」とあるので、現行本とはかなりの違いがある。版本を比較検討した李偉国は、上海図書館蔵元刊本の「別集」の目録下に「温陵呂中増広」とあるところから、呂中（淳祐七年＝一二四七進士）が増補改変を加えたとする。[60]このうち、『綱目』への言及は別集（巻一二諸史門「通鑑綱目」）に限定される。『源流至論』続集が『綱目』の中央での評価を記すことでおおよそ記事の編集時期の推測を可能にするのと違って、『山堂考索』はすべて引用からなるので手がかりがないが、増補部分に属するので、宋末あるいは元代にかかるということもありうる（呂中の没年がはっきりしないし、そもそも彼の関与も真実である保証はない）。

引用されているのは「文公語録」三条、書簡四通、上奏一本、あとは袁枢の『通鑑紀事本末』への序文と『綱目』自序である。『源流至論』を意識したのかどうかは分からないが、材料の選択に重複はない。とくに朱子の文集を使っているところが味噌で、その中の書簡を引用することによって、『綱目』の編集過程に注目したところに特色がある（しかし、四通のうち一通「文公答呂子約書」は『史記』と『通鑑』の異同を述べたもので『綱目』とは無関係である）。葉建華・湯勤福の遥かな先輩とも言えるが、彼らと違ってそれを時系列で追うわけではない。それではその三通の引用について検討しよう。引用の前には標題がついている。

劉清之（子澄）への書簡の標題は「綱目義例精密」である。

『綱目』は二十巻ばかりを編集したところである。義例はますます精密になり、上下千有余年にわたり、乱臣賊子はどこにも身を隠す場所がない。

「義例益精密」とあるのを見れば、朱子が『綱目』に自信満々であるかのように映る。ところが文章は「残念なのはあなたと遠く離れていて、訂正を助けてもらえないことです。脱稿できたら、きっと御覧に入れます」と続く。[61]この書簡が出されたのは淳熙五年（一一七八）であって、[62]前述したように編集に脂が乗っていた時期であり、引用部分は確かにそれを示している。しかし、後半がカットされたことで『綱目』が完成間近であるように見える。

次に、呂祖謙（伯恭）への書簡を見てみよう。ここで話題になっているのは、『通鑑』が年号を表記する際に、

「後改の者を正となす」つまりその年の途中に改元した場合、後の年号をその年の表記に採用する点である。建安二十五年の当初の時点では漢が滅びていないのに、これをいきなり魏の黄初元年とするのでは、「漢より奪うのが早すぎる」。朱子はその点に不満を持ち、呂祖謙に問うたのである。[63] ところが、この手紙についても「こちらでは相談相手が得がたく、条例体式も不適切です」という前段が省かれている。[64] 年号表記の点に注目して立項されているのだから、たしかにこの部分を引く必要はないが、この前段の文章と前の項の「義例精密」とでは明らかに背反する。

続く尤袤（延之）への書簡（巻三七）では、揚雄・荀彧の「死」について述べた部分を引用する。しかし、これまた「綱目に手をつけられずにいる。このままでは千古の恨みとなろう」との『綱目』完成を諦めたとも取れる発言が省かれている。[65]

三つ重なれば、もはや偶然ではない。明らかにここには意図が働いている。それは末尾に置かれる皇帝への上奏（巻一二）により確かめられる。江東提刑への任命を辞退した時の上奏の貼黄の一部を引用したものである。『綱目』編纂の趣旨を説明した後、「閑職に就くことが許されたならさっそく首編の草本を繕写して進呈したい」という要望で締めくくられる。[66] 葉建華が一応の定稿をみたと判断した材料である。つまり、『山堂考索』は『源流至論』とアプローチを異にしながらも、やはり『綱目』の完成を強調するのである。書簡を丹念に読めば湯や葉の結論あたりに落ち着くはずであり、『山堂考索』にそれができなかったわけではなかろう。おそらくあえてそうしなかったのである。

これら「類書」は、『朱子語類』に見られる朱子晩年の揺れとは対照的に、『綱目』の完成、テクストの安定を強調する。国家公認のテクストとなったからには、そこに不安や自信のなさが見られては困るのである。『山堂考索』はそのために朱子の書簡を利用したのだが、こうしたやり口は、のちに見るように建陽のお家芸なのである。

六　尹起莘と周密

『源流至論』続集が『綱目』についてかなりくわしく紹介したのは、朱子の作品というだけでなく、中央政府の認知されるところとなったからである。嘉熙元年に国子監での刊行が命じられたことは前述した。こうした動きに反応したのが尹起莘という人である。彼はその著『資治通鑑綱目発明』（以下、単行本の場合は『発明』、注の一家としては「発明」とする）あってこそ後世に名が残った。私は丸山真男の文章に尹起莘の名を見つけてぎょっとしたことがあるが、彼はこれを『綱目』の精神をよく表現するものとして引用したのであって、尹起莘個人には何の関心も持たなかっただろう。[67]

趙希弁によれば、この書は当時の金陵の帥（制置使）別之傑の手によって朝廷に上進されたというが、[68]『発明』の文中に自称として「臣」の語が見えるので、[69]尹起莘自身が上進を意図していたことは明らかである。

少し気になるのは、趙希弁が尹起莘のことを「建康の布衣」としているのに、明代の「七家注本」以後の自序（丸山が引用したものである）の末尾に「遂昌柘渓布衣臣尹起莘」と称していることである。このくいちがいにはすでに銭大昕が気づいているが、これ以上材料がないために判断は保留している。[70]

上進地が金陵だったことから短絡的に建康としたとも考えられるが、尹起莘の序文に「遂昌」云々とあればそれに気づいたはずである。しかし、趙は魏了翁（一一七八―一二三七）の序文に言及するだけで、自序の存在に触れていない。なお、魏の序文は彼の文集に収録されている。[71]

『発明』の現存最古のものは明代洪武年間の単行本だが、序文にも巻頭にも遂昌云々はなく、単に「布衣臣」とするだけである。[72] いずれにせよ、尹起莘は宋代にあってほとんど無名の存在であり、『発明』の作者として以外に彼への言及を見つけることができない。[73]

一方、魏了翁の序文には二人のつながりを示す文言はなく、その経歴や著述の経緯にも一切触れない。魏了翁は前に見たように、当時の学界では『綱目』を刊行した真徳秀と並ぶ影響力を有していた。嘉熙元年に亡くなっており、別之傑が沿江制置使だったのは嘉熙二年（一二三八）正月から淳祐二年（一二四二）正月の間である。[74] 尹起莘が魏了翁に序文を乞い（彼が端平時に入朝し、督視軍馬となった頃か。この時彼は建康にも来ている）[75]、その後に別之傑を通じて朝廷への献呈を行ったものであろう。

ところが、魏の序文の中身を見ると、はたして箔付けになっているのかやや疑問符がつく。半分以上を占めるのが『通鑑』『綱目』の紹介なのは定石だが、「ほとんど余憾なき」出来の『綱目』に対して尹君が「発明」を作るのは無駄ではないかとの反論を予想して、「国統の離合を著し、義例の正変を謹む」[76] 大方針は誰にも見やすいが、直書詳述するだけでことさらに褒貶を加えていないように見える箇所について発明する必要があるとし、この書が普及すれば「綱目の忠臣」となるだろうとしめくくる。これだけ見れば、著者の期待通りの文言だが、その間にはさみこまれる「病気のために最後まで読みきれずにざっと一覧した」という責任逃れとも取れる告白がいささか水を差している。

魏の文章は『綱目』七家注本、さかのぼって明初の『発明』単行本にも見えない。上進の際には付いていた文章がある時点で抜け落ちたのだが、そのいきさつは不明である。単純な脱落とも考えられるが、あるいはこの率直さが影響したのかも知れない。上進にあたっては、魏了翁の推薦文は看板として十分意味を持つが、のちに中身のほうが問題になったのかもしれない。

本章では、以後も「七家注」の付録にこだわってゆく。こだわったからといって、尹起莘の出身地の問題や魏了翁の序文が剥落した理由が判明するわけではない。しかし、こうした作業もあながち無意味ではないのは、「七家注本」が作り上げられる過程でテクストに夾雑物が入り込む一方で、棄てられるものもあり、その取捨が総体としての『綱目』テクスト形成史の一部をなしているからである。たとえば、「発明」についても「七家注本」ではおかしなことが起きているのである。

それは、「発明」に付記される形で明代の丘濬（一四一八―一四九五）の『世史正綱』の文章がいくつか加えられていることである。その多くは『世史正綱』の特徴である夷狄・釈老・女主への偏見をあらわにしたものである[77]（『世史正綱』が正統論について独自の見解を立て、「ポスト綱目」に少なからず影響を与えたことは後述する）。

付録は付録、「七家注」に一家継ぎ足しただけで、目くじらを立てることではないのかも知れない。しかし、「発明」の見出しの後にいきなり「丘濬曰」がくるケースさえある[78]。丘濬の記述を裸でねじ込むのはためらわれたので、「発明」の傘の下に置いたのだろう。当該条に「発明」がない場合は「書法」につけられることになる[79]。両方ともない時は、仕方なく目につける[80]。そして、五胡十六国時代を切り開いた劉淵が漢王を称した記事についての「発明」では「丘濬曰」までが飛んでしまい、尹起莘の言としてありえない「蒙古の天下混一」云々が彼の言葉として収められているのである[81]（図3-2）。

建陽の坊刻である洪武刊本自体が原型に忠実であるという保証はないが（すでに魏了翁の序文は落ちている）、それはさておくとして、そのテクストと「七家注本」を比較する限り、丘濬の挿入以外はほぼ忠実である。しかし、「七家注本」において一部とはいえ鋏と糊が使われていることに違いはない。

では、尹起莘自身の序文を見てみよう。最初に朱子の序例から三カ所引用される。そのうち、最後の「因りてその指意条例を篇端に述べて以って後の君子に俟つ」を受けて、尹起莘は朱子が「後人の発揮・講明」に期待するところ大であったとする。ついで、「先正の書法」としての「正例」「変例」の解説があり、後者は「善の法とすべき、悪の戒めとなすべきことを特筆したもの」とするが、これも朱子の言をそのまま引用したものである。具体例としては張良を韓人、陶潜を晋処士、揚雄を莽大夫と書いたこと、呂后の紀年を分注とし、武氏の時代を中宗の嗣聖で紀年したことを挙げるが、すでに見たように張良[82]・陶淵明を除いては朱子が別のところで言っているので「発明」を待つまでもない。しかし、それに続いて「微詞に奥義を込めた」ものとして挙げられたのは彼独自の指摘である。

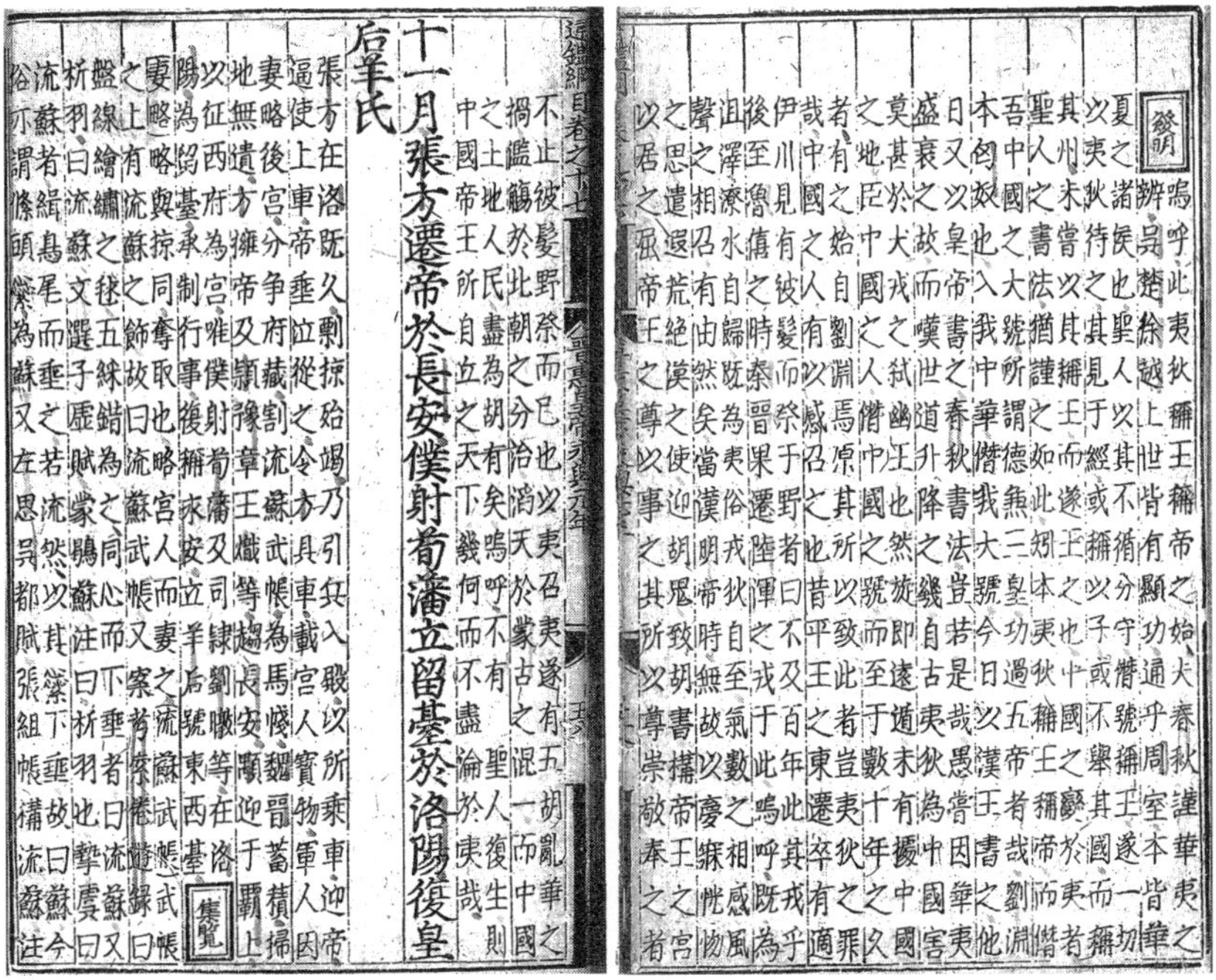

図 3-2　丘濬の竄入（嘉靖刊『資治通鑑綱目』国立公文書館所蔵）

(1) 陶侃が藩鎮から中央に入って賊を撃ったことを「温嶠以陶侃討（蘇）峻」と書く（巻一九）。

(2) 褚淵が旧臣を以って司空となったことを、「斉王道成称帝」の下に書く（巻二七）。

(3) 唐の宇文士及は邪佞の臣、五代の馮道は失節の人であるのに、その死去の記事のところで官や爵を書く（巻四〇、五九）[83]。

「発明」本文により補足しよう。(1)で問題になるのは「以」の字である。「発明」はしばしば『春秋』を引き合いにだすが、ここでは『春秋』に魯の僖公が「楚師を以って斉を伐った」とあるのを引き、「以」の字は他国の軍隊を用いる際に使うとする。問題のケースは自国の軍隊だが、あえて「以」を使ったのは陶侃がなかなか兵を挙げようとしなかったことを批判したのだとする[84]。

(2)では、宋の旧臣褚淵の任官記事がわざわざ書かれたことを問題にしている。『綱目』では魏・晋・宋の王朝交代に翼賛した臣下のことを一々記さないのは彼らがもともと簒奪者の部下だからだが、褚淵は宋の顧命の臣でありながら簒奪をみすみす許したから書かねばならない。『春秋』の荀息が先代の委託を受けて公子を守って死んだのと正反対であり、『春秋』がこれを特筆して荀息を評価したのに対し、『綱目』の特筆には褚淵を批判する意が寓されているとする。[85]

(3)では、一種のねじれを説明しようとする。ふつう『綱目』では名臣の死去の際には官・爵をともに書くが、「佞臣」宇文士及、「失節」の馮道の官爵が書かれるのはこうした輩を重用した君主を非難するためだとする。[86]

序文に戻ると、このような「察し易からざる」書法の義を発明しようというのが本書の執筆動機だという。たしかに、この三例を見れば、かなりの力技である。(1)は『春秋』を援用してもっともらしいが、本来『春秋』で「以」の字を自国の軍に対してあえて使ったケースを引用せねば、例示にはならないはずである。(2)は『春秋』の忠臣と『綱目』の不忠では「特筆」の方向がちがう。(3)にいたっては屁理屈にしか見えない。

このあとかなり長いお題目が続くが、「孔子が『春秋』を作ったのは洪水を抑え、戎狄を膺《う》ち、龍蛇を放ち、虎豹を駆るのと事を異にして功を同じくする」という言を『孟子』として引用しているのがひっかかる。[87]「洪水を抑え」「戎狄を膺ち」はたしかに『孟子』に見えるが(滕文公下)、後二者については当該箇所には「猛獣を駆る」とあるのみである。意味に違いはないが、実は洪水以下の四者はそのままの順序で胡安国の『春秋胡氏伝』序に見えるものなのである。先ほど「発明」が少々強引に『春秋』を振り回すのを見たが、とくに『胡氏伝』の影響を受けていた。『胡氏伝』は元朝で科挙が復活された際に、『春秋』の公式解釈と認定され、それは明代にも受け継がれた。尹起莘のあずかり知らぬところだが、結果的に彼の解釈は時代の潮流にマッチすることになったのである。

この「綱目の忠臣」にケチをつけているのが、宋末元初の周密(一二三二—一二九八)である。その随筆『癸辛雑識』『斉東野語』の双方で『綱目』を取り上げるが、「発明」にもその火の粉が飛んだ。

『癸辛雑識』で『綱目』を取り上げているのは、後集の「綱目用武后年号」と「正閏」である。前者はすべて林竹渓先生からの聞き書き、後者も複数の引用が大半を占めているが、これらを取り上げること自体に彼の『綱目』観が表れているには違いない。

まず林竹渓先生とは、後村の行状を書いた林希逸である。今日ではもっぱら『老子口義』の著で名が通っている人だが『春秋』についての著作もある。[88] 彼は『綱目』が嗣聖二十四年まで紀年し、武后の年号を分注にしたことを「此の意甚だ厳なり」と認めながら、武氏が新王朝を開いたのは事実であり、『綱目』のように「帝在某」と書けば「民に二王」があることになって不都合だと言う。[89] 武后の年号は『綱目』の焦点の一つだが、その扱いに疑義を呈した人は、『綱目』の盛行時においてはほかに見つけることができない。

「正閏」は、欧陽脩の正統論を契機として議論が起こり、その焦点である三国時代の歴史を書き換えた例として、蜀を正とする蕭常『後漢書』[90] 鄭雄飛『続後漢書』[91] 翁甫『蜀漢書』[92] を列挙しながら、朱子『綱目』張栻『経世紀年』に同調しただけの売名行為と切って捨てる。[93] 中央の官僚で理宗朝の『綱目』重視を身近に感じていた鄭・翁の著作が時流に迎合するものであったことは否めず、周密の評言は痛いところを突いている。ここでは、批判されるのはエピゴーネンであって『綱目』自体ではない。

次に徐誼[94] の「漢儒は秦を閏位とみなしているが、漢を以って周を継がせるわけにはゆくまい。この伝でゆけば、(南唐の)李昪は呉王恪の子孫を自称しているから、(中山王の後裔を称する劉備同様に)唐を継げることになる」という言を引く。[95] この時点では引用の意図が見えないが、次に引かれる陳過[96] の説によって周密の言いたいことがおぼろげながら姿を現す。

陳過はまず『綱目』の正統論を朱子の序例および「語録」(陳淳・黄義剛録)によって引き、「甲可乙否ついに定論なし」という状況に『綱目』がけりをつけたことを評価する。彼は正統が絶える(「無統」)という考えを『綱目』が出してきたのが新しいとして、以下正統の続・絶を列挙してゆく。[97]

一絶——周滅亡の翌年昭襄王五十二年以降/一続——始皇帝二十六年~二世皇帝死去

二絶――翌年以降／二続――漢高帝五年～前漢滅亡
三絶――王莽始建国元年以降／三続――光武即位～蜀の滅亡
四絶――魏・晋と呉の並立期／四続――呉平定～東晋滅亡
五絶――南北朝／五続――隋の天下統一以後
六絶――隋末／六続――武徳五（七）年以後[98]
七絶――朱全忠の簒奪以後

「無統」という考え方は後世でこそ常識化するが、陳過が新しいと言っているように一般にはなかなか理解されるものではなかった。先の徐誼の言の中にも「秦が不正だからといって、漢を以って周を継がせるわけではない」とあったように、中国史を通史として見る時、正・不正は別として王朝の継起を柱にせざるを得ない。だからこそ『通鑑』もそうしたのである。そこに「断絶」という概念を持ち込んだところに朱子の正統論の革新性が存する。逆にいえば、陳過がわざわざ七絶を列挙し、周密がこれを備録するほど「無統」が浸透していなかったのである（ただ、陳過は呂后期の「絶」をここではカウントしていない）。

陳過はこのような正統論を「密というべし」と評価したうえで、異議を申し立てる。つまり、「無君無親」の秦、外戚の立場から王朝を簒奪した隋、さらに「祖父不義の業を襲った」晋武帝は「正」と言えず、三者に正統を与えることに不安を覚えるというのである。重視すべきは「正」であって「統」は結果論にすぎないとは『朱子語類』で見た弟子たちの意見と同じである。彼らは先生に言われて一応納得したのであろうが、陳過は違った。三代以後では正統は漢・唐・本朝（宋）のみとし、秦・晋・隋は「統があって正がない者」であるから分注扱いにすべきで、漢・魏の際についてはこれ以上弁ずるまでもないとしたのである。[99]

漢・唐・宋のみに正統を与えるという考え方は、方孝孺や『綱目続麟』と同じである。「無統」という考え方がいったん成立すれば王朝の継承を気にする必要もなくなり、「正」を盾にとってこうした考え方が出てくるのは自然である。しかし、これが大勢を占めることはなかった。

陳過の論を長々と引用した周密の意図は何であろうか。「甚当」としているから全面賛成である。徐誼の発言を振り返ると、二つのポイントがあった。秦を「閏位」と単純に見なせないこと、蜀漢の正統といっても所詮南唐のレベルにすぎないという見方もあることである。

蜀漢と南唐を比較するという議論は「発明」も取り上げ、どこの馬の骨とも分からない南唐の李昇とれっきとした漢室の裔である劉備を同じに取り扱えないと言っているが[100]、それだけこうした説が力を持っていたということであろう。そもそも司馬光が劉備の即位記事のところで「族属疏遠」として両者を並べていた（『資治通鑑』巻六九）。これに対する反論の根拠を、周密は血筋云々の問題ではなく「正」に重きを置く陳過に見つけたのである。

『癸辛雑識』の周密はもっぱら他人の引用を借りて『綱目』の正統論に違和感を表明するが、『斉東野語』はもっと細かいところにケチをつける。「著書の難は昔からつきもの」と言い、朱子が誤りを犯したのは仕方がないが、問題は学者がその誤りをもとに説を立てることにあると指摘する。やり玉にあがったのが「発明」であった[101]。

① 癸巳年（斉武平四年）「斉主遊南苑殺其従官六十人」（『綱目』巻三五）

この「殺」の字は、『北史』本紀に「従官暍死」とあるのを『通鑑』が「賜死」と誤写し、それを『綱目』が踏襲したものにすぎないというのが周密の解釈だが[102]、尹起莘の考えは違う。周密は「発明」をきちんと引用せず議論の道筋がいささか見えにくいので、代わって「発明」の長いコメントを要約すると以下のごとくである。

『綱目』は「殺」と書いてその罪を書いていない（「発明」によれば、これは殺された者に罪がなく、殺したほうに非があることを示すものということになる）。斉の滅亡がもはや明らかな時期のことだから、常理を以って律することはできないが、いくら高緯の頭がおかしいといっても、こんなに多くの人間を殺すだろうか。はたして『北史』には「暍死」とある。『通鑑』は後世の記述なので『北史』のほうが正しいだろう。それでは『綱目』はどういうつもりで「殺」と書いたのか。『孟子』に「棒で殺すのも刀で殺すのも政治で殺すのも同じこと」

とあるが（「梁恵王上」）、斉主が真夏の暑い盛りに宮苑を駆け回った結果、従官が熱中症で六十人も死んだのだから、「殺」と言わねばならない。『綱目』が「殺」と書いたのは「変文」（変則）である。斉主は殺人の責を逃れようもない[103]。

このように、尹起莘は『北史』の記事をちゃんと読んだうえで、というより読んだからこそ、『通鑑』の誤りをあえて朱子が襲ったことに目をつけて議論を展開する。一方、周密は、『通鑑』の誤りを踏襲したにすぎないと片づける。たしかにそのように考えるほうが常識的ではある[104]。

② 庚戌年（漢乾祐三年）の「殺其主承祐」と辛亥年（周広順元年）の「弑漢湘陰公」（巻五八）

周の太祖郭威による主君の殺害が「弑」ではなく「殺」なのに対し、皇帝でない湘陰公のそれが逆に「弑」になっている。「発明」は、前者は漢主が郭威を殺そうとしたのに対する自己防衛だが、君主に対する反逆には違いないので、『綱目』は「反」と書く一方で、漢主を有罪と見て「殺」としたとする。一方、後者については「郭威は湘陰公を迎立しようとしたのだし、漢の臣下なのだから、「弑」としてよい」とする[105]。

これに対して、周密は即位していない湘陰公について「弑」と書くのは書法の倒置であるとして、単純な誤書とする[106]。後で取り上げる元代の「考異」「考証」もどちらかといえば、周密に近いが[107]、違うのは「考異」「考証」が「凡例」をよりどころとする（「凡例」では君主の殺害は例外なく「弑」である）のに対し、周密にはふりかざす金科玉条がないことである。彼は「常識」にもとづいて判断しているにすぎない。この「常識」と「凡例」とが、相反するように見えて単純明快という点で通底していることを指摘しておきたい。

③ 貞元二年「十一月皇后崩」（巻四七）

皇后の姓が書かれず、一見して異様な記事である。これを尹起莘はどう説明したか。

『春秋』僖公元年に「夫人氏之喪至自斉」とあって、その姓を書いていない。『公羊伝』ではこれを彼女が閔公の殺害に関わっていたため、貶したのだと説明する。ここで「皇后崩」と書いて姓を記さないのには理由があるのだろうか。『通鑑』にはこの年の十一月甲午に淑妃王氏を立てて皇后とし、丁酉には崩じたとするが、そこに氏を書いていないのは上文を承けたものである。立后から崩御までたった四日にすぎない。また、『新唐書』の后妃伝には「妃の長患いを皇帝があわれに思って皇后に立て、冊礼がおわったところで亡くなった」とする。したがって、『綱目』が氏を書かなかったのは、病を理由に皇后に立てたことをにくんだからである。皇后は天下の母であり、立后に際しては宗廟に告げ、自ら冊礼を受けねばならない。病床にあって急に立后するのは正しくない。死病であるなら後日追諡の制度を用いればよい。立后の礼を廃人に加えたら、宗廟に何と告げたらよいのか。このために『綱目』は姓を書かなかったのである。そうでなければ、皇后で姓を書いていない例がほかにないのに、なぜここだけ欠けているのか。[108]

この長広舌に対して、周密はまたしても『通鑑』を踏襲しただけだとにべもないのだが[109]、尹起莘がまた『春秋』を引き合いに出していることに注目しよう（『公羊伝』の解釈は『胡氏伝』にも受け継がれている）。同じ妃の話とはいっても、『春秋』の場合は弑逆に関わっているのだから病気云々とはレベルが違う。強烈な我田引水だが、面白いのは杜預が『春秋』のこのくだりについて「史の闕文」とし、孔穎達がこれを受けて『公羊伝』『穀梁伝』を「妄りにこれが説をなすのみ」とすることである[110]。周密がこれを意識していたかは分からないが、結果的には『公羊伝』と杜・孔、尹起莘と周密の関係がパラレルになっている。

今日の目からすれば、後者のほうがまっとうに見える。しかし、尹起莘は『綱目』を『春秋』とほぼ同じレベルで見ているのである。つまり、一字一句動かせないものであり、史書にすぎない『通鑑』と字句が同じであってもそこには寓意があるので、彼からすれば『綱目』が『通鑑』を踏襲しているという議論こそがナンセンスなのである。

周密ならば『通鑑』の踏襲としか見ないところに、尹起莘が『綱目』の微意を読み取る例はいくらでもある。その一例を挙げよう。漢武帝の建元六年の「閩越撃南越、遣大行王恢等将兵撃之」（巻四）の綱文に対する解説を途中から引用する。

『綱目』が前に「発兵救東甌」を「星孛西北」の下に書き、ここで「遣兵撃閩越」を「星孛東方」の下に書くのは、皆武帝が天戒をゆるがせにし、安易に兵を用いた咎を著すものであり、もとより書法の深意である[三]。ところが、『通鑑』の該当箇所を見ると、前者の例では流星と発兵の記事の間に別の記事が一つはさまっているが、後者は連続している。前者は『綱目』が中を抜いて流星と発兵を関連付けたと考えることもできようが、後者は『通鑑』自体がそうなっているのである。しかし、尹起莘にとっては、これは『通鑑』の深意ではなく、『綱目』の深意なのである。彼にとって『綱目』の「綱」は、『通鑑』の縮約・要綱ではない。表面上は似通っていても、朱子が一字一句に意味を賦活しなおした新しいテキストなのである。

④ 開皇十七年「詔諸司論属官罪」（巻三五）

ここで周密が問題にしているのは、分注の記事である。『綱目』には「蕭摩訶子世略在江南作乱、摩訶当従坐。大理少卿趙綽固諫。上命綽退、綽曰、『臣奏獄未決、不敢退。』帝乃釈之」と書く。しかし、『通鑑』には、

摩訶当従座。上曰「世略年未二十、亦何能為、以其名将之子為人所逼耳。」因赦摩訶。綽固諫不可、上不能奪、欲綽去而赦之、因命綽退、綽曰「臣奏獄未決、不敢退。」上曰「大理其為朕特捨摩訶。」因命左右釈之。

とある。分注では傍線部が省略されたために、趙綽が蕭摩訶の連座に反対し、文帝が折れて赦免が行われたかのごとくに読めるが、じっさいには摩訶を救おうとしたのは皇帝であった。『通鑑』の文章を縮約する際に鋏の入れどころを誤った事例である。①〜③が尹起莘に乗っかる形の指摘であったのと違い、周密自身が『綱目』を精読しない限り気づかないものである。

⑤ 貞観元年「御史大夫杜淹参預朝政」

今度は単純な省略ではなく、ある文節をおかしなところに移したために起きた例である。太子が杜淹に「煬帝を諫めることができないと分かっているなら、なぜ仕えたのか」と言ったことが、『通鑑』に書かれている。『綱目』

は「なぜ仕えたのか」を移しかえて、杜淹が次に仕えた王世充の話につないでしまっているが、[112]それはそれで話は通る。『通鑑』と比較して読まない限り、この誤りには気づかない。

こうして見ると、周密もまた尹起莘とは違った意味で『綱目』の精読者であったとしてよい。その読みは尹起莘がほとんど問題にしていない「目」の部分にまで及んでいる点で、『綱目分註拾遺』の芮長恤を先取りしている（ただし、この二条を芮長恤は取り上げていない）。しかし、芮は「目」の編集が朱子の弟子なかんずく趙師淵に委ねられていたのだから「誤書」は朱子自身の責任でないとするが、周密は朱子も誤謬を犯すことはあると考えたところが違う。朱子の正統論の立て方にも補正すべきところがあると考えたくらいだから、不注意による誤書は当然ありうると考えたのだろう。

宋代には、周密・尹起莘のような精読者はほかにもいた。前述の『綱目考異』の趙希弁がそうだし、同一書名の本を司戸参軍の徐某が蔡抗（一一九三―一二五九）に献じている。彼の父は知泉州時代の真徳秀のもとにいた。その時、朱子の高弟林学蒙が真徳秀に宛てた手紙の内容は次のとおりであった。[113]

『綱目』の「綱」は断乎として先師の手に出るものだが、分注の「目」は或いは諸生に委ねられたこともあっただろう。先生の工夫はもっぱら四書に注がれたので『綱目』の修改にまで手が回らず、今一読するに一章の中で文意が連続していないところがあり、こうした部分については『通鑑』の旧文を参照してはじめて文意が明らかになる。そこであなたが主編となり、数人を使って『綱目』の文章を『通鑑』と対校した「綱目考異」という名の本をつくればよい。

真徳秀はいわば『綱目』の産婆である。林学蒙は『綱目』刊行のことを知って、彼にその補訂を作るよう勧めたのだろう。真徳秀はその仕事を徐の父親に託したが、それを引き継いだ徐は千四百条の同異を摘出し三十巻にまとめ上げたという。その結果「近世の『綱目発明』と『綱目考異』（趙希弁のもの）」と違ったものができたと、胸を張る。[114]

周密とはまた別の種類の精読者であるが、彼の作は現存せず、これに言及する史料もほかには見つけられない。蔡元定の孫で当時高官だった蔡抗に献じられたのだから、その肝いりで広まってもよさそうなものだが、そうはならなかった。朱子の作としてすでに出版されてお上のお墨付きをいただいた『綱目』の補訂を公にし、それを広めるメリットはないと考えられたのかもしれない。趙希弁『綱目考異』もまた、後代には影響しなかった。けっきょく、「綱目考異」として残ったのは、後述する汪克寛のものだけであった。

その中で「発明」が生き残れたのは、『綱目』のテクストを一切いじることなく、ただひたすらにその発明に努めたからではないか。周密のようにその態度を笑っていた人はほかにもいただろうが、「凡例」が浮上してくるまで、「発明」の批判は『綱目』自身への非難ともとられかねないから、黙っていたのであろう。

しかし、「発明」が広く知られていたわけでもなさそうである。少なくとも宋末元初において、周密のほかに具体的にコメントしている例が見つからない。周密は尹起莘のよき読者であったとも言えるかもしれない。そして、周の綱目論もまた孤立していた。「綱目之誤」は『説郛』に収録され[115]、明初期の大文人宋濂も言及しているが[116]、それ以外の影響を窺うことができないし、正統論の方については、後に同様の見解を持つ人が出てくるが、彼らが周密に言及することはない。

つまり、精読者たちは孤独だったのである[117]。『綱目』の良き読者が李方子を別にすれば、朱門の傍流（徐司戸ないし、サークル外の人々（尹起莘、周密、趙希弁）であるのが面白い。むろん、『綱目』の名声は「類書」における扱いを見ても分かるように、宋末元初には赫々たるものとなっていた。しかし、どれだけの人が眼光紙背に徹して読んだであろうか。むしろ、朱子の作であることがその精読を阻害さえしたと思われる。

しかし、それは宋末に限らない。元代に『綱目』学が流行したとはよく言われることだが[118]、後述するようにそれはかなり怪しい。したがって、この人たちこそが明末に張自勲らが登場するまで、最も『綱目』をよく読んだ人たちであった。魏了翁が「発明」を「綱目の忠臣」と呼んだのはおざなりの賛辞だったかも知れないが、当たってはいるのである。四庫館臣が七家を一からげにして「朱子を尊崇する者」とまとめたのは粗雑な議論であり、その中には随分怪しい忠臣もいたのだが、尹起莘は君主の思いは別として、一途に忠勤に励んだ臣下と言ってよい。

七 「凡例」の浮上

『綱目』の真剣な読書を阻害した要因の一つは、「七家注本」では朱子の序例のあとに鎮座している「凡例」にある。[119] 現存の宋刊本のいずれにも「凡例」はついておらず、元刊本についても同様である。新しい版本でも発見されない限り、「凡例」は明代に入ってはじめて定位置を確保したと言うべきである。その後は、朱子の序例以上に大きな顔をするようになった。『綱目』のルールブックであり、これさえあれば、朱子の寓意をあれこれ詮索する必要がなくなってしまったのである。

湯勤福は、この「凡例」と朱子の趙師淵宛八書簡を世に広める契機を作ったのが、宋末の金華の学者王柏（一一九七―一二七四）だとする。ここで彼の立論の詳細に立ち入ってみよう。

湯は、「凡例」の発見を語る王柏の序文（凡例後語）について四つの注目点を挙げる。

① 王柏は朱子の序文（序例）を「凡例」に対する序とみなしていた。

② 彼は「凡例」の存在を示す李方子の後序を引きながら、「凡例」をそれまで見たことがないと言っている。したがって泉州の原刻本は見ていない。

③ 王柏は趙師淵の文集の中に『綱目』編纂についての師とのやりとりを発見したが、それまでは趙の『綱目』への関与を知らなかった。[120]

④ 「凡例」の写本を趙氏の一族から入手した。

この中では、まず②がひっかかる。湯は「凡例」が李方子の後序に言及されているのに現存最古の刻本についていない矛盾に全く触れるところがない。現存本は初印本ではないから、初印本には存在した可能性はある。しかし、湯はそう見ているわけでもない。彼は刻本の状況に全く言及しないのである。また、「王柏は泉州の原刻本を見ていない」とするが、それでは李方子の後序をどこで見たのか、その点も説明しない。李の後序を付する『綱目』宋刊本が現存する中では一つしかないことはすでに述べた。それでも存在はするのだから、王柏はそちらを見たのだと説明することは可能だが、湯はそう言っているわけでもない。また、彼は朱子が「凡例」を作ったものの、のちに史学観の転換からこれを放棄したとする。朱子が放棄したものを弟子の李方子が拾い上げることがありうるかという点も検討していない。

③については、王柏の後語が書かれたのが咸淳元年であるから、趙師淵の文集を見たのはそれ以前ということになる。湯は『朱子大全』[121]の別集（朱子の門人への手紙を集めたもの。序文がやはり咸淳元年に書かれている）には趙師淵への書簡（『綱目』とは無関係）が二通収録されているのに、この「八書」が入っていないことに疑問を投げかける。

彼はついで「八書」の中身について二つの疑問を呈する。

⑤八通のうちの一通に「礼書」編纂の記事が述べられているので、晩年の書簡ということになる。しかし、別の手紙に「提要（綱文）は一々見たであろうか」あるいは「『通鑑』の目録や『稽古録』『皇極経世』などを参考にしながら綱を参定してから目を修める」といった編纂初期の段階を示す記述が見えるのは矛盾である。

⑥また別の一通の中に「『大事記』の続編を作ろうと思う」とあるが、呂祖謙『大事記』に対する朱子の評価の低さと齟齬をきたす。

これらについては郭斉が疑義を呈している。[122]⑤については、「八書」の内容は修訂について述べたものであり、湯が言う矛盾は存在しないとする。しかし、湯の挙げる論拠を直接に取り上げていないために議論がすれちがっている。ここでは綱の確定は初期のことであるとする湯と、趙師淵が綱の確定にも関与したとする郭は同じ土俵に立っていない。そこで別の点から湯の前提に疑問を投げかけるとすれば、彼が「八書」を同じ時期に書かれたと見ている点である。たしかに趙師淵の朱子への師事期間は長くはないだろうし、「語録」にも彼が直接登場することはない。[123]しかし、朱子は門人以外にも『綱目』のことを相談している。趙が初期から編集に参加したことを想定できなくはない。湯の立場からすればこの想定をまずつぶす必要があるが、彼はそれをしていない（なお、湯が編纂の初期段階を示すとした二通の内、後者には師淵の字（幾道）が見え、第三者に宛てたものである）。

一方、⑥については、郭斉が示す朱子の『大事記』への高評価（『晦庵集』巻二七「与詹帥書」）が反証になる。評価自体が変わることはありうるが、そもそも湯はこの史料を挙げていないのだから話にならない。要するに、これだけでは「八書」の内容からそれを偽と断定することは難しい。ということは、それとセットになる「凡例」についても偽のランプは確定しない。

湯はさらに切り札として、晩年『春秋』に褒貶の筆法なし」と繰り返し述べるに至った朱子の歴史観の転換を持ちだす。一字褒貶主義の「凡例」が朱子の作であるはずがないとするのである。しかし、これも張自勳のように現行の「凡例」が早期に定められたと見れば、たちまち怪しくなる。湯が言う晩年の「凡例」放擲と、初期の「凡例」を趙師淵が手に入れることは矛盾しない。

とにかく、湯は「凡例」「八書」をともに偽と断じる。慶元の党禁においても気骨を示した趙師淵[124]が党禁の波及を恐れたために師の書簡を公開しなかったとは考えにくいし、ましてや党禁が解除された後は彼ないし遺族が書簡を秘匿する理由がない、と述べるのである。

しかし、「八書」を収める趙の文集は、普通に考えれば本人あるいは遺族が編んだものであろうし、王柏が「凡例」を入手したのも、「後語」の文章を信じるなら趙の一族からということになる。ところが、湯勤福は遺族を犯人としているわけではなく、偽作の犯人と動機については全く触れるところがないのである。

趙師淵の文集は現存しないので、そこに「八書」が入っていたかどうか確認することはできないが、やや時代を下って彼の『綱目』関与を語る史料が袁桷（一二六六―一三二七）執筆の趙与票（一二四二―一三〇三）の行状と墓誌である。趙与票は宋の宗室で咸淳七年の進士。宋の滅亡後、江南の人心収攬の一環として趙氏宗室が優遇される中で至元十四年に召しだされ、その後は死ぬまで大都にいた。

行状・墓誌銘のいずれにも「伯祖」として趙師淵が登場する。前者では「朱文公の高弟」とした後、『綱目』の史料の整理、編集から成書にいたるまで「皆な太常（趙師淵の官は太常丞）の定めるところ」とし、後進は彼を黄榦と並び称したと持ち上げる。[125] そして、後者には「朱文公と通鑑綱目・凡例を纂次した」と書かれ、『綱目』編纂の助手どころか、「凡例」の編集にも関与したという。[126] 後世の「趙師淵編者説」にかなり近いが、この史料が根拠として引かれることは今までなかった。

行状、墓誌はともにふつう遺族から提示された材料によって書かれる。この場合、主人公の祖父の兄に言及するのがやや異例である。それだけ趙氏にとって師淵の朱子とのつながりが大きな勲章だったということだろう。

これらが真実を述べているとは限らない。「黄榦と並び称された」とは過褒もいいところであろう。同様に、『綱目』や「凡例」への関与も偽りである可能性は否定できない。むろん、これだけで断案を下すことはできないが、もし「凡例」「八書」を偽と断じるのなら、まず趙氏周辺が怪しいということになるだろう。

ここで、王柏と『綱目』のかかわりについて述べておこう。まず、彼の文集『魯斎集』を見ると、「凡例後語」は載っていないし、『綱目』への言及はわずかに一例である。[127] 現存する『魯斎集』は明代になって子孫によって編まれたものである（正統八年序刊）。時期が随分隔たっているため、文章に収録漏れがあってもおかしくないが、先祖の功績の証拠となる文章が載らないのはいぶかしい。文集以外で、彼と『綱目』のかかわりを示すのが元人呉師道（一二八三―一三四四）の文章で、「朱子の諸書にはすべて点校を施し、四書・通鑑綱目はとくに有名である」と記す。[128] これは金華の先輩学者の何基（一一八八―一二六八）と王柏の事績を史局の人たちにアピールしたもので、その中で『綱目』へのかかわりが強調されている。しかし、「凡例」とのかかわりには触れない。湯勤福説のもう一つの問題は、王柏の文章しか見ていないことである。現行本の『綱目』には「凡例」の発見、浮上を語る一連の文章（王柏、文天祐、倪士毅、汪克寛）が収められ、王柏はその先頭に位置する。これだけを取り上げてもじつは意味がない。これら一連の文章と「凡例」は、少なくとも現存例に徴する限り、明刊本にはじめて登場するものであることにも留意しなければならない。一連の文章を読み、そこから構成されるストーリーを検証してはじめて、その性格に診断を下すことができる。

そこで、王柏以下の四つの文章をあらためて見直してみよう。

(ア) 王柏「凡例後語」

ここで述べられる刊行の経緯は次のとおりである。彼がある日趙師淵の文集を見ていたら朱子との往復書簡が載っていた。そこから、朱子が趙師淵に「目」の編集を委ねたことが分かったが、彼にとっては初耳であった。とくに趙が「凡例一冊は写してすでにこちらにあります」と述べているのを見て「凡例」の存在を確信し、趙の姻族である謝作章に「凡例」のことを問い合わせてもらったところ、「水害にあったので、いまでもあるかどうか分からない」との答えだったが、翌年「趙与欌のところに残っていた」との知らせとともにその写本を恵贈された。さらに趙傃軒の所蔵する「凡例」も入手し、対校して全貌を回復した[129]。

謝作章、趙与欌についてはこれ以上分からない。趙傃軒（名は希悦）と王柏との間には交流があった。また、彼は朱子の「甥孫」でもあった[130]。

その一方で、少々気になる記述がある。王柏は朱子の「『春秋』の伝例は多く信ずべからず。夫子の為すにあらざるなり」[131]を引き、続いて『綱目』の「凡例」は朱子の自定になるとする[132]。『春秋』の義例は後人の作だと朱子に拠って言った後に、「凡例」のほうは確実に朱子の作であると強調しているわけである。

しかし、引用された朱子の言にはまだその先がある。「聖人の記事いずくんぞ許多の義例あらんや」、つまり、後人の「義例」が信じられないだけではなく、そもそも孔子自身が「許多の義例」を立てるはずがないと言っているのである。一方、『綱目』の現行「凡例」は、この後語も言うように総計十九門百七十三条に及ぶ。まさに「許多の義例」である。引用者はこの矛盾を糊塗すべく、後半を意図的に省略したとも考えられるが、朱子のこの発言を引くこと自体が藪蛇なのを、王柏ほどの学者が予想しなかったろうか。具体的な人名がいくつか出てきて、そのうち二人が朱子・趙師淵の姻族であれば、原稿入手の部分については信用できそうに見える。デッチあげにしては手が込みすぎている。しかし、『春秋』の義例云々の部分は怪しい。弟子筋の呉師道が師の『綱目』校正に触れながら、「凡例」の刊行に言及していないのも気になる。

(イ) 文天祐「凡例識語」

文天祐は「「凡例」は金華で刊行されたが、余り普及しなかった。「今の貳車潘公子輿」が学校で刊行した際に識語を求められた」と述べる[133]。文章の日付は記されていないが(ほかのものにはすべて付いている)、朱子が序文を書いた乾道八年(一一七二)から「今百年」とあるので、文字どおりに受けとめれば宋末ということになる。王柏の「後語」からさほど時間が経っていない。

刊行主体の貳車(府州の副官)潘子輿については分からない。一方、識語を書いた「郡文学掾廬山文天祐」(文中に「宣学」という言葉がある。南宋であれば宣城=寧国府である)はどうだろうか。名前からして文天祥が連想されるところだが、彼のいとこに天祐がいる。この人物は天祥に随行して転戦し、天祥がモンゴル軍に捕らえられた時に、戦死したとされるが[134]、それ以上は不明である。ただ、文天祥一族の出身地は「廬山」ではなく江西吉州の「廬陵」である。

後世の書物には「文天祐」が少しだけ顔をのぞかせる。清の厲鶚『宋詩紀事』巻八三には「九江人」として、曾燠『江西詩徴』巻二一にはまさしく「廬陵人、天祥の弟」として載る。では同名異人なのかといえば、採られている詩(「黄山聴琴」)は同じである。両書がそれぞれ何にもとづいたのかは分からない。九江であれば、廬山とは離れていない。

王柏の金華本同様、この「宣城学宮本」も広まったわけではないらしい。文天祐の文章にはとりあえず王柏への言及があるが、続く倪士毅の文章には先輩の名が見えず、王→文のところでいったん線が切れる。

(ウ) 倪士毅の「凡例序」

金華、宣城本には一切言及がなく、「凡例、世に尚お伝えることまれなり」として、「凡例」発掘がまた振り出しに戻ったかのごとき印象を受ける。その発掘の経緯をまとめると次のとおりである（文章の日付は至正二年）。
至元後戊寅（一三三八）に友人の朱旻が泗水から戻ってきて、翌年倪に「趙継清（名は賁翁）の子嘉績（名は凝）のところで写した凡例」を示した。倪が子細に見てみると転写の過程で誤りが生じていることに気づいたが、対校できるテクストもなく、錯簡三条、漏誤衍文三十余字を正すにとどまり、これを建陽の劉錦文に送って刊行させた。その際に、先生の陳櫟から得た方氏「綱目論」[135]一編を付した。倪士毅は、この「綱目論」が尹氏の『綱目発明』と並び行われるべきものであるとしている。[136]
倪士毅（一三〇三―一三四八）は新安（徽州）休寧県の人である。やはり新安人である師陳櫟《れき》（一二五二―一三三四）の『四書発明』と胡炳文『四書通』の合訂本である『四書輯釈』の編集者として名が残っている（『四書大全』はほぼその踏襲にすぎないという悪口がある[137]）。この本の出版元がやはり建陽の書肆劉錦文なのである。[138]
倪士毅についてくわしく記すのは、同郷の趙汸による「改葬誌」である。生徒に学問を教えて生計を立てており、その評判を聞きつけた隣県の人物から招かれて塾を開き、以後死ぬまで二十三年間当地にあったという。[139] 要するに、田舎教師にすぎないが、彼が当時の出版の中心である建陽とパイプを持っていたのは、おそらく師の陳櫟のそれを継承したものであろう。[140] この文章にも、代表作として『四書集釈《ママ》』をあげ、その初稿を「閩坊」（建陽の書肆）が刻したことが記される。しかし、『綱目』や「凡例」についての言及はない。
友人の朱旻（字は平仲）については、明の楊琢『心遠楼存稿』に収録された朱の文章に「至正辛卯（一三五一）

進士」と注記され、本文では「楊琢が余の友仲弘（倪士毅の字）先生にかつて学んだ」ことに言及している。[141]

朱晏に「凡例」を写させた趙凝の父賀翁（字は継清）は、許有壬（一二八七―一三六四）の『至正集』に「同年」として名が見える。[142] 至順四年（一三三三）に故郷の山西聞喜県に「董沢書院碑」を立てた時点での肩書きは国子博士であった[143]（同碑に子の凝の名も見える）。趙姓だが、南宋初年の宰相趙鼎の子孫であって、趙師淵の一族とは関係がない。

具体的な人名が出てくるし、裏も一応取れる。とくに劉錦文と提携して「凡例」を出版したという話は、このコンビで本を出したほかの例もあるので、信用できそうである。ただ、怪しいところがないわけではない。付録として刊行した「綱目論」なるものについてである。

この文章を信じるなら、倪士毅が刊行した「凡例」には、「綱目論」がついていたはずである。ところが、「七家注本」にはこの「綱目論」が存在しない。つまり、倪の「凡例」もまた、「七家注本」と回路がすべてつながっているわけではないのである。

もっと気になるのは、ここで「発明」が称揚されていることである。後述する「考異」には「尹氏曲げてこれが説をなす」という言葉が散見し、[144]「発明」に対して否定的である。「発明」は「変例」の発掘に熱心だが、「考異」は「凡例」というルールで押し切ろうとするところがあるからである。倪士毅についても同じことが言える。「凡例」を世に喧伝しようとする人が、同時に「発明」を称揚するというのは明らかに矛盾である。こういうことを平気で言うのは、学者としての主義主張などに頓着しない者だとしか考えられない。少なくとも、倪の文章のこの部分についてはきわめて怪しいとせざるを得ない。

(エ) 汪克寛「考異序」

「綱目考異」の著者汪克寛（一三〇四―一三七二）の文章である。「魯斎王公これを金華に刊し、敬所文君これを宣城に刊してこれを伝えるも未だ広まらず」と「凡例」顕彰の先輩たちの名に言及した後、友人の倪士毅が朱晏から「凡例」を入手したことを記し、さらに倪士毅に「凡例」を示された汪克寛が後学に益せんがためにこれを刊行しようとしたところ、息子を汪のもとに弟子入りさせていた海寧の任用和がこの話を聞いて家塾で刻し、汪は「凡例」の「同異」を付録としたとする（文章の日付は至正三年[145]）。

金華、宣城刊本に言及されるということは、それに付いた王柏・文天祐の文章も見たはずである（伝聞で知ったという可能性は低いだろう）。汪は二つの刊本が広まらなかったと言い、「友人の倪仲弘が……」と続けるので、一応、宣城系の刊本を倪が入手したことになりそうだが、前述したように、倪は王柏・文天祐に全く触れていない。また、「文天祐」に当たる人物がここでは「文敬所」となっている。素直に読めば敬所は文天祐の字または号ということになるが、それを示す傍証はない。文敬所の名は、倪士毅・汪克寛の師陳櫟がある文章の中で風水を信じない者として「呂誠公（祖謙）、楊誠斎（時）、羅鶴林（大経）、近年の文敬所、方虚谷（回）」を挙げており[146]、方回（一二二七—一三〇七）とほぼ同時代の人だろうから、文天祐が宋末の人らしいことと矛盾しない。ほかに並ぶ四人は有名人であり、文敬所も少なくとも陳櫟の地元新安周辺では名が売れていたのだろう。そして、宋・元の宣城人のアンソロジー『宛陵群英集』（巻七）に「文敬所、杭より帰りて」云々というタイトルの詩が収められていることから、文敬所は宣城の人であることが分かる。つまり「廬山の人」ではない。

しかも、倪士毅の文章では原稿入手が「戊寅の翌年」となっているが、ここでは「至元丁丑」であり、二年のズレがある。前掲の『四書輯釈』が劉錦文のところで刊行されたいきさつをくわしく語っているのがほかならぬ汪克寛であって[147]、倪と汪は通り一遍の友人ではない。その彼がはたしてこんな間違いをするだろうかという疑問が生じる。

また、倪士毅によれば、「凡例」は劉錦文のところで刊行されたはずである。汪はそのことに全く言及しないが、別のところでの刊行を支援したというのは、いくら後学に益せんがためとはいえ、倪の功績を奪う仕打ちであり、劉錦文にとっては営業妨害である。その一方で、「海寧の任用和に家塾で刻させた」とは具体的な記述である。任用和が新安（海寧は休寧の古名）に実在した人物らしいことは、後世の史料ながら一応確認できる。[148]

このように、王・文・倪・汪の文章のいずれにも引っかかるところがある。ここでそれをまとめておこう。

一、王柏「後語」

湯勤福は朱子の趙師淵宛書簡を偽と断じている。しかし、趙師淵の一族の中では彼が「凡例」に関与していたことになっている。王柏が趙の一族から原稿を入手したいきさつの記述も具体的である。その一方で、朱子の引用（正しくは、未引用の部分と言うべきだが）と「凡例」の重視が齟齬をきたしている。また、文天祐・汪克寛の文章には王柏による金華での刊行のことが言及されているが、倪・汪が入手した「凡例」と王柏刊行のそれの関係が明らかでない。

二、文天祐と文敬所

「凡例」を刊行したとされる文天祐と汪克寛の言う「敬所王君」に確かな接点がない。それどころか別人である可能性が高い。

三、倪士毅の「凡例序」

「凡例」入手過程の記述は具体的である。ただ、「発明」の称揚と「凡例」では方向が逆である。

四、汪克寛の「考異序」

倪士毅の記述と齟齬がある。友による出版に触れないのもおかしい。

これらのモヤモヤを解消するには、さらにほかの材料が必要である。ここで、元代の姚燧が自作の年表について書いた序文「国統離合表序」を見よう。王柏以下の文章は、「凡例」は稀見の書であり、だからこそ刊行することに意義ありという前提に立って書かれていた。しかし、この文章の内容はそれをいささか裏切る。

まだ壮年に達しない頃、『綱目』を蘇門山（河南省）で読んだ……それから四十年が経つ。今年の秋に同門の許得卿が金陵から宣州にやってきたので、（この表）を示したところ、この表がことさらに自説を開陳するものではないことを褒めてくれた。そこで、この表の中の『綱目』の部分を抜書きして編集した。これを「凡例」の後ろに刊置したとしても僭越にはならないと思っていたが、ちょうどその時、校官の劉徳恭が宣州の学校で胡寅の『読史管見』を出版しようとしていたところであったのを聞きつけ、この刻書の機会を利用して刊行しようと考えた。そこで「徽・建の二本」を重ねて対校したところ、三つの誤りを見つけた。(149)

一、建安二十五年を徽本は延康元年に作っている。「凡例」には「年の途中で改元した場合、特別な事柄がない場合は後の年号を正として立てる。興廃存亡の間にあって義理得失に関する者は前を以って正とする」とあり、その下の注に「建安二十五年に延康と改元している。『後漢書』や『三国志』の注を見ると漢の年号であると分かるが、『通鑑』では曹丕が王を称した時の年号のように書かれていて（『通鑑』では、改元の直前に曹丕に魏王の璽が授けられたことを記す。ちなみに胡三省の注も改元を「魏の志」としている）、この点について結論が出せない」とある。したがって、年号が漢のものか曹丕のものか決しがたい。ましてや興廃存亡の間にあるわけだから、前を正しいとし、建本に従って二十五年とした。(150)

二、蜀章武三年について徽本は「三年、後主禅の建興元年」と大書している。建本には「三年」がなく、あとは徽本と同じである。「凡例」には「章武三年五月に後主は即位し、建興と改元しているのに、『通鑑』の「目録」「挙要（暦）」ともに、この年の最初から建興としている。これは事実でないばかりか、君臣父子の教えを大いに損なうものであるので、今これを正した」とある。「三年」がないと、昭烈帝に終わりがない（章武は劉備の年号）ことになってしまうので、これは建本の失である。また、「後主」とするのは、徽・建本双方ともに誤まっている。その理由を尋ねるに……『綱目』の書にいたってはじめて「漢中王、皇帝位に即く」と書いて統が正されたのに、その子を「後主」と言うだろうか。それに、建興から炎興年間にかけて天子として四方に君臨すること四十年、鄧艾が成都に至った時、「帝出降す」と書き、明年にもなお「魏、故の漢帝禅を封じて安楽公となす」としている。国が亡んだ後ですら

「帝」と呼んでいるのだから、即位の初年に「帝」と書かずに「後主」と書くことがあろうか。さらに十四・十五・十六巻の起尽（巻頭に何年から何年までと注記した部分）にも後主と書くのは、口耳の慣れによってよく考えずに訂正を行わなかったものである。また、「凡例」には「廃されて諡なき者はただ「帝某」と書き、後人による貶爵は用いない」とある。建興の帝は廃されたのではないが、諡がない点は同じなので、後の時代の晋帝奕、そして唐の睿宗景雲二年の条に玄宗皇帝先天元年と分注し（正しくは太極元年条）、翌年に玄宗明皇帝開元元年と大書した例をとって、「三年」を大書して「帝禅建興元年」と分注し、翌年を「帝禅建興二年」と大書すれば、前後が吻合して齟齬がなくなるであろう[151]。

三、天宝十五載に「粛宗皇帝至徳元載」と分注され、翌年はただ「二載」として「粛宗皇帝至徳」と大書していない。これでは始まりがなくなるので、二載の上に「粛宗皇帝至徳」を加えて、上の開元の例にそろえる[152]。

姚燧（一二三八―一三一三）は元朝で翰林学士にまで出世した人物である。蘇門山に学んだとあるのは、大物学者許衡に弟子入りしていた頃のことで、十八歳で長安に遊学する前の話だろう（『元史』巻一五八）。「それから四十年」して『国統離合表』をまとめたのは大徳六年頃のことである。つまり十三、四世紀の交において（倪・汪より三十年以上前に）姚燧は「凡例」を手にしていたのである。残念ながら、彼はどこから入手したのかを教えてくれない（ただ、彼が自作を刊行しようとした宣州は文天祐の「凡例」の刊行地である）。『綱目』の一本に付録としてついていたのか、それとも単行していたのかも判然としない。

ここで再び厳文儒に従って、元代の『綱目』出版の状況を眺めておこう。現存している『綱目』元版の中で最も有名なのが「建安詹光祖至元丁亥（一二八七）月崖書堂本」である（中国国家図書館、上海図書館などに所蔵）。これは宋刻のところで述べた上海・国家図書館分蔵の四巻残本と板式が一致している。つまり趙希弁言うところの吉州本系統である。宋諱を避けているために宋本とされることがあるが、それは宋末の旧板を取り込んだ部分に現れているのであり、基本的には元刻であって、そのことは上海図書館所蔵本の巻末に「至元丁亥重刊」とあることから明らかであるとする[153]。なお、完本である中国国家図書館所蔵本（中華再造善本）にも「凡例」と陳孔碩・李方子の後序は載せない。

ほかには安福州東李氏留耕書堂本に、厳が言うところの「元甲本、乙本」がある。江西の安福が州に昇格したのは元貞元年（一二九五）なので出版はそれ以後ということになる。中国国家図書館所蔵の甲本は「目録」の後に序文を載せず、上海図書館所蔵の乙本は残本なので「凡例」など付録の有無は確認できない。これら両本はいずれも字跡が曖昧で坊刻と見られるが、板式からするとやはり月崖書堂本系統であるという。

姚燧が言う「建本」がこの月崖書堂本にあたる。「徽本」は汪克寛「考異」が言うところの「紫陽書院本[154]」と同じものだろう。延康元年を記し、（章武）三年と建興元年を大書併記するテクストは現存最古とされる中国国家図書館蔵宋刊本がそうなっている。紫陽書院刊本に「考異」が言及するのはこのほかに一ヵ所しかないので、ほかの点は分からないが、古い形を残したものなのだろう。

さて、この「国統離合表序」に言及しているのが、「七家注」の一人「考証」の徐昭文である。彼の序文（至正十九年＝一三五九）を見よう。彼も姚燧と同じく、「凡例」が稀見の書であるなどとは言わない。「凡例」の存在を前提として、それと諸刊本の齟齬が多々生じていることを個別の事例を挙げて指摘し[155]、さらにこう述べる。

> 朱子がこの書を編纂し、「凡例」が定まると、晩年に門人訥斎趙氏に委ねて完成させた。現存する「語録」は多くは先生が目の当たりに弟子に述べた言葉であり、手書による戒めはきわめて懇切である。「綱は謹厳であって脱落がないのが望ましく、目は詳備して煩瑣でないのが望ましい」とある（八通の書状のうち第三の文言）のを見ると、訥斎が編集過程で詳謹を欠いたがために脱誤が生じ、朱子の本意を失うことがあったのではないだろうか。その点が初学の読者の躓きとなっている。果斎李氏（方子）は「朱子は少し改訂しようとされたが、時間がなかった」（李方子の後語の引用）と言い、勉斎黄氏（榦）は『綱目』は近ごろ完成したが、常に修訂の

余裕がないことを遺憾とされていた」(『勉斎集』巻三四「朱子行状」)と言う。牧庵姚氏は「国統離合表」に序文を書いてわずかに三つしか誤りを指摘してない。その一つは建安末年を延康と誤書しているというものだが、今の刊本ではすでに正されていることである。また、新安汪氏(克寛)は究明したところも多いが、おしむらくは精密でない。そこでわたくし昭文は僭越を省みず、大賢の立言にもとづき、諸儒の同異を拾って、何度も校訂し、誤漏を補正して提要(綱文)の各条の下に注記し、時に自分の意見を加えた(156)。

この文章は、これまでに出てきた要素(趙師淵への委嘱、汪氏の「考異」執筆)に加えて姚燧にまで言及し、「凡例」の継承過程の集大成であるかのように見える。しかし、同時にいくつかの疑問が湧きあがってくる。

まず、王柏の名前がここには出てこないが、王柏後語で述べられていたことと、ここでの主張に違いがあることが注目される。王柏は朱子の趙師淵宛書簡を見て、「綱下の目の執筆が趙師淵に委ねられた」としていたが、ここでは書簡に見える文言から、趙が「綱」の編集にもかかわったことで脱誤が生じたと考えている。しかし、朱子の「綱目はこうあってほしい」という文言を、趙への訓戒ととらえるのにはいささか飛躍があると言わざるを得ず、しかもそれが意図的なものである疑いがぬぐえないのである。そして、湯勤福は王柏と八書をセットのものとして考えていたが、後語の文章には徐昭文のように書簡の文言の具体的な引用はなく、逆に趙師淵の「凡例はすでに写して手元にもっています」という文言を引用する。前述したように「八書」は、最後の一簡が第三者への書簡であるのを除くと、趙宛のものとみなしうるが、趙からの書簡は入っていない。つまり、王柏の言う「訥斎趙公文集中の考亭往来書問」と現行の「八書」が同じものである保証はないのである。むしろ、この「八書」と王柏は切り離して考えるべきではないだろうか。「八書」に言及する史料は、管見の限りではようやく元末になって現れるのである(後述)。

次に姚燧について。彼の指摘がたったの三条しかないと言うのはいいが、「考証」は三条をじっさいにどう扱っているのだろうか。「考異」とあわせて検討しよう。

まず断っておかねばならないのは、「考異」「考証」には、「発明」と異なって、単行本が残っていないことである。「七家注本」そしてその先行形態である『文公先生資治通鑑綱目』（後述）にすでにテクストに組み込まれた形でしか見ることができない。「建安二十五年」条についてコメントがないのは「今刊本ではすでに正されている」のだからいい。

ついで「章武三年」条を見ると、姚燧と結論は同じだが、その理由にも姚燧の名にも触れない[157]。一方、巻一四の「起尽」の箇所にコメントする際には「牧庵姚氏」を引用し、その意見に従っている。

さて、第三の唐粛宗至徳二載条が問題である。

まさに「粛宗皇帝至徳」を二載の上に書くべきである。〇案ずるに姚氏に「睿宗景雲二年の下に玄宗先天元年と分注し、翌年にはじめて玄宗明皇帝開元元年と大書しているのに、天宝十五年の下には「粛宗至徳元載」と分注し、翌年にただ「二載」として「粛宗皇帝至徳」と大書しないのでは、始まりがなくなるので、「二載」の上に「粛宗皇帝至徳」を加えて、上の開元の例にそろえる」とある[158]。

先に示したように、姚燧は景雲二年と太極元年を混同しているのだが、「考証」はそれをそのまま引用して、訂正しない。「反覆訂定」した割にはおそまつというほかない。さらにいぶかしいのは、姚燧の原文では景雲の例は帝奕の例とともに第二条の訂正の根拠とされていたのに、「考証」は帝奕と景雲の間で鋏を入れて別の文脈に移し変えている。つまり、姚燧の原文を、何のことわりもなく割裂しているのである。

次に「考異」における三条の処理を見る。まず「建安二十五年」条である（『綱目』巻一四）。

紫陽書院刊本には延康元年に作る。改元例の注に、「建安二十五年に延康と改元している。『後漢書』や『三国志』の注を見ると漢の年号であると分かるが、『通鑑』では曹丕が王を称した時の年号のように書かれていて、この点について結論が出せない」とある。したがって、閩本および提要（綱文の単行テクストを指す）に従って二十五年とすべきである[159]。

これを姚燧の文章（二三三頁）と比べてみよう。同じ「凡例」の注の部分を引いている。これだけなら偶然の一致ということもありうるが、問題は「したがって」以下の論理展開である。これでは二十五年とすべき根拠にはならない。姚燧のほうでは「漢のものか曹丕のものか決しがたい。ましてや興廃存亡の間にあるわけだから」という文言が入る。これではじめて文意が通じるのであり、「考異」は姚燧の文を割裂したために話がつながらない。

次に章武三年のケースである。「考異」は「考証」とは異なり、詳細なコメントをつけている。まず「凡例」注を引くのは姚燧と同じだが、そこからが異なる。「今綱目刊本」が「凡例」と異なり、章武三年と書かないことを指摘し、「しかし」として、姚燧同様、唐の例を引き合いに出してくる。「考証」とは異なり、姚燧のミスをそのまま鵜呑みにはせずに、景龍→景雲、太極→開元の改元について正しく述べている。[160]「考証」が姚燧第二条を割裂して三条にもっていったのとは違い、文脈自体は姚燧のそれと同じである。これまた偶然の一致と見るべきではなく、姚燧を利用しながら誤りに気づいて訂正したものであろう。そして「至徳二載」のケースについては、またしても景龍→景雲を引用している。[161]

先に見たように、「考異」の序文には姚燧への言及は一切ない。それは「考異」本文でも同じことである。「考異」は姚燧を剽窃しておいて知らんぷりを決め込み、「考証」はその点正直だったということなのだろうか。しかし、「考証」が姚燧の文章を割裂した手法を「考異」も用いている。その箇所は異なるが、それがかえって両者の「分業」関係を示しているようにも思われるのである。[162]

しかし、これだけでは嫌疑濃厚というにとどまる。そこで、次に「考異」の中身を検証してみよう。

八　凡例の二忠臣

まず、「考異」の基本的性格をまとめると、以下の三点になる。

(1)「提要」の援用

「考異」はしきりに「提要」に言及する。彼が言う「提要」とは『綱目』の綱文が単行本として出版されたものであり、『郡齋読書附志』には趙希栞が吉州で刊行したと記されている。「考異」は自分が使った「提要」の来源については何も語っていないが、彼が引く「提要」の実例と前掲の「中華再造善本」の宋刊本・元刊本とを比較すると、両者の字句が違う場合（相当の数に上る）、「考異」が引く「提要」は宋本と同じことが多い[163]。おそらく、テクストとしては古い形を残したものであり、だからこそ「考異」も多く引用するのだろう。とにかくこれを大量に引用して当時通行していた本の綱文との相違を示す。しかし、「提要」にこうあるからといって、通行本の字句を正すべしとするところはそれほど多いわけではない。「提要」も不完全だということを認めているからである[164]。

判定基準がほかに求められることがある。たとえば、壬辰年（魏興安元年）二月の「魏中常侍宗愛弑其君燾」条（『綱目』巻二六）の「考異」は、

「提要」では「中常侍」を「宦者」に作る。「凡例」に「賊宦の見るべき者は並びに之を著す」とあるので、ここは『綱目』刊本に従うべきである[165]。

とする。このように「凡例」を重く見て刊本が正とされることがある。また、テクストの他の箇所の字使いとの照合により、「提要」に軍配を上げることもある[166]。そして、「提要」「凡例」を使わずに、テクスト自体の文字使いから帰納的に正誤の判断を下すこともある[167]。

(2)「凡例」の援用

「考異」の「異」とは、当時の通行本（「学者抄録し、書肆伝刊久しき」）テクストの漏誤によって生じたものである。これを「凡例」によって正すことがあるが、後述する「考証」に比べると、全体的に見て「凡例」の引用部の割合は小さい。(1)が主体なのである。

(3)「変例」の否定

(2)の裏返しである。「七家注本」には汪克寛「考異凡例」[168]が収められているが、そこでは、『春秋』に「変例」があることを否定した朱子の発言（『朱子語類』巻八三「春秋」綱領、壮祖録）を引き、『春秋』同様に「万世不易の法」を示そうとする『綱目』に「変例」があるはずがないとする。[169]これを前述の「発明」の立場と比較してみよう。たとえば、彼は『春秋』でも問題とされる「有年」をめぐって次のように言う（巻九漢明帝永平九年四月「大有年」条）。

春秋の法は同じ言葉を使って褒貶することをいとわない。『綱目』も『春秋』にならっているので、言葉が同じで趣旨が異なる（「詞同而旨異」）場合もある。[170]

「詞同而旨異」は「凡例」の立場からは絶対認めることができない。だから、「考異凡例」や「考異」本文あるいは「考証」において「尹氏曲げてこれが説をなす」というフレーズが散見する。「凡例」によって純正なテクストが回復されれば、通行本の誤漏を真に受けて「変例」をやたらに持ち出す「発明」の議論はお払い箱になるはずである。

しかし、綱文にメスを入れるのなら、「凡例」そのものにも伝録による誤漏があることを予想せねばならないはずである。「考異」序文は「友人の倪士毅から入手した」というだけだが、その倪士毅は「次々伝録される過程で小さな誤りが生じることは避けられない」と言っている。しかし、倪はけっきょく「参校すべき他本」を持たず、「知るところに随って」訂正を加えたのにすぎない。

ところが(2)(3)の特徴つまり「凡例」の重視を「考異凡例」ないし「考異」本文が裏切ることがある。「凡例」を読み違えている例が存在するのである。

「考異凡例」は「凡例」のいくつかを取り上げて、それと「今刊本」が齟齬していることを指摘してゆく。これらは「考異」が特に注目した点を示すものであるはずだが、首をかしげたくなる点がいくつもある。

まず、宦官の封爵のケースについて、「封拝例」には「宦官が封爵される場合、名前の上に「宦者」をつける」とあるのに、「今刊本」の唐開元元年の高力士のケース（巻四二）では「宦者」と書いていないことを指摘するが、[171]これはおかしい。この条で問題になっているのは高力士の封爵ではなく、任官の話だからである。そして、「考異」の当該条を見てもコメントがない。つまり、「考異凡例」と「考異」本文の間にズレがある。「考証」も同じ箇所に言及するが、それが引く「凡例」は同じ「封拝例」の中の「除拝」のケースである。[172]「考証」は封爵と任官を混同していないが、「考異凡例」は初歩的なミスを犯している。

一方、「凡例」が宦官封爵のケースとして注に例示する鄭衆の記事（巻一〇永元十四年四月「封鄭衆為鄛郷侯」）には「考異」があるが、こちらこそ封爵の話なのに「除拝」の方の「凡例」を引用する。[173]つまり、「考異」の本文もおかしい。「考証」はここでも正しく封爵に関する条目を引いている。ちなみに、「考異」が「宦者」について本文のほかのところで、どうコメントしているのかを見ると、巻二では趙高の丞相任命について正しく「除拝例」を引く。「凡例」を引かずに「宦者を加えるべし」とするものが巻十の孫程など複数例ある。巻四五の李輔国封爵の条には指摘がないが、「考証」にはある。ところが、巻四七の竇文場らの場合は「考異」にはあるが、「考証」にない。巻四八の孫栄義、巻四九の仇士良も同様である。こうしたバラつきは単行本から集注本に収録する際に漏れたために生じたものと解釈することもできるが、少なくとも「考異」については、「封爵」と「除拝」を取り違えているという事実は消えない。

「考異凡例」に戻って、今度は「即位例」である。僭国ではじめて帝号を称する場合には「〇王××称皇帝」と書くとあって、注にはその実例として「魏王曹丕、宋王劉裕、梁王晃の類」があがっているのに、「今刊本」では姓を書くのは曹丕だけで、あとは宋王裕、梁王晃となっているという指摘である。[174]

劉裕、朱全忠（即位前に晃と改名）の称帝の条（それぞれ巻一二四、五四）を見ても、前者では「考証」に「裕まさに劉裕に作るべし」とあるだけで「考異」はなく、後者には「考異」は存在するが、別のことを指摘している。コメントするのは、ここでも「考証」だけである。[175]一カ所ならまだしも、二カ所とも当該条に指摘がないことをどう考えればよいのか。とにかく、ここでも「考異凡例」と「考異」の間に齟齬があることが確認される。

また、「考異凡例」は、先の宦官封爵に続いて、同じく「封拝例」の「殊礼はすべて「自」の字を書く。注：王莽への爵位や九錫の授与は彼の自演だから、「自為」と書く」とあるのに対し、「今刊本」に「自」と書かれていないことを指摘し、さらに「簒賊例」の注に「王莽、董卓、曹操らは実権を握ってから建国に至るまでの過程において、すべて范史によって「自為」「自立」と書く」とあるのを引いて、董卓・曹操・司馬昭等については「自」となっているのに、王莽がそうなっていないのは漏誤だろうとする。[176]「考異」の当該条（『綱目』巻八元始五年五月「加安漢公莽加九錫」）も今度は「簒賊例」を引く。

これがまたおかしい。なぜなら、『後漢書』に王莽の簒奪過程は載っていないからである。むろん彼の行為を「自為・自立」で表現した事例はない。一方、「考証」はこの条にコメントがない。これは「凡例」そのもの（というよりそれについた注）がおかしいのであって、「考異」の責任ではない。しかし、学者汪克寛がまじめに考究したのであれば、これほどの凡ミスに気づかないだろうか。

さらに、董卓・曹操の箇所について確認してみる。董卓について「考異」「考証」ともにコメントがないのは、もともと「自」が使われているからである。しかし、曹操のほうを見ると、一カ所だけ「自」が使われていない（『綱目』巻一四建安十九年三月「魏公操進位諸侯王上」）。そこにはまたしても「考異」はなく、「考証」だけがあるが、引用する「凡例」には「操等」とあって、王莽がない。[177]これなら間違いはないが、董卓もないために、一人で「操等」になってしまっている。王莽はまずいと思って消し、本条が曹操のことだから董卓も消したのかも知れないが、「凡例」（の注ではあるが）をきちんと引かないのは奇妙であり、金科玉条と持ち上げる割には横着な態度である。これだけなら、「七家注本」に収録される際に抜け落ちた可能性もあるが。同様の簒奪のケース「魏以司馬懿為丞相加九錫」の条（巻一五延熙十二年正月）を見ると、「考異」が引く「凡例」は「董卓、曹操等」となっている。このまちまちさは偶然なのだろうか。以上の話を整理すると、

一、『綱目』通行本に載せる「凡例」注にも王莽はあがっている。こんな初歩的なミスを犯す現行の「凡例」、それに対して行われたはずの校訂作業の信憑性に疑問符がつく。

二、「考異凡例」および「考異」本文はその誤りを踏襲したかにも見えるが、その一方で司馬懿の記事では「凡例」の勇み足に気づいているかのごとくでもある。

三、「考証」はこの点について矛盾はない。

となる。そのほかにも「考異」には首をひねるところがままある。そのうちのいくつかを示す。

一、巻二一簡文帝咸安元年条で「歳年例」を引くのだが、この凡例は「漢・晋・隋・唐が初めて天下を併合した」時点に適用されるものであり、晋なら武帝であって、簡文帝とはなんら関係がない。

二、巻二四元熙二年八月条の宋の立太子の記事で、「尊立例」を引用して「正統に非ずして特書する者は皇の字を去る」とするが、「凡例」を見ると、「非正統則不書、因事特書者」とある。つまり、「正統でない場合は基本的に書かないが、特書する場合は……」ということであって、無統の宋にはあてはまらない（同じことは巻四一の武后が豫王旦を皇嗣にした記事の「考異」でも起こっている。武周は無統である）。

三、巻三五戊戌年閏月の（北）周が突厥と結んだ高紹義を「討」った記事について、「凡例」（征伐例）を引いて、相手は夷狄や敵国なので「撃」とすべしとするのだが、そもそもこの「凡例」は「凡正統用兵」という書き出しなので、この場合には適用されないはずである。

四、巻四一上元二年の高宗の太子弘の死去の条で、「凡例」として「いまだ年を踰えず君と成らざるを卒という」を引いて「薨」でなく「卒」が正しいとするのだが、「崩葬例」には「薨という」とあって、注には漢の北郷公を挙げている。このミスもさることながら、さらにいぶかしいのは、この「凡例」は北郷公のように、

即位した年に亡くなった君主のケースであって、単なる太子でしかなかった李弘とは関係のない話なのである。

このように、「考異」は「凡例」を引用する際にかなりあぶなっかしいところを見せるのである。ここでさらに、「考異」と汪克寛の関わりにのみ問題を絞ろう。

前述したように、汪克寛は「七家注」の中では有名な部類に属し、『明史』にも立伝されていて、そこには彼の著作として「凡例考異」（「考異凡例」ではない）が挙げられている。伝記の来源はおそらく、汪の郷里の後輩程敏政（一四四五生）が編んだ『新安文献志』に収める呉国英執筆の「行実」にあるが、主著である『春秋胡伝纂疏』とちがって、その他大勢の扱いで、本書についての説明はない。[178] なお、『新安文献志』にはいま問題にしている文章を汪克寛作「通鑑綱目凡例考異」として収める（巻三二）。

汪克寛に『綱目』に関する著作があったことは間違いない。しかし、同郷の同時代人でやはり春秋学者である趙汸（一三一九—一三六九）が言及するのは「通鑑綱目考異」であって、[179]「凡例考異」とはなっていない。そして、『新安文献志』に収める別の文章（汪克寛の弟子の行実）にも「綱目考異」とある。[180]「凡例」は単に抜けただけとも考えられるが、じつはここに問題がある。

「考異」以外に、汪の「凡例」への言及を彼の文集の中に探すと、まず前掲の「考異序」があるが、これは当てにはならないので除外する。彼の文集は清朝になって遺文を収集して編まれたものであって、『綱目』通行本に載るものを単に収録しただけである。それ以外に「凡例」に触れた唯一の文章が、隋末の歴史について論じた「越国公論」である。

わが邦（新安の先輩とみなす）の朱子は「通鑑綱目凡例」を著し「すべて義による挙兵を「起兵」といい、不義であってもその敵からみてこれを盗賊と名づけられない時（支配者が不正な時）は「兵起」という」とされた。したがって、隋末の白瑜婆・王薄のたぐいを、出自も低く成功もしてないのに「兵起」としているのは、秦・隋の横暴を深くにくみ、それを万人が誅しうるのだと考えられて、唐の初期についても漢初と同様の書法を使われた。その立論は至公である。

ここで言及される「凡例」は「即位例」の中にある。汪が「凡例」の存在を知っていたこと、その主張にここでは賛意を表していることが確認できる。

越国公とは隋末群雄の一で、地元徽州で半独立政権を一時期作った汪華のことである。汪克寛は郷里のそれも同姓の先輩が『唐書』に立伝されないことを嘆き、その顕彰のために「凡例」が引っ張りだされたのである。[181] したがって、これだけで「凡例」を全体的にどう評価していたかは分からない。しかも、この文章には少し怪しいところがある。漢初が引き合いにだされているのは前段に秦の暴虐を記しているので、それに対する挙兵を指すのだが、『綱目』にはこの時期に「兵起」は使われていない。私は、この文章自体、「綱目考異」の作がある汪克寛に仮託されたものではないかと疑っている。

さて、彼の主著『春秋胡伝纂疏』においてはしばしば『綱目』が引かれている。『綱目』は『春秋』に比せられるのだから、逆に『春秋』を説明するのに『綱目』が使われるのは不思議ではない。しかし、「凡例」を直接引用したものは一件もない。そのことを確認したうえで、汪克寛が『綱目』を援用している箇所と「考異」の間に関連性があるかどうかを見てゆこう。

『胡伝纂疏』（巻八）に「常例を以って論じることのできない」書法の例として、『綱目』が漢の滅亡前に「魏荀攸卒」と書き、まだ贈官される前から「司空梁文恵公狄仁傑卒」と書いたのは事に先んじて褒貶を致したものであり、「春秋の遺意」にならったものだろうとする。[182] 汪の解説に補足するならば、荀攸は曹操に仕えたから、それを貶す意味でわざわざ「魏」と書いたのであり、狄仁傑の死後時間を経てから贈られた「司空」をさかのぼらせて頭にのせたのは、彼を褒める意味があるということである。

一方、「考異凡例」では諡号について、「賢者でなければ分注にも書かない」とする「崩葬例」を引き、「今刊本」

が誤って諡を書いた例として唐代の十二人の例を挙げ、その筆頭が「梁文恵公狄仁傑」なのである。しかし、この十二人を「考異凡例」が賢者とみなしているかどうかは分からない。その中に一般的に悪い評価をされている人は確かにいないが、単に諡が誤って綱文に書かれた例としてあがっているにすぎないのである。[183] そして、狄仁傑の条(巻四二)を見ても「諡は誤書」とするのみである。

しかし、『胡伝纂疏』は諡を綱文に書くことを「誤書」とは考えてはいないのだから、両者は明らかにくいちがっている。この賢臣の諡の書法の問題については、唐太宗朝に死去した裴行倹の例をめぐって、「考異」のみならず「考証」にもおかしなところがあるのだが、[184] それについては後でまた触れることにして、ここでは賢者云々にかかわらず、諡の処理を綱文でやるか分注にまわすかで、『胡伝纂疏』と「考異凡例」「考異」がくいちがっていることを確認できればよい。

先に姚燧の文章に関連して取り上げた改元問題についても、『胡伝纂疏』(巻二七)に言及がある。

秦以前は皆年をこえて即位していた。漢の恵帝以後は先君が死んだ年の内に即位するようになったが、改元は年を越えてからのことだった。漢帝禅が即位すると昭烈が崩じた一カ月後に改元し、その後は一年に二君、二つの元号が存在するようになった。しかし、朱子『綱目』が必ず先君の年を大書し、嗣君の改元を分注にしたのは君臣父子の教えにおいて関係するところ甚大だからであり、『春秋』の踰年改元に法を取ったものである。この年に定公が即位していないのに「元年春」と追書したのは、昭公がすでに薨じたために嗣君の年を書かざるを得ないからで、これは晋の建武元年に愍帝がすでに廃され、元帝が三月になってようやく晋王位についたケースで『綱目』が「建武元年春正月」と追書したのと同じようなものである。[185]

つまり、汪克寛は原則的には前の年号を「正」として、後の年号を追書するのは例外的な措置とみなすのだが、これは『通鑑』の「後改」優先に不安を覚えていた朱子とも共通する。[186] しかし、「凡例」には「事義なき者は後を以って正となし、その廃興の際に在りて義理得失に関わる者は前を以って正となす」とあり、「後を以って正となす」

のが常態のように書かれていて、くいちがう。

また、最後に引き合いに出される東晋の建武元年問題については、「考異」でなく「考証」が言及しており、言葉は違うが汪克寛と同じ議論を展開している（『綱目』巻一七恵帝永熙元年条）。しかし、これが少し変なのである。まず、晋武帝が年の途中に亡くなって恵帝が立ったので、この年は章武三年の例に従って太康十一年を大書し、永熙元年を分注にすべしと述べる。そして、「愍帝や元帝の場合では後を正としているではないか」という反論（「或曰」）に対して再反論し、「両者はケースが違う。武帝→恵帝の場合は『綱目』の正例であり、愍帝や元帝のほうは『春秋』の法にもとづいたものだ」とする。(187)

一見、筋が通っているようだが、そもそも武帝から恵帝への継承が蜀のケースのように「義理得失に関わる者」とはとうてい思えない。「考証」も章武三年については「凡例」を引いていたのだが、ここではそれとは別人であるかのように汪克寛流の議論に乗っている。というか、「考証」は『胡伝纂疏』同様に『春秋』の定公即位の事例を使っているところから見ても、『胡伝纂疏』を使っている気配が濃厚である。しかし、『胡伝纂疏』では『春秋』の「特書」のほうに力点があって、晋の例は引き合いにだされたにすぎない。一方、「考証」は「綱目の正例」と「春秋の法」を並列させただけで、じつは論理的には飛躍がある。『胡伝纂疏』のこのくだりを使いつつ、「或曰」の反論でつなぐのだが、この反論の設定自体が曲者である。『胡伝纂疏』はそもそも「太康十一年」には触れていないのである。おそらく、蜀の初代→二代の話を、次の王朝である晋に単純に移そうとして、『胡伝纂疏』の文章を換骨奪胎したものだろう。

さて、「考異」の序文によれば、「凡例」入手は至元後三年（一三三七）のことであった。一方、『胡伝纂疏』の刊行にこぎつけたのは、自序によれば至正元年（一三四一）のことである。つまり、汪克寛は『胡伝纂疏』に『綱目』を引用する際に、「凡例」を援用できたはずである。しかも、前述したように彼が『綱目』を引用した箇所の一部は「凡例」に関わる問題である。しかるにこの沈黙である。

さらにいえば、汪克寛が『綱目』を重視したのは間違いないにしても、「変例」重視の尹起莘が尊んだ『胡伝』の注釈者である彼と「凡例」とでは、方向性が逆である。現行本に見える「考異」そして「考異凡例」が汪克寛の作品であるかはきわめて疑わしい。

それでは、「考証」のほうはどうだろうか。これまで見てきたように、「考異」に比べれば自家撞着が少ない。「考証」序文が言うように「汪氏の未だ精ならざる」点を明らかにしているようにも見える。[188]「国統離合表序」を使いながら頬かむりをしている「考異」とちがって、正直に姚燧の名前を出して引用もしている。しかし、その引用に妙な割裂の跡があること、「凡例」主義でありながら、「凡例」と矛盾した点があることも事実である。そこで、徐昭文および「考証」について、傍証が得られないかどうかを検討してみよう。

徐昭文は汪克寛と異なり、正史に伝がない。しかし、「平江路儒学正上虞徐昭文」が、「考証」の序が書かれたのと同じ年には生存していたことは、彼の友人貢師泰（一二九八―一三六二）の文章から分かる。[189]それ以外の情報は得られないのだが、じつは「考証」に寄せられた序文が現存する。「七家注本」には載っていないものである。作者は朱右（一三一四―一三七六）で、徐の友人である。歴史関係のいくつかの著作があり、明に入って史局にも参加したことがある。[190]末尾の文言から、刊行に際して寄せられた序文であることが分かる。

『綱目』の存在意義について通り一遍の文言を費やした後、「近代の尹起莘は（綱文に）依附し、汪克寛の「考異」はいまだ多くは精ならず」としている。尹・汪がセットにして述べられていることに注意したい。さらに、徐君の「考証」を読めばそうした不足点が解消されると称え、以下特記される具体例を列挙してゆく。[191]それが「考証」本文で指摘されているか、そして「考異」が同じ箇所についてコメントしているかをカッコの中に示した。

(ア) 王莽の弑逆に「進毒」の字を加える（巻八、「考異」も指摘）。

(イ) 曹操・司馬懿の進爵に「自為」を加える（巻一四で曹操はもともと「自立為魏公」となっている。巻一五で司馬懿の進爵ではなく、丞相就任の際に「自」を使う）。

(ウ) 劉裕・朱晃の称帝に姓を書く(巻二四、五四、「考証」のみ)。
(エ) 昭烈章武三年に「建興」を分注(巻一四、「考異」「考証」ともにあり)。
(オ) 晋太康十一年に「永熙」を分注(巻一七、「考異」「考証」ともにあり)。
(カ) 漢の景帝が太后を尊んだ記事には「薄氏」を加える(巻三、「考証」のみ)。
(キ) 帝禅が張后を立てた記事には「貴人」を加える。(カ)同様、正嫡と区別するための措置(巻一五、「考証」のみ)。
(ク) 竇憲に「舅」(巻一〇、「考異」のみ)、梁冀に「后兄」(巻一一、「考異」のみ)、楊堅に「后父」(巻三五、「考異」「考証」ともにあり)、楊銛に「貴妃兄」(巻四四、「考異」は貴妃従兄)と書く。いずれも「凡例」に「外戚の場合はその間柄を書くとある」のにもとづく。
(ケ) 高力士・李輔国・程元振の輩には皆「宦者」と書く(巻四二、四四、四五。高力士については、「考異」の言及はないが、あとの二人にはあり)。
(コ) 拓跋禄官・南詔酋龍の死亡記事を「死」と書く(巻一八、五一、拓跋・南詔ともに「考異」のみ)。
(サ) 李従珂には必ず「養子」と書いて異姓の継承の危うきを表す(巻五五、「考証」のみ)。
さらにその他の項目として、
(シ) 「高后が少帝を廃した」とあったのを「主」に改める(巻三、「考証」のみ)。
(ス) 逆に「霍光が少主を輔く」とあったのを「帝」と改める(巻五、「考証」のみ)。
(セ) 「臨」「視」「如」「幸」の文字使い(臨・視については「考異」のみ。幸・如は両方あり)。
(ソ) 「攻」「討」「誅」「弑」の文字使い(両方あり)。
朱右の言を信じるならば、これは「考異」にはなくて「考証」で新たに指摘されたことでなければならない。しかし、「考異」においてすでに「正されて」いるものがいくつかあり、さらに「考異」にしかないものもある。これはおかしなことと言わざるを得ない。

この文章自体につじつまの合わないところがあるし（イ）、この列挙形式は後述する「書法」の賀善序に似た軽さを感じさせるので、朱右が本当に書いた文章かどうか疑わしい。また、「考証」自身についても、ここでも強調されている太康十一年大書（オ）をおそらくは(エ)とセットするために持ちだしてきている点、そして姚燧の文章を都合のいいように割裂している点に、ご都合主義を感じさせる。

この文章が「考証」出版に向けて書かれたものであることは疑いない。そこに尹起莘と汪克寛が並べられている（徐昭文の序文には「発明」は出てこない）のを見ても、本来の汪克寛「考異」が「凡例」絶対主義どころか、「発明」に近いものであったことを推測させる。そして、それは「凡例」が根拠とされている部分を引き算したものだと考えられる。つまり、現行「考異」の特徴として挙げた三点（二三九頁）のうち、(1)は本来の汪克寛によるものであり（「綱目考異」という名称にふさわしい）、(2)(3)はあとから足されたものであろう。そして、朱右の序文がその後の『綱目』から姿を消してしまったのは、そのことを隠蔽するためだろう。

九　遅れてきた精読者

汪克寛や徐昭文と『綱目』の関係には霞がかかっているが、「書法」の劉友益については史料が豊富である。彼が有名人だったわけではないのだが、「書法」には多くの序文が寄せられているからである。

まず指摘しておかねばならないのは、劉友益が「凡例」の存在を知らなかったということである。一つ実例を示そう。

先に、「考異」「考証」の賢者の死去の扱い（諡の分注、官爵の記載）を取り上げたが、「考証」は霍去病の死を賢者の死とみなしていた（注(183)参照）。その根拠は「凡例」の「宰相の賢者は『某官某爵姓名卒』と書く」「賢臣の

刊行案内

＊2011.4〜2011.10＊

名古屋大学出版会

チベットの仏教美術とマンダラ　森雅秀著
イメージの地層　水野千依著
朝鮮史研究入門　朝鮮史研究会編
二〇世紀環境史　マクニール著　海津／溝口監訳
ヒューム　道徳・政治・文学論集［完訳版］　田中敏弘訳
老年と正義　瀬口昌久著
現代中国の財政金融システム　梶谷懐著
原子力発電をどうするか　橘川武郎著
「大東亜共栄圏」経済史研究　山本有造著
法整備支援とは何か　鮎京正訓著
国際政治史　佐々木雄太著
最新　人工心肺［第四版］　上田裕一編
フラーレンとナノチューブの科学　篠原／齋藤著
大沢流　手づくり統計力学　大沢文夫著
水の環境学　清水／桧山／河村編

■お求めの小会の出版物が書店にない場合でも、その書店に御注文くだされればお手に入ります。
■小会に直接御注文の場合は、左記へお電話でお問い合わせ下さい。宅配もできます（代引、送料200円）。
■表示価格は税別です。小会の刊行物は、http://www.unp.or.jp でも御案内しております。

◎第54回日経・経済図書文化賞受賞　「就社」社会の誕生（菅山真次著）7400円
◎第54回日経・経済図書文化賞受賞　日本のエネルギー革命（小堀聡著）6800円
◎第6回政治経済学・経済史学会賞受賞　日本のエネルギー革命（小堀聡著）6800円
◎第17回社会政策学会賞受賞　労働時間の政治経済学（清水耕一著）6600円
◎第5回企業家研究フォーラム賞受賞　「在日企業」の産業経済史（韓載香著）6000円

〒464-0814　名古屋市千種区不老町一名大内　電話〇五二(七八一)五三五三／ＦＡＸ〇五二(七八一)〇六九七／e-mail: info@unp.nagoya-u.ac.jp

森 雅秀著

チベットの仏教美術とマンダラ

B5判・396頁・12000円

インドの伝統を汲む長い歴史と多様性をもち、「聖なるもの」を独特のかたちで表現するチベット美術。その知られざる豊饒な世界を、学際的視野から包括的に捉え、アジアの仏教美術と文化史のなかに位置づけた画期的労作。未発表作品を含むカラー写真を中心に多数の貴重図版を掲載する。

978-4-8158-0670-5

水野千依著

イメージの地層

―ルネサンスの図像文化における奇跡・分身・予言―

A5判・920頁・13000円

奇跡像、蠟人形、幻視……近代の「芸術」からはこぼれ落ちる、「迷信」に満ちたイメージの力を無視することなく、人々がそこに残した痕跡や文化の記憶が織りなす複雑な地層を、図像・文書の丹念な解読によって辿りなおし、ルネサンスの多元性を蘇らせた「イメージの歴史人類学」の試み。

978-4-8158-0673-6

朝鮮史研究会編

朝鮮史研究入門

A5判・538頁・4400円

ダイナミックな発展を遂げる隣国の歴史を、第一線の研究者陣が丁寧に解説、韓国での研究動向も踏まえて、大きな転換点を迎えた朝鮮史研究の新たな見取り図を提示する。アジア史的な視野で朝鮮史を位置づけ直した、隣接分野でも必携の研究案内にして、初学者にも最良の入門書。

978-4-8158-0665-1

J・R・マクニール著　海津正倫／溝口常俊監訳

二〇世紀環境史

A5判・416頁・5600円

人類史上、未曾有の規模で環境改変が進行した二〇世紀とは何だったのか。地球の各圏域――岩石圏、土壌圏、大気圏、水圏、生物圏――で生じた変化の全容を、同時代の政治・経済・科学技術との影響関係とともに明らかにする。「歴史学と生態学の統合」を目指すグローバル環境史の名著。

978-4-8158-0677-4

デイヴィッド・ヒューム著　田中敏弘訳

ヒューム 道徳・政治・文学論集［完訳版］

A5判・500頁・8000円

生前のヒュームが最も苦心して改稿を重ね、政治・経済・社会思想から道徳哲学・批評を含む文明社会の広大な領域を横断的に論述したエッセイ集。多くの読者を獲得し、賢人ヒュームの名声を世に知らしめたもう一つの主著が、本邦初訳を多数含む「完訳版」としてよみがえる。

978-4-8158-0672-9

瀬口昌久著

老年と正義

―西洋古代思想にみる老年の哲学―

四六判・328頁・3600円

老年論の原点――。老年とはたんに福祉の対象なのか。人生の最終章をむかえ、あらためてよく生きることを考え、実践すべき時ではないのか。老人は政治にも参与すべきか。西洋古代思想にさかのぼり、見失われた正義という観点から、老年を内面から支える精神的基盤を問い直す注目の書。

978-4-8158-0676-7

梶谷　懐著

現代中国の財政金融システム

―グローバル化と中央-地方関係の経済学―

A5判・256頁・4800円

現代中国の経済発展に果たした、積極果敢な楽観主義者としての地方政府の決定的役割を解明、独自の中央-地方関係に基づく財政金融システムが構造的に生みだしてきた問題と、それが世界経済に及ぼす影響を描き出す。グローバル不均衡や人民元改革問題にも新たな光をあてる画期的成果。

978-4-8158-0678-1

橘川武郎著

原子力発電をどうするか

―日本のエネルギー政策の再生に向けて―

四六版・192頁・2400円

エネルギー産業史研究の第一人者が、長年の蓄積にもとづいて、もっとも現実的で、かつ総合性に富んだ最適解を示す。歴史的難題をこえて、日本のエネルギー政策に新たな展望をひらくために、いま必要な取り組みを信頼できる叙述で明快に論じた、渾身の提言。

978-4-8158-0679-8

山本有造著

「大東亜共栄圏」経済史研究

A5判・306頁・5500円

日本帝国五〇年の歴史を通じて形成された植民地経済の構造と特質をふまえて、その最後の姿となった「大東亜共栄圏」の全容を初めて客観的に描き出す。マクロ的数量データをもとに、交易や金融の実証的分析から、アジア各地に大きな影響を及ぼした円域経済の実態を捉えた、必読の成果。

978-4-8158-0680-4

鮎京正訓著

法整備支援とは何か

A5判・364頁・5600円

日本の法整備支援の一五年にわたる経験と、アジア諸国法研究や比較法学の成果をもとに、被援助国の人々により役立つ制度・人づくりのシステム構築をめざす法整備支援学の挑戦を描く。日本の法整備支援をリードしてきた著者による、新たな知的国際支援の創造に向けた希望のメッセージ。

978-4-8158-0668-2

佐々木雄太著
国際政治史
―世界戦争の時代から21世紀へ―
A5判・336頁・2800円

二〇世紀とはいかなる時代であったのか？ 帝国主義、二つの大戦、冷戦、地域紛争の惨禍を経験した激動の世紀の実像を手際よく描き出し、多元主義的な国際社会実現の可能性を考える。豊富な図版・資料とともに、現代の国際政治の流れを新たな叙述で描き切った信頼のテキスト。

978-4-8158-0671-2

上田裕一編
最新 人工心肺［第四版］
―理論と実際―
B5判・296頁・6000円

人工心肺・体外循環について、病態生理学的な基礎的事項から具体的操作手順などの応用面まで、もれなく解説した、定評あるテキストの最新版。標準的開心術の章やキーワード・復習問題の増補など、初学者へのさらなる配慮を加えた。医師・臨床工学技士・看護従事者必携。

978-4-8158-0681-1

篠原久典／齋藤弥八著
フラーレンとナノチューブの科学
A5判・374頁・4800円

わが国で最初期よりナノカーボン研究をリードしてきた著者らが、フラーレン発見に至る背景から、ナノスケールの炭素が生み出す多彩な構造・物性、そしてピーポッドやグラフェンなどの最新の話題まで、平易に解説する。基礎的事項を系統的に理解する上でも最適の書。

978-4-8158-0669-9

大沢文夫著
大沢流 手づくり統計力学
A5判・164頁・2400円

分子の気持ちを自分の手で体験しよう！――本書は、サイコロとチップのゲームを楽しみながら、統計力学の真髄を直感的に納得することを目指す。高校生でも研究者でも面白い、今までにない入門書。生体内の現象に統計力学を応用した、最新の生物物理の話題も解説する。

978-4-8158-0674-3

清水裕之／桧山哲哉／河村則行編
水の環境学
―人との関わりから考える―
菊判・332頁・4500円

人にとって不可欠であるとともに、時にはその猛威に脅かされることもある水は、新たな形で様々な課題を生み出している。本書は、地球水循環などの自然科学的領域から、上下水道などの技術的領域、そして水利権運用などの社会的領域へと、三領域を貫く視点より、水を体系的に把握する。

978-4-8158-0675-0

特書は宰相の例による」の二条にあった。霍去病は「宰相の賢者」に準じるとみなしたのである。

この点を「書法」はどう説明するかというと、当該条では「両漢の諸臣が死んだ場合、官爵姓名を書するのは美称」だとするが、「凡例」をかざしたりはしない。しかし、霍去病をなぜ賢臣とみなしうるのだろうか。少なくとも二年前の衛青・霍去病の匈奴攻撃の記事（元狩四年、「遣衛青・霍去病撃匈奴」）の彼の解説による限り、疑わしくなってくるのである。

元光六年からここまで衛青・霍去病は八度出兵しているが『綱目』はそれをすべて丁寧に記して、兵が深入りしすぎたことを示している。元光六年や元朔二年にまず「匈奴入寇」と書いたのは、「応兵」（相手が仕掛けた戦に漢側が正当防衛を行った）だからであり、『綱目』がこれに続いて「撃走」ないし「撃却」と書いたのは、その功績を述べたものである。しかし、（元朔）五年については匈奴の入寇に対して兵を出したといっても、『綱目』はただその賞を述べるだけである（「撃走」でなく単に「撃」と書き、衛青を大将軍に任じたことをいう）。六年以後の漢の出兵には名目がない（「無名之師」）ので、衛青が春に出兵すれば、「撃」と書いてその功を記さず、夏に再度兵を出せばその敗北を直書し、元狩二年に霍去病が春夏二度出撃しているのに、『綱目』はそれを一々記さず（綱文は一条にまとめられる）、さらに軍の到達点を書いたのは深追いしすぎた事実を表そうとしたものである[192]。ここにいたって衛・霍がともに出兵し、かたや部将の失期（李広が兵の合流時間に間に合わずに自殺したこと）を記し、かたや深追いした地点（霍去病が狼居胥山まで至ったこと）を記したのは、皆そしってこう言ったのである。では、「皆為大司馬」と記すのはなぜか。そしったのである。大司馬は昔の夏官の長であり、その下に小司馬があるので大小を区別している。物に二つ大があるのはおかしいのに、ここで漢が大司馬の位を増設して二人を任命したのは、不正なることはなはだしい。他日、丁（明）・傅（晏）の二人が大司馬となっている（哀帝元寿元年の条）が、前例を作ったのは武帝である。したがって「皆為大司馬」と書いてこれを深くそしったのである[193]。

「書法」は、『綱目』が武帝の元朔六年以後の匈奴出兵を「無名の師」と見ていたと考える。批判の矛先は出兵を命じた武帝に向けられているので、霍去病が批判されているわけではない。しかし、彼には匈奴遠征以外にめぼしい功績が伝えられておらず、『綱目』における彼は「無名の師」の文脈でしか登場しないのだから、「賢臣」たりえないはずである。

つまり、「書法」は臣下死去の際と軍事行動の際の二つの書法を持ちだしたために、矛盾してしまっている（本人はそれに気づいていないだろうが）。一方、「凡例」に依拠する者は、こういう問題に突き当たることはない。「無名の師」を示す筆法が提示されていないからである。「凡例」においては、夷狄が侵入してきたケースについては、「正統」なら「寇」、「無統」なら「入」とし、一方、夷狄に対して出兵する際には「伐」「攻」「撃」、応兵の場合は「備」「禦」「拒」とする。それによって、機械的に処理すればよい。「考証」が霍去病を賢者としたのは綱文の死亡記事に彼の官爵が書かれていることからそう判断したにすぎない。しかし、「書法」は他の基準を持ちこむので話がややこしくなるのである。

「七家注本」には「書法凡例」が収められているが、ここで問題になっている点については、「大臣例」と「師衆例」が該当する。前者では「両漢で死亡記事に官爵と姓を書くのは褒めたのであり、姓を書かないのは普通扱い、官爵を具えないのは非難したもの」とし[194]、後者では「正当な理由がある軍事行動には「征」「伐」「討」とし、ない場合は「侵」「撃」「攻」と書く」とする[195]（ただし、この「書法凡例」がはたして劉の手になるものかは疑問である[196]）。同じ「凡例」でも、「凡例」と「書法凡例」は似て非なるものである。この例でも分かるように、道義的観点の濃淡が違う。「凡例」では正統か無統か、攻撃か防衛かで字を使い分け、「無名の師」といった要素は入り込まない。一方、「書法」は中国側にも不義の戦があることを認めている。しかし、なまじ道義的観点を持ち込むから矛盾も生まれるのである。

また、「書法凡例」は、たとえば前述の例で「両漢で……」という条件がついているように、時代による限定、例外の存在を多く認めるものであった（例外が多くて、「凡例」の名に値しないほどである）。ここでも「蜀漢・晋以後についてはすべて姓が書かれ、姓を書かないのは変例であり、官職を書かないものだけが非難の意味を持つ」と続く。『綱目』は史書の旧文によっている場合も多く、綱文に朱子以外の手が入っていれば、書法にばらつきがあっても当然である（あるいは朱子自身がすべてに目を通したとしても、千三百六十二年間をすべて一本化するのは大変である）。したがって、まじめに通読すればこうしたばらつきに気づかざるを得ない。劉友益が『綱目』をどの程度深く読んでいたかどうかは分からないし、『春秋』を引き合いに出す尹起莘のような読み込みは余りない。しかし、『春秋』を引っ張りださずに『綱目』テクストの中だけで勝負している点では、尹起莘よりも『綱目』を尊重していると言えるかも知れない。

彼は「発明」には全く言及しないが、同方向の指摘も多い。しかし、思考回路は似ていても証明の手続きは違っており、その象徴が列挙主義である。たとえば、漢の高皇帝二年の「陝西地震」について、『綱目』に地震が出てくるのは百一例、うち両漢は九十回とし、続く「夏旱」の条には大旱三十八、旱五十八とする（巻三）。このように、全書を通読してノートを取った結果が、「凡例」のように単純（十分に煩瑣だが）なものになりようがない。

一方、「凡例」にはそうした時代限定がほとんどない。「人事例」の「諸臣の死亡記事……賢者は『某官某爵姓名卒』と書き、諡を注する……常人は爵も姓も諡も書かない」は一見すると劉の「凡例」に似るが、劉の「蜀漢・晋以後云々」という指摘はない。「凡例」を援用する側からすれば、たとえ綱文にグラデーションが存在しても、「凡例」にないからと、無視を決め込むことができるのである。

「書法」は「変例」を尊重する点では尹起莘の立場に近いが、尹起莘は「書法」ほど字使いを細かく規定していない。『春秋』を引いてしばしば長広舌を揮うが、一般的な道義論に終始するところも多い。これに対して、「書法」は話が細かい分、つつかれるところも多くなる。『綱目続麟』において、「発明」よりも「書法」がより多く攻撃対象になったのは、こうした性格のせいなのである。

さて、「七家注本」には劉友益自身の序文はないが、三本の序跋が収められている。順次その内容を見てゆこう。一つは元朝の翰林学士掲傒斯（一二七四―一三四四）の序文で、日付は天暦二年（一三二九）となっている。『綱目』を言う者が「無慮数十家」ある中で朱子の意を体得している点で「綱目書法」にまさるものはないと持ち上げ、後半で著者の紹介に移り、読書生活三十年をこの書にささげたことを称える。[197] 掲傒斯と劉友益のかかわりについては言及がないが、じつは劉の墓誌銘を書いているのが掲なのである。

この文章は元代史学史で比較的有名な文章である。なぜなら、その中に「強国である曹魏と北魏がついに「中国」（蜀、東晋）から大義名分を奪うことができなかったことを『綱目』が強調し、「書法」もこのことを明らかにした」というくだりがあるのだが、「北魏云々」が漢族知識人の正統論を宣揚したものとされるからである。[198] この時代に正統論が大きな問題となり、それが宋・遼・金の三史編纂に大きく作用し、その中で漢族知識人の中に宋を正統と見ようとする主張があったことは事実であるが、元朝の官僚だった掲傒斯がこのように「元魏」を不義の国とし、しかも不正の「曹魏」と並べることがありうるだろうか。元魏と元朝では地方政権と統一政権という違いがあるから両者は直接結びつくものではないが、この文章を悪意を持って読んだものには十分に彼を中傷する材料になる。また、二つの魏を対にすること自体に浅薄さを感じるが、これは考えすぎかも知れない。

ついで、門人賀善の序文である。[199] 冒頭には師の命令で「賛」を作ったことが述べられる。これは帝王一代ごとに「書法」のエッセンスをまとめたもので、その便利さゆえか、明代後半に叢生する「綱鑑」諸本にもよく引用されるものである。しかし、いきなりここから話を始めるのは、自己PRめいていて少々不自然である。

つづいて、「書法」の主だった「変例」を巧みにまとめあげる。三十条のほとんどが綺麗に対になっていて出来すぎの感すらある。さらに、『綱目』を「門人の作」「未脱稿の書」とみなす見解について師に問うたところ、劉友益がそれを言下に否定したとする。

まず門人の作とする説に対しては、朱子が自序に「同志と両公（司馬光と胡安国）の四書（『通鑑』本体と「目録」

「挙要暦」、そして胡の「挙要暦補遺」を指す）を取りて云々」と記し、『書集伝』について「訂定」とのみ言っている（「朱子訂定蔡氏集伝」となっている）のに、門人の功を奪って自作とするはずがないと反論した。また、未脱稿説については、『綱目』が成ったのは朱子が壮年の頃のことで（序文の日付にもとづく）晩年の絶筆ではなく、その後朱子は『詩（集）伝』『易学啓蒙』『通書解（義）』などを編集しているが、『綱目』を脱稿しないままにほかの本に取りかかるわけがなく、脱稿もしていないのに自序で「通貫暁析、これを掌に指すがごとし」と言うはずがないとして否定する。

葉建華や湯勤福によって、序文執筆以後も改訂作業が進められたことを知る我々には、劉の言は朱子の深意を知る者にしてはお粗末に見える。「類書」レベルの知識にとどまるのであれば無理はないが、劉は三十年間この書に打ち込んできた人間なのである。

しかし、それよりいぶかしいのは、「門人の作」に対する劉の反論である。そもそも、『綱目』を「門人の作」とする見解は朱子が弟子に編集作業を委ねたとするものであって、彼がここで反論を加えているように、「門人の作を師匠が横取りした」というものではないからである。

次に、掲傒斯執筆の劉友益墓誌により彼の履歴をおさえておこう。出身は江西吉州の永新県で、宋末の兵乱以後は著述活動に没頭し、世間との交わりを断って「綱目書法」五十九巻の執筆に三十年の月日を費やした。天暦年間（一三二八～二九）に地元の進士馮翼翁（一二九二―一三五四）が上京した際に「書法」を「国子先生」に示したところ、先生は「「書法」の作がなければ、『綱目』の義は後世に伝えられないだろう」と激賞して写本を作り、諸生に伝誦させたという。劉自身は至順三年（一三三二）に八十五歳で亡くなった。そして翌年、子息の矩が上京する馮に託して墓誌銘執筆を掲傒斯に依頼したという(200)。

まず注目されるのは、国子先生の発言である。これを信じれば、当時大都の国学では「凡例」が余り知られていなかったということになろう。「凡例」の存在が常識なら、「書法」を見て国子先生が一驚するはずがない。「凡例」

があれば十分なはずである。

次に「書法」がある程度流通したということについては、[201]これを世に知らしめる役割を果たした馮翼翁に対する王麟の哀辞でも確認できる。[202]しかし、「書法」より時代が下る「考異」「考証」は「発明」を攻撃対象にするものの、「書法」には言及しない。集注本に合流するのも六番手と遅い。

さて、三本目の序文の話の前に「七家注本」には収録されていない序文のことを述べておく。欧陽玄（一二八三―一三五七）と許有壬のものである。前者には、賀善の序文同様に「文公未脱稿の書」または「門人の作」と疑う向きがあることが述べられ、この著作を知ったのは友人の「鄂省宰属馮子羽（翼翁の字）」からであると述べる。序文の日付は分からないが、いつか故郷に帰って先生にこの書について尋ねたいとあるので、劉友益生前のことになる。[203]欧陽玄も劉友益と同郷であった。

一方、許有壬は、劉友益の弟子の「進士湖広省照磨」馮敬修が「書法」を世に広めようとして序文を依頼してきたと述べる。[204]馮敬修＝翼翁であることは、同じく許の「送馮照磨序」（『至正集』巻三二）に彼が甲子（泰定元年＝一三二四）の進士となった後漢陽丞になったとあるのが、前掲の王麟による哀辞と共通するので間違いない。この文章には、許が泰定四年に湖南に行ったとあり、[205]許と馮が出会ったのはこの年である。一方、欧陽玄は泰定二年に国子博士として大都に召されているので、墓誌の「国子先生」とは彼のことかとも考えられるが、墓誌では「天暦中に邑進士馮君」が上京したことになっているのに、この時欧陽玄は国子監丞から翰林待制に遷っているのと、すでにこの時点で任官している馮翼翁を「進士」と呼んでいるのがいささか腑におちない。

このように「書法」については材料がかなりそろっていて、しかも掲傒斯・欧陽玄・許有壬と元朝の大物文化人が顔をそろえる。しかし、疑問がないわけではない。

欧陽玄・許有壬の序文が「七家注本」にないのは単に拾われなかっただけかもしれないが、これまで同様にひとまず疑ってかかろう。欧陽・許の序文にあって掲傒斯にないのは、「書法」の広報マンである馮翼翁の名前である。

揭傒斯執筆の墓誌のほうには馮の名前が見えているのにである。序文が常に執筆の経緯や依頼者の名を記すとは限らないが、最大の功績者である彼の名がないのはいぶかしい。

第二に、劉友益の門人と称する賀善の存在に傍証が得られない[206]。そして、賀善の序文には、劉友益が語るにしては少しおかしなところがあった。一方、欧陽玄の文章にも、「門人の作」「未脱稿の書」説に言及があるが、劉友益の反論は載っておらず、こちらのほうが自然である。少なくとも欧陽玄と賀善で話題が重複していることは事実である。さらに、許有壬の序文には馮翼翁の貢献が特筆される。それこそが許の文章が落とされた理由ではなかったか。馮翼翁の影を薄め、「門人賀善」というより「賀善賛」をクローズアップするためである。賀善の自己PRぶりは前に見た。

これらは推論にすぎないが、「七家注本」に載せる三本目の文章、息子の榘（墓誌では「矩」として登場）の「後跋」の怪しさを考えると、邪推もしてみたくなる。

この文章にはくだんの「馮君子羽」が登場するが、割り振られる役目が違う。彼が「国学」で筆写してきた「朱夫子綱目凡例」を榘が見たところ、「書法」と吻合せざるはなく、少し違うのは「立后例」と「某人下獄例」だけだとする。日付は至元後二年（一三三六）である[207]。

この文章は「先君子歿してまさに二年ならんとして」書かれたはずだが、劉友益が死んだのは二年以上前のことである（一三三二年）。次に「凡例」との違いとして挙げられている「立后例」（「書法凡例」では「皇后例」）「下獄例」について見てみよう。

「立后例」はたしかに「書法」の特質をよく表している。皇后の冊立については、

周秦——書かず。西漢——「立夫人某氏為皇后」。東漢——「立貴人某氏為皇后」。漢後主〜隋——「立皇后某氏」。唐——「立妃某氏為皇后」。

といった風に時代による書法の差異を指摘し、後漢の時に「立皇后某氏」と書かれた場合は「変例」とする。一方

「凡例」では、正嫡の皇后とそうでない場合（前者は「立皇后某氏」後者は「立某氏為皇后」）を分けるだけである。次に「下獄例」であるが、「書法凡例」は無罪と有罪に分け、前者は「下某獄」「徴某下獄」、後者は「某下獄」と書くとする。一方、「凡例」にあるのは、正確にいえば、投獄された結果死んだケースであって「罪の著われざる者」「罪状明白なる者」「無罪の者」の三つに分かれ、それぞれ「某官某下獄」「某官某有罪下獄」「下某官某獄」と書き分けられるとする。

しかし、これまで述べてきたように、「凡例」と「書法」の違いは全般にわたるものであって、とても「吻合する」ものではない。明らかに劉桀はウソをついている。そのウソは父を弁護するものと考えられなくもないが、ここに「凡例」が出てくることと、墓誌に見える国子先生の「書法」への驚きの矛盾が説明できない。国学側が「書法」を、馮翼翁が「凡例」をそれぞれ転写したという話も合わせ鏡のようで気持ちが悪い。第三者が劉桀（矩）を偽装して後跋を書いたと考えるのが自然であろう。この偽造者には、「凡例」と書法の性格の違いが分かっていない。いや分かっていたとしても、犯人はそうしたことに頓着しない輩である。

以上、「書法」の付録に一々文句をつけてきたが、それを跳ね返す材料があることも事実である。台湾の故宮博物院に所蔵される『書法』単行本である。未見だが、阿部隆一による著録がある。[208] それによれば、至治三年（一三二三）の龍仁夫序、天暦二年（一三二九）掲傒斯序、延祐四年（一三一七）の馮魯の後序、天暦二年の劉友益抄白、通鑑綱目凡例、至元二年丙子（一三三六）の劉桀刊語、「至元丙子冬積善堂刊行」の木記、そして巻末に至順三年の賀善後序、天暦二年の欧陽玄後序があり、本文には「翰林直学士中大夫知制誥同修国子祭酒欧陽玄校正刊」の文字が見えるという。『綱目』通行本には傍線部分がなく、ここにも許有壬の序文がない。また、通行本にある「書法凡例」がなく、ここでは『綱目』の「凡例」となっている。この満艦飾ぶりは、後述する「集覧」のそれに似るが、いっそう豪華である。ちなみに龍仁夫は劉友益と同郷であり、馮魯は翼翁の父で劉友益と交流があった。[209] 積善堂についてては不明だが、おそらく建陽の書肆であろう。

賀善や劉槩の文章が元刊本にも存在するのだから、信用できるかといえば、そうではないと思う。先ほどクサいとにらんだ掲傒斯についてはとりあえず嫌疑は晴れた。そして、「馮翼翁の影を薄め、賀善をクローズアップした」という推測も、少なくともこの刊本においては「墓誌」が含まれているので成り立たない。しかし、賀善と劉槩についての疑念はなおつきまとう。繰り返すが、「凡例」と「書法」は水と油とまでは言わないが、かなり性質を異にするものである。それを劉槩はおおむね吻合するとした。そしてこの積善堂刊本の付録には「凡例」が付いている。この「同居」はやはり出版サイドによるものだろうし、抱き合わせのために劉槩刊語が捏造されたものと見る。「欧陽玄校正刊」というのもおそらくは仮託であろう。

＊

「凡例」をめぐっていろいろ述べてきたが、結局、元代にあってどの程度広まっていたのであろうか。倪─汪ラインが言うように稀見の書だったのか、姚燧が何の前置きもなく「凡例」を引用しているように、かなり広まっていたのであろうか。

ここまで紹介してきたもの以外に「凡例」に言及した元代の文献には、まず程端礼（一二七一─一三四五）の『程氏家塾読書分年日程』がある。[210] 巻二の「看通鑑」ではまず『通鑑』を読むのに『綱目』の参看を求めた後、『通鑑』の読書の要所をあげ、本文についてそれらのノートを取ったうえで勉強を進めるために読む文献として、「綱目凡例」「尹氏発明」などが挙がっている。[211] この本の自序は延祐二年（一三一五）に書かれている。

参考書に挙がっているからといって、即それが普及していたということにはならない。『綱目』本体と別に「凡例」が挙げられていることからも分かるように、この時点で「凡例」は単体の作品だったのであり、『綱目』の普及度とは分けて考える必要がある。しかし、程端礼は一貫して学官だった人で、『読書分年日程』もそうした立場から書かれたものであり、彼の墓誌によれば本書は国子監から地方の学校に配布されたという。[212] 教科書として稀覯本を挙げるとは思われない。

しかし、欧陽玄・許有壬ら国子監・翰林院にあった人たちが、劉友益の仕事を称揚するためかも知れないが、とにかく「凡例」に触れていないことが気になる。また、劉自身いくら世間と接することの少ない田舎儒者であったにせよ、「凡例」が広まっていれば、これを意識して仕事せざるを得なかったはずである。「書法」を世に紹介した馮翼翁は進士であり、大物文人との交流もあった。「凡例」の存在が当たり前なら、「書法」の売り出しにこれほど積極的になれなかっただろう。

けっきょく、答えは出せないというのが正直なところだが、「凡例」を引用して『綱目』を論じるという例が姚燧や「考異」「考証」を除くと、きわめて少ないことは確かである。そのほかに、管見の限りでは呉師道と史伯璿《せん》が「凡例」を引用している。

呉師道はすでに王柏の『綱目』点校に言及した人として登場している。至治元年（一三二一）の進士で、のちに国子監に職を奉じた。今日彼の名は『戦国策』の校注とともに記憶されているが、その中で彼はしばしば『綱目』を引用している（「凡例」はない）。熱心な読者だと言ってよかろう。[213]

彼が「凡例」を引用するのは、宋代の趙彦衛の「補定安公紀」へのコメントにおいてである。[214] 定安公とは前漢最後の君主、孺子嬰のことである。趙彦衛の著作が春秋の「公在乾侯」の筆法に倣って（『綱目』で唐の中宗が廃位されていた間を「帝在房州」と書くのはこの例に倣ったもの）、孺子嬰が定安公に封じられてからも十八年にいたるまで「公在定安」にありと首書している点を評価した後、『綱目』との違いに言及する。趙彦衛は随筆『雲麓漫鈔』で知られている人で、この文章はその「続抄」部分にあたり、開禧二年（一二〇六）以後の作と考えられる。述作の時点を確定することはできないが、[215] おそらく『綱目』は見ていないだろう。

呉師道は、『綱目』が王莽簒奪の年に年号を大書せず「新莽始建国元年」と分注したのは、「けだし『簒賊於統《ママ》、[216] 正統已絶の例』に従ったものであろう」とし、朱子は孺子嬰には統を係けられないと考えたのだとする。これは現行「凡例」のうちの「歳年例」の一条である。趙彦衛が孺子嬰に正統を認めたのとは対立するが、この「凡例」を引用した呉師道はすぐに『綱目』に味方するわけではない。呂后が他姓の子を取って帝位につけたのとは異なり、孺子嬰はれっきとした漢室の裔であって、帝位には即いていないものの「天下の君」だったとし、「凡例」の次の条「正統雖絶而故君尚存、則追係正統之年而注其下、唐武氏例」(現行「凡例」では「如唐之武氏」となっている)を引きながら、趙氏の補正はこれに類するものだと評する。[217]

彼は、けっきょく様々な理由を挙げて趙の書法を退けるのだが、孺子嬰を君主と認めたうえで、その年号である初始二年を大書し、その下に「新莽始建国元年」とし、また「孺子在京師」と書くべしとするのだから、『綱目』にも従っていない。そして、とにかく漢の統が絶えていないことを明らかにするのが大事で、諸将が劉玄を擁立した時点で「凡例」の次の条「其不成君」によって「更始元年」を分注にすればよいとする。

呉が引くのは、現行の「凡例」で連続している三条である。ここで気になるのが、第一条について「けだし『簒賊統を干し、正統已に絶ゆるの例』に従ったものだろう」と言っていることである。現行「凡例」ではこの条に「漢の呂氏、新莽の類のごとし」という注がついている。呉師道がこれを見ていれば、「けだし」と推測する必要はない。つまり、彼の見た「凡例」にはこの注がついていなかったと考えられるのである。前にやはり王莽がらみで「凡例」の注にいささか怪しいものがあるのを見た。おそらく「凡例」にもいくつかのバージョンが存在したのであろう。現行の「凡例」もその一つにすぎず、「校正」を経ているにもかかわらず、最良のものとは言い難いのである。

史伯璿の『管窺外篇』もまた、「凡例」に言及する。もっとも、この書の序文が書かれたのは、『四庫全書総目』によれば「至元丁未」(至正の誤り)、元の滅亡の一年前のことである。彼については温州平陽の出身で、本書の正編である『四書管窺』の作があることくらいしか知られていない。[218]

本書には『綱目』が扱う時代に満遍なく言及があり、『綱目』本文、「尹氏発明」とともに、「凡例」もまた検討材料とされている。そのうち「凡例」を引いた条だけを取り上げる。[219]

「凡例」の「即位例」中の「復号例」の注に「西秦の類のごとし」とあることについて、彼は「近代汪氏注凡例考異」の「西秦では単于と称しただけで王は称していないから、凡例のこの注は疑わしい」という言を引く。これに対し、史伯璿は史書を引いて称王の事実があることを述べ、「凡例」が引いているのはこのことだとして、「汪氏は点検をおろそかにした結果、「凡例」を疑った。まことに著述は慌ててするものではない」と言う。[220]

この汪氏が汪克寛であるのは間違いないだろう。「凡例」の護持者であるはずの汪克寛が「凡例を疑うもの」として指弾されている。さて、当該条は「七家注本」に収める「考異凡例」にもある。そこでは次のようになっている。

「今刊本」では晋武帝太元十年に「乞伏国仁称単于」と書き、注に「是為西秦」とあり、十三年に「西秦王乞伏国仁卒」と書くが、西秦が再び王を称したことを書かない。おそらくは（綱文の）脱簡であろう。[221]

しかし、史伯璿の言を信じるなら、汪克寛は綱文を根拠にして「凡例」を疑っているのである。これは上述したように彼の学問スタイルからしても頷けることなのである。また、史伯璿はすでに見た「書謚」問題（二四六頁）についてはこう言う。

『綱目』（の扱う時期）に入ってから謚を書いた例はない。唐の裴行倹に至ってようやく謚が書かれ、以来往々にして謚が書かれるようになる。「凡例」をもって類推するに、爵を書いて謚を注するのが、おそらくは正しいのだろう。[222]

まず、ここで指摘しておくべきことは、裴行倹の謚については「考異」「考証」もコメントしていることである。史伯璿が「類推」と書いているからには、彼は「考異」「考証」を見ていないということになる。「考異」はここで「凡例」を引き、これ以前に出てきている唐の賢臣（魏徴・房玄齢・李靖・高士廉ら）についても同様の措置を取るべきだとする（この場合は謚を新たに分注に加えるということになる）。彼らの死亡記事にコメントがついているかどうか確かめると、魏徴（「考異」あり）、房玄齢（なし）、李靖（「考証」のみあり）、高士廉（「考証」のみあり）となっていて、「考異」は魏徴にしかついていない。一方、「考証」は裴行倹のところで、「後皆此れに倣う」としているが、すでに李靖・高士廉のところで指摘済みである。「考証」にはほかにも「後皆此れに倣う」が頻出するのだが、この場合のようにすでに同じケースが前にあったり、あるいは「後皆倣此」のフレーズが繰り返されたりしていて、首尾一貫していない。「考証」が著述として未整理のまま草率に出版されたか、その後、集注本に収録される際に改竄されたためにこうした混乱が生じたかのいずれかだろう。

史伯璿はさらに唐後期の三人の名将李晟・馬燧・渾瑊が「同功一体」なのに、渾瑊にだけ諡を書かないことを指摘し、「書かないのが「凡例」に合うだろう、書かれているのは綱文の改訂が間に合わなかったのだろうが、このことは指摘にとどめておき、知者の判断に待ちたい」とする。[223] 彼が三人をどう評価していたのかは分からないが、「同功」とあるので賢臣と考えていたのだろう。だから、ここで言う「諡は書かない」とは「綱」に書かないという意味である。

さて、この三人について「考異」「考証」がどうコメントしているかといえば、「考異」は馬燧のみで、「考証」は三人ともある。そのうち、渾瑊のところでは李晟と同じ諡を賜ったのに『通鑑』で諡を書いていないことを指摘している。馬燧の名は出さぬものの、渾・李をならべている点、そして前述の裴行倹といい、「考証」はその着想を史伯璿に仰いでいる気配がある。たしかに、徐昭文の序文を信じるならば、『管窺外編』の序文より八年前に「考証」はできあがっていることになるが、はたして当てになるかどうか。また、「考証」が改竄される際に史伯璿を利用した可能性も考えられる。そして、こうした疑いを強めるのが、史伯璿が建陽ではおなじみの著者だったことである（後述）。

また、「考異」「考証」が問題にしていた睿宗・玄宗の年号大書・分注問題についても触れている。『綱目』では中宗景龍四年に睿宗景雲元年を分注し、次の年に「睿宗景雲二年」と大書し、玄宗についても同様である。ところが、粛宗のところでは「二載」とするだけで上に「粛宗皇帝」をつけていない。史伯璿はこれに対して「粛宗の君父の命を待たざる罪を正したものである」と「発明」風の解釈を施し、この点について発明しない尹起莘に疑問符を投げかけるのだが、「考異」「考証」には言及していない[224]。

そして、史は次の条（開元十三年「幸孔子宅」）で、漢の粛宗《ママ》（尹起莘のまちがい。顕宗＝章帝が正しい）の場合は「詣孔子宅」とあるのにここでは「幸」であるのを「変文」と解釈した「発明」に対して、「朱子の趙訥斎に与えるの書」や「朱子年譜[225]」が皆「今後の整頓待ちでまだ改訂できていない」と述べているから、この「幸」は旧史の文字によったままで改訂できなかったのだろうと論じる[226]。彼は趙師淵宛書状を知っている。

ここで、『管窺外編』から管窺されることをまとめておくと、

①汪克寛は『綱目』通行本から知られるような「凡例」絶対主義者ではない。この一例だけでは、汪克寛が「凡例」の注だけでなく本文にまでケチをつけたかどうかは窺えないが、少なくとも「考異凡例」あるいは「考異」本文とは一線を画する。

②その一方で、史伯璿は「考異」「考証」の存在を知っている様子がない。知らなかった、または黙殺したとも考えられるが、史伯璿は「凡例」を優先しつつ、一方で尹起莘流の変文解釈もしていて、「凡例」絶対ではない。彼がもし「考異」を知っていたとすれば、尹起莘同様に批判対象として取り上げたであろう。少なくとも彼が黙殺した可能性はなさそうである。そして、彼は汪克寛が「凡例考異」に対して施した注を読んでいた。

③趙訥斎への書簡を彼は読んでいる。おそらくそれは「凡例」とセットになっていたものであろう。

④現行の「考証」は史伯璿を参照した可能性がある。

とくに問題になるのは、①と②である。前節ですでに「考異凡例」と「考異」本文の矛盾について説明した。それとあわせ考えると、現在通行本に収められている「考異凡例」は汪克寛の作ではないだろう。一方、本文についた

「考異」については、前述したように「提要との比較、テクスト内での帰納的処理」については「考異」の名にふさわしく、これは汪克寛の作ではないかと見られる。そして、「凡例」を引用する部分は後から挿入したものだと考える。その犯人については後述する。

現存しないが、元代の金居敬（一三二一―一三六九）[227]という人に「通鑑綱目凡例考異」の作があることが『元史』芸文志に見える。この人もほぼ無名であるし、この著作がどんなものかも分からない。しかし、彼は新安学派の趙汸の門人であり、汪克寛とも接触があったかも知れない。「汪克寛が注した凡例考異」とは、あるいはこの書のことを指すのかも知れない。一方、現行の「考異凡例」は余りにお粗末だし、おそらく金居敬のそれですらなく、やはり出版の際にデッチあげられて汪克寛に仮託されたものだろう。

十　労作の中身

これまで取り上げてきた「発明」「書法」「考異」「考証」は『綱目』の筆法に関するものであったが、「七家注」の残り三家は全く性質を異にする。これらは『綱目』のうち「目」の文章に出てくる語句の注釈であって、四家のやかましい議論とは無縁である。しかし、「七家注本」を嵩だかいものにしているのは、この三家とくに「集覧」「質実」なのである（「正誤」は「集覧」の補正で四百条以上にのぼるとはいえ、「集覧」「質実」に比べればやはり量は少ない）。そして後続する建陽刊行の史書に「集覧」「質実」は大いに利用された。ただし、「質実」は「集覧」の二番煎じなので、前者を見れば後者の性格は分かる。「集覧」についても、まず序文から検討しよう。通行本には王幼学の「叙例」が収められている。

彼が『綱目』を手に取ったのは史実を渉猟するためであり、当初はだいたい分かるだろうとタカをくくっていた。

ところが、実際には、「仮字古文」は読みにくく、出典の不明に悩まされ、句読もままならず、躓くところばかりで、いっかな読書が進まない始末だったという。たしかに、節略によって難読の箇所が生じているところはあるが、「仮字古文」がそれほど多いとは思えない。正史の難読の字が『通鑑』経由で『綱目』にも持ち込まれていることはあるにしても、これは大仰にすぎる。

とにかく、彼は古史を重ねて検討し、老師に教えを乞うた結果、胸につかえていた疑問が一時的に氷解したものの、物忘れがはげしく、せっかくの成果が台無しになっていた。そこで決意して、「経伝の群書」を繙き、「儒先の曩説」を採用して、『綱目』の文辞を徹底的に検討し、「山河形勝、動植飛潜、南北方言、荒裔殊俗」にいたるまで目配りを行って注釈を加え、句読の便を図るために「句絶」「為句」の注記を施したという。たしかに、「集覧」の重点は地名や名物の考証にあるが、はたして「南北の方言」を検討した結果が反映されているかといえば、これまた疑問である。

そして、検索しやすいように『綱目』の篇章にもとづいて編集したが、諸国乱立の場合に年号を一々小字で分注するのはかえって混乱を招くので、「変例」に従って、閏秦、呂后、新莽、劉玄、南朝、五季の「統を得ざる者」を、晩周、漢、晋、隋、唐の正統の国と同じように特書し、七雄、西楚、曹魏、孫呉、北朝君国およびもろもろの「窃号僭名」は示さないという便宜的措置を施した。彼は義例に異を唱えるつもりではないと弁解しているが、分注にすることでそれほどの混乱が起きるとは思えない。むしろ便法だからといって、『綱目』の根幹をなす年号表記をあっさり放棄してしまうところに何とも軽さを感じる。しかし、それより問題なのは、秦を正統と認めず（閏秦）、北朝を「窃号僭名」として差別していることである。これは『綱目』に忠実だとは言い難い。

大徳三（一二九九）年から延祐五（一三一八）年の約二十年間を費やし、完成後も六年間を校正に充て、『綱目』に一生を捧げた人が書く文章とは思えないし、その調子も篤学の人のそれにしては軽い。日付はその作業が完成した泰定元年（一三二四）である。[228]

「集覧」には単行本が三種残っており（ほかに、本文と「考異」がついているが、なお「集覧」を称するものもある）、その中で時期がはっきり分かる洪武戊辰（二十一年）梅渓書院重刊本を見ると、[229] ほかに五本も序文が並んでいる。まず、「進士羅允登」のものである。職務の合間に声望の高い王幼学のもとを訪れたところ、「集覧」を示されて一読、平時の読史の疑問が解けたとは、王の序文に唱和するがごとくである。そして『綱目』の中の『春秋』の旨を知ろうとする者は尹氏の「発明」を、訓詁の詳を尽くそうとすれば、わが行卿（王幼学の字）の「集覧」を見るべしとする。[230] 丁卯、つまり泰定四年（一三二七）以後の文章だが、羅の経歴はよく分からない。[231]

ついで、『文献通考』の馬端臨（一二五四生）の序文である。「名物の音訓、句読の疑惑」は『綱目』の大義と無関係と思われがちだが、王君行卿はそこをおろそかにせず、緻密な考証と詳細な引用をしてくれたおかげで、後学の『綱目』を読む者は疑問が氷解したとする。その後は程頤『易伝』序をはじめ、訓詁に関する人々の態度を示す文献をいくつか引いて博覧の人らしいところを示す。日付は延祐四年（一三一七）である。[232] 素直に取れば、完成の前に見たということになる。

三番目は翰林待制文林郎兼国史院編修官の貢奎である。前二者ととりたてて違うことは言っていないが、彼ははっきりと王幼学から序文の執筆を頼まれたと書いている。日付は延祐六年であり、いったん完成した後に序文の執筆を頼まれたことになる。[233] なお、国史院編修官貢奎は他の史料に見え、『成宗実録』の編纂に携わったとある。[234] いわば史官のお墨付きを得たということになる。

続く至正辛巳（元年、一三四一）の鮑瀰の序文は『綱目』が史書の集大成なら、「集覧」は史書注釈の集大成だと大層な持ち上げようである。王幼学の年齢を「今八十八歳」と記しているので、[235] 前掲の叙例と合わせて考えると、王幼学は四十六歳で仕事に着手し、七十一歳で完成したということになる。その後十八年してようやく出版にこぎつけたということなのか。鮑瀰については不明である。

そして、最後が至治元年（一三二一）の「将仕佐郎蘄州路教（授）」王寔の序文で、『通鑑』には司馬康・史炤の釈文があるが、『綱目』は『通鑑』を増損したので、二家の注釈に不足が生じ、「集覧」はこれを補う仕事であるとする。[236]『綱目』が『通鑑』にない記事を加えた部分は多くないので、『綱目』の名物を考証することは、ほとんど『通鑑』のそれと変わらない、つまり「集覧」は『通鑑』の注釈の一種とも言える（『綱目』の書法解説は皆無だし、正統・無統の理解も怪しいのだから）ことを意図せず暴露した文章でもある。他の文章が朱子と『綱目』の威光によって「集覧」を持ち上げようとするのに対し、よほど正直と言える。王寔は『至順鎮江志』（巻一九）の「僑寓」に名が見え、蘄州路儒学教授となったことも記されている。今日その著作は残っていないが、博学で著述の多かった人とされている。[237]

このように明初刊本の『集覧』は満艦飾である。はっきり序文の執筆が依頼されたと書くのは貢奎だけだが、あとの四つについても王幼学が出向くなり、原稿を送るなりして序文の依頼したものと一応は考えられよう。何せ王幼学は、元人の著述の中にその名を見出すことができないほどの無名の人である。

彼については地元の清代の地方志（康熙『望江県志』）に略伝が載ってはいる。そこには、モンゴル兵にさらわれたが、彼を請けだした人の養子となり、その家の蔵書を利用して学問を積んだこと、至元年間、六十歳の時にようやく帰郷したこと、九十三歳で至正年間に没したことが記される。しかし、その他は彼の「叙例」の文章によって「集覧」の完成過程について述べるにすぎない。しかも、「六十歳で帰郷」では計算が合わない。清人による墓碑記にも、郷賢祠に祀られたことを記す以外は、やはり「集覧」関係の記述しか引かれていない。[238]前半生の記述の具体性からして彼の実在はとりあえず信じてよさそうだが、郷賢の割には伝説すら作られなかった、その材料すらなかった人物である。

これだけ序文があって、その中に一つも刊行のことに言及しないのが不思議である。確実な元刊本の存在は知られておらず、[239]刊行時期が分かっているのは洪武本だけである。

ところが、明初の集注本『文公先生資治通鑑綱目』（後述）や、「集覧」に「考異」が付録としてついた単行本

（「綱」「目」のそれぞれのサイド・リーダーを意識して作られたのだろう）である景泰刊本(240)では、王幼学の「叙例」を除いてこれら五本は一切消える。「七家注本」もしかりである。

それでは、五人が褒める「集覧」の中身はどんなものだろうか。『集覧』巻二七（単行本による）を例にとって検証してみよう。「集覧」単行本のスタイルについて述べると、一、本文は示されない。二、一つの綱目ごとに説明を要する単語をピックアップして順次解説する。綱目ごとに〇印で区切りを入れる、というものである。以下、劉宋の泰始二年の一年だけをサンプルに取り上げて、綱目ごとに区切って、その解説ぶりを確かめてゆこう。

〇「当璧」「景和」「当奉九江」「猶羊公之言」

「当璧」の出典として引かれるのは『左伝』の昭公十三年の記事だが、じかにあたったのかは分からない。類書の『古今合璧事類備要』の巻六二財用門あるいは呂祖謙の『東莱博議』巻五に「当璧而拝」という項目が立てられ、その注に『左伝』の当該箇所の引用があり、年数も示されている。「集覧」の引用文と比べると、前者で省略されている部分も引かれているのでこれを使ったのではない。『東莱博議』には全文が見えるが、これを使った証拠もない。しかし、類書が示す大文字項目は一種の成語リストであり、ここから単語帳を作って注釈用にプールしておき、いざ使う時にもとの出典に当たるという道筋は想定できるだろう。

「景和」は「宋主子業の年号でもって彼を表した」、「当奉九江」は「晋安王子勛が先に江州刺史だったので彼を指して九江といった」（ちなみに、胡三省はここで「九江」について得意の長広舌を揮るっている）と親切だが、わざわざ注をつけるほどのことではない。「猶羊公之言」は伐呉の際の羊祜の発言で出典は『晋書』だが、『綱目』にも出てくる。

〇「瑕丘」「無塩」

前者では「漢地志」「括地志」（唐代の地理書で当時すでに散逸）を引くが、「括地志云『兗州瑕丘即任城樊県』」は『史記』の注に引く「括地志云『漢樊県城在兗州瑕丘県』」（巻四）と違う。そもそも唐代の地志が「唐の〇〇は漢の××にあたる」と書くわけがない。『史記』とは別のところから引用したのではなく、瑕丘を説明するためにひっくり返したのだろう。

後者は「注は秦二世三年に見える」とするので、そこを見ると、やはり『漢書』地理志と『括地志』が引用されている。今度は『括地志』の出処（『史記正義』）が見つかるが、『史記』から直接引いたのかは分からない。王応麟の『通鑑地理通釈』ではない。「集覧」全体を通じて、文献を引用するだけで、胡三省のように考証を展開することはほとんどない。

○「軍晋陵」「義興」「長橋」

「軍晋陵」——動詞としての軍を「軍、屯守也」と説明した後は、地名の沿革を述べる。祝穆『方輿勝覧』の常州（巻四）の「建置沿革」を使ったものだろう。[241] 出典として『方輿勝覧』が明示されたケースもいくつかある。元代における「方輿勝覧」には、『翰墨全書』に収録される「聖朝混一方輿勝覧」もあるが、「集覧」の引用を見ると、祝穆のものを使っていたことが分かる。[242]

「義興」——「孝武帝太元十七年の条を見よ」の指示に従うと、郡の設置事情の記述が見つかる。『綱目』（巻一八）の本文に郡の建置の記事があり、それを使ったにすぎない。

「長橋」——「垂虹橋、一名利往橋、在蘇州呉江県。東西長千余尺、用木万計。前臨具区、横絶松陵、湖光海気、蕩漾一色、乃三呉之絶景。」今までのそっけない説明に比して、随分調子が違う。引用は『方輿勝覧』からだが、垂虹橋の説明であって、そこに「長橋即垂虹橋」とあるわけではない。[243]

そう判断した材料は、おそらく蘇軾の詩集の注だろう。そこには「垂虹は呉江長橋の名」とある。[244] しかし、こうしてひねり出してきた苦心作も徒労である。後述する陳済「正誤」が指摘するように、どう考えても橋は義興にあるに決まっている。義興が舞台なのに、そこに呉江の橋が出てくるはずがない。

こうした勘違いが一つだけならまだしも、ほかにもある。たとえば、『綱目』巻一五延熙十三年に魏の内乱の記事があり、司馬懿と王淩の戦場として「百尺」という地名が出てくるが、これを「百尺は村名。今蠡州博野県に大百尺村あり」と説明する。蠡州は元代の河北の地名なので、『輿地要覧』(後述)なりを見たのだろう。しかし、王淩が当時淮南にいたことは、『綱目』本文を読めば分かることなのである。戦場が河北にあるはずがない。また、唐の李世民と河西の軍閥薛挙の戦争の記事に出てくる[245]「高墌」という地名について、「高墌は城名。今の大都路覇州保定県にあり」とするのも同様である(これらも「正誤」が訂正している)。

しかし、ここで注目したいのは、「集覧」の間抜けや杜撰さではなく、なぜこのような間違いが発生したかである。これは注をつける作業が本文と切り離されていたからこそ起きたことだろう。まず、注釈をつける語彙をピックアップする。そして本文はおかまいなしに、諸文献で出典を検索する。それを一人でというより、分業でやった可能性が大きい。とにかく、最終的に本文と照らし合わせたうえで決定稿を作るという作業は行われなかったようである。

やや長い寄り道をしたが、長橋に戻ると、胡三省注は義興の橋とする。なお、「正誤」には「按胡三省」として引用する箇所が十数カ所あり[246]、それを根拠に「集覧」の誤りを正している。「集覧」と「正誤」の一つの分かれ目は、胡注の参照の有無にある。

『通鑑』には、胡注の前に通行していた史炤の釈文がある。前に引いた王寔の「集覧」序文にも言及されていたように、元代の時点で普及していた『通鑑』の注釈は史炤のものである。「集覧」が史炤の名を出して引用するのは数十カ所に上るが、断らずに引用しているところはもっと多いだろう。

○「呉興」

宋代に安吉州に改められたことまでしか記さない。出典はやはり『方輿勝覧』巻四。しかし、読者の立場からすれば、現在(元代)の地名のどこにあたるかが知りたいはずである。先に見たように、「大都路」など元代の地名が使われることもある。ほかにもう一例あげれば、張良が始皇帝の命を狙った博浪沙について、「按輿地要覧、汴梁路……」とする。[247]汴梁路も元代の行政区画名である。しかし、それらは少数で、この後の「質実」が「本朝（明）」まで必ず説明するのと対照的である。

おそらく、そうしたくても史料的にできなかったのだろう。ここに出てくる「輿地要覧」とは『元一統志』の節要本である。[248]それならこの本を使って現在の地名を統一的に示せばよかろうが、「輿地要覧」自体が簡略に過ぎて、それにこたえられるだけの内容を持たなかったのだろう。自然、説明字数の多い『方輿勝覧』を使うことになり、そうなると元代にまで説明は及ばない。しかし、そのくらいは別途に自分で研究してもよさそうなものである。宮紀子は元儒の経書注釈書に元代の地名と対応させる記述がしばしば見えることを指摘し、それができたのはおそらく彼らが地図を見ていたからだろうとする。[249]ところが「集覧」全般を見ても、注釈者がそうした作業をやったとは思えない。

○「赭圻」「自標」「隠恤」

「赭圻」は「史炤釈文曰」と出典を明らかにする。

「自標」。ここで、ようやく語釈の対象にふさわしい（？）ものが出てきた。「標之言、表也、記也。本作『以羽儀自標顕。』」語義の説明について、「集覧」は元代の辞書『古今韻会挙要』をしばしば引くので（多くは「韻会」と省略した形で示されるが、[250]「韻会挙要」とする例もある）、[251]ここもそうだろう。[252]「本作……」は「『通鑑』の原文ではこうなっている」ということで、『通鑑』と対照しているところは立派（？）である（ちなみに、この部分は後述する『少微通鑑』には存在しないが、もっとボリュームのある節本を使ったのだろう）。

「隠恤」――「隠は痛也、恤は愍也」と説明し、その後「心に哀痛して、これを憐愍す」とする。後半は単に前の説明をつなげただけだろう。「隠は痛なり」は別の箇所でも使っており、そちらでは『説文』を出典としている。[253]『韻会』の「隠」字にこの説明はないが、「恤」のほうはある（巻二六）。

○「流査」「三峡」

前者には語釈が必要である。「査与槎通、水上浮木也。」しかし、史炤のものである。ちなみに、胡注も「水上浮木」とするが、やはり史炤を使ったのだろう。

「三峡」について盛弘之「荊州記」を引くのは、『方輿勝覧』を使ったものである。[254] さらに「杜甫の少陵詩注」の「王洙曰」「杜修可曰」を引く。杜甫の詩注の中で、注者のクレジットを入れるのは『分門集注杜工部詩』か『補注杜詩』だから、いずれかだろう。「集覧」では杜甫の詩注が多用されている。[255] 朱子の『楚辞集註』も「集覧」が愛用したアイテムである。[256] 詩集の注釈というのは辞書としても役立つ。

○「恇橈」

たしかに、そう見かける言葉ではない。「恇、怯也。橈、弱也。橈、女教反。」この語は史炤にも載るが、「上、去劫切。下、女巧切、畏恐也」とあって全く違う。「恇、怯也」は『説文』の説明だが、『韻会』にもある（巻八）。橈の字に関連して、別のところでは『漢書』に出てくる「撓楚権」（本紀と酈食其伝）の注「撓、女教反、弱也。字或従木」を引いている。[257] ところが、これが少し変なのである。『漢書』の該当箇所を見ると、「橈楚権」と木扁になっていて、顔師古の注も「字或従木」でなく、当然本文に対応して「其字従木」になっている。つまり、引用が不正確なのだが、先ほどの『括地志』のことを思えば異とするに足りない。やはり、ケアレスミスではなく、我田引水だろう。それでも、『漢書』から出典を見つけてくるのだからたいしたものだと思っていると、やはり『韻会』の「橈」字の解説（巻二二）に「前（漢書）酈食其伝」が出典として挙がっている。『韻会』は正しく木扁としているが、顔注は引用していない。[258] おそらく「集覧」は『韻会』を手がかりにして（『韻会』では撓と橈は並んでいる）、一応『漢書』をチェックして顔注を付け足し、その際にアレンジを施したのだろう。

○「舸」「舫」「豎榜」「蔡興宗之先見」

舸——「加我反。南楚江湖、謂船曰舸。」「南楚」云々はもともと『方言』の解説だが、『韻会』にも載る。孫引きだろう。「加我反」は『韻会』に見えないし、『広韻』（「集覧」では出典としてしばしば挙げられる）も「古我反」

となっていて違う。おそらく出典は杜甫の詩注だろう。[259]

舫――「甫妄反、方舟也」。史炤の説明（府望切、並両船曰舫）とは異なるが、音の「甫妄反」は、史炤が別の箇所でそう説明している（巻八）。後者は『韻会』（巻八）だろう。

豎榜――「豎、立也。榜、木片也。」『説文』にあるが、『韻会』にも載る。

蔡興宗之先見――内乱があいつぎ、禍を恐れて都を逃れ出す者が多い中で、あえて踏みとどまり難を逃れた彼の先見に人々が感服したという話である。「集覧」は「興宗嘗曰『清蕩可必、但臣所憂者、更在事後。』」（「内乱は平定されるでしょうが、私が心配するのはその後のことなのです」）が彼の先見にあたるとする。「先見」の前文は「衣冠懼禍、咸欲外出。至是、流離外難、百不一存。」とあるのだから、どう見ても読み間違いである。やはり「正誤」がかみついており、先見が指すのは避難を勧められた蔡がそれを断った際に言った台詞だと正しく指摘し、「「集覧」の引証の草率さはおおむねこんなものだ」と言っている。[260] なぜ、こんなミスが生まれるかといえば、直前の記事しか見ていないからである。前巻まで見れば、正解は見つかる。たしかに、「草率」と言われてもしようがない。もっとも、「先見」について胡注が「前巻に見える」と指示しているので、「正誤」もそれで気づいたのかも知れない。

○松滋侯「尋陽王、先為王晏所執、貶為松滋侯。」

本巻の八条前に記事があり、意味があるとは思えない。

○懸瓠「県名也。属汝南郡。」

「集覧」はこの説明をほかのところでも繰り返しているが、[261] 史料には懸瓠城として出てくるだけで、県名となったという記述はない。おそらく、もとづくところはなく、勝手に「県」にしてしまったのだろう。

○陸皶「姓名也。皶、蒲撥反」

南朝の王の場合、王号の後に名のみが示されるから、北朝の人物について「これは姓名だ」と断るのは親切かも知れないが、あらずもがなという気もする。音注は史炤の別の巻にある（巻一三）。

○ 淮次「淮水之濱也」

こんな注が必要だろうか。

以上、ある一年を取って「集覧」の性質を覗き見た。かなり粗っぽい仕事なのが分かる。すべてをチェックしたわけではないので、たまたま出来の悪い一年を選んでしまっているかも知れないが、「正誤」が「四百余条」（じっさいに数えると五百以上ある）の誤りを指摘していることからしても、抽出サンプルは平均的なものと言ってよいだろう。

もっとも、同情する余地はある。なんといっても、すでに史炤の仕事が先行して存在するのである。たとえば、この一年について史炤は、

絡繹、呵叱*、龐孟虯*、睢陵*、索児、下邳、覬*、璪*、慰労、顧琛*、曇生*、標、元怙、犀利、済不*、矜、拍手、之行*、間行*、煽、貯、兵難*、控擠*、詶讐、募、勔、曇瓘、部陳*、塘埭*、捷、柵、驍果、潰、扞宗、寨、首辞*、闇、鬻爵、販売、冲之、赭圻*、舟檝*、沿流、挂帆、陵轢*、諧、斃、鋒鏑、詰朝*、懦薄、姥山*、道蔚*、朝請、嚢、流査*、突囲、舸*、僧暠*、抄*、嬰城、艘*、怯橈（『綱目』は恇を使う）*、恚*、匱乏、黷*、贛*、創*、誑*、番禺*、既梗、洄洑*、蟻聚、泝流、趣*、蓼潭*、閡、瘧*、堕、舫、脾、偕、刎*、慷慨、鎖、鄱陽、嶠道、曄、訢、推鞍*、鄙、陲、旰食*、狡猾、昱、為質*、尉元*、秅*、管籥、豁、離沮*、左衽、涪、蜂起、下礚*、璨、重賂

＊は胡注にもあるもの。

と、これだけの語に注釈を施している。基本的には音注であって、しかもそのかなりが人名の読み方だから、見た目ほどのことはないにせよ、件数は多い。一方、『綱目』は文章が縮約されるので、注をつける機会もそれだけ減る（傍線を引いた単語は『綱目』にはない）。「集覧」の作業は『通鑑』に注をつけるのと変わらないと言ったばかり

だが、明らかにこの点で『綱目』にはハンディがある。史炤の注が先行して存在するという点では、胡三省と同じだが、それと比べても「集覧」のほうが不利である。

この不利をはね返し、注釈としてボリューム感を出し、博捜を装う必要があった。「集覧」で最も多く使われたのは、「韻書」を除けば、他の史書注釈と変わらず、『史記』『漢書』の注に『左伝』だが、それに次ぐのは、朱子の弟子蔡沈の『尚書』注釈である「蔡伝」(「集覧」ではおおむね「蔡氏伝」とする。約百条見える)、『礼記』の注釈、ついで老・荘・列の三道家(「林希逸口義」が時折出てくることから、テクストはこれを使ったのだろう[262])、程頤の『易伝』といったところである。

『蔡伝』や『伊川易伝』は元代に科挙が再開された時の公定テクストであり、『礼記』の注釈も科挙そして教科書を生産する建陽ではおなじみのものである。これらからの引用文は往々にして不必要に長いが、それはボリューム感を出すためだろう。胡注も長広舌や脱線はしょっちゅうだが、それでも史学的見地から独自の考察を行っている[263]。「集覧」はほとんどそういう関心を持たない。名物の考証に徹底するといえば聞こえはよいが、だいたい引用をつないでいるだけであって、たまに考証を試みると、「正誤」に攻撃される羽目になる。道家の引用もにぎやかしにすぎない。

以上、「集覧」の中身を瞥見してきたが、これだけでもおおよその傾向はつかめるだろう。その学問レベルは低いというより、学術的な著作以前である。作業はかなり機械的に行われ、どうやら『綱目』本文と切り離して仕事がされているらしい。とくに気になるのは、後者である。陳済「正誤」は『綱目』本文と照合しないために起きたミスを一々突っついているが、そのミスの由来を「草率」で片づけている。しかし、これは王幼学個人の問題なのだろうか。

とにかく、「苦節何十年、稿を改めること七たび」という序文の文句は、とうていまともに受け止められない。また、それを手放しで礼賛する諸人の声もサクラか、それとも彼ら(その中には馬端臨も含む)のレベル自体が低かったか、中身を見ずに褒めるだけ褒めたのか。決め手はないが、王寔の穏当な序文のほかは偽託ではないかとも思う。さらに言うなら、学者王幼学の実体もあやふやである。彼が実在したことは認めるにしても、寄せられた賛辞（序文と後世の地元の人々による）と仕事の間にギャップがありすぎる。むしろ仕事の質からすると、一人の学者の手になるものではなく、建陽の編集人による集団製作にふさわしい。「集覧」の仕事は次章で紹介する王逢のそれによく似ているのだが、のちに「集覧」が明朝政府刊行の『綱目』に付随して刊行された時に「王逢の集覧」と間違われたことが[264]、図らずも両者の仕事の近似性を物語っている。その後の刊本が王幼学の自序を除いて他の序文を採用しなかったのも、建陽人が「集覧」のカラクリを理解していて、ベタ褒めはまずいと考えたからではないだろうか。

しかし、「集覧」が「七家注本」以前に、単行本として複数回刊行されていることは重視されるべきである。『綱目』を読むための参考書として注目されていたことは間違いない。孔子の五十五世孫の克表が『通鑑綱目附釈』なる本（現存せず）を明の初年に編んだ時も史炤・胡三省と並べて注釈の御三家としているし[265]、陳済はシャカリキになって誤りを正し、同じことを『剪灯新話』の作で有名な瞿佑もやっている。このいかにも建陽的な作品は、学術の世界でそれなりの反響を呼んだことは確かなのである。しかし、本書を元代の「綱目学」盛行の産物に数える一般的な記述は、明らかに正しくない。『綱目』の年号表記をあっさり軽視し、その正統論を曲解する人（々）の仕事は「綱目研究」と呼べるような代物ではなく、科挙対策という別の需要から生み出されたものだろう。

十一　諸注の合流

「集覧正誤」を著した陳済（一三六四―一四二四）は、民間から『永楽大典』の編纂のために召しだされ、総裁官に任じられた人で、[266]「七家注」の中では最も高位の人である。彼が「集覧」に訂正を加えた箇所は、前述したように胡注の助けを一部借りながらであるにせよ、おおむね納得のできるものである。ただ、陳済の序文（永楽二十年、一四二二）が「完成に三十年かかった」とするのは大仰だし、[267]鶏を割くのにそんなに時間がかかるだろうかという疑念を抱かしめるが、同僚だった金実が陳済の死亡直後に行状を書き、著書として『綱目集覧証誤』若干巻に言及している。[268]「証」と「正」の違いが少し気になるが、陳済がそういう仕事をしたことは認めてよいだろう。しかし、序文や行状も語るように、彼の生前には刊行されていない。

「集覧」を訂正した作には、瞿佑（一三四七—一四三三）の『綱目集覧鐫誤』もある[269]（私が使ったのは朝鮮版である）。まず問題となる語を呈示し、「集覧」を引用してから、その誤りを逐一指摘してゆくもので、『綱目』の本文はついていない。また、こちらの序文は、陳済のそれが「「集覧」は世に行われているが、惜しむらくは誤りが多い」と簡単に述べるのに比べて、より具体的である。

望江王氏が「集覧」を著し、「二十年で七回改稿して完成した」と言っている。それだけの労作ということだろう。『通鑑』を読む者は先を争って見ようとし、これを指南書とみなして大切にした。私は幼い頃に（『綱目』の）分注を見ていて、疑問があるとこれを出して参考にしようとしたが、それについては何も載っていない。なぜなら、地理の沿革、官制の変更、音訓の異同、句読の断続を記すにすぎないからである。けっきょく全部読むこともなく、そのまま積ん読になった。思わぬことに年を取ってから牢屋に入るはめになったが、昼日中に座っているばかりでやることがない。その時、都督の袁公が『綱目』の建寧新版をもってきた。これは分注の下に「集覧」を付刊したものである。そこでつぶさに見ると、でたらめな説明が続出し、地理は南北を分かたず、官制は古今を区別せず、音訓は誤っているし、句読は意味をなさず、一番酷いのは道義に反してかってな憶測を述べることである。先には単行本だったので、間違いがあっても見つかりにくかったが、今こうして付録になったおかげで、本文と対照して検討すると、欠点があらわになった。

そこで、彼は訂正作業に入り、やがて都督袁公の命令を受けて整理して二百十六条の指摘を三巻にまとめたという。序文の日付は永楽八年である。(270)

前節で述べてきたことがほぼここに盛り込まれている痛烈な批判である。さらに、「集覧」の流通形態について光を当ててくれてもいる。前述したように、「集覧」は単行本として刊行されており、確実に元刊と断定できるものはないが、この記事を見るとやはり元末には出版されていたようである。瞿佑は一見して役に立たないと踏んだものの、それが誤りの宝庫であることには単行本の時点では気づかなかった。分注（つまり「集覧」の本文）とすぐに対照できるようになって、誤りがあらわになったというわけである。

分注に「集覧」を付載した形の刊本で現存する早いものは、後述する宣徳年間の劉寛裕本（ただし、「集覧」だけでなく他の注もつく）、前掲の景泰刊本（これも「考異」がつく）で、それ以前のものは知られていないが、(271)建寧＝建陽でそうした刊本が早く出ていたのだろう。

ところが、この『鐫誤』刊本にもいささか怪しいところがある。朝鮮刊本には、自序のほかにもう一本序文がついている。書き出しの部分が欠落しており、著者も日付も分からないが、その中で陳済にも言及がある。陳済が「正誤」を出版したのを見た瞿佑は「もう私の志は実現した」と言って、いったん自分の原稿をお蔵入りにしようとしたとするのである。(272)陳済の序文の中では出版のことははっきり言われていないし、「行状」にも「原稿は家に蔵されていた」とあった。つまり、陳済が亡くなった永楽二十二年の段階でもまだ世に出ていなかったのである。一方、瞿佑の自序の日付は永楽八年であり（『中国古籍善本書目』はこれによって上海図書館所蔵本を永楽八年刻本としている）、(273)出版のことも書かれておらず、陳済への言及もない。

怪しいのは著者不明の序文のほうである。陳済の「正誤」が世に出たのは宣徳年間のことだが、(274)瞿佑が亡くなったのは宣徳八年だから(275)「正誤」の出版を目睹した可能性はある。しかし、この文章は少し奇妙で、瞿佑と陳済の名前を単純に並べるだけで、両者に交流があったことも記さないし、『鐫誤』と「正誤」の関係についても触れない。

おそらく、この序文の作り手（刊行者サイドの人間）は「正誤」の出版を見て、二匹目のドジョウを狙って『鐫誤』の出版をもくろみ、そのために瞿佑と陳済とが関係あるように見せかけようと思わせぶりなことを書いたのだろう。

こうした疑いを抱く理由は、付録として「綱目考異弁疑」がついていることにある。これはわずか数条だけだが文字通り「考異」に異論を述べたものである。「集覧」「正誤」を付した『綱目』本には「考異」も併載されていた（後述）。瞿佑の自序には「考異」への言及は全くない。おそらく、「弁疑」は瞿佑とは関係なく、出版の際にライバルに対抗すべく作られたおまけだろう。

しかし、『鐫誤』はこの戦いに敗れた。朝鮮刊本まで出ているくらいだから、それなりの反響があったことはたしかだが、ほかに重刻されることはなかった。二百十六条対四百余条（瞿佑の指摘と陳済の指摘には当然重なりあうところが多いが、文章に貸し借りの関係はない。少しまじめに読めば、誰しも気づくところは同じなのである）という量の差、脛に傷持つ者と『永楽大典』の総裁との格の違い以上に、建陽の出版競争の中で勝ち残ることができなかったということだろう。すでに『綱目』本体に組み込まれていたほうの早いもの勝ちであり、二匹目のドジョウはいなかったのである。

さて、順序が逆になったが、その「集覧」「正誤」「考異」を組み込んだ版本の話に移ろう。これに関連するのが、「七家注本」に収められる明初の大学士楊士奇（一三六五―一四四四）の序文である。序文執筆者の中では当然最高位、『綱目』の地位上昇を物語っているかのようでもある。彼はビブリオフィルでもあり、『綱目』関連の版本のコレクターでもあった。故郷の先輩劉友益の『書法』単行本も入手していたし、[276]「凡例」の単行本が国子監で刻されたことも伝えている。[277]そして、この『綱目』合注本にお墨付きを与える存在として登場するのである。序文の途中から引用する。[278]

昔、王行卿は「集覧」を著し、学習の便宜を図った。その意図やよしだが、「文選蹲鴟の陋」がないわけではない。亡き友人右春坊賛善の陳済伯載はその謬誤四百余事を正して「集覧正誤」と名づけた。博学で正しい識見の持ち主である伯載がこの書に多くの精力と年月を費やした結果、正確な考証ができあがり、ほとんど完璧といってよい出来栄えで、『綱目』の助けとなるものである。その書を私は家蔵していたが、最近太師英国公（張輔[279]）のお供で史館にいた時、話が『綱目』のことに及び、公が「集覧」の誤りを深く嘆かれたので、伯載の著作をお見せしたところ、公は評価されて広く普及させるべきだとおっしゃったので、出版した。ああ、『綱目』は治道に関する書物であるから、伯載のこの編はなくてはならないものである。太師公は勲徳大臣で、もともと賢人を好み、儒者を大切にされる方であるが、この著作がほろびないように図られたのはそのご存念が厚いというべきだろう。士君子で尊主庇民の道に志し、古について考え道を広げようとする者にこの作は大いに手助けとなるであろう。建陽県知事の盱江の張光啓氏はすでに尹氏の「発明」、徐氏の「考証」および「集覧」「考異」を『綱目』の書中に入れて編集し、書林の劉寛に出版を委嘱していたが、陳済の作を巻末に入れて完璧をつくすことを求めてきた。その用心たるやまじめなものであり、これを深く嘉してこの序文を書いた。

明宣徳四年己卯の年五月甲子栄禄大夫少傅兵部尚書兼華蓋殿大学士廬陵楊士奇序す。

さらっと読めば、さして違和感を覚えないかも知れない。じっさい、この序文に疑問を呈した人はいない。まとめれば、楊士奇が張輔の勧めで亡き友の「集覧正誤」を出版し、それを知った建陽知県の張光啓が諸注を組み込んだ『綱目』に加えたいと言ってきたのでそれを認めたということになる。「張輔が「集覧」の不備を嘆く」ほど『綱目』を一生懸命読んでいて、楊士奇がそれに対して「集覧正誤」を出してみせたというのは話がよくできすぎているが、この話は彼の文集『東里続集』（巻一四）に「資治通鑑綱目集覧正誤序」として載っている。

問題は、文集には傍線を引いた部分が存在しないということである。それはそうだろう。この文章は文集の表題どおり、友の仕事を称えるものであるはずである。「深く嘉した」のは友の仕事なのに、前掲の文章では対象が建陽県知事の「用心」に変わってしまっている。明らかにこれは楊士奇の文章に嵌め込まれたものである（こうした

「嵌め込みの術」は本書でこれから何度も目撃することになるだろう）。しかも末尾の宣徳四年は己卯ではなく、己酉が正しい。『東里続集』には当然この日時は記されていない。

『綱目』の合注本としては、「七家注本」の前に建陽刻の『文公先生資治通鑑綱目』（以下、『文公先生』とする）というタイトルの諸本が存在する。中国の複数の図書館、台湾国家図書館、プリンストン大學図書館などに所蔵される。その中でたとえば、台湾本の首巻には「古舒慈湖王幼学集覧／後学布衣尹起莘発明（ここでも「遂昌」は出てきていない）／後学新安汪克寛考異／後学毘陵陳済正誤／建安京兆劉寛裕刊行」とあるが、プリンストン大学図書館所蔵本のように陳済・劉寛裕の名前がないものもあり、(280)『中国古籍善本書目』には王・尹・汪の諸注に加えて「張光啓纂輯、劉寛裕刻本」と著録されるものも載る。(281) 張光啓とは宣徳年間の建陽知県である。これら各書目の著録は基本的には巻頭の名前の羅列に準拠していると考えられるが、いずれも「明初刻本」とあいまいに著録されるのは、刊記がないからである。

そうした中で、唯一刊記を有する『文公先生』が、現在御茶の水図書館成簣堂文庫に所蔵される一本である。本文（不完本。巻二八～三〇、四三～五九）とは別に、合注の各序（耳子に「目序」とあって葉数が振られる）、さらに楊士奇序（耳子に「綱目序」とする。他の序文とは独立して葉数が振られ、しかもこれだけが隷書である。楊士奇の文章だから特別に字体を変えたのか、それとも別刻のものが一緒に伝えられたのかは分からない）が断片として残っている。そのうち「目序」には欠落（一、二、七葉）があり、残っているのは王幼学叙例、尹起莘発明序、そして徐昭文の考証序であり、それに続けて「宣徳龍集壬子季冬之良日書林京兆劉寛」の識語がある。また、王の叙例の後には「宣徳龍集壬子日新書堂栞行」の木記がある。(282)

宣徳龍集壬子とは前掲の楊士奇序文の三年後の宣徳七年（一四三二）である。明末の陳仁錫本にも、劉寛の識語が収録されていて、成簣堂本のものとほぼ同文である。日新堂は元代以来の建陽出版の雄であり、『綱目』関係でいえば、前述したように劉錦文が「凡例」を出版したことを倪士毅の序文が伝えていた。劉氏の族譜によれば、劉錦（これが劉錦文だろう）の兄弟のひ孫が寛である。[283] 錦文＝錦であるように、寛裕＝寛であろう。そして、成簣堂本の楊士奇序にも、前掲「七家注本」の序文の傍線部が存在しないのである。

ただ、成簣堂本が原刻であるかというと、話は単純でない。木記があるからといって原刻と限らないことは慎独斎本の例があるし（注(119)参照）、成簣堂本の楊序・劉識語に操作の跡が窺えるからである。そのうち重要なのは後者の改変である。現在の通行本の劉寛識語にはこうある。

文公先生は『治鑑綱目』一書を編み、歴史の本義を極められたが、読みやすいものではない。近代になって尹氏が「発明」を著わし、その分かりにくい部分を明らかにしたことで、文公の筆削の深意が粲然と明らかになった。また、汪氏は「考異」をつくり、徐がまた「考証」を作った。分注の名物で分かりにくいところ、句読の難しいところについては、王氏が「集覧」をつくり、また、陳氏がその「正誤」を作ったことによって、この書の言うところは明らかになったと言える。惜しむらくはそれぞれが単行しており、勉強する時に不便だし、一生これらの注を見ることのできない人もいることにあき足りないものを感じていた。今、族弟の仁斎先生剡《えん》がこれを合編された……宣徳龍集壬子季冬良日書林京兆九十三翁劉寛謹しんで識す。[284]

このうち傍線を引いた部分が成簣堂本では異なる。まず、成簣堂本では「九十三翁」はない。しかし、より大きな違いは「族弟仁斎先生剡」が成簣堂本では「邑宰盱江張侯（光啓）」となっていることである（図3-3）。このうちどちらがもとの姿を伝えているかといえば、前者であると考える。前者は管見の限りでは陳仁錫本にしか見えず、国内にある慎独斎系の刊本にもこの識語は存在しない。それだけでいえば、成簣堂本のほうが古いように見える。さらに、前述したように「張光啓纂輯」をうたっている版もあり、現に成簣堂本でも巻四三にだけだが「張光啓纂輯」が見える。[285]

しかし、次章で見る『少微通鑑節要』『通鑑節要続編』の出版の主役であった劉剡（彼についてはそこでくわしく述べる）こそが編集の主体であったと見る。成簣堂本では「今得　　邑宰盱江張侯」と二字空きになっているが、

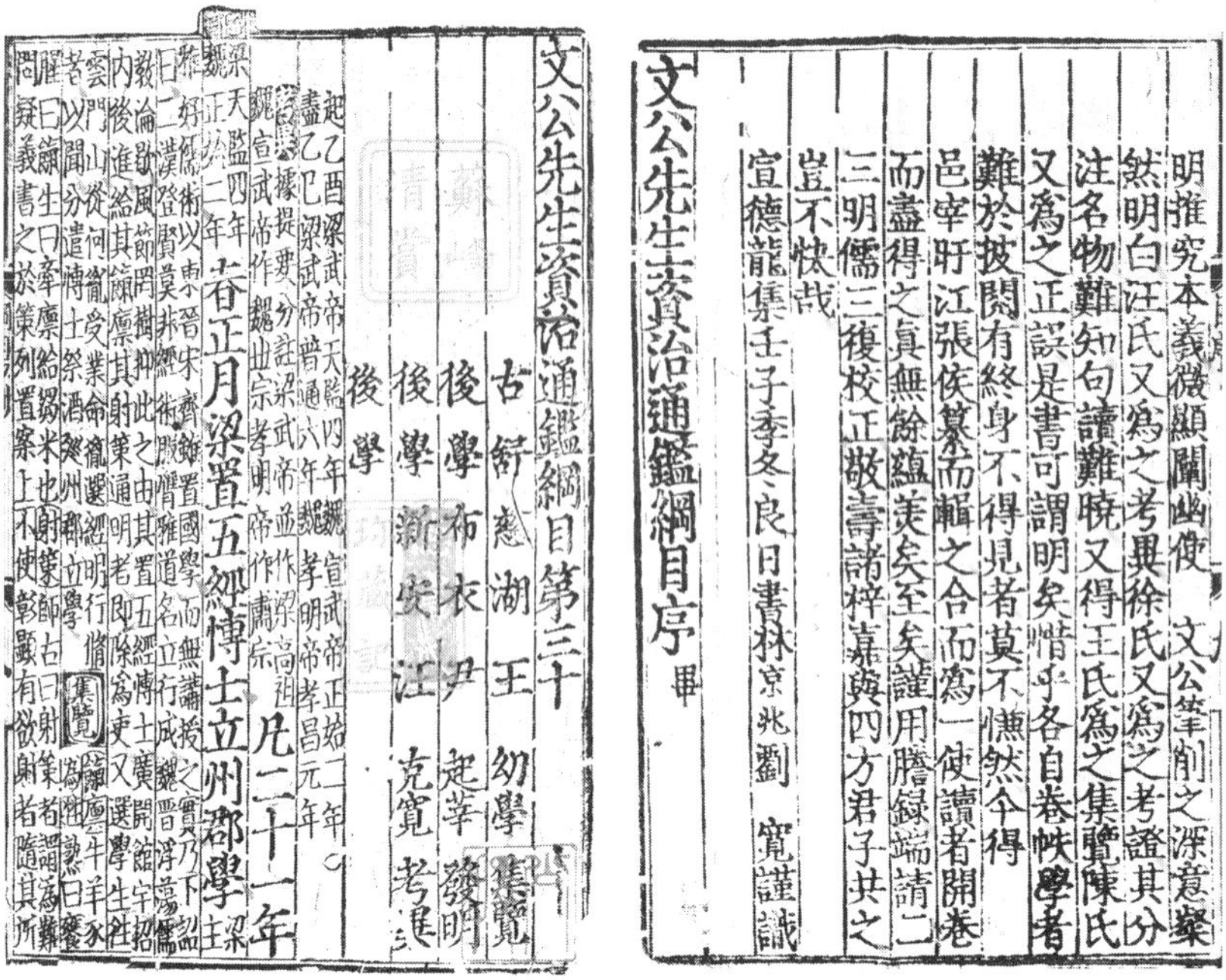

明推究本義幾類闡幽徵文公筆削之深意粲
然明白汪氏又爲之考異徐氏又爲之考證其分
注名物難知句讀難曉又得王氏爲之集覽陳氏
又爲之正誤是書可謂明矣惜乎各自卷帙學者
難於披閱有終身不得見者莫不憮然今得
邑宰盱江張侯纂而輯之合而爲一使讀者開卷
而盡得之眞無餘蘊矣至矣謹用謄録端請二
三明儒三復校正敬壽諸梓嘉與四方君子共之
豈不快哉
宣德龍集壬子季冬良日書林京兆劉　寛謹識
文公先生資治通鑑綱目序　畢

文公先生資治通鑑綱目第三十
古舒慈湖王　幼學　集覽
後學布衣尹　起莘　發明
後學新安汪　克寛　考異
後學

図 3-3　『文公先生資治通鑑綱目』の劉寛識語と巻頭題名（お茶の水図書館成簣堂文庫所蔵）

邑宰（県知事）に二字を空格にする必要はなく、おそらくもとは「今得　族弟仁斎先生剡」（次章で見るように、彼らの周辺の出版物は「先生」の前に字を空けることが多い）とあった部分を入れ替えて原「識語」をそのまま流用したのだと考える。成簣堂本あるいはプリンストン本で中途半端に「張光啓纂輯」が入るのも、その該当箇所が別の巻では「後学（以下空白）」となっていることと考え合わせると、もともとは陳済の名が入っていたものを張光啓に変えようとして中途半端に終わったものだろう。[286] また、楊士奇序が「綱目序」になっている（慎独斎本でもそうであるが、陳仁錫本では「綱目集覧序」となる）ところを見ると、もともとは前掲の楊士奇序の傍線部が存在した（傍線部があれば「綱目序」というにふさわしい）名残であろう。[287] 日新堂原刻の時点ではやはり傍線部が存在していて、成簣堂本はその不自然さを嫌って削除したのだろう。もし、成簣堂本の「綱目序」が本体にもとか

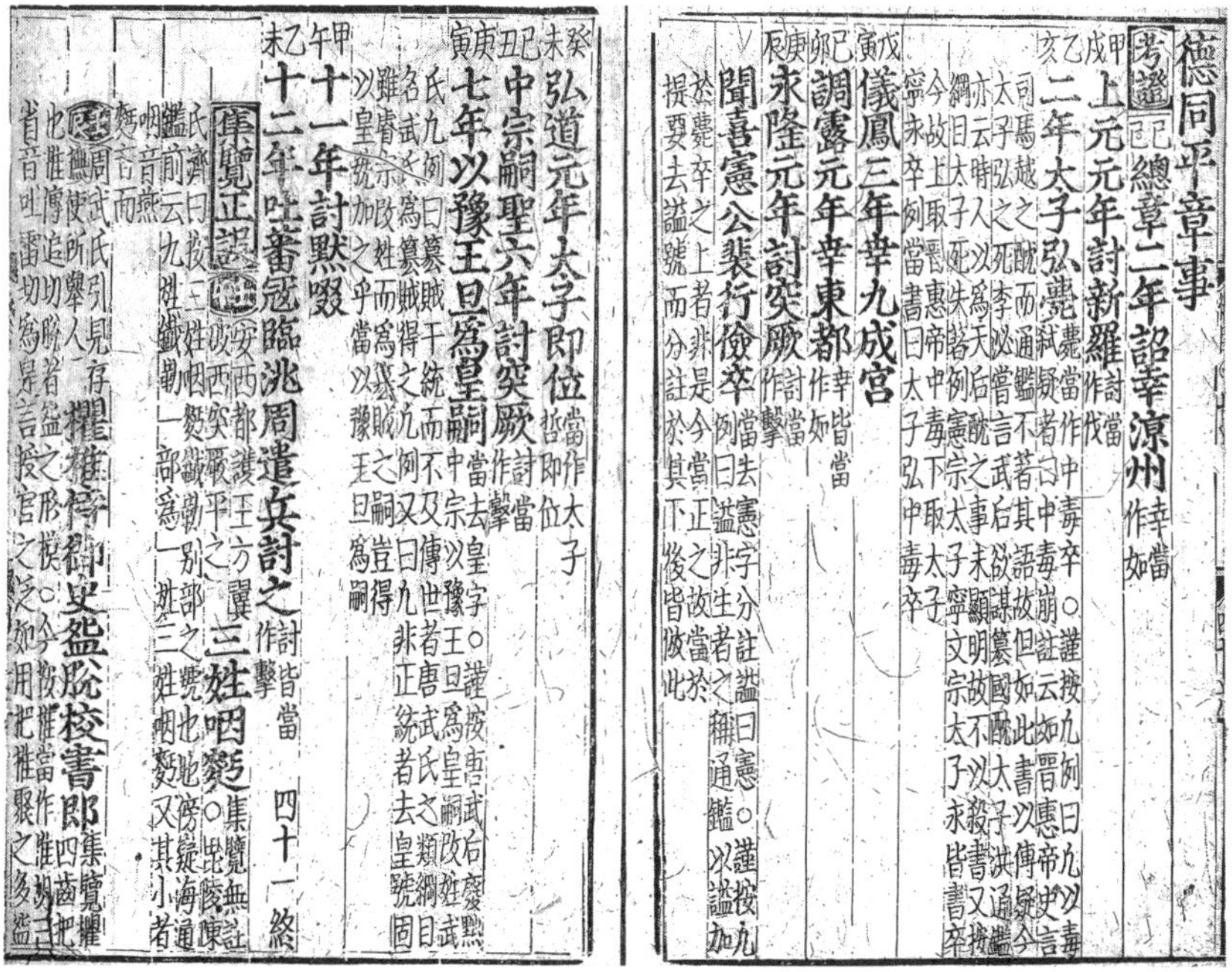

図3-4　『文公先生資治通鑑綱目』の「考証」と「集覧正誤」（東京都立中央図書館所蔵『資治通鑑綱目』巻四一に補配されたもの）

らっていたものだとすると、傍線部を削除したかわりに張光啓の名を巻頭に示そうとしたという推測もできる。とにかく、楊士奇の原文はあくまで「集覧正誤」に対して書かれたものであることだけは間違いない。

さて、話が少々細かくなりすぎたが、成簣堂本が初刻かどうかはともかく、宣徳七年に『文公先生』が出たことだけはたしかである。そして、巻頭には名前が出たり出なかったりする陳済「集覧正誤」、『文公先生』の各書目の著録では名前が出てこない徐昭文「考証[288]」は本文を見ると、それぞれ各巻末にまとめて載せられている[289]（図3-4）。『文公先生』の諸本中で「考証序」が残っているのは管見の限り、成簣堂本しかない。その一方で、『文公先生』の「集覧叙例」が『集覧』単行本と同じ版を使っている（成簣堂本、プリンストン本による）のを見れば、初期合注本での「力関係」が知れる。集注本の出発点は出来が悪かろうが「集覧」にあって、それに「発明」「考異」「考証」「集覧正誤」が続くという構図を描くことができる。劉寛の識語を見ても、説明が費やされているのはもっぱら「発明」と「集覧」であるが、ここで「発明」を前面に出してきていることが注目される。おそらくこれが『文公先生』の最も売りとするところだろう。それを演出したのが劉剡であることは次章の記述によっても確かめられるだろう。

それに比べて「考異」「考証」の存在主張はまだ控えめで、しかも肝心の「凡例」が、現存する『文公先生』諸本には管見の限り存在しない。しかし、「考異」「考証」は「凡例」の存在がなければそもそも意味がない。じつは、初期合注本に「凡例」がついていた証拠はある。朝鮮刻本の存在である。

蓬左文庫に所蔵される朝鮮版の『資治通鑑綱目』は『綱目』に訓義を施したものだが、その序文の日付は正統丙辰（元年＝一四三六）で、宣徳七年を隔てることわずか四年である。当時の朝鮮は『綱目』そして次章で述べる『少微通鑑』の導入に熱心で、中国で出版されるとすぐに入手している。付録としては「資治通鑑綱目序例」「朱子与訥斎趙氏師淵論綱目手書」「建安旧刻本李氏方子後序」（つづく王柏らの文章へのタイトルの付け方からいえば、ここは泉州でないとおかしい。しかし、この記述自体が底本は建陽本だったことを示している）「金華刻本王魯斎柏後語」「宣城刻本廬山文氏　　識語」（名前の部分が空白）、「海寧任家刻本新安汪氏克寛序」、その付録として倪士毅の序文、「凡例」、間に柳義孫「訓義序」（正統三年）をはさんで「凡例考異」（ただし、版心には「考異凡例」とする）がある。「集覧叙例」はないし、本文にも「集覧」の表示はない。しかし、あらためてつけられた「訓義」の中身を見ると、「集覧」そして「集覧正誤」を利用した形跡がある。おそらく「集覧叙例」を収めなかったのは、朝鮮で新たに注釈を加えたので不必要とみなしたのと、「凡例」とその周辺を重視したからだと考えられる。「発明序」がないのもそのためだろう。すると、「考証序」がないことはどう考えられるのか。それは底本となった『文公先生』に存在しなかったのに違いない。時期的に見ても、この朝鮮本は『文公先生』の初期刊本の形態を側面から照らしだすものとしてよかろう。

しかし、現存の『文公先生』には「凡例」関連の文章が見えないことも事実である。これをどう理解すればよいのか。『天禄琳琅書目』巻八に『文公先生』が著録されているが、ここには「凡例」関係のものが一部含まれている。「朱子綱目凡例」（ただし、ほかと違って版が小さく、書賈が古めかすために他本から割り入れたのではないかと著録者は推測している）「朱子序例」「集覧序例」「発明序」「朱子与趙師淵論綱目書」「王柏識語」が備わっているとし、「集覧」「発明」「考異」が「綱目」の各条の下に分標され、時に陳済の「正誤」を載せ、これら各人の名を毎巻に標題し、ならびに「京兆劉寛裕刊行」と称すとある（劉寛裕は何者か分からないと言っているので、やはり識語はないのだろう）。王・尹・汪・陳・劉の名を並べるタイプだから、『中国古籍善本書目』の記述を信じる限り、天津図書館など最も現存本の多いものに属することになる。ここに「考証」が言及されていないが、おそらく徐昭文の名前が巻頭に標出されないこと、序文がないことから、じっさいには「考証」があっても気づかなかったものだろう。じつは、この二つの手がかりがないと「考証」の著者は誰だか分からないのである。成簣堂本には「考証序」があるが、それに連続して「劉寛識語」があった。他の書肆が『文公先生』を翻刻する際にこの部分を取ってしまったから、残っていないのだと考えられる。また、趙師淵への手書や王柏の後語が存在する一方で、文天祐以下の文章が見えないのはいぶかしいが、その理由は不明とするしかない。

このように、『文公先生』についてはいろいろと謎が多く、原刻本がどういう形のものか、とくに「凡例」がどういう形で刊行されたのかは分からない。おそらく現存諸本をすべて調べてもその付録部分の増減の関係を明らかにすることは難しいのではないかと思う。しかし、本文部分について『文公先生』の出版を取り巻く状況として、以下のことを再度確認しておきたい。

一、当初の中核は「集覧」にあったこと。景泰年間の魏氏仁実堂本も「集覧」を核としてそこに「考異」を加えたものであった。出来の悪い注釈ではあるが、需要は高かったのである。単行本だったのを本文に組み込むことで『綱目』のリーダーが一応できた。

二、同時に陳済や瞿佑の仕事が示すように、「集覧」への不満も表明されるようになった。『文公先生』はさっそく「正誤」を取り込むと同時に、「発明」「考異」に目をつけた。ただ、どちらに力点があるかといえば、この時点では「発明」であった（劉剡が尹起莘を利用している例は次章でも紹介する）。

三、まだ、この時点では「考異」「考証」の存在主張はそれほどでもなかった。しかし、すでに見たようにこの二つを取り込む際に改竄された。そして、「凡例」と「考異」「考証」がやがて大きな顔をするようになる素地が作られた。

十二　慎独斎

ようやく「七家注」の最後にたどり着いた。「質実」の著者「建安木石山人馮智舒」の序文をまとめると、次のようになる。

王幼学の「集覧」の説明には、地理や事物の説明において欠落が目立つので、「集覧」を再四にわたって校勘し、逐一典故の遺漏を調べ上げて「元儒著すところの五経笥の備載せるもの」を用いて注釈を付け直し、地理で欠けているものはわが朝の『一統志』で補い、十年で稿を改めること五たびにして完成した[290]。日付は成化元年（一四六五）となっている。「稿を改めること五たび」のあたりは王幼学のリフレインである（王は二十年で七回）。文字どおりに受け止めれば、元代の儒者たちの朱子学テクストと明の『一統志』を使い、「集覧」の弱点である事物の典故、地理の欠落（とくに現代の地名との照応）を補ったまじめな仕事ということになる。

しかし、かけられた時間は「集覧」の半分ということになっているが、とてもとても十年かかるような仕事ではない。一見、ボリュームがあるので幻惑されるが、問題はその中身である。仮に「集覧」のサンプルとして抽出した一年をとってみると、地名の注が六十八カ所もあって大層だが、これは宣言どおり『一統志』だのみで、機械的な作業である。しかも、その中には「未詳処所」がかなり含まれる。正直といえば正直だが、八月の一条にこれが四回繰り返されるのを見るとげんなりする。しかし、分かろうが分かるまいが、地名あるいはそれらしきものを悉皆ピックアップする点では徹底している。

次に多いのが、人名で十一例。「沈攸之、呉興武康人、慶之従父兄子」というふうに、登場人物の出身地、既登場の人物との間柄を述べるだけである。親切といえば親切だが、作業に頭脳は不要である。

それ以外の語釈は「雷同」「羽林」「軍旅」「社稷」「左衽」の五つ。そのうち、この箇所で説明されるのは「雷同」だけで、あとは「他所を参照せよ」(「集覧」もこの方式を使っていたが、「質実」はもっと大々的にやる)。雷同の「事多曰雷同、記曲礼上篇『毋雷同』」は語釈と出典が有機的に連関していない。そしてあとの四つは、たとえば「羽林→元鳳元年」の当該箇所を見れば分かるように、「集覧」の注なのである。

序文で地名の説明の充実を強調すること自体は間違っていないが、ほかに売りがないことの裏返しでもある。元代の儒者の「五経笥」なる著作はおそらく存在せず、「五経笥」(もともとは生き字引を指していう言葉)とは、じつは使われた辞書代わりの工具書、つまり「集覧」のことを指しているのだろう。

「建安木石山人馮智舒」についてはほかに記録がない。第五章で取り上げる『大方綱鑑』の「先儒名公姓氏」(「龍門司馬氏」すなわち司馬遷に始まり、正史の著者、注釈者から史評の書き手、そして『少微通鑑』『綱目』の関係者まで賑々しくたくさんの人名が明代まで並んでいる)に登場はしている。しかし、まわりの人間には一応紹介文がついている中で(もっとも『一統志』を引いただけのものも多いが)、そっけなく「建安の人、著に「綱目質実」あり」とするだけである。『一統志』以後の人だから、「一統志を按ずるに」がないのは当然としても、ほかに伝えられている事績がないから、こう書かざるを得ないのである。この「先儒名公姓氏」は見ようによっては、建陽刊行の史書の歴史がちりばめられている。作られたのは「綱鑑」が生まれた明の後期だから、地元出身の馮智舒に伝えるべき

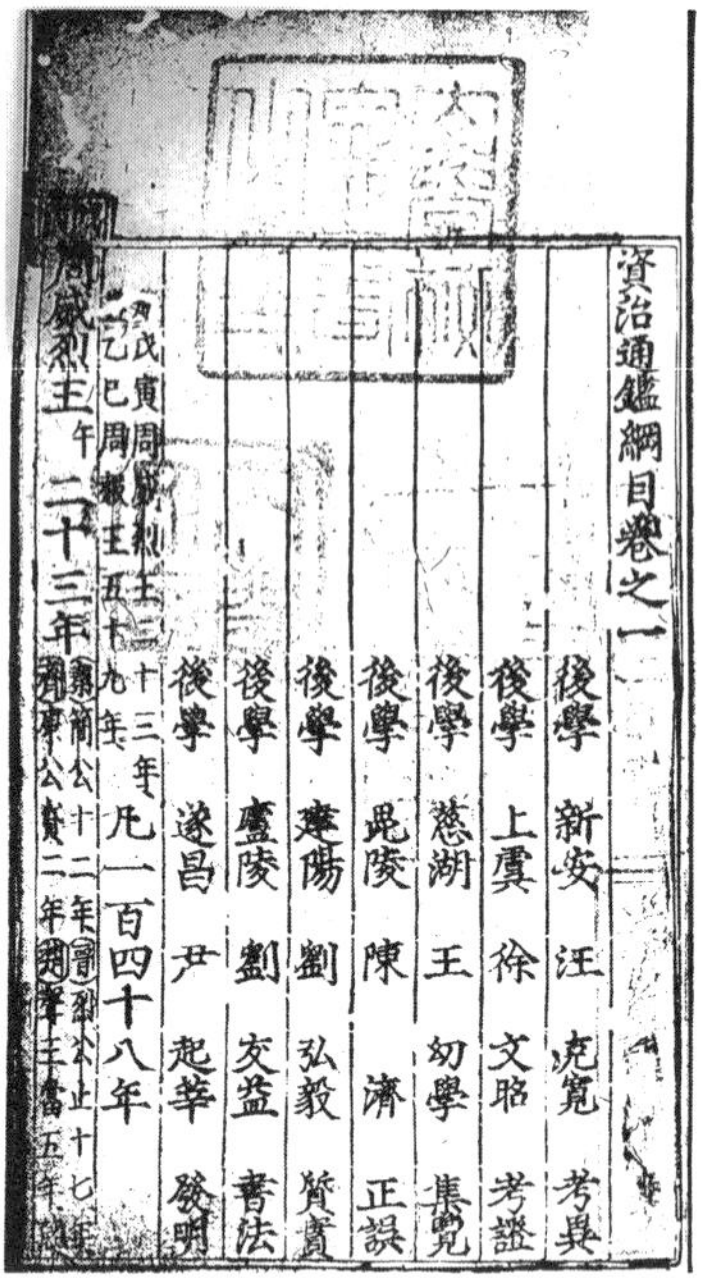

図3-5　劉弘毅↔馮智舒（嘉靖刊『資治通鑑綱目』国立公文書館所蔵）

事績があれば、何かが書かれているはずである。

さて、この中で「建安馮氏」から七人目（その間に仁斎劉氏すなわち劉剡がいる）が「建陽劉氏」である。「劉弘毅、建陽崇化の人、著に「綱目質実」あり」とする。ここに「綱目質実」の著者が二人登場することになる。じっさい、「七家注本」には「劉弘毅　質実」とするものがある(291)（図3-5）。しかし、劉弘毅のほうは馮智舒とは違って、建陽の出版界にあって著名な人物であった。

弘治十二年（一四九九）、建陽の書坊街で大火が発生し、「古今の書板が灰燼となる」被害を出した。この時中央政府の官僚で福建人である許天賜は「朱子終焉の地である建陽でかかる災厄が生じたのは、そこで刊行されている書物が誤謬を撒き散らしていることに対する天譴」であるとして、科挙関連の書物の板木をこの際廃棄処分とし、中央から官吏を派遣して書物の検閲を行うべし」と上奏した(292)。しかし、これで建陽出版界の流れが変わることはなかった。

この頃、幅広い出版活動を展開していたのが、慎独斎の劉弘毅である。火災の後にあっても、『大明一統志』を翻刻し、史書の節本としては次章で述べる『少微通鑑』の後刻本や『十七史詳節』(293)などを、また類書である『山堂考索』『文献通考』や『宋文鑑』などを次々と世に送り出した(294)。

「七家注本」で馮智舒の序文に続くのは、江西の提学で閩人でもある黄仲昭（一四三五―一五〇八）の序文である。

そのうち、『綱目』出版に関係する箇所の一部を示そう。

私が江西の提督学政となると、学生のために読書の法を定めたが、諸史については『綱目』を熟読することによって根本を正すことを望んでいた。しかし、書坊の刻版は年月が経って欠落が生じ、そこについていた「考証」「考異」および「集覧正誤」の三編は各巻の後ろにまとめられていて、参観するのにはなはだ不便である。また、元の儒者廬陵の劉友益の「書法」一編は朱子の「大書提要」の趣旨を明らかにするのに功績が大きい。そして建安の馮智舒の「質実」は王氏（幼学）の地理説明をさらにくわしく敷衍したものとして功績が大きい。しかし、これらは皆これまで付載されていなかった。私は常々あらためて繕写する際に以上の五編の言を本条の下に挿入して出版し、学生に益を与えようと考えていた[295]

この文章を読む限り、『綱目』に対して黄仲昭が施した工夫は二点である。「考証」「考異」「集覧正誤」を各条文の下に織り込んで読書の便を図ったことと、「書法」「質実」の二家を新たに加えたことである。なお、「発明」「集覧」は『文公先生』ですでに文中に組み込まれているために位置の移動が記されないだけで、じっさいに黄の刊本を見ると、「発明」「集覧」が入っている[296]。

黄仲昭が「書法」に注目したのは、劉友益が江西人だからだろう。地元の篤儒の仕事を顕彰することで、教育行政に効果を挙げようとしたのである。文章の日付は刻板が終わった弘治九年（一四九六）である。この文章が存在するために、時に「「七家注本」は黄仲昭が完成させた」と言われることがよくある。その代表が『四庫全書総目』である。

しかし、である。黄仲昭の『未軒文集』巻四にこの序文に当たる文章が収録されているが、引用したものと二カ所違う。傍線で示した馮智舒「質実」への言及はなく、したがって、「以上の五編」は「四編」となっている。そのことは現存する黄仲昭刊本の巻末に載せられている彼の「書新刻資治通鑑綱目後」によっても確かめられる（『未軒文集』と異なるのは、刊行を賛助した人々の名前が実際に列挙されていることだけである）。つまり、彼のイニシアチブのもとに刊行されたのは「六家注本」なのである。またしても、「はめ込みの術」である。『文公先生』の真の主役が劉剡なら、こちらの主役は劉弘毅である。そのことをはっきり語るのが、陳仁錫本、そして慎独斎本の一本に載せる建陽県知事の佘《しゃ》以能の文章[297]（「合注序」）である。黄仲昭の文章をほぼオウム返しに繰り返した後、北京で黄仲昭本を入手したこと、その後建陽に着任し、公務の合間に書坊にでかけていって黄本と通行本と照らし合わせたところ、従来の版に不備があったことが分かり、「義官の劉洪」に命じて新版を作らせたことを述べる。そして、「この書を作ったのが建陽で過ごした考亭（朱子）なら、刊行したのも建陽の書林（劉洪）である」と感懐をもらす。日付は弘治十一年（一四九八）である[298]。たしかに、間に黄仲昭が介在するとはいえ、『綱目』の頭と尻尾がいずれも建陽由来であることを佘以能の文章は見事に表現している。

そして、この劉洪＝劉弘毅こそが黄仲昭「六家注本」に「質実」を足した人である。慎独斎刊本の『山堂考索』には刊行者として「書林義士劉洪」と出てくる[299]。さらに、彼が「木石山人」の号も持っていたことは、『十七史詳節』に「建陽慎独斎」「建陽木石山人劉弘毅」と出てくることから分かる[300]。つまり、木石山人馮智舒とは彼のダミーである。馮智舒の序を成化元年としたのは、古めかす細工であろう。馮が実在の人物であったにせよ、せいぜい劉弘毅に雇われた者でしかないだろう。

黄仲昭序への嵌め込み部分に調子を合わせて文章を書いた県知事佘以能[301]が共犯者だったのか、それとも序文が彼の預かり知らぬところで書かれたかは確かめようがないが、とにかく「七家注本」を作った劉弘毅はかかる細工をする人であった。

そして、この細工は先ほどの楊士奇の序文とよく似ていることが気づかれよう。いわば、建陽の伝承芸である。次章で見る『少微通鑑』の改編パターンを見ても、劉剡→劉弘毅という二段ロケットを想定できる。そのことは陳仁錫本に載る劉寛識語や佘以能の合注引がすでに語っていることなのだが、なぜかこれまで余り注意を引いてこなかった。『綱目』といえば、「七家」に耳目が集まった（とはいっても、個々の存在が必ずしもまじめに考えられてきたわけではなかった。たとえば尹起莘について、銭大昕はその出身地金陵が遂昌に変わったことを気にしていたが、そんな人はほかにいない。ちなみに、遂昌に変わったのは「七家注」そろい踏みの際に一人だけ出身表記がないのを気にした劉弘毅が、彼にとっておなじみの『大明一統志』(巻四四)に尹の出身地を見出したことによる)。「黄仲昭が七家注を完成させた」という説はその代表であり、出版人が低く見られたことの裏返しである。しかし、二劉こそが「七家注本」誕生の立役者だったのである。ここでは『綱目』について、そのことをまとめておこう。

つまり、劉剡の段階でまず「考異」「考証」に細工がされたうえで取り込まれた。おそらく「凡例」に関係する王柏後語、文天祐識語、倪士毅凡例序、汪克寛考異序・考異凡例、考証序にも彼による細工が施されたはずで、朱右の序文を「考証」から切り離したのも彼であろう。

すでに見てきたように、「七家注」関連の文章にはほとんどどこかに瑕がある。まず、決定的に怪しいのは汪克寛の「考異凡例」である。すると彼の「考異序」にも嫌疑がかかる。彼が刊行したのは『綱目考異』であって、その中で「凡例」が金科玉条のごとく振り回されたとはとうてい考えられない。「考異序」が海寧での刊行を述べる部分はおそらく正しく、本当の汪克寛『考異』がここで出版されたのだろう。元末に史伯璿が見たのはそれである。それが劉剡によって改竄されたとすると、汪克寛が倪士毅から「凡例」を入手した云々も作り話となり、同じ文章で「凡例」の先行出版の例として王柏・文天祐(敬所)が上げられている部分も怪しくなってくる。しかも、文天祐と文敬所はどうやら別人らしい(朝鮮本に文の名前が欠けているのもそのことと関係しているかも知れない)。

ただし、王柏の後語には「凡例」の具体的な入手先が記されていたし、趙師淵一族との関係も確認できる。汪克寛序に「友人の倪仲弘がたまたまこれを朱平仲から入手した」とあるのは、倪士毅の文章から作文することが可能だが、こちらの場合、王柏と趙氏の人間関係まで知ってのうえで全文をデッチあげたというのは考えにくい。しかし、王柏の文章自体に矛盾点があること(その部分は「凡例」の意義を強調すべく、劉剡が改竄した可能性もある)、そして金華の後輩たちが彼の『綱目』関与について語りながら「凡例」には言及していないことがひっかかる。さらに、劉剡は金華学派に関心を寄せており（次章参照）、王柏の資料を集めるのもさして困難ではなかったと思われるが、これ以上は完全な憶測になるのでやめておく。ただ言えることは、王柏が「凡例」を刊行したとして、それは現行「凡例」のようなずさんなものではあり得ないだろうということである。

文天祐の識語の問題は、書き手自身が正体不明なことである。そして「凡例」が刻された宣城は姚燧が「国統離合表」を出版したところであるのが逆にひっかかる。あるいは、ここから宣城で「凡例」が出版されたという話が仮構されたのかとも思うが、これも憶測にすぎない。

それでは、倪士毅の文章はどうか。「凡例」の具体的な入手経路も明らかにされていた。しかし、彼の代表作『四書輯釈』と劉錦文の関わりを書簡のやりとりを示すことで世に紹介したのは、一族の後輩劉剡なのである。彼が「凡例」を結ぶものとして倪と劉のラインを着想した可能性を考えてよい。それに、序文の中の「尹氏綱目発明」の称揚は、劉剡が「発明」「集覧」のセットを売り込んだことに見合っている。

次に徐昭文の序文である。徐昭文が実在する人物なのは確かである。しかし、今まで「凡例組」とされてきたコンビの汪克寛とは知名度に雲泥の差があり、無名の王幼学に比べても単行本の有無で負けている。それが『文公先生』における扱いにも反映し、彼の名前が巻頭に他家と並ぶことはなかった。ようやく「七家注本」で他家と並ぶことになっても、「徐文昭」と時に誤植される悲しさであった（図3-1、3-5）。時々汪克寛を批判することがあるものの、じっさいは彼の助手といった位置づけであった。

しかし、「考異序」と「考証序」の最も大きな違いは「凡例」への踏み込み方にある。後者は趙師淵への書簡を援用して「綱文」そのものに脱誤があることを強調する（むろんその責任は弟子のほうにあるわけだが）。この書簡が湯勤福の言うように偽かどうかは分からないが、史伯璿が言及しているところを見ても、少なくとも元末には「凡例」とともに知られるようにはなっていたらしい。とにかく、この書簡の登場がきっかけとなって「凡例」絶対主義が芽生えたのである。以後の「朱子が定めたのは「凡例」だけで、綱文には弟子の手が入っている、いやそれどころか綱の一切が趙師淵に委ねられた」といった言説の根はこの「考証序」にあり、この文章が持つ重みは他のそれよりもきわめて大きい。

だが、その文章が信用できるかは別問題である。趙への書簡から、「綱文」は弟子に委ねられたために誤りが生まれたとするのには飛躍がある。その飛躍が「凡例」を振りかざすために故意になされたとまで言えば下種のかんぐりか。しかし、「考証」には「凡例」を強調するダシに使った姚燧の文章を割裂したり、史伯璿の指摘を流用したりした可能性がある。後者が確かなら、「考証」は序文の至正十九年（一三五九）よりももっとのちに成ったか、あるいは史伯璿の仕事をよく知る劉剡（後述）が「考証」原本に細工を加えたということになるだろう。

こうした「凡例」周辺の文章に比べて、「集覧叙例」・陳済「正誤序」には問題がないようにも見える。しかし、初期『綱目』注の中核であった「集覧」はその出来、それから『綱目』の正統論をものともしない姿勢において篤儒の仕事とは言いがたい。そして本文をよく見ないで仕事をしている形跡がある。それならその誤りを数百条正した「正誤」はどうかといえば、その出来そのものにはケチはつかないが、こと序文についていえば、その調子は王幼学のそれに近い（二十年に七回改稿に対抗しての三十年）。しかし、陳済は『永楽大典』の総裁であり、またその仕事を称える楊士奇は大学士である。その後者の序文には明らかに細工が加えられているとはいえ、それは楊士奇とは無関係のことである。

と言い切ってしまえるかどうか。先ほどは「七家注本」の楊士奇序と『東里続集』を比較して、前者に不自然な挿入があることを指摘した。しかし、この『東里続集』は楊士奇自身ではなく、その子孫が編んだものなのである。(302)現存するものでは天順年間（一四五七―六三）の刊本が知られる。(303)とにかく「本編」より「続集」のほうが分量が多く、採録範囲も広い。『文公先生』にある序文を見て奇妙な部分を切り取ったか、あるいは成賛堂本のようにすでに切り取られたものをそのまま収録したことも考えられる。

疑えばきりがないのでこのくらいにしておくが、次章で見ることとあわせて考えると、すべてクロではないにせよ、劉剡がこの「第一次編集」においてかなりの細工を施したことは間違いないと考える。

それに比べれば、劉弘毅のやったことは二番煎じである。「書法」を足して「六家注」を作ったのは黄仲昭だし、そこに「質実」を加えた（じつはもう一家付け加えていたのだが）際に細工を施したにすぎない。「質実」自体が二番煎じでもある。しかし、劉剡が編集者としてマルチな活躍を示したのに対し、彼は出版者として多面的な活動を行い、またその影響力はきわめて大きかった。「七家注本」がここまで浸透したのは彼の力なくしてあり得なかった。

埋められないピースが多く、推測に推測を重ねる結果となったが、「七家注」の形成・普及の過程にいかに建陽の出版人が深くかかわっていたかを示すことはできたと思う。とくに劉剡にとってこのくらいは朝飯前だったことは、次章でも確認されるだろう。

＊

日本で『綱目』を最も熱心に読んだのは、山崎闇斎一門であろう。丸山真男が闇斎学派を論じた文章で取り上げた谷秦山（一六六三―一七一八）は、「七家注」について次のように言っている。

『綱目』の凡例、朱子すでに没して、ほとんど湮淪す。王魯斎の力を極めて探索するに頼りて復た世に行うことを得（咸淳乙丑）。然るに尹起莘「発明」を作り、劉友益「書法」を作る（二人、みな宋人）。みな未だ凡例に考えざれば、則ち王が本もまた久しからずして晦蝕するなり。その後、八十年を経て至正壬午に至りて、新安の倪士毅再びこれを得て、梓に鋟して以って伝う。今の本は即ちこれにして、汪克寛が「考異」、徐昭文が「考証」（二人、みな至正中の人）、共にこれに拠りて作り、紛々の論遂に定まる。蓋し王・倪の功、実に尹・劉の数百万言の上にありて、而して尹・劉の一生の精を研き思を覃《ふか》める所、徒に一箇の妄作を成すのみ。学は要を知るを貴ぶ。豈に信ならざらんや。刊本宜しく「発明」「書法」を削り去り、ひとり「考異」「考証」を附刻

するのみにして可なるべし。(『秦山集』庚辛録)

『綱目』通行本の付録を手際よく整理した模範的文章である。「凡例」が登場したことによって、「尹・劉が一生かけて打ち込んできたのは全くのムダ骨」となったと考えたのは、彼だけではあるまい。しかし、それはかなり『綱目』をまじめに読んだ人の感想である。

『綱目』通行本には主義主張の相反する、あるいは性格を異にする諸注がずらりと並べられている。そして、朱子の「序例」を除けば、各序文、そしておそらくは「凡例」も、あちこちでつぎのあたった癒合の産物である。それを平気で並べるのが「建陽流」というものであった。「凡例」を売りにするのであれば、谷が言うように本来「発明」「書法」など無用である。しかし、「七家注本」刊行から二百年が経っても、谷の目の前にはあいかわらず「七家注本」が置かれていたのである。「凡例」を浮上させたのが建陽であるなら、「発明」「書法」もまた建陽によって生き残ったのである。

「凡例」自体が朱子の手定かどうかは、結局のところ分からない。しかし、仮に本物であるにせよ、その「凡例」を盾に取りつつ、「考異」「考証」を按配・改竄して『綱目』に嵌め込む作業は朱子が住んだ建陽において行われた。県知事余以能が言うのとは別の意味で、『綱目』は建陽なくてはここまで普及しなかったのである。

「七家注」の普及の広さと時間の長さを考えると、『綱目』はもはや朱子とその弟子たちの共作というものではない。「七家注」を含めた総体こそが『綱目』のテクストなのである。谷や、徂徠や、湖南(内藤がまじめに読んだとは思えないが)がああだこうだと評したテクストを編み上げたのは、紛れもなく建陽の出版・編集者たちであった。

第四章　不肖の孝子――『少微通鑑』

一　明代の「通鑑」

（太康元年）五月、晋の武帝は帰命侯（孫）皓を引見した。皓は殿に上ると額を地につけて拝礼した。帝が皓に「朕はこの席を設けて卿を長らく待っていたのだ」というと、皓は「私もまた南方で席を設けて、陛下をお待ち申し上げていたのです」と切り返した。すると、賈充が口をはさんで言った。「聞くところによると、あなたは南方で人の目をえぐり、面の皮を剥いだとのことですが、これはどういう刑罰なのでしょうか。」皓が「君主を弑した者や姦悪不忠の者がいたから、この刑を加えたまでのことです」と答えると、充は黙り込んで甚だ恥じ入った。

これは、亡国の君主孫皓が勝ちほこる晋の君臣の揶揄を切り返した話として、『三国志演義』の団円部にも出てくるものである。このエピソードについて、十六世紀中ごろに成った杭州人郎瑛の随筆『七修類稿』が次のようにコメントしている。

『十三《ママ》国春秋』[1]に「晋の武帝が侍中の王済と将棋を指していた時に、王済が孫皓に『あなたは呉で人の皮を剥ぎ、足を切ったことがあると聞いておりますが、実際そうしたことはあったのでしょうか』と聞くと、『人臣で君主に対して礼を失うものがあれば、そうしました』と答えた。済はその時将棋盤の下で足を伸ばしていたが、居住まいを正して足を引っ込めた」とある。『晋書』や『綱目』も同様である。『少微鑑』だけが王済を賈充に改め、「面の皮を剥ぐ」を「目をえぐる」に変え、「君を弑した者や不忠の者にはそうした」とするだけで、伸ばした足を引っ込めたという話がなくなっている。それらを勘案すると、孫皓の賈充への回答のほうがぴったりしている。王済の足のエピソードは微細にすぎるし、皇帝に向き合って座るということも考えにくい。史書の記述が一致しないのはかくのごとくであり、すべてを信じるわけにはいかないのである。(2)

この説明がかなりトンチンカンなことをまず指摘しておかねばならない。『晋書』王済伝にはたしかに彼が孫皓に言われて足を引っ込めた話は載っている(ただし、このエピソードにスパイスをきかせている足切りへの言及はない(3))。しかし、『綱目』にこの話は載せない。『綱目』にあるのは、最初に引用した賈充が登場する話である。(4)『通鑑』にも将棋の話は載せない。つまり、郎瑛は両方の話に「皮を剥ぐ」というフレーズが出てくるので、混同してしまったのである。彼が「『綱目』にもそうある」としたのが単なる思い違いなのか、適当なことを言っただけなのかは分からないが、今問題にしたいのはそのことではない。郎瑛が「わざわざ王済を賈充に変えた」としている『少微鑑』という本のことである。

『少微鑑』は略称である。数多くある諸版でタイトルはまちまちだが、商標である「少微」がタイトルからはずれることはほとんどない。北宋末年の人とされる少微先生江贄が作ったとされる『通鑑』のダイジェスト本であって、後世の流布本の母体である明代宣徳年間の建陽刊本のフルタイトルは『少微家塾点校附音通鑑節要』である。

実は最初の引用は『少微通鑑』(以下、『少微』とする)からであり、もとの『通鑑』には引見の日付や、その場面に「文武有位、四方使者、国子学生」もいたこと、そして充が黙りこくったのに対して孫皓のほうは顔色に恥じるところがなかったことが記されるが、基本的には『少微』と同じである。(5)

それを郎瑛が「独り少微は……」というところが面白い(もっとも、『少微』には「人の目をえぐり、面の皮を剥いだ」とあるのだから、郎瑛が言うように「面の皮を剥ぐ」を「目をえぐる」に変えたということはない）。まず『通鑑』を持ちださずに、『綱目』を引っ張りだし（ただし間違っているが）、しかるのちに、『少微』を持ちだしてくるということは、彼が『通鑑』そのものを読んでいないこと（ちなみに『七修類稿』『続稿』には『通鑑』からの引用はない(6)）を示していよう。

さて、郎瑛よりやや先輩の陳霆（弘治十五年進士で、正徳年間に官界にあった(7)）の『両山墨談』もまた、「少微江氏の通鑑節要」に言及しているが、こちらは郎瑛と異なって、『少微』が史書の節略本であることを認識したうえで、字句の節略によって誤謬が生まれているとする。

『漢書』項籍伝には「羽学書不成去学剣又不成去」とある。「去」とはやめるという意味であって、「書を学んでも剣を学んでもものにならず放棄した」ということである。『少微』は字を節約して「学書不成去学剣又不成」とした（末尾の去の字を取る）ために、学習者はたいてい「去学剣」を一句と見なすようになった（剣を学びに出かけてそれもものにならなかった、という読みになる）。また、彭越伝には「皇帝赦越為庶人徙蜀青衣西至鄭逢呂后従長安東」とあるが、これは「越を蜀の青衣県に移し、西に向かって鄭まできたところで、呂后が長安からやってきたのに出会った」ということである。『少微』はこれを「伝処蜀青衣西逢呂后従長安来」と節略したために、学習者は「伝処蜀青衣西」で句読するようになった。これらは『漢書』を読んだついでに気づいた例を一、二挙げたまでであって、誤謬はすべて指摘しきれないほどある(8)。

それでは『通鑑』はどうなっているかと見ると、前者については『少微』と同じである（巻七、二世皇帝元年九月）。一方、後者については『漢書』同様に「西至」が入っている（巻一二、高帝十一年三月条）。しかし、陳霆もまた『通鑑』ではなく、『少微』と『漢書』を比較しているのである。彼も郎瑛同様に『通鑑』をあたってはいないのだろう。『両山墨談』にも『通鑑』の引用はない(9)。

上記の引用の前に、陳霆は「学習者は多くその便利直截なのを好むばかりで、字句の省略のために生じる誤謬が多いのを知らない」と書いている。要するに、彼は世間一般の史書の読者が手軽な『少微』を読むだけで済ませてしまい、原典にあたろうとしないことを笑っているのである。彼は同書でもう一カ所、『少微』しか読まない「小生末学」を馬鹿にしている。[10] 陳霆が『漢書』をちゃんと読んでいるのは褒められようが、ふつうの学習者は『漢書』ではなく『少微』で済ませているということでもある（『少微』がある程度正史の代わりにもなりうる仕掛けについては後述する）。しかし、陳霆もまた『通鑑』を読んでいない点では、『少微』の便利さを好む読者と大差ないのである。

陳霆の指摘はたいしたものではない。それで史書の読みが大きく変わるほどのことではない。こうした細部をあげつらうこと自体に彼の学識のほどが窺えよう。次に、陳霆よりやや先輩で本格的な学者と言ってよい福建人蔡清の『少微』への言及を見てみよう。

蔡清（一四五三―一五〇八）は郷試で首席合格、成化二十年の進士という秀才であり、その代表作『四書蒙引』『易経蒙引』はよく読まれたが、『通鑑』についても『通鑑随筆』（佚）の著がある。[11] 彼の『四書蒙引』は、『少微』を三カ所で引用している。そのうち二カ所は『通鑑』の時代より前の部分（後述するように、『少微』には『通鑑』の始点である周威烈王二十三年以前の太古史が付録としてある）であり、ここではあとの一カ所のみを問題にしよう。

彼が引くのは、孟子が子思に「牧民の道」を尋ねた時のやりとりである。[12] これはもともと『通鑑』の顕王三十三年条の記事であって、何ゆえ『通鑑』から直接引用しないのか一見すると判然としない。彼が『通鑑』を読んでいたことは同じく『四書蒙引』の中で、孟子が交渉を持った斉宣王の燕征伐の時期の問題を取り上げていることから分かる。『通鑑』がそれを宣王十九年（『通鑑』の年代表記は周のそれであるから、じっさいには赧王元年の条を指す）のこととした点については、すでに宋の黄震『黄氏日抄』（巻三）が取り上げていた。蔡清はそれを引用した後、「考異」に他拠なし」と言う。これは彼独自の言であり、『通鑑考異』にまで目配りをしていたことが分かる。[13]

その彼がわざわざ『少微』の方を引いて見せたのは、『四書蒙引』がもともと科挙に応じるための挙業の書として作られたためであろう。『少微』もまた科挙向きのテクストだからである。

しかし、合格したら用済みというわけでもなかった。張吉は蔡清が合格した一つ前の科挙の進士だが、成化二十一年（一四八五）に西南辺疆の景東に左遷された。「去家幾万里」（彼の故郷は江西の余干）の僻遠の地に彼が携行したのは、『易』の本義（朱子の作）、『書』の蔡伝（朱子の弟子蔡沈が編集）、『詩』の朱伝（朱子の詩集伝）、『春秋』の胡伝（南宋初の胡安国による注釈）、『礼記』の陳氏集説（元の陳澔の作）、つまり五経の科挙公定テクストに加えて「少微江先生纂する所の資治通鑑節要」であった。選んだ理由は「量が少ない。多いと持って行けない」である。[14][15]軽便さゆえに持ち運びも容易だったのである。

顧炎武は「正徳の末年（一六世紀前半）、天下には王府・官司そして建寧（建陽）書坊でしか出版はされず、世間に流布していたのは四書・五経、通鑑、性理の諸書にすぎなかった[16]」と言っているが、ここで言う「通鑑」とは『少微』のことを指しているであろう。

以上、明代前半における『少微』の流通状況を瞥見してきた。『通鑑』の受容史については、寺田隆信の通時代的なスケッチがあり、筆は明代にも及んでいる[17]。また、近年では中国で左桂秋『明代通鑑学研究』が出ている[18]。しかし、前者で取り上げられるのは司馬光『通鑑』であって、『少微』ではない。後者では『少微』も登場するが、「官方史学」と「民間史学」における『通鑑』関係の著作をまんべんなく取り上げたもので、『少微』自体を検討してはいない。現在中国では、史学史の中で軽視されてきた明代の研究が活況を呈してきているが、その中で『少微』にもどうやら市民権が与えられつつある。しかし、いくつかの版本の名前が列挙されて、広く普及したことに触れられるだけで、中身を覗いてみようというところまではいかない（おそらく、これからも）。なぜなら、「しょせんはダイジェスト本」という評価自体に変化はないからである。第三章で取り上げた『綱目』が『通鑑』のよくできた嫡男であるとするなら、『少微』は数ある『通鑑』節本の中でも最も『通鑑』から遠い、妾腹の子であった。優秀な跡取り息子さえ、その中身は棚上げされてきたのだから、不肖の末っ子はなおさらである。しかし、この末っ子こそが明代の世にはばかったのであり、嫡子の『綱目』とクロスして膨大な「綱鑑」群を生み出す母体となったことを考えれば、そのテクスト発展の歴史を追うことはけっして無意味ではないはずである。

二　少微先生

しかし、『少微』に昔から注目した人がいなかったわけではない。この本について最も詳しく語っているのはおそらく今でも書誌学者の王重民（一九〇三―一九七五）である（彼を一言で表現するなら目録学者だが、ここでは書誌学者としての一面のみを取り上げる）。

彼は『少微』のいくつかの版本について解題を施している。そのうちの「少微家塾点校附音通鑑節要存十七巻一冊、十八行本（北京図書館所蔵）」についての解説は、それだけで一篇の論文ともなっている。まず、これを全文紹介して書誌的説明に代えるとともに、その問題点を指摘してゆく（角カッコは引用者による補足。丸カッコは『中国善本書提要』の補訂部分）。

以前は宋の江贄の作と言われてきた。贄の事績について宋・元人の撰述の中に探りあてることができず、わずかに〔明の〕凌廸知の『万姓統譜』や〔清の〕蕭智漢の『歴代名賢〔列女〕氏族〔姓〕譜』の中に見つけることができたにすぎない。蕭はおそらく凌の本にもとづき、①凌はおそらく『明一統志』に基づいたものであろう。『明一統志』は手元にないのでとりあえず、凌・蕭の二書によって述べておく。贄、あざなは叔圭（『四庫提要』では叔直に作る）、〔福建〕崇安の人。②初め太学に遊び、龔深之とともに「易」の学で有名となった。のち郷里に隠棲し、近臣がその賢明なるを以って推挙したが、朝廷に赴かなかった。しかし、その著書の名声は都に響きわたった。政和年間に太史が少微星の出現を上奏したのをうけて、在野の遺才を推挙せよとの詔が出た。命が下るや県知事〔『万姓統譜』ではその名を陳難とする〕がその住まいを訪れ、殊礼を以って招き、詩を贈って出座を促したが、三度招いても起たなかった。朝廷より少微先生の号を賜った。著に『通鑑節要』二十巻がある〔『万姓統譜』には巻数を記さず「世に行われた」とする〕[19]。

邵懿辰の『四庫簡明目録標注』の巻五には「諸家の書目にその書を載せ、往々にして宋・元版がある」とするが、明清以来の書目十余種を調べたところ、多くは板刻のことを記さず、ただ〔清の徐乾学の〕『伝是楼宋元版書目』には「元本少微附音通鑑五十巻」をあげ、「王逢、劉剡」と注し、〔明人の〕『近古堂書目』〔巻上〕には『少微通鑑節要』を載せ、「史炤音釈、王逢輯義」とし、〔清・范邦甸の〕『天一閣書目』には『資治通鑑節要』二十巻を載せ、「宋江少微編、門人劉剡識」と題されているとする。後二者は、いつの時代の刻本か明らかにしていないが、徐氏のいう元本とは、じつは明の中葉の人劉剡の編集になるものであって、三家の所蔵本はすべて明刻であり、「往々にして宋・元版がある」というのは間違いである。おそらく、この書の出所は楽平の人王逢とその門人劉剡にあって、武宗が見たのも〔後に出た司礼監本の武宗御製序に「近ごろ偶然『少微節要』を調べたところ」という語があるのを指している〕、宋・元の刻本ではなく、王・劉が校刻した本であろう。では、これは偽書なのだろうか。私はそうだと疑っている。晁氏の『読書志』〔晁公武『郡斎読書志』巻一上〕に「紹聖後、龔原と耿南仲〔と王安石の三家〕の『易』注釈が科挙の教科書としてはやった」とあるが、原とは深之のことであり、彼の本は今『佚存叢書』に収められている。③贄と原の書はともに科挙用の書として有名であった。贄は温公以後はじめて『通鑑』を節略した人である〔龔原は王安石門下なので贄は温公より後輩ということになる〕。しばらくしてから種々の節本が出たために贄の書はすたれていった。おそらく、大雅の書ではないという理由で宋・元の人たちは著録しなかったのであろう。今人もまた王逢・劉剡以前の刻本を見ていない。北京図書館に残本二種〔この解題の対象になっている十八行本ともう一種の十四行本のこと。ただし現在は台湾に存する〕があって、紙色がかなり古いので『北京図書館善本書目』〔『国立北平図書館善本書目』のことである[20]〕なお、現在の中国国家図書館には十八行本の不完本（巻一一―一八）を所蔵するが、『北京図書館古籍善本書目』はこれをやはり元刻本とする[21]」は元刻としているが、私が再度検討したところ、④やはり王・劉の伝本で明の中葉の刻である。⑤この書はすべて陸状元本〔南宋中期に刊行された『陸状元集百家注資治通鑑詳節』一二〇巻〕から出たもので、音釈・注解、出典の注記も同じなら、按語も同じでないものはない。両書を照らし合わせれば、その剽窃の痕跡はきわめて明瞭、おそらくは王逢・劉剡が摘要して、これを江贄に偽託したものであろう。ただ、文詞は簡略になっており、陸本に比べて五分の一を節しており、閲読に便利であったので明の中葉以後広く普及し、⑥武宗が儒臣に命じて重編させたこともあって、陸本を圧倒した。陸本に付せられた諸儒の議論には朱黼〔宋人。『三国六朝五代紀年総弁』などの史学著作がある〕が入っていないが、この本にはある。呂東莱の書〔呂祖謙の編集をうたった『増節入註附音司馬温公資治通鑑』一二〇巻〕から取ったのであって、王、劉は朱黼の原本を見たわけではないだろう。この本はもと三十巻だが、今は巻十四〜三十までの十七巻が残っている。

彼は歴代の書目を調べただけでなく、北京図書館、北京大学図書館、そしてアメリカのライブラリー・オブ・コングレスに所蔵される『少微』諸版も調査しているし、さらに南宋中期に出た通鑑節本の一つ『陸状元通鑑』（以下、「陸状元本」）とテクストを比較している。短い文章だが内容は濃い。しかし、数字を付して傍線を引いた部分に、事実の誤認や調査不足、議論の飛躍があり、結論である波線部も根本的に間違っている。筆者自身も旧著において王重民によりかかって数々の誤りを犯していた[22]。以下に反省の意味も込めて再検証を行おう。

まず、中小の問題から攻める。編者に擬せられる少微先生江贄について（①②③）。王重民が言うように、現存の文献では彼に対する言及を明代以上にさかのぼることはできない。最も早いのは十五世紀半ばに編まれた〔王逢・劉剡が活動した宣徳年間より少し後〕『大明一統志』なので、彼への言及のルーツを『一統志』に措定した王重民の推測は正しい。王はこの解題を書いた時点で手元に『一統志』を持っていなかったから、『万姓統譜』との比較ができなかったのは仕方がない。

両者を照合すれば、『一統志』(巻七六)の情報にいくつか足し算をしたものが『万姓統譜』の記事だと知れる。字が叔圭であること、太学で龔原とともに名を馳せたこと、少微星が現れた時期が政和年間であること、県知事に招かれたことの四点は『一統志』にはない。これらは『一統志』より時代がやや下る『弘治八閩通志』(以下、『通志』)にすべて見えるものであって、[23]『万姓統譜』の情報はこれを写したのであろう。『通志』にはほかにも江贇の六代孫が成化十七年(一四八一)に社学を建てたこと(巻四四)、江贇の旧宅の所在(巻七三)が述べられている。

地元で編纂された『通志』が『一統志』よりくわしい情報を伝えること自体は不思議でない。『通志』から江贇の子孫が最近まで生存していたことも分かるから、そこから情報を得て増補されたとも考えられる。旧宅の所在が取り上げられるほど、当時地元では有名人であったらしい。

しかし、ひっかかるところがある。王重民が言うように『少微』を普及させたのは、宣徳年間の王逢・劉剡による改編本であった。最初にいくつか引いた『少微』の読書例は弘治以後のものだが、すでに宣徳年間に朝鮮で官吏の試験の教科書として『少微』が採用され(世宗十二年＝一四三〇)、[24]以後も『李朝実録』にかなり『少微』が顔を出していることは、間接的ながら十五世紀の段階で『少微』が中国でも広く知られていたことを示している。

このように『少微』が普及した後に編まれたローカルな文献(『通志』)に書かれた事柄(太学での名声、少微星出現の時期、県知事に招かれたこと)をにわかに信じてよいものだろうか。『通志』編纂の指揮を取ったのは、福建人で『綱目』六家注の刊行者である黄仲昭であり、弘治とは劉弘毅の時代なのである。北宋末年の少微先生と成化年間に生きた六代目の孫(『通志』の誤植でないとして)の間に約三五〇年の隔たりがあるのもありえないことではないが、時間が開きすぎている。そして『一統志』自体、官製だからといってその記事が信用できるわけではない。とくに「人物」の項目は地方からの取材によっているため、お手盛りの情報が入りこむ余地はある。

材料がほかにないので、江贇の素性についてはこれ以上の穿鑿はできないが、王重民が②から③に行くのは何とも飛躍がすぎる。②自体の怪しさはおくとしても、江贇が龔原と並び称されたのは『易』においてであって、そこから「江贊の書が龔原の書とともに科挙の世界で流行した」とはならない。王重民が「流行した」とするのは、『万姓統譜』に「通鑑節要が世に行われた」とあるからだろうが、「行于世」の三字は『通志』の段階で付け加わったものであり、『一統志』には存在しない。

『少微』には江鎔という人の序文がついている。王重民は嘉靖刻本『新刊古本少微先生資治通鑑節要』への解題[25]で同書の巻頭にこの序文があることを指摘し、「この書の源流について述べた最も早い史料」として全文を移録しているが、別段コメントは加えていない。以下、あらためて全文を紹介して若干の検討を加えよう。

『通鑑』の一書は紀伝にかえて編年とし、上下数千百載の興亡治乱が一目瞭然でまことに史学の綱領である。しかし、分量が多すぎて通読するのはやさしくない。そこで後世の君子が繁雑な部分を削って要点を取ったが、くわしすぎたり簡略すぎたりで、学習者には悩みの種だった。少微先生の江氏家塾には『通鑑節要』があって、詳略の按配がほどほどであり、両漢・隋唐においてその精華がことごとく備わり、六朝・五代においてその首尾がともにそろっている。加点によって要所を示し、題をかかげて要点をかいつまんでいるので、識者はこれを重宝がった。その後、建寧公の默が晦庵先生の門下に学んだ際、この書を示して尋ねたところ、先生は深く嘆賞された。それ以後士友が争って転写し、ますます重みを増した。今、南山主人の淵は学問をしっかり修めて、先祖の偉業をさらに輝かせているが、この書を取り上げて潤色を加え、諸史の表・志・序・贊を増入し、名公の議論や音注を加えた。文章は簡潔にして分かりやすく、事柄の得失をはっきり示し、家庭での教科書とした。ある客人が「善い本なのだから、家に秘蔵しておくより出版して公にしたほうがいい」と言うと、主人は笑って「少微先生は隠居暮らしをしていたが、その名は都にまで響いており、皇帝の三度のお招きも、わが道を行く志を変えることはできなかった。およそ書を著して主張を述べるのは、自分の心を明らかにするためであって、人に知られるのを求めようとするのではない。ご先祖様は著述が世に知られるのをひたすら心配されていた。なのに、私がその書を手にして、世に知られないのを気にすることがあろうか」と答えた。しかし、客がどうしてもと出版を請い、私もその言を嘉して助け舟を出したので、主人は応諾した。そこでこの序文を書いた。時に嘉熙丁酉の良月朔、迪功郎新邵武県南尉巡捉私茶塩礬私鋳銅器兼催綱江鎔が謹んで記す。[26]

この序文の情報を整理すると次のようになる。

一、原本にはすでに「点抹」が施され、欄外に標題（本文の内容の見出し）があった。これは、後の『少微』にも備わっているものである。しかし、この時点では知る人ぞ知るで、まだ出版はされていない。

二、子孫の江黙が朱子に示してその評価を得てから、写本が出回るようになった。

三、さらに後代の江淵が増補を行った。その中身は正史の表・志・序・賛、名公の議論、そして音注である。

四、それがある人の勧めでようやく嘉熙元年（一二三七）頃に刊行の運びとなった。

序文の記述は王重民の主張と少しくいちがっている。前述したように、王は江贄の書が龔原の書とともに科挙の世界で流行したとするが、ここでは朱子の評価以後写本が出回ったとしていて、両者では普及のレベルと時期が違う。それに後半の書きぶりを見ても、それほど広まったようには思えない。

しかし、この序文自体、額面どおりに受け止めてよいのだろうか。江黙については、朱子の弟子にその名の人（あざなは徳功）は確かにいて、文集にも彼への書簡が相当数収められている。[27] そして、『通志』はその出身地を江贄と同じく崇安とし、乾道年間の進士で朱子の門に遊び、最後は知建寧県で終わったとする。[28] 序文中に「建寧公」とするのと平仄は合う。ただし、序文では江黙と江贄の世代関係には触れない。

序文を書いた江鎔も『通志』の「選挙」（巻四九）の条に紹定五年（一二三二）の進士合格者として名が見えているので、この人物も実在したとしてよい。

このように江黙と江鎔の裏は取れるが、『少微』に種々の補足を行った「孝孫」とも言うべき南山主人江淵については、ほかに記録がない。江贄と江黙、江鎔の関係も同じ崇安の人である以外は明らかではない。

じつは、この序文を胡乱な眼で見ていた先人がいる。『十七史商榷』の王鳴盛である。彼は「通鑑節要」を取り上げ、序文の内容をかいつまんで紹介した後、宋代にはかかる撮要の史書がいくつもある中で、朱子がこの「鈔掠剽擬の作」をことさらに嘆賞するとは思えないので、序文には信がおけないとする。

王鳴盛はその後、「明に入るとますますこのたぐいのものが増える」と続ける。[29] 彼はそもそも宋・明の史学を軽蔑しきっており、朱子がそんな本を褒めるわけがないというのもそうした予断によるものではある。しかし、この直感は正しいだろう。たしかに、朱子は『通鑑』に関心を持って『綱目』を編纂し、友人の袁枢が編んだ『通鑑紀事本末』に賛辞を送った。[30] 学習者への便宜にも配慮した人である。しかし、『綱目』とは別の発想(後述)で編まれたこの節本を褒めたとは考えにくい。

私は『少微』に朱子のお墨付きを得たいがために、朱子と交渉のあった江黙が引っ張り出されてきたのではないかと疑っている。江贄がどんな人であれ、『少微』が江氏一族の作品であることは間違いないだろう。しかし、「江贄が作った」とするのは他の節本より時代をさかのぼらせるための細工であって、もっと後の世代の江某(それが素性の分からない江淵だった可能性もある)が加工どころか、そもそも『少微』を編んだ可能性を考えてみてもよい。江鎔の名前も利用されたのだとすると、序文の日付も当てにならない。

王鳴盛は序文の一部がデタラメだと言っているだけで、『少微』自体が宋代の作であることは認めている。その点では王重民と同じだが、王重民はこの序文をおそらくは信用していたと思われる。しかし、宋刊本が現存しないだけでなく、王重民自身が言うように宋代において『少微』への言及が見つからないことを考えると、その出自をこの序文から説くのは難しいであろう。

私は、王鳴盛に近い立場を取る。違うのは、王鳴盛が朱子の激賞云々の部分だけを怪しむのに対し、著者自身の経歴にも疑問を持つところである。原型が宋代にできあがったことを否定できる材料はないが、それが北宋の末年に成立したという記述を文字どおりに信じることはできないと考える。とにかくはっきりしているのは、「『少微』が宋代において流行し、諸本が出たためにすたれた」とする王重民の構図を序文が支持していないということである。王重民は「陸状元本」を重視しているので、ここで言う「諸本」も主に「陸状元本」を念頭においているだろう。しかし、『少微』の消長を「陸状元本」と関連づけること自体何ら根拠はない。その検証に入る前にひとまず元刊本は存在しないという彼の指摘に目を向けよう。

三　元刊本の存在

王重民は『少微』への言及を宋人どころか元人の著作にも見つけることができないと言う。筆者もまた前著を出した時点ではそう思い込んでいた。しかし、元代に『少微』に触れた文献が存在することは、少し調べれば分かることだった。

それは古くは葉徳輝（一八六四—一九二七）の『書林清話』が引用し、近時では宮紀子が紹介した孔克斉の『至正直記』巻二の「江西学館」の記事である。[31] ここには学館での読書法として、図書を携行しやすいように一冊ずつに綴じる方法が紹介されており、その基本図書の中に「四書集注」「経伝」（五経の注釈）「詩苑叢珠」「礼部韻略増注本」とならんで「少微通鑑詳節横馳」が挙がっている。[32]『四書集注』、「経伝」（五経の注釈）、『礼部韻略』が科挙に必要なのは言うまでもない。また、『詩苑叢珠』は対偶を作るために成語を採集した類書で、その至正二十四年西園精舎刊本を著録する『天禄琳琅書目』（巻六）の言葉を借りるならば「初学の撏撦の用に備える」ためのものだった。『少微』もそれらと並ぶ教科書として使われたことが分かる。

孔克斉は孔子の子孫で、元末に生きた人である。彼の地元溧陽に遊学してきた江西人の婁奎からこの話を聞いてその方法をまねたという。あくまで一地方での話だから普及度を測る材料にはならないが、元末の至正年間には『少微』が確かに存在していた。

ここでは、書名に「節要」ではなくて「詳節」の語が使われている。単なる節略本ではなく、おまけの部分をも売りにするという意味である。「詳節」は宋・元代には書物の名前としてよく使われた。最も有名なのは呂祖謙編をうたう『十七史詳節』だが、正史だけではない。たとえば、元刊本が残っている『増入諸儒議論杜氏通典詳節』[33]、あるいは宋の『郡斎読書志』（巻五）が載せる『会要詳節』などがある。『通鑑』の節本においても、「陸状元本」の増修本がやはり「詳節」を称するし、『林公省元集註資治通鑑詳節』もある。[34]元の『至順鎮江志』（巻一一）にも、学校に「通鑑詳節十三冊」（ちなみに『通鑑』は百二十冊、『綱目』は二十冊である）が備えられていたと記す。あるいは、宋刊とされる『呂大著点校標抹増節備注資治通鑑』百二十巻、[35]元初に山西の平陽で刊行された『増節入註附音司馬温公資治通鑑』百二十巻[36]の「増節」も同じ趣旨の言葉である。

「節要」もまた書名にしばしば採用された。「通鑑節要」というタイトルの本もすでに宋代に作られたようだが、[37]現存していない。『宋史』芸文志には、呂祖謙の編年史の著作として『大事記』などとともに「呂氏家塾通鑑節要二十四巻」が挙げられている。

北方での「通鑑学」の流行を述べた史料としてしばしば取り上げられる元好問の文章[38]の中にも「東莱呂氏の節要」が出てくるが、これをもとにして作られた弋唐佐本も百二十巻である。呂氏家塾本の巻数がちょうどその五分の一であるのはおそらく偶然ではない。分量は同じで、巻数割を変えたのだろう。

それらに比べて、『至順鎮江志』の十三冊本は一冊の厚さが分からないので何とも言えないが、同時に挙げられている『通鑑』『綱目』の冊数と比べるならば、かなりスリムなものだろう。そして、先の『至正直記』の「詳節横馳」は一冊に綴じることができるほどの分量であるが、現存する『少微』を一冊にとじ合わせるには少し嵩があるので、[39]『少微』をさらに縮めたものかも知れない（「横馳」とはそういう意味であろう）。

『元典章』（巻三一）によれば、「通鑑節要」がモンゴル語に翻訳されて蒙古学で教授されていたことが分かるが、その正体は不明である。元代に『通鑑』の節本が流行したことはよく知られており、前掲の寺田論文、さらにくわしくは宮の著書に述べられている。[40] こうしたことが常識となっているからか、李逸友編著『黒水城出土文書』はエチナ出土の史籍残片（F6：W36）について、元代の『通鑑』盛行を指摘した後これを「通鑑節要」だとしているが、[41] じつは『綱目』の残葉であることを段玉泉が指摘している。[42]

ところが、実物の元刊『通鑑節要』しかも『少微』が明初の王族の墓から出土しているのである。[43] 報告者の崔巍によれば、フルタイトルは宣徳本と同じ『少微家塾点校附音通鑑節要』で五十六巻（王鳴盛が見たものと同じ巻数）、さらに「外紀」四巻がついていて、目録の末尾に「至治辛酉趙氏鍾秀家塾新刊」の木記があり、半葉十三行、行二十二字、框高十四・九センチ、幅九・八センチの巾箱本で二函十六冊、巻首には序文がついている。崔は序文の筆者には触れていないが、残存する一葉は江鎔序と同文である。

つまり、『少微』は少なくとも至治元年（一三二一）にまでさかのぼれる。「趙氏鍾秀家塾」については詳らかにしないが、版式からして建陽本であると見てよい（現在は「中華再造善本」の影印本で見ることができる）。[44]

ほかにも、宣徳本以前の『少微』の姿を窺わせる本がある。王重民解題の問題箇所④の「北京図書館本」である。王重民は「北京図書館」の残本二種（現在は台湾にある）について『国立北平図書館善本書目』が元刻とするのに対して、王逢・劉剡の本で明刻だと述べていた。

私はこの残本二種を原本ではなく、アメリカのライブラリー・オブ・コングレスが北平図書館本をマイクロフィルム化したもの（北平図書館の善本を日本の侵略から守るためにアメリカへ疎開させた時に、その移送に携わった王重民がマイクロフィルム化したもの）によって検討した。[45] 紙色がどうだとかいった書誌学的な判断を下す力はないから同じことである。

しかし、鑑識眼は必要なく、中身を見れば宣徳本以前のものなのは明らかである。その指標についてくわしくは後述するが、劉剡が施した細工の最大の特色である「統紀を正す」、つまり『綱目』の年号表記がこの二種では行われていない。ともに不完本だが、十四行本は『綱目』の「無統」の時期である南北朝を、十八行本は五代を含んでいる。『綱目』では年号を分注にする時代であり、宣徳本はその宣言通り忠実にそれを襲っているし、則天武后の時期についても『綱目』どおりに、中宗の「嗣聖」年号を使っている。一方、残本二種はともに『通鑑』のままである。

本文のテクストそのものは、残本二種と宣徳本ではほぼ変わらない。ただ、評語において宣徳本には新増とするものが散見する。その大半が「胡氏（寅）」「范氏（祖禹）」であるのが劉剡らしい（ただし、元刊本でも「范祖禹曰」はある）。『綱目』に両氏はよく引用され、そこでは「胡氏」「范氏」と表記されている。数は少ないが「尹氏」が存在するのも劉剡ならではである(46)。

こうした新増は残本二種にも趙氏家塾刊本にも存在しない。つまり、元刊本に増補したものである。さらに細かい話だが、王重民が十四行本を「五十巻」とするのも、宣徳本が五十巻であることからくる予断にすぎない。十四行本で残っているのは巻三三～四四で、終わりは欠けている。実際に宣徳本と比べてみると、たとえば、十四行本の巻四二「太宗皇帝下」は宣徳本では巻三八である。ここから見て十四行本は趙氏家塾刊本（こちらは十三行だが）同様に五十六巻であることは想像がつく。じっさい、十四行の五十六巻本が成簣堂文庫に所蔵されている(47)。じつはすでに『国立北平図書館善本書目』が正しく五十六巻としていたのである。十八行本のほうは、巻三〇の途中までしか残っていないが、後周の顕徳年間までいっているので三十巻本としてよい。これまた、その系統を引く明初の刻本が京都府立総合資料館にある(48)。

つまり、この二種は王重民が言うように宣徳本系統なのではない。たとえ元刻でないにしても、その姿を伝えるものなのである。もしこの二種が元刻そのものだとすると、趙氏家塾刊本と合わせて三種、あるいは五十六巻系と三十巻系が現存していることになる。元代に『少微』が浮上してきたことは確実である。

だからといって、他の「節要」「詳節」本を上回る普及力を持っていたとするのは速断である。『宋史』芸文志に『呂氏家塾通鑑節要』が載るのは、むしろ元代に影響力を持っていたからだろう。元好問の文章にも「呂氏節要」

への言及があり、編者を呂祖謙とうたった平陽刊の『増節』も存在した。これに比べて、『少微』はまだ「駆け出しの小僧」にすぎない。『少微』が普及したのは、王重民が正しく指摘するように明代の劉剡・王逢コンビの力によるのである。

四 「陸状元本」・『綱目』・『少微』

先行する元刊本があるのだから、王重民の解説⑤「宣徳本は王逢・劉剡が「陸状元本」をもとに剽窃して作り上げたものだ」とする仮説は崩れた。しかし、元刊本が「陸状元本」を剽窃したという可能性は残る。

この後の解説を見ると、王重民は「陸状元本」と「宣徳本」の比較だけでなく、呂祖謙本をも参照してくわしく調査したように見える。しかし、「善本」というより珍品という形容がふさわしい対象に、書誌学者が全力を投入する暇があったか疑わしい。サンプル抽出により、比較したと考えるのがふつうであろう。

私は彼に比べればずっと暇に恵まれているが、さすがに全書を比較する気にはならない。そこで五代の初めのたった一年分を選んで比較する。それで十分だからである。ただ王重民と違って、『通鑑』自体そして『綱目』も比較の材料にする。そうすることで、節本のそれぞれの省略法のありようが見えてくるからである。

ここで「陸状元本」について簡単に解説しておこう。『通鑑』節本の中では現在おそらく最も有名なものだが、それは明末に汲古閣の毛晋が復刻したことによるところが大きい[49]。もともとの「陸状元本」は十二世紀の末年に作られた。作者は陸唐老という無名の人物であり、とても状元になるような人ではない。これについてはやはり王重民が諸資料を引き、淳熙十六年（一一八九）に太学上舎から任官、さらに翌年の科挙にも応じて進士となったとし、状元と呼ばれたのは『宋史』選挙志に「進士の年長者を選んで状元とする」とする事例か、『癸辛雑識』が「上舎釈褐の優等者を状元と呼んだ」とするケースに該当するのだろうと言う。[50] 慶元三年（一一九七）刊行の蔡氏家塾本とやはり建陽で刊行された宋刊本が現在静嘉堂文庫に所蔵されているが、王重民が解題を書いているのは元代の増修版である。つまり彼が比較しているのも、元刊本と『少微』宣徳本である。したがって、彼の調査を検証するには両者を比較すべきだが、「陸状元本」元刊本と『少微』宣徳本（あるいは元刊本）が仮に似ていないとしても、理窟では宋刊本から剽竊したという可能性も残るので、ここでは宋刊本との比較をしよう。とはいっても、宋刊本と元刊本の本文には誤植以外の違いはないのだが。[51]

「陸状元本」では巻一一四以下が五代である。巻頭にはまず按語があって、「『通鑑』は『旧五代史』によるところが大きく、『新五代史』とはかなり異同があるが、詞賦に引用されるわけではないので、それについては一々注記しない」とする。[52]「陸状元本」の特徴の一つは本文の記事の出典（つまり正史）を注記してゆくところにある。奇特な読者なら、『通鑑』と正史が対照できるようになっている。ここの按語は、五代史についての異同はあまり科挙に関係もしないので一々注記しないという断り書きである。これは宣徳本（巻四九）にも少し縮めた形で載ってはいる。

「陸状元本」がそれに続いて「後梁紀」「太祖神武元聖孝皇帝」とするのは『通鑑』と同じだが、さらに「在位七年、寿六十一」とするのは『通鑑』にはない。その後に「諱は晃」以下朱全忠の略歴が紹介されるが、『通鑑』のそれより随分くわしい。一方、宣徳本も在位、年齢を記す。略歴紹介の部分は「陸状元本」と比べれば随分短いが、これを縮めたものとみることもできる。以上の外郭の部分は、「陸状元本」から発していると主張することも可能だろう。

『通鑑』は梁の年号「開平元年」を柱とし、「陸状元本」もむろん同じである。一方、宣徳本にはまず干支の「丁卯」を掲げた後、唐の年号である「天祐四年」を大書し、「四月以後、梁太祖皇帝朱晃開平元年、西川称唐天復七年○是歳唐亡。梁・晋・岐・淮南・西川凡五国、呉越・湖南・荊南・福建・嶺南凡五鎮」と分注される。『綱目』

の丸写しであり、劉炳が言う「統紀を正す」である（ちなみに元刊本は「開平元年」である）。

問題は記事の中身である。本家『通鑑』（巻二六六）と「陸状元本」をまず比較してみよう。見やすいように、『通鑑』の中華書局標点本についている記事番号を用いる。これでカウントすると、本年の記事は五十一条ある。そのうち「陸状元本」が載せるのは一、三、九、十三、十五、十八、十九、二十一、二十二、四十二、四十六の十一条であり、採録された各条の中でも文章は縮められている。取られなかった記事の大半は、地方の細かい動きである。たしかに、それらを省いてもこの年の動向は把握できる。一方、『綱目』は二十二条の記事から成り立っている。「陸状元本」が『通鑑』の文章のほぼ単純な縮約（軽微な語彙の改変はある）なのに対し、『綱目』は「綱」のもとに「目」を配する際に『通鑑』の行文の順序をしばしば入れ替える。『通鑑』標点本で一つの番号下にあるものが、『綱目』では細分されることも当然ある。したがって、二十二という数字を単純に「陸状元本」の十一条と比較はできない。そこで『綱目』が『通鑑』のどの条から記事を拾っているかでカウントすると、二、三、九、十、十三、十四、十五、十七、十八、二十一、二十二、二十三、二十五、二十七、二十九、三十一、三十五、四十、四十二、四十五、四十六の二十一条になる（傍線部は「陸状元本」と共通）。

『綱目』の方が多く記事を取っていることが分かる。「陸状元本」が捨てた各国・藩鎮の状況（二、十、十四、二十五、二十九、三十一、三十五、四十五）や個人の任官・封建（十七、二十三、二十七）、晋との小競り合い（四十）が拾われている。

『通鑑』二百九十四巻の五分の一の五十九巻（この巻数は偶然でなく、おそらく意識的にそうされたものであろう）という数字からするとかなり縮約されたように見えるが、目が小字になっているので、それほどの大減量ではない。

それでは、宣徳本はどうだろうか（年号表記と評の部分を除くと元刊本も同じである）。まず数字で示すと、九、十三、十四、十八、二十二、二十五、三十一、四十、四十二となる。このうち九、十三、十八、二十二が「陸状元本」と重なる。字句は「陸状元本」からさらに節略されている。そのうち、九の岐王李茂貞の記事の本文は「陸状元本」からの節略ともみなしうるが、注につく李茂貞の説明には付加部分がある。(53) さらに、十四の馬殷を楚王とした記事、二十五、三十一、四十の梁・晋両国軍の潞州での衝突は「陸状元本」にはない。これだけでも、単純な踏襲でないことは明らかである。

同時に指摘しておかねばならないのは、宣徳本には「陸状元本」にも『通鑑』にもない一見不可解な点がいくつも存在することである。一つは「以清海節度使劉隠為南海王」という記事である。宣徳本が注をつけて説明するように、劉隠はやがて南漢国を建設する人だが、『通鑑』の当該記事には「以隠為大彭王」とあり、「陸状元本」もそうである。それどころか『通鑑』には、そもそも劉隠の南海王封建の記事は載っていない。『通鑑』が記すのは開平三年四月庚子条の「南平王」封建であり、彼の死去を記す乾化元年三月乙酉朔条では「南平襄王」とする。一方、『新五代史』は乾化元年（開平元年の四年後）に隠の南海王封建を記す。『宋史』巻四八一南漢劉氏伝には「開平初兼静海軍節度使封南海王」とするが、『少微』が『宋史』を見る手間をかけたかは疑わしい。「陸状元本」の当該条の劉隠についての注に「梁封為南海王」とあるのを見たか、それとも「陸状元本」の注の出典である史炤の『通鑑釈文』を見た可能性はある。しかし、「陸状元本」はこういう注をつけながら、本文では『通鑑』と同じ「大彭王」である。なぜ、それが「南海王」に化けるのか。

これは、同じ箇所の「王審知為閩王」という記事を考えると理解できる。これまた『通鑑』「陸状元本」ともに開平王審知が侍中を兼ねたことを記すのみである。『通鑑』が王審知の封建を記すのは劉隠の南平王と同じ箇所である。

つまり、開平元年の楚の馬殷、呉越の銭鏐の封建の記事に合わせて、ついでに時期が違う劉隠、王審知の封建も併記したということである。三年の「南平王」を引越しする際に、「南海王」に変えてしまったのだろう。「陸状元本」ないし『通鑑釈文』に影響された可能性もあるが、劉隠が亡くなった年（梁の年号では乾化元年）の記事では『通鑑』どおりに「南平王」としているのを見ると、そうでもなさそうである。

次に、梁・晋両国軍の潞州での衝突記事について。「陸状元本」には見えないが、ここで問題にしたいのはほかのところにある。この記事は『通鑑』では八月に繫けられているのに対して、宣徳本では九月の蜀王の皇帝即位の記事の後に置かれているのである。「陸状元本」にはないのだから、『少微』が『通鑑』をじかに見て縮約した際に誤ったか、「陸状元本」以外の節本にそうあったのを踏襲したかである。『綱目』を参考にした形跡はない。

このように一年を取っただけでも、宣徳本と「陸状元本」の文の間には随分距離がある。その他の付録部分について見ても、「陸状元本」との共通項は決して多くない。次に、王重民がほとんど同じだとした「諸儒議論」について、巻一一四・一一五の後梁・後唐朝に限定して比較してみよう。

「陸状元本」は、各皇帝の治世の最後に「五代史贊」を引用するほかは、順に並べると范祖禹、(程)伊川、胡(寅)三、荊公(王安石)、潁濱(蘇轍)、胡(寅)二、曾鞏である。一方、宣徳本は王朝交代に際して司馬光の「歴年図」を二つ引き、「新増」として胡氏(胡寅)を引く。つまり、元刊本は「歴年図」しか引用していない。「陸状元本」と『少微』は似ても似つかないと言わざるを得ない。王重民のボーリング調査がどこを掘ったかは分からないがそこでは似ていたのだろう。しかし、別の所で穴を掘れば色の違った水が出てくるのである。

以上から、王重民の鑑定とは異なり、「陸状元本」と『少微』との関係は薄いという結論が出る。根っこは同じだし、節本の中で「陸状元本」は元代までは影響力があったから(汲古閣版の存在は明代での影響を意味しない。単なる懐古趣味的な出版である)、『少微』の底本であった可能性はむろんある。しかし、これを剽窃と呼ぶなら、『通鑑』節本は「陸状元本」を含めてすべて剽窃ということになる。

しかし、真の問題はそこにあるのではない。「陸状元本」と『少微』では、史書に対する考え方もかなり違うのである。

「陸状元本」の巻頭では、『通鑑』と『新五代史』の異同を指摘し、出典をここでは注記しないことを断っていた。つまり、五代は例外的で、ほかでは大体出典が示されているということである(元代の増修本ではこれを省いたものがある)。しかし、『少微』はと見ると、たとえば唐代なら太宗と玄宗のところしか出典が示されない。「貞観の治と開元の治についてもう少し勉強したい人のために」ということである。

また「陸状元本」の節略法には、『綱目』のような工夫はない。単純に縮めるだけである。しかし、結果的には『通鑑』の文脈に忠実である。ところが、『少微』は南海王の例を見ても分かるように、別の年の出来事を記事の類似性からくっつけてしまう。『綱目』も類似・関連した記事をまとめることがあるが、封王のようなかなり重い記事でそうすることはない。『少微』のやり方は編年史の約束事を破っている。やはり、朱子が激賞するような代物ではないのである。

しかし、『少微』が十国の封王記事を一箇所に集めたのは意図的である。「何年何月に誰が○○王になった」ということより、「十国の王をここでまとめて四人覚えましょう」という配慮である。

『少微』は縮めることだけに腐心していたわけではない。元刊本の時点で、たとえば漢代については、『漢書』からの相当の増入を行っている。

高祖――本紀に載せる詔、張良伝(『通鑑』に載せない「四皓」について)、班固賛、叙伝、班彪王命論
恵帝――班固賛二つ(恵帝と蕭何・曹参)
文帝――班固賛二つ(賈誼、文帝)、叙伝、本紀の匈奴との和親詔
景帝――班固賛(景帝)
武帝――食貨志(興利の臣について)、遊侠伝序(郭解の処刑の記事につける)、班固賛四つ(武帝、董仲舒、公孫弘ら、司馬遷)、叙伝、本紀(宝鼎を得たことについて)、司馬遷伝(史記の説明)

となる。縮めるだけでは受験の役には立たない。『漢書』で試験に出そうなところを選んで、挿入しているのである。『通鑑』にない記事を増入するという点では『綱目』も同じだが(たとえば、この中では「四皓」を入れている)、同じく教育的配慮に出るといっても、目的は違っている。とにかく、『少微』の編集には「陸状元本」とは違う発

想があることは認めなければならない。王重民が言うように、『少微』がブレイクするのは宣徳本の登場以後のことだが、すでにその前の段階でもあれこれ工夫がなされていたのである。

五 「松塢師弟」

（1） 先生

明の宣徳三年（一四二九）の木記[54]をもつ翠巌精舎刊『少微家塾点校附音通鑑節要』五十巻本、つまり王重民が解題を施した本を見ると、「眉山　史炤　音釈」「鄱陽　王逢　輯義」「京兆　劉剡　増校」の三人の名前が並んでいる。史炤の『通鑑釈文』は、前章で述べたように胡三省注が登場する前に通行していたものである。以後もその威力は衰えるどころか、作者の名前が意識されなくなっても、いっそう人目に触れる機会を得た。『少微』の中で生き続けたからである。あとの二人については、王重民が『少微』の「続篇」の一本の解題の中で紹介している。[55]関係部分のみを引用しよう。

『平津館鑑蔵記・書籍続編』の五頁に「『資治通鑑節要』二十巻。少微先生纂述、松隖王逢釈義、仁斎劉剡増校と題する」とある。[56]ここ（『節要続篇』）に「松塢門人京兆劉剡」と題しているのは、剡が王逢の門人を自称しているのである。この王逢は鄱陽の人で、正統年間に「経明行修」で推挙されたが都に行かなかった。『梧渓集』の著者王逢とは別人である。

二人が一応師弟関係にあるらしいことが分かる。また、王重民がわざわざ別人だと断っている『梧渓集』の王逢（一三一九―一三八八）は同じく朝廷の召しに応じなかった人だが、『明史』（巻二八五）に立伝されている（出身地は常州江陰）。彼は宣徳本の出版時点より随分前に亡くなっている。

もう一人の王逢について、「朝廷に召された云々」と王重民が言う根拠は何だろうか。王逢は同じく劉剡とのコンビで、前章に登場した倪士毅の『四書輯釈』の重訂本の出版に携わっていたが、王重民はそちらの解題でわざわざ彼の小伝を執筆している。(57) 材料となったのは同治『楽平県志』巻八である。(58) そこから関係する情報を抜書きしよう。

①あざなは原夫、号は松塢。楽平県懐義郷の人。
②洪初(野谷)に学ぶ。洪初の学統をたどると、朱公遷→呉中行→黄榦、つまり朱門にたどりつく。
③科挙を断念して、経史の研究に没頭。
④宣徳元年に富陽県の訓導の職に推薦されたが就かず。
⑤門人の何英、呉存、余進らと郷塾で研鑽につとめる。
⑥宣徳三年(一四二九)明経を以って招かれ、皇帝との謁見で一日中「礼楽」の二字について論じ、次の日の謁見で皇帝から「兜鍪」の二字について尋ねられたが答えず、職にも就かなかった。
⑦以後、郷里に隠棲して城市にも入らず、八十余歳で亡くなった。
⑧松塢先生と呼ばれ、のち郷賢祠に祀られた。

王重民はさらに同書の巻九に収録される王逢の文章(「主忠信序」)に、彼が永楽十五年(一四一七)に建陽に遊んだとあるのを発見して、劉剡が彼の教えを請うたのはその時のことだと気づいたという。そして、このコンビが『四書輯釈』の重訂を行い、さらに『少微』の釈義・重纂がなされたことを指摘し、やはり『県志』に彼の著作として載せる「史略標題」は元代の曾先之『十八史略』に標題を施して初学の便を図ったものだろうと推測し、「鴻儒博学」とは言えないが、その編纂物は「郷塾の諷読に供し、村俗を振起するに足るもの」と一定の評価を与えている。

このように、王逢は明代初期に建陽で刊行されたいくつかの書物に顔を出すものの、かろうじてローカル・ヒストリーに痕跡を留める村儒にすぎない。いま一人の王逢が詩人として相当名が通っていた人なのとは随分落差がある。書誌学者はその存在に注目し、限定つきとはいえ、顕彰を図った。村儒の労苦もここに報われたと言うべきか。しかし、王重民も指摘するように、『楽平県志』には王逢の著作として、有名な方の王逢の『梧渓集』をも挙げている。四百年以上を隔てた『県志』の記録にどれほど信用がおけるのか、検証する必要がある。とくに、⑥の朝廷への召し出しには、江贄のそれと重なり合うものを感じる。少微星などといった怪しげなものは持ちだされていないが、二日にわたって皇帝に謁見したという話はやはり眉に唾してかからねばならない（少なくとも『明実録』のこの年に記事はない）。宣徳三年が『少微通鑑』の出版年であるのは、偶然の一致とは思われない。

王重民は『県志』の記録を書きとめたまでで、全面的に信じていたとは限るまい。資料を発掘して紹介すること、書誌学者の任務はそこで果たされている。しかし、すでに見たように『少微』の続編の解題では「正統年間に「経明行修」で推挙されたが都に行かなかった」としているのと、『県志』の「宣徳年間に皇帝に謁見した」という話は矛盾している（一度皇帝に謁見した人間があらためて「経明行修」で推挙されたとは考えにくい）。もっとも、王重民はそれぞれ別個に解題を書いたのであって、関連する問題を一本の論文としてまとめたわけではないから、これは彼の責任ではない。あえて責任を問うなら、『中国善本書提要』の整理者に対してだが、それも無茶というものだろう。そして、この矛盾を解明しようにも、「正統年間云々」の史料的根拠を王重民が示しておらず、この点については存疑としておくしかない。

そのかわり、できるだけ王逢に関する記録の皮をむいてゆこう。その結果、芯に何が残るかである。江贄の時と同様に『楽平県志』の記事を時代的に遡ってゆくと、清代の『宋元学案』（巻八三）にも上記の要素がかなり揃っている。②の学統はもちろんのこと、野谷の門人王逢の小伝が載せられていて、③〜⑥について言及がある。⑤については何英の名前のみが挙がり、⑥については「礼楽」二字の話はあるが、それと対応する「兜鍪」の話は見えない[59]。これらの記録ももともとは地方志から採集したものに違いない。とにかく、ここには同治『県志』に見える要素はほぼそろっている。ちなみに、『学案』が取り上げているからといって、ひとかどの学者と見られていたということではない。『学案』にとっては学統をたどることこそが重要であり、往々にして個人個人はないがしろにされる(60)。

さらに、『明史』芸文志にも『四書通義』(『四書輯釈』の重訂本)の著者としてその名が見える。ここにも小伝が付され、彼の師洪野谷が朱公遷の弟子だったことに言及した後、④⑥の記事を載せるが、後者については「明経を以って召される」とするだけで、皇帝との謁見の話はない。『明史』芸文志の記事だから、出所は明末清初の黄虞稷『千頃堂書目』(巻三)である(ちなみに『明史』芸文志は史書のところでも、彼の著として『通鑑釈義』『史略標題』を挙げる)(61)。

では、黄虞稷はどこで情報を入手したのか。この無名の人を知っていた可能性は皆無に近いし、後人のように地方志を見たのではないだろう。『四書通義』の序文から情報を得たことが予想されるが、私が見た本でそれを見つけることはできなかった(62)。

王逢自身の経歴についてはっきりするのは、後に見る建陽書林との関係にまつわる記事を除けばこのくらいである。ただ、その学統に注目すると奇妙な事実に遭遇する。

王逢別人説については、王重民以前にわが桂湖村(63)さらに『鉄琴銅剣楼蔵書目録』の瞿鏞も気づいているが、後者に重要な指摘が含まれている。瞿鏞が取り上げた朱公遷の『詩伝疏義』には「後学番易朱公遷克升疏義　野谷門人王逢原夫輯録　松隖門人何英積中増釈」と題される。この本は朱子の『詩集伝』を敷衍したもので(だから朱公遷は「後学」と称している)、番易とは鄱陽のことだから、朱公遷は王逢にとって郷里の先輩にあたる。この本には『県志』にも名前が見えていた何英が序文を書いている(正統九年)。瞿鏞は、何英の序文に「先師松隖先生」の言として「野谷洪先生は初め先正朱氏公遷先生の門で三百五篇の詩を受読された」とあることから、朱公遷→洪初→王逢→何英という学統の存在を指摘している(64)。これで②のラインのうち、朱公遷→洪初→王逢は裏付けられるが、朱公遷以前の学統への言及はない。

この朱公遷は王逢よりはまだしも名前の売れた人に見える。まがりなりにも、明代後期の馮従吾『元儒考略』（天啓元年序刊）に伝記がある。それによれば、彼の父親が黄榦の学問の流れを汲む呉中行に弟子入りし、公遷は父からその学を伝授されたという（つまり、②の学統が先の何英の言及と合わせるとすべてつながることになる）。元の順帝の時代に遺賢として都に召されて翰林院に入り、帝にしばしば諫言して嘉納されたが、時の権力者に煙たがられ、彼もまた世に容れられないのを知って辞職を願い出、金華郡学正に転じたとする。[65] しかし、大都でこんな話が本当にあったのか疑わしい。[66] 翰林院に入るほどの人なら『元史』に立伝されてもよさそうなものである。そこから漏れたにしても、彼についてサークル外の証言が見つからないのである。

『元儒考略』はその後、彼が金華で有名な学者の黄溍に会ってとくに敬愛されたと言うが、黄の文集に彼への言及はない。その後は元末の戦乱であちこちを転々とし、朱子一族のふるさと婺源に滞在したこともあったが、最後は国に帰って亡くなったという。王圻『続文献通考』（万暦三十一年序刊）巻一七三の記事はこれより少し簡略だが、同じ内容を伝える。

じつは、両者の「都に召し出され、翰林院に出仕した」という話の来源は、『少微』の「続編」である『節要続編』にある。[67] 『節要続編』については後述するが、その元代部分の原材料になっている『元史節要』にこの記事はない。つまり『節要続編』の加算部分であり、記事の後には師の学問について長々と述べた「松塢王氏」すなわち王逢のコメントが載る（図4-1）。なぜ至正七年にこの記事が入るかといえば、この時に朱公遷が金華郡学正に任じられたとまともに受けとるべきではない。その前に張枢・董平の二人が翰林院に招かれながら召しにつかなかったという記事があるところから見て、そこにくっつけただけだろう。それにしても、一介の学校官が年代記の記事に堂々としかもコメントつきで登場するとは、これがお手盛りでなくて何であろうか。王逢のコメントはいわば朱公遷の著作の広告なのである。こんな話はまともに聞けないが、この後に著された王宗沐・薛応旂の両『宋元資治

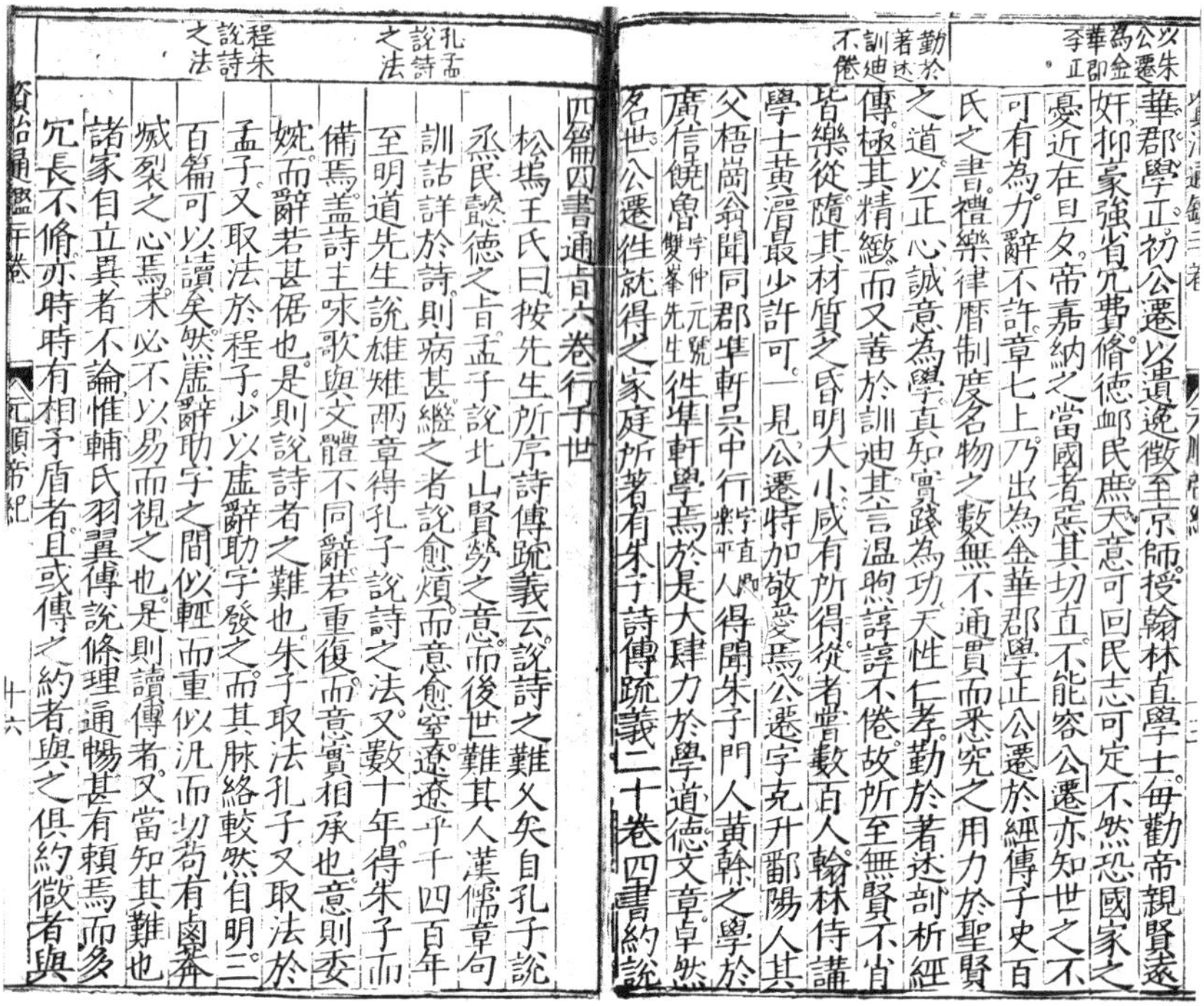
以朱公遷為金華郡學正
勤於著述訓迪不倦
華郡學正初公遷以遺逸徵至京師授翰林直學士每勸帝親賢遠
奸抑豪強省冗費脩徳卹民庶天意可回民志可定不然恐國家之
憂近在旦夕帝嘉納之當國者忌其切直不能容公遷亦知世之不
可有為力辭不許章七上乃出為金華郡學正公遷於經傳子史百
氏之書禮樂律暦制度名物之數無不通貫而悉究之用力於聖賢
之道以正心誠意為學真知實踐為功天性仁孝勤於著述剖析經
傳極其精緻而又善於訓迪其言温煦諄諄不倦故所至無賢不肖
皆樂從隨其材質之昏明大小咸有所得從者嘗數百人翰林侍講
學士黄溍最少許可一見公遷特加敬愛焉公遷字克升鄱陽人其
父梧崗翁聞同郡牟軒呉中行字直則樂平人得聞朱子門人黄幹之學於
廣信饒魯字仲元號雙峯先生往牟軒學焉於是大肆力於學道徳文章卓然
名世公遷往就得之家庭所著有朱子詩傳疏義二十巻四書約說
孔孟說詩之法
程朱說詩之法
四篇四書通旨六巻行于世
松塢王氏曰按先生所序詩傳疏義云說詩之難乆矣自孔子說
烝民懿徳之旨孟子說北山賢勞之意而後世難其人漢儒章句
訓詁詳於詩則病甚繼之者說愈煩而意愈窒遼遼乎千四百年
至明道先生說雄雉兩章得孔子說詩之法又數十年得朱子而
備焉蓋詩主咏歌與文體不同辭若重復而意實相承也意則委
婉而辭若甚倨也是則說詩者之難也朱子取法孔子又取法於
孟子又取法於程子少以虚辭助字發之而其脉絡較然自明三
百篇可以讀矣然虚辭助字之間似輕而重似汎而切苟有鹵莽
滅裂之心焉未必不以易而視之也是則讀傳者又當知其難也
諸家自立異者不論惟輔氏羽翼傳說條理通暢甚有頼焉而多
冗長不脩亦時時有相矛盾者且或傳之約者與之俱約微者與

図 4-1 『節要続編』の朱公遷の記事（架蔵本）

通鑑』もまたこれを取り入れている。(68)『節要続編』がいかによく読まれていたかが分かるだろう。

『節要続篇』がここまで朱公遷をクローズアップしておいて、彼が金華に移った後のことを語らない（したがってその没年を知ることができない）のもいぶかしいが、彼の訃報を聞きつけて千里を遠しとせずかけつけた梅熙がその後洪武初年に任官したという記録(69)を信じるなら、明朝の成立前には亡くなっていたのであろう。『宋元学案』も、もとづくところは不明だが、兵乱に乗じて事を起こそうとする者を感化した後まもなく亡くなったとしている。(70)

このように、王逢の師匠筋には怪しいところがある。朱公遷自身がというより、その持ち上げ方がうさんくさい。彼の直接の師匠洪初については、洪武年間に朝廷に召し出されて蔡沈の『書集伝』の補正にあたったという記録があるが、(71)王逢と同郷というだけで師弟のつながりについて具体的なことは分からない。この学統を描いて見せたのは、王逢とその門人何英なのである。

王逢については、王重民が紹介していない別の材料がある。『少微』に付せられた劉剡の識語に次のようにある。[72]

永楽丁酉（十五年）の冬に鄱陽の松塢王先生が師の野谷洪先生（名は初、あざなは善初）から授かった克升朱先生（名は公遷で二人とも鄱陽の人。その学問は父の梧岡先生から得たもので、梧岡はこれを双峰饒子〔饒魯〕から、饒子は勉斎黄先生からそれぞれ学んでいる）[73]の著作『詩経集伝疏義』を携えて書林にやってきて、群書五十余帙を集めて編集し、原稿に増補を加えられた。……坊中の好事家がその刊行を要請した。この時、私は書物調べのお手伝いをしており、先生に教えを請うことができた。暇日に話が史学に及んだところ、先生はこうおっしゃった。

『少微先生通鑑節要』は学習に甚だ有益である。十日足らずで読めてしまうが、数千年の興亡治乱が一目瞭然、まことに「読史の捷径」である。しかし、統紀に混乱があり、学習者には従うべきところが分からないので文公朱子の例に従って読むべきである。ついで『綱目』に進めば、三綱五常の道、春秋経世の法を知ることができる。ただ、字義や発音に明確でないところがあり、文献を博捜してもなお齟齬を免れない。かつて眉山史氏〔史炤〕の『通鑑音釈』、慈湖王氏〔幼学〕の「音訓」「音義」「集覧」、その他の書物を用いて、訓釈し注をつけて備忘用とした。（自分の手控えのためであって）学習者のために作ったものではないが。」

何度も見せてくださいとお願いすると、ようやく出してこられたのが『資治通鑑釈義』だった。その名物・制度・音義の説明によって、圏点・句読を待たずともすっきりする。また『少微通鑑』の脱略している二十余カ所を補ってある。初学者がこれを参考にして本文を読めば、分かりやすい。誠に至宝と呼ぶにふさわしい。私が先生の命をうけて「統紀を正す」（『綱目』の正統論を導入すること）と、坊間の好事家が出版を要請した。[74]

一方、劉剡はかねてから一族の先輩（宗公）の劉恕[75]の『通鑑外紀』をベースにした「外紀増義」を作っていた。けっきょく『少微』と『外紀増義』はともに劉剡の従姪である劉文寿によって刊行された。

この話もどこまで信用していいものやら分からない。まず、例の学統の話がここにも登場することが注目されるが、わざわざ人物紹介が注記されているところが怪しい。少なくとも、朱公遷の知名度がこのように説明しなければならないほどのものでしかなかったことを示している。

経書の注釈の話から史学の話に切り替わるところも少々うさんくさいが、王逢の訪問については、王重民が引いた王逢自身の「主忠信序」に、「永楽丁酉（十五年）の冬、建陽の書林に遊び、はじめて識を虞某に獲た」とあり、時期も一致する。これについては、前掲の瞿鏞が言及する弟子の何英による証言、つまり『詩伝疏義』建陽刊本に付く後序もある。身内の証言ゆえにやはり眉に唾してかからねばならないが、まず聞いてみよう。何英は『詩伝疏義』は黄溍に認められたものの（ここでは黄との出会いについて、特恩をもって金華の学校に職を得たとするだけで、翰林院云々には触れない）、その後稀見の書になったと述べてから、

永楽乙酉（三年）先師（王逢）の宗兄世載が書林に遊び、葉景達の家で『四書通旨』（これも朱公遷の著作）を閲していて、話が『疏義』のことに及んだ。景達は徳を重んじる人で、手紙をしばしば出して『疏義』の出版を要請した。丁酉の年、私は先師に従って葉氏広勤堂でこの書を校正し、かたわら諸儒の説の中から切要のものを選んで増補した。原稿は完成したが、出版されないうちに先生は帰郷して天寿を全うされた。正統庚申（五年＝一四四〇）景達から手紙が来て「『詩伝疏義』の遺稿の数巻が散逸しているので、補修をお願いし、その上で出版したい」と言ってきた。私は遺稿が世に埋もれることを恐れ、また景達がこれを世に広めようとしている意図を汲み、浅学を省みずに先師から授かった余稿をもとに、補遺増釈を行って完成させ、『詩伝疏義詳釈発明』と名づけ、同門の劉剡に相談して、先師の志を完成させた。

とする。なお、広勤堂の葉景達はほかにも正統十二年の木記がある『鍼灸資生経』を出版したことが知られている。[78]

ここでも、話題が『四書通旨』から『詩伝疏義』へと話が及んだとなっており、話柄のパターンが『少微』のケ

ースと似ているのがひっかかるが、学者が建陽にやってきて出版社との提携のもとで仕事をするという話自体は、元代にすでに見られる。王逢の文章に出てくる「虞某」とは「虞氏務本堂」の可能性があるが、この書肆が洪武二十一年（一三八八）に出した『易伝会通』[79]の著者董真卿の行動がそれを示している。

話は元代にさかのぼる。董真卿の父董鼎は『書集伝』の注解を作っていた。一方、新安の学者陳櫟もまた同郷の学者胡一桂の勧めで同様の仕事を進めていた。胡一桂はすでに建陽の出版界とわたりをつけて自作を刊行していた。彼が陳櫟に注解を作るよう勧めたのは、出版を見通してのことだったに違いない。しかし、その一方で、彼は董真卿とも連絡があって、そちらにも出版の話をしていたのである。そのため、董鼎のおいが胡一桂の紹介状を持って陳櫟のもとにやってきて叔父の遺作に陳櫟の仕事を組み込みたいと申し出た。陳櫟は董鼎の仕事を見ていないのを理由に断ったもの、翌年男が今度は見本を持参して示したので、そのお返しに自分の仕事のサンプルも提供した。すると、今度は真卿が手紙をよこして、父の原稿全部を陳櫟に示して刪定を依頼した。すでにそこには胡一桂らの添削も入っていたが、陳櫟にはその出来が不満で、全面的な改訂を施した。その後、無事に建陽で出版されたが、完成品を見て陳櫟は驚いた。董とタイトルは『蔡書伝付録増注』にしようと決めてあったのに、「集成」に変えられていたのである。「集成」とは朱子のような大学者にふさわしいタイトルであり、それを称するのは僭越だと陳櫟は考えていたのである。しかも、共編者たる彼の名前がなく、董鼎の単独作ということになっていた。また、序文も故人のものでは改訂した中身とつりあわないから変えようということになっていたのに、そのまま印刷されていた。さらにあろうことか、自分の所説が五十カ所も「新安胡氏曰」つまり胡一桂の所説に化けていた。自説のクレジットが変えられたことについて、陳櫟は胡、董の仕業ではないと考えていた[80]。彼がにらんだとおり、それは書肆の所業だった。陳櫟と胡一桂では当時ネームバリューが違ったのである（後に、陳櫟の著作も建陽で出版されて、有名になるが）。

当時の経書の注釈書出版をめぐる建陽の書林と学者の交流の様をよく描き出している話である。陳櫟自身は新安を動くことはなかったが、胡一桂や董真卿のように著者側が建陽に出向いて売り込みをはかることもあった。前章で紹介した倪士毅と劉錦文の関係もまた学者と出版者の関係の濃さを表している。

王逢に話を戻せば、明の初年にあって彼もまたこうした先輩たちの後を追ったのだろう。地元でなく建陽で仕事をしたのは、そこに書籍が揃っているからである。彼が売りこんだのは、朱公遷の『詩伝疏義』だった。その時は出版まではいかなかったが、後に門人の何英がそれを実現する。その出版の相談に乗った同門の劉剡は、『節要続編』の中に朱公遷の事績をすでにねじ込んでいたのである。

（2）門人

劉剡はいったい松塢門人を自称する学者だったのか、それとも編集者と言うべきなのか。前章の『綱目』にも彼はすでに登場しているが、日本では『少微』より有名な『十八史略』の通行本の出版にもかかわっている。『十八史略』そしてそれに元史部分を付加した『十九史略』には数種の版本があり、そこには相当複雑な問題が含まれている。その点については市川任三の整理[81]に委ねるとして、劉剡そして王逢にかかわる点だけを取り上げよう。

現在通行している『十八史略』は曾先之が編んだ二巻本を七巻に改編したものである。原本との最大の違いは『綱目』によって「統紀」が正されたことである。それは劉剡が『少微』にならって行ったものであった。つまり、劉剡は『綱目』を武器にして、『少微』『十八史略』という二つの影響力の大きな通俗史書（ただし、中国本土での後世への影響力は『少微』の方がはるかに大きい）の改編をともに行っていることをまず確認しておきたい。そのうえで、ここでは『十九史略』を取り上げる。

国立公文書館には『十九史略大全』という書が所蔵されている（以下、『大全』とする）。「嘉靖歳次癸巳至善堂新刊」の木記があり、嘉靖十二年（一五三三）建陽刊本である。市川も前記解説で取り上げているが、他の諸本に比べて時期が随分遅れるせいか、簡単にしか触れていない。

まず、最初に大徳元年（一二九七）の予章周天驥の序文がある。これは『十八史略』への序文であって、「書林翠巌劉氏」による出版の際に書かれたということになっている。建陽の翠巌劉氏は泰定二年（一三二五）に胡一桂の『詩伝纂集大成』[82]を、天暦二年（一三二九）に科挙用の類書『新編古賦題』[83]を刊行している。

しかし、同じく国立公文書館所蔵の『十八史略』（『立斎先生標題解註音釈十八史略』、建陽の書肆余氏の正統六年（一四四一）[84]刊本を江戸の元和年刊に活字に翻刻したもの。以下、「余氏本」とする）の周天驥序文には、「書林翠巌劉氏」の部分が「書林葉氏」となっている。『大全』にしても「余氏本」にしても、劉氏・葉氏とは別の出版者が出しているから、この記述は先行本のそれを写したのであろう。周の序文を載せる現存最古の本は余氏本だが、だからといってこちらが正しいとはにわかに言いがたい。いずれにしても、『綱目』で見たような序文の改竄がここでも行われている。

周天驥序の次に来るのが、『十八史略』の音釈を作った臨川の人陳殷[85]の洪武五年（一三七二）の序文である。ここでも『大全』と「余氏本」の間では一点違いがある。それは、前者が陳殷の文章のタイトルを「題十九史要序」とし、彼が「十巻」を編んだとしている点である。それに対して後者の陳殷序は「七巻」となっている。明らかに『大全』のほうがインチキである。序文のタイトルには「十九史」と銘打ちながら、文章そのものは「十八史略」を対象としていて、馬脚を現している。[86]それでいて『大全』が十巻編成なのにあわせて、「七巻」を「十巻」と改めているのである。

次に陳殷の同郷の朱素という人の正統四年（一四三九）序文がある。こちらは中身も『十九史略』について述べてはいるが、やはり妙なつくりである。まず、朱素は『十八史略』が教科書としてすぐれているが、それでも初学者にとっては文義が通じにくいところが多々あり、そのために音釈を作るものが複数あったと述べる。しかし、不思議なことに陳殷の名前を出さない。そして友人の呉友忠が「諸家の説」を集めて損益し、各字各句の下に分注して「史略音義」と名づけ、自分に校正を頼んできたと言う。呉の仕事を読んで「音義」が作者曾先之の心を体現したものであるのを褒める（「予固嘉之」）のだが、そのあとが、

　書林劉公剡は梁孟敬（寅）先生の編むところの「元史」を取りて重ねて節略を加え、校正してその末に付し、用って一朝の蹟を備え、之を名づけて「十九史略」と曰う、刊行広播するは甚だ盛心なり。予深くこれを嘉す。

と、またしても「予がこれを嘉す」である。前の部分とすっきり繋がらないことについてはすでに市川が指摘しており、「これを嘉す」が繰り返されるのも不自然である。

　市川は「後段の語は呉の『史略音義』に引掛てなされたものか否か。すなわち、劉剡の『元史』付加がそのまま呉の本にも取り入れてあるのか、それとも全然別個にただ劉剡の気のきいた処置をついでにほめたのか」と疑義を呈している。なお、呉友忠の「史略音義」に元史部分を付加したものが、おそらく市川の引用する『天一閣書目』巻二の「標題詳註十九史略音義明解十巻、刊本。明盧《ママ》陵曾先之編次、臨川陳殷音釈、呉忠音義、成化七年、書林中和熊氏堂刊」だろう。[87] これを見ると、呉（友）忠が「十九史略」に音義を施したように映るが、そうではないだろう。「音義」は「十八史略」を対象としたもので、朱素本来の序文も呉の仕事の顕彰のために書かれたものであろう。劉剡云々は「十九史略」に合わせるために持ちだしてきた付会部分に違いない。

『大全』には「古今歴代撰史諸儒姓氏」の後に木記があり、そこには『史略』の先行注釈書として、臨川呉氏、九江陳氏、松塢葉氏が挙がっている。九江陳氏と臨川人陳殷では合わないが、市川が「陳殷の序に見える彼の印に「陳殷九江」とあるから殷を指すと思われる」と言うとおりであろう。葉氏は周天驥の序文にあった葉氏であり、呉氏がこの呉（友）忠であろう。そして、ここに「松塢葉氏」とあるのが注目される。松塢とは王逢の号であった。どうやらこの葉氏も、劉剡同様に王逢の門人を称していたようである。

　それでは、『十八史略』に劉剡が元史を付加したという点はどうだろうか。これも市川が指摘していることだが、「余氏本」のうちの一本（五山版）に他本からの書き入れがある。そこには、①務本堂刊の封面が写され（市川の

言うように虞氏務本堂であろう)、②「松塢先生師友が校正し、標注音義を加えて、元代事略を付け加えた」とする識語があり、③宣徳五年(一四三〇)京兆劉剡の序に「虞叔載が十八史略を持参して正統を明らかにし、音義をつけてくれるよう依頼してきたので、それを引き受け、さらに張公の「元事略」を加えた」とある。

③は前述したように劉剡が統紀を正したことを示し、さらに「十九史略」への関与に言及しているのだが、市川がいぶかるように、ここでは張公すなわち張九韶の「元事略」(『元史節要』)を加えたとあるのに、『大全』では梁寅の「元史」(『元史略』)を取ったとしていた。どちらが正しいのだろうか。

後述するように、劉剡が編集した『節要続編』に主に使われているのは張九韶の『元史節要』であり、梁寅の『元史略』の使用は副次的なものであった。しかし、『節要続編』は基本的には年代記であり、『十八史略』が年代順の記述にはなっているものの、年号にあまりこだわらないのとは性格を異にする。後者に親和的なのは、梁寅のほうである。

では『大全』の言い分が正しいかというと、それはそれで疑問がある。『大全』の元代の部分を見ても、梁寅を底本としているようには思えないのである。そもそも、「元史」の付加部分について矛盾する記述があちこちでなされるのは、劉剡の『十八史略』への関与にそれぞれがかこつけたことではないだろうか。そして、『十九史略』には余進の『通攷』もあるが[88]、彼もまた王逢一門である(「松塢門人鄱陽竹窩余進宗海通攷」とする)。さらに五山版の写語②にも「松塢先生師友」とあるように王逢も『十九史略』にかかわったように書かれている。『十八史略』同様に『十九史略』も松塢師友の名に深く結びついているのである。そして、『十八史略』には王逢(彼の著として『史略標題』があることが記録されている)、さらにその弟子である「松塢葉氏」も関わっている。

それでは、『十八史略』は王逢を中心に弟子たちが改編・増補に当たったものなのか。そうではなく、むしろ主体性は門人たちのほうにあったと見る。いや、師弟と分けること自体無意味なのかも知れない。そもそもこうした仕事は集団制作(『少微』『詩伝疏義』がほぼ同時期に集中しているのを見よ)と見るべきであって、「松塢先生師友」

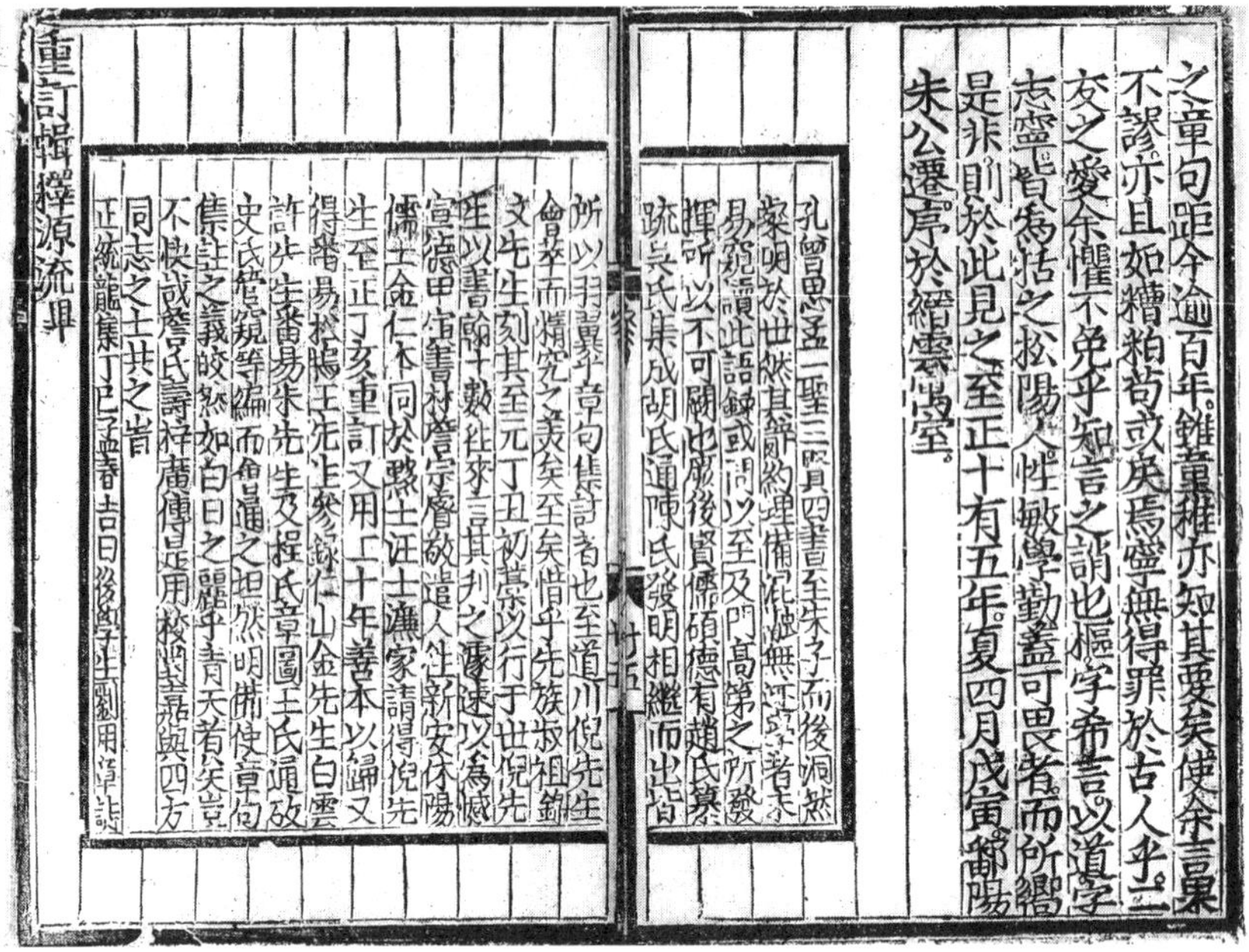
之章句距今逾百年。雖童穉亦知其要矣使余言果
不謬亦且如糟粕苟或奐焉寧無得罪於古人乎。二
友之愛余懼不免乎知言之誚也樞字希言。以道學
志靈。皆爲括之松陽人。性敏學勤蓋可畏者。而所嚮
是非。則於此見之至正十有五年。夏四月戊寅。鄱陽
朱公遷序於緝雲寓室。

孔曾思孟一聖三賢四書至朱子而後洞然
粲明於世然其辭約理備淵微無涯學者未
易窺讀此語錄或問以至及門高第之所發
揮所以不可闕也厥後賢儒碩德有趙氏纂
疏吳氏集成胡氏通陳氏發明相繼而出皆
所以羽翼乎章句集註者也至道川倪先生
會萃而精究之義矣至矣惜乎先族叔祖鈞
文先生刻其至元丁丑初稿以行于世倪先
生以書簡十數往來言其刋之漏速以爲憾
宣德甲寅書林詹宗睿欲遣人往新安休陽
儒士金仁本同於黟士汪士濂家請得倪先
生至正丁亥重訂又用工十年善本以歸又
得鄱易松陽王先生參錄仁山金先生白雲
許先生番易朱先生及程氏章圖王氏通攷
史氏管窺等編而會通之坦然明備使章句
集註之義皎然如白日之麗乎青天者矣豈
不快哉詹氏詩梓廣傳是用校閲其嘉與四方
同志之士共之旹
正統龍集丁巳孟春吉日後學生劉用章謹識

重訂輯釋源流畢

図 4-2　『四書通義』の主役劉剡（国立公文書館所蔵）

「松塢門人」とはその制作集団の看板と考えるべきではないだろうか。

そう考える理由は、『少微』につけた王逢の「釈義」の中身にもある。王逢はあの王幼学を使ったと述べていた（ただし、「集覧」のほかに挙がっていた「音訓」「音義」はおそらく実在しないだろう。にぎやかしの術である）。その質はすでに確かめたとおりである。それを使った王逢「釈義」の中身については、もはや一々吟味する必要もなかろう。前に「陸状元本」との比較で『少微』の後梁部分を取り上げたので、その周辺から一例だけを取り上げる。辛未年（梁の乾化元年）の条の「問其鼎」、二年後の癸酉年の「露布」である。

まず、「露布」の「釈義」を見ると、出典として『文心雕龍』『史記索隠』『初学記』『春秋左期』が引かれる。一見博引である。しかし、これは「集覧」にこの並びのまま、引用の形もそのままで見える。『綱目』の癸酉年の記事の「集覧」は露布について「晋恭帝元熙二年を見よ」と指示する。それをたぐってゆくと、件の引用に行き当たる。また、「問其鼎」の出典として『左伝』が挙げられているが、これも同様である。『綱目』当該条の「集覧」↓「梁大通元年を見よ」↓『左伝』の引用となるのである。

たしかに「釈義」は「集覧」を使っていることを隠さずに公言している。しかし、他書の記述をそっくりコピーペーストしたものを「釈義」というのはいかがなものであろうか。しかも、それはレベルが高いものではない。また、前掲の『四書通義』のレベルも倪士毅の仕事に比べれば随分と質が落ち、ずさんだという。(89) そして『四書通義』は『千頃堂書日』では王逢の作となっているが、その中身を見るとそうは見えない。金履祥・許謙・朱公遷・程復心・王元善・史伯璿らの著述を「参録して会通させた」のは王逢だが、真の編集主体はおそらく劉剡(図4-2では劉用章と字で記されている)のほうである。

劉剡の『少微』への識語には、王逢が建陽に『少微』をもたらしてはじめてその存在を知ったように書かれている。しかし、元代から『少微』は建陽の商品となっていた。それを劉剡が知らなかったとは信じがたい。王逢が建陽にもたらしたテクストは朱公遷だけであって、『少微』はこれにかこつけて「学者」王逢と関係づけられたのではないか。ほぼ同時期に製作された『綱目』においても「集覧」に重きが置かれていた。したがって、『少微』においても主導的だったのは劉剡であったと考える。そして、彼の仕事は史書だけでなく、経書の注釈にも及んでおり、朱公遷の出版にも関与していた。そのために広告を打つべく、『節要続篇』に彼の記事を入れ、あわせてその解説を王逢に行わせた。王逢自身は何者なのかよく分からないが、師弟関係というのはあるいは逆で、劉剡の方が使う側だったのではないだろうか。

六　劉剡の細工

さて、宣徳本（劉剡を主役とみるので、以後は劉剡本とする）と従来の『少微』の違いについて、前掲の識語は付録を充実させたことをうたっている。[90] 一つは国統の離合を示した「歴代帝王伝授総図」であり、これは以後の『少微』さらに「綱鑑」にも付けられる（後者では、『少微』の「続編」に付いていた宋朝伝授之図、元朝伝授之図が追加される）。二つ目は「読通鑑法」である。そして三つ目が元代の潘栄の「通鑑総要通論」である。これは宋代に至る各王朝の君臣関係、治乱興亡、宗教問題などについて類似の話題をまとめて文章をうまくつないだもので、『少微』の後期版本では注釈部分が増補され、「綱鑑」にも収められた。そして四番目が司馬光の曾孫の伋がまとめたとされる「通鑑釈例」である。これは「陸状元本」には載っていたが、もとの『少微』にはなかったのである。

さらに本文では、正統論によって四点（東周・後秦、王莽・孺子嬰、三国、唐中宗）の改変を施したと宣言する。後二者についてはもはや説明の必要はないだろう。前二者は後であらためて取り上げるとして、ここでは本編以外の改変として「外紀」の部分を取り上げよう。元の至治刊本が『通鑑』の守備範囲を超えて劉恕の『通鑑外紀』を組み込んでいたが（「陸状元本」もまた黄帝から始まっている）、これに「増義」を施したと言う。

劉剡が『外紀』の劉恕を「宗公」と呼ぶのには何の根拠もないが、自らこそが正調の『外紀』後継者であることをアピールするものである。では「増義」とは何を足したのか。元の至治刊本が黄帝から始まるのに対し、「増義」は盤古から始まっている。時代を前に伸ばしてみせただけなのだろうか。これも識語を見よう。

『易』には「包羲氏没して、神農・黄帝・堯・舜氏作《おこ》る」[91]とある。神農以上は万物を生み、宇宙を作った聖神の君であるのに今記録を欠いているのは嘆かわしいことである。ある日、仁山金先生の『通鑑前編』を入手して読んだところ、帝堯から始まっていた。また、東陽の白雲許先生の『観史治忽幾微』を入手して見てみると包羲から始まっていた。そして四明陳氏の『世編』、古岡黎氏の『古今一覧』を見ると、盤古および天皇氏から始まっていて、喜びにたえず、筆をとって各君主の治世を検討し呼び名を明らかにして、奇怪なところは削り常識にかかる部分を残して、とっておいた。ある日、従姪の文寿が「宗公」の秘書省丞道原公の『外紀』完本を持ってきて「書物には三皇五帝という言葉が出てくるが、この本は黄帝から始まっていて、その余を欠いています。『少微通鑑』が採った「外紀」は甚だ簡略であり、旧版は翻刻を重ねるうちに誤りが生じています。また周の考王より以前の諸王については即位年が書かれておらず（考王までが『外紀』の範囲である。「元年」とするだけで甲子が書かれていないことを指す）、矛盾が生じています。もし、おじさんがこの点を考察して不備を補い我々にお示しくだされば一大快事なのですが」と言った。この言葉は私の考えともぴったり合ったので、以前執筆したものの大要を撮り、『外紀』の全書を参考にして、盤古・天皇氏から神農氏を経て黄帝にいたるまで記事を連続させて、上古の聖人の万物・宇宙創造の実を知らしめ、帝堯以後については邵氏の『経世書』の甲子を用いて元年の下に注し、参考材料とした。[92]

劉剡は多くの古代史著作を読んだ挙句に満を持してこの作を世に放ったとうそぶく。列挙した書物は、彼がご先祖様だと称する劉恕の『通鑑外紀』のほかに、宋末元初期の金華の尚書学者金履祥の『通鑑前編』、その弟子許謙の『観史治忽幾微』（伏羲から司馬光が亡くなった元祐元年までを扱ったというが[93]、現存せず）、元末明初の二人、明州人陳桱の『世編』と広州人黎貞の『古今一覧』（二巻。現存せず[94]）、そして北宋の邵雍の『皇極経世書』となかなかにぎやかである。

これらを参照して作られた「増義」は、たしかに元刊『少微』付録の「外紀」の面目を一新するものではあった。元刊本の「外紀」は本編に忠実で黄帝から始まるのに対し、こちらは天地開闢の盤古から始まるだけでも、売りになりそうである。

その盤古から黄帝までの前方延長部分は、劉剡の文章では参考文献の一つにしか見えない陳桱の「世編」（現在では『通鑑続編』の一部となっている）こそが背骨となっている。劉剡も本文では「今、四明陳氏の世編を採りて増纂してこれを分注す」と述べてそのことを明らかにしているが、識語では金履祥は先生扱いで、名前の前に一字空格があって特別扱いなのに、陳桱は他と同列であるにすぎない。この陳桱は『通鑑前編』の「挙要」を作ってもいる。劉剡が見た『前編』も、原作そのものではなくこちらだったかも知れない。いずれにせよ、最もお世話になった人を差し置いて、金華学派の大先生を看板に据える狙いは宣伝効果だろう。

劉剡自身が追加した内容はといえば、天皇氏について陳桱にない「兄弟各一万八千歳」を唐の司馬貞の「補三皇本紀」から補うといった他愛のないものが大半だが、陳桱と大きく違う点もあった。それは、「三皇五帝」とりわけ「五帝」に誰を当てるかという問題である。『史記』の五帝本紀が黄帝から始まることは言うまでもない。司馬貞がこれを補って三皇本紀を作った時、「伏羲・神農・軒轅（黄帝）」とする説と「天皇・地皇・人皇」とする説を併記した。陳桱はこの両論併記を解決するために、盤古の下に天皇・地皇・人皇を置き、三皇紀として伏羲・神農・黄帝を立てた。そして五帝を少昊以下とする。

五帝の数え方には古くから諸説があり、たとえば、『孔子家語』では孔子が宰我に五帝を「黄帝、顓頊、帝嚳、堯、舜」と答え、季康子には「伏羲、神農、黄帝、少昊、顓頊」と答えたことになっている。これに一つの断案を下したのが南宋の胡宏の『皇王大紀』で、世界の制作という観点から見て重要な「伏羲、神農、黄帝、堯、舜」を五帝に数えるべきだとした。これを受けて既出の胡一桂は、黄帝以降を数える文献のほうが多いことを認めつつ、

然皆欠而未備。今愚本之易、証之五峰（胡宏）、庶幾仲尼之意云耳。

つまり、それらの説を不備とし、『易』で伏羲が重要視されていることにもとづき、胡宏の説に賛意を表して、自らの『十七史纂古今通要』の五帝紀には、胡宏と同じ五人を立てたのである。

さて、劉剡は五帝紀の見出しのもと、「双湖胡氏一桂曰」として胡一桂を引用するが、末尾のところは、

然皆欠而未備。愚按、黄帝而上欠伏羲・神農、黄帝以下欠少昊不書、而少微通鑑因之。今愚本之易、証之双湖

胡氏之論、而輯之以備攷焉。

と、またしてもはめ込みの術である。胡一桂の文章をちゃっかり拝借して、これまでの『少微』の不備を言い立て、自分の主張は胡一桂の論によって裏打ちされるとするのだが、じつは意味不明である。黄帝以上について伏羲・神農を欠くことに不満を鳴らすのはたしかに二胡も同じだが、彼らは少昊など問題にしていない。従来の『少微』が少昊を欠いていた[95]のと差異化を図ろうとしているにすぎない。

しかも、ここでは五帝紀を伏羲以後だと宣言しておきながら、以下では胡宏らが捨てた女媧以下の「伝十五氏」「共工氏」「炎帝神農氏」「伝八帝」を並べ、巻二はまたしても「五帝紀」の見出しのもとに黄帝から始まるのである。つまり、これといった主義主張があるわけではなく、単に先行作との違いを際立たせるための場当たり的な処理なのである。

こうした小細工は本編でも見られる。いや小細工と言っては失礼か。『綱目』に従って統紀を正す意義深い仕事をしているのだから。しかし、これは機械的に年号表記のところだけを『綱目』の表記法に改めればいいことでもある。ただ「大節四あり」として、三国時代・則天武后期を『綱目』仕様で処理するほかにも、彼は二つの改変を施していた。

『綱目』では周が亡んだ後、しばらく無統が続き、始皇帝の天下統一をもって秦に正統が与えられる。劉剡本もその点は同じだが、始皇帝を「後秦紀」のもとに置き、父である荘襄王の「秦紀」と分別するのである。理由は、彼が「じつは呂氏」であり、嬴秦はすでに荘襄王で絶えたと見るからである。

始皇帝が呂不韋の子であるという説は『史記』に述べられており、「常識的事柄」に属する。『通鑑』も『史記』呂不韋列伝のとおりに、呂が寵姫の妊娠を知りながらも公子（後の荘襄王）に与えたことを記し、『綱目』も同様である。しかし、『通鑑』は「秦紀」を分けたりしないし、『綱目』も「後秦」を立てたりはしない。ただ、宋人の中には胡寅[96]や真徳秀[97]など、六国の秦と始皇帝の秦は別物で、後者を「後秦」とする議論を立てる人はいた。

劉剡はそれらの議論を知悉したうえで、こうした措置を採ったのではない。彼が直接拠ったのは、『綱目』が次第に世に認められようとしていた端平三年（一二三六）に成った南宮靖一の『小学史断』の議論である。

史を作る者は荘襄元年に東周が亡んだ時点ではじめて「周亡」と書き、しかるのち秦を進めて、周の統を荘襄の末年に接続させ、呂政が即位した時点で「秦亡」と特筆してその姓氏を正して別に「後秦」とすべきである。(98)

南宮の議論には二つのポイントがある。一つは『通鑑』『綱目』のように周の滅亡を赧王五十九年に置くのでなく、分裂の片割れである東周が七年後に滅亡した時点をもって周の滅亡と見ること、そしてもう一つが「後秦」の新設であった。

後者については、胡・真がすでに言っていることであるから、これに東周の論を組み合わせたところに南宮靖一の新味があるといえばある。彼はこうも言う。

秦は孝公以来、累代にわたり周の王位を窺い、ひたすら簒奪を念じてきた。そして百有余年、荘襄の時代によ うやくにして東周が滅んだ。荘襄はこれで嬴秦の王業は永遠に続くと考えたに違いないが、まもなくして嬴氏の秦は滅んだ。ああ、赧王が秦に入って後七年の間、東周は細々ながら続いた。かたや荘襄が周の余り（東周）を取ってわずか三年にして柏翳以来数百年の宗祀はにわかに滅んだ。天道による命運の差配は少しも誤ることはないのに、世の中の簒奪を狙う者は欲に目がくらんで、そのことが分かっていない。悲しいかな。(99)

『小学史断』は、胡一桂の『十七史纂』が参照し、劉剡より少し後の人である毛澄（一四六一―一五二三）が殿試の対策で本書を丸写しにしたという話もあるが、(100)評価の高い本ではなかった。南宮靖一自身、宋朝の進士であったというからエリートではある。(101)しかし、「朱文公の『綱目』ができてから、古今の大経・大法は粲然として手に取るように分かる」(102)（自序）と評しながら、『綱目』が表向きは問題にしていない、東晋の元帝が牛氏の子であるという俗説を採用している（劉剡がこちらを使っていないのは、晋に秦ほどの嫌悪感を持っていないからだろう）。俗耳には入りやすいが、正統派とは言いがたい。したがって、表立って『小学史断』が取り上げられることは少ない。それをためらいなく取り込む敷居の低さは劉剡ならではである。なお、彼が売り出しを図った尹起莘も徹底的な嫌秦論者である。

劉剡が手を加えたのはもう一点、王莽の措置である。前掲の四つの大節の説明ではあっさりと「簒賊王莽の号を黜けて孺子嬰の年を尊ぶ」と述べるが、これは東周・後秦の措置とはちがい、一見すると『綱目』流である。王莽の時代は陳過の言う「三絶」で（第三章参照）漢の正統が絶える空白の期間である。しかし、不思議なことに朱子自身、王莽時代をどう扱うかについて特段述べていないし、『綱目』では「女主」の処置にもっぱら注目が集まり、この点については余り問題になっていない。

『通鑑』の場合は漢紀に王莽を組み込み、王莽の標題下に居摂、始初（『漢書』の「初始」でなく、『漢紀』に従う）、始建国、天鳳、地皇の各年号を表示し、ついで淮陽王の標題に切り替える（「更始帝」と呼ばずに光武帝が与えた封号で表記する）。

『綱目』は少しく考え方を異にしていた。『通鑑』が王莽の立てた年号とした居摂、初始（『漢書』を採用）を、王莽の傀儡であった孺子嬰にかけるのである。たしかにこの時王莽はまだ皇帝ではない。『通鑑』は実質を重視したのに対し、『綱目』は名分を重視したのである。そして、始建国元年から分注し、更始帝もまた分注とされる。

劉剡も『綱目』に従っているように見える。しかし、もとが『通鑑』であるから、年代表記を改めるだけでは問題は解決しない。つまり、『通鑑』は年号表示の前に君主名を表示し、『少微』もこの形を受け継ぐところに問題が発生する。『通鑑』の場合は実態に即して「王莽上下」としたが、劉剡は「孺子嬰付王莽」とする。これは『綱目』が「孺子嬰居摂元年」とした措置と方向は同じなのだが、『綱目』には存在しない矛盾を抱え込むことになった。三年しか在位していない君主に、その後長々と位にあった王莽を付録とするのはいかにも苦しい[103]。これで「旧」（元刊本は『通鑑』どおりに「王莽」とする）を正したつもりなのだが、かえって不自然になってしまった。孺子嬰を正統の君主に見立てるのであれば、前章の趙彦衛や呉師道のようなやりかたもある。

『綱目』の場合、「君主名＋年号」を示すだけで「漢紀」「王莽」といった標題を立てないので、こうした問題は発生しない。しかし、王莽の扱いは『綱目』のアキレス腱だったはずである。杓子定規に問いを立てれば、王莽の在位期間には、則天武后期と類似する問題がある。だから、趙や呉のように「孺子嬰在〇〇」とすべきだと主張する人も出てくる。しかし、唐の中宗がやがて復位するのに対し、孺子嬰は同じ劉氏の更始帝の軍に殺されてしまうので、処理が難しい。これは『綱目』の見えざる弱点だった。それを、劉剡は『通鑑』の枠組みの中で『綱目』にアジャストさせようとするから、矛盾を露呈することになる。

漢の中興についても、『少微』は『通鑑』とやや違う。『通鑑』は漢一朝を漢紀のもとにまとめて王莽をもその中に組み入れるのだが、『少微』元刊本は光武帝以下を後漢とし、劉剡は東漢とする。これには何の説明もない。我々も後漢・東漢という呼称に慣れ親しんでいるから別段ひっかかりも覚えないのだが、両者とも前漢のほうは「漢」であって「西漢」ではない。そして三国時代については、劉剡が「統紀を正した」のは言うまでもないが（元刊本は魏紀）、蜀を今度は「後漢」とするのである。

光武帝、昭烈帝ともに漢の末裔を名乗るものの、新しい王朝を始めたというのが正しく、三つに別個の呼称を与えること自体はむしろ実情に見合っている。しかし、『綱目』の立場からすると、王莽期というネックが存在するとはいえ、高帝、光武、昭烈と漢は受け継がれてきたのであって、漢が二つあるいは三つ存在するわけではない（『通鑑』も両漢を分けてはいない）。つまり、劉剡は『綱目』によって統紀を正すと称し、この場合で言えば蜀の年号を大書する一方で、『綱目』の方針に必ずしも忠実でない。

こうした態度は南北朝の時期についても表れている。『綱目』はこの時期を無統とした。つまり、北にも南にも統を与えず、平等に扱う。一方、『通鑑』が「宋紀」以下、南朝の年号を使っていることはよく知られているだろう。

劉剡本はといえば、やはり年号は『綱目』に従って分注にしているが、標題は「宋紀　付北朝魏」である。『通鑑』は単に「宋紀」であるから、魏を出してきたのは『綱目』を気にしたのだろう。しかし、やはり付録は付録である。『綱目』に従うのなら、「南北朝」とすべきである。

劉剡はほんとうに『綱目』を尊重していたわけではない。そうであれば、注釈においてはなおさらだろう。前章で彼が「考異」に改竄を加えた可能性を指摘したが、彼ならやりそうなことである。

七　『節要続編』

『少微』にはその「続編」がある。『少微』のようにテクストがあってそれに細工を施すというのではなく、今度は原材料はあるにせよ、自分で組み立てねばならない。当時、「宋元通史」は存在しなかったからである。『少微』よりは確実に手間がかかっているし、この労作なくして次章で取り上げる「綱鑑」もまた生まれなかった。したがって、「通俗史学」の重要な関節の一つである。しかし、この書は今まで一人の例外を除いて、ほとんど注意を引いてこなかった。『少微』はまだしも有名な『十八史略』との関連で言及されてきたが、「続編」についてはそうした取っ掛かりがない。ふつう、『通鑑』の宋・元における続編といえば、科挙知識人王宗沐・薛応旂の二つの宋元通鑑を取り上げるのが史学史の常道である（ただ、すでに見たように両者は田舎学者の伝記を『節要続編』から採用している）[104]。

しかし、銭茂偉『明代史学的歴程』[105]がこの『節要続編』（以下、『続編』）をかなりくわしく取り上げている。銭が語るように、明代史学史は研究が遅れていた分野だが、近年やや活況を呈しつつある。その中でも彼の著作は視野の広さ、バランスのよさにおいて際立っており、史学思想の話柄になりうるような有名作品だけでなく、本書が扱っている「歴史教科書」についても紙数を割いている。第二章「綱常理論下的教科書編写模式」[106]、第十八章「走向民間的史学：晩明的通俗史学」がそれである。後者については次章で言及するとして、今は『続編』に関する論述の部分のみを引く。

明代に新たに編まれた教材に『通鑑節要続編』三十巻があり、この書の重版率は相当高い。『通鑑節要続編』の作者は誰か。張光啓とするものもあれば、劉剡とするものもある。劉弘毅の「通鑑節要続編序」には「我が族叔祖の仁斎先生劉剡はこの書〔『少微』〕が五代にとどまって、宋遼金元四史の事実を編集したものがないことを深く気に病み、四明の陳氏〔陳桱〕および会稽の胡氏〔胡粋中〕が著すところの宋・元続編〔『通鑑続編』『元史続編』〕を取って、その煩なるを削り、その要なるを撮って、『通鑑節要続編』と名づけ、『通鑑節要』の後を継がせる」とある。じっさいには張光啓、劉剡二人の合作であろう。張光啓の序文には「故郷にあったころから（史書を編纂したいと）願っていた。今さいわいに東陽の宰となり、公務の合間に書林君子の劉郯《ママ》と四代史に載せる君臣の事績を取って、時間の順に並べ、事柄の前後関係を明らかにし、博きをあつめて一つにし、簡略ななかにも具体的に書き、宋をもって統となし、遼・金を分書し、元が直接に宋の統を継ぐようにして、編集校訂を行い、『通鑑詳節』の後に付けて『増修附注通鑑節要続編』と命名し、考索の用に備えるものである」とする。『中国歴史地名大辞典』によれば、この東陽は東陽駅のことで、建陽県の西にある。いうところの「作案《ママ》東陽」とは張光啓が東陽駅丞であったことを指し、劉剡は建陽書坊の古株である。この本の成書時期は、張氏の序文の日付によれば宣徳四年となり、刊刻は劉剡の後記によれば宣徳七年（一四三二）となる。宣徳七年刊本は現存せず、国家図書館に朝鮮活字本があってそこから原貌を窺うことができる。弘治十年（一四九七）に劉剡の侄孫の劉弘毅〔京兆不才子〕がこの本のために「釈義」を作った。続編は一般的な読み物であって、学術レベルは当然高くない。注意すべきは、この本の思想が『綱目続編』によっていて、正統論の書法を講究していることである。[107]（角カッコ内は、引用者の補足）

以上である。おそらく、これまでで二番目にくわしい解説である。しかし、彼は『続編』の諸本を見てはいないだろう。引用されている劉弘毅の文章は『史要編』[108]から、そして、張光啓の序文は王重民から引用したことを注記しているからである。見ていないからこそ、この文章にはいくつかの誤りがある。

まず、張光啓については前章で見たとおり、建陽の知県であって「宰」を駅丞と捻る必要はない。東陽とは建陽の雅称である。『綱目』への彼の関与を知っていれば、こうした誤りは生まれないだろう。[109]そして、彼は『続編』を張と劉剡の合作だとするが、張光啓は『綱目』の表看板であっても、本当の主役は劉剡であった。ここも同じことである。次章で取り上げる「綱鑑」もそうだが、建陽の史書にはしばしば福建の地方官の関与がうたわれる。これを文字どおり地方官の文教への関心の表れと見る人があり、ここでも銭茂偉さらに賈晋珠は張光啓が編集に加わったとしている。[110]しかし、出版物の中身を見れば、それが怪しいと知れる。中身を見ていないから、額面どおりに受け止めることになる。せいぜいが我々の言う「監修」を務めたかあるいは「検閲済」の印を捺す役割を務めたにすぎない。

『綱目続編』云々は論外である。『綱目続編』すなわち『続資治通鑑綱目』は『続編』より四十年以上後にできた本である。あるいは、『通鑑続編』と書いたつもりだろうか。後述するように、『続編』は陳桱の『通鑑続編』(以下、「陳桱」とする)によりかかった本だし、その正統論を採用しているからである。しかし、「陳桱」が取る正統論(朱子を忠実に受け継ぐ)や『綱目続編』のそれと、この『続編』の正統論は微妙に違うのである(後述)。

そして、現物には当たっていないから、「王重民の『中国善本書提要』一〇二―一〇三頁はこの書の版本の源流の考訂においてははなはだくわしい」と言って、書誌学者に下駄を預けてしまうのである。

それでは、一番くわしい王重民の解説は正しいのだろうか。じっさいに検証してみよう。王は四種の版本を取り上げている。景泰刻本(存二二巻、北京図書館)[111]、司礼監刻本[112](ライブラリー・オブ・コングレス)、弘治刻本(北京大学)、そして銭茂偉も言及している朝鮮刻本である。銭の解説自体、一応この解題を参考にしたものなので、それと重複しない情報のみを抽出する(そのうち王逢と劉剡の関係についての記述はすでに第五節で引用したので、繰り返さない）。

①司礼監本以外は「建陽知県盱江張光啓訂正」とし、編輯を「松塢門人」の劉剡（弘治本は彼の字用章で記す）に帰するが、弘治本はさらに「慎独斎京兆不才子釈義」が加わる。

②弘治本には宣徳四年の張光啓序が、朝鮮本にはそれに加えて宣徳七年の劉剡の「後記」、さらには「翠巌後人京兆劉文寿刊行」の記述がある（王重民はここから朝鮮本を宣徳七年の原刻本の翻刻だとするが、原刻そのものは見ていない）。

③現存最古は景泰本である。刊行したのは善敬書堂。

④弘治本の目録末には「弘治丁巳仲夏楊氏清江書堂重刻」の牌記がある。

⑤弘治本を司礼監本と比べると、注文に「釈義」がある。「釈義」には『一統志』を引く。評語には「宋史断」（『宋史筆断』）が余分にある。ここから、司礼監本は弘治本ではなく景泰本の翻刻である可能性が強い。

⑥朝鮮本に付される劉剡の後記には、

ア 元の統一後については、臨江張公美和、梁公孟敬二先生の「節要」「事略」に従ってつくったが、宋の文丞相（天祥）、謝畳山（枋得）二公の事についてはその精忠を顕彰するためにとくにくわしく書いた。

イ「瑞麦頌」「平西蜀頌」を付したのは、我朝の太祖高皇帝が胡元の乱を除き、天下を統一した偉業に天が応じたことを示すためである。

といった、元代史についての編輯方針を示した箇所がある。

⑦宋紀は全く『通鑑続編』にもとづく。元代については胡粋中、張九韶（美和）にともに『元史続編』の作がある。巻二六にはしばしば張美和の説を引くが、美和は九韶の字であるから元紀は彼の作にもとづいている。

⑧「増修附注」とあるのは、おそらく王逢がまず陳桱・張美和の書をもとに編集し、劉剡はこれによったものであろう。

⑨景泰本は宣徳から時代が隔たっていないのでほぼ劉剡の原刻と同じといってよい。この後、司礼監本と弘治本が出た。

⑩『平津館鑑蔵記続編』によれば、『続資治通鑑節要』三十巻として、「陳桱纂述、中和処士釈義、木石山人校正、正徳間慎独斎校刻」としている。

このうち、問題になるのが傍線部である。

③景泰刊本に先行する刊本の存在

市立米沢図書館に宣徳八年刊（原刻が出た翌年）の余氏双桂堂本が所蔵されている。[113] しかし、王重民がこの本を知らないのは無理からぬことである。この本と景泰本を比較すると微細な違いはあるが、ほぼ同じと言ってよいので、⑨の推測は当たっている。

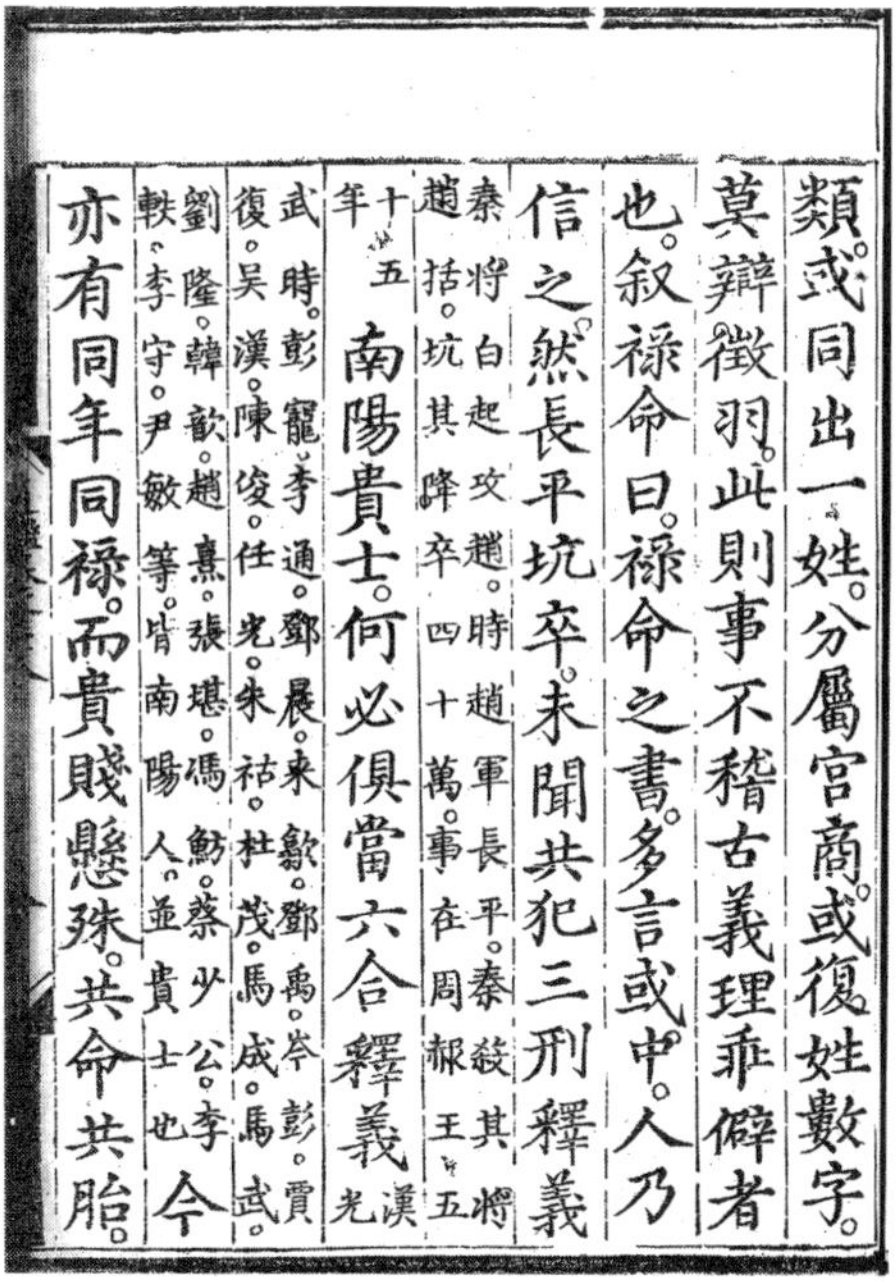

図 4-3　「釈義」の消し忘れ（司礼監刊『少微通鑑』国立公文書館所蔵）

⑤司礼監本と景泰本・弘治本の関係

『続編』は正徳年間に司礼監で『少微』とセットで刊行されている。[114] そのうち『少微』には、王逢の「釈義」が削られた痕跡がある（一部残っているところから削られたのだと分かる。[115] 図4-3参照）。したがって、『続編』についてもその可能性はある。「釈義」がないことをもって、あるいは余分な評語がないからといって、司礼監本と弘治本の関係を否定することはできない。お上が民間の刊本を底本として出版する時、夾雑物をカットすることがある。『綱目』が成化年間に出版された時もそうであった。そこで、付録の部分だけでなく本文において司礼監本と景泰本を比較してみると、結論としては王重民が正しいとしてよい。

先ほど米沢本と景泰本に微細な違いがあると言ったが、それは巻二六の宋末の記述においてである。景泰本では景炎二年五月の記事に九行分ほどの空白があるが、米沢本を見るとそこには文天祥の箚子が入っていた（朝鮮本にもある）。さらに米沢本では文天祥らとともに活躍する忠臣に「張日中」の名が数箇所見えるのだが、これが景泰本ではすべて空白となっている。後述するように、文天祥の事跡を増補したのが『続編』の売りの一つだから、彼の文章を景泰本が削った意図は分からない。張日中については「建昌軍南城人、横渠先生十三世孫」とわざわざ注記があり、この無名の忠臣をフィーチャーしようという意図は明らかなのだが、これを景泰本が削ったのは、『続編』にかかわった張光啓の先祖の「活躍」を史文に竄入させたのを嫌ったものである。[116]

さて、司礼監本ではこうした部分がない。したがって、底本には景泰本を使ったと考えてよいだろう。ただ、ここで付け加えておきたいのは、司礼監本はその後の『続篇』には全く影響を与えていないということである。後期の版本を見ると、文天祥の箚子については「旧本にはあったが、史書としてふさわしくないので削る」という注記があり（ただし、後述するように史書にふさわしくない記述はこれだけではない）、張日中は健在である。したがって、後期版本の底本は景泰本とは別であり、当然司礼監本の影響も受けていないことになる。王重民は司礼監本『少微』がその後の諸本の底本となったと述べているが、『続編』についてはこうしたことを言っていない。しかし、彼の意図を敷衍して司礼監本の影響を大きく見ようとする誤解を防ぐために老婆心ながら付け加えておく。

『続編』においてその後の流れを作ったのは①の「慎独斎京兆不才子」⑩の「中和処士」「木石山人」の正体である劉弘毅である。「木石山人」はすでに前章で登場した。「慎独斎不才子」も劉弘毅のことであるから、中和処士も彼のペンネームである。また、⑤で「釈義」が『大明一統志』を引いていることが指摘されるが、「綱目質実」が『一統志』を頻繁に引用していたことを想起されたい。

劉弘毅について付言すれば、『続編』の注釈を増量（『続篇』には原注も存在する。それとの弁別のために釈義の形で示される。王逢「釈義」の模倣である）しただけでなく、本文にもささやかながら増補を施しているが（図4-4に見える道士張正随への賜号の記事がその一例）、それは丘濬の『世史正綱』にもとづいている。(117) ここでまた、『綱目』七家注本に、丘濬が竄入していたことを想起されたい。これらはいずれも劉弘毅の仕業だったのである。

⑥⑦ 材料の問題

元代の部分の材料について、王重民は劉剡の後記を引用し、そのうち張九韶（美和）の作を原拠とする。これは結果的には正しい。しかし、ある巻に(118)「張美和」の評語が多く載ることはその根拠にはなりえない。他の巻を見れば梁寅の評語も結構載っているからである。やはり評語ではなく、実際にテクストを比較しなければならない。比較した結果、やはり本文については張九韶の『元史節要』（『元史続編』ではない）にほぼ拠っていることが確かめられる。

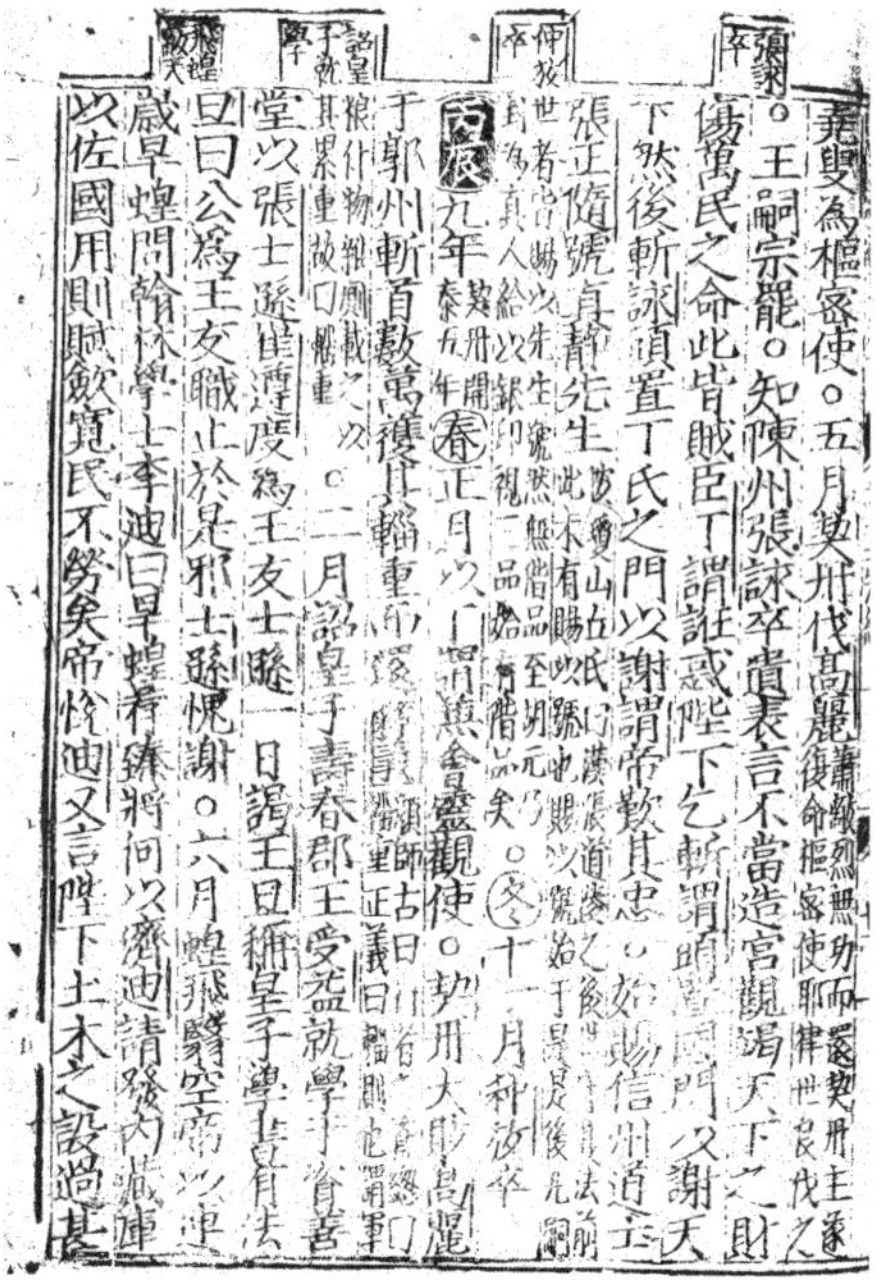

図 4-4　丘濬の竄入（『新刊四明先生高明大字続資治通鑑節要』国立国会図書館所蔵）

ここで、『元史』の節本について整理しておこう。『続編』の背骨を成す『元史節要』から。明初の翰林編修であった張九韶(119)の作で、洪武三十年（一三九七）の建陽刻本が現存している。(120) たしかに、「節要」ではあるが、記事はかなり細かいところまで採録している。また、張美和の序文（洪武十七年序。彼自身のものなのか疑わしいところがある）には元朝を周代になぞらえる内容が含まれ、前代の影響が色濃く残っている。[121] とにかく、先朝の歴史をゆるがせにしていない作品である。

次に梁寅の『元史略』。その洪武十九年自序には、

学生に歴史を教えるのに、曾先之の『十八史略』のほか、『通鑑』節本を使ったが、あまり満足のゆくものではなかった。そこで十七史の節本（『十七史詳節』であろうか）をもとにしてさらにこれを節略し、宋・遼・金代についてもそれぞれ別冊をつくり、臣下の事を帝王の事績の後に付けた。

と述べられ、彼の『史略』が元代だけではなかったことが分かる。さらに、

①『元史』は分量が多すぎるので、かつて張編修美和が二巻本の節要をつくった。

②学校にいる友人が梁寅の「史略」をみて、その元代版を作ってくれと頼んできたので、これをうけて『元史』全体を検討し、歴代の「史略」の例にならって編集し、『元史略』四巻を編んだ。[122]

とある。先行する張美和の作とのスタイル上の違いは、「臣下の事を帝王の事績の後に付けた（各帝の後に小伝をまとめる）」ことである。この部分が、『続編』では人物描写を挟む時に使われる。『続編』の本文はほぼ張美和によっているが、主に人物に焦点をあてる時に梁寅を用い、あわせてその評語を使ったのである（その意味で、劉剡の言は正しい）。

その後、胡粋中『元史続編』が出る。永楽元年（一四〇三）の自序をまとめれば、

一、張美和、梁寅の「元史略」（張美和については「節要」が正しいが）が世に行われている。

二、二人は『元史』編纂に参加した人なので、『元史』の全書を持っていて、それにもとづいて仕事をしたのだろうが、惜しむらくは簡略にすぎる。

三、太子、諸王に経史を教えた時にはじめて『元史』の完本に接した。『元史』が世祖（クビライ）以前の戦争のことについてくわしいが、成宗以下の平和期について簡略であり、順帝の時に史官が失職したために、以後のことは記載を欠いていることが不満である。

四、「綱目体」であって、至元十三年（杭州陥落の年）から元に正統を与える[123]（『続編』はその三年後の宋朝滅亡時点で元に正統を与える）。

となる。上記二本とはスタイルが違い（綱目体）、『続編』と比較すると、事件が繋けられている月が合わないことがしばしばである。『続編』とはほぼ無縁としてよく、劉弘毅が「会稽の胡氏」云々と言っている（三四四頁）のはウソである[124]。

一方、宋史の部分については、王重民は「一に陳桱にもとづく」とした根拠を示さないが、九割方は合っている（後述）。

⑧ 編集主体の問題

王重民は「増修附注」という語に注目し、王逢→劉剡という二段階を想定した。理屈としては成り立つが、王逢が編集に加わったという傍証はどこにもない。『少微』そのものが師匠を表に立てているものの、じつは門人主導の作であることを勘案すれば、『続編』の主体も劉剡であったとすべきであろう。それを補強する材料については後述する。『少微』が王逢を前面に押し出すのに対し、『続編』がそうしなかったのは、王逢の関与がなかったからである。

「増修」についていえば、もし王逢原編なら「王逢編輯、劉剡増修」といった風にその旨を明示したであろう。そうでなければ「増修」が読者へのアピールにならない。単に「増修」として王逢の名を出さないのは、「節要続編」の原本があってそれを増修したということではなく、劉剡が諸材料に増補を施したことを示す記号でしかないだろう。

以上、王重民の解題について検討してきたが、宿題として残るのは、「宋史」部分の原拠の問題である。また、王重民には記述スタイルについての解説がない（だから、銭茂偉のような誤解が生まれる）。そこで、『続編』の「凡例」を取り上げよう。王重民が見た朝鮮刊本や序文等を欠いた景泰本にはないが、米沢本や蓬左文庫の景泰刊の完

本にはある。そのうち、行論に必要なもののみを取り上げると、

①「提綱節要」は一に四明陳氏経《ママ》が編んだ「通鑑」に従う。その一字一義による褒貶与奪にはじつに深い意味が込められているからである。また、李氏燾の「宋史宋鑑」および建陽劉氏深源・劉氏時挙の「宋朝長編」そして呂氏中の「講義」、庭芳胡氏一桂の「通要」と、かの遼・金二史の文を参用して叙事の首に載せる（黒の傍点で義を示す）。その下の記述は宋・金・遼史、宋鑑、長編の旧文をまじえ、これには変更を加えない。

②宋の太祖の乾徳年間から開宝五年以前について列国と分書したのは、周主がまだ存命だったからである。開宝六年以後は統を承けたものとして大書する。太祖は天下の人心を得ることすでに久しく、天命が帰しており、残っていたのは河東の黒子弾丸の地（北漢）だけだった。あるいは太祖の治世は終始分書して、五代の君主なみに扱い、太宗の治世から大書すべきだとの見方があるかも知れないが、これは公論とは言えないので従わない。

③遼国の年号を宋統の下に分注するのは、華夏を尊ぶものである。その皇帝を「主」としたのは夷狄を外にするものであり、（西）夏も「主」と称するのは遼と同じく夷狄だからである。

④金国の年号も遼の例に同じなのは、金が遼を承けているからである。

⑤宋が長江を渡った後も、その年号を大書するのは蜀漢・東晋の例に同じ。

⑥元が金と夏を滅ぼし、中国を領有してもなおその年号を分注として宋統の下にかけるのは、天命がまだ絶えていないことを明らかにするものである。

⑦世祖の至元己卯（十六年）に宋を滅ぼしてから大書したのは、大統を承けたからである。(125)

このうち、③〜⑦については別段問題はない。『少微』劉剡本同様に『綱目』の正統論を採用したものだが、直接には「陳桱」のそれを真似たものであり、華夷の別を強調するのも同様である。しかし、その「陳桱」にしても、統一後の元に正統を与えただろうから、⑦もそれに沿ったものである。

問題は、朱子―陳桱の正統論から脱線している②である（なお、本文もこのとおり開宝六年から大書されている）。分注から大書に切り替わる根拠として、周主がここまで存命だったことが挙げられているが、『綱目』の正統論にそんな理屈が介在する余地はない。周は無統であって、その君主の生き死になど、朱子の正統論にはもともと関係ないのである。むろん、編者は正統論の趣旨を知らないわけではない。「あるいは」以下の意見がそれである。それを「公論とは言えないので従わない」とするのだから、確信犯である。

なぜ、あえてそうしたのか。理屈では説明できない。たしかに「凡例」が言うように、太祖の時代に河東を残して天下を平定しており、実質統一されていたと見ることもできる。しかし、そのことと禅譲した周の恭帝の死去とはまた別の話であって、論理的連関がない。しかも、「河東弾丸黒子の地」だけを掲げているが、開宝六年の時点ではまだ江南も平定されていないのである。前出の陳霆がすでにこの点を問題にしている。「陳桱が大書を太平興国四年からにしたのは朱子によったものであり、『続綱目』が開宝八年としたのは、武徳七年の例に従い（この時点でほぼ統一されていた）、それぞれ根拠はあるのに、『続編』の六年は周の恭帝が死亡しているだけで、正統とは何の関係もない。(126)」まさにそのとおりである。

劉剡の動機をあえて推測するなら、独自のカラーを打ち出したかった、これに尽きるであろう。彼は『少微』において、正統論に直接抵触するものではないが、あえて「後秦」を立ててみたり、「外紀増義」においてもささやかな自己主張を試みていた。そうした仕掛けをこの『続編』にも施したかったのである。

『少微』も『続編』も『綱目』流を取り入れたが、それでいて全面的には受け入れない。理解していないのではなくて、おそらくわざとそうしている。こうしたところに『少微』『続編』さらには「綱鑑」を一貫する編集者の心性が現れている。

八　劉剡の工夫

さて、残るは①である。宋史について、「提綱節要は一に陳桱に従う」とする。ただし、これは王重民の言う「一に陳桱にもとづく」というのとは違う。「提綱節要」について「褒貶云々」と言っているように、これは「綱目体」である「陳桱」の大書部分にしたがったと言っているのであって、本文全体をこれによっているとは言っていない。しかし、この宣言そのものが意味をなしていない。「陳桱」と違って『続編』は綱目体ではない。じっさいには「陳桱」の大書・分注は区分けすることもなく、ベッタリ本文に使われている。「宋・遼・金史」を使ったように言うのは、「陳桱」がこれらを使っているので全くのウソではないが、『続編』自身が正史を引用しているわけではない。要するに、この記述は煙幕を張っているのである。

しかし、「陳桱」以外が使われていることも事実である。それを確認するために、古来いわくつきの宋太祖から太宗への継承に関する部分を取り上げる。[127] まず、『続編』宣徳本（米沢本）の記事をそのまま引用する（巻一、丙子開宝九年十月条）。ただし、注は省略した。〔　〕内に「陳桱」との語句の異同を示した。【　】内は陳桱にあって、『続編』にない部分。傍線部は「陳桱」にはない語句である。㋐〜㋚は『続編』が何らかの材料にもとづかないかぎり増改が不可能と考えられるところに付した（自己流に文句を改めうる場合は除いている）。

冬十月、帝〔宋主〕有疾。壬子、召其弟晋王光義入侍。是夕、帝崩〔宋主匡胤殂〕。【甲寅、宋主光義立、赦。ここまでが大書で、以下分注】先是〔十月〕、帝〔宋主〕不豫。壬子、夜大雪㋐。帝召晋王光義延入大寝㋑〔寝殿〕、属以後事。宦官宮妾〔婢〕、悉屏之〔皆不得近〕。左右皆不得聞㋒。但遥見燭影下、晋王時或㋓離席、若有遜避之状。既而上〔宋主〕引柱斧戳地、大声謂晋王曰「好為之」。俄而帝崩〔宋主殂、年五十〕。時漏下四鼓矣㋔。宋后見晋王、愕然㋕遽呼曰「吾母子之命、皆託于官家㋖〔王〕。」晋王泣曰「共保富貴、無憂也。」

【甲寅、晋王即位、号宋后為開宝皇后、遷之西宮、大赦天下】帝〔宋主〕性仁孝豁達〔孝友節倹〕、質任自然、不事矯飾Ⓐ／宮中葦簾、縁用青布、常服之衣、澣濯至再Ⓑ／【永康公主嘗衣貼繡、鋪翠襦。宋主曰「汝服此、衆必相倣。」禁之。主一日勧宋主以黄金飾肩輿。宋主曰「我以四海之富、宮殿飾以金銀、力亦可辦。但念我為天下守財耳、豈可妄用。」】即位之初、頗好微行。或諫其軽出、帝〔宋主〕笑曰「帝王之興、自有天命。求之亦不可得、拒之亦不能止。周世宗見諸將方面大耳者、皆殺之。我終日侍側、不能害也。我若応為天下主、誰能図之。不応為天下主、雖深居閉門、何益。」既而微行愈数。有諫者、輒語之曰「有天命者、任自為之、不汝禁也。」一日、罷朝、坐便殿、不楽者久之。左右請其故。曰「爾謂為天子容易〔天子容易為〕耶。早作乗快、誤決一事、故不楽耳。」Ⓒ／嘗宴近臣紫雲楼下、因論及民事、謂宰相曰「愚下之民、雖不分菽麦、藩侯不為撫養、務行苛虐、朕断不容之。」㋗京城〔汴京〕新宮成。御正殿坐、令洞開諸門、皆端直軒豁、無有壅蔽㋘。因謂左右曰「此如我心、少有邪曲、人皆見之矣。」Ⓓ／又嘗謂宰相薛居正等〔侍臣〕㋙曰「古之為〔人〕君、鮮能正心〔身〕、自致無過之地。朕嘗夙夜畏懼、防非窒慾、庶幾以徳化人之義㋚、如唐太宗受人諫疏、直詆其失、曾不愧耻、豈若不為之而使下無間言哉。」Ⓔ／又〔嘗〕謂宰相〔宰相薛居正等〕曰「朕観為臣者比多不能有終、豈忠孝薄而無以享厚福耶。」Ⓕ／尤注意刑辟、哀矜無辜、嘗読二典、嘆曰「堯舜之時、四凶止従投竄。何近代法網之密耶。」故自開宝以来、犯大辟、非情理深害者、多得貸死。惟贓吏棄市、則未嘗容貫也Ⓖ／晋王嘗病亟、親往視之、自為灼艾。晋王覚痛、帝〔宋主〕亦取艾自炙以分其痛。毎対近臣言「晋王龍行虎歩、他日必為太平天子。福徳吾所不及也。」善於任使、即位之初、交・広・剣南・太原・荊湖・江表・遼・夏皆敵国也。因注意謀帥、命李漢超屯関南、馬仁瑀守瀛州、韓令坤鎮常州、賀惟忠守易州、何継筠領棣州、郭進控西山、武守琪戍晋州、李謙溥守隰州、李継勲鎮昭義、以禦太原。趙賛屯延州、姚内斌守慶州、董遵誨屯環州、王彦昇守原州、馮継業鎮霊武、以備西夏。其族属在汴京者、撫之甚厚。郡中筦榷之利、悉以与之、恣其貿易、免其所過征税、許其召募亡命、以為爪牙。凡軍中事、皆得便宜。毎入朝、必召対命坐、厚為錫賚以遣之。由是辺臣富資、能養死士、使為間諜、洞知敵情。及其入寇〔侵〕、設伏掩撃、多致克捷。二十年間、無西北之憂。以至平蜀楚、拓越呉、所向遂志。蓋能推赤心、以馭群下之所致也。

まず、細部の字使いについて見ておこう。「陳桱」の「宋主」を『続編』は「帝」ないし「上」に変換している。「陳桱」が「主」としたのは、この時点で宋に正統を認めていないからである。正統を認めた『続編』がこれを変えたのは当然だが、自動変換すればよいとはいえ、年号だけでなく本文にも神経を使っていることは認めねばならない。外敵の「入侵」を「入寇」に改めているのも『綱目』の書法であって、なかなかに芸が細かい。

取り上げられる話柄自体はそれほど違わない。しかし、Ⓐ〜Ⓖを付したところは、陳桱ではⒶ→Ⓒ→Ⓓ→Ⓕ→Ⓑ→Ⓔ→Ⓖとなっていて、叙述の順序が随分異なる。しかも、Ⓔの「嘗謂宰相薛居正等曰」が「陳桱」では「嘗謂侍臣曰」だったのも、小さな違いと片付けられない。

「陳桱」にない記事（傍線部）がかなりあるが、前半がいわくつきの話であり、後半が創業者の人となりを描く部分なので、念が入っているのである。むしろこうした改編は少なく、「陳桱」の記述をそのまま縮めて載せるケースが大半だが、ほかに材料を仰いでいることはたしかである。

「凡例」には、「李氏燾の宋史宋鑑及び建陽劉氏深源・劉氏時挙の宋朝長編」が挙げられている。「宋史宋鑑」とはいささか妙な名前である。元代には「李燾経進」と称して『続宋編年資治通鑑』十八巻なる本（北宋を扱う）が出ていて、なかなかのヒット商品であった。その一本の校訂者に劉深源の名前が見える。[128] 劉時挙にも同名の書があると時に言われるが、[129] 彼の作は、正しくは『続宋中興編年資治通鑑』十五巻で南宋の最初の四帝の時期を扱う。とにかく、二劉の「宋朝長編」なるものは存在しない。この『続宋編年』『中興編年』に『宋季三朝政要』六巻をあわせた三点セットの『続資治通鑑』が建陽の複数の本屋（陳氏余慶堂、張氏集義堂[130]）から出ている。「宋鑑」の封面を持つので、そう呼ばれることがある。

このうち、『続宋編年』の李燾が偽託であることはすでに先人に指摘があるが、[131]『続資治通鑑長編』の節本ですらない。『長編』に載らない記事を載せるし、記事が違う年月に繫けられることも珍しくない。[132]その『続宋編年』には、㋔㋕の部分がある。

宋史に関する坊刻の書には『宋史全文続資治通鑑』三十六巻もある。[133]これにももっともらしく李燾の進呈表が冠せられているが、むろん飾りである。題識に「宋史通鑑の本で現在刊行されているものは節略がひどすぎる」[134]とするのは、『続宋編年』のことをもっぱら指していよう。ただ、『宋史全文』には編者の名前が記されていない。『続編』の「凡例」は書名より著者名を掲げたかったので、この佚名撰著の置き場所がなかったのだろう。

㋔㋕に加えて、㋐大雪、㋑大寝、㋒左右皆不得聞、㋓時或、㋖官家といった細かい点については『宋史全文』に見つけることができる。そして、太祖の人となりを紹介する㋗〜㋚がすべてが揃っているのは、呂中の『大事記講義』である(『宋史全文』にも㋚はある)。細かいことを言えば、㋙の「宰相薛居正等」は呂中では「宰相」となっている。

呂中はすでに『山堂考索』の改編者として登場している(二〇八頁)。『大事記講義』は文字どおり、「大事記」をかかげてそれに評語を加えてゆくスタイルの書物で、編年史というより歴史教科書である。[135]また、南宋を扱った『中興大事記』の作もあり、それを含めて「呂中曰」「大事記講義曰」は『宋史全文』『続宋中興編年資治通鑑』そして『続編』『続綱目』さらには「綱鑑」にしばしば姿を見せる。事績がほとんど知られない人物だが、後世にその名前がインパクトを持ったという点では『綱目』の尹起莘に似る。しかし、正体がよく知られていないから、『続編』の後期本で「呂中曰」が「呂本中曰」「呂居仁曰」(居仁は本中の字)といった風に、より有名な別人に化けることがある。[136]

以上をまとめると、「陳桱」をベースにしながらこれを適宜編集し、太祖のエピソードについては呂中によって増補を行ったということである。

その改変の中でも微細なことながら、Ⓔの中で「陳桱」の「侍臣」が「宰相薛居正等」に変わっているのが見逃せない。『長編』あるいは彼が見たであろう『大事記講義』はこの話を建隆三年にかけているが、この時に薛居正が宰相だったとは限らない（じっさい、この年には枢密直学士だった）[137]。本来、「陳桱」ではⒻが薛居正であった。その記述の順番（「陳桱」ではⒻ→Ⓑ→Ⓔ）を『続編』が入れ替えたのは、Ⓔが君主、Ⓕが臣のあり方を述べたものなので、君臣でセットにしたのである。これ自体は編集の工夫と言ってよい。

しかし、皇帝の会話の相手が両方とも宰相のほうが対としてきれいだし、具体的な人名があったほうがよいからといって、「侍臣」を「薛居正等」と書き換えるのは歪曲である。これは編年史書としての意識が弱い証拠でもある。その点では「宋鑑」に似たところがあるが、『続編』はしっかりしたテクストをもとにしたおかげで、「宋鑑」のような無秩序に陥るのは免れた。「陳桱」を採ったのは彼が太古史の作者でもあり、劉剡としては一石二鳥だったのが一つ、『綱目』尊重をかかげる立場からも都合がいいことが理由の二だが、「宋鑑」より「陳桱」のほうが明らかにすぐれていることが分かっていたからでもあろう。その選択は間違っていなかった。そして、劉剡の選択の結果、「陳桱」は本来の形よりも、『続編』の主要構成部分としてより広く普及することになった。

次に、劉剡がまとまった形で継ぎ足した部分を見よう。「凡例」が指摘するように、文天祥・謝枋得の記事の増補がうたわれている。文天祥（一二三六―一二八二）は忠臣中の忠臣として名高く、『十八史略』の改編本（劉剡が関与）にもその事績が増補されていることはよく知られているが、『続編』はそれをより大々的にやり、「正気の歌」や付録として「文丞相詩」五首、挽詩二首を載せる。

しかし、今問題にしたいのは謝枋得（一二二六―一二八九）のほうである。彼は顕官には達していないが、『宋史』に立伝されてはいる。さらに、『文章軌範』の編者として名高いので、増入に違和感を覚える人はいないだろう。幕末の志士に大きな影響を与えた浅見絅斎（一六五二―一七一二）の『靖献遺言』にも文天祥とともに載せられている。

しかし、よく考えるとこれはおかしい。人品のことはさておき、丞相だった文天祥と謝枋得では格が違う。『宋史』に伝が載ったのは、新王朝の召しに応ぜずハンストの挙げ句に死んだことが評価されたからにすぎない（そうした人物を列伝に載せるのは、登用しようとした王朝の徳を顕彰することになる）。それを文天祥と並べるだけでなく、『続編』における文・謝の増量を単純に字数で比較すると、文天祥の約二千五百字に対して、謝枋得は三千三百字以上となる。もっとも、伝記的事実は豊富でないので、その大半は彼を召しだそうとした元朝官僚への書簡の引用である。

彼がフィーチャーされたのは、おそらく建陽と縁のある人物だったからだろう。『文章軌範』以外にも彼の名を冠した教科書がいくつも出ているが、出版界と彼の関係を窺うことのできる史料はない。しかし、元軍に破れた彼は姓名を変え、建陽市中で占い稼業をし、そのうちに家庭教師をするようになったという[138]。彼の弟子蔡正孫は『詩林広記』を建陽で出版している（二八頁）。ほかにも無名の弟子たちが宋末元初の建陽出版界で活躍していたかも知れない。この建陽とのかかわりが謝枋得を年代史記述に引きこんだ理由の一つであろう。

しかし、『続編』の増補の中で、最も力を入れている所は別にあった。

(1) 巻一一　靖康二年正月　資政殿学士劉韐《こう》、金に屈せず自殺。
(2) 巻一三　紹興六年　劉頜を広州参議軍事とする。
(3) 　七年十二月　劉頜、広州盗綦毋謹を誅す。
(4) 巻一五　十四年三月　朝奉郎直秘閣劉子翼卒す。
(5) 　三十一年四月　監察御史劉珙を吏部員外郎とする。
(6) 　十一月　金主亮（海陵王）淮東に赴き、提刑劉頜これに死す。
(7) 巻一六　乾道三年十一月　劉珙を同知枢密院事とする。珙、帝王の道を説く（「陳桱」にはその語の前半のみ見える）。
(8) 　七年五月　罷免されていた劉珙を再び登用しようとするも辞退。その際の三千字以上に及ぶ劄子の全文引用。
(9)　八年七月　劉珙を湖南安撫使に任命。上京して時事を極論する。
(10)　巻一七　淳熙二年　劉珙を知建康府に。
(11)　三年八月　劉珙に観文殿大学士を加官。
(12)　五年七月　劉珙卒す。人となりを紹介（約三百五十字）。
そして、これらの記事にはすべて欄外に標題がつけられている。
この中で顕官まで上った劉珙（(5)(7)〜(12)）は『宋史』に列伝があるし、「陳桱」にも登場する。しかし、吏部員外郎への任命や加官まで載せるのは細かすぎるし、「陳桱」には彼の死亡記事も含めてこれらを載せていない。さらに異様なのは、彼の長文劄子の引用である。『続編』はたとえば朱子の上奏なども増補しているが、それと比べても「三千字以上」はバランスを失している。謝枋得の書簡に比べれば公的なものだが、本自体の発想からすれば縮めるのが当然である。しかも、これは史書にも載らないものなのである。[139]
劉珙の行状は朱子が書いており、[140]『宋史全文』にも引用されている。(5)の記事には任命のことだけでなく、エピソードが付け加えられている。これは朱子の文集か『宋史全文』のどちらかから引用したものだが、後者の可能性が強い。というのも『宋史全文』ではこの記事を三十年十月にかけていて、ここと半年ずれているのだが、三十一年四月にも劉珙が登場する記事がある。『宋史全文』を使い、整理した際に混線したのだろう（「行状」には年月が書かれていない）。(7)の翰林学士時代に彼が皇帝に対して言った言葉の後半の「蓋天下之事……」以下、そして(9)の「極論時事」も『宋史全文』からの引用だろう。
(10)はおそらく月が分からなくて年末におかれたものである。『宋史全文』では翌年に知建康府として登場するので、とりあえずここに置かれたものだろう。(11)の加官は史書に年月が記されず、「行状」も月を示さない。(12)は『宋史全文』にあるが、年末に繋ける。それを七月に持ってきたのは、「行状」によったのだろう。

(1)の劉韐は「陳桱」に自殺の話は載せるが、金軍の手に陥落した真定の父老が「劉資政がいらしたら、こんな禍に合わずにすんだものを」と嘆息したエピソードは追加されたものである。彼は『宋名臣言行録続集』巻三に立項されており、そこにこの話を載せる。しかし、割注に載る前年に金軍を退けた話の典拠は分からない。

(4)の劉子翼は韐の子である。その死亡を『宋史全文』は記すが、割注の人物説明はない。兄の子羽は『宋史』に立伝されているが、そこに子翼は出てこない。

残るは(2)(3)(6)の劉頜だが、この人が正史からは最も遠いところにいる。(3)の盗賊平定はともかく、(2)はふつう年代記に載るレベルのものではない。前者は『続宋編年中興資治通鑑』巻四に載る。(2)はその前年に仮置きしたものだろう。

(3)の注には頜が建陽麻沙の人で、劉韐と七世祖を同じくし、京兆府万年県洪固郷冑貴里から移住してきたことを記す（図4-5）。これも異様なら、(6)は逆に簡略過ぎてよく分からない。具体的にどうやって死んだのか書かれていないのである。景泰七年に建陽劉氏の一族翠巌精舎が刊行した晏璧の『史鉞』に劉頜が出てくるが、「峒寇を収めて功あり。死して忠簡と諡さる」とするだけで、金との戦いで死んだとは書かれていない[14]。

すでにお分かりかと思うが、以上の劉氏は劉韐の一族なのである。とくに頜は前掲の劉氏族譜によれば、西族北派に属し、劉韐、劉文寿はこれに連なる。一方、他の人たちは東族に属する（劉韐の子が子翼、子羽。子羽の子が珙）。東族と西族は一族といってもかなり遠く、だから(3)のような説明が入るわけである。

そのほかにも、増補ではないが、巻一六乾道九年五月の朱子に祠禄が与えられた記事で、「陳桱」は朱子の略歴

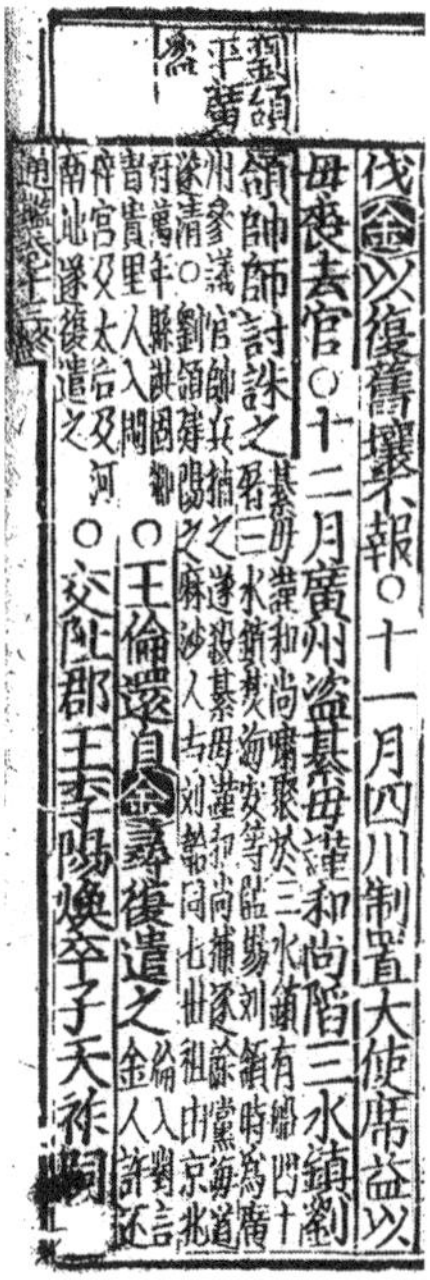
伐金以復讎㩳報○十一月四川制置大使席益以
母喪去官○十二月黄州盗某母謹和尚陷三水鎮劉
頜帥師討誅之
○王倫還自金尋復遣之
○交阯郡王李陽煥卒子天祚嗣

図4-5　くわしすぎる紹介（『増修附註資治通鑑節要続編』蓬左文庫所蔵）

を紹介するついでに彼に影響を与えた三先生（胡憲、劉勉之、劉子翬《き》）の略伝をこの順に記すが、『続編』は、劉子翬（韐の子、子翼の兄弟）を先頭にもってきて、あとの二人を割注扱いに格下げする。

　これら一連の記事には二つのテーマがある。一つは王朝に対する忠誠である。劉氏一族はたしかに愛国者を輩出し、後世地元では「五忠劉氏」と呼ばれるようになった(142)。史書に載らない記事は劉氏に伝えられた記録から取ったのだろう。もう一つは朱子とのつながりである。劉珙は行状を書いてもらっているし、劉子翬は朱子の先生である。忠義と朱子学の二つは、『続編』の宋代における強調点でもあった。文天祥・謝枋得の記事を増補し、さらに朱子周辺の記事が付加されている。劉氏を取り上げたのも、その全体のトーンに見合ったものである。しかし、あの朱公遷のバランスを失した挿入を思えば、これは全般的なテーマとの同調というより、劉剡一己の関心からなされた増補と見られる。朱子学・忠義の顕彰をダシに使ったとまでは言わないが、年代記としてはバランスを失しているとしか言いようがない。少なくとも、『続編』の主導権は彼にあって王逢や張光啓になかったことは明らかである。

　一方、元朝については前述したように話は簡単である。宋史の部分と異なり、こちらにはつまるところ『元史』しか材料がなく、そこから前掲の三節本が作られているだけである。これではなかなか腕の振るいようがない。ただし、『続編』が『元史節要』に足し算した部分も存在する。

　劉剡は朱公遷のほかにも、南の学者たちの顕彰をあちこちで行っている。皇慶二年に「江浙行省が新安儒士の程復心の著作『四書集註章図纂釈』を上呈した。皇帝は彼の抜擢を命じたが、程はこれを受けなかった」という記事を載せる。程復心（一二五七―一三四〇）はすでに幾人か登場している「新安学派」（汪克寛、倪士毅、陳櫟、胡一桂ら）の一人であり、彼の仕事も四書注釈史上から見て、価値のないものでは決してない(143)。しかし、この本も彼の名前も、『元史』には出てこない。つまり、その節本にも出てこない。劉剡が付加したものである。なお、『続綱目』では程復心を取り上げてはいないが、当然だろう。

なぜ劉剡が彼の事績を取り上げたのだろうか。それは程復心という人物に関心があったのではなく、彼の著書が建陽で出ているからである。前掲の『四書通義』にも程復心の書物が利用されていた。

地味な新安学派に比べて、華やかに活躍した金華学派からは数人が『元史』に立伝されている。その一人が『前掲の金履祥で、『元史』には彼の著書として『論語孟子集註考証』を載せている。しかし、『続編』が、

至元三年正月に婺州路総管府が金華儒士金履祥の著書である『論語孟子考証』を上進し、皇帝が刊行を命じ、門人の許謙が序して云々。

と書く上進の話は『元史』にない。門人許謙の序文は文言がやや重なるものが『元史』に載るが、本書の序文だとは書いていないし、『続編』のほうが引用は長い。そして記事の末尾には金の著作『通鑑前編』に言及がある。

そして同年十月の条で金華処士許謙（一二七〇―一三三七）の死を記し、その伝記が年代記の中にしては詳細にすぎるほどに記される。許謙の小伝は劉剡が使った梁寅『元史略』にも載るが、師との会話などにそこに見えない記事を載せる。末尾には「義烏黄氏曰」としてその弟子黄溍の評を載せる。レベルが違いすぎるが、朱公遷→王逢と似た形である。

許謙は朱公遷と違って、四方から訪問する者がひきもきらない学術界の大物なので、伝記が載っても違和感はない。しかし、劉剡は古代史に関心を持ち、「外紀増義」を作る過程で許謙や金履祥の書を参考書としてあげていた（具体的に使った形跡がなく、本当に読んだかも怪しいが）。そして、『四書通義』の参考書には程復心に加えて、金履祥・許謙・朱公遷の著作があがっていた。さらに、先ほど『続編』には金の著書『論語孟子集註考証』の序文を載せると述べたが、じつは『四書通義』の付録の別の文章を利用したものだと知れる。つまり、この本の序文ではないものをテキトーに転用しているのである(144)。

元史の部分は『元史節要』の引き写しが大半で、宋史の部分ほど作りこまれてはいないが、やはりここにも劉剡の個性が刻印されているのである。

九　年代記の変質

以上、『少微』の本編、前編、そして新たに作られた続編について、もっぱら劉剡の細工、工夫について細かく検討してきた。今はそれを離れて『少微』そのものの特質に言及し、本章の結びとしよう。

まだ一つ言い残している『少微』の特徴がある。それは年代飛ばしの荒業である。平気で四、五年が飛ばされるのである。「節本だから当たり前」と言うなかれ。『綱目』は文章を縮めるが、記事は細かく拾う。「陸状元本」もそうだったことは前に述べたとおりである。また、『通鑑』『綱目』「陸状元本」と『少微』で大きく異なるのは、時代構成である。『通鑑』は全二九四巻中、後漢（蜀の滅亡まで含めて）までが七八巻である。『綱目』は五九巻中一五巻、「陸状元本」は付録や「外紀部分」を除いた一〇〇巻中三五巻だが、『少微』劉剡本は五〇巻中二五巻で明らかに偏重している。その分薄いのが晋〜南北朝・隋で九巻しかないが、「陸状元本」だと三三巻と全体の三分の一を占める。

つまり、節略の思想が、『綱目』や「陸状元本」と『少微』では異なる。編年史書の命は時間軸である。『通鑑』はそのことに大変意識的であったし、『綱目』もまた記事のない年でも年号を記していた。「陸状元本」においても、年代記としての体裁は保たれていた。

しかし、『少微』の発想は明らかに違う。すでに指摘したように、違う年に起きたことを平気で同じ箇所に集める。『通鑑』とて、ある年に記事をまとめるために「初」字を用いて遡行するし、『綱目』は複数年の記事を話題の共通性で一つの「綱文」の目としてまとめることがしばしばある。しかし、『少微』のように〇〇王の話が出てきたから××王の話もついでに、といったたぐいのものとはわけが違う。

『少微』は年代記の範疇からすでに半歩はみだしてしまったのである。『十八史略』に比べれば、年代記らしい装いを持つ。しかし、時間軸に沿って読み進めようとする読者は、いきなり数年を飛ばされて肩すかしを食うことになる。

歴史書を人物のエピソード集や名言のアンソロジーと割り切ってしまえば、むしろこちらのほうが読みやすく、科挙の役にも立つ（今の日本の歴史学習と違って年代を記憶することなど求められていないから）が、時間の連続を気にして事件の連鎖を追おうとする読者には、『少微』は向いていない。

しかし、『通鑑』の不肖の末っ子は、厳格な父親や出来のいい兄貴（『綱目』）を少し煙ったく思っていた読者の支持を得た。その意味では、彼はまぎれもなく『通鑑』の孝行息子なのである。

劉剡が『綱目』の正統論で統紀を正したのは、単に差異化のためであってそれ以上のものではない。しかし、年代表記に気を遣う『綱目』の年号導入は、逆にいえば『少微』の年代記としての背骨の弱さを露呈するものでもあった。『少微』の後継者「綱鑑」には、『少微』の年代記としての体裁を保持し、空白恐怖を埋める便法という意味合いもあったが、それが成功しているかは次章で見よう。

第五章　『通鑑』のインブリード——「綱鑑」

一　「綱鑑」なるもの

前章では王重民の『中国善本書提要』を取り上げ、『少微』の解説に不十分な点があることを指摘した。しかし、それでも彼がこうした「俗流史書」をよく知っていた人だと思うのは、彼が一九七五年に自ら命を絶った一つの動機が俗流史書にあったことを、妻の小説史研究者劉修業が書いているのを読んだからである(1)。

王重民の死の前年に中華書局から『史綱評要』が刊行された。「出版説明」の最初に「明代李贄（一五二七—一六〇二）尊法反儒的重要著作之一」と述べるように、「儒法闘争」のさなかの出来事であった。というより、本書の刊行はその産物であった。

「出版説明」は康熙『麻城県志』（麻城は李卓吾が逗留し、著述活動を行った土地）に彼の著作として『蔵書』『焚書』とともに『史綱評要』が挙げられていることを紹介した後、紀伝体の『蔵書』に対して本書が編年体（上古～元代）の歴史評論であると位置づける。ただ、『蔵書』が李卓吾自身の編集・評点であるのに対し、『史綱評要』の本文は彼の手に出るものではなく、眉批、夾批、段落後の評語、本文に対する圏・点・抹によって李卓吾の歴史上の人物・事件に対する見方が表現されているとする。そして、李卓吾が法家に対して肯定的な評価を下し、儒家に対して批判を行ったことをつらつらと述べた後、本書が世に出た経緯について解説する。もっとも早く出た刊本は万暦四十一年（一六一三）に呉従先が南京で刊行したもので、翌年には茂勤堂から翻刻が出ている。本書の刊行は李贄が死んでから十一年後のことである。呉従先の序には、彼は「ある道学家」（蘇州の人）から稿本を入手したといい、また「所蔵者には疑わしいところがある」と書いている。(2)呉従先自身、『小窓自紀』巻四において、「史書を参正し、卓翁のために業を卒えた」と書いている。これらから、本書には稿本の流伝と校訂出版の過程で別人の評語が竄入した可能性があり、李贄の評語が删改されることもあったことが分かる。明人の姚舜牧が李贄の死の七、八年後に『史綱要領』という本を編集刊行しているが、本書の個別の評語には『要領』のそれと似ているものもあり、あるいは『要領』の評語に対して発せられたものもある。これはまさしく他人の評語が竄入した痕跡である。

ここに『史綱要領』なる書物が登場してくるが、『要領』と『評要』の関係に真っ先に気づいたのが王重民である。それどころか、彼は『評要』が本文のみならず、分巻のスタイル、注の文章にいたるまで『要領』そのままであり、要するに剽窃の作であるとする。(3)ただ違うのは、『要領』には諸人の評語のほかに姚舜牧本人の評語百五十三条を載せているのに対し、『評要』はこれらを削って代わりに「李卓吾」の評語を載せたということくらいであった。ところが、「儒法闘争」の切り札として本書の出版が決まると、「四人組」の北京大学・清華大学における代理人から、王重民に書誌学上の見地からお墨付きを与えてほしいと要請があり、これを彼が拒んだことが自殺の原因となったという。

『史綱評要』は今なお李卓吾の著作にカウントされており、近年出た二種類の全集のいずれにも収録されている。(4)さまざまな意見があるのは承知の上で、「疑わしきは存す」という姿勢である。(5)「卓越した思想家の歴史観を窺える材料は少しでも多いほうがいい」「かりに偽託であったとしても評語が李卓吾ばかりのものなら李卓吾思想の受容現象の一つとみなせる」といった考え方にもとづくのだろう。(6)しかし、傑出した一個人に関する材料を増やそうとするのは、無名の俗流を軽視することでもある。王重民がどのようにして『史綱要領』を見つけ出し[7]、それに対してどのような思いを抱いていたかは分からないが、書誌学者として、『評要』との関係についてぜひ一言しておかねばならないと考えたのだろう。この本自体に価値を認めたのではないが、少なくともこうした俗流史書に目配りする人だったのである。

『評要』でも『要領』でもよいのだが、本文は「編年体」と言っても、年が示されるだけで月日が示されることはない。ただ、その文章は『少微』『綱目』に拠っている。王重民も『評要』の本文が「綱鑑」の一本と最も接近していることを指摘している[8]。

では、「綱鑑」とは何か。ちょうど『評要』が出た頃に通俗史書として明末に横行し、以後歴史教科書として広く読まれた。代表的な袁黄の『歴史綱鑑補』は江戸日本でも出版され、今でもその気になれば和刻本を入手できるほど普及した。近年ではやはり明末に大量に出た「按鑑」を称する歴史小説とのかかわりが注目されている[9]。しかし、「綱鑑」の基本的性格が広く理解されているとは思えない。いくつかの解説を聞いてみよう。

「綱鑑」の意義を示した最良の文章は、島田虔次のものである（一九八六）。『歴史綱鑑補』、清の呉乗権『綱鑑易知録』の名前を挙げた後、

俗書中の俗書として学者からは一顧だにされないが、明・清では恐らく最も読まれた史書であろう。地名はかならず現在地名を省府県まで注し、参照文献は必ず○巻○丁まであげ、出典の注は書名章節名まであげ、注音に心をくばるなど、普及のための用意は万全である。士大夫たちは、まず第一に司馬光の『資治通鑑』や朱子の『通鑑綱目』を手にしていたのではない。この事実はやはり、充分心得ておくべきであろうと思われる[10]。

直線を引いた部分は正確ではない。「参照文献は必ず○巻○丁まであげる」とは、『綱鑑易知録』の注にたとえば「六巻二九に見える」とあるのを指すのだろうが、これは本文の話が『易知録』のその場所（六巻二十九葉）に見えるということであり、出典の注を「章節名まであげ」ることも少ない。

しかし、波線部は「綱鑑」の意義を的確に説明して余蘊がない。本章の重箱の隅をつつく作業の出発点もここにある。ただ、ここには「綱鑑体」の基本的な説明がない。それでは、辞典の説明はどうなっているだろうか。『漢語大詞典』（一九九二）を見ると、

明・清人が朱熹の『通鑑綱目』の体例を採用して通史を書いたもので、綱目・通鑑からそれぞれ一字を取って、「綱鑑」と称した。（第九巻八九三頁）

とある。この説明に間違いはない。辞書的説明としては充分である。しかし、これだけでは「綱鑑」とは何かが分からない。

前章でも取り上げた銭茂偉の『明代史学的歴程』（二〇〇三）はどうだろう。第十八章「走向民間的史学：晩明的通俗史学」の第二節「晩明的綱鑑風」で、島田が指摘する歴史教科書としての価値に言及した後、

明代の前期には『通鑑節要』『通鑑節要続編』が流行し、嘉靖以後は綱鑑が流行した。「少微江氏の書は前後を総括し、やや簡備たり。その後、李槃、諸燮、弇州の諸家は往々にしてこれに因る」（黄道周「綱鑑統一序」）とあるように、この両種の教材に前後の継承関係がある。なぜ明代の前後で教材がこのように変わったのか。『通鑑』があらためて人々の注意を集めるようになり、『綱目』と『通鑑』の両書が妥協してできた産物といえよう。（四〇五頁）

「綱鑑」を綱目重視→通鑑重視という流れの中に位置づけようとする見解には疑問がある。史学史の中で『通鑑』が『綱目』より重視されるに至ったという見取り図自体は正しいが、「綱鑑」は「両書の妥協」ではなく、あくまで『少微』に『綱目』が加算されたものだから、この説明は逆立ちしていると言わざるを得ない。また、嘉靖以後に「綱鑑」が流行したとするのも正確ではない。万暦年間以後とすべきだろう。

しかし、ここでより重要なのは、「綱鑑」が『通鑑』『綱目』という両親の一字をそれぞれ戴いたものであるにせよ、その片親が『通鑑』そのものではなくて『少微』（および『節要続編』）であることが正しく指摘されているこ

とである。この指摘に、島田の説明を正確なものにして足し、随所に織り込まれる諸人の評語の存在（「綱鑑」の中には本文よりもこちらに比重がかかっているものがある。「御批」がちらほらとしか見えない康熙『綱目』よりも、よほど史評類に入れるにふさわしい。しかし、伝統的に「史評類」に入れられるのは個人の評論であって、こうした「評林」を入れる器になってはいない）を指摘すれば、「綱鑑体」の説明としてまずは合格である。

しかし、こうした認識が未だに広く共有されていないようである。あいかわらず『通鑑』『綱目』「綱鑑」の線引きが明確でない。たとえば、最近増補版が出た金文京の名著『三国史演義の世界』（二〇一〇）の一節である。

そして明代刊行の『通鑑綱目』には、ほとんどその冒頭に、実は潘栄の「通鑑総論」が附載されていたのであった。かくして「秉燭達旦」の話は『通鑑綱目』とセットとなることによって、史実に準じる扱いを受けることになった。（中略）ついには万暦三十八年（一六一〇）、福建の余象斗が刊行した『鼎鍥趙田了凡袁先生編纂古本歴史綱鑑補』（内閣文庫蔵）のように、潘栄の「通鑑総論」だけでなく、『通鑑綱目』の本文にまでこの話を混入するものがあらわれたのである。（一三四頁）

私が知る限り、明代刊行の『通鑑綱目』の冒頭に元代の潘栄の「通鑑総論」を冠するものは存在しない。これを冠するのは『少微』「綱鑑」であって、『綱目』ではない（前章で述べたように、最初にこれを冠したのは『少微』劉剡本である）。「通鑑総論」なのだから当然だろう。ところが、ここでは『歴史綱鑑補』を『通鑑綱目』としているように、『綱目』と「綱鑑」の境界があやふやになっている。

しかし、それも無理からぬことである。『綱目』自体が今では埃を厚くかぶっているのである。ましてや「綱鑑」のような俗書は十把ひとからげ、島田が言うように、まともな研究者が一瞥をくれる値打ちもないからである。「綱鑑」を正しく説明している銭茂偉にしても、その社会的効用について「綱鑑」の序文・凡例等を引用して一般的に論述するにとどまる。彼が掲げた「明代綱鑑類図書表」には三四種類が並ぶが[11]、その出典として『中国古籍善本書目』が示されているように、彼自身で中身を見たのはおそらく二、三種だろう[12]。やはり「綱鑑」を最もよく見ているのは、銭茂偉が「近人王重民に精辟な論述あり」と評したように、中国では今なおかの書誌学者なのである（というか、彼の解説によりかかっておけばよいという態度が確実に存在する）。しかし、書誌学者にとって、こうした俗流史書が全力を傾ける対象ではなかったことは、前章で見たとおりである。

小説研究者も、歴史小説との関わりから「綱鑑」に注目してきた。中でもこの問題を全面的に取り上げたのが、上田望の連作である。数多くの「綱鑑」に目を通して、小説と「綱鑑」その他の通俗史書のテクストの詳細な比較を行っている。しかし、その前段に設けられている「綱鑑」成立前史のほうは、従来の書誌学的説明に引きずられているためにかなり多くの誤謬を含んでいる。[13]そこで、本章でも王重民の書誌説明を出発点として、『少微』から「綱鑑」への変容をテクストの中身に立ち入って検討する。

島田や銭によって、「綱鑑」の社会的・文化的効用についてはすでに言い尽くされ、受容面についてはほとんど付け加えることはないが、歴史教科書の編集側に身を置き、彼らが施した工夫のあれこれを取り上げよう。そこには、史学史で取り上げるに値する思想もへったくれもない。しかし、相当の熱量が注ぎ込まれていることはたしかである。その工夫が役に立ったかはともかく、多くの読者が求めていたものだった。そうでなければ、これだけ多くの種類の「綱鑑」が万暦年間に集中して出たことの説明がつかない。

「綱鑑」で私が連想するのは、サラブレッドの世界のインブリードという言葉である。血統上の用語で、近親配合を意味する。たとえば3×4ならば、その馬の父方の三世代前と母方の四世代前に同じ馬がいることを指す。この伝で、「綱鑑」の父方を『綱目』、母方を『少微』とすればそれぞれ共通の祖先である『通鑑』は二世代前となり、2×2ということになる。しかし、『少微』劉剡本と『通鑑』の間にいくつかの介在項があり、劉剡本と「綱鑑」の母である『少微』後期本がイコールではなく、『綱目』の血もまた「七家注本」を介して「綱鑑」に流れ込んでいることを考えれば、3×4と表現することもできる。サラブレッドならこれを「奇跡の血量」と呼び、名馬が生まれる可能性が高いとされる。

もっとも、祖先が『通鑑』しかいないし、「綱鑑」の誕生までは単性生殖なので、この比喩には随分無理がある。しかも「綱鑑」はサラブレッドどころか、くず馬扱いである。しかし、「綱鑑」の近親配合の奇態さ（ある古典の子孫同士が結婚して一家を成すという例をほかに思いつかない）にあらためて目を向ける時、育成の現場では当たり前に行われながら、一歩離れてみるとやはり異様にも映るインブリードと「綱鑑」が重なって見えるのである。そこから生まれた駄馬は駄馬なりに育成に手がかけられている。その牧場が建陽であった。

二　余象斗本とその他

『少微』の場合、本文に正史からの増補があると言っても、それが幅を利かせているわけではない。そして、劉剡以後の諸本の違いは、注釈や評語などの付録の部分におおむね限られていた。しかし、「綱鑑」は本文自体が諸本によって伸縮が激しく、ごく簡略なものから七十巻を超えるかなり大部なものまで振幅が大きい。その系統樹を描くことはおそらく無理だろうし、意味があるとも思えない。そこで、王重民の「綱鑑」諸本の解題を整理したうえで、その問題点を指摘してゆくことにしよう。『中国善本書提要』には「綱鑑」関連の解題が収録されている[14]。順番に書名、巻数、刊行時期、所蔵元をあげる。

①『湯睡庵先生歴朝綱鑑全史』七〇巻、万暦刻（万暦二十二年以後）、北京大学
②『鼎鍥趙田了凡袁先生編纂古本歴史綱鑑補』三九巻、万暦刻（万暦三十八年韓敬序）、北京大学
③『新刻九我李太史編纂古本歴史大方綱鑑』三九巻（十～十二行本）、万暦刻（万暦二十八年李廷機序）、ライブラリー・オブ・コングレス[15]
④『新刻九我李太史校正古本歴史大方通鑑』二〇巻、万暦刻、所蔵元示さず

⑤『新刻九我李太史編纂古本歴史大方綱鑑』三九巻（十二行本）、万暦刻（万暦二十八年李廷機序）、ライブラリー・オブ・コングレス
⑥『鼎鍥纂補標題論表策綱鑑正要精抄』二〇巻、万暦刻（万暦三十四年聯輝堂鄭少垣牌記）、北京大学
⑦『鐫紫渓蘇先生会纂歴朝紀要旨南綱鑑』二〇巻、万暦刻（万暦四十年熊成冶謹白）、ライブラリー・オブ・コングレス
⑧『歴朝綱鑑輯要』二〇巻、明末刻、北京大学
⑨『新鐫献蓋喬先生綱鑑彙編』九一巻、天啓刻（天啓四年喬承詔序）、北京大学
⑩『綱鑑統一』三九巻、崇禎刻本（崇禎十五年黄道周序）、北京大学

②がすでに再三登場している『歴史綱鑑補』であり、明末建陽書林の最大手である余象斗[16]によって刊行されたものである。韓敬[17]の序はこれを袁黄（号は了凡）の絶筆だとする。袁了凡は科挙の参考書業界では大看板であった[18]。しかし、王重民はこれを仮託と見て、さらに韓敬の序文自体偽作であるとする。余象斗が小手先を弄したのは、同じ書物を化粧直しして売り出すためで、王重民の言葉を借りればこれは余象斗の「第三刻」であった。「第一刻」が福建泉州出身の有名人李廷機（彼の名を冠する書物もきわめて多い[19]）の名を借りた③、そして「第二刻」は「吉澄の（『少微通鑑』）校刻本」に従って分巻しなおした④であり、②は実際には③の翻刻にすぎないとする。⑤は③の後印、⑥は二〇巻本の④の系統、そして⑧は⑥にもとづいて刪定したものだとしている。①については刻書の年代が分からないし、巻数の分け方もほかとは異質なので少し扱いに困っているが、

余象斗本（『歴史綱鑑補』）が本文を「綱」と「目」に分けて表出しているのに対し[20]、こちらは「外紀」の部分については「編」（金履祥の『通鑑前編』）「鑑」（『外紀』）「経」（『春秋』）に分け、周威烈王以後（つまり『通鑑』と『綱目』の守備範囲）は「綱」「目」「鑑」に分けているが、注釈・評語は十中八九同じである。この本は陳継儒が「注釈」を加えたと標榜し、夾注には確かに袁本にないものがある。刻書年代が記されないが、巻末の

「三皇五帝三王十一代皇帝至今歌」は「万暦甲午年纂」とあるので二十二年の作となり、刊行はこれにやや遅れて万暦末年のことであろう[21]。

と述べているので、やはり余象斗本系統に属するものと見ている。湯睡庵先生とは湯賓尹、当時の文化人としてはよく名前が売れており、②の序文を書いた（ことになっている）韓敬の師でもあり[22]、金文京が紹介したように当時の出版界の花形であった[23]。この『湯睡庵綱鑑』は日本に渡ってきたものが数点残っており、そのうちの鈴鹿市立図書館所蔵本について井上進が王重民の説を補訂し、余象斗本であることを確認している。しかし、彼の関心もまた一連の「綱鑑」そのものにあるというより、余象斗という出版人のほうにある[24]。

残りの⑦⑨⑩については、継承関係が述べられていない。このうち、⑨は日本でも国立公文書館などに所蔵されるもので巻数がやたら多いが、スタイルは余象斗本と全く異なり、関係はほとんどない。ちなみにこの「綱鑑」には葉向高の序文がついているが、本当にこの本に対するものか疑わしい[25]。喬承詔は当時の福建の巡按御史であるが、この本にどの程度関与していたかは不明である。⑩は明末の有名な編集人の一人馮夢龍の編と称するものである。彼ならこういう仕事に手を染めてもおかしくないが、崇禎年間という遅い時期のものなのでここでは取り上げない。

残るは⑦である。⑥と⑧同様、巻数が二〇巻となっている。二〇巻本「綱鑑」には日本で見られるものだけでも以下の本がある。やはり蘇濬[26]の関与をうたう『新刊補遺標題論策綱鑑全備精要』（万暦二十年序、余秀峯刊[27]、東アジア人文情報学研究センター蔵[28]）、『新刻紫渓蘇先生刪補綱鑑論策題旨紀要』（万暦四十年序、黄氏集義堂刊[29]、国立公文書館蔵）、さらに宰相王錫爵の息子で会試・殿試ともに二位であった受験秀才王衡の編とされる『新鍥太倉王衙（衡）増修名賢定論綱鑑実録』（余氏衍慶堂刊、国立公文書館蔵）などがあり、これら二〇巻本系は「綱鑑」の一大群を構成している。巻数が少ないだけでなく、『大方綱鑑』『歴史綱鑑補』に比べて本文の量が少なくなっており、その分、多くが「論策」「名賢定論」とタイトルにうたうように、先人の史評のほうに重点がある。「歴史教科書」というより「参考書」に近い。これらも『少微』を母体とするのだから、余象斗本と共通項はあるのだが、相互の影響は小さいので[30]、検討対象からは外した。

そのかわりに取り上げたいのが、葉向高編と称する『玉堂鑑綱』七十二巻である（以下、『玉堂』とする）。他が「綱鑑」を称する中、「鑑綱」を称するのが目立つ。一応、商品としての差異化を図ったものであろう。もっとも、この書から数カ所を引く清の姚之駰『元明事類鈔』は「玉堂綱鑑」とし、『明史』芸文志も李廷機『大方綱鑑』、袁黄『歴史綱鑑補』とともに「玉堂綱鑑」を挙げる。『玉堂』自体の封面に「玉堂綱鑑」とするものもあるから[31]、ひっくり返るのもやむを得ない。

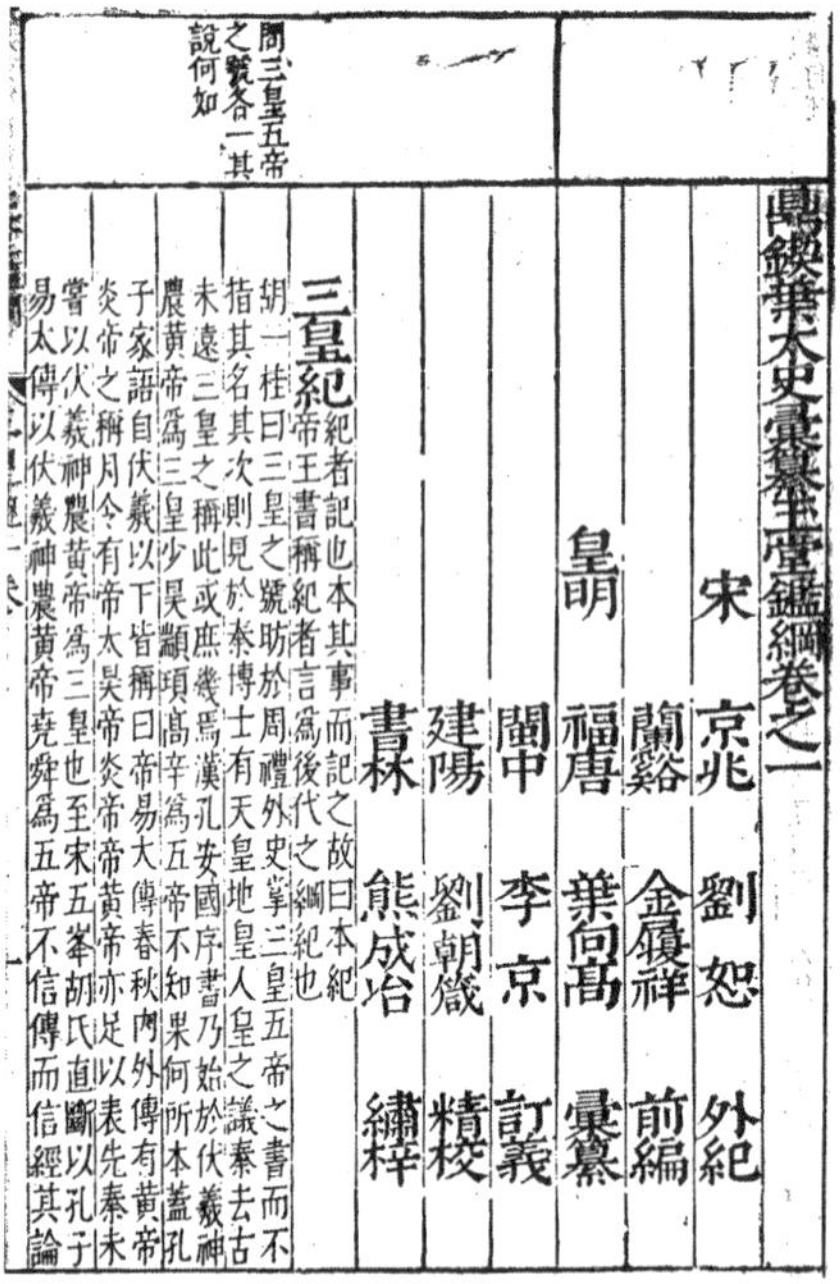
図5-1　種徳堂刊『玉堂鑑綱』（蓬左文庫所蔵）

フルタイトルは「鼎鍥葉太史彙纂玉堂鑑綱」であり（図5-1）、各巻の頭では「官板鑑綱」とも書く。「太史」「玉堂」「官板」はいずれも箔付けの看板である。『大方綱鑑』にも「李太史」（翰林院のメンバーを示す）が冠されていたが、さらに「玉堂」（＝翰林院）で屋下に屋を架したわけである。葉向高は李廷機には及ばないものの、やはり挙業書にしばしば顔を出すが、じっさいにこの本に関与した可能性はないだろう。万暦三十五年に李廷機とともに内閣大学士となっているから[32]、『玉堂』はその前に出版されたはずである。

『中国古籍善本書目』には[33]、万暦書林種徳堂熊成冶刻本、万暦三十年書林熊体忠本[34]、明末梅墅石渠閣刻本の三種が載せられる[35]。種徳堂熊成冶は、賈晋珠によれば、明末の建陽熊氏にあって最も生産的な書肆であった[36]。前掲の⑦

の刊行元でもある。歴史小説『三国志伝』も出版しており、その点でも余象斗と好敵手であった。熊体忠がその一族であることは、やはり賈が紹介した熊氏の族譜に示される(37)。熊氏の二本は同版であるが、熊体忠本が原刻で、種徳堂本は序文などごく一部を改刻したにすぎない(38)（図5-2）。種徳堂本も葉の肩書きからして万暦三十五年以前の刻であろう、三十六年に刊行された『歴史綱鑑補』（以下、『歴史』とする）の「凡例」の一条の中には、

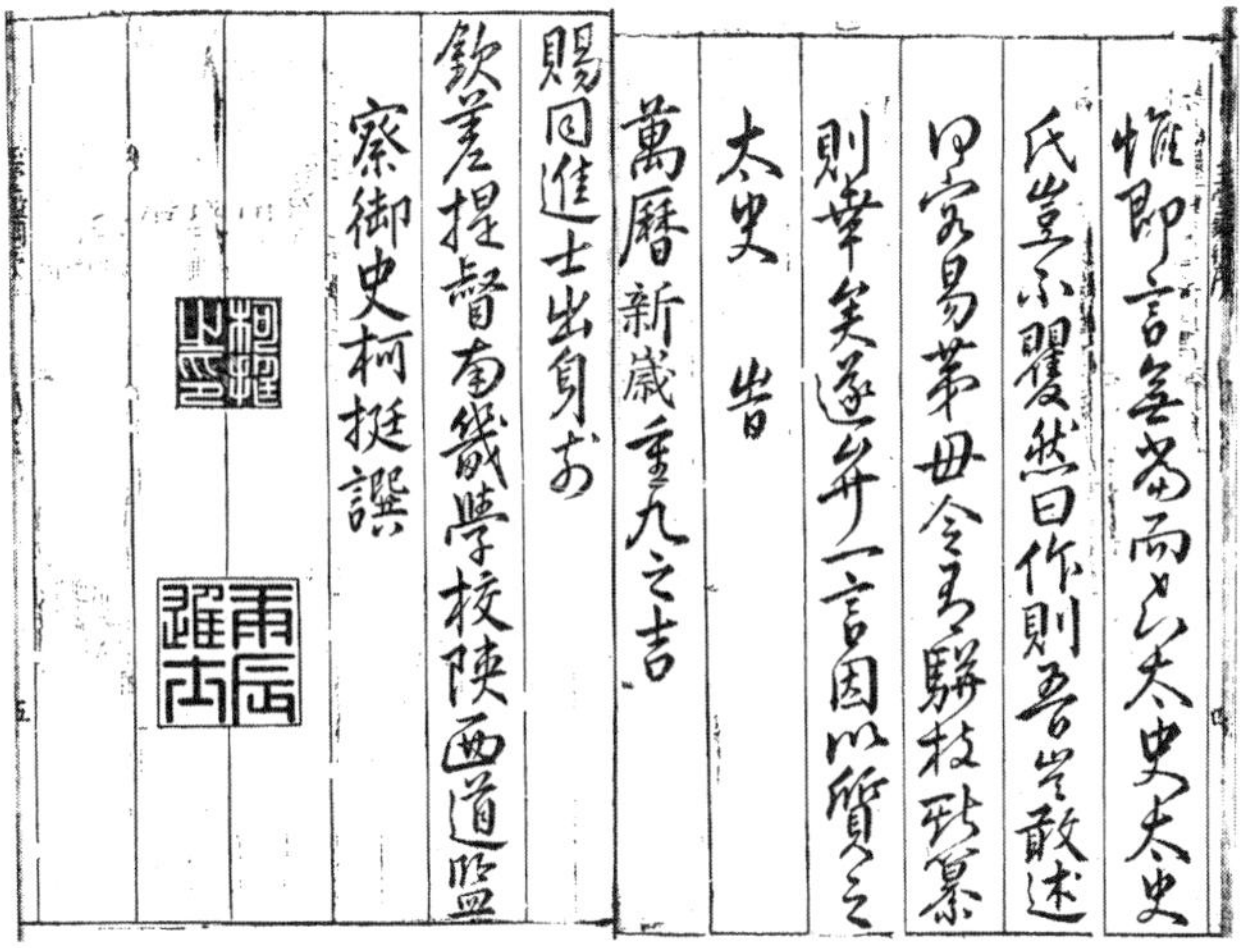

図5-2　序文の剜改（『玉堂鑑綱』蓬左文庫所蔵。熊体忠本の「壬寅」を「新歳」に改める）

> 近世の玉堂・鳳洲の諸刻は多く「時論の余唾」（近人の評論を指す）を採るが名文ではない。おまけに荊川（唐順之）の旧評は私が彼のもとにいた時にじっさいに見聞きしたものだがそれを書き改めている。葉向高・張喬の諸名は誠にお笑い草である(39)。

とある。『玉堂』などが収録する時論がつまらないものだとし、とくに「葉向高曰」をインチキだと一笑に付しているのは、『玉堂』をそれだけ意識していたことの裏返しである。『玉堂』を取り上げるゆえんであり、余象斗本との比較のうちに、「綱鑑」自体の性格が浮き彫りになってくるだろう。

なお、『玉堂』と並んでいる「鳳洲綱鑑」、すなわち明代蘇州の大文化人王世貞の編を称するものは種々あって、話がややこしい。ここで言うのは、『中国古籍善本書目』に「鳳洲綱鑑三十九巻首一巻、明王世貞撰、明李槃増修　明万暦書林余彰徳刻本」（山東師範大学図書館所蔵）とあるものを指すと見てよいだろう(40)。現存する『鳳洲綱鑑』は、これを除くと崇

禎以後の刻のものばかりだからである。(41)

ここに増修者として名が見える李槃は『新刻世史類編』（万暦三十四年序刻）の増修者としても名が見える。この本も「王世貞会纂、余彰徳梓行」となっていて、「鳳洲綱鑑」と同じトリオであり、両書は近縁関係にあると見てよい。余彰徳は余象斗のいとこであり、その萃慶堂が刊行した書物も今日かなり残っている。(42)先に引いた黄道周の「綱鑑統一序」には先行作品として「李槃、諸燮、弇州（王世貞）の諸家」が上がっていた。このうちの諸燮とは『通鑑集要』を指すが、(43)残り二家はじっさいには同系統のものである。

『世史類編』(44)についていえば、「李純卿草創　王守仁覆詳　謝遷補遺　王世貞会纂　李槃増修」と五人の名前を並べるが、付録の諸序文を見ても李槃(45)の関与しか語られておらず、後の四人は名前すら出てこない。この本もやはり、『大方』と『歴史』の間に刊行時期が収まる。同じ余氏の出版物でもあり、余彰徳と余象斗は一緒に仕事をしたことがあった。(46)表向きは『世史類編』で中身は『歴史』という珍品も存在する。(47)後述するように、余象斗がライバルとしてより強く意識したのは『玉堂』である。

三　『少微通鑑』との関係

余象斗本と『玉堂』の比較をする前に、「綱鑑」のルーツの問題に触れておく。王重民は「余象斗本第二刻は「吉澄校刻本」を参考にしている」と述べるが、これは『新刊憲台攷正少微通鑑』のことである。王重民の解題には、

「巡按福建監察御史開州吉澄校正」とある。吉澄と序文（嘉靖三八年）を書いた樊献科はともに福建監察御史であり、吉澄が校正したことから「憲台攷正」と称している。内容を調べると、①おそらく司礼監本に注と評を

増やしたものであり、万暦間の余象斗刻本のもとづくところであろう。②この本と余象斗本を対校すると、本文は基本的に一致し、注文は少し簡略、評語は周静軒に止まる。一方、余本には丁南湖（丁奉）、陳四明（陳桱）の諸家が増入されている。しかし、この本は嘉靖間では最も「繁本」（テクストの量が多い）である。この本の書題にはえぐって字を改めた形跡があり、宋元部分にはさらに多い。初印本を見ていないので、原本の書名は分からない。(48)

とある。吉澄について補足しておくと、嘉靖二十三年の進士で三十年代に巡按福建御史の任にあったことが『皇明馭倭録』巻七などの記事から確認できる。ほかに彼が校刊したものとして『春秋四伝』があり、(49)『少微』同様に、同僚の樊献科の名が「重訂」者としてあがっている。

さて、王の解題のうち、①②には問題がある。①の「司礼監本」は前章にも登場しているが、彼はこの本に対して勘違いをしている。ここで解説を加えておこう。

この本の成立の経緯については、武宗皇帝の御製序（正徳九年）に述べられている。その内容を要約すると次のとおりである。

先代の孝宗が翰林の儒臣に命じて『皇王大紀』『通鑑綱目』などの諸書から三皇より元代に及ぶ通史『歴代通鑑纂要』を作らせた。私は即位すると、その進講を受けていたが、最近たまたま『少微節要』を見つけて気にいった。なぜなら、帝王の事を載せ、諸経にもとづくところが多く、諸史の表・志・序・賛や諸儒の議論や音注が備わっているからである。『纂要』の編集にも使われたものである。時間が経ち、字画がはっきりしないものがままあるので、司礼監に重刊を命じ、『宋元節要続編』を付録とした。(50)

まず、太古から近代に及ぶ通史（『歴代通鑑纂要』）が皇帝の命令で作られていることが注目される。しかし文章中にあるように、この本の編集には『少微』が使われている。(51)『少微』には「外紀」が存在した。『節要続編』もすでに出ていて宮中にも入ってきている。つまり、通史を作ろうという発想自体は建陽本なくしてはおそらく出てこなかったものである。

もう一点注意すべきなのは、この官刻の史書がその後の俗流史書の展開にほとんど影響を与えていないことである。たしかに、『歴代通鑑纂要』は建陽で復刻もされている。[52]しかし、それは『少微』の正・続編が様々な名前で出版され続けたのとは比較にならない。たとえば、王重民が取り上げた「綱鑑」⑨に寄せたとされる葉向高の文章を見ると、彼が諸生だったころ（万暦初年）に、先輩たちは科挙受験のために「通鑑節略」をそらんじたとしているが、これは『少微』のことを指すと見て間違いない。また、『少微』後期本の中身を見ても、『歴代通鑑纂要』が影響を与えた痕跡を見出すことはできない。官刻本が影響を持ち得なかったことは、後述する『綱目』『続綱目』も同じである。

さて、武宗が『少微』の重刻を命じたのは、『歴代通鑑纂要』に不満を抱いたのではなく、彼もまた史書の出版をやりたかったのに違いない（弘治の先代の成化帝も『綱目』『続綱目』を刊刻させた）。ネタが切れていたから、安直に『少微』に飛びつくところが武宗らしいとも言えるが、『少微』の浸透ぶりを示してもいる。しかし、本当に武宗が『少微』を気に入ったどうかは怪しいところで、彼が『少微』の特徴としてあげるうち、「帝王の事を載せる」は間違いではないが、別段『少微』に限ったことではないし、「諸経にもとづく」にいたってはほとんど意味不明である（経書が扱う古代について、『少微』が採用する『通鑑外紀』は経書以外の記事をも広く集めたものである）。また、付録の充実については江鎔の序文を鸚鵡返しにしているにすぎない。しかし、腐っても「司礼監本」である。王重民の念頭にはその前提があって、この本が『少微』のテクストを整理し、のちの諸本に影響を与えたと考えたのだろう。

しかし、「司礼監本」が後継諸本に影響を与えたということはない。正編については前章で述べたように、「司礼監本」は劉剡本から王逢「釈義」という夾雑物を取り除いたものだが（すべて洗浄しつくせていないが）、以後の『少微』各本も「釈義」を相変わらず載せている（「釈義」の標目がないのでそれが目につきにくいだけである）。したがって、吉澄本がこれを足したのでもなく、前から存在するもの（「釈義」に加えて劉弘毅の補注――注(56)参照）を使っただけなのである。

②はそれ自体は間違っていないが、一つの誤解を生んだ。王重民が吉澄本と同じだとするのは、彼の言う余象斗第二刻である。彼はこの本の解題で「按ずるに、この本の書名、題銜は万暦二十八年刻本（第一刻のこと）と完全に同じ、内容文字もまた同じ」とする。[53] そして、第三刻の『歴史綱鑑補』の解題で「余象斗は万暦二十八年から三十八年にいたるまで、十年の間に三度この書を刻し、三度タイトルを入れかえて、読者を欺いた」とする。[54] しかし、この第二刻のタイトルは『大方通鑑』なのである。たしかにこれは吉澄本の翻刻であり、中身は『少微』なのである。そのことは、日本では宮城県図書館に所蔵される同本の中身を検証すれば、すぐに分かることである。ちなみに、王重民は『少微』正編の分（二十巻）にしか言及していないが、宮城本には宋元編も備わっており（これも吉澄本『続編』の二十一巻を踏襲している）、その末尾には万暦甲辰（三十二年）刊と記されている。王重民は第一刻と第二刻の前後関係を確かめられずにいたが、この点では彼の予測は正しかったことになる。しかし、余象斗は同じ本の包装を二回変えて出したのではない。『少微』は『少微』であり、「綱鑑」とは違うものであることが王重民の記述によって曖昧にされ、しかもこの「同じものを三度も」は以後の記述にも鸚鵡返しにされているので、[55] 注意を喚起しておきたい。

以上で、吉澄本と余象斗の「綱鑑」に関係がないことは明らかだろう。それでは、ルーツはどこにあるのか。『大方』の巻首の凡例には、「綱・鑑二書、古くは未だ合編する者あらず。これを合するは荊川唐老師より始まる」とある。唐荊川とは『少微』の一本である「翰林攷正本」[56] の編者（ということになっている）でもある唐順之（一五〇七―一五六〇）のことである（図5-3）。彼は文章の名手として有名だが、状元合格つまり科挙の神様でもあった。この「唐順之綱鑑」の候補になるのは、銭茂偉が一覧表に掲げた、『中国古籍善本書目』に載る[57]『新刊古本大字合併綱鑑大成』四十六巻（唐順之輯　明隆慶書林帰仁斎[58]楊員寿刻本）である。現存する「綱鑑」中、刊年がわかってい

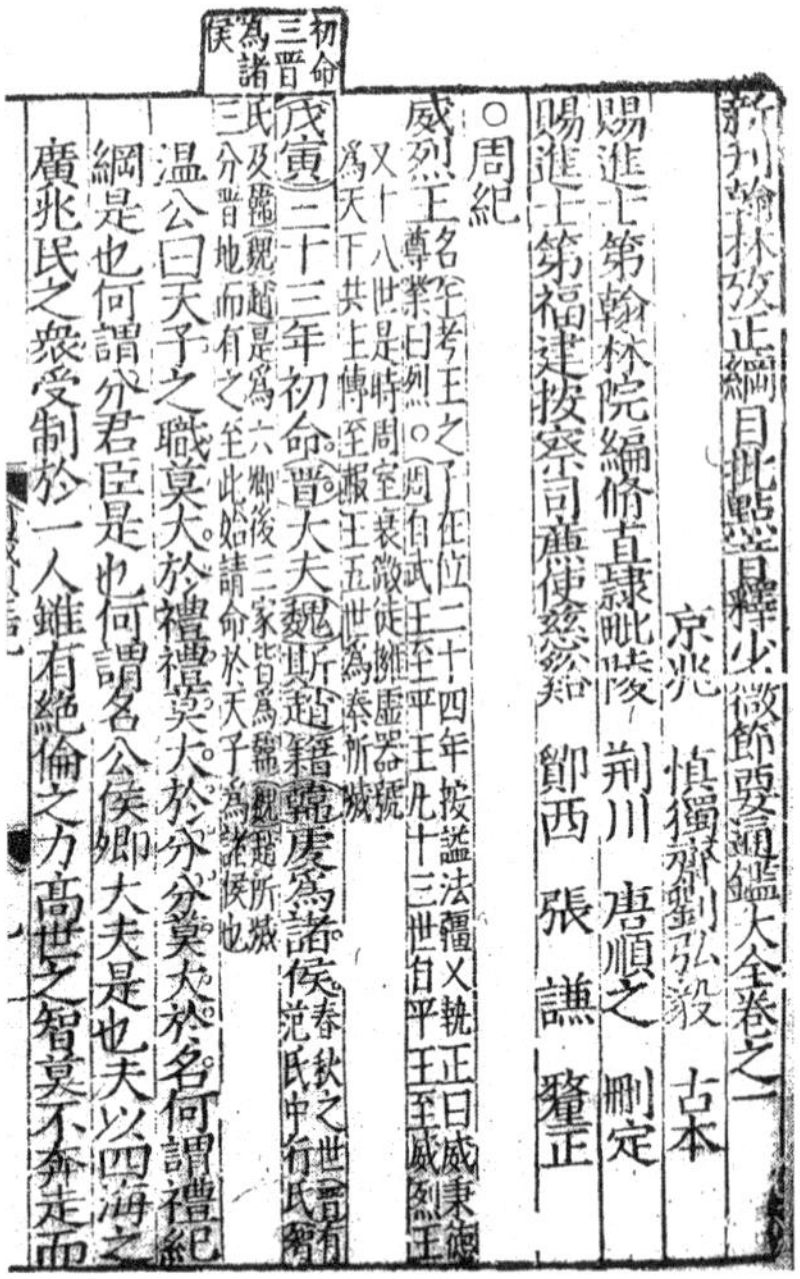
新刊翰林攷正綱目批點音釋少微節要通鑑大全卷之一
京兆　慎獨齋劉弘毅　古本
賜進士第翰林院編脩直隷毗陵　荊川　唐順之　刪定
賜進士第福建按察司僉使慈谿　鄭西　張謙　鼇正
○周紀
威烈王
戊寅二十三年初命晉大夫魏斯趙籍韓虔為諸侯
温公曰天子之職莫大於禮禮莫大於分分莫大於名何謂禮紀
綱是也何謂分君臣是也何謂名公侯卿大夫是也夫以四海之
廣兆民之衆受制於一人雖有絶倫之力高世之智莫不奔走而
初命三晉為諸侯

図 5-3　『少微』翰林本（蓬左文庫所蔵）

るもののうちこれが最も古い。「合併綱鑑」というタイトルからしても、この系統の本が最初の「綱鑑」と見てよかろう。

　この本に唐順之がじっさいに関わった可能性はまずない。前掲の李槃『世史類編』の彭好古識語には「魏献国は伏羲・黄帝から元末までを編集した。諸名家はこれをもとに少し訂正を施して綱鑑大成を作った」とある(59)。魏献（顕）国については、李槃の序文にも名前が見え、盤古以来元末にいたるまでを扱った数百巻に及ぶ「歴代史書大全綱目」を作ったとするが(60)、現存していない。そもそもこんな本が作られたか疑問である。数百巻の「綱目」など形容矛盾だし、帝紀だけでなく列伝もあるという書きぶりを信じれば紀伝体ということになる。適当なことを言って煙幕を張っているだけだろう。

　しかし、この眉唾物の序文はある真実をも告げている。「綱鑑大成」を「諸名家」が編集したとぼかしているのは、おそらく「由緒正しき唐順之本」の流れを汲むとうたう『大方綱鑑』に対抗してのことだろうが、複数編集をうたうこと自体は、より実相に近い。ただし、「諸名家」とは文字どおりの意味ではなく、じっさいには建陽の書肆に雇われた文士たちということなのだが。

　『大方綱鑑』の李廷機序文に「荊川氏が以前に合併したものにやや潤色を加え、無駄を削った(61)」と称する潤色と省略がどの程度であったかは、未見の『綱鑑大成(62)』の検討なくしては分からないが（彼の言うとおり、唐順之本が祖本としての話だが）、ここでは『少微』と「綱鑑」に距離があることが確認できれば十分だし、本章の関心は「綱鑑」のルーツにあるのではなく、その普及度から「綱鑑」の正系と称してよい『歴史』が、『玉堂』という対抗馬の出現にどのように対応したかにある。その前に『大方綱鑑』の中身を紹介しよう。

四　『大方綱鑑』

まず、『大方綱鑑』（以下、『大方』とする）の「凡例」から見てゆこう。宣伝文句は鵜呑みにできないが、やはりここに『大方』の特徴はよく表れているからである（ただし、この「凡例」のある部分は祖本のものを踏襲したものだろうから、『大方』の「独自性」であるとは限らない）。一条ずつ取り上げて解説を加えてゆく。[63]

一、修史は『綱目』を以って主とし、『通鑑』をこれに附した。「書法」「発明」は先儒の褒貶の大旨にもとづいており、ひとえに朱子を宗とする。左伝・国語・戦国策・史記・漢書・唐鑑・新旧唐書・晋書・五代史・十九史諸史詳節・路史・皇王大紀・読史管見・大事記・文献通考・憲章録・続通鑑の諸書を参考にして見聞を広めた。[64]

最初のくだりはじっさいとは逆である。本文の母体は『通鑑』（『少微』）であって、『綱目』ではない。では「『綱目』を以って主とする」という言は、全くの虚偽かというとそうでもない。本文以外に『綱目』色を強める仕掛けが施されているからである。その一つが「発明」「書法」の大量挿入である。『少微』も劉剡の段階で、尹起莘が新増としてわずかながら使われていた。しかし、それとは比べ物にならない、うるさいくらいの挿入量である。

次に、参考文献がそれらしく挙げられているが、本文には参考の標目のもとに、かなりの引用が挿入されている。『少微』の場合、先行する「詳節」本に比べると、出典明記は随分横着（実戦向き）になっていた。『大方』がやったのは本文の出典をあらためて補充するのではなく、それに関連する記事を引用して読者の参考に供したのである。ちなみに、『玉堂』にはここまでの馬鹿丁寧さは見られない。『玉堂』にも訂義という標目があるが、新たにつけられたものは少なく、先行作についていた注釈をことごとく訂義としたものも多い。(65) 参考に対抗して見せかけの新味を出そうという細工である。

正史のうち、南北朝各史、宋・遼・金・元史が上がっていないことがすぐに気づかれるであろう。しかし、本文の「参考」には『南史』『北史』(66)『宋史』も引かれている。その一方で、「十九史諸史の詳節」は本文での引用が明示されない。諸史の「詳節」といえば、明代では慎独斎が刊行した呂祖謙の『十七史詳節』がすぐに思い浮かび、宋・元史詳節が著されたという記録も残っている。(67) しかし、これらを使ったのかどうか。「詳節曰」は一例もなく、頻出するのは「史略」(『十八史略』)である。「詳節」の方が体裁がいいから、そう書いたのではないか。

一方、『宋史』や『南史』『北史』を量こそ少ないが使っているのに、これを宣伝しないのはなぜだろう。この「凡例」が『大方』の祖本のものをそのまま写したために、じっさいの編集との間に齟齬が生じたとも考えられる。しかし、この手の書物はやっていないことまでアピールするので、それはありそうにもない。もう一つ考えられるのは、南北史と宋史の時代が、漢・唐史に比べて読者へのアピール度がそもそも低いために強調するのを忘れたという可能性である。とにかく、『世史類編』の「条例」がやはり「十九史諸史詳節」をあげた後に正史を付け加えているのに比べれば、『大方』は正直と言えるかも知れない。

宋・元代に挿入される「参考」を見てゆくと、「宋史を案ずるに」は十カ所くらい存在するが、(68)『元史』はない。『遼史』『金史』が引かれないのは広告どおりといえばそれまでだが、そもそも本文に遼・金の記事がわずかしかないのである。宋代以降で最も多く引用されるのは、やはり『十八史略』(69) であり、ほかには羅大経の『鶴林玉露』が二カ所、(70) 劉祁の『帰潜志』(71) が一カ所あるだけである。挙げられている文献中で最新の『憲章録』(万暦元年序)は明代史の本である。「綱鑑」最後の主役は朱元璋だから、そのかかわりで引用されているのかといえば、そんなことはない。単なるにぎやかしである。
一、作史の意義について、かつて李空同（夢陽）が「文章は簡潔で勘所をおさえているのがよい。簡潔であれば通読しやすいし、勘所をおさえていれば、事柄の首尾に漏れがない」と言われたことがある。いまこの言葉を手本として、蕪雑をけずり欠落を補い、言葉は簡潔、題目（標題）は完全を心がけた。論・策・表・詔・誥の諸題は完備している。一つ一つの事柄について顛末を究め、一人一人について出所を明らかにして、不備のそしりを免れようと心がけた。そして、魯魚の誤りには訂正を加えた。(72)

李夢陽（一四七二—一五二九）は明代中期の有名な文人であり、この引用部分は彼の文集の中に見つけることができる。(73) ここでは一部しか引かれていないが、「凡例」に続く「読綱目要法」には全文を載せている。

じつは、「綱鑑」の文章は『少微』ないし『綱目』のコピーペーストでしかない。したがって「欠落を補う」はごく稀だが、(74)「蕪雑」はかなり削っている。しかし、その「蕪雑」の評は『綱目』の文章に対しても発せられているに等しいから、大胆といえば大胆である。『綱目』の文章を（たとえそれが「目」であるにせよ）削るのは、まともな朱子学徒ならなかなかできることではない。芮長恤が「目」の補正案を提示する前に、それとは全く別の発想でもって『綱目』の文章に鋏が入れられていたのである。

要するに、文章を重んじるというのはあくまで建前にすぎない。より大切なのは、科挙に役に立つための仕掛けである。欄外の見出しを完璧に作ること、試される諸種の文体の模範を引き出せるようにすることなどである。『少微』自体がすでにそれに心がけて、文章は思い切って切り詰めるくせに、賈誼や董仲舒の上書などについては省略を最小限にとどめていた。(75) そうした精神を『大方』も踏襲している。

「一事一人にまでこだわる」は参考による補足により、ある程度実現できている。しかし、これらの付録の充実は反面で本文の比重の低下を意味する。また、「魯魚の誤り」は『大方』自体に数限りなくあり、訂正どころか改悪されているかも知れない。

一、史断（評語）は新旧を問わず、両漢以下わが朝の名公に及ぶまで、その著述論賛で史学に裨益するものをチェックし、不要な部分は切り、粋のみを残し、時には全篇を引用することもあれば、節文・警語のみの場合もあるが、いずれも後学の参考に供するためのものであっていたずらににぎやかしをしているわけではない。古いものについては大書し、新しいものについては細書し、宋元は一概に書いた。[76]

『綱鑑』と『少微』を分かつ特色の一つは、評語の多さにある。そして、評語の上方にも本文に対するのと同様に標題がついていることが多いが、中には設問形式になっているものがかなりある。よくあるのは二者の比較、たとえば「問。賈誼の治安策と董仲舒の天人策の優劣は何如」（巻六）といったようなものである。しかし、その答えは下に示されている。この場合であれば「張南軒曰」の「治安策は当世の務に通じていると言えるが、調子が過激でパフォーマンスめいている。才走ったところがそうさせるのである。一方、天人策はゆったりして切実さがないように見えるが、反復誦味すれば、その淵源は純粋で余韻がある。それは、彼がじっくりつちかってきた学問の中から発しているからである」が例答となる。[77]というのは逆で、張栻の評語を引用したことによりこの問が生まれたというべきであろう。この評語は『少微』にはない新増分である。このように、二者の比較問題が設定できるものが好んで採られた。こうした想定問題が本当に役に立つのかは分からないが、それをいうなら今日の受験問題集も同じことである。

新旧の評語の区別とは、文字どおりに信じれば、旧来の「唐順之本」についていたものと新増の部分が、五代までは大書・細書でそれぞれ示されているということになるが、分注（細書）に組み込まれた評語（人の意見を引く按○○か、「愚按」のどちらか）はそれほど多いわけではないし、「一概に書いた」はずの宋・元代にも細書の「愚按」があるので、一体何が違うのかよく分からない。文字どおり理解しようとしても難しいが、おそらく、宋・元とそれ以前での評語のバラエティの差に関係するのだろう。

『通鑑』の範囲には、これまでの評語の遺産がある。多くの宋儒が発言しているからである。一方、宋史評論となると、宋儒でも朱子などはそれなりにコメントを残しているが、前代のものに比べると少ない。これまでに建陽で生産されてきた宋代史書中の有名人の評語で目立つのは、北宋黄金期の政治家富弼の評くらいである[78]。圧倒的に多いのは無名に近い呂中であり、前章で見たように、『節要続篇』の段階で多く使われていた。なお、『大方』には「李丹稜曰」「李氏燾曰」つまり『続資治通鑑長編』の李燾がけっこう出てくるが、彼が史評を書いたわけでない。たとえば、巻二九に出てくる三つはいずれも『大事記講義』からの引用である[79]（直接には『宋史全文』から引いたものだろう）。前章で登場した陳霆はなかなか史学にうるさい人だが、その彼が『宋史全文』を李燾の著作と混同していたくらいだから（第四章注(9)）、ましてや一般の読み手が違和感を覚えることもなかっただろう。

元人の記述には素材となるものがほとんどなく、あとは明人である。明代には宋史の評論が小さな流行となっていた（『宋元資治通鑑』や『宋史質』、『宋史新編』といった『宋史』の改編だけが、明代の「宋史学」ではない）。明中期の劉定之（一四〇九―一四六九）の『宋論』[80]、許浩の『宋史闡幽』[81]、無名氏の『宋史筆断』[82]がある。しかし、呂中も含めて、これらもすでに『節要続編』に慎独斎本の段階で採用されていた[83]。新しいものといえば、嘉靖以後の両通鑑（王宗沐・薛応旂）、『宋史新編』（柯維騏）くらいで、あとは『続綱目』の「広義」・「発明」により増量する（ある程度は慎独斎本に取られていた）くらいしか手がない。「一概に書いた」というのは、ネタが少ないのをごまかすための目くらましだろう。

一、天下混一を正統とし、正統は紀年を大書し、継世（朱子の「正統の余」）は土地が分裂してもなお大書し、正統でなければ分注細書した。一統であっても、君主が正系でない時、女主であったり、夷狄であったりした場合はひとえに朱子の正例・変例に従った[84]。

前半は『綱目』どおりだが、問題は後半である。たしかに、朱子は女主に正統を与えなかった。しかし、夷狄による一統は『綱目』の時代には想定されていなかった事態である。女主である呂后・則天武后について、漢・唐の王朝内において分注の形が取られたのは「変例」といってよいが、夷狄については朱子がもし生きていたら、「正例」

を採用して統一以後の元朝に正統を与えたか（じっさい、『綱目』の続編を作った人たちはそうした）、それとも夷狄だから「変例」を採用したのかは誰にも分からないことである。それをあっさり「朱子の正例・変例に従った」とするのだから、軽い。

一、温公の「書官名例」には、「官名を省いてもよい時は必ずしも書く必要はなく、公・相が善をもって去る場合は罷と書き、罪をもって去る時は免と書く」とある。「書反乱例」には、「違反者を誅する時に「有罪」と書き、上に逆らうのを「反」と書き、強さを争うのを「乱」と書く」とある。「書両国相渉例」には「二国の事柄が関係する時は某主と称し、君主が関係する場合は謚号を称し、また、無関係で最初にその名が出ている場合は、その後「上」あるいは「帝」と称する」とある。これらは史学の標準である[85]。「通鑑釈例」の一部を引いたものであって、引用自体はほぼ忠実である[86]。まず、「釈例」はほかにもあるのに、なぜこの三条が選ばれているのかが分からないが（残りのものが『綱目』の「凡例」と抵触するわけでもない）、『綱目』を主とすると宣言したのなら、「史学の標準」として『綱目』の「凡例」を出すべきではないのか。そうしないのは、「綱鑑」がいくら「綱」を頭に冠しても、「鑑」の部分を残す限り、『綱目』の「凡例」が全面的に適用できないからである。したがって、「書法」「発明」は採用されても、「考異」「考証」は登場しない。『綱目』の中核に鎮座するようになった「凡例」も、ここでは形無しである。

一、字の読みにくい者には音釈を載せ、後学への便宜を図り、語句の分かりにくい者には時に読み方を示して、一目瞭然となるようにした。先儒の注疏や群史の釈義で間違っているものがあれば、私の見解を附して訂正したところがある。読者にはその僭越をご寛恕ねがいたい[87]。

『大方』の注の分量は相当多い。しかし、そのかなりの部分は『少微』と『綱目』の遺産である。つまり『少微』の「釈義」と『綱目』の「集覧」「質実」を使ったものが大部分である。「釈義」自体、「集覧」を大いに使っていたが、その手法を真似して「質実」にも応用したのである。それ以外のものもあるにはあるが、多くはない。先行する注釈を正したとするが、それはたまにでしかない。『少微』の「釈義」、そしてそれを真似た『節要続編』の劉弘毅「釈義」についてケチをつけている例は少ない。

以上から、『大方』の性格がかなりあらわになってきたであろう。[88] つまり、『大方』は『少微』を骨組みとし、『綱目』本文のほかに、「考異」「考証」を除いた「五家注」で肉付けしたものなのである。明代において『綱目』は「凡例」あってこその『綱目』であり、それを補強する役割を果たしたのが、「考異」「考証」という仕掛けだった。それを仕組んだのも、そもそも建陽の出版者だった。しかし、後輩たちはそうした骨の部分を抜いてしまい、脂身を増やしたのである。

＊

「凡例」に続いて読者の前に差し出されているのは、歴史を読む際の勘所（「要法」）であるが、これがまた怪しい。まず、「読綱目要法」に朱子、李方子、尹起莘が引かれる。これらはそれぞれ「七家注本」についた序文の一部を引用しただけのことである。問題なのは、次の「読通鑑要法」である。

「史書を読むことは格物致知の要点である」と題を立てて、程子、葉平巖、朱子を引く。前二者については、葉平巖つまり葉采の『近思録集解』の中にある程子の言を忠実に引いている。しかし、次の「朱子曰」は少々ややこしいことになっている。

朱子がまず「程先生」の読史論を紹介する。次の一条（「又曰」）の「便ちこれ格物なり」は、お題の「格物致知」と照応している。一見すると朱子の言だが、じつはこれも程子である。さらに、朱子が弟子に史書の読み方について問われて、「人物・治体・国勢の如何を見、仔細に「明道先生」の看史の法を観察すれば（「当仔細上察看明道先生看史」）、一事も読み間違えることはない」と答えたということになっている。[89]

しかし、ここには細工がある。朱子の語録、文集を見ても「朱子曰」の内容をすべて含むものはなく、朱子が紹介した「程先生の読史法」とは単に『二程遺書』に載るものでしかない。しかし、『遺書』は朱子の編纂になるのだから「朱子曰」でもよしとしよう。問題は三条目である。

これは『朱子語類』から取ったものだが（巻九四）、そこには「……皆当仔細。因挙上蔡看明道看読史」とある。つまり、朱子は「国勢等について仔細に観察しなさい」と言ったついでに、謝上蔡（良佐）が引き合いに出した程顥の読史法[90]を示したということなのである。『大方』では謝上蔡の「蔡」字が「察」に化けることで、話が少々変わってしまっている。

こうした読史法を巻頭に載せるのには先例がある。前章で触れた嘉靖年間刊行の『十九史略大全』にも「読史要旨」があるが、そこで引用される名儒の言は『大方』のものと重なる。しかし、『十九史略大全』では「程子曰」と「朱子曰」に分けて引用されている。当然の処理であろう。そして、明道云々のところは「当仔細上蔡看明道先生看史」となっていて、「蔡」字こそ合っているが、これも『語類』をきちんと引用していない。ただ、これは単純なミスにすぎない。

『大方』はこうした先行通俗史書の「読史法」をアレンジして、ここに意識的な操作を加える。「史書を読むことは格物致知の要である」という程子の読史論を、主語をあいまいにして朱子のそれと見せかけた。最後の「蔡」→「察」もおそらくは誤植ではない。朱子が程先生の読史の話を取り上げたのに呼応させるために、最後に「明道先生の看史法をじっくり観察せよ」と朱子が言ったことにしているのである。じつは、最初の「程先生」は程頤なので、前後は呼応していないのだが。

格物致知は朱子学の要である。『綱目』を取り入れることを標榜する「綱鑑」としてその主張やよし。しかし、朱子の発言を平気で改竄するところに、『大方』（あるいはその親本）の『綱目』ないし朱子への態度が表れている。もっとも、建陽出版界が朱子の言葉を改竄したのはこれに始まったことではない。宋代の類書においてそうだったことはすでに見たとおりである。

さらに、呂東莱（「大抵看史見治則以為治」）、胡致堂（「読史先看統体」）、蘇東坡（「秦以暴虐焚詩書」）の三氏の議論が引用されるが、三氏のうち最初の呂祖謙のみが本人の文章で、次の胡寅はじつは呂祖謙の、[91]そして蘇軾の文章は程頤のものである。[92]前者については、『十九史略大全』がすでに同じことをやっているので、すべてが『大方』（あるいはその親本）による操作ではない。さらに、程子を蘇軾に変えたのは、「呂東莱曰」が二つになるのを避けたのと同様に、程子がすでに前項に登場しているので重複を嫌ったのであろう。要するに、話者の数を増やすにぎやかしの術である。朱子の言葉さえ改竄するくらいだから、Aの発言をBのものにするなど造作もないことであり、後に見るように「綱鑑」の評語では、この手がしょっちゅう使われる。

これに続く丘濬と李夢陽の引用は『十九史略大全』にない。李夢陽の文章が「遷・固以下の諸史得失を評す」という標題のもとに引用されたのは、『晋書』に加えて宋・元二史の書きなおしの必要を説き、それが難しければその分量を減らすべし（「約而精之」）と言っているのが、[93]紀伝体と編年体の違いはあれど、「綱鑑」が宋・元の近代史をすっきりさせたというアピールに合致すると見たからだろう。

丘濬のほうは「天下分合の勢を論ず」の標題のもとに引かれる。この問題は正統論と関係するので、『綱目』を踏襲したとする「綱鑑」が神経を使ってしかるべきところである。引用されるのは『世史正綱』である。すでに見たように、『綱目』に、そして『節要続編』にこの本から文章が入れられていた。丘濬は華・夷の別にことさらやかましく、女主や仏教・道教、宦官といったテーマに神経質で、中でも夷狄の元朝に正統を認めないのが特徴である。

朱子の正統論の理屈を延長すれば、元朝は南宋の滅亡をもって正統となる。明朝政府によって作られた『続綱目』でもそうなっているが、丘濬はこれに異を唱えて独自の論を立てた。「綱鑑」がこの丘濬をどのように扱っているかはまた後に見るが、漢・唐・宋そして「我朝」にしか正統を認めないとする丘濬の論を引用してくること自体、[94]編者が朱子の正統論を余りまじめに考えていないことが分かるのである。

五　評林

明末には、『史記』『漢書』のそれぞれに「評林」をつけた名前の本が出ているし、[95]それは他のジャンルにも及んでいる。「綱鑑」のタイトルに「評林」がくっついた例を知らないが、実質的には評林本の仲間に入れてよいほどである。すでに述べたように、評語の増量が『少微』と「綱鑑」を分かつ特徴の一つである（ただし、『節要続編』は後期本においてかなり評語を増量している）。では、実際に『大方』の評林に分け入ってみよう。一本一本というわけにはゆかないが、ざっと木質を確かめることで「綱鑑」の性格の一端が見えてくるだろう。

まず指摘しておくべきは、『綱目』を加算したことのおまけとして、その中の諸儒の議論が取り込まれたことである。余り言われていないことだが、議論の大量挿入は『綱目』の特徴である。そもそも『通鑑』自体、「臣光曰」その他の議論がかなり入っていた。『綱目』はこれを模倣したのだが、その分量たるや『通鑑』とは比較にならないほど多い。「朱熹曰」は存在しないが、その代わりに多くの議論を引くことで歴史の見方を指南しようとする教育的配慮が確実に存在する。最も頻繁に登場するのは、南宋初年の胡寅『読史管見』であり、ついで『通鑑』編纂チームの一員范祖禹の『唐鑑』である。

両書は近代史学以後、顧みられることが少なくなった。寸評がほとんどである『史綱評要』の人気とは好対照である。『唐鑑』のほうは一九三〇年代に王雲五が編んだ「国学基本叢書」に収録されていたから、[96]ある時期までは古典とみなされていたが、その後は最近までさほど注目を浴びず、『読史管見』にいたってはほとんど閑却されていた。[97]後者は『四庫全書』に収録されておらず（存目にはある）、清朝の時点ですでに評価が低かった。しかし、宋から明にかけての「史評」の黄金時代（ここで言う史評とは、『史通』のような史書・史学批評ではなく、歴史評論を指す）のトップ・ランナーだった。四庫館臣が「人情に近からず、事勢を揆らず」と評する[98]道学臭にもかかわらず再々刊行されたし、何より『綱目』に挿入されることで、読者の目に「胡氏曰」は頻繁に飛び込むようになったのである。

『少微』にも胡・范は存在するが、「綱鑑」でそれが大増量されるのは基本的には『綱目』の遺産である。ここで、唐の高宗朝一代の評語の付き方を見てみよう。比較の対象として、『少微』の後期本の主流である「翰林本」（注(56)参照）や『玉堂』におけるそれもあわせて示す。ちなみに、それぞれ人名表示にはスタイルがあり、『大方』は「尹遂昌」（尹起莘）、「胡致堂」（胡寅）といったように諱以外で示すことにこだわるのに対し、『玉堂』は諱で押し通そうとする。「翰林本」は『大方』に近いが、号を前に持ってきてたとえば「瓊山丘氏」（丘濬）とする。ここでは諱表示で統一した。『大方』にはこのほかに「発明」、「書法」が本文に続けて挿入されることが多いが、ここでは『玉堂』にも出てくる場合のみ取り上げた。

		『大方』（巻二四）	「翰林」（巻一五）	『玉堂』（巻三九）
永徽元年	尹起莘	○	×	○
三年	范祖禹	×	×	○
四年	胡寅	×	×	○
五年	胡寅	×	○*	×
	尹起莘	○	○**	×
	胡寅	×	×	○
	胡寅	○	×	○
	范祖禹	○	×	×
	范祖禹	○	×	○
六年	范祖禹	○	○	○

	胡寅	○	○	○
	胡寅	○	×	×
	丁奉	○	×	×
顕慶元年	丘濬	×	●	×
顕慶二年	胡寅	○	×	○
龍朔二年	胡寅	○	×	○
麟徳元年	胡寅	○	×	○
二年	丁奉	○	×	×
	胡寅	○	○***	○
乾封元年	胡寅	○	×	○
二年	胡寅	×	×	○
総章元年	范祖禹	×	×	○
二年	胡寅	×	○	×
	范祖禹	○	×	○
	范祖禹	○	×	○
	范祖禹	○	○	○
	尹起莘	×	×	×
	蘇軾	○	×	○
	丘濬	○	×	○
上元二年	胡寅	○	×	○

儀鳳元年	胡寅	○	×	○
三年	胡寅	○	×	×
永淳元年	丁奉	○	×	×
	董其昌	×	×	○
	朱之蕃	×	×	○
弘道元年	賀善贇	○	×	×

*『綱目』とは別の箇所が引用されている。
**『大方』とは別の箇所が引用されている。
***胡寅引用が他の二者より長い。

まず、『綱目』の取りこみによって評語が増えたことが確かめられる。『少微』にも若干『綱目』が取りこまれている中に、胡寅の引用で『綱目』に見えないものもある。もとを当たった証拠だが、『読史管見』を刊行している慎独斎が付加したものだろう。両「綱鑑」にはない丘濬（●）も慎独斎由来である。三つともに存在する胡寅・范祖禹はすべて同文なので、慎独斎系本のものを両「綱鑑」が写したのだろう。

次に、『綱目』関係以外の評に移ろう。『大方』では、丁奉（『大方』の表記では「丁南湖」）が複数箇所に登場している。このサンプルに限らず、王重民のボーリング箇所である『通鑑』以前の古代史にも、そして『通鑑』以後の宋・元時代にも満遍なく出てくる。きちんと数えてはいないが、『大方』全体ではおそらく胡寅に次ぐ頻度だろう。さして名が通っているわけでもない「丁南湖曰」が多いのには理由がある。

丁奉（一四八〇―一五四二）は『明史』には立伝されていない。常熟の人で、正徳三年（一五〇八）の進士。明末の朱国禎『湧幢小品』に早々と致仕した人の例としてあげられているくらいで、官僚として大成した人ではないが、文人としてはまずまずの知名度があった。[99]

二十年くらい前に、彼の名を冠した『通鑑節要』の存在が王樹偉によって紹介されている[100]。書名は『新編通鑑節要』四五巻。現存しているのは二二巻（存巻は巻一一からなので、序文などを載せた部分がない）。「明丁奉補評刪正」と題され、巻二五の末尾に「嘉靖乙巳（二十四年）孟秋、東谿鄭氏重刻」の木牌があるという。

王樹偉は種々の書目の中にこの本を著録するものは見つからず、「海内の孤本」だとする。日本でも知られていないので、まずそう言ってよいのだろう。この紹介文が書かれた時点では中華書局図書館に所蔵されていた。王樹偉は影印出版を提議しているが、実現していない。こんな俗本がいまさら出版されるとは思えないし、このまま蔵入りであろう。

残念ながら、紹介文はわずか一頁にすぎず、この本の仔細を知ることができないが、彼は何とかこの本の存在意義を宣伝しようとして「通行本」との異同を強調し、耳目を引きそうな宋江に関する記事を取り上げる。彼によれば、「通行本」では徽宗宣和三年二月に「淮南盗宋江以三十六人横行河朔、転掠十郡、官軍莫敢攖其鋒。知亳州侯蒙上書言、江材必過人、不若赦之使討方臘以自贖、帝命蒙知東平府、未赴而卒」とあって、徽宗が宋江の招降を行ったかどうかが判然としないのに対し、本書では「知亳州侯蒙上書言、江以三十六人横行斉魏、官軍数万無敢抗者、其才必過人、不若赦之使討方臘自贖。不許」となっている。王樹偉はこれを、徽宗が侯蒙の提案を取り上げなかったことを明確に打ち出したものだと言う。

彼は「通行本」とは何か説明していない。私はこれを読んだ時、丁奉の『節要』が他の『節要続編』と異なる特徴を持つということなのかと早合点し、少々色めき立った。しかし、彼が「通行本」として引く文章は『続資治通鑑綱目』や明末に編集された『宋史紀事本末』に見えるものであり、たぶん、後者を見たのだろう（『宋史紀事本末』は『続綱目』を相当利用しているので、両者の文章が一致するのは珍しくない[101]）。

王が特筆する「不許」は、じつは『節要続編』諸本にふつうに見えるものである（その来源は陳桱『通鑑続編』である）。この人もまた通俗史書を相手にしたことがない人なのであろう。それはさておき、これだけの紹介からも多少の情報は引き出しうる。

①丁奉の「補評」とうたうのだから、彼の評語がかなり多く収められている。

②嘉靖二十四年に「重刻」されたという木牌を信じるならば、初刻がそれより以前に出ていて、重刻されるほどには反響があった。

③東谿鄭氏がどこの本屋か分からない。しかし、建陽書林の有力な一族に鄭氏があるので[102]、この本も建陽本である可能性が高い。

④『通鑑節要』と言いながら、宋元の「続編」を含む。

この本の序文が彼の文集に残っている。『少微』『続編』の成り立ちについてやや誤解しているものの、「外紀」を合わせた三つは「史学の捷径であり、今、この本が人口に膾炙するのも当然である」と高い評価を与え、退休生活の暇にまかせて、『綱目』や二十一史と照らし合わせながら、『通鑑節要』四十五巻を編んだとする[103]。序文には出版のことははっきりと書かれていないが、何らかの形で建陽出版界の手に渡ったのだろう。

「丁南湖曰」の議論の中には驚くような卓論はないものの、比較的公平でバランス感覚もある。丘濬のように夷狄だからといって彼の行為を全否定するといった過激なところは見られない。

しかし、『大方』において明人の中で丁奉に次いで多く引用される丘濬の『世史正綱』は、前述したように従来の中華の男儒者たちが抱いてきた蔑視を濃縮したような議論を展開して、強烈な個性を放っている。だが、本書は単行本としては余り世に行われなかった。銭茂偉は「多くの明人の受け入れるところとならず、出版以後もぱっとしなかった。明の君臣が『世史正綱』を読んだという記録はきわめて少なく、この書を称揚する言論は見たことがない。明一代を通じて重刻されたのは嘉靖末年の一回のみである」と述べている[104]。

銭の評言の半ばは当たっている。そもそも丘濬が本書の執筆を思い立ったのは、彼自身が編集に参加した『続資治通鑑綱目』（後述）への不満に発するものだったが、『世史正綱』の正統論が採用されることもなかった。しかし、

『世史正綱』は劉弘毅の手によって建陽製史書のあちこちに顔を覗かせるようになった。そして「綱鑑」にいたって、さらに大きな顔をするようになったのである（「丘濬曰」のうち、彼の著作で『世史正綱』より知られている『大学衍義補』からの引用もあるが、数は少ない）。

『大方』もまた、元朝に正統を与えていない（『玉堂』も同じである）。『節要続編』も『続綱目』も統一後の元には正統を認めていたが、ここでとうとう『綱目』の路線を逸脱した（編者はこれを朱子の「変例」だと言うだろうが）。とにかく、単行本としてはパッとしなかった『世史正綱』は「綱鑑」を通じて広まっていった。そうした意味では、直接の影響のみを問題にした銭茂偉の見方は少し訂正されるべきであろう。

次に比較のために、『玉堂』の明人引用を見よう。『玉堂』も丁奉・丘濬を引くが、『大方』に比べるとかなり少ない。そのかわりに『玉堂』は（ここでは董其昌、朱之蕃だけだが）全体的に見ると明人の議論を多く引く[105]。今度は『玉堂』の巻六～九（正編に入ってから漢の天下統一にいたるまで）に引かれる明人を並べてみよう。

巻六　瞿景淳、蘇濬、唐順之2、方孝孺、葉向高、沈容賢、丘濬、李廷機、張喬、茅坤、馮夢禎、趙弼

巻七　焦竑、霍韜、朱応麒、馮夢禎、丁奉4、王世貞2、葉向高、趙弼、方孝孺、顧充、張喬、呉維嶽、楊慎、汪道昆、潘仲驂、陶望齢、唐順之、袁黄、李廷機、劉炌

巻八　丁奉4、李東陽、朱用光、葉維栄、林奇石、盧璘、丘濬3、趙弼

巻九　丘濬、郭大有、唐順之2、黄洪憲、王錫爵、王鳳霊、丁奉2、宗臣、柯挺、趙弼2、盧璘、屠隆

ちなみに、『大方』のこの期間の明人評は、申時行（じっさいには王応麟の『通鑑答問』）、羅萬化（隆慶年間の状元）、唐順之4（うち一つは『通鑑答問』）、方孝孺3、丁奉40、葉伯隆、趙弼8、霍韜、郭大有4、蔡清、丘濬11である。

『玉堂』のこのリストには、すでに述べた丁奉・丘濬を別にすれば、まず、「綱鑑」の名前に冠せられる人々の一群がある（蘇濬、唐順之、王世貞、黄洪憲[106]、葉向高、袁黄、李廷機）。これらはほぼ偽託であろう。一例を挙げれば、巻六の唐順之の一つは智伯が三晋のそれぞれに土地を求めたことに対するコメントなのだが、じつは王応麟の『通

鑑答問』に載る「智伯請地」の文章を一部省略しただけである。(107)「唐順之曰」について『歴史』の「凡例」が「じかに唐順之に接した弟子」として、『玉堂』のそれにケチをつけていたことを思い出してほしい。彼は引用のカラクリを知っていたのであるが、『歴史』にも同じものを載せるのが可笑しい。それは『大方』にすでに「唐順之曰」として見えているからだが、『玉堂』が新たに唐順之を増やしたのを見て、くだんのケチをつけたものだろう。(108)王世貞は『鳳洲綱鑑』の看板でもあるから、時折り登場する。その中にはインチキがかなりまじるものの、『弇州山人四部稿』に見つけられるものもかなりある。(109)

葉向高については、この四巻に登場する二点の出典を明らかにしえないが、他人の評を「葉向高曰」に変えている箇所がほかにあることを考えると、ここも怪しい。また、『歴史』の「凡例」に葉向高と並んでやり玉にあがっていた張喬は正体不明（少なくとも進士ではない）だが、たとえば、巻七に付されたものは、『大方』の「愚按」そのままである。(110)『大方』の「愚」は建前上は李廷機ということになるが、それが張喬に変えられたわけである。『歴史』はそのことに気づいていた。

「綱鑑」以外にも、究極の通史ダイジェストである『歴朝捷録』の著者顧充（隆慶丁卯＝一五六七挙人）が受験ブランドである。『大方』の各王朝の記事の末尾に挿入される「総論」もここから取ったものである。(111)

また、計四カ所登場している趙弼（一三六四―一四五〇頃）(112)は、『雪航膚見』からの引用である。この本は明中期まではかなり読まれたものらしく、(113)『大方』にも相当数を載せ、丁、丘に比べると随分少ないが、後述する『続綱目』のコンビを除けば、おそらく明人の中で第三位である。郭大有は『評史心見』からの引用であり、(114)前半に集中していて、趙よりずっと少ない。史評の専著はないが、時々登場するのが方孝孺で、文集に収録される史論からの引用である。(115)ここには出てこないが、何喬新も宋・元編ではわりと目立つ。現存しない「宋元史臆見」あるいは彼の文集(116)のどちらからの引用かは分からない。

しかし、このほかの名人、楊慎、李東陽、宗臣、陶望齢、茅坤、馮夢禎、汪道昆、王錫爵、屠隆、焦竑について

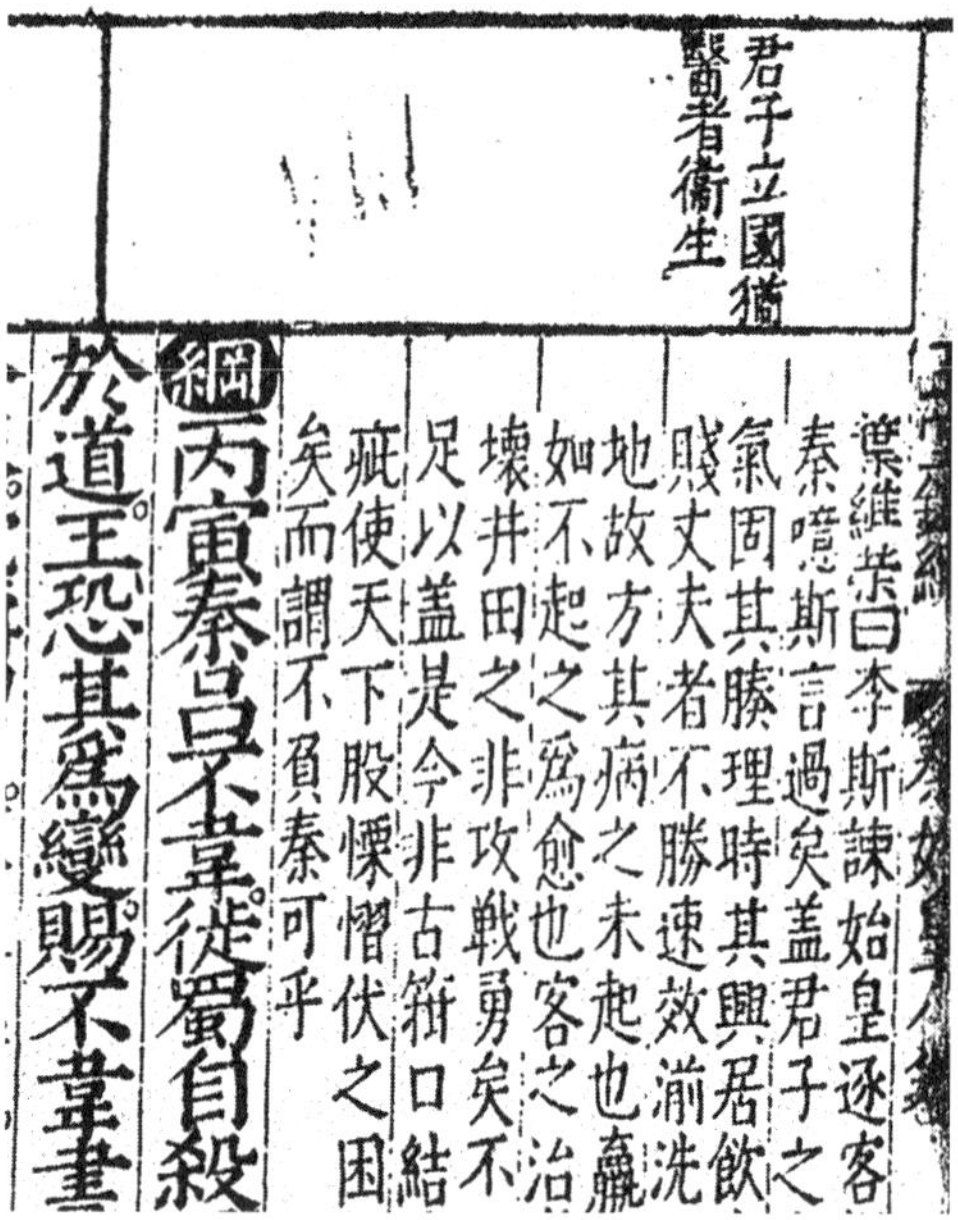
君子立國猶
醫者衛生

葉維栄曰李斯諫始皇逐客
秦噫斯言過矣蓋君子之
氣固其腠理時其興居飲
賤丈夫者不勝速效湔洗
地故方其病之未起也龐
如不起之爲愈也客之治
壞井田之非攻戰勇矣不
足以蓋是今非古箝口結
疵使天下股慄慴伏之困
矣而謂不負秦可乎
綱丙寅秦呂不韋從蜀自殺
於道王恐其爲變賜不韋書

図5-4　評者の入れかえ（『玉堂鑑綱』蓬左文庫所蔵）

は裏付けが取れない。

　また、万暦の名人たちの名前が目立つ一方で、今日の我々からすると「誰だ」と首をかしげる人名も相当並んでいる。すべては追跡調査できていないが、その多くが郷試のトップ合格者（朱用光、林奇石、柯挺）[117]や福建出身あるいは近年の進士（王鳳霊、葉維栄）である。[118]

　これらもおそらく名前を借りただけで、議論は別人のものである疑いが濃い。彼らの「〇〇〇曰」には剜改の痕があり、本来二字分のところに無理やり三字が押し込まれていることがしばしばである（図5-4）。ただし、もともと入る予定だった名は分からない。

『玉堂』に比べれば、『大方』の明人はバラエティに乏しい。正編の部分では、丁・丘・趙の三人がほとんどを占める。「精選された」明人の評語は、質はともかくとして裏の取れるものが多く、『歴史』の「凡例」が『玉堂』のにぎやかな評林を「余唾を採り、すでに名筆に非ず」と雑木林扱いしているのは、一応当たっている。

　しかし、『玉堂』ばかりを責めるのは当たらない。『玉堂』の明人評の大量挿入はおそらく、丁・丘で押す『大方』との差異をアピールするものである。この『玉堂』の仕掛けを批判しつつ、『大方』改め『歴史』がとった対抗措置が目くそ鼻くその類なのである。

『歴史』で最も引用数が多い評語は、編者袁了凡のものである。王重民の「『大方』と『歴史』が違うのは「袁了凡曰」の挿入だけである」という指摘が誤っていることは後に述べるが、これが最大の相違点なのは確かである。しかし、この「袁了凡」は、すべて陳絳の『金罍子』[119]に載る史評をパラフレーズしたものなのである。[120]この書物は上・中・下篇に分かれ、計千二百条以上の小論を収める。その分量は趙弼や郭大有とは比べ物にならず、おそらくは丁奉のものにほぼ匹敵するだろう。すべてが史評というわけではないが、太古から元史までをカバーしており、『歴史』にはまさにおあつらえ向きの材料であり、「袁了凡曰」三六〇余条はすべてこの本に来源を求めることができる。しかし、ほぼ丸写しのものもある一方で、記述の順序を組み替えたりして『歴史』仕様に変えたものも多く、たまに独自の付記を行っているので、ちょっと見には剽窃されていることに気づきにくい。陳絳は嘉靖二十三年（一五四四）の進士で、応天府尹に終わった。それなりにエリートではあったが、今日ほとんど知られていないし、死後早くも忘れ去られつつあった。父の仕事の顕彰を図った息子の識語によれば、この書は当初『山堂随鈔』というタイトルだったが、序文を書いてもらった陶望齢（こちらは有名人であり、出版の世界でも名が通っていた）の指示で『金罍子』と改名された。また、陶は改名の理由を、「山堂随鈔」では「街談巷語の書」と一緒くたにされるおそれがあったからだと言う。[121]かわりにつけたタイトルは著者の住所の近くにあった山にちなんだものだが、印象に残る名前ではある。この本を見つけて剽窃した人が出てきたのだから、目立つという目的は達成されたと言うべきか。[122]

息子の識語は万暦丙午（三十四年）に書かれているから、『大方』の序文の八年後、『歴史』の序文の二年前である。「袁了凡は仮託である」という王重民の説はここにも支持を得られるわけだが、では余象斗はなぜこの大量のパクリを思いついたのであろうか。

それはやはり『玉堂』の刺戟によるものだろう。『玉堂』は葉向高編とうたいながら、彼の史評は少ない。その代わりに活躍するのが、「訂義」にあたった李京という人物で、大量の評も書いている。先ほど『玉堂』の明人評の分布を示した時にはあえて彼を省いたが、じつは明人評で一番多いのは彼のものなのである。

図 5-5　「閩の鉅儒」李京（『四書火伝』徐熥序，蓬左文庫所蔵）

李京は科挙に合格したという記録もなく、ほとんど無名の人だが[123]、『玉堂』の刊行者である熊体忠とのコンビで『四書火伝』という受験参考書を出しており[124]、火伝シリーズには『易経火伝新講』というのもある[125]。後者には門人曹学佺、前者には友人徐熥の序文があり、とくに後者は李のことを「閩の鉅儒」と持ち上げるが（図 5-5）、この二人の有名な文人の文集には「師友」であるはずの李京は登場しない。少なくとも、他省にまで名が聞こえた人ではない。

『玉堂』にはもう一人劉朝箴[126]という参与者がいて、李京に比べれば遠慮がちだが、やはり彼の評を載せる。彼は『四書火伝』にも「仝録」者として姿を見せる。あるいはこの人こそが『玉堂』の真の編集者であったかも知れない[127]。李京は一応著作家の端くれで、劉朝箴は下請けだったという想定も成り立つ。

李京や劉朝箴が書いた評を読んで、誰がありがたがるのか不思議ではある[128]。しかし、それが『玉堂』の新しさの一つであった。編集者が評も書くこと自体は珍しくはないが、それが名人でないというのが従来にはないことである。一方で近時の「名公」や科挙エリートでにぎやかしながら、編集者が顔を出すことで別種の新鮮味を出すつもりだったのだろう。

評林もよいが、全編を通じて登場する人間がいることで安定感も出る。しかし、丘濬や丁奉はすでに使われている。『玉堂』では『大方』より丁奉や丘濬が随分少ないが、その分目立つのが李京なのである。

余象斗は、この新手の出現にかなり慌てたに違いない。『玉堂』の新味はほかにもあったのだが、まずこの新しいスタイルに「してやられた」と思ったのではないか。対抗するには同じことをやっていてはダメである。李京などと比べ物にならない有名人の、しかも大量の史評がほしい。しかし、そんなお誂え向きのものが急に手に入るはずもない。その時見つかったのが『金罍子』。『史綱評要』のもとになった『史綱要領』程度に、剽窃してもにわかにはバレにくいくらいの書物であった。これを丸写しというのではなく、少しアレンジした上で受験の神様袁了凡の名前をかぶせたのである。

しかし、『玉堂』が『歴史』に与えた刺戟は評語に止まらない。ほかの面でも触媒の作用を果たしていたことは後述する。

六　「綱鑑」のテクスト

ここまで、『大方』と『玉堂』を付録部分において比較してきた。それでは、本体のテクストはどうだろうか。巻数の多さが示しているように、『玉堂』は万暦年間に出た「綱鑑」の中では分量が多い部類に属する。[129]『大方』は簡本の二十巻本系よりは多く、それらと『玉堂』との中間に位置する。ただし、「参考」などの補注部分の量を入れると『玉堂』との差はかなり縮まる。ほかにも簡本系では『綱鑑実録』が、他本は欄外に標題を掲げるだけなのに対して、本文付録の史評よりも長めの短編論文を配するので、トータルの字数ではかなり多い。また、『三国志』

と『水滸伝』を一冊で楽しもうと欲張った『二刻英雄譜』ばりに、明の通史として普及した陳建『皇明通紀』と「綱鑑」を上下に配した『綱鑑通紀』（国立公文書館所蔵）の字数も多い。ここでいう繁・簡とはあくまで本文についての比較である。

「綱鑑」と同時代に盛んに出た『三国史』モノの小説にも繁本・簡本の別があり、その成立時期の前後関係については様々な見解が戦わされてきた(130)。繁本を縮めたものが簡本であると単純に言えないところが厄介である。この二つの「綱鑑」についても、話は単純ではない。前節では先行する『大方』を意識して『玉堂』が作られ、今度は『玉堂』に対抗して『歴史』ができたという構図を描いた。評の部分についてはこれで間違いないだろう。しかし、本文について『玉堂』が『大方』をどこまで意識していたのかは、正直言って分からない。同じく『少微』『綱目』のテクストを引用しても、その分量、そして記事の配置にかなりのばらつきがあり、大まかに言って『玉堂』のほうが『綱目』の引用箇所が多く、また個々の引用も『大方』より長いが、逆のケースもあり、一概には言えない。とにかく、『玉堂』が『大方』のテクストに大増補（と同時に小減量）を行ったというのではなく、そのテクストがもとづくところはほかにありそうである。そして、『歴史』の本文は『大方』と九割がた同じ（すべて同じではないことは後述する）なので、その部分については全く『玉堂』の影響を受けていないことになる。

次に、『大方』と『玉堂』の潤色ぶりを比較してみよう。取り上げるのは、李世民が起こしたクーデタ、玄武門の変の記事とその直後の太宗と臣下の会話がいくつか連続する部分である。

まず、もとになっている『少微』劉剡本は以下のとおりである（①以下の番号は『通鑑』の記事を大幅にカットした部分で、（中略）の意味である。そのほかにも細かい省略はあるが取り上げない。また、王逢の釈義の中身はとりあえず省いた）。

六月丁巳、太白経天、秦王世民既与太子建成・斉王元吉有隙。以洛陽形勝之地、恐一朝有変、欲出保之。①上亦謂世民曰「首建大謀、削平海内、皆汝之功。吾欲立汝為嗣、汝固辞。且建成年長、為嗣日久。吾不忍奪也。

観汝兄弟、似不相容。同処京邑、必有紛競。当遣汝還行台、居洛陽、自陝以東、皆主之。仍命汝建天子旌旗、如漢梁王故事。」世民涕泣、辞以不欲遠離膝下。⑵建成・元吉与後宮日夜譖訴世民於上。上信之。元吉密請殺秦王。上曰「彼有定天下之功、罪状未著。何以為辞。」元吉曰「但当速殺。何患無辞。」上不応。⑶世民腹心長孫無忌・高士廉・尉遅敬徳等日夜勧世民誅建成・元吉。⑷世民歎曰「骨肉相残、古今大悪。吾誠知禍在朝夕。欲俟其発然後以義討之。不亦可乎。」⑸衆曰「大王以舜為何如人。」曰「聖人也。」衆曰「使舜浚井不出釈義、則為井中之泥。塗廩不下釈義、則為廩上之灰。安能沢被天下、法施後世乎。是以小杖則受、大杖則走。蓋所存者大故也。世民命卜之。幕僚張公謹自外来見之、取亀投地、曰「卜以決疑。今事在不疑、尚何卜乎。卜而不吉、庸得已乎。」於是定計⑹。己未、太白復経天釈義、傅奕密奏「太白見秦分《ママ》釈義、秦王当有天下。」上以其状授世民。於是世民密奏「建成・元吉淫乱後宮」、且曰「臣於兄弟無私毫負。今欲殺臣、似為世充・建徳報讐。」上省之、愕然報曰「明当鞫問、汝宜早参。」庚申、世民遂帥長孫無忌等入、伏兵於玄武門。⑺世民射建成殺之。尉遅敬徳将七十騎継至、左右射元吉墜馬。世民馬逸入林下、為木枝所絓、墜不能起。元吉遽至、奪弓将扼之。敬徳躍馬叱之。元吉歩欲趨武徳殿、敬徳追射殺之。（巻三五）

まず、『少微』の縮約の仕方を見る。①の部分には、世民が洛陽を有事の際の拠点とすべく山東豪傑と結んだこと、建成に危うく毒殺されかかったことが述べられている。①の後の高祖の発言は世民を見舞った際のものだが、事情説明を省いたために、『通鑑』原文の「因謂世民曰」を「上亦謂世民曰」と変えて帳尻を合わせようとしている。②の部分には、長安を離れたくない世民に高祖が洛陽行きを勧めた結果、いざ出かけようとしたところで、太子側の邪魔が入って取りやめになったという話が入っていた。結果的には洛陽に行かなかったのだから不要と見て省かれたものであろう。

③には四百字以上に及ぶ最大の省略がある。ここでは世民の幕僚たちの反応、とりわけ尉遅敬徳が元吉の誘いを断ったために暗殺されかかったことが、くわしく述べられていた。④には、元吉が突厥の攻撃に対して出陣するこ

とになった機会を利用して、尉遅敬徳ら世民配下の精鋭を手中に収めようとした話が入る。③④は臣下のことだから省略可と見たのだろうし、なくても話は通る。

⑤は世民が義にこだわるのに対し、尉遅敬徳がなかば脅し気味に決起を迫る部分である。世民がなおも他の府僚に意見を問い、それでも決断しかねていたところに、皆が舜の話を持ち出してくる。やはり、省略に気づかずにすっと読めてしまうところだが、本来の文脈が捻じ曲げられていることも事実である。⑥は房玄齢を召しだそうとしたところ、房が世民を発奮させるためにわざといったん要請を断った後にはせ参じたことが記される。これも臣下のことだから省かれたのだろう。その結果、房玄齢のクーデタ関与が見えなくなっている。

⑦は太子建成・三子元吉側の動きが述べられる。ごっそり省かれたために、いきなり建成が殺されてしまう形になってしまった。敗者だからいいという判断だろうが、唐突さは否めない。その後の「世民危機一髪」の場面が『通鑑』そのままなのと対照的である。

比較のために、『綱目』がどのような省略を行ったのか見ておこう。①については山東との連絡についてはやはり省くものの、毒殺未遂のことは記しており、②~⑤についても文章は縮めるが話自体はすべて残し、⑥だけは『少微』同様にカットされている。⑦の部分は存在し、太子側の動きをフォローするものの、元吉が世民に迫る場面は一切省略され、こちらでは元吉の方があっさり殺されている（巻三九）。

わずか一例だが、それでも両者の縮約法の違いを見てとれる。王朝の命運を左右する大事件だから、『綱目』は文辞を縮めつつも、話柄はできるだけ拾って、決断にいたるまでの李世民の心の揺れ、幕僚たちの動きをフォローしている。一方、『少微』にはそうした関心がない。読み物として話が最低限通るようにしながら、いかに字数を刈り込めるかにこそ関心があるから、ニュアンスをばっさり切り捨てることを意に介さない。ただし、その一方で「世民危うし」のスリリングな場面だけはそのまま残す。つまり、『少微』は太宗のみをクローズアップすれば、それでよしなのである。なお、「浚井」「塗廩」「太白」「秦分」の四語に王逢の「釈義」があるが、例のごとくいずれ

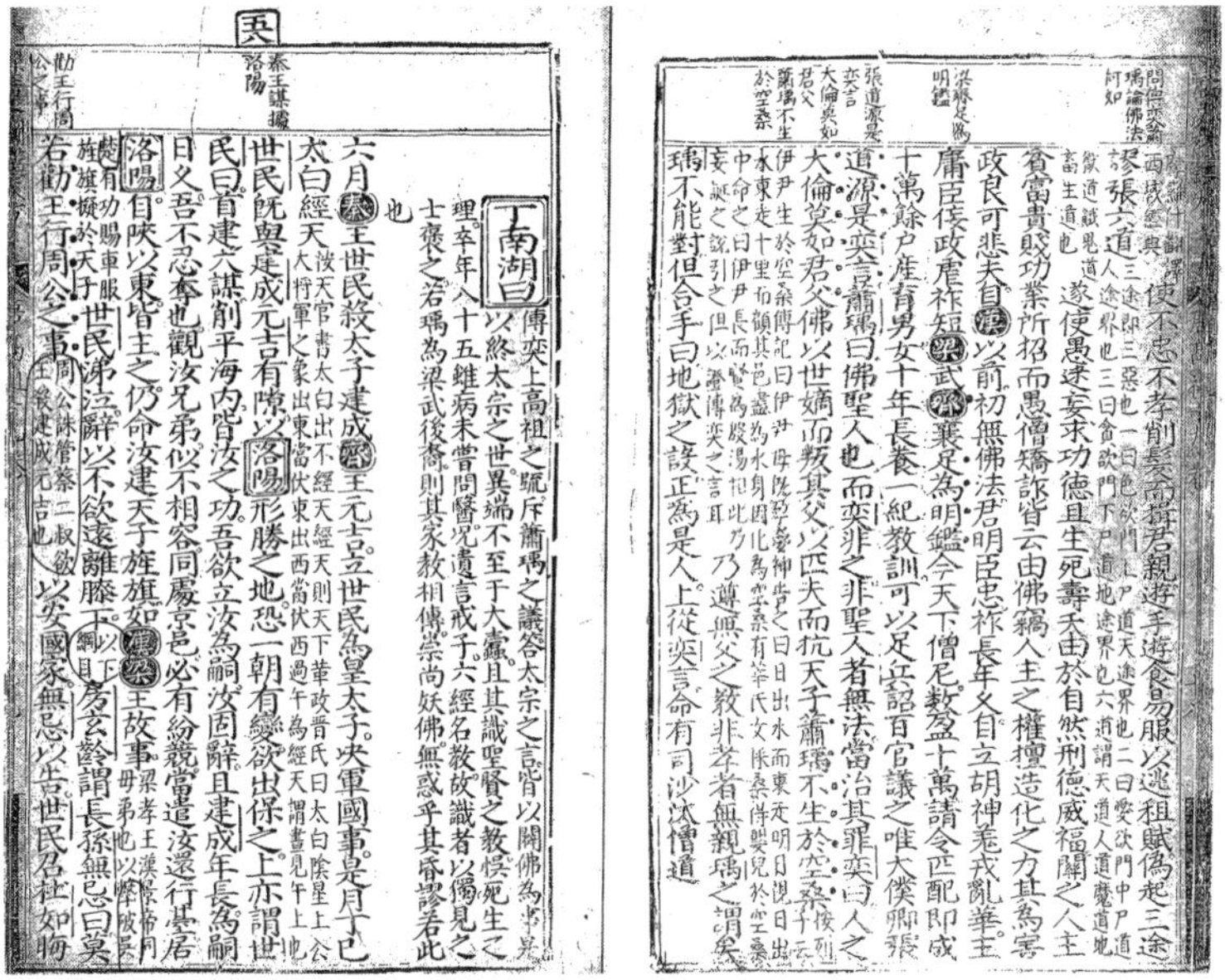

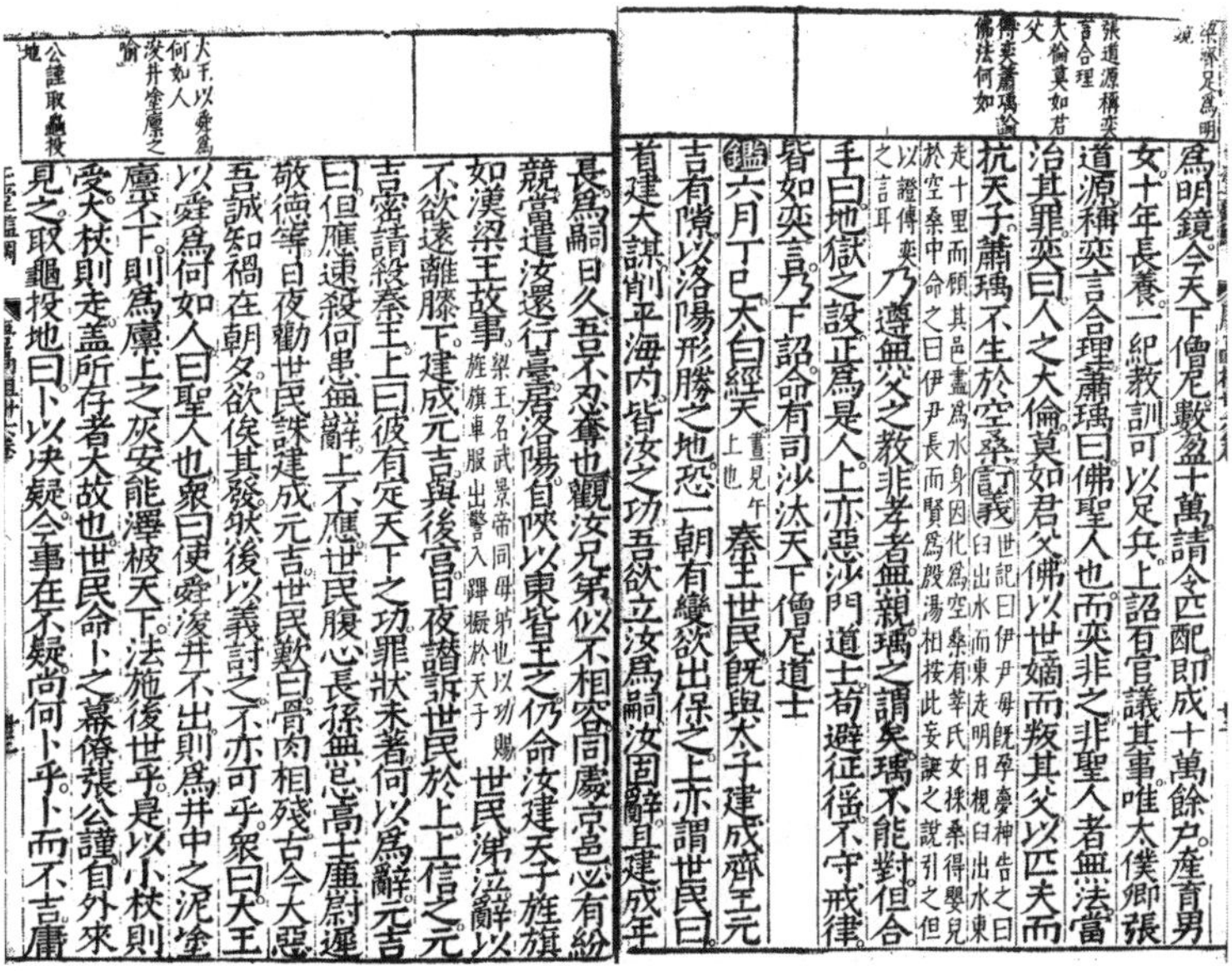

図 5-6　玄武門の変（上『大方綱鑑』東京大学東洋文化研究所所蔵，下『玉堂鑑綱』蓬左文庫所蔵）

も「集覧」にあるものである。

それではいよいよ「綱鑑」の処理法を見よう。『玉堂』を先に見る。『大方』と異なり、『玉堂』は各条の頭に白抜きで鑑・綱の別を示していることを断っておく。

まず、鑑の表示のもと『少微』をまるごと引用する。「私亳」（『通鑑』は「絲亳」）の誤りもそのままにである。ちなみに注記については王逢「釈義」のうち「太白」「秦分」のみを採用し（ただし、出典等を省いた簡略な形である）、劉剡本にはない「漢梁王故事」の説明が加わっている（「翰林本」にはある）。

ついで、綱として増補を行う。採られているのは実際には「目」の文章なのだが、『玉堂』には目の表示は存在しない。一方、『大方』は『綱目』からの引用箇所を注において指示するが（「見綱目」「以下綱目」）、徹底していない。それが『歴史』になると、白ヌキ表示が採用され、しかもこちらは、綱は綱、目は目として表示する。[131]『玉堂』に比べれば『綱目』に忠実であると言えよう。ただし、白ヌキ表示という発想自体はおそらく『玉堂』から学んだものであろう。

「綱」として補充されたのは、③④の部分に加えて、クーデタ後、太子の一党が連座させられそうになったのを、尉遅敬徳が止めたことである。つまり、いずれも尉遅敬徳に関する記事を拾い上げてまとめたものである。『綱目』が尉遅敬徳関連の記事をまとめたものを使っているのである。『玉堂』が機械的に入れ込んだのか、あるいは軍神としての尉遅敬徳の人気を意識したものかは分からない。

一方、『大方』（巻一九）はどうか。[132]まず書き出しに「六月秦王世民殺太子斉王元吉……」という綱文を記してから、「是月丁巳……」と『少微』の文章につなぐ。『歴史』だと、「綱六月秦王……鑑是月丁巳」というスタイルになる。そして、『玉堂』が『少微』を丸ごと引いてから『綱目』を継ぎ足すのに対し、②の手前で一度『少微』の引用を中断し、「以下綱目」として、房玄齢が長孫無忌に「周公の事」を行うことを世民に勧めよと言い、無忌が世民にこれを伝えたところ、世民は杜如晦にどう思うか尋ね、杜もこれに同意した話、さらに『玉堂』も引いた元吉から尉遅敬徳への贈与の話を挿入する。そして、「以下通鑑」として『少微』の引用に戻るのだが、傍線部の「尉遅敬徳以下」の部分は『綱目』と同じようにあっさり「元吉為尉遅敬徳所殺」と書き換えている。『玉堂』のほうは『少微』そのままである（図5-6）。

このように、『少微』をほとんどそのまま引用するか書き換えるか、『綱目』からどれだけ増補を行うか、両者のさじ加減は違う。一般的に言って、『玉堂』のほうが『少微』を忠実に引く傾向が強く、『大方』はしばしば省略を行っている。

次に、同じく『綱目』を引用しても、その形式・中身が異なる場合があることを指摘しておこう。『玉堂』は『少微』の記述を一つの塊としてとらえ、『綱目』で増補する時は、別に綱を立てる。一方、『大方』は『少微』を可塑的なものととらえ、その文中に『綱目』の記事を挿入する（『歴史』であれば、一連の記事は綱→鑑→目→鑑の順で示されることになる）。

内容的に見ると、『玉堂』が尉遅敬徳に関心を示しているのに対して、『大方』はさほどでもなく、そのかわりに房・杜の関与を入れている。二人はこの後元吉によって世民のもとをいったん逐われ、クーデタ直前に呼び戻されている。『綱目』では呼び戻されたことが記されないので、二人の関与が分からなくなっているのに対し、『大方』は逐われたことも呼び戻されたことも書かないので、結果的には二人の関与が示される。これが意識的な操作なのかどうかは分からない。

『大方』の注についていえば、四カ所の「釈義」のうち「太白」「秦分」を使うのは『玉堂』と同じだが、引用がより丁寧である。「釈義」が示す出典もそのまま写すが、『玉堂』はこれを省略する。また、劉剡本では太白が二度目に現れたところに「釈義」があって、『玉堂』はそれをそのまま使っているのに対し、『大方』はわざわざ最初の太白出現のところに注を移しかえている。『玉堂』にも注があった「漢梁王故事」に加え、『綱目』からの増補分の中の「周公の事」についても注を加えている。

『大方』の注が『玉堂』よりきめ細かいことは、玄武門の変に続く記事からも確かめられる。本文ではこの後、太子側の人間であった魏徴・王珪が抜擢された記事が続く。『玉堂』は魏徴の旧職の「太子洗馬」、新職の「詹事主簿」についてそれぞれ「東宮威儀之属」「東宮官也」と簡単だが、『大方』には「東宮属官名、職如謁者令……」「東宮官之尊者、位居正三品之上……」とある。

この二つとも「釈義」にはないが、後者は「翰林本」に見える。「翰林本」の補注はもともと劉弘毅によるものである。前者が『大方』の新増かどうかは分からない。当該の『綱目』の条の「質実」を見ると洗馬、詹事についてそれぞれ「晋武帝泰始三年」「武徳七年」を見よとの指示があり、その二条の「集覧」を見ると、洗馬の説明は『大方』と同じである。「集覧」を使って増補したものだろう。一方、後者の「集覧」は「詹事府」の説明であって、文言も違う。

また、王珪がそれまで流されていた「雋州」について『玉堂』は「今の四川越嶲衛」とするだけだが、『大方』は彼が流罪となったいきさつを説明した後、「今の湖広崇陽」とする。じつは「雋（シュン）州」は「嶲（ケイ）州」の誤りで、『少微』がすでにそうなっている。「釈義」を見ると「ケイ（戸圭反）」と読んでいるので、『少微』の本文は単なる誤植である。また、「釈義」は音注の前に流罪のいきさつを載せるが、今の地名との比定はしない。「湖広崇陽」は、「翰林本」にはある。雋州＝湖広崇陽自体は正しいが、本来は「嶲州」なのだからこの注は意味をなしていない。「質実」で『大明一統志』を使ってローラー作戦をやった劉弘毅は細かいところまでは注意していないのである。一方、『玉堂』は「質実」ではなく直接『大明一統志』によっている。[133] つまり、『玉堂』は全体的にはあっさりした注をつけるが、少なくとも地名については『一統志』を調べなおす努力をしている。

この七条後に見られる弘文館設置の記事に出てくる「四部書」についても『玉堂』は「甲乙丙丁」と簡略だが、『大方』は晋の李充がこれを分類したことを記す。この説明は「翰林本」にもない。『晋書』から直接取られたものなのか、それとも類書経由なのかは分からない。『玉堂』は『大方』の説明を縮めたのだろう。また、「按唐書」として、学士の一人虞世南の人物紹介をするのは『大方』だけである。「一人一事」の実践である。

さて、本文の話に戻ると、弘文館設置の後の記事に一見不可解なことが起きている。まず『少微』の記事の順序を示そう。

1 民部尚書裴矩奏……　2 上与群臣論止盗……　3 上又嘗謂侍臣曰……　4 上謂裴寂曰……
5 上励精求治……　6 上遣使点兵……　7 張蘊古上大宝箴……　8 上患吏多受賕……

この部分について両「綱鑑」は『綱目』の記事により、かなりの補充を行う。その増補分を「綱」で示しつつ、記事の順序を比較する。まず『大方』である（分かりやすいように、とりあえず『歴史』の綱・鑑表示を使う）。

4→「鑑」（「有上書請去佞臣者」）→2→3→「鑑」（「上謂公卿曰」）→「鑑」（「上謂侍臣曰吾聞西域賈胡」）→8→「綱」（「立太子」）→1→5→6→「綱」「目」（「張玄素」）→7

『少微』の記述がシャッフルされているだけではなく、「鑑」と示した三つは『少微』の武徳九年条には存在しない。

一方、『玉堂』は、

4→「鑑」（佞臣）→1→2→3→「鑑」（公卿）→「鑑」（西域）→5→「綱」（立太子）→6→「綱」（張玄素）→7→8

となっている（図5-7）。4を除いて『少微』の順番どおりだが、『大方』と同じ『少微』の武徳九年に見当たらない記事が入り込んでいる。これらは『少微』の翌貞観元年に見えるものだが、ここに持ってきたのはなぜか。

年をまたいだ記事を一カ所にまとめるのは、『綱目』の手法でもある。そこで『綱目』を見ると、「置弘文館」の綱文の下に相当多くの条文が集められている。そのうちここに関係するものだけ示すと「4→佞臣→2→3→公卿→西域→8」という順番になる。そのあとに立太子などのいくつかの綱文が来て、さらに1、5と6がそれぞれの綱文の下にかけられ、ついで張玄素のあとに7が来る（『綱目』は話題の関連性によって、記事を集めている）。

この順番は『大方』と同じである。つまり、『大方』は『綱目』の構造が移築されているのに対し、『玉堂』は貞観元年の記事を前年に組み込んだこと以外は、あまり影響を受けていない。

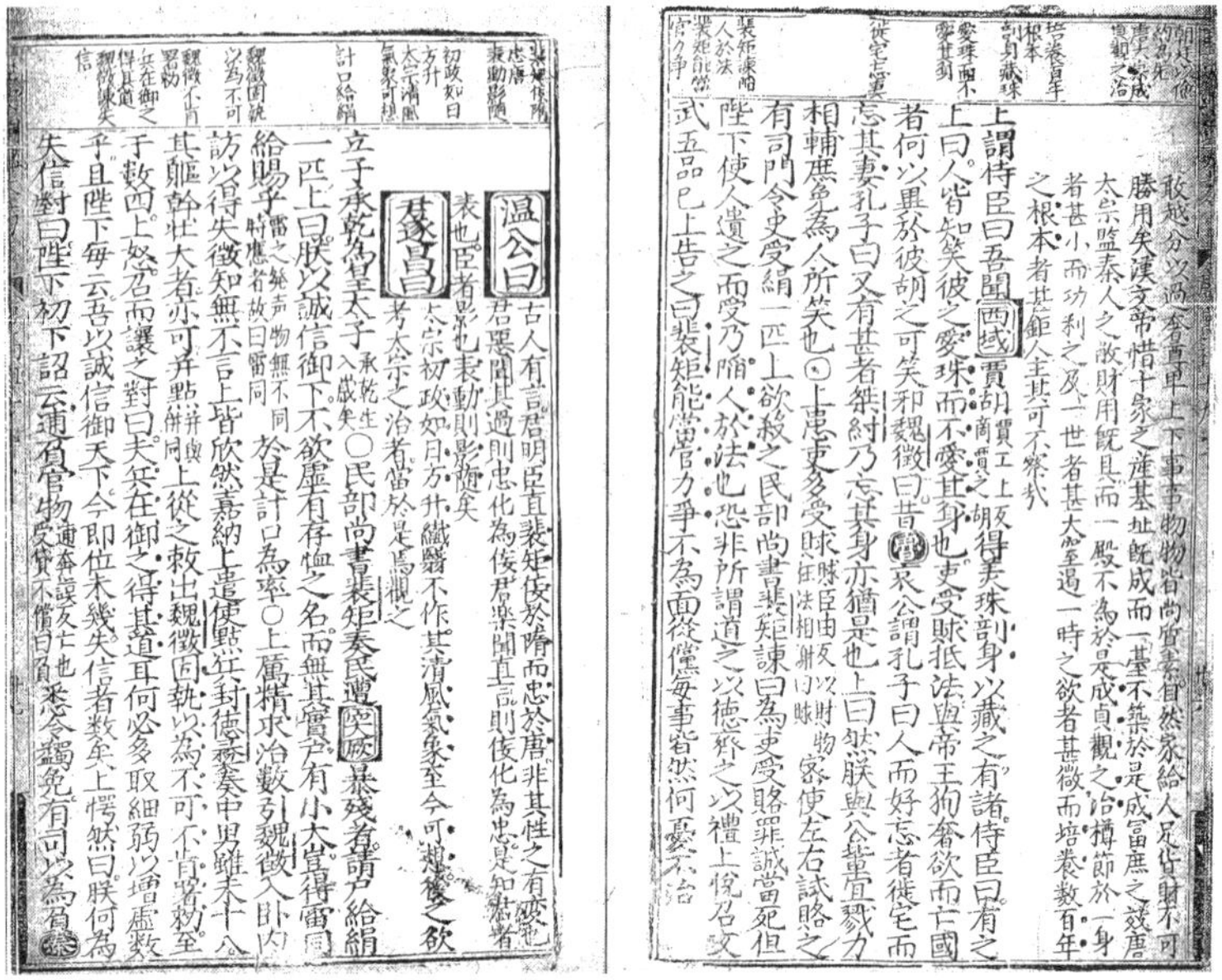

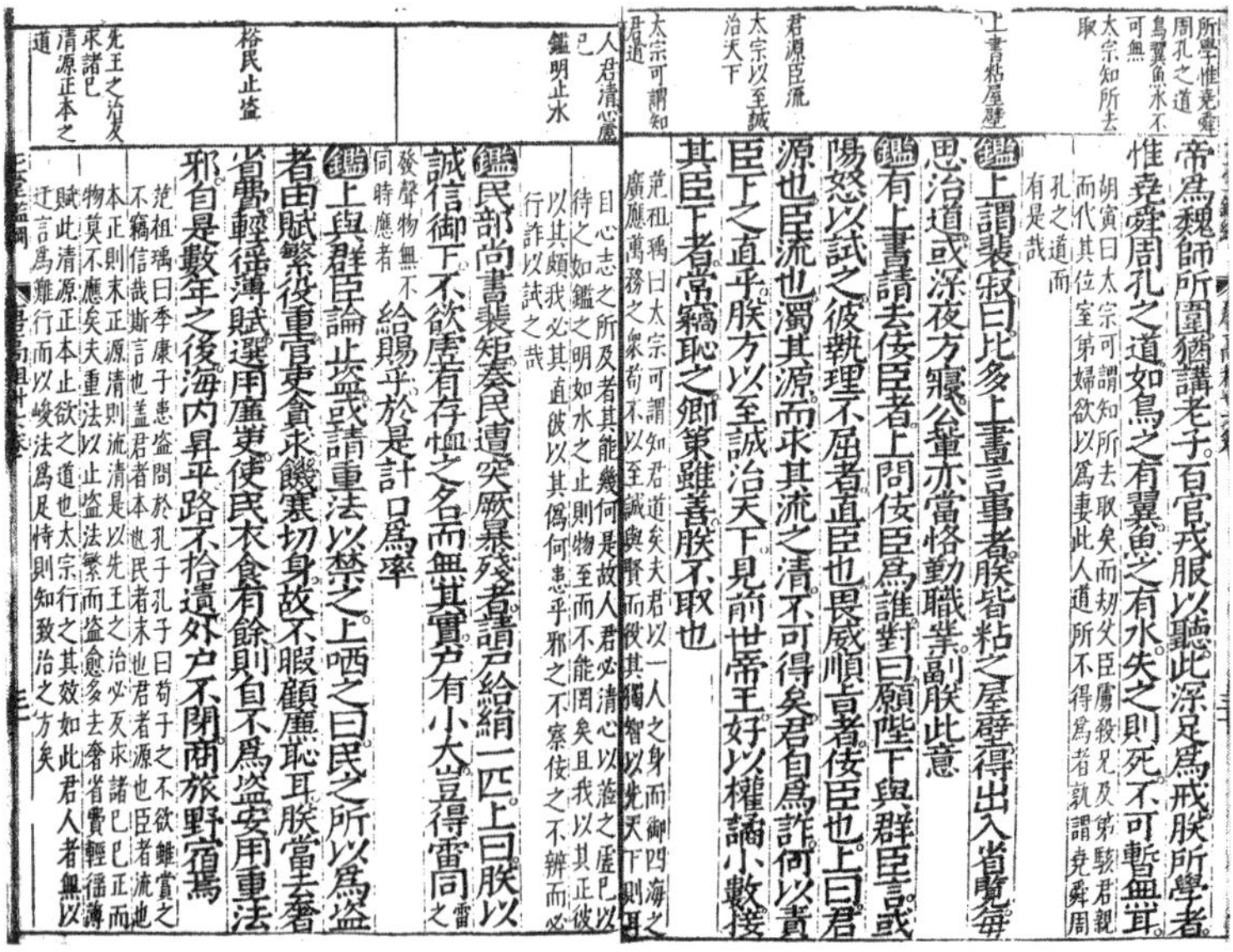

図 5-7　記事の配置の違い（上『大方綱鑑』東京大学東洋文化研究所所蔵，下『玉堂鑑綱』蓬左文庫所蔵）

こうしたところにも、両「綱鑑」の特徴が表れている。『大方』のほうがより強く『綱目』を意識するのに対し、『玉堂』のほうはそれほどでもない。『玉堂』が「綱」の見出しのもとに平気で「目」の文章も引く（目の文章だけのことも多い）のもそうした態度の表れであろう。一方、『大方』は「鑑」の記事にしばしばリード文として「綱」の文をかぶせる（『歴史』の段階で「綱」→「鑑」と明示されることになる）。『玉堂』に比べて、「発明」「書法」の挿入が非常に多いことも、[134]「綱」の血中濃度の高さを示している。また、『大方』が『綱目』を取り入れる際に、かなり複雑な操作をしていたのに比べて、『玉堂』は『綱目』による増量こそ多いが、その挿入はかなり機械的である。

すでに見たように、『大方』の「凡例」を見れば、『綱目』に芯から忠誠を誓っているとは言えない。あくまで『玉堂』との比較問題ではある。しかし、『大方』がかなり細かな操作を行っていることは認めなければならない（あるいはその親本の段階ですでにそうであったかも知れないが）。ましてや、その他の「綱鑑」と比較すればなおさらである。

次に、『綱目』の正編がない部分では、どうなっているかを見よう。

七　『通鑑』『綱目』以前

劉剡は『少微』を出す際に「外紀増義」を作り、さらに宋・元時代について『節要続編』を編集した。ほとんど他人の褌で相撲を取っているとはいえ、結果的には中国通史を一人で踏破していた。しかし、これらは一つのタイトルのもとにまとめられるには至っていなかった。それをやったのは弘治帝の命で作られた『歴代通鑑纂要』だが、その後の通俗史書にほとんど影響していない。したがって、中国通史の普及はやはり「綱鑑」の登場をまたねばならなかったのである。

しかし、『通鑑』『綱目』が扱う前後の時代においては、「本家」が存在しない。劉剡が加工または編集した「外紀増義」『節要続編』については、本編に比べてさほど質が落ちるわけではない。『節要続編』にいたっては、『少微』本編よりも年代記らしいとさえ言える。とくに宋代史については『通鑑続編』というしっかりしたテクストが存在していたことが大きい。

しかし、「鑑」と相棒になる「綱」のほうが問題である。「綱鑑」という看板にこだわるならば、むりやりにでもペアを作らねばならない。その点、『綱目』以後については明朝政府が作った『続資治通鑑綱目』があるが、以前についてはどうしたらいいのか。ここでは権威によりかかることができない。その反面、自由裁量がきくということでもある。じじつ、『大方』と『玉堂』の比較に限っていえば、この部分の差異は正編以上に大きい。まず前史の部分、すなわち天地開闢から春秋時代までを両者がどのように編集しているのかを見てゆこう。

劉剡の「外紀増義」の頭の部分（盤古から舜まで）には『通鑑続編』が使われていた。『玉堂』の文頭の記号は「紀」しかないが、じつは陳桱が使われている。ところが、『玉堂』は五帝紀（伏羲以後）に入ったところで、劉剡本から脱線する（『大方』は線路上にいる）。内容に大きな違いがあるわけではないが、叙述のスタイルを異にする。[135]この原因はどこにあるのだろうか。

さて、陳桱の太古史のあとを引き取るのが金履祥の『通鑑前編』（以下、『前編』）である。というのは逆で、もとは金の作があったから、陳桱はそれ以前のみを扱ったのだった。

建陽の出版人にとって、金履祥は前章でも見たようにおなじみの人物だった。とくに、慎独斎は、『前編』に陳桱による「挙要」[136]、そしてやはり陳桱の「外紀」をつけたものを出版している。[137]ちなみに、この「外紀」には後述する周礼（周静軒）の評語が収められている。康熙御批『綱目』全書の古代史の付録部分は、陳仁錫のテクストをこの慎独斎本に差し替えたものだが（中に「周静軒曰」があるので明らかである）、『四庫全書総目』の筆者はそのことに気づいていない。

『玉堂』は巻一に「劉恕　外紀」と「金履祥　前編」の看板を並べ、堯以後はそれまでの「紀」印に「編」印が加わり、金履祥の使用をアピールする。しかし、『前編』と『玉堂』を比べると、一致しないところが多い。たとえば、堯の時代を比較してみよう。『玉堂』は五載に「越裳氏来朝」の記事を繋げるが、『前編』には見えない。また、七十一載の「舜賓于四門、流四凶族」の記事は、『前編』では七十載に置かれている。七十七載「作楽」、七十八載「神亀負文出于洛」も『前編』には見られない。一方、『大方』は元載以外、記事に繋年がない。

『玉堂』の記事の出処は『前編』ではなく、南軒の『通鑑綱目前編』である。南軒は西安府出身、嘉靖三十二年（一五五三）の進士である。息子は第二章に登場した南居益だが、彼個人は『明史』に伝がない。中央の政治史においては、嘉靖四十二年、序文の肩書きと同じ吏部文選郎中時代に弾劾されていることがかろうじて記録に残っている程度の人である。[138]門人楊光訓の序文によれば、金氏の『前編』が「唐虞」から始まるのを不満に思い、「万世文字の鼻祖」たる伏羲に始まる古代史を編集、八十歳で完成したという。[139]

内容については、『四庫全書総目』が「雑然としていて取るべきところがない」と評し、とくに南軒が金履祥の作を改変しておきながら、金履祥が師の王柏に対して用いた敬称「子王子」を、自分は弟子でもないのにそのまま残している無学を笑っている。[140]ところが、じつは御批『綱目』の底本になった陳仁錫版「綱目全書」に入っているのは『前編』ではなく、南軒の『綱目前編』なのである。御批『綱目』の『前編』は金履祥に差し替えられているのに（だから『綱目前編』ではなく、『通鑑前編』である）、解題を書いた四庫館臣はそのことをきちんと説明していない。

『玉堂』は、陳仁錫本のもとになった万暦二十八年に蘇州知府刊朱燮元刊行の『綱目』セットの中の南軒に目をつけて、使えると踏んだのだろう。南軒の名ではインパクトに欠けるので、金履祥を騙ったのである。しかし、ことさらに目くじらを立てることではないのかも知れない。金履祥の名前の横にならんでいる「京兆　劉恕」の『外紀』にしてもじっさいは改編を被ったものである。本編についても『少微』を使いながら司馬光の名前を掲示しているのだから、同じことである。南軒とて、もとになっているのは金履祥である。それなら、金華学派の重要人物であり、『節要続編』でもおなじみの金履祥の看板を掲げるのは自然の流れである。

一方、『大方』の巻一には「吏部左侍郎《ママ》(141) 李廷機 編纂／内閣大学士 申時行 校正／閩建邑書林余象斗 刊行」とあって、それはそれで詐称だが、『玉堂』のように『通鑑』一族の「正系」の人々の名前を並べたりはしていなかった。それが『歴史』になると、劉恕、金履祥の名前を出してくる。明らかに『玉堂』の影響である。

『玉堂』は堯以下でも、劉剡本の姿とは違う。夏紀の末尾で「禹丙子から桀の甲午まで四三九年」とするが、『大方』では「経世書を按ずるに禹丁巳から桀の甲午まで四五八年」である（殷についても同様に『皇極経世書』に拠っている）。『大方』はここでも「外紀増義」のままなのに対し、『玉堂』は『前編』、直接には南軒を使っている。このように『玉堂』は南軒に拠ることで、『少微』以来の路線からやや外れたコースをあえて選択したのである。

次に、「商紀」の湯王の崩御の記事の後の評語を見る。

『玉堂』――熊禾、胡一桂、胡宏、胡宏（又曰）、許仲翔

『大方』――程子、熊勿軒、胡双湖、大紀論、子王子、胡五峰、許庸斎

前述したように、『玉堂』は名を、『大方』は号をおおむね使う。傍線を引いたものは両者共通である。このうち、熊禾（勿軒）、胡一桂（双湖）はすでに「翰林本」にも見えていた。新増の部分については、『性理大全』巻五九に「程子」「五峰胡氏」「庸斎許氏」が並んでいる。政府編纂の『性理大全』は建陽でも出版されていた。朱子学の教科書だが、儒者たちの古代史への論評も載っている。『大方』が使ったのは『大全』あるいはその改編本であろう。『大方』が同じ胡宏の文章（「大紀」は『皇王大紀』）でありながら、「大紀論」「胡五峰」と別の表記になっているのは、前者が金履祥『前編』、後者が『性理大全』と引用元が違うことによる。『大方』も劉弘毅刊行の『前編』を使ってはいるのである。そして、「子王子」は王柏だが、『大方』にもそれが分からなかった。分かっていれば、王魯斎としたはずである。一方、『玉堂』のこの箇所には「子王子」がないが、本文の改編にともなってよそに引っ

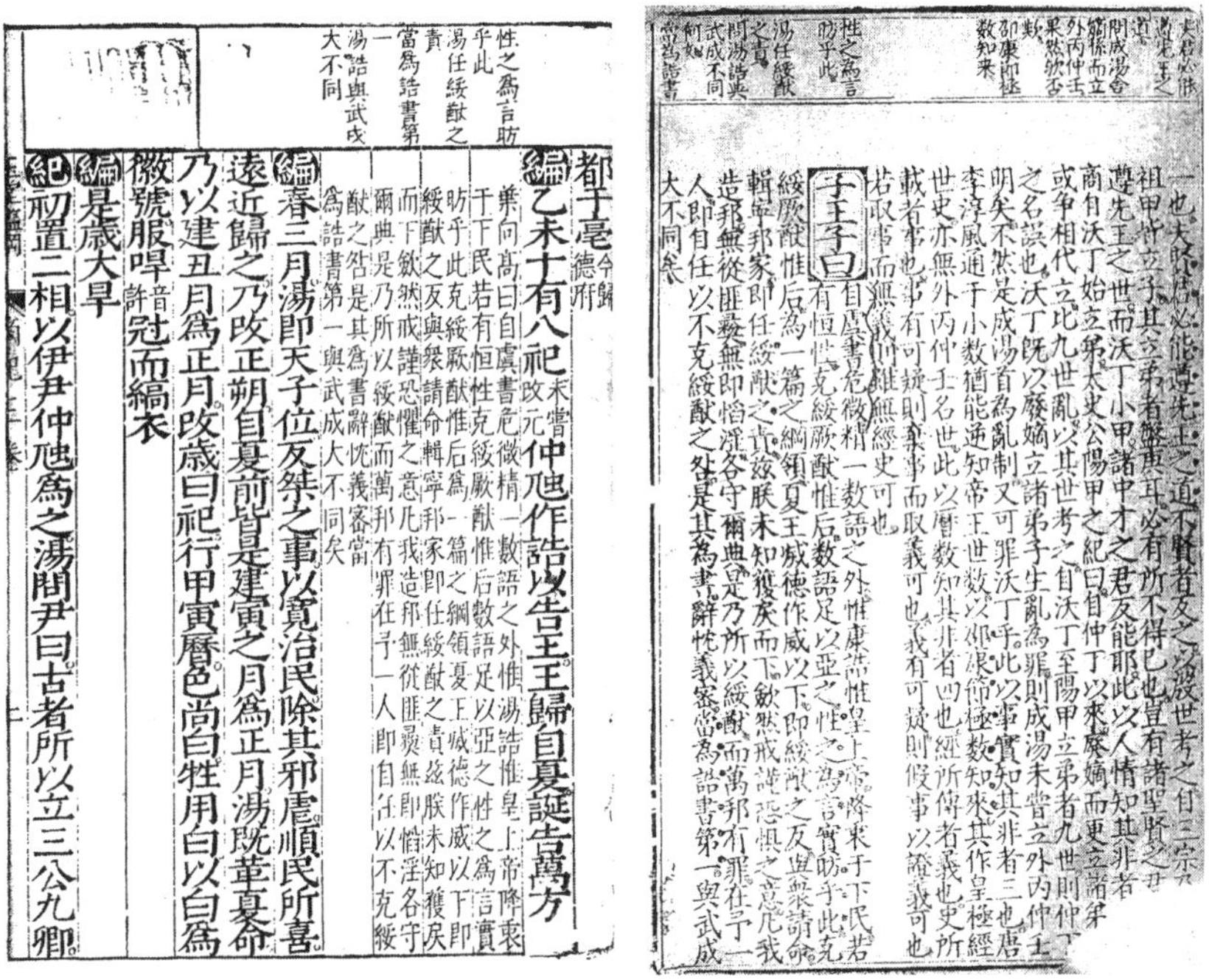

図 5-8　子王子が葉向高に化ける（左『玉堂鑑綱』蓬左文庫所蔵，右『大方綱鑑』東京大学東洋文化研究所所蔵）

越して「葉向高」に化けている[142]（図5-8）。商紀の別の箇所の「子王子」の評語を見ると、そのうち二つを「王世貞」、一つを「王通」と書き換えている（『大方』はやはり「子王子」）[143]。『大方』のように触らずに済ませるのでなく、適当に有名人の名前（王通は隋末の有名な学者）を割り当てたのである。この三例が一応王氏で共通するのに対し、葉向高は似ても似つかないが、場所を移動させたのでバレないと考えたのだろう。

　また、殷王武丁について、『大方』は「呂東莱」「章山堂」「丁南湖」の評語を並べる。丁は別として、あとの二つは『山堂考索』（慎独斎が刊行している）からの引用に違いない。そのうち「章山堂」を、『玉堂』は近人の章懋（一四三七―一五二二）に置き換えている[144]。彼は成化二年の会元である[145]。無知からする当て推量なのか、故意による変換なのかは分からない。その一方で、周紀における伯夷・叔斉への評語として『大方』に載せる「按陳永嘉[146]」「羅景倫」のうち後者を『玉堂』は名前に変換できずにいる（ただし「羅景綸」と誤っている）。羅景倫が『鶴林玉露』の羅大経と知らなかったのだろう[147]。『玉堂』はこのように大小の細工を施している。その大のほうに戻ると、南軒を全面的に使ったのは新味を出そうとしたにすぎない。『大方』がすでに夏以降に関しては、『前編』を使っていた。『玉堂』はそこからさらに新味を出そうとしたのだが、南軒を使ったことをはっきり言わない。

それでは、余象斗はこれにどう反応したか。『歴史』は夏・商・周の途中までは『大方』のままで、どっしり構えているように見える。ところが途中から様子が変わってくる。東遷した平王の記事（巻二）を並べると、

紀元年、編始命秦列為諸侯、編命衛侯和為公、紀秦祀上帝于西時、編癸酉三年、紀己卯九年、編癸未十有三年

傍線部の記事は『大方』にない（別の一条が入っている）。そして、これはすべて『玉堂』に見えるものなのである。ただ、丸写しでは芸がないので、『玉堂』の紀・編表示を時に経つまり『春秋』の表示に入れ替えている（図5-9では桓王期を示した）。王重民が『大方』と『歴史』は中身に違いはないと言っているのは、やはり正確ではないのである。

『通鑑』『綱目』以前には、確たる柱がいない。陳桱は舜まで、金履祥は夏から春秋の前までと時期が限定される。カバーする範囲が広いのは黄帝〜『通鑑』の手前までの劉恕だが、その記事はあっさりしていて、年代記として物足りない。南軒が入ることはその質はともかくとして、年代記としての「充実」を見せかけるのに好都合だった。だから、余象斗もこれを取り込むことをためらわなかったのである。

確たる柱がない分、可塑性も高い。出版競争の中で中身が次第に詰まってきたわけである。むろん、これらはすべてそれまでの古代史作品の遺産を拝借して、切り貼りしただけのものではある。しかし、これらの作品の作り手自身は、知識人としての遠慮（『通鑑』『春秋』『前編』への配慮）によって一貫した古代史を作りあげられなかった。

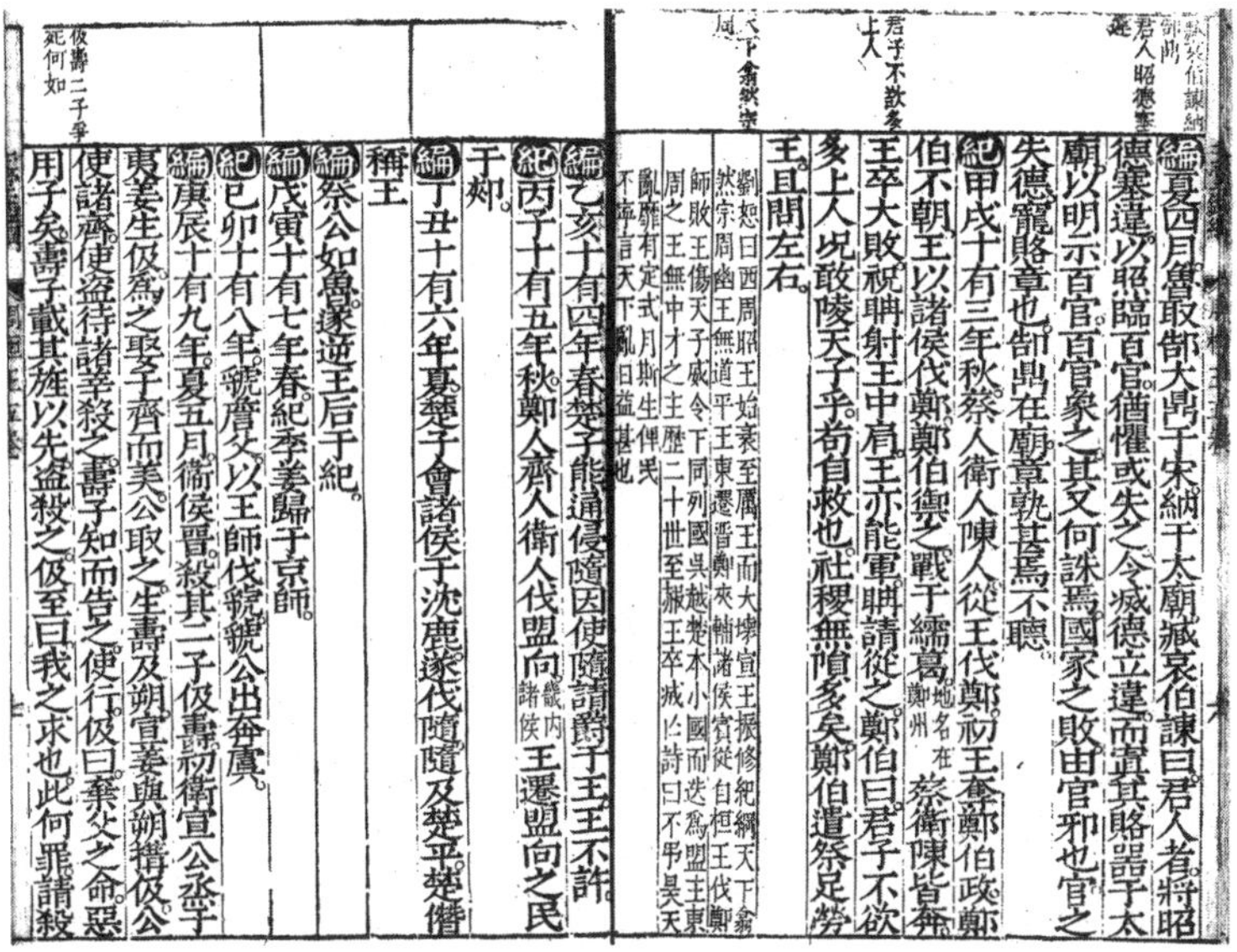

編夏四月魯取郜大鼎于宋納于太廟臧哀伯諫曰君人者將昭德塞違以照臨百官猶懼或失之今滅德立違而寘其賂器于太廟以明示百官百官象之其又何誅焉國家之敗由官邪也官之失德寵賂章也郜鼎在廟章孰甚焉不聽

紀甲戌十有三年秋蔡人衛人陳人從王伐鄭初王奪鄭伯政鄭伯不朝王以諸侯伐鄭鄭伯禦之戰于繻葛（地名在鄭州）蔡衛陳皆奔王卒大敗祝聃射王中肩王亦能軍聃請從之鄭伯曰君子不欲多上人況敢陵天子乎苟自救也社稷無隕多矣鄭伯遣祭足勞王且問左右

劉恕曰西周昭王始衰至厲王而大壞宣王振修紀綱天下翕然宗周幽王無道平王東遷晉鄭來輔諸侯賓從自桓王伐鄭師敗王傷天子威令不行同列國吳越楚本小國而迭為盟主東周之王無中才之主歷二十世至赧王卒滅亡詩曰不弔昊天亂靡有定式月斯生俾民不寧言天下亂日益甚也

編乙亥十有四年春楚子熊通侵隨因使隨請尊于王王不許

紀丙子十有五年秋鄭人齊人衛人伐盟向（畿內諸侯）王遷盟向之民于郟

編丁丑十有六年夏楚子會諸侯于沈鹿遂伐隨隨及楚平楚僭稱王

編祭公如魯遂逆王后于紀

編戊寅十有七年春紀季姜歸于京師

紀己卯十有八年虢詹父以王師伐虢虢公出奔虞

編庚辰十有九年夏五月衛侯晉殺其二子伋壽初衛宣公烝于夷姜生伋為之娶于齊而美公取之生壽及朔宣姜與朔構伋公使諸齊使盜待諸莘殺之壽子知而告之使行伋曰棄父之命惡用子矣壽子載其旌以先盜殺之伋至曰我之求也此何罪請殺

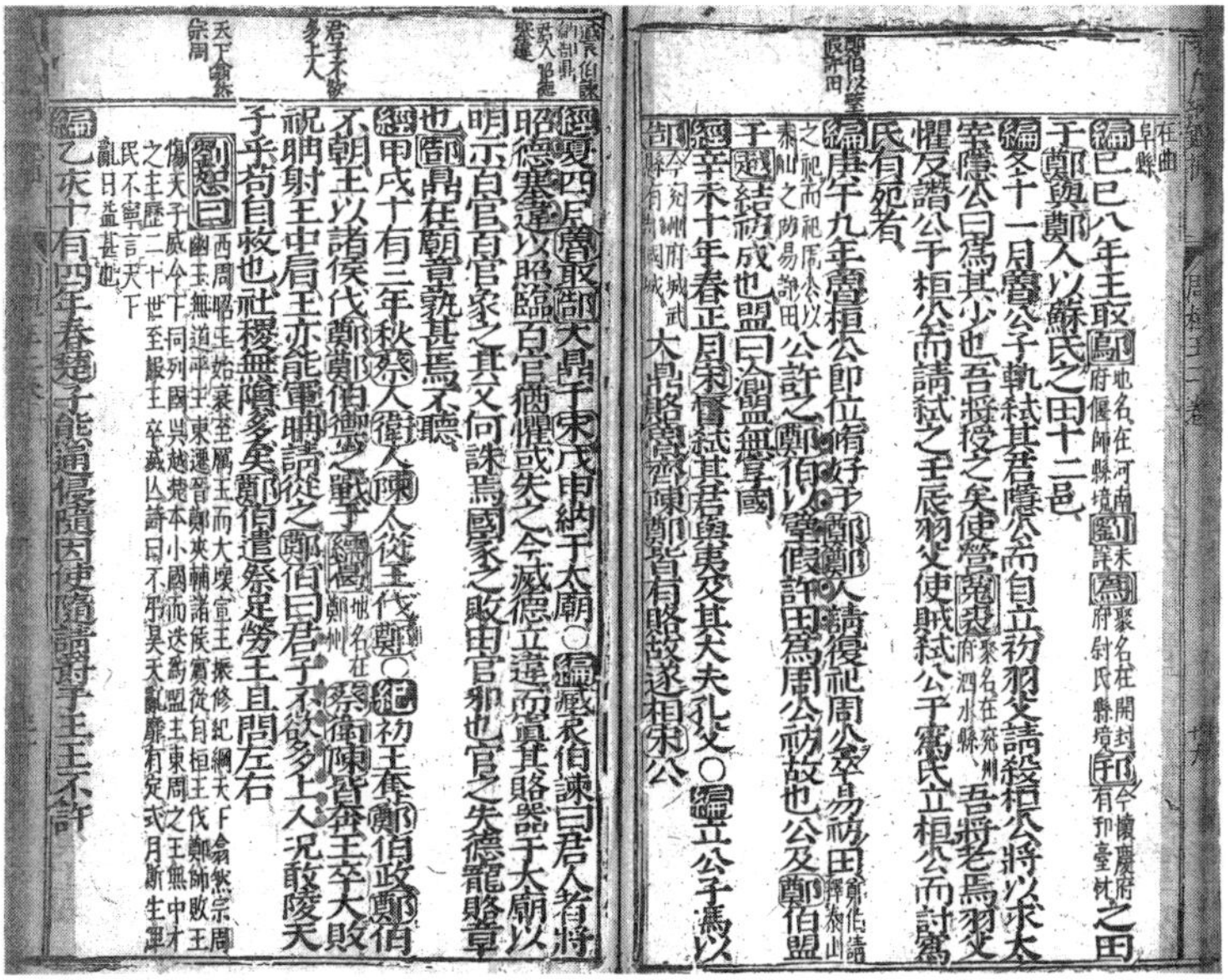

編己巳八年王取鄔（地名在河南府偃師縣境）劉（地名在河南）蒍（聚名在開封府尉氏縣境）邘（今懷慶府有邘臺城）之田于鄭與鄭人以蘇氏之田十二邑

編冬十一月魯公子翬弒其君隱公而立桓公羽父請殺桓公將以求太宰隱公曰為其少也吾將授之矣使營菟裘（聚名在兗州府泗水縣）吾將老焉羽父懼反譖公于桓公而請弒之壬辰羽父使賊弒公于寪氏立桓公而討寪氏有死者

編庚午九年魯桓公即位脩好于鄭鄭人請復祀周公卒易祊田公許之鄭伯以璧假許田為周公祊故也公及鄭伯盟于越結祊成也盟曰渝盟無享國

經辛未十年春正月宋督弒其君與夷及其大夫孔父○編立公子馮以郜大鼎賂魯齊陳鄭皆有賂故遂相宋公

經夏四月魯取郜大鼎于宋戊申納于太廟○編臧哀伯諫曰君人者將昭德塞違以照臨百官猶懼或失之今滅德立違而寘其賂器于太廟以明示百官百官象之其又何誅焉國家之敗由官邪也官之失德寵賂章也郜鼎在廟章孰甚焉不聽

經甲戌十有三年秋蔡人衛人陳人從王伐鄭○紀初王奪鄭伯政鄭伯不朝王以諸侯伐鄭鄭伯禦之戰于繻葛（地名鄭州）蔡衛陳皆奔王卒大敗祝聃射王中肩王亦能軍聃請從之鄭伯曰君子不欲多上人況敢陵天子乎苟自救也社稷無隕多矣鄭伯遣祭足勞王且問左右

劉恕曰西周昭王始衰至厲王而大壞宣王振修紀綱天下翕然宗周幽王無道平王東遷晉鄭來輔諸侯賓從自桓王伐鄭師敗王傷天子威令不行同列國吳越楚本小國而迭為盟主東周之王無中才之主歷二十世至赧王卒滅亡詩曰不弔昊天亂靡有定式月斯生俾民不寧言天下亂日益甚也

編乙亥十有四年春楚子熊通侵隨因使隨請尊于王王不許

図 5-9　『玉堂』の影響（上『玉堂鑑綱』蓬左文庫所蔵，下『歴史綱鑑補』国立公文書館所蔵）

そんな遠慮とは無縁な編集者が一本筋を通した年代記に仕立てあげたのは、やはりなかなかの力技と評すべきであろう。

中国の当時の読者がこの部分をどう読んだかはまた別問題だが、けっこうまともに受けとめたのがイエズス会士たちである。キリスト教徒として天地創造以来の年代計算に非常に神経を用いていた彼らに[148]「綱鑑」の記載はショックを与えた。さすがに、盤古や三皇の話については、彼らの聖書観で受容できる時間枠を大きくはみ出すぎており、またその記述も抽象的で相手にする必要なしと片づけることができたが、伏羲以下については実在した人物と考えられた。そして、治世の年数からの逆算（伏羲はたいてい紀元前二九五二年に治世を開始したとされた）と聖書の年代観とのすり合わせが大真面目に行われた。イエズス会士はたびたび「綱鑑」に言及し[149]、十八世紀のド・マイヤはその『通鑑綱目』の仏訳（康熙帝の時代に作られた満語訳にもとづく）の序言において袁黄の名前を出している。十八世紀ともなれば、宣教師たちも個々の正史を手に取るようになり[150]、ド・マイヤも「正史（二十一史）の縮約にすぎない袁黄の作」を見下している。

綱鑑（kang-kien）はその正確さにおいて二十一史（Nien-y-sse）とは随分異なり、その節略にすぎない。「綱鑑」のモデルを作ったのは袁黄 Yuen-hoang で、進士の学位を得て万暦年間、一五九〇年ごろに兵部の小官となった。彼には多くの著作があるが、その中にシナの通史の節略がある。きちんと仕事がされていれば、すばらしい業績になっただろうが、帝国の真の歴史にのみ即かずに、秦漢時代の古代の道士のほらをもちこんでいる。しかし、値段が安いので普及した。さらに多くの文人が名声をあげるためか、貧困から逃れようとしてか、同じ「綱鑑」のタイトルのもとに縮約を作ったが、その評価は高まるどころか、完全に地に墜ちた[151]。

しかし、『史記』以下の正史を通読して、全体的に歴史を把握するのは至難の業である。だからこそ、ド・マイヤも『綱目』（前・続編も含めて）の翻訳を企図したのであった。彼が袁黄をこきおろしながらその説明に字数を費やしたのも、『綱目』全書に先行する試みとしての「綱鑑」に触れないわけにはいかなかったからである。正調中国史書から見れば、ごった煮にすぎない「綱鑑」だが、少なくとも十七世紀のヨーロッパ人には、経でもあれば史でもある『旧約聖書』にけっして遜色がない、いな歴史書としての充実度はこれを上回ると見られただろう。だからこそ、イエズス会士はこれを放置できず、『旧約』の世界観にうまく収まらない中国の歴史にあえて向き合い、これを相手取らざるを得なかったのである。

八　続編同士

「正編」以後の「綱鑑」は、『続資治通鑑綱目』（以下、『続綱目』）『節要続編』の続編同士がコンビとなる。(152)ただし、「正編」の取り合わせと事情が少し違う。『少微』は『綱目』以後にできた可能性もあるが、今回は『節要続編』、『続綱目』という順番である。王朝政府に先立って宋・元通史を作ったのは建陽出版人であった。

その『節要続篇』から遅れること半世紀近く経った成化十二年（一四七六）に『続綱目』は完成したが、編纂自体はすでに景泰年間に計画されていた。この計画が土木の変のショックによるものであることはすでに指摘されているが、(153)それは「中華を尊び、夷狄を卑しむ」といった抽象論にとどまらない事情を含んでいた。「正統論」は今や現代史の問題となっていたのである。

朱子の正統論は直接には五代までしか扱っていない。ポスト朱子の正統論はその延長線上に構想され、具体的には陳桱の『通鑑続編』が朱子のそれに忠実に宋の天下統一以後に正統を与え、ついで南宋を「正統の余」として、遼・金そして統一前の元の年号を分注の形で示した。陳桱が扱ったのは宋の滅亡までだが、元代の歴史家であり、元朝を当然「大元」と書く彼が天下混一後の元に正統を与えていたのは確実である。しかし、この延長は朱子の知らない話である。死人に口なし、だから前に見た『大方』の「凡例」のように「朱子の変例に従って」などということを言い出す者が現れる。

明人にとって、これは勝朝の問題にはとどまらず、現代史に関わる事柄でもあった。モンゴルがその気になれば、正統を主張できる権利を有していたからである。元朝が北京から退場した後の北元は、朱子の正統論を適用すれば、「正統の余」とみなすことができる。北元の直系は一三八一年に一応絶えるが、土木の変で皇帝を拉致し、王朝に大きな動揺を与えたエセン率いるオイラート部、そして十五世紀末のタタール部の台頭は明朝にとって依然脅威であった。もし、元朝の正統を承けていると称する者が出てきた場合（じっさい、オイラートのエセンや『続綱目』完成後に可汗位に即いたタタールのバトゥ・モンケ（ダヤン）は明に対して「大元可汗」を称した[154]）、正統がすでに明の手に移っていることを示すための理論武装が必要になる。

むろん、『続綱目』の記述は現在の王朝には及ばないので、明が正統を承けていることを直接に年号で表示することはできない。しかし、終盤「我太祖」を連発し、その動きをクローズアップすることによって、間接的に北京占領以後の正統の所在を示そうとしている。

『続綱目』は紆余曲折を経て成化朝にようやく完成したが、その三年前に欽定版の『綱目』が出ている。御製序は「「考異」「考証」といった民間の研究には不十分なところがあるから、「凡例」にもとづき、校訂を行って決定版を作った」と宣言するだけで、表向きは王朝政府の文化事業の一環を装うが、それだけではないだろう。『綱目』→『続綱目』と連続した「正統論」を鮮明に打ち出す必要があったのである。

こうした現代的関心をもって編まれた『続綱目』ではあるが、朱子の正統論をおおむね受け入れつつも、先行する年代記と少し立場を異にする。『元史続編』は杭州が陥落した至元十三年（一二七六）に元に正統を与え、『節要続編』は三年後の宋の滅亡まで宋に正統を与える。後者は『通鑑続編』に従ったものであるが、陳桱は宋の滅亡まででしか語らない。『節要続編』は祥興二年二月まで宋に正統を認め、元の年号（至元十六年）を分注にしながら、その一方で元紀のはじめで至元十六年を大書するという奇妙なことをやっている。わずか一ヶ月くらいだが正統がダブってしまうのである。これに対して、『続綱目』は、その翌年から元に正統を与えている。

次に正統論を離れて、『続綱目』の史書としての出来を見る。まず、書法については朱子の路線(とはいっても「凡例」のそれだが)にほぼ忠実である。『続綱目』にも「凡例」はあるが、「正統」以外の書法についての記載がないのは、朱子の「凡例」をそのまま受け入れたということを示している。

二十七巻という分量は、『綱目』の五十九巻の半分足らずである。『綱目』が千三百六十二年の歴史を扱うのに対し、『続綱目』の守備範囲は三分の一の四百八年間である。量と質とは別の問題だが、密度はかなり濃く、記事の選択にもかなり細かい配慮が払われている。宋については先行する陳桱の『続編』があるから条件はよかったが、『節要続篇』のように陳桱によりかからず、また陳桱がほとんど三史によっているのに対し、正史以外の編年史料を使い、かなり複雑な操作を経て記述を組み立てている(その材料組成を検討しようとしたが、途中で匙を投げ出した)。『元史』については全く検討していないが、材料が『元史』の外にそうあるわけではない[155]。それでも、『元史』の節略本しか使えなかった『節要続編』に比べれば条件はよい。そして、先行作である『節要続編』を参考にすることはあっただろうが、その痕跡は目立たない。

『綱目』は刊行から公定の教科書になるのに約二十年の時間がかかったが、こちらはもとから公定である。『綱目』が中央政府によって認証されたのに呼応して尹起莘が『発明』を上呈したのと同じことが、『続綱目』の場合にも起こる。しかも二人である。明らかに尹起莘を意識したふるまいである。弘治元年(一四八八)に『続綱目広義』(以下、『広義』)を朝廷に献じた張時泰は、進呈表の中で著作の意図を「尹起莘が朱子『綱目』を発明した意図をもって仕事をしました」と述べている。なお、この張時泰も尹起莘同様、無名の人物であった。当時の身分は「吏部聴選監生」つまり、進士になれる見込みはどうやらなく、監生のまま任官をまっていた人である。この献呈は一種の就職活動でもあったはずで、あきらかに新帝即位のタイミングを狙っている。さいわいこの書は進呈表の末尾に聖旨も頂戴している[156]。先帝の御製序をいただく書物への反応は歓迎さるべきことであったに違いなく、献呈の記事は『明実録』にも見える[157]。『広義』の羅玘序文[158]によれば「秘閣」に所蔵されたと言い、出版もされた[159]。『広義』献呈の十年後に二番煎じとして、監生よりさらにランクが落ちる余杭県儒学の増広生員の周礼が「続綱目発明」を朝廷に献じた。張が尹起莘の衣鉢を受け継ぐと言いながらその名を「広義」としたのは、おそらく尹への遠慮からだろうが、こちらは遠慮なく「発明」を名乗っている。二番手といえば、『綱目』の劉友益の役回りだが、劉が尹起莘になんら言及しないのと同様、周礼も十年と離れていない『広義』に触れるところがない（周礼の自序は弘治九年の日付を持つ）。

「続綱目発明」に序文（弘治十八年）を寄せた同郷の進士仰儒[160]によれば、彼が周礼に進呈を勧め、周はそれを拒んだが、こっそり写して本人のかわりに上進したのだという[161]。周礼の名で出された進呈表の日付は弘治十一年である。彼の進呈表には、張のような「聖旨」がついていない。仰儒は「孝宗皇帝は深く嘆賞し、周礼を抜擢しようとしたところで崩御した」と言う。これらすべての日付を信じるとすると、献呈から七年も経っているのにその間皇帝は何をしていたのかということになる。本人になりかわって進呈したという点も含めて、この仰儒の序文が真実を語っているか疑わしい。『実録』にも張時泰と異なり、進呈の記事はない。そして、「続綱目発明」の単行本も少なくとも現存はしていない。これが広まるのは、『広義』とともに慎独斎刊行の『続綱目』に組み込まれてからである。

周礼（字は徳恭、号は静軒）という人は著述の世界では、少し名が売れていた。その著作としてほかに「綱目折衷」「通鑑外紀論断」「通鑑筆記」が知られており、黄虞稷『千頃堂書目』巻五は、前二者は「続綱目発明」とともに「弘治中に進呈された」とする。これを信じれば、彼は『通鑑』『綱目』の前・正・続へのコメント三点セットを売り込んだということになるが、これはまともには受け取れない。『千頃堂書目』には「発明」の巻数が記されておらず（『広義』のほうは巻数が書かれている[162]）、黄虞稷はおそらく周礼の著書を実見したのではあるまい。『続綱目発明』には曲がりなりにも進呈表と周礼の自序、仰儒の序文が残っているが、他の二書についてはそうした周辺情報がない。そもそも、一緒に献上されたのなら、周礼の「進呈表」に記されるはずである。著作の有無は別としても、三書がともに進呈されたとは考えにくい。「外紀論断」に該当するのは、慎独斎が刊行した『綱目前編』付録の「前編外紀」に登場する「周徳恭曰」である。しかし、これは単行本を慎独斎が組み込んだのではなくて、もとからこの形だった可能性がある。「三書進呈」というのは、周礼を史学ブランドに仕立てるための売り文句で、それを『千頃堂書目』は書きとめたのではないだろうか。

周礼と劉弘毅の間に関係があったことは、『読史管見』の慎独斎刊本に「周徳恭句読」とあることにもうかがえる[163]。その後、建陽書肆が出版した小説『三国志』をはじめとした歴史小説にはしばしば周静軒の「詠史詩」が載り[164]、彼の名はさらに広まる。

『綱目』の尹起莘、劉友益と写し画のように、『続綱目』には張時泰と周礼がいた。尹起莘、劉友益の著書は単行本としてある程度世に行われていた。その存在に「身内」以外の他者が言及し、建陽刊の単行本も存在する。しかし、彼らの名前が普及したのはやはり『綱目』の集注本に組み込まれたからである。張時泰や周礼はなおさらである。

二人だけではない。『続綱目』自体、建陽の書肆が出版し、さらに「綱鑑」へと繰り込まれることによって（その段階では原型はとどめていないとはいえ）、広く知られるようになったのである。

九　『続綱目』の叛臣

それでは正編同様に、『節要続編』への『続綱目』挿入の様を『大方』について眺めてみよう。とくにここでは元代について見たい。

最初に確かめておくべきは、年号表記の問題である。『節要続編』の場合、統一後の元に正統を与えていたことはすでに見た。それは慎独斎以後の後継本でも変わらない。しかし、『大方』はクビライが天下を統一した後も、元には正統を与えず、王朝がほかにあるわけではないのに、干支表記の下に元の年号を分注する。それは『玉堂』も同様である。

前述したように、その根拠は丘濬にあった。しかし、同時に彼のユニークな正統論（秦や晋・隋にも正統を認めない）を『大方』は取っていない。全面採用もできたはずなのに、夷狄に関わる部分だけを採用したのだった。モンゴルを憎悪する明人のいかにもやりそうなことではある。しかし、王朝政府による『続綱目』もそこまではやらなかった。『世史正綱』以前の『節要続編』もそうだった。それは正統論の常識が生きていたからである。両「綱鑑」が元を無統扱いにしたのは、直接には丘濬を参照したのだが、より大きくは時流に迎合したと言うべきである。

次に中身を見てゆこう。『節要続編』の元代部分は、大半が『元史節要』からなっていた。宋史部分に比べれば、ほとんど丸写しに近いが、結果的には記事も細かく拾われることになった。これに『続綱目』が加わることで、安定度が出るはずである。とくに『綱目』の導入に神経を使っている『大方』にはそれが期待されよう。

ところが、そうした努力がここではほとんど放棄されている。正編での熱意が感じられない。それどころか、「鑑」（『節要続篇』）の長所までも切り捨ててしまっている。一例を挙げれば、皇帝の所在地表示である。これは編年史書の基本中の基本である。『綱目』では、皇帝の移動は「如○○」「還××」と書かれる。『元史節要』の記事を鸚鵡返しにする『節要続篇』もまた、これを欠かすことはほとんどない。『大方』はこれをないがしろにする。『節要続編』が元に正統を与える至元一六年以後五年間のクビライの動向を拾うと、

至元十六年八月↓上都、十七・三↓上都、九↓大都、十八・正↓漷州、二↓柳林、三↓還宮↓上都、八↓大都（閏月）、十九年・正↓柳林、二↓還宮、三↓上都、（八↓大都）、二十年三月↓上都、十月↓大都

となる（カッコ内は『続綱目』の繫月。傍線部は『続綱目』にない）。

まず、これは完全な記録でない。十七年三月の上都行きの前に大都に戻っていることが記されていない。これが、『続綱目』ではどうか。前述したように『続綱目』は『節要続編』よりさらに一年遅らせて、至元十七年（宋朝滅亡の翌年）から元朝に正統を与えているために十六年の移動が記されないのである。それ以後は上都・大都間に限定して、近場への狩猟旅行はカットしているが、『節要続編』で誤っていたところが正され、十九年八月の大都帰還も補われている。

『大方』にはこれが一つも記されない。元に正統を与えないのだから、この措置はそれに見合っていると言える。しかし、この無視はそうした原則論を超えた無関心におそらく由来している。その一方で、この間に亡くなった文天祥関係の記事はそのまま残っている。やや後の謝枋得も同様である。

翌二十一から二十二年にかけてしきりに海外遠征が行われた。『節要続篇』では、

二十一年正月、建都十二処降伏（前年十一月）。（二、王積翁を日本に派遣）。四、征緬軍敗北。七、占城遠征。十一、勝利。（十二、安南王の抵抗）。

二十二年正月、安南に大勝。四、王敗走（五月）。九、交阯遠征軍に帰還命令（翌年正月に繋ける）。十、征東行省を立てて日本遠征を計画。

の記事があり、『続綱目』も文章や記事の配置場所は随分異なるが、言及がないのはビルマ遠征だけである。『大方』はやはり一つも触れない。

また、『節要続編』や『続綱目』には、元朝の数々のクーデタにそれなりのスペースが割かれている。武宗の入継しかり、天暦の内乱しかりである。ところが、『大方』の武宗即位関連の記事といえば、「帝崩于玉徳殿。懐寧王立。是為武宗」「夏五月、帝即位于上都」これだけである。政変の中身は全く分からない。天暦の内乱についてはまだマシだが、読んでも事態を把握できないのは同じである。

つまり、『大方』（そして『玉堂』も）は元朝の中央政府の動きや、対外関係にほとんど関心を示さないのである。

何よりも、『節要続編』から『大方』ではスタイルが変わっている。『節要続編』では元が宋に附紀されている時でも、たとえばオゴデイの即位時には「元太宗」と標目が立てられ、その下に人物紹介がなされているし、書耳の部分にも「宋理宗　元太宗」と記されていた。しかし、『大方』となると、オゴデイの即位は本文の一こま扱いにすぎなくなっている。

その一方で、『節要続篇』を丁寧に保存するところもある。（後）至元二年の全記事は以下のとおりである。

> 正月宿松県地震。五月、黄河が故道に復す。南陽鄧州で大霖雨。この月乙卯から六月甲申まで湍河・白河の大水害。泰州で山崩れ。江浙で春から八月まで旱魃。十二月、江州諸県の飢饉。地方官の善政で民は飢えず。

すべて『節要続篇』から取ったものだが、この年の『節要続篇』にはほかに七つの記事がある。その中からこれらを選ぶのは明らかに意図的である。もともと、『元史節要』自体がローカルな災害も一々拾っているので、時々災害リストを読まされている気分になるのだが、『大方』はさらに極端である。天命が早い段階で元を去り、明の興起が予定されていたことを示すためだとはいえ、史書としてのバランスをほとんど失っている。

『節要続編』から残されたものでもう一つ目立つのは、江南人士の動向である。朱公遷もしっかり生き残っている（『続綱目』は当然ながら、朱公遷や程復心を取り上げていない）。つまり、先輩の力の入れどころはよく分かっているし、建陽史書の特色は大切にするのである（宋代における劉氏一族の記録も残った）。

要するに、『続綱目』は元代の部に関しては、ほとんど生かされていない（宋代の部では「広義」「発明」の活躍が目立つが、元朝は記事自体が少ないので出番がぐんと減る）。『綱目』正編の取り入れに精力を使い果たしてしまったのかもしれないし、しょせん続編でしかない『続綱目』に重みがないということもある。丘濬を押し立てて元朝に正統を認めなかったことも、手抜きの言い訳にはなる。しかし、「綱」導入がほとんど機能していないという事実は残る。

『節要続編』は宋と元の通史という構成上、それなりに元代史にも字数が割かれた。しかし、そうした編集上の理由だけでなく、『元史節要』に梁寅の『元史略』を併用するなど、それなりの労力をかけていた。そして、明代前・中期までは元代史に対する一定の関心が存在した。丘濬、何喬新などがその例である。それらはほとんど否定的な評価であったにせよ、無視よりはましであろう。宋・元史というくくりをこえて、それが中国通史に組み込まれた時、元史の位置はきわめて軽いものになった。「綱鑑」における元史の位置とはそうしたものだが、それは明人の元代史観に見合ったものでもあった。

むすびに

以上、『大方』『玉堂』の両「綱鑑」について、『通鑑』『綱目』の正編部分の前から後まで駆け足で見てきたが、これで「綱鑑」のすべてを語ったことにはならない。『大方』そして『玉堂』は万暦年間に簇出した「綱鑑」群の中では「良心的」な部類に属し（そのほかに『世史類編』『歴朝紀政綱目』もこちらに数えてよい）、年代記としての工夫という点では、他の「綱鑑」には大きく水をあけているからである。他の「綱鑑」はその分、論文対策をより前面に押し出して別途の工夫を講じているのだが、史書の本体である正文はスカスカで、『少微』と変わり映えがしなかったりする。それらに比べれば、両書が年代記としての体裁を整えながら、評林としても機能していることは評価すべきである。とくに、『大方』のきめ細やかな工夫には頭が下がる。それを継いだ『歴史』は袁了凡の名前を冠したことがヒットの要因だろうが、この本が明代の「綱鑑」の中で一番名前が残ったのには、それなりの理由があるのである。

『玉堂』もまた、何とか新味を出そうと様々な機軸を打ち出した。百パーセント『玉堂』に由来するかどうかは保証の限りではないが、まず『綱目』の文章が増量されているのが特色である。それが『大方』はじめ他本との差異化戦略であって、記事をある史観にもとづいて選択して挿入したというより、機械的な作業だったことは否定できない。それでも、『少微』の年代空白にとりあえず詰め込んだというわけではない。全体的に見ると、やはりある種のバランス感覚のもとで記事が挿入されているし、『綱目』の挿入法は『大方』に比べて単純だが、目文の中の縮約はそれなりに工夫され、すんなり読めるようになっている（ただし、『大方』になく、『玉堂』にある「綱」には注が余り入っていない。「集覧」なり「質実」なりを使える箇所もあるだろうに、さすがにそこまでは手がまわらなかったのだろう）。『歴史』にその影響力では遠く及ばないが、やはり数種の版が出ているのは頷ける。(165)

こうして、両書は元代を除けば、何とか「読める年代記」たりえている。『少微』においては五、六年飛ぶのが当たり前で、編年史書としてはいささかさびしいところがあった。「続紀」を正し、年代表記において『綱目』に忠実であるように見えるが、『綱目』が何も事件がなくとも年だけは記して、節本なりに年代記の規矩を守ったのとは対照的である。その点、両「綱鑑」は『少微』のあちこちに空いた穴を埋めることで、何とか編年史書としての名実を取り戻したと言えるであろう。

同時に、双方ともアプローチは違うが、評語の充実にも努めていた。その多くは『性理大全』などの類書由来であったと考えられるが、検索の努力は小さいものではない。評の中には偽託あり、別人との取り違えありで、評者に対する敬意のかけらもなく、「〇〇曰」は一種の記号と化している。しかし、真の評者が誰であろうとそこに林が植わっていることが、彼らにとっては大事である。その中身はといえば、文章をひねっている割には常識論が多く、李卓吾のような警抜なものにはなかなかお目にかかれない。それでも、「史評」の時代を李卓吾ばかりに独占させておくべきではない。そもそも李卓吾の批評自体が評林文化の産物なのである。次から次へ「綱鑑」がなぜ手をかえ品をかえ出てきたかといえば、やはり評の部分の占めるウェイトが大きく、それだけの需要が存在していた。『玉堂』の李京のような人まで参入してくる「評林」のトポロジーを見定めることは、おそらく明末の文化を理解する一つの鍵となるであろう。(166)

そして、いかにも建陽らしいのが、材料の切り貼りの方法である。注においてもこれまでの建陽の遺産がフル活用された。その質は別として、「集覧」の王幼学は特に建陽出版の書物を駆使して注釈をつくり、またそれをもとに『少微』の「釈義」が作られ、「質実」という追随者が出た。そして「集覧」「質実」は『少微』後期本、さらに「綱鑑」に利用されてゆく。

こうした方法は、まともな注釈学者の仕事に比べれば安直で、同じ『通鑑』の胡注のような「個性」を感じさせるようなものではない。しかし、やや機械的かも知れないが、必要な情報を提供しようというクールさが感じられる。「苦節三十年」の王幼学（彼個人に建陽と関係があったかは不明だが、その仕事は建陽的である）、「経に明るい」王逢、実態がさだかでない馮智舒、そしておそらくは彼らの名前のもとで作業に当たった人たちや、工房を差配した劉剡、劉弘毅の仕事ぶりは、「綱鑑」の編者たちにも受け継がれていた。

我々の手には、「正史」がそして『通鑑』が当たり前のようにしてある。しかし、そうした状況が生まれたのは江南でさえ、「綱鑑の時代」より後のことである。一冊一冊の本を資源にたとえるなら、それまでは少資源の時代であった。その貧しさの中、資源が比較的潤沢にあったのが出版の中心地建陽であり、そこには代々編集工房が営まれ、集中した資源を利して様々な仕事を行ってきた。清人が豊かな時代の高みから、それらの仕事を笑うのはたやすいが、それは少し前までの南全体の「貧しさ」の表れでもあったのである。

そして、「綱鑑」の最大の意義は、やはり一つのタイトルのもとに中国通史を実現し、それに普及力を持たせたことである。『通鑑』一門の歴史はある種の「遠慮」の歴史である。そもそも『通鑑』は『春秋』に遠慮して三歩下がって、三晋の分立から切り出した。『綱目』もまた『通鑑』の縮約だから当然とはいえ、少し前方に手を伸ばして呂祖謙『大事記』のように「獲麟」から始めるという選択肢をとらなかった。金履祥『通鑑前編』は前史に手を出したが、『尚書』の範囲に限定して先に進まなかった。元末の太古史の小流行の中で陳桱がついに盤古にまでさかのぼったが、今度は金履祥と『通鑑』に遠慮した結果、『通鑑続編』は巻一太古、巻二契丹、その後が宋代という奇態な書物となった。奇態ではあるが、この陳梱の態度こそが古典に対する知識人の態度の典型でもあった。こうして彼は宇宙開闢から近代に至るまでの年代記の書き手という栄誉を手に入れそこなった。

同じように、太古と近代の両方に手を出した劉剡にはそんな遠慮がなかった。ほとんど他人の褌で相撲を取りながら、そこに自分の技も加味して外紀・正編・続編すべてに関与して三書で通史リレーを完成させた。そしてその後輩の「綱鑑」の作り手たちが三書の垣根を取り払った時、ここに中国通史が完成したのである。先例として『歴代通鑑纂要』があるとはいえ、そこには建陽の編集の工夫はない。まず手にとってもらわねば話は始まらないのである。そのために編集工房はフル稼働し、それを駆り立てたのが激しい出版競争だった。しょせんは営利が目的だが、その結果できあがった通史が西洋人の宣教師を瞠目させることにもなったのである。

結　語

本書では、宋代と明代の福建の士大夫と出版人をそれぞれ第一部、第二部の中心にすえて、官僚社会における福建人の位置、建陽出版界の中国文化への影響力をそれぞれ限定された局面においてではあるが、概観してきた。それぞれはおおむね福建の二つの地文、すなわち沿海部（宋代でいえば下四州）と山間部（上四州）の区分けとも対応している。取り上げた劉克荘や明末の福建人たちはほとんど沿海部（福・興・泉・漳）の出身であり、出版は内陸部の建陽で行われたが、福建一般として話を進め、沿海・内陸の地文の違いがそれぞれ独自の人文を形成したことを意識した叙述にはしなかった。それは福建一省の歴史を研究する人たちに委ねたい。(1)

そもそも福建を宋代以降「八閩」と呼ぶようになったこと自体がその多様性を物語っている。「八閩」のもとになった「七閩」は『周礼』職方氏に「四夷、八蛮」に続けて出てくる表現であり、これに一が足されたのは宋代に福建路の行政区画が八つだったからである。したがって、「閩が七ないし八つある」と具体的にイメージされた言葉ではなく、「七閩」を捻ったうえでの便宜的表現である。とはいえ、この語は福建の多様性——各地の地文的孤立と言語的多様性——を象徴している。また、化外の民であることを示す呼称がそのまま後世まで使われていることにも、福建に対する自他の意識が表れている。

しかし、閩人には「八閩」が一体だとの意識も強かった。それは閩人同士の間でかわされた書簡の内容にも表れていた。泉州人黄克纉が「郷人」という時、それは泉州を指すだけでなく閩人全体を示すことが多かった。彼らがそうした自意識を抱くようになったのは、八閩の多様性が逆にそれを必要としたこともあろうし、他者の福建に対する意識がそうさせたところもあるだろう。私はそうした自他の意識のありように興味を持って叙述してきたつもりである。

閩人とくにそのエリートがアイデンティティを確認するうえで重要だったのが、朱子学の原郷という意識である。十五世紀の末に建陽で大火が起きたのを機に、政府による出版統制導入を訴えた福建人官僚許天賜（一四六一―一五〇八、一四九三進士、福州閩県人）は建陽を曲阜に次ぐ「第二の闕里」と表現していた。しかし、朱子終焉の地だけがそう考えられたわけではない。たとえば、同じ頃に江西で『綱目』を刊行した黄仲昭は沿海部の莆田の出身者だが、朱子の同郷人としての意識が強かった。『朱子大全』『綱目』の刊行にかかわったのもそうした意識が働いていたからだろう。また、明代福建の科挙の試験官となった人たちは、枕詞のように「儒教の第二の故郷」という言葉を使って福建を表現する。

たとえば、『綱鑑』の一本『歴朝紀政綱目』の編者ということになっている黄洪憲は、科挙の記録である「郷試録」への序文の中で、福建を「海濱の鄒魯」と呼んでいる。そして、彼はこうも書いている。

明朝が興り、平和な日々が続き、海内は同文一統となったのも閩学のおかげである。私は先ごろ、詔を朝鮮に伝える使者となったが、三韓五部の属が冠帯を身につけ、声教に馴染み、悉く紫陽（朱子）の教えを服膺していた。私は天朝の大一統を言祝ぎ、また閩学の盛行が蛮夷に及んでいるのを見ることができたのである。

黄洪憲が朝鮮に使いしたのは万暦十年のことである。(2) 彼は朝鮮の知識人が中華のエリートの文化を外表においても内面においても身につけつつあるのを見て満足し、それを閩学つまり朱子学のおかげだとしている。福建と朝鮮では遠く離れており、当時の朝鮮がじかに接した福建人といえば、漂流者ないしそれを装う海商くらいであった。朝鮮の士大夫たちは、そうした招かれざる客人の出現には顔をしかめる一方で、福建が生み出した朱子学を、ある意味では本家以上に尊重するようになっていた。

朱子学の朝鮮導入については、誰がどのようにしてもたらしたかという問いが立てられることが多い。しかし、朱子学を朝鮮に恒常的に提供し、定着させたのは書物であり、その多くは福建で生み出されたものであった[3]（本書の中では『綱目』や『少微通鑑』が建陽で出版されるやすぐに朝鮮に伝わったのを見た）。そして、朱子学が「東夷」にも反響を得られたのは思想の清新さが最大の理由だが、メッセージの簡勁さと、それを伝える工夫が分かりやすいものだったことも大きい。建陽はそうした書物を近世前期において生み出し続けた。

それでは、建陽においてそれを可能にした条件は何だろうか。何より朱子がいたこと、紙の供給に恵まれていたこと、省外との連絡においては沿海地方よりも恵まれ、流通条件も悪くなかったことなど[4]、いろいろその要因を数え上げることはできるだろうが、建陽そして朱子学の発展には、福建のフロンティア性が影響したと私は考える。意志疎通が容易でない言語状況の中で、閩人エリートにとっては文字そして書物の持つ比重は極めて大きく、簡勁で平易なメッセージへの希求が彼らの間ではとくに強かっただろう。朱子学に限らず、南宋の建陽が士人のノルムを形成する書物を多く産出したのには、そうした要因が働いていたと考える。「東夷」にメッセージが容易に受け止められたのも、その作り手自身がマージナルな存在だったからであろう。

しかし、「朱子学」という際に、中国知識人がふつうイメージしてきたのは、そうした書物の力よりも、朱子を祖とする学人の連なり、つまり『宋元学案』などに代表されるようなスクールの系譜である。明末の高潮の後、清朝では閩人の中央での活躍がほとんど目につかなくなるが、その中で個性的な存在として際立つ儒者李光地[5]（一六四二―一七一八）の孫の清馥が編集した『閩中理学淵源考』（原題「閩中師友淵源考」）は、まさに朱子学の師承関係を福建内部でたどった書物である。こうした書物に建陽出版人が姿を見せることはむろんない（「松塢門人」の劉剡も「閩の鉅儒」李京も登場しない）。彼らは学者ではないから当然といえば当然である。しかし、朱子学的知と建陽の編集知をそれぞれエリートとノン・エリートに属するものと簡単に切り分けられるものではない。本書でも『綱目』を通鑑の嫡子と呼び、『少微通鑑』を不肖の庶子扱いにしてきたが（しかし、丁奉が「人ごとに誦し、家ごとに伝える」と評した『少微通鑑』は、『通鑑』を真に通俗化した点でまぎれもなく孝子でもあった)、そのいずれにも同じ編集工房が関わっていたのである。

正直にいえば、「朱子学」を連呼する割には、私は儒学のことを分かっていないし、学術思想史についても疎い。だから、ここでの検討も、まだしも歯が立つ史書に限定せざるを得なかった。そんな人間が言うのも口はばったいが、建陽の書物や、本書の中のバイプレーヤーである「新安学派」の仕事の検討なくしては、宋から明にかけての理学史(少なくとも理学受容史)は跛行的なものにならざるを得ないのではないか。

あだしごとはさておき、黄洪憲に戻ろう。彼の文章も福建郷試録の定型を踏む。すなわち、「福建は朱子学の故郷だが、今の閩の文教は少しふるわない。学生諸君にはもっと奮起されたい」というものである。ただし、彼の場合、楊栄を引き合いに出すのがユニークである。先の文章に続けて、

今日、閩に人材を求めるのは、河から水を汲み、火を火打石からとるように簡単である。楊文敏が王朝の草創期に官僚になり、文事に携わる暇がなかった時代と比べてどうだろうか。

彼は、科挙制度が整備された現在のほうが人材輩出の条件が整っているはずなのに、現実はそうだろうかと問いを立てる。そしてこの後、草創期に人材を求めるのが難しいかに見えるがじつは逆で、太平の世の中のほうが人材の獲得は難しいとする。もっとも、彼はそれを大いに慨嘆するというのでもなく、聖天子(万暦)が現出した太平の世だからそうなるのも仕方がないとしている。また、太平の世云々は別に福建だけに限定されることではない。しかし、その後にまた、

閩には儒者が多く、海濱の鄒魯と呼ばれているのに、近頃、孔子への従祀者の選択が廷議された時も候補に上らず、司勲・太常が功績を後世に伝えるような閩人も楊栄以後は明け方の星のように目立たない[6]。

と続ける。「明け方の星」は閩人郭応聘が使ったフレーズだが、他省人の黄も同じことを言う。しかし、彼は政界だけでなく、学界にも中央で認められるような傑出した閩人がいないことを指摘している。

朱子学の原郷、出版文化の中心、科挙での成功が閩の一面なら、中央の政治・文化と縁遠い「東南の海徼」（これも黄洪憲の表現である）もまた閩の一面である。さらにいえば、朱子学誕生の地であるだけでなく、その後も朱子学的知を書物の形で最も多く量産した建陽を擁する福建は、東アジアの文化のハブ的役割を担っていた。そして、明代後半には銀が中国内地に流れ込む口となり、流通面でもハブとして機能していた。この間琉球に、東南アジアに、そして日本にと出て行った中国人の多くは閩人であった。ところが、同時に中華帝国の中では辺陬にすぎないところに、福建の面白さがある。

それは福建の地理的な位置の問題にとどまらず、人についても言えることである。一方で福建は朱子学の原郷としての地位を獲得し、そのことを閩人自身も誇り、他省の人間も挨拶代わりの言葉としてではあるが、それを口にしていた。しかし、他方で宋代には、王安石が呂恵卿を「福建子」と呼び、皇帝が龔茂良を「福建子信ずべからず」と吐き捨てていた。これらは、直接には「福建出身のあいつは」と言っているのであって、他省人が閩人一般に不信感を持っていたわけではないかも知れない。しかし、それぞれが閩人の科挙合格者の激増した北宋後期、閩人が要枢の地位に目立って進出するようになった孝宗期に発せられた言葉であるだけに、個人的問題に帰せられない重みを持つ。

また、明代少なくとも後期には、閩人自身が自ら官界におけるコンプレックスを口にしていた。おそらくそれは、福建がそもそも中華世界の中で一種の異域であったことに加えて、「海国」であり、外の世界と通じていることに対する警戒感、具体的には「科挙を通ったエリートも通倭者も閩人は閩人」といった自他の意識が関係していただろう。中央政府首班であった葉向高の手紙には、単なる郷土への関心や愛情にはとどまらない福建の命運への憂慮が、他者の目に閩人がどう映っているかという意識のもとに表現されているし、通倭者との対決に費やされた董応挙の特異な生もまた、当時の閩人が置かれた境位を物語っている。

このように「東南の鄒魯」の住民たちは、同時にマージナルな存在でもあったが、この逆説は福建一個の問題にはとどまらず、おそらく近世中国の文化的布置を考えるうえでも鍵となる。

本書の最初に中国史上の南北問題を取り上げた。単純化していえば、政治の北と経済・文化の南という構図である。かつて、宮崎市定は明・清代の蘇州を「大阪と京都を一つにしたような所」とたとえたことがある。[7] この卓抜な比喩を我々日本にいる人間はすんなりと受け止めることができるが、政治の中心と文化・経済の中心が二つに割れているという事態は世界史上むしろ少ないのであり、両者は一致していることが多い。最大の出版地が中央からかなり離れているという事例も少ないだろう。

そうした特異な布置の中で、「南」のうちでもフロンティアであった福建が、近世前期に最大の普遍的価値を持った朱子学を生み出し、書物文化を発信し続けたことを考える時、福建の歴史的評価は南＝「マンジの国」の評価につながってくることが了解されるのである。朱子学と建陽出版が中国文化をリードした明代までと、豊かさの中で多様性が生い育ち、両者がかつての力を失った清朝期（『閩中理学淵源考』はそうした意味でノスタルジックな作品である）、それは福建の文化的消長の分期であると同時に、南の文化の分期をもなしているのである。

注

序説

（1）桑原隲蔵「歴史上より観たる南北支那」（『白鳥博士還暦記念東洋史論叢』岩波書店、一九二五。『桑原隲蔵全集』第二巻、岩波書店、一九六八、一一―六八頁）。
（2）制度改革の背景については、檀上寛「明代科挙改革の政治的背景――南北巻の創設をめぐって」（『東方学報』京都五八、一九八六。『明朝専制支配の史的構造』汲古書院、一九九五、一五一―一八五頁）参照。
（3）『桑原隲蔵全集』第二巻、一九頁。
（4）『岩波講座　世界歴史十一　中央ユーラシアの統合：九～十六世紀』（岩波書店、一九九七、一七七―二〇〇頁）。
（5）講談社選書メチエ、二〇〇二。
（6）中砂明徳「マルティニアトラス再考」（金田章裕・藤井譲治・杉山正明編『大地の肖像』京都大学学術出版会、二〇〇七、一一六―一四〇頁）参照。
（7）福建の開発を早く取り上げた研究には、日比野丈夫「唐宋時代に於ける福建の開発」（『東洋史研究』四-三、一九三九、一八七―二一三頁）がある。
（8）後者の場合、出身は王氏が出た河南の固始とされた。袁延勝「唐代固始移民簡論」（尹全海・崔振倹『固始移民与閩台文化研究』九州出版社、二〇一〇、七二―七七頁）参照。
（9）Robert Hymes, *Statesmen and Gentlemen : The Elite of Fu-chou, Chiang-hsi, in Northern and Southern Sung*, Cambridge U. P., 1986 が代表例。
（10）Hugh Clark, *Community, Trade, and Networks : Southern Fujian Province from the Third to the Thirteenth Century*, Cambridge U. P., 1991.
（11）王蓉貴・向以鮮校点『後村先生大全集』（四川大学出版社、二〇〇八）。
（12）程章燦『劉克荘年譜』（貴州人民出版社、一九九三）。
（13）王明見『劉克荘与中国詩学』（巴蜀書社、二〇〇四）、景紅録『劉克荘詩歌研究』（上海古籍出版社、二〇〇七）、王錫九『劉克荘詩学研究』（黄山書社、二〇〇七）、王述堯『劉克荘与南宋後期文学研究』（東方出版中心、二〇〇八）。
（14）王宇『劉克荘与南宋学術』（中華書局、二〇〇七）は後村が交流した人物を学派別にかなりくわしく紹介しているが、関心は官界にないので、その叙述から官僚劉後村像は立ち上がってこない。向以鮮『超越江湖的詩人：後村研究』（巴蜀書社、一九九五）上篇第二章「人在江湖」も同様である。

（15）嘉靖大倭寇以前の福建人の海外活動については、Roderich Ptak, "Reconsidering Melaka and Central Guangdong : Portugal's and Fujian's Impact on Southeast Asian Trade (Early Sixteenth Century)," in Peter Borschberg ed., *Iberians in the Singapore-Melaka Area (16th to 18th Century)*, Harrassowitz, 2004, pp. 1–21.

（16）山崎岳「舶主王直功罪考（前編）――『海寇議』とその周辺」（『東方学報』京都八五、二〇一〇、四四三―四七七頁）参照。

（17）*Novus Atlas Sinensis*, Amsterdam, 1655, p. 121. なお、本書の文字テクストの部分はマルティニ全集（Franco Demarchi ed., *Martino Martini S. J. Opera omnia, vol. 3*, Università degli Studi di Trento, 2002）に復刻され、イタリア語による訳注が施されている。

（18）*Ibid*., pp. 121–122.

（19）*Ibid*., p. 122.

（20）Adrian Dudink, "Giulio Aleni and Li Jiubiao," in Tiziana Lippiello and Roman Malek eds., *"Scholar from the West"—Giulio Aleni S. J. (1582–1649) and the Dialogue between Christianity and China*, Fondazione Civiltà Bresciana and Monumenta Serica Institute, 1997, pp. 129–200.

（21）黄一農『両頭蛇：明末清初的第一代天主教徒』（国立清華大学出版社、二〇〇五）参照。

（22）Horacio P. Araújo ed., *Cartas Ânuas da China : Antonio de Gouvea*, Instituto Português do Oriente, 1998.

（23）Bernard Luk, "A Serious Matter of Life and Death : Learned Conversations at Foochow in 1627," in Charles E. Ronan and Bonnie B. C. Oh eds., *East Meets West : The Jesuits in China, 1582–1773*, Loyola U. P., 1988, pp. 173–206.

（24）冷東『葉向高与明末政壇』（汕頭大学出版社、一九九六）、崔来廷『海国孤生：明代首輔葉向高与海洋社会』（江西高校出版社、二〇〇六）。

（25）岩生成一「村山等安の台湾遠征と遣明使」（『台北帝国大学文政学部史学科研究年報』一、一九三四、一―七五頁）。

（26）夫馬進「一六〇九年、日本の琉球併合以降における中国・朝鮮の対琉球外交――東アジア四国における冊封、通信そして杜絶」（『朝鮮史研究会論文集』四六、二〇〇八、五―三八頁）。

（27）Leonard Blussé, "Minnan-jen or Cosmoplitan? The Rise of Cheng Chih-lung alias Iquan," in Eduard B. Vermeer ed., *Development and Decline of Fukien Province in the 17th and 18th Centuries*, E. J. Brill, 1990, pp. 245–264.

（28）劉羲仲『通鑑問疑』（津逮秘書本）「君実嘗有言『光修通鑑、唯王勝之借一読。他人未読尽一編（四庫全書本や胡三省の「新註通鑑序」は「紙」に作る）、已欠伸思睡矣。』」

（29）方彦寿「明代刻書家熊宗立述考」（『文献』一九八七―一、二二八―二四三頁）、「建陽劉氏刻書考（上）」（『文献』一九八八―二、一九六―二二八頁）「同（下）」（『文献』一九八八-三、二一七―二二九頁）、「閩北詹余熊蔡黄五姓十三位刻書家生平考略」（『文献』一九八九-三、二三三―二四二頁）、「閩北劉氏等十四位刻書家生平考略」（『文献』一九九一-一、二二二―二三〇頁）、「建陽熊氏刻書述略」（『古籍整理与研究』六、一九九一、一九三―二〇八頁）、「閩北十四位刻書家生平考略」（『文献』一九九三-一、二一〇―二一九頁）、「閩北十八位刻書家生平考略」（『文献』一九九四-一、二二四―二三二頁）、「閩北十八位刻書家生平考略」（『文献』一九九四-二、二〇三―二一四頁）。蕭東発「建陽余氏刻書考略（上）」（『文献』二一、一九八四、二三〇―二四七頁）「同（中）」（『文献』二二、一九八五、一九五―二一九頁）「同（下）」（『文献』一九八五-一、二三六―二五〇頁）。

（30）Lucille Chia, *Printing for Profit: The Commercial Publishers of Jianyang, Fujian (11th–17th Centuries)*, Harvard U. P., 2002.

（31）中川諭『『三國志演義』版本の研究』（汲古書院、一九九八）、丸山浩明「余象斗本考略」（『二松學舍大學人文論叢』五〇、一九九三、一二一―一四四頁）など。

（32）二〇〇六年に開館した上海中国科挙博物館と上海嘉定博物館による編集。二〇一〇年時点で計九冊刊行。

（33）寧波市天一閣博物館『天一閣蔵明代科挙録選刊・登科録』（寧波出版社、二〇〇六）『同・会試録』（二〇〇七）『同・郷試録』（二〇一〇）、『中国科挙録匯編』（全国図書館文献縮微複製中心、二〇一〇）『同・続編』（二〇一一）。

（34）龔篤清『明代八股文史探』（湖南人民出版社、二〇〇五）、黄強『八股文与明清文学論稿』（上海古籍出版社、二〇〇五）。

（35）Benjamin Elman, *A Cultural History of Civil Examinations in Late Imperial China*, University of California Press, 2000, Chapter VII–IX, pp. 371–520.

（36）宮紀子『モンゴル時代の出版文化』（名古屋大学出版会、二〇〇六）第八章「「対策」の対策」三八〇―四八四頁。

（37）沈俊平『挙業津梁　明中葉以後坊刻制挙用書的生産与流通』（台湾学生書局、二〇〇九）。また、科挙と出版の関わりだけを取り上げたものではないが、明代の出版文化を多面的に論じた Kai-Wing Chow, *Publishing Culture, and Power in Early Modern China*, Stanford U. P., 2004 も第三章で四書注釈書出版と科挙の関わりについて具体的に論じている。ただ、この面での先駆的業績である佐野公治『四書学史の研究』（創文社、一九八八）に触れていない。

（38）『鶴山先生大全集』巻五三「朱文公語類序」「開禧中、余始識輔漢卿于都城。漢卿従朱文公最久、尽得公平生語言文字、毎過余、相与熟復誦味、輒移晷弗去。余既補外、漢卿悉挙以相畀。嘉定元年、余留成都、度周卿請刻本以幸後学。余曰『余非敢靳也。所為弗敢伝者、恐以誤後学耳。』周卿艴然曰『奚至是。』余曰『子知今之学者之病乎……且張宣公以程子之意類聚孔孟言仁、而文公猶恐長学者欲速好径之心、滋入耳出口之弊。脱是書之行、其無乃非公所云云者乎。吾甚懼焉。』周卿由是姑徐之、後数年、竟従予乞本刊諸青衣。彼不過余所蔵十之二三耳。然余且謂周卿曰、『子其以此意著於篇端、俾学者毋襲是弊也。』其後、李貫之刊于江東、則已十之六七、今史廉叔所得黄子洪類本、則公之説至是幾無復遺余矣。廉叔将板行、以余有志於斯也、属叙所以作。余為言嘗以告周卿者。……嘉定十三年九月丁亥朔、臨邛魏了翁序。」

(39)『宝刻叢編』序「余無它嗜、惟書癖殆不可医。臨安鬻書人陳思多為余収攬散逸、扣其書顛末、輒対如響。一日以其所稡宝刻叢録見寄、且求一言。蓋屢卻而請不已。発而賑之、地世年行炯然在目。嗚呼、賈人闖書于肆而善其事若此、可以為士而不如乎。撫巻太息、書而帰之。紹定二元鶴山翁。」

(40)『勉斎集』巻二〇「書晦庵先生語録後」。

(41)『晦庵集』巻三一「答張敬夫」六「類聚孔孟言仁処、以求夫仁之説、程氏為人之意、可謂深切。然専一如此用功、却恐不免長欲速好径之心、滋入耳出口之弊。」『同』巻三一「答張敬夫」九「至謂類聚言仁、亦恐有病者、正為近日学者厭煩就簡、避迂求捷……恐益長其計獲欲速之心。」

(42)束景南『朱熹年譜長編』（華東師範大学出版社、二〇〇一）四七五―四七六頁。

(43)葉徳輝『書林清話』巻二「南宋臨安陳氏書舗」がこの問題を取り上げ、陳起の子の陳思（号は続芸）ともう一人の陳思は別人であるとした。彼が主な根拠としたのは、陳思の名を冠する書物の年代が長きにわたりすぎていること、後掲の肩書きが彼のことを言った「（起の）子の成名を見ず」という記述と合わないことにあった。これに対し、李伝軍・金霞「陳思与陳続芸関係補説」（『文献』二〇〇七-三、四一―四四頁）は、「成忠郎」は武階にすぎず「秘書省捜訪」も正式な官職でないことから、「成名を見ず」と矛盾しないことを説き、両者を同一人物としている。しかし、彼らは方回が淳祐七―十一年の間に陳起父子に会った時の続芸を三十歳くらいだとするが（四二頁）、『宝刻叢編』の陳思はその二十年前に魏了翁に序文をもらっているのである。この矛盾を彼らは説明していない。

(44)『四庫全書総目』巻八六「宝刻叢編」。

(45)『鶴山先生大全集』巻六五「題書苑菁華」「臨安鬻書人陳思乃能集漢魏以後論書者為一編、曰書苑菁華。亦可尚矣。雖然、是猶後世誇工闘妍、非吾所謂識字者。」

(46)彭東煥『魏了翁年譜』（四川人民出版社、二〇〇三）二八四―三二八頁。

(47)『宝刻叢編』序「視他書坊所刻或蕪醸不切、徒費板墨、靡櫻楮者、可同日語哉。……紹定辛卯小至直斎陳伯玉父。」

(48)そのうち、今日残っているのは『四庫全書』に収録された『宝刻類編』のみである。

(49)黎靖徳序（景定四、一二六三）「子洪所定門目頗精詳、為力厪矣。廉叔刻之、不復讐校、故文字甚差脱、或至不可読。」

(50)葉子龍編『晦庵先生語録類要』（四部叢刊三編所収。序文にあるように原名は「語録格言」だった）、淳祐甲辰（一二五四）王遂序「鶴山魏公別以黄子洪所録為定、号語類。」

(51)『鶴山先生大全集』巻五五「朱文公五書問答序」「獲交其高弟、尽得其書以詒同志。凡今蜀本所伝是也。」

(52)『同』巻五三「朱氏語孟集註序」「王師北伐之歳、余請郡以帰。輔漢卿広以語孟集註為贈曰『此先生晩年所授也。』……較以閩浙間書肆所刊、則十已易其二三、趙忠定公帥蜀日成都所刊、則十易六七矣。」趙汝愚が蜀に赴任したのが淳熙十三年（一一八七）、都に

召喚されたのが紹熙元年（一一九〇）のことであるから、成都での出版がその間、さらに福建・浙江の書肆刊行のものが続くということになる。魏了翁の言に多少の誇張はあろうが、短い期間のうちに『語孟集注』がかなり姿を変えたことが分かる。

(53) 田中謙二「朱門弟子師事年考」（『田中謙二著作集』第三巻、汲古書院、二〇〇一）二七八頁は、第一次師事期が紹熙五年（一一九四）一月―四月、第二次が同年の十月―閏十二月、第三次が慶元三年（一一九七）十二月―四年正月、第四次が同五年秋冬の間とする。

(54) 束景南『朱熹年譜長編』五八五頁。

(55)『朱子語類』巻一〇「学四　読書法上」（銖録）「今人所以読書有苟簡者、縁書皆有印本多了。」

(56) 陳栄捷『朱子新探索』（台湾学生書局、一九八八）「朱子之印務」。

(57) 同七四七―七四八頁。

(58)『晦庵集』巻七五「家蔵石刻序」「予少好古金石文字、家貧不能有其書。独時時取欧陽子所集録、観其序跋弁証之辞以為楽。遇適意時、恍然若手摩挲其金石、而目了其文字也。」

(59) 伝記は『宝慶会稽続志』巻五にある。

(60)『後村先生大全集』巻一〇二「林竹渓〔「禊帖」の二字を補う〕定武本」（以下、『後村先生大全集』は四川大学出版社刊行の点校本に従って四部叢刊本の文字を改めたところがある。それは〔　〕で示したが、すべて従ったわけではなく、標点についても同様である。筆者が改め、あるいは補足した箇所は（　）で示す）。「初薛氏余〔子〕窃去旧石、刊此本、以代之。今士大夫家蔵及都城鬻書人所貨、皆薛氏子続刊也本〔本也〕。竹渓此本亦然。去断石本遠矣。」ただし、『攻媿集』巻七三「跋王伯長定武修禊序」は、「畢少董所蔵董氏淳化本、尤為精好。自言『為児時、親在定武、見青石本、帯右天三字已闕壊。大観再見之、与旧所見無異。』則五字未必皆紹彭斵損也。」と、薛犯人説に疑義を呈している。

(61)『洞天清禄集』「古今石刻弁」「然定武又自有肥痩二本、而鐫損者乃痩本、為真定武無疑。……王順伯・尤延之争弁如聚訟。」

(62)『晦庵集』巻八四「跋蘭亭序」「観王順伯・袁起巌論蘭亭序、如尤延之著語、猶未免有疑論。余乃安敢復措説於其間。但味務観之言、亦復慨然有楚囚之嘆耳。朱熹。」『同』巻八二「題蘭亭叙」「淳熙壬寅上巳、飲禊会稽郡治之西園、帰玩順伯所蔵蘭亭叙両軸……及覧諸人跋語、又知不独会礼為聚訟也。附書其左、以発後来者之一笑。」

(63)『直斎書録解題』巻一四「蘭亭博議」、巻一五「回文類聚」。

(64)『後村先生大全集』巻一一〇「跋鄭子善通宋〔守〕諸帖　禊帖」「此亦五字不欠本、来処甚真。近世惟兪松寿老専収禊帖、作蘭亭続考。余得其五字〔「不」を補う〕欠本……始知寿老凡宝三本、以其一遺安晩（理宗朝の宰相で江湖派の詩人、鄭清之の号）、其一遺余、留其一尤佳者、後以遺魯公（賈似道）。」

(65)『同』巻一〇二「林竹渓禊帖　断石本」「定石羽化之後、贋本盛行、而真贋遂易位矣。竹渓其珍閟之。」注(60)参照。

（66）『同』巻一〇三「墨林方氏帖　高宗宸翰臨蘭亭」「時大将韓蘄王高賈〔価〕得硬黄本以為逸少真蹟馳献、不知其為椒房所書也。」

（67）『同』「臨楽毅論」「其本有至海字止者、有終篇者。世云止海字者善本也。人多宝蔵而惜其不全。故直龍図閣陳宓用五百銭、得都下常売人籃中別本、無一字欠。自以為復見古人大全、什襲以為珍玩。然不知元祐続閣帖已有此全本矣。」

（68）『晦庵集』巻八四「跋旧石本楽毅論」「沈存中筆談云……延之又謂損泐模糊、則石雖幸存、亦無復如此本之清勁矣。続閣帖中所刻全文、又不知所自来。」

（69）『宝刻叢編』巻一四、常州。

（70）『後村先生大全集』巻一一〇「跋鄭子善通宋〔守〕諸帖　楽毅論」「此五段石本、与余所蔵無卜〔小〕異。但王順伯跋、乃贍〔贋〕本、非真筆也。」

（71）これは現存しないが、元の鄭杓『衍極』巻五「汪季路之弁審矣」の劉有定注に、汪逵の記した「真本」記述が載る。「其本乃木刻、計一百八十四版、二千二百八十七行、後木版多行差。其逐段以一二三四刻于旁……其墨乃李廷珪」とあって、その後に後村の記述（劉潜夫曰）を引用する。劉有定は後村の郷里の後輩である。

（72）『晦庵集』巻八四「跋呉道子画」「季路所蔵法書名画甚富、計無出其右者。」

（73）『後村先生大全集』巻一〇五「方一軒諸帖　閣帖」「近人多不識閣帖。某家珍蔵某本、或用高価得某本、皆非真。……無競弟始伝汪端明季路所記閣帖行数、恨無真帖参校……行四方必皆以自随、二十余年而不能合。晩使江左、忽有示此帖十巻者。李瑋駙馬故物也。後有朱印云『李瑋図籍／上賜家伝／子孫有徳／保無窮年』。十巻之末皆有此印。用三千楮得之……余得汪氏之訣、不敢独善、逢人必告……吾郷前一輩好古博雅如肯庭〔亭〕鄭氏・雲荘方氏所収皆贋本、而相夸曰『惟我与爾有是夫。』……顧或咎余不当以其訣授人。」

（74）『同』巻一〇五「盧鴻草堂図」「今為方楷敬則珍蔵。第所諸〔書〕十志、多誤字……此用蒙叟夏蟲不知氷事及荊公蟲疑氷之意。今書疑為凝、大可笑。楊風子之跋贋也。周益公之跋亦贋也。鄭編修家有絹本亦然。」なお、「荊公云々」は『臨川集』巻一「同王濬賢良賦亀得升字」の「世論妄以蟲疑氷」の句を指すだろう。『荘子』はまだしも、王安石の詩を引くところがペダンチックである。

（75）鈴木敬『中国絵画史』上（吉川弘文館、一九八一）一一四頁。

（76）『後村先生大全集』巻一〇二「跋林竹渓書画　伯時臨韓幹馬」「此画元中題老杜讃於前、伯時自跋其後。元中小楷有名、伯時行書間見諸帖。参校此軸、字無少異。字真則画真矣。或言『伯時画以紙、不以絹。画〔衍字〕以墨、不以丹青。而此用絹、又著色、何也。』余曰『臨韓幹馬、欲其肖幹。若用素紙、不出色、是伯時馬也。豈曰韓幹馬哉。』」

（77）『周文忠公集』巻四六「題汪季路所蔵書画四軸」「或謂『縑帛久則飛揚、須良匠乃能補葺、今赫蹏如新、何也。』然滄浪・東坡翰墨在前、後来名勝跋語盈軸、可謂珍玩矣。」

（78）『画史』「今人得仏、則命為呉、未見真者……余白首止見四軸真筆也。」

（79）『洞天清禄集』「古画弁」「古人遠矣。曹不興・呉道子、近世人耳。猶不復見一筆。況顧・陸之徒、其可得見之哉……故言山水、則当以李成・范寛……得此数家、已為奇妙……何必遠求太古之上、耳目所不及者哉。」

（80）『後村先生大全集』巻一五七墓誌銘「方采伯」「於画、自顧陸至唐宋諸名手、皆究極端緒、鑑定品目、不差毫髪。他人蔵者、率真贋妍醜参半。」

（81）『宝章待訪録』巻三「王右軍玉潤帖」「有古跋。令装書人背、久不還。及剪却半跋、皆唐名公也。附理不可得。匠人願陪四十千、即知其窃真得金已多。」『書史』「王羲之桓公破羌帖」「有開元印。唐懐充跋、筆法入神。在蘇之純家。之純卒、其家定直、久許見帰。而余使西京未還、宗室仲爰力取之……余遂典衣以増其直取回。仲爰已使庸工装背、剪損古跋尾、参差矣。」

（82）『画史』「余家最上品書画、用姓名字印……玉印唯著於書帖。其他用『米姓清玩之印』者、皆次品也……自画古賢、唯用玉印。」

（83）『画史』「好事者与賞鑑之家為二等。賞鑑家、謂其篤好遍閲記録、又復心得、或自能画。故所収皆精品。近世人或有貲力、元非酷好、意作標韻、至仮耳目於人。此謂之好事者。」

（84）王詵は米芾の『書史』にしばしば登場する。「王詵毎余至都下、邀過其第、即大出書帖、索余臨学、因櫃中翻索書画、見余所臨王子敬鵞群帖、染古色麻紙、満目皺紋、錦嚢玉軸、装剪他書上跋、連於其後」とあるように、彼が米芾にしきりに臨書をさせて、それを古めかして立派に装丁を施し、ほかの書についている跋文を切り取ってこれにくっつけ、古代の名筆（この場合は王献之）をデッチあげる手口を暴露している。

（85）青木正児「文房趣味」（『書道全集』平凡社、一九五六。『琴棊書画』平凡社東洋文庫、一九九〇、三六―三七頁）。

（86）『洞天清禄集』「古翰墨真蹟弁」「硬黄紙、唐人用以書経。染以黄蘗、取其辟蠹、以其紙加漿沢、瑩而滑。故善書者多取以作字。今世所有二王真蹟、或用硬黄紙、皆唐人倣書、非真蹟。」

（87）『嘉業堂善本書影』巻四掲載の宋刊本目録の木記「今得呂氏家塾手抄武庫一帙、用是以為詩戦之具、固可以掃千軍、而降勍敵。」

（88）『晦庵集』巻五三「答沈叔晦」一「麻沙呂兄文字、真偽相半。書坊嗜利、非閑人所能禁。」

（89）『晦庵集』巻三三「答呂伯恭」二六「近見建陽印一冊、名精騎。云出於賢者之手。不知是否。」『東莱集』別集巻八「与朱侍講」「揀時文雑文之類、向者、特為挙士輩課試計耳。」

（90）江枰「呂祖謙編選《古文関鍵》質疑」（『貴州文史叢刊』二〇〇四-四、二七―三一頁）は、文章の採録方針と呂祖謙の批評の間に齟齬が見られることから、編者は別にいるのではないかと考えている。

（91）巻上「看古文要法」「学文須熟看韓・柳・欧・蘇、見文字体式、然後遍考古人下句用意。蘇文当用其意。若用其意、恐易厭人。蓋近世多読故也。」

（92）傅増湘『蔵園群書経眼録』巻一七「増註東莱呂成公古文関鍵」二十巻「宋刊本。次行題『東莱呂祖謙伯恭讃、建安蔡文字《ママ》行之註。』」

(93) 陸心源『儀顧堂続跋』巻六には『陸状元通鑑』の二本（宋蔡氏家塾本と麻沙刻本）を紹介し、後者に「建安蔡文子校正」とあるとする。二本とも現在は静嘉堂文庫に蔵する。
(94)『東萊集』別集巻一四「読書雑記三」読史綱目。
(95)『蔵園群書経眼録』巻一八「巻首題『東萊先生呂祖謙伯恭遴選、建安蔡文子行之増註』……宋諱不避、遇宋帝空格……前有嘉定乙亥歳重午日武夷隠吏序。」
(96) 黄丕烈『百宋一廛賦』「蔡撮鑑而甫知文子」注「袁氏通鑑紀事本末撮要八巻……首列両行……一云『建安蔡文子行之撮』。」
(97) 注(93)参照。
(98) 宋刊本には「蔡氏家塾校正」の木記が、そして元刊本に「凡其片紙隻字之遺落人間者、無不宝之以為矜式……慶元三祀閏余之月、梅山蔡建侯行甫謹序。」とある。
(99)『新編四六宝苑妙語』巻一「議論要訣上」総論体勢「東坡雄深浩博出於準縄之外……孫仲益・楊誠斎諸人類東坡。」
(100)『蔵園群書経眼録』巻一四。『閩刻珍本叢刊』（人民出版社、二〇〇九）第四〇冊に本集の元刊本が収録されている。
(101)『四庫全書総目』巻一六三。
(102) 劉壎『隠居通議』「旧格遂変……然朝廷制誥・縉紳表啓、猶不免作対。雖欧・曾・王・蘇数大儒、皆奮然為之。終宋之世不廃、謂之四六……士大夫方遊場屋、即工時文。既擢科第、舎時文、即工四六。不者、弗得称文士。」
(103) 魏斉賢については、方彦寿「閩北劉氏等十四位刻書家生卒考略」（『文献』一九九一-一）二二二頁を参照。
(104)『皕宋楼蔵書志』巻六〇「聖宋名賢四六叢珠」「目後有『建安陳彦甫梓于家塾』両行。葉蕡仕履無考、即与魏斉賢同編播芳文粋者。文粋署曰南陽、蓋葉氏郡望。此署建安、則其里貫也。」
(105) 長沢規矩也「宋代合刻本正史の伝本について」（『瀧川博士還暦記念論文集（一）東洋史篇』、一九五七。『長沢規矩也著作集』第三巻、汲古書院、一九八三、三二三頁）。
(106) 馬茂軍「《宋文鑑》与《宋文海》」（『大慶師範学院学報』二六-六、二〇〇六、八七—八九頁）参照。
(107) たとえば、巻六芸術門の「贈画士類」に劉後村作として「贈写神潘肖岩」を、「贈医者類」に「贈医者趙立之」を収録する。後者は『後村先生大全集』巻八にも載せる。『後村先生大全集』巻一一二「雑記」「安晩初相、賀執満牀、(安)晩以余啓為第一。」
(108)『書林清話』巻二「翻板有例禁始於宋人」。
(109)『新編方輿勝覧』嘉熙己亥良月望日新安呂午序「建陽祝穆和父、本新安人。朱文公先生之母党也。幼従文公諸大賢遊。」
(110)『排韻増広事類氏族大全』巻二一「儒学昌家」「祝穆字和甫、景先三世孫。孤、従朱文公受業、刻意問学。」
(111) 佐野公治『四書学史の研究』（創文社、一九八八）「第四章　四書註釈書の歴史、一　章句集注のテキストについて」二一〇頁。
(112) Hilde de Weerdt, "Aspects of Song Intellectual Life : A Preliminary Inquiry into some Southern Song Encyclopedias," *Papers on China*, vol. 3,

1994, pp. 1–27.

(113)『直斎書録解題』巻一九に徐居仁編として著録される。これに黄鶴が補注した『集千家註分類杜工部詩』の元刊本が余氏勤有堂から出ている。

(114)『門類増広十註杜工部詩』を、瞿鏞は『集千家註』の原本だとする（『鉄琴銅剣楼蔵書目録』巻一九）。

(115) 何沢棠「《王状元集百家注分類東坡先生詩》考論」（『中国典籍与文化』二〇〇九-四、七六—八三頁）参照。

(116) 後村が「唐五七絶句」「本朝五七絶句」さらに「唐絶句続選」「本朝絶句続選」「中興絶句続選」（宝祐丙辰序）を編んだことは確実だが（『後村先生大全集』巻九四・九七）、こうした分門纂類のものにまで関与していた証拠はない。「絶句選」編纂の最初の動機は「子供にせがまれた」ものであったが、福建・浙江で刊行され、続編が出ているところを見ると、このシリーズ自体が商業ベースに乗ったものである可能性が高い。

(117) 全書百巻のうち、残十一巻。分類は『千家詩選』より細かい。諸書目は編者を趙孟奎とするが、序文の内容から見てじっさいに編集にあたったのは無官の江湖派の詩人「雪林李君韡」である。

(118)『三体詩』（朝日新聞社、一九七二）解説、三「編者周弼および「三体詩」編集の意義について」。

(119)『論学縄尺』には、たとえば「立説貫題格」（巻一）「立説出奇格」（巻二）などの格が立てられ、例文としては事功派の陳傅良の文章が多く取られているが、朱子学の官学化以後の産物らしく、「発明性理格」（巻五）も立てられている。『百段錦』二巻（太学篤信斎長上舎三山方頤孫編、淳祐二年自序。『四庫全書存目叢書』に明弘治刻本が収められる）には、たとえば下巻に粧点格、付度格、過度格などが並んでいる。

(120)『畳山集』巻二に「門人蒙斎蔡正孫」による和詩が見える。

(121)『詩林広記』序「自変乱熏灼之後、棄去挙子習、因得以肆意於諸家之詩。暇日、採晋宋以来之数大名家及其余膾炙人口者、凡幾百篇、抄之以課児姪、併集前賢評話及有所援據模擬者、冥捜旁引、麗於各篇之次。」

(122)「宋元評点考」（『鹿児島大学法文学部紀要（人文学科論集）』三一、一九九〇、一二七—一五六頁）。Lucille Chia, *Printing for Profit*, Harvard U. P., 2002, p. 142 も同様の見解を取っている。

(123) 魏彦惇編。『宋史』巻二〇七芸文志に収録。

(124) 青木正児「宋人趣味生活の二典型」（『琴棊書画』七九—八三頁）。『四庫全書総目』は「張鎡、字功甫」として、同一人であることに疑いをはさんでいないが、実際の序文は「秦川張鎡時可」となっている。同時期に王鎡（字が時可）という人（紹興八進士）がいるが、こちらは秦川とは無縁のようである。

(125) 葉盛『水東日記』巻一六「宋名臣言行録」に「又聞、叔簡尚宝家有宋末廬陵鍾堯兪所編『言行類編挙要十六巻前後集』」とある。中国国家図書館に「寅集四至七、辛集四至七、続刊壬集一至三」の残十一巻を蔵する（『北京図書館古籍善本書目』書目文献出版社、

一九八七、四一三頁)。
(126)以上二書は『宋史』芸文志に載せる。
(127)『北京図書館古籍善本書目』二七九三頁「新刊国朝二百家名賢文粋三百巻。宋慶元三年書隠斎刻本」。
(128)楊談編。『宋史』芸文志に載せる。
(129)『増入名儒講義皇宋中興両朝聖政』(宋刊巾箱本、『嘉業堂善本書影』巻二)、『増入諸儒議論杜氏通典詳節』(紹熙五年択善堂刻本、『中華再造善本』北京図書館出版社、二〇〇四に影印。元刊本は『四庫全書存目叢書』に収録)。
(130)『東莱集』別集巻八「与朱侍講」「近麻沙印一書曰『五朝名臣言行録』。板様頗与(論孟)精義相似。或伝『吾丈所編定。』果否。」『晦庵集』巻三三「答呂伯恭」一六「言行二書亦当時草草為定。其間自知尚多謬誤。編次亦無法、初不成文字。」
(131)『晦庵集』続集巻二「答蔡季通」「況温陵已下手刊刻、不数月当成。昨日已寄得十余板様来矣。冊不甚大、便於齎挈。」
(132)『晦庵集』巻三九「答許順之」一五「向者、程舶来、求語録本子去刊。因属令送下邑中、委諸公分校。」
(133)『東莱集』巻七「与朱侍講」に「遺書建本未到之前、已用去冬所寄本刊板。故其間一両段更易次序処、姑仍其旧、余皆以建本為正、聞旦夕亦畢工矣」とあり、この書簡は乾道六年末のものなので、泉州本の後、すぐに建州本、婺州本が相次いで出たことが分かる。
(134)『晦庵集』巻七七「謝上蔡語録後記」(乾道戊子四月)「熹頃年校定上蔡先生語録三篇、未及脱藁。而或者伝去、遂鋟木於贛上。愚意毎遺恨焉。」
(135)『晦庵集』巻三三「答呂伯恭」二八「紙尾所叩、婺人番開精義、不知如何。此近伝聞稍的、云『是義烏人。』説者以為『移書禁止、亦有故事。』鄙意甚不欲為之。……試煩早為問故、以一言止之。」
(136)『晦庵集』巻五九「答呉斗南」「裒集程門諸公行事、頃年亦嘗為之而未就。今邵武印本所謂淵源録者、是也。当時編集未成、而為後生伝出、致此流布。心甚恨之。」
(137)『朱子語類』巻一九「論語一　語孟綱領」(道夫録)「論語集注、蓋某十年前本、為朋友間伝去。郷人遂不告而刊。及知覚、則已分裂四出而不可収矣。」
(138)『晦庵集』巻二六「与楊教授書」「熹昨日面懇寝罷鏤板事、未蒙深察……此書雖多前賢之説、而其去取尽出鄙見……忝為長吏於此、而使同官用学糧銭刻己所著之書……政如頃年魏安行刻程尚書論語、乃至坐贓論、此不遠之鑑……近聞婺源有人、刻熹西銘等説、方此移書毀之、書行未幾、遽自為之……而平日毎見朋友軽出其未成之書、使人模印流伝而不之禁者、未嘗不病其自任之不重而自期之不遠也。……其所已刻者、熹請得以私銭奉贖毀去。」
(139)『晦庵集』続集巻一「答黄直卿」「得曾致虚書云『江東漕司行下南康、毀語・孟板。』」
(140)『晦庵集』巻二七「答詹帥書」二「今辱垂諭、乃聞已遂刊刻……熹今有公状申使府、欲望書押入案、収索焚毀。其已用過工費、仍乞示下実数。熹雖貧、破産還納所不辞也。」「同」三「但両年以来節次改定又已不少。其間極有大義所繫、不可不改者。亦有一両文

字若無利害、而不改、終覚有病者。今不免就所示印本改定納呈。」なお、注(111)佐野著書では、この手紙が書かれた時期を詹儀之が広東の帥であった「遅くとも淳熙十年以前」とするが（二〇七頁）、詹儀之は当時広東ではなく「広西」安撫使なので、十三年が正しい。

(141)『晦庵集』巻五四「答応仁仲」二「中庸等書、未敢刻。聞有盗印者、方此追究未定、甚以為撓也。」

(142)『晦庵集』別集巻三「孫季和」五「示及易説……旧読此書、嘗有私記未定。而為人伝出模印。近雖収毀、而伝布已多。」

(143)『晦庵集』巻八一「書徽州婺源県中庸集解板本後」「今得賢大夫流伝此書、以幸教之、固熹之所欲聞而楽賛其成者。」同「書徽州婺源県周子通書板本後」「而婺源宰三山張侯適将鋟版焉、因書以遺之、庶幾有補於諸本之闕。」同「書語孟要義序後」「熹頃年編次此書、鋟版建陽……予章郡文学南康黄某商伯見而悦之、既以刻于其学。」

(144)『晦庵集』巻六〇「答汪易直」二「近思小本、失於契勘、致有差誤。此執事不敬之罪也。後来此間書坊別刊得一本、巻尾所増已附入巻中、仍削去重出数字矣。」

(145)『晦庵集』続集巻二「蔡季通」「啓蒙中欲改数処、今籤出奉呈。幸更審之、可改即改為佳、免令旧本流布太広也。」

(146)『晦庵集』続集巻三「蔡伯静」「但注中尊丈両句不甚分明。不免印出、俟其帰、却商量。今不能久候也。」

(147)『東莱集』別集巻七「与朱侍講」「然婺本例賈高。蓋紙籍之費重、非貧士所宜。勢必不能奪建本之售。」

(148)『東莱集』巻七「与朱侍講」「但歳前及販書人所附両函猶未之領。」「今鬻書人告帰、略此附承起居。」

(149)『東莱集』巻七「与朱侍講」「此間学者多欲看而難得本。告諭販書者、令多発百余本至此、為佳。」

(150)『東莱集』巻八「与朱侍講」「淵源録、其間鄙意有欲商権者。謹以求教。大抵此書、其出最不可早。与其速成而闊略、不若少待数年而粗完備也……只如語孟精義、当時出之亦太遽。」

(151)注(138)。

(152)呂祖謙『左氏伝説』巻首。

(153)『晦庵集』巻八一「通鑑紀事本末序」。

(154)張洪・斉煕編。咸淳年間に明州学官で刊行された。

(155)巻三三「晦庵」。

(156)建安曾氏家塾刊行。

(157)井上進「書賈・書肆・文人」（荒井健編『中華文人の生活』平凡社、一九九四、三〇四―三三八頁）参照。

第一章

(1)『後村先生大全集』（以下、巻数のみ表示するのは本書からの引用である）巻一九四「宋修史侍読工部尚書龍図閣学士正議大夫致仕莆田県開国伯食邑九百戸贈銀青光禄大夫後村先生劉公行状」（以下、「行状」）、巻一九五「墓誌銘」。序説同様、点校本によって改めた箇所を〔 〕で、筆者の改補を（ ）で示す。

（2）巻七「戊辰即事」。

（3）宮崎市定「宋代の太学生生活」（『史林』一六-一・四、一九三一。『宮崎市定全集』10宋、岩波書店、一九九二、三二六頁）。

（4）John Chaffee, *The Thorny Gates of Learning in Sung China*, Cambridge U. P., 1985, p. 103.

（5）巻一四九墓誌銘「丁元有」「慶元丙辰入太学、嘉定丙子監挙、庚辰内捨〔舍〕校定。紹定己丑九月辛巳試上舍、方握筆属思、暴得疾、挟出、卒允踏斎、年六十九……君在太学三十年、行芸絶出、屢挫益鋭。乙亥舎囲〔闈〕、既定魁選、以詩復韻絀。」

（6）巻一六一墓誌銘「瓊州戸録方君」「開禧乙丑、余補国子生。時郷先輩二方君猶在学……二君生於丁丑、与余先君斉年。」

（7）巻一七〇行状「丞相忠定鄭公」「仲弟克遜・従弟希道、少肄業特（持）志、侍公筆研。」持志斎と允踏斎の位置関係については、前掲宮崎論文三三七頁を参照。周密『斉東野語』巻八「鄭安晩前讖」「鄭丞相清之在太学十五年、殆困滞無聊……遂仍赴丁丑省試、臨期、又避知挙袁和叔親、試別頭、愈覚不意。及試、青紫明主恩詩押明字、短晷逼暮、思索良難、漫検韻中、有禎字可用、遂用為末句云『他年蒙渥沢、方玉帯囲禎』。帰為同舎道之。皆大笑曰『緑衫尚未能得着、乃思量繋玉帯乎。』已而中選、攀附驟貴。」

（8）巻一一二「雑記」「余開禧乙丑、補入参果行。仲弟無兢〔競〕・従弟志学、参特〔持〕志与安晩同斎、余因二弟識之。」

（9）巻一四九墓誌銘「丁元有」「天下声律南〔尚〕莆体。」巻一六〇墓誌銘「方教授」「莆士尚声律。」『竹渓鬳斎十一藁続集』巻二四「工部侍郎宝章閣待制林公行状」「中興百年、言詞賦者、以莆為首。」

（10）巻一五九墓誌銘「林実甫」「両取薦書、試別頭、賦擅場。考官疑莆体、避郷嫌、不敢取。」『続資治通鑑長編』巻一八七嘉祐三年七月癸酉条に「往時閩人多好学、而専用賦以応科挙」とあるように、福建人は早い段階から賦を得意としていた。

（11）巻一五〇墓誌銘「孫花翁」「初、季蕃与趙紫芝・仲白・曾景建・翁応叟諸人善、而余亦忝交遊。」

（12）巻一一六啓「謝傅侍郎挙著述」「念頃為挙子之詞章、屢不合主司之程度。」

（13）巻一五三墓誌銘「古田弟」「劉氏自二大父迭中進士魁亜、先君群従六人策命〔名〕者三、余群従十有四人策名者亦三。」

（14）巻一四五神道碑「龍学余尚書」「国家大讐未報。天其或者仮守〔手〕外夷以斃此虜。」

（15）巻一二八書「庚辰与方子黙簽判」「某初入幕、朝野盛言虜哀〔衰〕。」

（16）巻一二八書「丁丑上制帥」。

（17）巻九九題跋「黄勉斎書巻後」「勉斎与余子寿・黄徳常及余同在軍中、坐起寝食未嘗離也。」『宋史』巻四三〇黄榦伝「其時、幕府書館皆軽儇浮靡之士、僚吏士民有献謀画、多為毀抹疏駁。将帥偏裨、人心不附。所向無功、流移満道。而諸司長吏張宴無虚日。榦知不足与共事、帰自惟揚。」

（18）巻一二八書「庚辰与方子黙簽判」「外議以辺面無備、帰怨幕画。某在幕最久、得謗尤甚。」

（19）巻二「書事」二。末句の「俠士如鷹飽欲颺」の「欲」字は点校本に従い「易」に改める。
（20）巻一二八書「庚辰与方子黙簽判」。
（21）同。
（22）巻一標題下割注「公少作幾千首。嘉定己卯、自江上奉祠帰、発故篋尽焚之。」向以鮮「劉克荘焚毀早期詩稿的詩学衝動」（『求索』二〇〇八-四、一八八―二一五頁）は、詩稿を焼いた原因をこれまで後村が影響を受けてきた「永嘉四霊」の作風との訣別の意思表示ととらえるが、そうした心境の変化をもたらした外在的要因は、官界で初めて味わった挫折であろう。
（23）巻九九題跋「黄慥詩」「頃遊江淮幕府……建業又有六朝陳迹、詩料満目。而余方為書檄所困、留一年閲十月、得詩僅有二十余首。及出幕奉南嶽祠、未両考、得詩三百。」
（24）『水心文集』巻二九「題劉潛夫南嶽祠稿」「而潛夫思益新、句愈工。渉歴老練而布置闊遠、建大将旗鼓、非子孰当。」
（25）巻二「去春」「去春烽火照江辺、曾草軍書夕廃眠。万里旌旗真属命、一邱耕釣且随縁。」
（26）巻一六六行状「宝謨寺丞詩境方公」「克荘少時少〔衍字〕親公、晩受公薦。公退居、克荘亦奉祠、日相従於荒原断澗之濱。」
（27）『大全集』の巻一に焼け残りの詩（『南嶽旧稾』）が、巻二に『南嶽第一稾』、巻三に「落梅」の詩を含む『第二稾』、巻四に『第三稾』が収録されている（第四稾については表示なし）。二〇〇六年に福清で『南嶽五稿』（計八十一頁。『二稿』を欠く）が発見されたが、現在は行方知れずだという。報告によれば、その版式は陳起が刊行した書物に似るという（侯体健「汰択与類編：従編集伝播看両種宋刻劉克荘作品集的学術意義」（『江西師範大学学報（哲学社会科学版）』四三-四、二〇一〇、五四―六〇頁）。
（28）巻一一六啓「謝台官挙陞陟」。
（29）巻八二「玉牒初草」嘉定十一年九月丙申条「選人入嶺、例求速化。既就此得一削、又改辟它州。」
（30）後村の姉婿方濯が広州観察推官時代に、帥（経略安撫使）の方鉄庵（大琮）、徐意一（栄叟）、漕（転運使）の丘某、福州教授時代に「寓貴」の陳抑斎（韡）の推薦を得たものの、あと「一職削」を欠いたがために終身選調に終わっている（巻一六〇墓誌銘「方教授」）。一方、後村の弟克剛は潮州推官時代に「常員削」二、泉州録事参軍時代に一を得、さらに父の友人が推薦してくれ、これに知州の真徳秀の一枚が加わって条件がクリアされた（巻一五六墓誌銘「恵州弟」）。巻九四序「甲申同班小録」にも、「蓋慶暦以来、薦挙之制加密矣。敏者十年、滞者或三四十年、而後得預於歳引之数」とある。
（31）巻一一六啓「謝傅侍郎挙著述」。
（32）巻一一二「侍講朱公覆諡議」。旧稿では、注に子の山甫が「年十七代作」としているのを鵜呑みにしていた。程章燦『劉克荘年譜』（貴州人民出版社、一九九三）二四頁が、山甫の誤りを指摘している。
（33）巻五「嵩渓駅」「崇化麻沙道中」「発臨川」「曾景建自臨川送予至豊城示詩為別次韻一首」「自撫至袁連日雨霰風雪一首」「萍郷」「醴陵客店」等。

（34）巻五「衡永道中」「零陵」「全州」等。
（35）巻六「伏波巌」。「江流澆其趾」の「澆」を、点校本に従い「繞」字に改める。
（36）巻八二、八三「玉牒初草」によれば、嘉定十一年が六十三人、十二年が六十二人である。
（37）巻七「題壁」。
（38）巻七「贈陳起」。
（39）巻一九四行状「甲申、改宣教郎、知建陽県、新考亭祠。」
（40）二人の出会いは、巻一〇六題跋「方汝玉行巻」に「憶余少遊都城、子〔于〕西山先生座上初識之」とあるように、首都遊学時代に遡る。嘉定年間にも書簡のやりとりがあったが、両者の間に深い師弟関係が生じたのは建陽時代である。
（41）詩案については、深沢一幸「陳起『芸居乙稿』を読む」（『中国近世の都市と社会』京都大学人文科学研究所、一九八四、一五三―一九八頁）参照。
（42）巻一四八墓誌銘「亡室」。
（43）巻九六序「送葉大明日者」「睡至日高天〔丈〕五、坐茂樹、臨釣磯、或抵暮忘返。」
（44）巻二九「余作生壙」。
（45）方信孺（巻一六六行状）、真徳秀（巻一六八行状）、鄭清之（巻一七〇行状）、孟珙（巻一四三神道碑）、陳韡（巻一四六神道碑）、杜杲（巻一四一神道碑）等の南宋の大立者について、『宋史』の各列伝は後村の文章をほぼ踏襲しつつ、元朝にとって余り芳ばしくない部分を省略した記述となっている。
（46）方回『瀛奎律髄』巻二七「老将　劉克荘」の按語「賈似道当国、仕至尚書・端明。詩文諛鄭（清之）及賈巳甚。」
（47）『帯経堂集』巻七二「跋劉後村集五則」「然其賀賈相啓……賀賈太師復相……再賀平章啓……諛詞諂語、連章累牘、豈真以似道為伊周・武郷之比哉、抑踏揚・邕之覆轍而不自覚耶。」
（48）巻一一一題跋「呉帥卿雑著」「恕斎詩存稿「近世貴理学而賤詩。間有篇詠、率是語録・講義之押韻者耳。」
（49）『四庫全書総目』巻一六三「後村集」「則其従事講学、特仮借以為名高耳。」
（50）巻四一「病中」五「他日汗青無事業、惟詩猶可竊虚名。」
（51）孫望・常国武主編『宋代文学史　下』（人民文学出版社、一九九六）二七九頁。
（52）初出は『古典文学知識』二〇〇四-四、七〇―七九頁。『劉克荘与南宋後期文学研究』（東方出版中心、二〇〇八）に付録として収められている。
（53）向以鮮『超越江湖的詩人』（巴蜀書社、一九九五）第二章「人在江湖」。小林義廣「南宋時期における福建中部の地域社会と士人――劉克荘の日常的活動と行動範囲を中心に」（『東海史学』三六、二〇〇一、一―二六頁）。

(54) 趙東元「劉克荘伝」(『釜大史学』二八・二九、二〇〇五、四二七―四六四頁)。
(55) ここで『大全集』の版本について略説しておこう。『大全集』はそれまで刊行されていた前・後・続・新の四集を後村の子の山甫が合刊したものである。元代の劉壎『隠居通議』がこの刊本を見たとしているので、その頃には原本が存在していたが、明代になるともはや不明となっていた。現存の『大全集』の源流は天一閣所蔵の抄本にある。ここから複数の抄写が行われるが、現在通行している四部叢刊本は賜硯堂(清・顧沅)所蔵の抄本を民国期に影印したものである(現在、賜硯堂本は江西省図書館にある)。しかし、この抄本＝四部叢刊本の訛誤の量は他に類を見ないほどで(点校本編者のカウントによれば一万五千条)、その十全な利用を阻んできた。今回の点校本は、四部叢刊本を底本として、前集五十巻本(後村六十二歳までの詩文を集めたもので四庫全書に『後村居士集』として収められる。後村の著作は歴代もっぱらこれが参照されてきた)と明末の閩人謝肇淛の小草斎抄六十巻本(ジャンルは記・序・題跋・表啓、詩話・長短句に限られるが、脱誤が少ない)を中心に、その他の諸抄本ならびに単行本(『後村詩話』『後村題跋』『名公書判清明集』など)を使って校勘したものである。なお、これら諸本のうち、今まで稀見であった小草斎抄六十巻本と大全集清抄本の一つが『宋集珍本集刊』(線装書局、二〇〇四)に影印されている。『大全集』『居士集』の諸本については、景紅録『劉克荘詩歌研究』(上海古籍出版社、二〇〇七)「三、版本篇」を参照。
(56) 巻一一一題跋「満〔蒲〕領衛詩」、巻一一二字説「心泉」、巻一二三「乙丑生日同啓」蒲領衛寿宬。桑原隲蔵『宋末の提挙市舶西域人蒲寿庚の事蹟』(東亜攷究会、一九二三。平凡社東洋文庫、一九八九、二八六―二八九頁)に蒲寿宬への言及があるが、後代の史料しか引かれていない。これを見た陳垣が桑原に蒲寿宬の詩集と彼への贈詩が載った『釣磯詩集』の写本を翌年の一月に贈呈している。現在、この二点(後者には陳垣の添え書きがある)は京都大学文学部図書館の桑原文庫に収蔵されている。これを紹介したのが、竺沙雅章「「桑原文庫」の思い出」(『以文』三六、一九九三。京都大学文学部編『以文会友』二〇〇五、二四七―二五三頁)である。なお、陳垣の添え書きは近刊の『陳垣全集』(安徽大学出版社、二〇〇九)や陳智超編注『陳垣来往書信集増訂本』(生活・読書・新知三聯書店、二〇一〇)には収録されていない。
(57) 巻九一記「鳳亭新建妃廟」。
(58) Hugh R. Clark, *Community, Trade, and Networks——Southern Fujian Province from the Third to the Thirteenth Century*, Cambridge U. P., 1991.
(59) 巻一「名亜虎傍、魁占龍頭」には淳祐、開慶の年号が見える。
(60) 『弘治八閩通志』巻五四科第興化府。
(61) 後村撰の墓誌にも福州人が興化の官になったケースや、逆の事例が多く残されている。
(62) 巻一六六行状「直秘閣林公」「一女、適承議郎新通判潮州軍事劉克荘。」程章燦の年譜(以下、「程譜」)の前に、張荃「劉後村先生年譜」(『之江学報』一―三、一九三四)が出ているが、簡略なものである。張譜は結婚を嘉定四年に帰し、旧稿ではそれに従っていたが、程譜二三頁が張譜を訂正している。

(63) 乾隆『興化府莆田県志』巻首「宋紹熙莆陽志序」。それによれば、校勘にあたった人の中に後村の父劉弥正の名が見える。なお、それに先行して「図経」も作られていたらしい（『艾軒集』巻五「図経序」）。

(64) 小島毅「福建南部の名族と朱子学の普及」（宋代史研究会研究報告第四集『宋代の知識人　思想・制度・地域社会』汲古書院、一九九三、二二七―二五五頁）。

(65) 前埭の林氏――巻一五〇「承奉郎林君」、巻一六〇「弟婦林氏」。北郭の林氏――巻一五四「林貢士」、巻一五七「林君」。寿峰の方氏――巻一六〇「方教授」。龍井の方氏――巻一五八「方景楫」、巻一六〇「方景絢判官」。後埭の方氏――巻一五一「鉄庵方閣学」。後埭の鄭氏――巻一五四「鄭徳言」、巻一六一「鄭甥主学」、巻一六二「鄭逢言〔原〕」。

(66) 巻九二「協応銭夫人廟記」、「協応李長者廟記」。

(67) John Chaffee, *op. cit.*, p. 197.

(68) 葉適は二劉の他に、後村の父（『水心文集』巻二〇「故吏部侍郎劉公墓誌銘」）、朔の子起晦（巻一八「劉建翁墓誌銘」）の墓誌を書いている。後者とは同年進士でもあった。

(69) 『水心文集』巻一六「著作正字二劉公墓誌銘」「著作之還自温、疾有間。莆亦大旱、手為救荒十余事、率郷人行之。招潮・恵米商、白守免力勝。四集城下、郡以不飢。」

(70) 『鉄庵集』巻二一書「項郷守博文」「今興化県田耗于秫糯、歳肩入城者不知其幾千万。仙遊県田耗于蔗糖、歳運入浙・淮者不知其幾万億。」

(71) 『鉄庵集』巻二〇書「何判官士頤」「莆土狭人稠、雖甚豊年、僅足支半歳之食。大卒仰南北舟、而仰於南者為最多。」

(72) 『弘治八閩通志』巻五四科第興化府。

(73) 巻一一一題跋「桐郷艾軒所作富文行状誌銘」「余少於銅〔桐〕郷・艾軒二公之文、単辞隻字皆記念上口。」

(74) 巻九四序「艾軒集」「以言語文字行世、非先生意也。」

(75) 巻九〇記「城山三先生祠」「自南渡後、周程中歇、朱張未起。以経行倡東南、使諸生涵泳体践知聖賢之心不在於訓詁者、自艾軒始。」張大任「林光朝述評」（『福建論壇』一九八六―三、五二―五七頁）参照。

(76) 陳俊卿の果たした政治的役割については、寺地遵『南宋初期政治史研究』渓水社、一九八八）終章「紹興十二年体制の終末と乾道・淳熙体制の形成」参照。

(77) この快挙は江湖の評判を呼んだ。『遊宦紀聞』にも「其年蕭公国梁果魁天下、次挙黄公定臚唱第一……又次挙鄭公僑廷試復先多士。」とある。

(78) 徐自明『宋宰輔編年録校補』（王瑞来校補、中華書局、一九八六）一二二一―一三一四頁。

(79) 巻一〇四題跋「鄭徳言書画」陳丞相家所蔵御書二之一「正献公相業亦与韓（琦）・富（弼）・司馬（光）匹休。」巻一〇八題跋「陳正献家〔「蔵」を補う〕御札二軸」「惟張忠献公・陳正献公尤有天下之望。」

（80）『宋史』巻一三五。

（81）『弘治興化府志』（同治重刊、東洋文庫蔵）巻二七、王邁「興化軍修学増廩記」「昔吾邦元老大臣、則有若正献陳公・正簡葉公・荘敏龔公、相業光明、宗社長頼。」

（82）『莆陽比事』巻四「恥附秦党、弗詣蔡門」。

（83）巻一五四墓誌銘「林貢士」「十九亜秋薦……既而君五上春官輒不利……君至老、不屑就南廊試……君毎語家人『吾家世三〔三世〕積善、後必有興者。姑待之。』」なお、ここに出てくる「南廊試」とは特奏名試のことである。巻一六一「特奏名林君」に「辛丑初奉対南廊」とあり、以後この「特奏名」は受験していない。

（84）巻一五〇墓誌銘「承奉郎林君」「場屋頓挫、乃尽力教子、塾致名師……淳祐改元、希孔擢第。」

（85）巻一六〇墓誌銘「方教授」「六上春官、端平乙未対南廊入中等、授増城簿。明年鎖庁以賦魁漕薦、又明年復以魁別頭、唱名賜進士出身……所欠位一職剡……終身選調者矣。」

（86）巻一五一墓誌銘「習静叔父」「先生終歳杜門、罕与人接。惟質経於陳公師復、評史於鄭公子敬、問易於蔡公伯静。」

（87）巻一五七墓誌銘「方采伯」「再薦於郷、累上春官不售、慨然有罷挙之志……天既靳君一第、使之老寿、与龍眠居士（李公麟）・宝晋公（米芾）・雲林子（黄伯思）周旋於筆硯几席之間。」

（88）巻一四九墓誌銘「方子約」「少受学於叔父履斎……朱（文）公門人也……君以郷賦上春官、道考亭、拝文公於精舎。文公留語累夕、為作字説。中慶元己未進士第、時方弱冠、文公喜、貽書賀履斎焉……里之善士皆相誾曰『子約而止是乎。』」

（89）巻一五一墓誌銘「鉄庵方閣学」「擢第開禧乙丑第……人謂且立致貴顕。而深自晦匿、抑首長〔常〕調。比再服闋、五十余矣。」

（90）巻八八記「重修通判庁」「門之役、実紹定五年。陳君名振孫。」『斉東野語』巻一二「書籍之厄」。

（91）巻一一〇題跋「鄭南恩家陳復斎遺墨」「憶赴靖安簿、儀真督郵、江淮閫幕、公大書三序相餞。或為余書碑板歌詩、他尺牘満篋。余曩不知愛惜、往往為人取去。晩始収拾、則存者無幾矣。」

（92）『弘治興化府志』巻二七「興化軍修学増廩記」「為耆師鉅儒、則有若艾軒林公、湘郷・夾漈二鄭公与近世復斎陳公、或勲業不竟、或肥遯自高、急流勇退。」

（93）巻一五〇墓誌銘「知常州寺丞陳公」「嘉定以来、柄臣擅天下事……専用門閥取人、雅重復斎、将親之。嘗曰『先太師厚正献、何以助我。』」

（94）『復斎先生龍図閣陳公文集』（静嘉堂文庫蔵）巻六「嘉定乙亥応詔封事」「比年以来、所用之人、非親則故、姻婭之外、必貽譏三同。大而執政、必択易制之人、要而台諫、必用謹默之士。都司・枢属、機政所繋、無非親昵之私。」

（95）『宋史』巻四〇八「弥遠曰『子言甚切当、第愚昧不能行、殊有愧耳。』」

(96) 巻一四一神道碑「丁給事」「宝・紹間一相擅国、所抜之士非鄞則婺、其言曰『閩人難保。』尤悪莆士、如陳宓・鄭寅之流、皆掃影滅迹。於是朝無莆人。」

(97) 巻一三七祭文「鄭子敬左司」「烏乎、史氏之学〔季〕、我閑八年、公更倍之。」

(98) 『貴耳集』下「史同叔為相日、府中開筵、用雑劇。人作士人念詩曰『満朝朱紫貴、尽是読書人。』旁一士人云『非也、満朝朱紫貴、尽是四明人。』自後相府有宴、二十年不用雑劇。」

(99) 薛極は常州、胡榘は吉州、趙汝述は明州、聶子述は建昌軍、莫沢は嘉興府、李知孝は越州、梁成大は福州の出と、まちまちである。

(100) 『斉東野語』巻一四「巴陵本末」。

(101) 『真文忠公文集』巻一一「乞給仮状」「三辞免新除乞郡状」「展仮状」「乞先次上殿状」。

(102) 巻一二八書「乙酉答真侍郎」「聞以此月初発仙里、不知入対清光定在曷〔何〕日。向得陳益夫湖南書、謂侍郎近於心上做工夫、出処語黙、方寸之門〔間〕必有成説。然虚心下問、仰見謙志。悠〔「悠」を補う〕之談、皆以不出為是。但侍郎挟蓋世盛名、潔身乱倫之事自是做不得、逆知一出決不能免……今故王乃是為盗迫脅、在朝廷宜下哀痛之詔……其次辺事、某従前以為大将不当在極辺……知愛極辺而不知愛次辺、知防辺城而不知防江面、極非長算……〔原〕願公無改初節、益進昌言、以答天下之望。」

(103) 巻一二八書「乙酉答傳諫議」「安敢不竭愚衷、以答尊旨。窃謂先生有決不可出者。」

(104) 『真文忠公文集』巻四「召除礼侍上殿奏箚」一、乙酉六月十二日「臣聞国於天地必有与立焉、三綱五常是也……中国之所以為中国者頼此耳……惟我祖宗継天立極、其於事親教子之法・正家睦族之道・尊主御臣之方、大抵根本仁義……貼黄……雖済王未有子息、然興滅継絶之仁在陛下為之、何不可者。」

(105) 「召除礼侍上殿奏箚」三「願処伯成・簡於内祠、置中行於経幄、陳宓・徐僑擢之言論之地。」

(106) 『真文忠公文集』巻四「得聖語申省状」。以下、真徳秀と理宗のやりとりを詳しく紹介するのは、彼の政治家としての側面が『大学衍義』などに見られる理念をめぐって論じられるのがほとんどで、その具体像がなおざりにされているからである。そもそも、これだけの名儒でありながら、彼を取り上げた専著は意外に少ない。戴金波「真徳秀研究述評」(『湖南大学学報(社会科学版)』二二-一、二〇〇八、五三―五七頁)によれば、『宋元学案』が彼の思想の独自性を認めていないのが影響していたという。彼にも再評価の動きが出てきており、基礎作業として年譜が出た(林日波『真徳秀年譜』華中師範大学碩士論文、二〇〇五)。しかし、今のところ政治家としての彼を全面的に論じたものはない。孫先英『真徳秀学術思想研究』(上海人民出版社、二〇〇八)「第二章 学術与政治之間」がこの側面に触れてはいる。また、Wm. Theodore de Bary, "Chen Te-hsiu and Statecraft," in Robert P. Hymes and Conrad Schirokauer eds., *Ordering the World : Approaches to State and Society in Sung Dynasty China*, University of California Press, 1993, pp. 349–379も政治家としての彼を扱っているが、関心は理念面に向けられている。

（107）『真文忠公文集』巻四「得聖語申省後状」「朕在官中、無他嗜好、只是読書写字。」
（108）巻一六八行状「西山真文忠公」「時相以其負人望、有主眷、屢誘怵以禍福、使附己。公不為動。」
（109）『真文忠公文集』巻二「為足疾請朝仮作」「乞宮祠状」「再乞宮祠状」「乞黜責状」「再乞黜責状」「三乞黜責状」「辞免除職宮観状」。
（110）巻一〇〇題跋「西山与李用之書」「当先生自礼侍免帰也、流言方譁、後禍叵測。道遇某尚書被召、謁之。其人辞以疾、不出見。某舎人、先生故吏也。入都不敢由浦城、迂涂取上饒而西。」
（111）巻一六八行状「西山真文忠公」「〔「掌」を補う〕謂門人曰『人君為治一門、告君之書也。以范唐鑑為法。如有用我、執此以往。』……又曰『吾兵政一門、古無此書。天下方多事、所以汲汲緝成之。』」
（112）『真文忠公文集』巻二六「建陽県学四君子祠記」。
（113）「梅花詩案」の発生時期については諸説あるが、程譜に従った。九九—一〇三頁に考証がある。
（114）騒ぎのもとになった『江湖集』については、胡念貽「南宋《江湖前、後、続集》的編集和流伝」（『文史』一六、一九八二、二二九—二三九頁）参照。
（115）『斉東野語』巻一六「詩道否泰」、『鶴林玉露』乙篇巻之四「詩禍」。
（116）巻一〇九題跋「厳愨上舎詩巻」「御史劾余、猶提起梅花旧話。」巻一九〇長短句「賀新郎」宋庵訪梅「老子平生無他過、為梅花受取風流罪。」
（117）巻一九四「行状」「言官李知孝・梁成大箋公落梅詩与朱三鄭五之句、激怒当国。」
（118）巻一三〇書「与范杜二相」「自昔立賢無方、比年乃拘郷貫……失〔夫〕悪閩士如呂吉甫輩可也、不有蔡君謨・陳述古乎……既未能混一西北、銓選科挙多得閩・浙之士、理勢則然。今進退人材者曰『吾悪福建也』、典掌文衡者曰『吾仰〔抑〕閩・浙也。』昔了翁弾蔡京、云『重南軽北。』」
（119）邵伯温『聞見前録』巻一二などに載る。
（120）『宋宰輔編年録校補』一三六四—一三六六頁。
（121）『鶴林玉露』丙篇巻二「大字成犬」。
（122）Charles A. Peterson, "Old Illusion and New Realities——Sung Foreign Policy 1217–1234," in Morris Rossabi ed., *China among Equals——The Middle Kingdom and its Neighbhors, 10th–14th Centuries*, University of California Press, 1983, pp. 204–239. Richard L. Davis, *Court and Family in Sung China 960–1279——Bureaucratic Success and Kinship Fortunes for the Shih of Ming-Zhou*, Duke U. P., 1986. Richard L. Davis, "Evolution of a Historical Stereotype for the Southern Sung——The Case against Shih Mi-Yuan"（『劉子健博士頌寿紀念宋史研究論集』同朋舎、一九八九、三五七—三八六頁）。
（123）鄭と二趙の関係については『斉東野語』巻一八「前輩知人」を参照。

(124) 巻九「辛卯満散天基節即事六首」之三。
(125) 巻一〇「送真西山再鎮温陵」。
(126) 巻一四一墓誌銘「丁給事」「暮年軽信兄子、交韃滅金、其謬甚矣。」
(127) 巻八八記「登聞検院続題名」「嘉定以来、当路諱言、箝結成風。」
(128) 『臞軒集』巻一一「祭魏鶴山先生文」「天斃権姦、朝登儒揆。初年而西山自閩来、次年而先生自蜀至。」
(129) 巻五一「輸〔輪〕対箚子」端平二年七月十一日、一「癸巳十月以後所下詔令、雖樵夫野老、莫不欣躍鼓舞曰『太平旦夕可致。』」
(130) 巻一〇。
(131) 巻一一七啓「謝台諫」「詩癖・酒狂二罪同時而倶発。」
(132) 巻一〇「陪西山遊鼓山」「先生廊廟姿、非直藩翰才。」『真文忠公文集』巻一「遊鼓山」。
(133) sain. 撒因。撒銀等にも作る。『元史』巻一一五睿宗伝に「太宗大喜、語諸王大臣曰『昔太祖嘗有志此挙。今拖雷能言之、真賽因也。』賽因、猶華言大好云」とある。
(134) 巻一四三神道碑「孟少保」奉勅撰「軽騎直造其帳。倴盞喜、取馬乳酌之、且頻酌以飲公曰『你殺得武仙、賽因。』賽因者、華言極好也……端平甲午正月、囲蔡踰両月矣。御札勉諭将士、衆感激思奮。公之先鋒向南門、至金字楼、列雲梯、令諸軍聞鼓則進。馬義先登、趙栄継之。公麾万衆畢登、殺偽元帥高家奴。使人視西北、則金・韃尚相持於土門水上。乃開西門、下吊橋、邀倴盞入。江海執偽参政張天綱以帰。公問守緒所在、天綱曰『先覩西北城危、即輿金璧〔璧〕置小竹屋、環以薪草。又往観兵、退而号泣自経、曰『死便火我。』』」この神道碑には訳注がある。榎並岳史「劉克荘撰「孟少保神道碑」訳註」（『資料学研究』四、二〇〇七、三八―九八頁）。
(135) 巻一一二「雑記」「孟珙家請賜神道碑、詔学士院撰述、久無下筆者。其家請不已。本院具両直院名銜取旨。御筆『劉某撰述。』及進稿、翌日宸翰付出三省云『劉某所撰孟珙碑、措詞平正。』」
(136) 『真文忠公文集』巻一三「甲午二月応詔上封事」「竊聞京湖帥臣以八陵之図来上。陛下恭覧再三、悲喜交集、命卿監・郎官以上詣省恭眂集議以聞。蓋将稽案旧章、遣使朝謁、以慰一祖六宗之霊、而遠方伝聞未知其的。或謂『〔韃〕人以河南帰我、而朝廷因有経略中原之謀。』審如所伝、是将復踏宣和之轍也。日夕恐懼、不知所云。及観従臣集議之辞、乃知朝廷之上、務存審重、遣使一節、猶不敢軽、経略之謀、断所不苟……銜命聘虜、道梗莫前。帰対延和、深陳所以備敵之策……独陳私己之憂、欲於未雨之時、大為徹桑之備、距今二十有余年矣。不幸故相諱聞人言……雖陛下赫然振起、風采頓殊、然非堅持一意行之十年、未可以冀中興之効也。」
(137) 巻一六五墓誌銘「秘書少監李公」「端平初元、西山先生〔「帥閩」を補う〕聞廷議大挙、憂憤坐臥不能安、拝疏力争。余忝議幕、先生録副以相示、手自竄定、今蔵余家。」
(138) 『真文忠公文集』巻一三「甲午二月応詔上封事」「江湖閩浙寇警甫平、民未懐生。」

(139) 華山「南宋紹定、端平間的江、閩、広農民大起義」（『宋史論集』斉魯書社、一九八二、二五六―二七五頁）、朱瑞熙「南宋福建晏夢彪起義」（『宋史論集』、中州書画社、一九八三、二八五―三一二頁）。端平二年の建寧府城内が死屍累々だったことを後村が記している（巻八九記「建寧府新建譙楼」）。
(140) 巻八八記「陳曾二〔「使」を補う〕君生祠」「先是、盗攻陥泉之支邑、下四州之人驚曰『吾属無譙類矣。』」
(141) 『復斎先生龍図陳公文集』巻一六「本軍修城擬申省度牒白劄」「宣和間嘗為城、高不過三五尺、厚不至六七尺、今頽圮尽矣。」
(142) 巻八八記「興化軍新城」「汀州重建譙楼」、巻八九記「建寧府新建譙楼」「邵武軍新建郡治譙楼」。
(143) 『宋史』巻四〇六洪咨夔伝「時相侈大其事。咨夔曰『此朽骨耳。函之以葬大理寺、可也。』」
(144) 端平入洛の経緯、その政治的意図については、山内正博「南宋政権の推移」（『講座世界歴史 九』岩波書店、一九七〇）二五七―二六四頁、陳高華「早期宋蒙関係和端午入洛之役」（『宋遼金史論叢』第一輯、中華書局、一九八五。『元史研究論稿』中華書局、一九九一、二〇三―二三〇頁）参照。
(145) 巻二「端嘉雑詩」九。
(146) 『真文忠公文集』巻一三「召除戸書内引劄子」と「得聖語申省状」を組み合わせて紹介する。
(147) 「得聖語申省状」「今月十三日午時、蒙恩選徳殿内引奏事。某再拝陛殿。首叙違去闕庭之久蒙恩収召。上曰『卿去国十年、毎切思賢之念。』次読第一劄、至『此天命未定之時也』奏云『……正是上天監観四方為民択主之時……』上首肯再三。」
(148) 「召除戸書内引劄子」一「権臣寡識、既不之省。自是二十余年、徳政未嘗増修、人心惟益咨怨。所謂祈天永命之言、直視以為迂闊而欺天罔人之事則益甚焉。是以譴告頻仍……盗賊兵燼之厄幾半天下……内顧根本、猶有可虞、而辺臣匆匆或仮和以紓患、或恃戦以成功……夏秋以来、積陰多雨……因人事以推天心、殆有甚可懼者。臣是以復進祈天永命之説也。然所謂祈者豈世俗禬禳小数諂涜鬼神之謂也。稽諸召誥曰敬徳……盤遊之楽・弋射之娯・禽獣之珍・狗馬之玩、有一于此、皆足害敬。」
(149) 「得聖語申省状」「某奏云……又読至『聖心所未安者、即天理所未安也』某奏『人之心即天之心、但為私欲之蔽則与天不似。故臣欲陛下屏去数者之欲、使此心清明純粋、陛下之心即天心也。』上欣然嘉納。」
(150) 「召除戸書内引劄子」一「江湖閩広三衢之盗相挺而起、生霊荼毒幾千万人、戸口減少、殆什七八……仰頼陛下布端平之詔、一洗而新之。然狃于旧習者、鮮為革心之図。」
(151) 「得聖語申省状」「上曰『往往士大夫革面而未革心。』臣奏『士大夫為権臣崇尚財利、士大夫化之、但知有利而不知有義……』上曰『未能不変在。』某奏『此全在陛下与大臣大明黜陟、使士大夫知義利之分。久之、須能不変。』上曰『然。』」
(152) 「召除戸書内引劄子」二「一旦挙兵、方遠漕浙米以入江、自江而入淮、汴既久堙……臣是以憂進取之難也。夫此二難皆権臣玩愒之罪、非今日措置之失。」
(153) 「召除戸書内引劄子」三「又謂『虜有内変、未能報東門之師。』凡若是者若可喜、而実未然也……蓋同異紛紜之中、実至当之論所由出故也……縉紳之列、乃或以同異為愛憎。」

(154)「得聖語申省状」「上喜甚、曰『此書便好、将来。』某奏『書已在此。更欲点対候得聖旨、方敢投進。』奏箚読畢。上忽発問『福建想未是無事在』……遂再拝退。」

(155)巻一六八行状「西山真文忠公」「奏篇既出、或疑其激烈不及前時。公笑曰『吾老矣。豈更效後生求声名、真〔直〕須純意国事、期於有済耳。』」

(156)『真文忠公文集』巻一八「講筵進講大学章句手記」「奏云『雖是知至而後意誠、然亦非是待知至了方去誠其意……但大学必以知為首者、須是見得天下之理了然明白……願陛下……於講論政事之際、亦与大臣反復論難、直見得可否分明、然後已……』聖顔大覚和悦。既畢、忽蒙聖訓『卿所進大学衍義一書、便合就今日進読。』某謂、前所進已納禁中、今須再令講筵所写別本、然後可読、即以未弁為対。上曰『已在此矣。』即見内侍捧前所進第一第二帙在前。某即前奏曰『……止欲備燕間之覧、今乃仰蒙叡旨令臣進読、此千載一時之栄遇。』再拝祗謝畢、展巻進読畢、奏曰『臣之此序、成於紹定二年……若権臣尚在、陛下未親大政、雖欲進献、必無由徹乙夜之覧、乃今幸得備進読。』命座、賜茶畢。上曰『外路会価尚未能登……』某対曰『……自故相在時、印造多了。今又辺事方動、未能減印造之数。所出太多故賎。嘉定年間、換易新会……用二旧換一新之説……遂用厳刑峻法……終無効験……至庚寅・辛卯年間、外方或六百文足、少亦不下五百五六十文足……大抵必須少減印造。』」

(157)『臞軒集』巻一「乙未館職策」「開禧之開辺誤国也、増造之数至於一億四千万……紹定之養姦以耗国、増而至於二億九千万。」

(158)草野靖「南宋東南会子の界制と発行額」(『劉子健博士頌寿紀念宋史研究論集』二一三—二三〇頁)参照。

(159)巻五一「録聖語申時政記所状」「会子当故相末年、外路只売得三百以下銭。」

(160)「講筵進講大学章句手記」「上曰『虜使来議和、聞外間議論頗紛紛。』奏曰『臣却不聞外間議論。但自古兵交使在其間。縦使虜人已犯辺、若有使来、猶当礼接。況未嘗犯我乎。或謂欲却而絶之、或謂宜拘留勿遣、此皆不可行。但当以礼遣之。万一露欲和之意、切不可軽信。蓋金人昨以和誤我。後来虜人又祖其故智誤金人。今日雖不可沮其善意、亦不可堕其姦謀。辺面之備、一事不可闕略。一日不可稽緩。惟陛下深留聖念。』上又謂『彼欲来朝見如何。』某問『彼有国書否。』上曰『無之。』某曰『如無国書、何名引見。要之只合就鎮江発遣、必不得已、都堂接見可也。』」

(161)陳高華「王檝使宋事実考略」(『劉子健博士頌寿紀念宋史研究論集』一〇三—一一一頁)参照。

(162)『真文忠公文集』巻一八「進読大学巻子」十月十九日「陛下昨為権臣所蔽、養晦十年。天下之人未免妄議聖徳。一旦奮然更新、天下咸仰聖徳如日月之食而更也。然自今以往、日新又新之功或不継、則未免又失天下之望……臣又竊見陛下更新之初、懲贓吏、禁苞苴、一時士大夫為之悚動。未幾数月間又復玩弛……既未作新士大夫、又何以作新民……」

(163)『真文忠公文集』巻一八「講筵手記」十月二十六日「上問『虜人議和未可軽信。』奏曰『臣適嘗言之矣。』李侍御奏『臣得楊恢書云、在襄陽、聞虜酋元不暁和字、只要人投拝。而其臣下乃将投拝之語改為講和。其説頗詳。』上然之。奏曰『朝見一節如何。』上曰『且候使人到来商量、待従吉後引見。』李奏『虜兵已取蔡了、忽然都去。攻息方急、亦忽然都去。其情叵測。』奏云『此臣所謂鷙鳥将撃之形也。』」

(164)『真文忠公文集』省一四「進故事」乙未十一月二十四日「韃之取西夏、取金国也、皆先之以議和之使而随之以侵伐之師……而我小行人之至彼也、虜酋見之、温其言……報使遄至、無要索之辞……襄漢之行人未返、而両淮之王師已動、取其三都、抛其諸郡、彼未嘗有詰問之辞也……王檝之来也……神物之警、彼宜秘密而宣之於言、不忌吾之得其情也。回回之征、彼宜隠諱、而猥以見告、不虞我之乗其隙也……其忠心愛我邪、抑畏吾甲兵之彊邪、其亦有謀臣如種者、将以玩吾国於股掌之上邪。是不可不察也。」

(165)『真文忠公文集』巻一四「十一月癸亥後殿奏已見箚子」一貼黄「決不可恃者和議。或者徒見北夷之性喜寒悪暑、謂其不能於春夏挙兵、今距来歳之冬尚有年余、可以従容修備。臣嘗聞之蜀士、丁亥・辛卯之歳、虜人皆以盛夏擾蜀、不竢秋冬而後至也……乃若虜使之来、固無可却之理。然待遇之礼所宜適中、若過為優厚、徒以取侮、無補於事。剽聞者、王檝者……初無国書、遽索正使之礼。他日和議果成、使介奉書而来、又何以待之乎。」

(166)巻一一七啓「謝余中書挙自代」。

(167)『宋史』巻四二二徐僑伝に「金使至、僑以無国書、宜館之於外。」とあるが、「金使」は誤りである。

(168)『真文忠公文集』巻一八「講筵進読手記」十二月十三日「上問曰『曾見丞相箚子否。』奏云『臣未之見。不知論何事。』上曰『論虜使朝見事。』奏云『雖未見箚子、昨同李埴詣相府見丞相、言見将韃使朝見礼節、委左司鄭寅斟酌、省去可省者、用其可用者、其区処似已穏当。』又奏『朝見用何礼。』上曰『臨軒。』奏云『臣昨聞余鋳言欲用臨軒之礼、臣不勝其喜……既見丞相、却有所疑。今仍是臨軒極当。』……上問『徐僑以為不当引見、如何。』奏云『徐僑老儒、惓惓憂国。彼蓋據所見而言、初無他意。大抵朝廷行事、最不可悪人異論……見与不見未甚利害。但和議決不可恃。臣欲陛下親御宸翰、諭三辺制帥、大略言韃使之来、不容不以礼接、辺臣切不可恃此緩於修備。』上曰『丞相欲作書与諸処。』又奏『丞相自作書、更得宸翰、丁寧尤善……本朝神宗留意辺事、御燈火作書以賜辺臣……』上曰『然。』『臣向歴数郡、又漕江東、如建康、如洪、如潭、如福、皆有孝宗親筆石刻。或問麦禾次第、或問曾無雨雪、或問街市無遺棄嬰児。孝宗一念、只在生霊……臣願陛下視以為法。』」

(169)『真文忠公文集』巻一四「乙未正月丙辰経筵奏已見箚子」「元日立春、風起乾位、其占主兵。丁酉之夕、月犯太白、亦為兵象……本朝者、中原正統之所在也。天之示戒、豈為区区胡羯計。」

(170)巻一六八行状「西山真文忠公」。

(171)『斉東野語』巻四「潘庭堅王実之」「庚子・辛丑歳、先君子佐閫漕幕。時方壷山大琮為漕、臞軒王邁実之与方為年家……一日三司燕集……呉方舞逼、実之被酒、直造舞筵、携之径去、旁若無人。一座為之愕然。壷山起謝言曰『此吾狂友王実之也。』」

(172)巻一五二墓誌銘「臞軒王少卿」「調浙西帥司幹官、所事鄒帥応龍、趙漕汝瑺（讜）、袁尹韶皆貴倨。公与亢礼不少屈。倶厳憚之。俄考廷試、詳定官王元春欲私所親寘高等。公顕摘其謬、元春怒、嗾諫官李知孝誣公在殿廬語声高、免官。」

(173)『斉東野語』巻四「巴陵本末」「寓公王元春遂以軽舟告変於朝。」

(174)巻五一「輪対箚子」端平二年七月十一日、二「壂〔暨〕元春・知孝之流、横議於朝、反易網〔綱〕常、変乱邪正。」

(175)『癸辛雑識』後集「私取林竹渓」「西山以此題為極大。実之云『題目自好、但矮些箇。』……林居与王隔一嶺、素相厚善。省試前、林衣弊衣邀王車、密扣題意。王告以必用聖人以天下為一家、要以西銘主意……至是、西山局於無題可擬、乃謂実之曰『日逼、無題如何。』……乃以前題進、並題韻之意大略、西山撃節。至引試日、題将掲暁、循例班列拈香、衆方対越、聞王微祝云『某誓挙所知、神其鑑之。』是時郷人林彬之元質亦在試中、上請以郷音酬答、亦授以意、亦預選云。」

(176)巻一四五神道碑「囿山林侍郎」。

(177)巻一四九墓誌銘「方東叔」。

(178)巻一六四墓誌銘「呉君謀少卿」。

(179)巻一六四墓誌銘「李艮翁礼部」。

(180)巻一五四墓誌銘「鄭徳言」。

(181)巻一五八墓誌銘「方景楫」。

(182)巻一五二墓誌銘「臞軒王少卿」「真公典挙、公為初考、与奪升降必資焉。所取皆老於文学者。」

(183)巻一六八行状「西山真文忠公」「(上)又曰『科挙之弊極矣。如傳(伝)義挟書、不可不革。』……是歳場屋始厳、空疎不学者多望風而去、挟書絶少。」

(184)『貴耳集』下の「及史同叔之死、天下之人皆曰『真直院入朝、天下太平可望。』及其入朝、前誉小減。省試主文、為軽薄才子作賦曰『誤南省之多士、真西山之餓夫。』」という記事からも、この時の科挙についてとやかく言う向きがあったことが分かる。

(185)巻一六八行状「西山真文忠公」「晩守泉・福、劬悴滋甚、触暑趨召、道中刊修大学衍義。雖閉戸服薬、挙筆流汗、不以為疲……病中猶夢与鄭左司寅論楮弊。」

(186)巻二五「代西山上遺表」。

(187)巻一一二「雑記」「(弥)遠薨、(安)晩相。客見其座右写陳振孫・劉克荘姓名。」

(188)巻一一七啓「賀鄭丞相」「及廷議蔡師、惟裴度声其当討。海内想其風采、陛下倚以腹心。」

(189)巻一一二「雑記」「安晩初相、賀執満牀、晩以余啓為第一。」

(190)巻五一「備対箚子」端平元年九月、三「於是、日造楮十六万以給調度、楮賎如糞土而造未已。士大夫献議盈廷、工於詞〔詷〕病而拙於処方者、皆是也……至於呑噬千家之膏腴、連亘数路之阡陌、歳入号百万斛、則自開闢以来未之有也。亜於此者亦又数家焉。臣愚以為、此類宜令所居郡県各按版籍、十糴其七、若旁郡隣県之僑産、則全糴焉。糴十年止、十年之外、国用少紓、則給其直。」

(191)巻五一「輪対箚子」端平二年七月十一日、一「及来行都稍久、目撃近事、寖異初元。」

(192) 巻五一「録聖語申時政記所状」「聖語曰『今政出中書、不可謂不重。』奏云『陛下待左相眷意未嘗衰、而外間云眷衰。於是左相求去。右相未嘗引旧人、而外間妄云薦某人某人、於是右相求去。此必小人欲二相皆去之計也……臣為枢属、日日随都司白事、見二相握手促膝、議論甚協、未見不和之迹。』」

(193)『矅軒集』巻二「乙未六月上封事」「行簡為人、素号多智。弥遠在時、善事惟謹……行簡既相、袁韶必継用。」

(194)『矅軒集』巻二「乙未七月輪対第一箚子」「明有明之党、所以攻其右者無不至。婺有婺之党、所以毀其左者無不力。」

(195) 巻一五二墓誌銘「矅軒王少卿」「端平並拝二揆、朝野知左必去。鄭公所致名勝満朝、不能助、至有祖〔祖〕右者。」

(196) 同「言者弾公論辺事過実。鶴山魏公侍経筵、為上言惜其去、改秩通判漳州。」

(197)『矅軒集』巻二「乙未七月輪対第一箚子」「全子才輩跋扈飛揚。」

(198) 巻一〇「送王実之」。

(199) 巻一九四行状「狂韃入寇、朝議以元枢曾公建督。曾辟竹湖李公与公参議、不果行。」

(200)『鶴山先生大全集』巻二六「督府奏陳　辞免督視軍馬乞以参賛軍事従丞相行奏箚　十一月二十四日」「然而所辟之官、始擬某某、皆不屑就……異時、督府非千万緡不行。今楮軽物貴之時、而所給実数僅三百万、則不及異時百五十万之用。」

(201) 党争の激しかった宋代、とりわけ南宋以後に頻用されるようになった言葉である。

(202) 巻一九四行状「丙申、左府語洩、有錫第表郎之伝。鶴相与泳〔林舎人〕疑遏其己、遂以呉昌裔疏罷。」程譜一五一頁は「鶴相」を魏了翁とするが、林希逸の文集に収める後村の行状（『竹渓鬳斎十一藁続集』巻二三）に従うべきである。

(203) 巻一一二「雑記」「輪対至待班所、則呉叔永舎人、已先在彼侍立矣。叔永借余奏箚一観。余答『対畢、当納副本、今未敢示人也。』……既退、叔永問曰『対何其久也。某立得肚饑矣。』余示以奏藁。叔泳嘆美曰『諸人皆不敢言矣。君真不易。』……後余為季永所論、叔泳与游果山（似）聯騎餞余湖山。叔永云『某不意舎弟如此。』」王宇『劉克荘与南宋学術』（中華書局、二〇〇七）五一頁はこの史料のうち、「今未敢示人也」までを引いて、後村が呉泳に奏箚を見せなかったのは、彼に不信感を抱いていたからだとするが、退出の後に見せているのだから、この論は成立しない。

(204)『鶴林集』巻二三「辞免兼中書舎人状」第四辞免状「宮観劉克荘、皆有文名、可充是選。」

(205)『鶴林集』巻二一「繳李知孝宮観梁成大罷黜詞頭」、「再繳李知孝梁成大各更特降両官詞頭」。

(206)『宋史』巻四〇八呉昌裔伝「初、昌裔与徐清叟・杜範一日並入台……人至和三諫詩以侈之。」三諫詩の三諫は、余靖・欧陽脩・王素を指す（『古今源流至論』続集巻四「歴代人才下」）。

(207)『杜清献集』巻六「留徐殿院箚子」同呉察院上、『鶴林集』巻二二「秦乞留殿院徐清叟状」。

(208)『歴代名臣奏議』巻一八五「去邪」（呉）昌裔又論四都司疏「枢密院編修官兼侍右郎官劉克荘、纖能而小慧、亦一利口也。蚤雖能文、見謂軽薄。真徳秀其師也。平昔受知、出入其門。及徳秀疾病、則遂奔競而他往。曾従龍其所主也。督府幕属、皆其所擬。及上命督趣、則又変其説以沮行。王邁其郷人也。平時握手、出示肺肝、及為台評所点、則遂拒戸而不見……至于刺探時事以聞大臣、伝誦風旨以諭台諫。心術巇険、人皆畏之。」

(209)『歴代名臣奏議』巻一五〇「用心」端平中監察御史呉昌裔……次月輪事又言「又縁臣範首論何炳、而其親朋懼。臣清叟連抨明人、而其郷党懼。臣継論劉克荘、而其賓客懼。」

(210)巻一一二「雑記」「以西山薨、堂白再乞福建参議、以送其終。」

(211)巻一〇「桐廬舟中即事」。

(212)『鉄庵集』巻一諫院奏議「端平三年七月分第一箚」「去歳夏五之後、景象頓異、則以存亡言矣。今也亡之一字、慣熟於上下之口。」

(213)『鉄庵集』巻四西掖奏議「繳奏戸部侍郎権兵部尚書兼知臨安府浙西安撫使趙与懽奏火災乞削奪竄斥奉聖旨依累降指揮不得再有陳請録黄」「乃夏五月延燎之家四万七千有奇、而邸第・官舎・営寨・寺観不与焉。暴露之民為口二十九万三千有奇……豈不烈於辛卯之禍乎。」

(214)巻一五二墓誌銘「潘庭堅」「嘉熙丁酉、士民因火災上封、多訟故王冤者。」

(215)同「峴亦人也、本善余三人者。余為玉牒所主簿、峴為丞、考試省出〔省試出〕、夸余曰『君可配〔酌〕酒賀我。』余請其故。峴曰『吾為国得一士。』問其姓名、則庭堅也。」

(216)『宋史』巻四二四徐鹿卿伝「会右史方大琮・編修劉克荘・正字王邁以言事黜。鹿卿贈以詩、言者併劾之。太学諸生作四賢詩。」このほかに巻四二五潘牥伝がこの事件に触れる。史嵩之の起復問題については、巻四二四洪天錫伝に言及があるものの、肝心の史の伝記には劉は登場しない。あとは、本紀に淳祐六年（起復事件の年である）に進士出身を賜ったことと、ついで秘書少卿、崇政殿説書に就いたことに言及があるだけである。ちなみに、「芸文志」に後村の文集は載っていない。

(217)『宋史』巻四〇九唐璘伝「宰相用時文之才、為経世之具、不顧民命、軽挑兵端、不度事宜、頓空国帑、委政厮子、内交商人……其子士昌、招権納賄、抜庸将為統帥、起贓吏為守臣。」

(218)『宋史』巻四〇七杜範伝「改起居郎。範奏『臣論鳴復、未見施行。忽拝左史之命、則是所言不当、姑示優遷。臣前者嘗奏台諫但為仕途之捷径、初無益朝廷之紀綱。躬言之、躬踏之、臣之罪大矣。』即渡江而帰。」『宋史』巻四〇八呉昌裔伝「会杜範再入台、撃参政李鳴復、謂『昌裔与範善、必相為謀者』、数譏之。以権工部侍郎出参賛四川宣撫司軍事。」

(219)『歴代名臣奏議』巻一八五「去邪」監察御史呉昌裔論史嵩之疏「太中大夫新除刑部尚書史嵩之……起家而帥江右、物議已自沸騰……給事洪咨夔謂近日雷雪之変、皆此人所致、嘗行繳駁。権直院呉詠（泳）亦復見之論奏。」

(220)『宋史』巻四〇五袁甫伝「擢嵩之刑部尚書。復奏疏云『臣於嵩之、本無仇怨。但国事所係、誼難緘黙。』嵩之誥命、終不与書行。」

(221)注(219)。

(222)巻一一「次韻実之春日二首」一、「同三和二首」一。

(223) 巻一一「五月旦日鶏鳴夢袖疏墀下先君問言何事答曰猶素論也先君太息称善聞追班声驚寤以詩識之」。

(224) 巻一一「読邸報二首」、『臞軒集』巻一六「和劉編修潜夫読近報蒋峴被逐二首」。

(225) 『癸辛雑識』前集「真西山入朝詩」「端平更化、人徯其来、若元祐之涑水翁也。是時楮軽物貴、民生頗難、謂真儒一用、必有建明、転移之間、立可致治。於是、民間為之語曰『若欲百物賎、直待真直院。』及童馬入朝、敷陳之際、首以尊崇道学、正心誠意為第一義、継而以大学衍義進。愚民無知、乃以其所言為不切於時務、復以俚語足前句云『喫了西湖水、打作一鍋麺。』」

(226) 巻一二九書「与李丞相」一「惟是江西名部、監司高選、恐非庸瑣可副使令。」同三「雖以従弟希仁同在一路為疑、然遠方尚未知希伋〔仁〕被論、将謂需次、故控辞申状止言資望軽浅、不敢以弟兄妨嫌為詞。」「与游丞相」一「今冬男冠女笄、家火寖迫、環堵蕭然……如倣文字之類、某酷所不喜。蓋素無科第、只合依本分做官。若位置一差、犯衆怨忌……豈若在外面做粗官、有俸禄足以仰事俯育哉。」なお、游似はこの時点では丞相ではない。後に丞相となったのでさかのぼらせてタイトルを付したものである。

(227) 巻一二「泉州南郭二首」一。

(228) 巻一二「同安」「木綿舗」。

(229) 巻一二「潮恵道中」。

(230) 巻一二「循梅路口四首」一。「櫢吏」を「徼吏」に、「労盆」を「牢盆」に改めた。

(231) 巻一一七啓「広東提挙謝李丞相」「建上吏民、猶記綰県章之日。江西父老、皆知解郡印之時。」

(232) 巻七六「辞免兼殿講第一状」「如某者、久抗走而為俗吏、祖〔粗〕渉猟而非醇儒。」

(233) 巻一〇〇題跋「唐察院判案」「自義理之学興、士大夫研深尋微之功、不愧先儒。然施之政事、其合者寡矣……是殆以雅流自居而不屑俗事耳。」

(234) 巻一四一神道碑「杜尚書」「公勳名日盛、人心所向。惟嵩之以所遣援兵失期、又恥前言不験、至是調曹順・聶斌、各以五千人断賊帰路……嵩之劾公擁兵自衛……」

(235) 巻一一七啓「賀右丞相還朝」「及新胡之崛起、殆挙国之莫当。衆方顧影以偸生、公独奮身而敵愾。」

(236) 巻一九四「行状」「史独相、経理両淮屯田、敷耕牛於広右。公以事関辺儲、急為区画、既応令而民不知。役〔異〕時表謝有曰『毎於吏民相告語之間、具言朝廷不得已之意。』指此以諷也。」

(237) 前出の蒋峴を『宋季三朝政要』巻一嘉熙元年条は「史党」としている。これが事実とすると、「四人組」事件の時にすでに史嵩之の党派にマークされていたことになる。

(238) 巻一九四「行状」「辛丑、令赴行在奏事。侍御史金淵謂公以清望自擬、寝其召命。」巻一三〇書「与宰執」「昨者、叨恩入奏……某賎迹行至泉州、聞有台劾、帰至田里。」金淵が史の党と目されていたことは、『宋史』巻四〇六劉漢弼伝に見える。なお、程譜一八三頁が莆田帰郷後に弾劾にあったとするのは、後者の記事から見て誤りである。

(239)『宋史』巻四〇九高斯得伝「淳祐二年、四朝帝紀書成、上之。嵩之妄加毀誉於理宗・済王、改斯得所草寧宗紀末巻。斯得与史官杜範・王遂弁之。範報書亦有姦人勦入邪説之語。然書已登進矣。（李）心伝蔵斯得所草、題其末曰『前史官高某撰』而已。」

(240) 巻一一八啓「再除崇禧観謝丞相」「謝史端明」。

(241)『宋史』巻四〇七杜範伝「以李鳴復参知政事、範不屑与鳴復共政、去之。帝遣中使召回、且勅諸城門、不得出範。太学諸生亦上書留範而斥鳴復、并斥嵩之。」

(242)『宋史』巻四二五徐霖伝「今日之士大夫、嵩之皆変化其心而収摂之矣。且其変化之術甚深、非章章然号於人使之為小人也。常於善類択其質柔気弱易以奪之者、親任一二。其或稍有異己、則潜棄而擯遠之、以風其余。」

(243)『宋季三朝政要』巻二、淳祐四年九月条「太学生……百四十四人上書曰『……自入相以来、固知二親耄矣。為有不測、旦夕以思、無一事不為起復張本。当其父未死之前、已預為必死之地……而起復未卒哭之馬光祖……而起復未終喪之許堪……』太学斎廊榜云『丞相朝入、諸生夕出。諸生夕出、丞相夕入。』時相悪京学生言事、諷京尹趙与𥲅逐遊士。諸生聞之、作捲堂文……」なお、史美珩「史嵩之起復問題探」（『寧波大学学報（人文科学版）』一六-四、二〇〇三、一二三—一二六頁）は彼のために弁誣を行っている。すなわち、史嵩之は父危篤の知らせを受けて明州に赴き、帰郷してから父の死を知ったのであって、「喪を隠して駆けつけなかった」という事実はないとする。たしかに、「匿喪」は事実でなかったかも知れない。しかし、異例の起復が行われたのをどう見るかという問題が残る。

(244)『宋史全文』巻三三、淳祐四年九月条の徐元杰の言。

(245) 巻一三〇書「与范丞相」「某筋力尚堪駆策、向者不憚入広。今江東距閩為隣部、況一閑四載、寧不急禄。」

(246) 巻九八序「送林太淵赴安渓」「旧煩於訟。期年、日僅数紙、或無訟。吏不勝饑、多遁去。郡胥或問邑駔『何以久無翻訴。』駔白〔曰〕『宰所剖決、農夫皆能伝詞〔誦〕。士大夫或伝写以教子弟。』……室人疾革、民守県門、為仏老事以祈福……去邑近或十年、遠或三紀、而其人聞余至、雖窮〔深〕山窮谷戴白之老、争持幡花迎餞。」

(247)『慶元条法事類』巻六職制門「権摂差委」「諸監司、毎歳被旨、分詣所部、点検催促結絶見禁罪人者、各随置司州地里遠近、限伍月下旬起発、至柒月伍日以前巡徧。」同巻七「監司巡歴」「提点刑獄仍貳年一徧。」

(248) 巻七九「辟休寧知丞洪涛〔燾〕充本司幹官申省状」「某契勘、諸路提刑司属官両員、民訟委幹官、獄案委検法。」

(249)『清明集（明版、以下も同じ）』巻九戸婚門「違法交易　已出嫁母売其子物業」「戸婚不属本司。」同「卑幼為所生父売業」「但本司不欲侵運司事。」

(250)『清明集』巻一官吏門「申牒　監司案牘不当言取索」「応訴婚田、念其取使司遥遠、間与受状。」

(251)『宋史』巻一六七職官志、提点刑獄公事「（乾道）八年、用臣僚言、諸路経総銭併委提点刑獄官督責。」

(252)『慶元条法事類』巻七職制門「監司知通按挙」「諸災傷路分、安撫司体量措置、転運司検放展閣、常平司糶給借貸、提点刑獄司覚察妄濫。」

(253) 巻七九「減放塩銭申省状」「某照得、臬司所以能専〔督〕責郡県、使之奉法愛民者、以其不管財賦、専以奉行寛大、推広徳意為職業。邇来〔衍字〕数年以来、朝廷分委刑獄之臣売塩。」

(254)『清明集』巻一二懲悪門「豪横　為悪貫盈」「饒・信両州、頑訟最繁、姦豪最甚。」『後村集』巻一六二墓誌銘「直宝章閣羅公」「知饒州余年〔干〕県、旧〔「訟」を補う〕牒日数千〔十〕百。」

(255)『清明集』巻一官吏門「禁戢　禁約吏卒毒虐平人」「見吏卒如見牛阿旁、或掴或踼、或叱或唾、神魂已飛。継以百端苦楚、多方乞覔。」この条の執筆者呉雨巌（名は勢卿）は『宋史』趙景緯伝に「江東提挙」としてみえ、この一条もその時の判決文である。

(256)『清明集』巻一二懲悪門「豪横　為悪貫盈」「方且分遣爪牙、多賚銀器、置局州城、賂公吏。」

(257) 巻七九「与都大司聯銜申省乞為饒州科降米状」「竊〔「見」を補う〕饒州向来苗米一十八万為額……端・嘉以後毎歳僅催及八万……所有歳解淮西総所六万石、淮東総所三万石、無所従来。」

(258) 巻五二「召対箚子」淳祐六年八月二十三日、三「如饒州譙楼欲圧、扶以二木、城圮可踰、濠塞為陸。郡兵千人、未嘗簡稽。以此推之、它州可見。一夫攘臂疾呼、必為執事者之憂。」

(259) 巻一九三「続藁跋文」「続藁五十巻、起淳祐己酉、至宝祐戊午、十年間之所作也……於聴訟折獄之際、必字字対越、乃敢下筆……所決滞訟疑獄多矣……存者惟建渓十余冊・江東三大冊。然県案不過民間鶏蟲得失。今摘取臬司書判稍緊切者為二巻、附於續藁之後……開慶改元上巳日克荘題。」

(260)『宋史』巻四一〇范応鈴伝。

(261) 巻一〇〇「唐察院判案」「歎曰『仕者当写一通置之於座右。』」

(262) 巻一一一「呉帥卿雑著」恕斎平心録「其門生故吏彙其歴官擬筆判案　曰平心録。」

(263) 巻一三四「答英〔呉〕帥卿」内簡。

(264)『文渓集』巻三「方帥山判序」「所部大治、一判出、佐属争手抄。久焉、所編鉅、廼彙分而梓於寄、来者稽焉。」

(265) 巻一五一「鉄庵方閣学」「書判多累千言、少亦数百字、広人珍誦。」

(266)『文渓集』巻五「跋潜守知獄好生方」。

(267)『文渓集』巻一一「太学果行斎蔡順孫等箚子乞差充鷺洲書院学賓職事判」「蠲除受納官事例銭判」「発妓孫惜回南安軍判」「革権酤弊判」。

(268) 宮崎市定「宋元時代の法制と裁判機構」（『東方学報』京都二三-四、一九六五、『宮崎市定全集』11宋元、一九九二、二〇六―二一二頁）。

(269) この番付は静嘉堂文庫蔵の宋刊本に載るものである。『四庫全書総目』巻一一七「名公書判清明集十七巻（永楽大典本）」は

「宋・元人の案牘判語を集めたとし、別号が使われているために有名ではない人は誰のことか分からない」と述べる。番付の部分が見られないと、こういうことになる。『清明集』の諸版本の問題については、高橋芳郎「《名公書判清明集》之編印者与版本源流」（北京大学中国古代史研究中心編『鄧広銘教授百年誕辰紀念論文集』中華書局、二〇〇八、八二七―八三六頁）を参照。

(270)『延祐四明志』巻五「史弥堅」「守建寧、行義倉法。真文忠公紀其政績……判牘神敏。旧有書判清明集、皆能吏極選、弥堅与焉。」

(271) 巻一五九墓誌銘「宋経略」「余為建陽令、獲友其邑中豪傑、而尤所敬愛曰宋公恵父……師事考亭高弟呉公雉……曁入太学、西山真公徳秀衡其文、見謂有源流、出肺腑。公因受学其門。」

(272)『勉斎集』巻三八-四〇。

(273) 高橋芳郎「宋代の士人身分について」（『史林』六九-三、一九八六、三九―七〇頁）。

(274) 小使臣については、梅原郁『宋代官僚制度研究』（同朋舎、一九八六）一一一、一九七頁参照。

(275) 巻一九三「饒州州院申潜彝招桂節夫周氏阿劉訴占産事」（『清明集』巻四）「縁潜彝父子嫌〔恃〕其銅臭、仮儒衣冠、平時宛転求乞賢士大夫詩文、文其武断豪強之跡……当職所至、未嘗罪及士人……況已納粟為小使臣、輒為潜監酒戸。」

(276) 巻五一「輪対箚子」端平二年七月十一日、二貼黄「本選在籍小使臣、一万三千九百余人、内奏補五千五百余人、宗室三千六百余人、吏職・軍班各千人、而武挙不満五百、軍功不満千、以恩沢入仕者如此之多……又有（鬻）爵一途、已参注者二千一百余人……皆注監当、而監当闕皆十二年以上、六七人共守一闕。臣恐数年之後、充塞銓部、皆以貲為郎之人、而仕進之塗愈狭矣。」

(277) 巻八六「進故事」辛酉三月十八日「蒙恩攝貳夏卿、毎坐曹據案書押副尉以下文帖、不知其幾千万紙。由此推之、大小使臣之給告身・綾紙者、又不知其幾也。」

(278) 巻八七「進故事」辛酉七月十五日「湖・秀二州水災……若朝廷采漢文・景及乾〔道〕・淳〔熙〕已行、許之入粟於官、籍数来上、随其多寡優与補授。白身人補官、已仕者減挙員或転秩、士人免挙升甲首……不待科抑、人自楽輸。」

(279) 巻一九四「行状」「范実忌公、因託言『歳旱民饑、艱於択代』、沮其入也。范去、游独当国、与参与抑斎妻公〔二字を「屢」に改める〕以公薦。丙午四月、令赴行在奏事。時方祷雨、公雖治任、而拯飢雪枉、備極焦労、留至七月、乞謁告省親、不許。」

(280) 巻七六「辞免府少状」丙午「某七月初九日解江東提刑司職事、十八日離饒州……二十五日行至信州、準箚『劉某除太府少卿。』」

(281) 巻一九四「行状」「八月望入脩門、二十三日面対三箚……宸翰已至『劉某文名久著、史学尤精。可特賜同進士出身、除秘書少監……』次日、兼国史院編修官・実録院兼〔検〕討官。又三日、除御史〔三字を「御筆」に改める〕兼崇政殿説書。」

(282) 巻八四「商書講義」「論語講義」、巻八五「周礼講義」。

(283) 巻五二「転対箚子」十月一日。

(284) 巻六一「史嵩之守金紫光禄大夫求〔永〕国公致仕」跋文「越四日、上親享景霊宮、予立卿監班……予忝時暫兼権中書舎人之命……翌日得省箚、俾行上三房、予力以上三房遜趙汝騰侍郎……十三日、始赴後省供職。」

(285) 巻一〇五題跋「方一軒諸帖」東坡玉堂詞草「或疑此巻塗抹多而点画拙、似非公書。夫六十老人、詞頭夜下、攬衣呼燭、頃刻成章、豈暇求工於字画乎……則此巻乃真蹟無可疑矣。」

(286) 巻六一「史嵩之守金紫光禄大夫求〔永〕国公致仕」跋文。

(287) 巻八四「商書講義」盤庚下「竊見都城風俗稍異於昔、王候〔侯〕邸第、湖山亭館、鱗次櫛密、丹碧相照。士大夫貴貨而賎徳、小人崇飲而飾游。」

(288) 巻一五八墓誌銘「趙克勤吏部」「是歳丙午、朝野以厄運為憂。公輪対言『丙午・丁未之厄、古無是説。議者推原宜〔宣〕・靖致禍之本……』」

(289) 巻五二「召対箚子」淳祐六年八月二十三日、一「深惟本朝以仁立国、勢趨於弱。粤自全盛至於偏安、雖二（三）百年名臣輩出、而夷狄之患、未有能当之者……臣竊議其後、若景徳之於寇準、慶暦之呂夷簡、靖康之於李綱、建炎之於秦檜、是也……陛下慨思其人而不可得、遂取其似是而非者而相之……既去而畏之未已、豈非以（王）叔文起復之謀雖沮於独断、盧〔盧〕杞見思之語已喧於群聴乎……又不足以望檜万一。」

(290) 巻一一一題跋「毋惰趙資政奏藁」「於時朝野伝其覆出、従官・言路・館学聯章合疏、五庠諸生投匭伏闕者以千百計、咸請削奪。」

(291) 寺地遵「史嵩之の起復問題―南宋政権解体過程研究箚記」（『史学研究』二〇〇、一九九三、四七―六六頁）は起復に触れるが、致仕をめぐる問題については言及がない。

(292) 巻八〇「掖垣日記」跋語「臘月初九夜御筆『嵩之預乞掛冠、今已従吉。可依所乞守本官職致仕、已降宮観指揮更不施行。』十一月〔日〕黄至後省。先是、給事趙克家令趙侍郎茂寔来約予。茂寔時行三下（下三）房。如施行未愜公論、則予先繳。如再不報、則二人助之。致仕命下、予折簡茂寔、報給事以欲〔「繳」を補う〕黄之意。茂寔以克家回柬来云『致仕指揮欠罪状一二語、此則難但已。若繳則上意回而沮之、恐併此収了、反成紛紛。』」

(293) 同「奏乞坐下史嵩之致仕罪名状　十二日」「嵩之有無父之罪四。父在日勧行好事、毎悖訓言、一也。父臨終戒勿起復、首違治命、二也。当日〔五〕内分烈〔裂〕之時、楊〔陽〕為不聞、出入朝堂、食稲衣錦、分布私党、授以邪謀、先起復而後奔喪、三也……有無君之罪七……嵩之督師於外、乃用詭計微服疾馳、詐称張路分、径入将作監見百官、秉魁柄、襲王敦・蘇峻下石頭之迹、一也。外交王楫〔檝〕・傍盞以劫制朝廷、祖秦檜挾撻辣之智、二也。其欲恐動陛下、則警報交於道塗、及欲順適陛下、則捷奏出於懐袖、与趙高指鹿無異、三也……枢印携帰四明、斥候擺至四明、堂案決於四明、堂吏役於四明、除目先稟明〔衍字〕四明然後出、辺報先達四明然後奏、雖桓温自姑孰制朝権亦未至此、五也……臣竊謂公議咸請誅竄、而陛下終始保全、第令休致、不謂不尽恩意矣。群臣若不体聖意、復於休致之外別請削奪、則曰難行。今臣所陳、止乞明詔著其所以致仕之因、庶幾詞臣有所按據、見之訓詞、以塞公議。」

(294) 跋語「十三日得丞相柬云『上令宣諭、山相致仕、欲示保全、可只作自陳行詞。』又付下御前所録嵩之乞致仕奏状、令体此降制。」

(295) 回奏、十三日「但所謂守本官職致仕者、未知守何職。右丞相既非職名之比、所有本官見封永国公、合於階官下帯永国公致仕、庶得允当。」
(296) 跋語「省吏部〔衍字〕節略予奏状中『合於階官下帯永国公致仕』之文、止将『所守何職』四字報行、謗之所由起也。」
(297) 乞寝史嵩之職名奏状「臣昨日進講、側聞玉音、已降御筆史嵩之除職……講退方聞大観文……臣為之終夕輾転不寝……今嵩之忠孝有虧、而所除職名乃与元勲重徳無異……臣今未敢繳黄……更望睿慈三入聖恩〔思〕、詳臣元奏、寝罷嵩之職名、只守永国公致仕、以塞公議。」宣諭「史嵩之除職致仕、卿既已遵承、又復入奏。可依已降批論、日下行詞。」
(298) 第二奏状、十六日、不付出「今除大観文、則合宣鎖降麻、此乃学士院職事……竊見紹興二十五年秦熺特授小〔少〕師・〔「観」を補う〕文殿大学士・嘉国公致仕、与嵩之致仕一同、係学士院降麻、具載実録。若臣冒昧侵内〔「制」を補う〕之職、豈不貽笑天下。」宣諭、十六日「既是合係学士院降麻、可与一向〔面〕書行。」
(299) 跋語「十七日、与克家・茂寔聯銜繳黄……十八日、刑部謝侍〔「郎」を補う〕又来宣諭、趣行詞。即以公論交攻難下筆為詞以対……十九日、茂寔以簡送大学士〔太学生〕某来相見、袖出衆士所上書稿、意若示恩於余者。予謝之曰『屢嘗執論而未報、若有策可以感悟天聴、雖公論交攻、吾願以一身当之、不敢求苟免。』其人唯唯而去。二十日、余斎宿太一宮……即斎宮上疏乞出。」
(300) 乞祠申省状「重念偏親八十有七、素患目疾、晩而益甚……欲望朝廷特賜敷奏、畀以祠廟、使之奉親。」
(301) 跋語「廿二日……則已別降旨揮寝大観文之命、止以金紫守永国公之命〔二字衍〕致仕……廿三日、太学士人上書。廿四日、章殿院琰上殿、論予畏禍揣摩、先伝奏牘以売直、証言削稿以欺君。」
(302) 巻六一外制「史嵩之守金紫光禄大夫永国公致仕」注「次月被論、遂蔵藁不出。」
(303) 跋語「時士人攻嵩之者免解、士大夫攻嵩者擢用。何祈〔禍〕之畏……又余群従為湖南漕、因科挙之事為譚〔潭〕士所訴。士恐余居中為援、遂併見攻。所上之書、某上舎之筆、潭人也。因併志之。淳祐丙午歳除日書。」
(304) 『宋史』巻四二四黄師雍伝「嵩之終喪、正言李昴英・殿中侍御史章琰共疏乞竄斥之、師雍亦上疏論列。帝感悟、即其日詔勒令致仕。権直舎人院劉克荘封還詞頭、乞畀嵩之以貼職如宰臣去国故事、遂得守金紫光禄大夫・観文殿大学士致仕。議者曰『大夫、官也。観文、職也。元降御筆但云守官、無本官職之辞。観文之命、自克荘啓之。』」
(305) 『癸辛雑識』別集下「史嵩之始末」。
(306) 巻九一記「群山囿堂」「某丙午召対、由卑冗歴高華、出上親擢、亦公密啓、已在公圃中矣。」
(307) 巻一四六神道碑「忠粛陳観文」「後忝扉掖、預聞大典冊、公力也。」
(308) 巻一六九行状「枢密鄭公」「始余久斥。嵩〔「之」を補う〕去、起家使江左。或曰『公嘗密薦。』」
(309) 巻一四六神道碑「忠粛陳観文」「且留其使王檝与計事。公欲伺便殺之、不果。」
(310) 『文渓集』巻九「論陳枢密疏」「国本始定、神人所同善。韡独出語不遜、識者駭愕。奸相負罪、神人所同怒。韡猶盛称其孝。」
(311) 巻一四六神道碑「忠粛陳観文」「二人言公庇嵩之、揺国本……〔「琰」を補う〕素為潜豢養。昴英激汀卒之変、公嘗欲劾之、皆不

〔「悦」を補う〕於公。」

(312)『文渓集』巻九「論陳枢密疏」の孫の際明による識語「嘗閲近世言行録載知院陳公行状一段云『先公侍郎任汀州推官、激軍変』……先公侍郎初笠汀推、不過一察局耳。郡政不在手、何以激変。」後村はこの「行状」の記述をそのまま踏襲したのだろうが、別のところでも、李を変節漢として描いている。巻一五八墓誌銘「趙克勤吏部」「李公昴英滞郎省、始皆喜〔善〕公……俄而李拝諫官、首劾公去。」

(313)『歴代名臣奏議』巻三一一「灾祥」淳祐七年夏旱牟子才上奏「今嵩之已覬書殿之栄、陳韡亦与元枢之命。而琰・昴英一斥五月、未聞有召用之期。」

(314)巻一六九行状「枢密鄭公」「及陳公論三学事偶与公合、談者遂併攻之、謂公党陳、謂陳公不忿疾史氏。然公本非由陳公進、陳公者、嵩素所娼忌。」

(315)『癸辛雑識』後集「三学之横」。

(316)『癸辛雑識』別集下「嵩之起復」。

(317)巻一六九行状「枢密鄭公」「公憤激与同列再疏、又不報。乃独銜密奏『陛下必欲行大観文之命。非特劉克荘輩非〔不〕敢行辞、而猶予遷延之間、徒使学校之士相継挙幡。』両疏入、已二鼓。上批『嵩之守本官致仕、已降除職指揮更不行。』」

(318)巻一四六神道碑「忠粛陳観文」「二事皆上所知、而章・李不攷実、以触上怒。」

(319)同右「上既出二臣、公待罪不〔六〕和塔。」

(320)『宋史』巻四二四黄師雍伝「琰・昴英去国。宋於是薦周坦・葉大有入台、首劾程公許・江万里。善類自危矣。」

(321)『宋史』巻四一五程公許伝「鄭清之以少保奉祠、侍講幄中、批復其子士昌官職……公許繳奏……周坦妻与鄭清之妻善、因拝坦殿中侍御史。坦首疏劾公許、以宝章閣待制知建寧府。諫議大夫鄭寀又劾之。」

(322)巻一五二墓誌銘「臞軒王少卿」「頃鄭公帰鄞十載。公雖貧、歳走一力問安否。鄭公後為余言『朋友中可保歳寒者、実之一人爾。』」

(323)巻一二九書「与鄭丞相」六「明知実之歳走介上我公寿、某終不能貢尺牋……其所以遅徊瑟縮至今……而某毎遭煩嘖、必有数語波及恩地……然両得祠、因謝時相父子書、明言『某申公客也。不可畔去。』……旦夕必出而図吾君矣。」

(324)巻一一八啓「除崇禧観謝丞相」「謝史端明」「再除崇禧観謝丞相」「謝史端明」。

(325)『宋史』巻四二四黄師雍伝「(周)坦攻参政呉潜去、陳垓為監察御史、時寀・与憲・坦・垓・大有合為一。」

(326)巻八〇「掖垣日記」跋語「初余之召、或言某公薦語尤力。諸人方攻某公、余受無髭之禍。」

(327)巻三九「雑興六言」六、巻四二「憶昔」、巻四四「耄志」一。

(328)巻五二「召対箚子」辛亥五月一日「陛下慨然改号端平、一変之功、侔於元祐……執事者方咎用賢之無益、疑更化之致寇。再変而為嘉熙、三変而為淳祐、皆求以愈於端平也。然而足〔卒〕不能有所愈也。於是四変而為乙巳、五変而為丁未……惟丁未転局則異於是、以端平之旧相復修端平之政事、収拾端平之人材。」

(329)『癸辛雑識』別集下「鄭清之」「初青山之重来也、有作詩譏之云『……先生自号為安晩、晩節胡為不自安。』」

(330) 巻六二外制「呉潔知泉州」「旧称富州、近歳稍趨凋敝。」巻六八「胡侁仍旧直秘閣知泉州」「而談者類曰『凋匱不可為。』」

(331) 巻一五三墓誌銘「工部弟」「相与嘆曰『……吾兄弟惟有早退爾。』予至袁未久、坐前論事狂妄斥帰。而無競被召過家、徘徊親膝。太夫人迫造朝、甫至、即求外補……擢知泉州……起予江東提刑。歳中乞帰養至四五。聞無競亦請祠。後予被召……於是、無競書来、首末自札僅数行、中間累千百言、令興甫代作……亟白於朝。諸公曰『是欲脱凋郡者、豈必真病。』」

(332) 巻一九四「行状」「戊申元日、除宗正少卿、公又苦辞。除〔衍字〕時余備数編修官、袖公手書以白。五日、依旧職知漳州……是月又除秘閣修撰、福建提刑、欲公便養也。公又辞、不允。九月朔、即家建台。」

(333) 巻一五三墓誌銘「魏国」「独聞克荘蒙天子賜第、則大喜、日加一餐。」

(334) 巻一五〇墓誌銘「孫花翁」「惟余帰老後村、左耳与臂遂偏廃矣。」

(335) 巻一一二「雑記」「余年六十二、罹陟屺之哀、始得暈滑二疾、初猶三両月一作。」

(336) 巻二九「余自戊申春得疾止酒十年戊午秋〔「開」を補う〕戒小飲二首」。

(337) 巻一一二「雑記」「辛亥、余以右史兼内制侍講。時相安晩年高、二三執政方収士誉。諸人心懐向背、以攻安晩者為賢。余一日見晩、晩不勝憤欝而言曰『……某非不容諸賢、諸賢乃不容某……』」

(338) 巻一三一書「答翁仲山呉明輔」「某辛亥〔「召」を補う〕対、以不攻安晩過失為衆論譏詆、端拝受之、不敢自〔「明」を補う〕。或見教曰『子為詞臣・講官、日日可論事。一対之頃、不足深咎。当要其終耳。』」

(339) 巻八六進故事「辛亥六月九日」では、北宋の杜衍が寵臣を厚遇する内降を封還したことを引き合いに出して、現在大臣が軽んじられて任官がバイパスを通して行われていると述べる。また、「閏月初一日」では南朝で北伐を戒めた人々の言を引き、端平の役の失敗を取り上げている。直接の批判の対象は前線指揮官に向けられているが、当時廟堂にあった鄭清之への間接的な批判と言ってよい。

(340) 巻七八「乞祠状」一「自去春以後、此証始不復作……不謂自四月末此証復作、初猶稍疏、俄而転密……命医診視、皆云風虚之証。」

(341) 巻七八「乞祠状」四「当此炎暑、人皆揮扇、身独棉衣。」

(342) 巻七八「乞祠状」六「某重玷班行、甫百余日、疾病告仮、乃居其半。」

(343) 巻七八「乞掛冠状」辛亥「某毎見奉常老吏沈霝老〔衍字〕有疾在身、貪恋俸賜、強自支吾、一旦朝省習儀、忽然暈倒。某忝従士大夫之後、自当知陳列不能者止之義。」

(344) 巻一一二「雑記」「上問宰執、知余疾状云『何不灼艾。』宰執使人導玉音。余始灸丹田、餌烏附、自夏徂秋、小愈。」

（345）巻五二「直前」十月十一日「韃雛新立、河患方梗、北風漸勁、南牧未皇……往往蹙頞而私相告語、凜然有虎兕出柙之恐。」
（346）巻一三一書「答翁仲山呉明輔」「而某於禫後、適有一疏論山相、荷聖上納聞。外間聞其直前而不知其論何事。某又不納副封、安晩始疑其二於己。」
（347）巻一三九祭文「呉茂新侍郎」「左遷而去、餞者傾都、諸生挙幡、好事絵図。」巻一四七神道碑「警斎呉侍郎」「与同台御史潘公凱交章論……二公皆求罷……夕郎董公槐封還詞頭、亦去。都人士祖餞、四学作為誦詩。」
（348）巻一九四「行状」「公退見丞相、乞召潘凱・呉燧二人、皆忤相国者、大咈相意。語諸客曰『千辛万苦喚得来、又向那辺去。』」
（349）有名な「開慶六君子」の中に陳宗の名が見えるが、これと同一人物か。
（350）巻一一二「雑記」「庠士陳宗干謁余、不愜所欲、嗾其党上書。」
（351）巻一七一行状「丞相忠定鄭公」。
（352）巻一四七神道碑「警斎呉侍郎」「豈特理宗之徳不可思議、若鄭公之量亦豈易及哉。」
（353）巻一五四墓誌銘「鄭徳言」「余晩貳奉常、語議郎汪君之林曰『吾欲有言於丞相、如不揖客何。』汪悵然曰『使徳言若在、必能入臥内以告。』」
（354）巻一三一書「答翁仲山呉明輔」「某毎至相第、旅進旅退、非更闌夜半客也。」
（355）巻三八「八十吟十絶」八。
（356）巻二四「攬鏡六言」一。
（357）巻四一「目眚」。
（358）巻一〇八「趙倅与灝条具軫〔斡〕腹事宜状」「淳祐辛丑、余待罪広東漕。一日、経略劉直卿侍郎約議事、至則出密箚・相書、言諜報韃謀由交趾趨邕・宜、有旨令帥整齪軍馬、漕積聚銭糧、以俟調発……余始識軫〔斡〕腹二字。」
（359）『北京図書館蔵中国歴代石刻拓本匯編』四四冊南宋九〇頁「黄朴等題名」「嘉熙庚子孟秋、長楽黄朴成父約同郡唐璘伯玉、莆田劉克荘潜夫、泛舟仙湖。」
（360）巻一〇八題跋「趙倅与灝条具軫〔斡〕斡腹事宜状」「自辛丑而復〔後〕、幹〔斡〕腹之〔「説」を補う〕若緩若急、将信将疑、歳歳如此。」
（361）巻一五九墓誌銘「宋経略」「鬼国与南丹州争金坑。南丹言鞭〔韃〕騎追〔迫〕境。宜守張皇乞師。公白陳公『此虜無飛越大理・特磨二国直擣南丹之地〔理〕。』」
（362）巻一〇九題跋「建寧県平寇録」「属者、蛮韃幹〔斡〕腹深入、湘中之全・衡・永、江西之臨・瑞皆失守。惟陳侯元桂死城郭、他郡率闒賊未至、委之而去、竄伏山谷、名曰移治。」
（363）巻八九記「鄂州貢士田」「天台賈公為鋳銭使者……一〔士〕飲公徳、以余与公有世旧、俾書其事於石。」

(364) 巻一〇八題跋「崔菊坡与劉制置書」「壑公建淮閫十年、忠労百倍於清献之時。而懐賢服善、了無毫髪矜功伐能之意……而文粛之孫応雷能珍蔵此書……応雷方為壑公辟客。」
(365) 巻一三三「与淮閫賈知院書」「士友黄牧与某同邑……黄曰『……我将挟初補文牒以応漕挙、然家貧早孤……我将秋〔杖〕策謁同知相公於轅門。』……故敢犯顔開薦口焉。」
(366) 巻一三二書「与賈丞相」二「去春初聞移閫外蜀之報、天下士識与不識、皆曰『此乃元載・張延賞欲離間郭汾陽・李西平之故智』、相顧払鬱、髪上指冠。及読出師之表、一則曰不得面君、二曰不遑将母、三曰誓求死中之生。雖甚怯懦之夫、伝誦此語、莫不泣下。時友人湯簿伯紀自建貽書、嫉相之姦、危公之行。」
(367) 『宋史』巻四七四丁大全伝。
(368) 巻一九四「墓誌銘」「宝祐丙辰、矩堂董相欲以治使処公。丁大全言於上前曰『劉某恃才傲物。』遂有正言邵沢之疏、実丁也。」
(369) 巻三一「景定初元即事」一。
(370) 巻三一「得江西報六首」。
(371) 巻一三二書「与賈丞相」一「去歳九月四日、醜類十万忽越天塹而至。朝野失邑〔色〕、凛凛有被髪之憂。於時、大丞相甫清蜀祲、一聞鄂警、投袂而起、倍道疾馳、身先将士、蒙犯矢石。虜在江南、大丞相方駐軍江北。彼欲攻城不克、欲済師不能、一夕空群道〔遁〕。此蓋東南衣冠礼楽一綫之脈幾絶而復続者、国有人焉。」
(372) 『斉東野語』巻一八「趙信国辞相」。
(373) 宮崎市定「南宋末の宰相賈似道」（『東洋史研究』六-三、一九四一。『宮崎市定全集』11宋、三一九頁）。
(374) 巻七八「庚申辞免除秘書監申省状」。
(375) 巻七八「辞免除起居郎奏状」。
(376) 巻七八「辞免兼権中舎奏状」。
(377) 程譜三二〇頁は「凶相」を史弥遠とするが、王宇「《劉克荘年譜》考弁」（『中国詩歌研究』五、二〇〇八）九七頁が指摘するように、丁大全を指す。
(378) 巻五二「庚申召対」「臣惟国家三数年来、凶相弄権、以富強自詭、輔天子而行覇政、為天下宰而設騙局。朝野之人相与竊議曰『相非相、狙也。』」
(379) 巻七八「宣索文集回奏状」。
(380) 巻七八「自劾奏状」辛酉正月「臣今早随班大慶殿行朝賀礼、至第六拝、笏滑足跌。」
(381) 巻七八「乞祠奏状」「臣猶自力、於天基節日随班祝堯（寿）侍宴而退……及至明慶寺満散、拝跪間幾顛仆。」
(382) 巻八一「繳饗弁令赴行在奏事奏状」「剽聞輿論、皆謂其人乃大全之上客……大全又薦於潜、潜遂用為宰士、与共謀画。」

(383) 巻八一「繳令狐震己辟差知象州奏状」「使蛮韃足〔得〕以長駆深入、魚肉湖南・江西両路数州生霊者、曾伯也。賛曾伯閉門不発一矢者、震己〔「也」を補う〕。至今、潭・桂之人、莫不切歯其貪謬。」

(384)『黄氏日抄』巻九六「知吉州兼江西提挙大監糜公行状」「司封駁者、昏不知所為、誤駁公党大全。」

(385)『宋史』巻四五。

(386) 巻五三策問「壬戌召試文及翁彭方廻」「凡向来偃月・鬼盾二揆之所娼忌中傷者、以次取用。」

(387) 巻一一二「雑記」「上洞知群臣情態。端・嘉後言者多及宮媼、或言二呉陰与通譜、認之為姑……二呉一生権譎、而不知心術為人主所窺如此。」

(388) 主な論点は前掲の王述堯が紹介している。熱心に弁護するのは明見（筆名。のちに王明見『劉克荘与中国詩学』を刊行）の「劉克荘与賈似道」（『西南師範大学学報（哲学社会科学版）』一九九八-一、六七―六九頁）、「劉克荘賀賈之作新論」（『文学遺産』二〇〇三-五、一二三―一二五頁）である。前者は、賈似道と後村が父親以来の関係であること、両者のつき合いが賈似道の専権前に終わっていることを指摘する。ここまでは弁護側の定番であるが、さらに後村が史嵩之と対立していたことに、彼の「権奸」への態度を見ようとする。史と後村の関係がそうしたものであったにせよ、もう一人の「権奸」に対して同様の態度を取るとは限らない。後者の表題は、王士禛への真っ向からの反論を期待させるがそうではなく、専権前の賈似道を賛美していたのは後村だけではなく（これも定番）、晩年の登朝は理宗の抜擢によるもので賈似道とは関係ないと主張する。一方、劉鋒燾「劉後村寿詞浅論――兼談後村与賈似道的関係」（『陝西師範大学学報（哲学社会科学版）』一九九八-九、一三八―一四三頁）は表題どおり、寿詞を取り上げたのが新しい。寿詞には後村の本音が表現されており、そこに見える賈似道への頌諛は後村の「人格中的汚点」だとする。面白いのは明見と劉の両者が対立するように見えて、賀啓や寿詞の儀礼的機能をほとんど顧慮していないこと（後村が史嵩之にもこの手の挨拶を欠かさなかったのはすでに見たとおりである）、後村が賈似道に宛てた書簡を無視していることである。「弁誣」の中でも最も説得力があるのが、点校本『大全集』の編者前言である（第一冊、六―一五頁）。賀啓の機能がきちんと押さえられており、その中で賈似道のことを大仰に称えていても（王士禛の言葉を使えば、賈似道を「伊尹・周公」と同列に置く）、それは後村が得意とした「四六」のレトリックと見るべきで、同時に送った書簡（巻一三二「与賈丞相」）の中の訓戒（周公・謝安を引き合いに出しながら、その挫折に触れて同じ轍を踏まぬよう助言する）こそが後村の本音だとする。啓と書の違いに注目したのは慧眼である。しかし、「最も名節を重んじた」後村の師友には「南宋中後期第一流人物」が居並んでおり、「其他将相・侍従・台諫稍正直者」も多くが友人だから、その気になれば宰輔にまで上れただろうに、節義を通したために実現しなかったとするのは、贔屓の引き倒しと言わざるを得ない。現代の中国人研究者にも引き継がれている「弁誣」の伝統は、必ずしも対象となる人物の歴史的実在を救うものではない。

(389)『斉東野語』巻一七「景定行公田」「景定彗星」。

(390) 巻八六「進故事」辛酉正月二十八日「臣謂陛下当法寗考、以前後簿録諸大姦贓家貲田産別為景定安辺所。」
(391) 巻一一題跋「建徳県賑糶本末」「咸淳丙寅、江浙春澇夏旱……時中外方多窃議公田有利与害。言人人殊。一旦歳荒民饑、朝家得此以活六軍兆民之命……於是、前之議公田者、始服朝廷之深思長慮。」
(392) 巻九三記「林寒斎丞嘗田」「江浙巨室有朝為陶朱、暮為黔婁者。惟閩人千（十）金之産、百畝之田、或伝十数世而不失。」方大琮も「大家谷食不多、非如江浙家以万計以千計者皆米也。今家有二三百石者、甚可数、且半是糠粃。」（『鉄庵集』巻二一書「項郷守博文」）と述べている。福建と江浙の田産形態の違いが、閩人の公田法に対する評価に影響を与えたのだろう。
(393) 理宗朝一代を扱った近刊として張金嶺『宋理宗研究』（人民出版社、二〇〇八）が出ているが、端平の有為な君主が宝祐以後堕落したという構図は、従来の理宗像と大きくは変わらない。面白いのは、両期をつなぐ史嵩之時代の記述がすっぽり抜けていることである。
(394) 巻三五。
(395) 巻一一三「謝宸翰表」。巻一九四「行状」「作為新居、掲宸翰所賜樗庵・後村二扁、日与賓客觴詠其間、曰『吾得此足矣。』」
(396) 巻一一七―一一九啓。
(397) 巻一〇一題跋「東園方氏帖　山谷書范滂伝」「党禍東都最惨。唐次之。本朝又次之……予嘗為〔謂〕近〔前〕世党人、有刀鋸之禍、若本朝則烟瘴而已。」
(398) 巻四七。「一矩」を「一炬」に改める。

第二章

（1）この年に選ばれた庶吉士の顔ぶれについては、郭培貴「明代各科庶吉士数量、姓名、甲第、地理分布及其特点考述」（『文史』二〇〇七）一八一頁参照。
（2）李廷機、方従哲、朱国祚は大学士にまでなりながら、行状・墓誌・神道碑が残っておらず、生年を直接に知る手がかりは史書や文集に見つからない。ここでは、「万暦十一年進士登科録」（『天一閣蔵明代科挙録選刊・登科録』寗波出版社、二〇〇六所収）の年齢記載を採用した。ただし、ここには葉向高が「年二十三」とあるのにじっさいには二十五歳であることからも分かるように、その記載は必ずしも実年齢と一致しない。以下に出てくる同年進士の年齢についてもこれを用いたが、あくまで目安である。
（3）『蘧編』巻一、万暦十一年「其閲再試者為蛟門沈公・復庵呉公、業已定余第一矣。而沈公偵其為余、遽欲易以他巻。蓋閩中庶常二人、其一為呉龍徴、沈公所取士也。往試第一者必留館、沈公恐余留而呉須出、故必欲抑之為呉地。復庵公力争之……沈公不能奪也。然自是不喜余矣。」
（4）『蘧編』巻一、万暦二十六年「始皇長子欠講官……沈公曰『閩人豈可作講官。』堅不与……首揆蘭渓趙公不告于沈、遽以余題補。

命下、沈大不楽。」

(5)『蘧編』巻二、万暦二十七年「先是、廷推閣臣、両奉旨、再推先後共十余人。余亦濫預。閩中則宗伯粛庵陳公・儀庭黄公・南少宰九我李与余而四、亦一時之盛也。」

(6)『客座贅語』巻三「南部入内閣」「弇州紀『南都入閣者三人……皆以吏部尚書。』当時以為盛事。然梁公（儲）・楊公（廷和）先在内閣知誥勅、出為南部尚書、此時勅取入閣至京、改兼文淵閣大学士耳。又張公（治）已正位尚書。未有若万暦丁未葉向高以南吏部侍郎、径授礼部尚書・東閣大学士者也、且公年方四十九。」葉自身、拝命の際の上疏において「蓋自二百年来、自南曹而参密勿、僅一再見。臣之遭逢可謂奇矣」と述べている（『綸扉奏草』巻二「入閣謝恩疏」）。

(7)李楽の『見聞雑記』巻一〇、八十二は「不知廷機縁何不得人心紛紛指摘」と首をひねるが、李廷機批判は沈一貫と関係していた。南炳文は『万暦起居注』と李廷機の文集の奏疏を比較検討して、文集収録の際に文言がカットされた理由の一つが沈一貫との関係の糊塗にあったことを指摘する。「《万暦起居注》《明神宗実録》和《李文節集》中的李廷機内閣奏疏」（『西南師範大学学報（人文社会科学版）』二九-四、二〇〇三、一一一—一二二頁）。

(8)『負苞堂文選』巻三「賀葉少宰入相序」「我朝置相、未有不自翰林入者……国初称名相者、必曰楊文敏、実為閩人。垂二百年而公継之。」

(9)『数馬集』巻三一「東李九我」「吾閩自楊文敏後、寥寥乏人。茲得翁丈、当振起百年運会。」

(10)明一代で、葉・李以前に大学士となった閩人には、楊栄と同時代の陳山（延平府沙県人）がいるが、楊栄と異なって評判があまり芳しくないために、後世引き合いに出されることがないのだろう。

(11)『万暦野獲編』巻一〇「丁未閩中詞臣之盛」「向来閩中無大拝者。惟永楽間楊文敏入閣、然不由翰林。此後二百年絶響矣。今上丁未科会試大主考二人、為楊荊巌道賓・黄毅庵汝良、倶以礼右侍兼読学入場。而李九我廷機以礼左侍兼読学署部事、為知貢挙官、倶福建晋江人。南宮大典以同邑三人主之、此明興所未有。三月廷試、則張瑞図為探花、五月館考、則林欲楫・楊道寅為庶吉士、又皆晋江人。至六月而李陞尚書、福清葉従南少宰陞礼尚書、同日大拝。蓋八閩之盛際極矣。」

(12)『神宗実録』巻四三三、万暦三十五年五月己卯条。

(13)注(1)郭論文によれば、その地域分布は会試の南・北・中巻の録取率に近いという（一九二—一九三頁）。

(14)『本朝分省人物考』巻七〇「林偕春」「乙丑進士、選翰林院庶吉士。故事、閩中館選二人、惟一人留。」および注(3)参照。

(15)『明清進士題名碑録索引』（上海古籍出版社、一九八〇）二五六二頁。

(16)『数馬集』巻三〇「答旧兗西道少参胡華流」「忽移西江、遂辞東岱……顧閩人常見軽於海内、而智士当早見於幾先、已思種東陵之瓜。」「東陵の瓜を種える」は秦の召平の故事を踏まえる。

(17)『数馬集』巻三七「東林柱宇問卿」「閩人寡援。其砥節当官、常百倍于人、然不免于人後。若門下之西台、非所謂刻意励節者乎。」

猶外推数次而後以冏寺与之。自非公論難以尽泯、則清濁不分而賢否莫弁矣。然此亦吾閩人之過。蓋世多阿意奉迎、為人駆除。而吾閩不然……近京之地飛蝗蔽天……廊廟之上、方分門樹党……今且上疏力求乞休矣。」

(18)『睡庵稿』巻一六「太僕寺少卿林公墓誌銘」「乙巳、陞太僕少卿。自先生居西台十八年、諸晩資者皆前徙、光生泊然。」

(19)『明神宗実録』巻四七九、万暦三十九年正月癸卯条。

(20)『数馬集』巻四二「柬徐検吾中丞」「弟於同榜中最称愚拙、而先叨司馬之銜……蓋閩人遭際至此、已為逾分。若南北正卿非所望也。」

(21)『蒼霞続草』巻一八「答黄鍾梅」「聞台下且三考矣。久滞斉東、甚為非宜。容与宰公商之。」

(22)『明神宗実録』巻四九二、万暦四十年二月庚寅条。ただ、『蒼霞続草』巻一九「答黄鍾梅」に「南中之推、原与太宰言……太宰以顧沖吾新加司馬銜、遂以推顧而台下乃得白雲司。此署清間、何足以展大用」とある。「白雲司」とは刑部のことなので、この記述どおりなら、顧沖吾（其志）が兵部、黄が刑部となったはずである。そして、『国榷』巻八一、万暦四十年四月辛未条に、顧其志が兵部尚書に任ぜられたことを載せる。

(23)『数馬集』巻三九「柬戴鳳岐」「閩人寡援于世、自非早然樹立、不可以吹毛求也。安能仗鉞専閫躋位上卿哉。邇来朝士多分門戸……」

(24)『明神宗実録』巻四五一、万暦三十六年十月丁卯条。

(25)『数馬集』同巻四〇「柬戴鳳岐総制」「欽州失事、其損甚小。若使他省之人当此意外之変、重則致仕、軽則罰俸足矣。而遽爾奪職何。閩人受禍独重也。即如滇事難発之時、捐印誠為非体。然已平定収復、功足贖罪、乃不免逮問重擬。固科道之作悪、亦吾閩之人少香火之情也。」

(26)『数馬集』巻四七「資徳大夫正治上卿巡撫雲南都察院右都御史兼兵部右侍郎加一品俸毓台陳先生暨配夫人趙氏墓誌銘」「万暦三十五年、郷官鄭挙恨知州黄榜……遂謀鳳氏孽孫阿克起兵復土宇。知府陳典知其謀、携印避入省城……克等率兵長駆至省城……索武定印甚急……不得已、従士民請、藩司遂出印与之……徴先生与鎮臣下司寇獄。」

(27)『乾隆騰越州志』巻八「陳用賓伝」「用賓、閩人。閩俗多海商、習其俗。其勾暹羅攻緬、募其郷人黄襲説之。而暹羅果挙兵攻緬。」

(28)諡議の際に彼の行いに対してケチがついたことを指す。山東人の運動が実際効いたのかは分からないが、贈諡は認められた（『明神宗実録』巻四八五、万暦三十九年七月丁卯条）。

(29)『数馬集』巻四一「柬林隆南憲長」「吾泉人正為人側目。如弟者又愚不暁事、時時為陳称冤、雖禍甘之……今日見山東一省公掲為馮宗伯訟冤……吾郷竟無人同赴朝房見執政言其不応死者……閩人之不如斉人可知也。」

(30)『国史唯疑』巻一一によれば、黄克纘が必死に陳を弁護したのは、陳が黄の「薦師」だからだとも言う。

(31)『数馬集』巻四〇「上葉台山相公」「殺戮重臣、本非美事……上司寇書、敬抄上奉覧。若台臺不以為妄、当別具疏以請。専候裁示以為進退。」

（32）『蒼霞続草』巻一七「答黄鍾梅」「承示所与司寇書、極懇切。我翁用心如此……唯欲具疏為弁、則一時未可。群言方沸、而突犯其怒、必復肆螫、終無補也。不如少徐之、俟人情稍定、議論復明、乃有済耳。」

（33）『綸扉奏草』巻二四「科臣因事質証摭実奏聞疏」「昨又見科臣亓詩教掲帖謂（李）朴疏中所言黄克纘之留用、陳用賓之再議、皆出臣擬旨、与科道官無与、責臣一言剖明……陳用賓以武定事逮繋擬死……黄克纘且上章而頌言之……臣与用賓雖係同郷、素無還往。」泉州人の黄克纘が興化、建寧の人を同郷人としているように、福州の葉向高も泉州の陳用賓を同郷人としている。

（34）『数馬集』巻三二「東潘鵬江吏部」「吾郷邇来居銓部者、鮮克令終。大都平日未嘗留意人才、至入曹、又復以政未及我、且周慎自持、不敢薦引一士。又不然、則且薄於桑梓以示公道。此吾郷之通弊也。其人果賢即四海九州之遠、猶且薦之。況郷人乎。」潘鵬江、名は洙。泉州晋江人、万暦十七年進士。

（35）『清白堂稿』巻九「答郭希宇開府」。なお、この書簡は「翁之入佐内台也」とあるので、万暦二十三年に郭が左僉都御史になった直後のものと考えられる。

（36）『郭襄靖公遺集』巻二二「東戴筠台」「閩人在宦途、為人所忌久矣。而莆尤甚。」手紙の相手は戴科（一五二四―一五八三、一五五六進士）、郭と同じく莆田人である。文中に「有司と市舶官」のトラブルが言及されている。戴科が広州の知府だったのは隆慶初年である（『光緒広州府志』巻一八職官表）。

（37）同巻二三「東陳我渡」「吾閩雖濱海、代不乏才。即三歳計偕・釈褐、視名藩不相上下。廼一時仕路、落落如晨星。其或以叙遷者、非置之閒曹、則投之荒徼。何閩人独見薄当道、一至此極。」手紙の相手は陳道基（一五一九―一五九三、一五五〇進士）で泉州同安人。郭応聘が広西巡撫に着任した直後の手紙なので、隆慶末年のことである（『明督撫年表』中華書局、一九八二、六七七頁）。

（38）同巻二三「東同郷科道秦鷺波・鄭謙山・蘇誠斎」「閩人性直諒、孤特寡援。一時仕籍如晨星落落。先輩嘗譬之道傍苦李、有摧折而無灌漑、信然也。」手紙の相手は秦舜翰（一五六八進士、泉州晋江人）、鄭岳（一五六八進士、福州長楽人）、蘇士潤（一五六五進士、泉州晋江人）。「道傍苦李」は『晋書』王戎伝の故事を踏まえる。

（39）『蒼霞続草』巻七「寿筆峰林公七十序」「顧自念平生、典在筆札、不諳世務、又閩人也。無挨路之望。」

（40）崔来廷『海国孤生：明代首輔葉向高与海洋社会』（江西高校出版社、二〇〇六）。「海上孤生」も使われる（『蒼霞続草』巻一七「答賀道星」「不佞海上孤生、素無公輔之望。」）

（41）葉向高に関する先行研究に触れておく。それほど研究がなかったのは、明末屈指の大物政治家でありながら、党争の時代において旗幟不鮮明だったからである（彼を東林党とする史料もあり、かつてはそう見なされたこともあったが、後掲の冷東がこれを否定した。従うべきである）。天啓年間の再登板時に東林と宦官党の争いの渦中の人となったので、政治史上一定の関心は注がれてきたが、主題に取り上げられることはなかった。ようやく政治家としての彼を取り上げたのが、冷東『葉向高与明末政壇』汕頭大学出版社、一九九六）だが、表題どおり中央政局の中での彼の役割に焦点を当てたもので、閩人としての側面には触れない。「政治家葉向高」以上に注目されてきたのは、彼が福建にキリスト教を扶植したイエズス会士ジュリオ・アレーニを招いたことと、二人（＋曹学佺。やはり閩人）の対話の記録『三山論学紀』の存在ゆえにであり、明末のキリスト教布教の研究者の間での認知度は高い。ただし、彼はここでもアレーニの議論につき合う受動的な存在にすぎない。その点、現在の中国学界における福建・海上史研究の推進役である楊国楨門下の崔来廷の著書（楊主編の「海洋与中国叢書の一冊でもある）は葉向高を主人公に据えたはじめての著作であり、またその閩人としての一面を強く前面に押し出している。しかし、葉個人に焦点が合わされているので、伝記に付帯して福建が取り上げられるにとどまっている。

（42）注(38)。

（43）*Atlas Sinensis*, p. 128.

（44）清代については、平田昌司「制度化される清代官話――科挙制度と中国語史第八」（高田時雄編『明清時代の音韻学』京都大学人文科学研究所、二〇〇一、三一―五九頁）が、官界における官話と方言の拮抗関係を多面的に論じる中で、福建・広東において官話への抵抗がとくに強かったことに言及している。

（45）杉山正明『クビライの挑戦――モンゴル海上帝国への道』（朝日新聞社、一九九五）。

（46）元代に最も栄達した福建人は、地方行政に力を発揮して、最後は行省参知政事にまで上った王都中である。しかし、彼が官界で好スタートが切れたのは宋の高官だった父の積翁がクビライに気に入られ、その遺児だったことによる。彼が王朝の編年史的文脈の中に登場することはない（『元史』巻一八四）。ほかに福建人（男性）で立伝されているのは、儒学伝の陳旅（文集『安雅堂集』が残る）、良吏伝の林興祖・盧琦（いずれも進士登第者）、孝友伝中の三人が数えられるにすぎない。有名文人との交流があった陳旅以外は、列伝に入ることでかろうじて後世に名が残った人たちである。

（47）林拓「元代福建文化地域格局的過渡性変化」（『歴史地理』一八、二〇〇二、二三七―二四九頁）参照。

（48）呉宣徳『明代進士的地理分布』（中文大学出版社、二〇〇九）。

（49）呉著書五九頁「明代直省進士分布簡表」。

（50）同五六―五八頁「明代直省各科進士分布表」、六一頁「明代各地各科中式率表」。

（51）『中国歴代戸口、田地、田賦統計』（上海人民出版社、一九八〇）二〇三―二〇四頁。

（52）郭培貴「明代郷試録取額数的変化及挙人総数考述」（『東岳論叢』三一‐一、二〇一〇、四七―五二頁）。

（53）『方山先生文録』巻九「福建郷試録序（嘉靖丁酉）」「所簡士二千九百有奇。如制、三校之、得士九十人。」『田叔禾小集』巻一「福建郷試録序（嘉靖十九年）」「士三千有奇、簡其可者九十人。」『宗子相集』巻一三「福建郷試録序（嘉靖戊午）」「某所遴士三千七百有奇。三試之、得九十人。」

(54) 呉著書八一頁「明代擁有進士二十人以上的州県数」。

(55) 季平「明代福建進士的地域分布研究」（『教育与考試』二〇〇九-六）四六頁。なお、統計表は同治重修『福建通志』巻一五二によって作成されており、呉宣徳の数字とは若干のずれがある。

(56)『松窓夢語』巻六「盛遇記」「呉郡記云『国朝大魁、前甲戌張信無聞……無一登台輔者。至今壬戌、申時行入殿閣、年未五十、在位極久。且一甲三人、余有丁・王錫爵同時入閣、倶至一品。為一時之勝事云。』」

(57)『国史唯疑』巻七「陳修撰謹以冊封領使節遅、謫恵州府推官、国法殊厳。抑亦柄臣忌之。閩福郡状元自馬鐸・李騏・龔用卿及謹、不登卿貳卒。翁正春始一至詹尚書。」ここには陳謹の左遷までしか書かれていないが、その後右春坊右中允まで進んだところで服喪のため帰郷し、嘉靖四十五年に乱兵によって殺害されている。嘉靖三十二年の一甲三名は陳だけでなく、あとの二名も一人は翌年に病死、もう一人も官の身分を剥奪されるなど、ツキがない。王世貞は前述の申時行ら勝ち組の三人と好対照だとする（『弇山堂別集』巻一八「皇明奇事述」癸丑壬戌三及第之異）。

(58)『弇山堂別集』巻一八「皇明奇事述」福建大魁無顕者「福建自開科至宣徳間最多高第、以後寥寥矣。然少顕貴者……凡九人、僅柯（潜）至少詹事、龔至祭酒、四品而已。陳至右中允、余倶修撰、皆夭。而（陳）郊僅為司賓署丞、以不令終。会元則……惟洪（英）至右都御史。及第者……凡十二人、僅謝璉至侍郎、林文太常少卿、仁傑祭酒、張顕宗曾為侍郎、終交阯布政而已。無論閣部、一品倶不可得。今己未及第林宗伯士章始破天荒矣。」

(59) 有名な「南北榜」事件の南榜状元。この時、合格者がすべて南人だったことに対して北人が抗議し、洪武帝がそれを取り上げて試験はやり直しとなり、合格者はすべて北人となった。

(60) ただし、『皇明貢挙考』や『明清進士題名碑録索引』は順天府三河県人とする。

(61)『明三元考』唐震「授編修」、陳全「歴官侍読、為人公勤篤慎」、黄暘「年五十四、終編修」、林誌「年三十四……歴官諭徳、為人簡静、不苟交処……居官十五年、恭勤恬静、若与世無渉者」、李貞「年三十六……授編修、改高州教授」、陳景著「年十八、未娶……預修性理大全、書成、匄禄便養、改本府教授。及父歿、復以老母不願仕、終于家」（以上、巻二）、趙恢「年三十九……仕至右春坊庶子兼侍講。為人端謹。郷評推重」（巻三）、戴大賓「年二十、未娶……給仮帰娶、尋丁憂、在途卒」（巻九）。

(62)『本朝分省人物考』巻七一「謝璉」「陞礼部侍郎、会太学士高穀同年友也。意欲推轂、璉謝絶之。竟未嘗以尺素通問。」ただし、高穀は永楽二十一年の進士であり、同年ではない。

(63)『弇山堂別集』巻四九「南京礼部尚書表」。

(64) 呉著書八七―八九頁。

(65)『明史』の列伝から生没年は分からない。曾異『紡授堂集』詩集巻五に「丙子春為董崇相先生八十寿」がある。ここから彼が丙子（崇禎九年）に八十歳だったことが分かり、また、『国榷』巻九九には崇禎十六年に死去したことが記される。

(66)『蒼霞続草』巻五「董見龍先生文集序」「吾閩近代以作者鳴、無如遵巖・少谷二先生。公復継起。」遵巖は王慎中の、少谷は鄭善夫の号である。

(67)同巻九「送大司成兼宇林先生之任留都序」「歳己卯、吾閩挙於郷者九十人。余与庶子翁公・諭徳林公・編修黄公同官詞林……自己卯抵今、已三十年。」

(68)『合併黄離草』巻一八「葉進卿文集序」「所為挙子業、神奇変幻、膾炙人口。」

(69)北京に着いたのは、同年四月である。『崇相集』書一「答劉雲老書」「某以又三月北上、四月二十日抵都門、五月初六到任。」ここで『崇相集』について説明しておかねばならない。編集スタイルの異なる二つのタイプがあり、また巻数の異なる諸本があるからである。一つは文章のジャンルごとに数字を振って通しの巻数を記さないもので、崇禎十二年序刊本が国立公文書館に所蔵され、『四庫禁燬書叢刊』集部一〇二―一〇三(北京出版社、二〇〇〇)にも影印が収められている。もう一つは通しの巻数を有するタイプで、万暦四十八年序刊の文十一巻・詩二巻本で、やはり国立公文書館にある。前者は天啓・崇禎間の文章をも収めるので、基本的にはこちらを使用するが、万暦本にしか見られない文章もあるので、その場合は注記する。

(70)彼は翌万暦三十九年に休暇願を出して帰郷した(『崇相集』詩「辛亥冬請仮帰念里中諸勝得償夙遊有作」、書一「奉葉相国」辛亥冬「出都時承大作」)。翌年十月に後述する「厳海禁疏」を奉っているから、この時点では再び上京していた。四十一年の十月二十日に請告(書二「答友人書　癸丑」)して帰郷、後述する高寀の事件を目撃することになる。

(71)『蒼霞続草』巻一六「答董見龍」「得教娓娓、皆天下大計……遼之撫・鎮皆已易……無人能制建夷之死命……襲取朝鮮、撫・鎮真有是説。当時即力阻之。彼国請封人毎来投懇、不肖仍以好語慰之。」

(72)当時、遼東軍閥李成梁の主導によって朝鮮併合の説が中央政府でも相当に行われた。その不当をならすべく朝鮮側が明朝に行った働きかけについては、『李朝実録』にくわしい。

(73)『崇相集』書一「寄葉閣老書　己酉」「東夷尤急……杜松老将、去之亦難。李雖壊事、豈無一子弟可使過者。彼家丁養之数世、終非新進所有。南将雖鋭、不如北西之習聞開原。有廃将曹文煥者可用也。凡此皆不容易出口、聊与閣下言之而已。」

(74)『両朝従信録』巻二八、天啓五年十二月条、御史盧承欽の上疏「工部侍郎董応挙、以聾聵之夫、与徐光啓競伝塞上雒図、已為孫呉之優孟矣。」

(75)軍事技術に秀でた徐光啓一門のネットワークについては、黄一農『両頭蛇――明末清初的第一代天主教徒』(国立清華大学出版社、二〇〇五)一三二頁。

(76)董応挙は天啓二年に遼東防衛の責任者王化貞・熊廷弼が持ち場を放棄して山海関内に入った事件に際しての上疏(『崇相集』疏一「危急效計疏」)において徐光啓の登用を提案しているが、銭謙益に宛てた書簡では「徐宮詹練兵之説甚善、但無権術。当挙朝文武科道肝慄神揺不能措手之時、以一詞臣自薦、衆人固已側目」と述べ、徐光啓の直球勝負ぶりを批判している(『崇相集』書四「答銭受之」)。

(77) 王重民輯校『徐光啓集』(上海古籍出版社、一九八四)序言、三頁。

(78) 『崇相集』疏一「厳海禁疏」「臣幼時聞諸父老、嘉靖末倭肆劫得志、一夕談笑、肉薄城下、不過千人。城上人股慄、江上兵船銜尾閉眼欲走。当事者不得已括金帛啗之、揚揚而去。」

(79) 『蒼霞草』巻一六「先母林孺人壙志」。

(80) 『蒼霞草』巻五「邢司馬平倭凱旋序」「余閩人、素従父老談説嘉靖間事、惴惴然有戒心於倭。」

(81) 『蒼霞草』巻一七「郭建初先生墓志銘」「其人名僅籍太学、而所知交尽当世名卿賢士大夫……論古今得失源委、九辺三輔列藩阨塞夷険攻守所宜、如列眉観火……生平足跡幾尽天下名山、遊塞上十年……乃先生独喜戚都護元敬……戚都護在薊門、交辟之……至則都護為築館漢荘、請燕史。未竟、都護去……遂留竣事。」

(82) 『蒼霞草』巻八「海嶽山房存稿叙」「先生帰時、余已通籍里居、数従先生遊。」

(83) 小冊子ながら台湾人による伝記が書かれている。宋美瑩『陳第　文武双全的古音学家』(幼獅文化事業公司、一九九四)。

(84) 『蒼霞草』巻五「邢司馬平倭凱旋序」「今倭之勁、已与虜衡。」

(85) この時期の台湾の歴史的浮上については、陳宗仁『鶏籠山与淡水洋　東亜海域与台湾早期史』(聯経出版、二〇〇五)を参照。

(86) 同じ年に、福清の県城の修築が行われている。福清には城壁が存在しなかったが、嘉靖三十三年の倭寇襲撃の際に建設が論議され、倉卒のうちに作られた。倭寇が去った後、これ以上の増築は不要とされたが、秀吉の出兵を契機に父老・諸生が当局に働きかけて万暦二十一年に完成している(『蒼霞草』巻一〇「福清県闢城記」)。

(87) 『蒼霞続草』巻二二「答董崇相」「陳一斎高奇博雅、眼中少見其比。聞其疾、良用関念。今已平復否。」

(88) 本書の早い紹介として、金子和正「籌海重編の紹介」(『ビブリア』一二、一九五八、五四—五八頁)がある。

(89) 『籌海重編』巻四「福建事宜」「閩人問於鐘曰『倭情見矣。今之倭、視昔何若。』曰『昔之倭、倭之部落也。其来無幾。今称関白者、倭之酋長也。其衆難計殆甚也。』『今之民情、視昔何若。』曰『昔之民情、病在怯敵。今之民情、患在狃敵。夫倭情不同、不過厚為之備耳。至於民情不同、則其故難言。』」

(90) 沈有容の経歴、葉向高との交往については『海国孤生』一〇七—一一七頁参照。

(91) Journaal van Jacob van Neck, in H. A. van Foreest and A. de Booy eds., *De Vierde Schipvaart der Nederlanders naar Oost-Indië onder Jacob Wilkens en Jacob van Neck (1599–1604), deel 1*, Martinus Nijhoff, 1980, p. 211.

(92) 張燮については、謝方校点『東西洋考』(中華書局、一九八一)解説参照。『閩中理学淵源考』巻八三では、後に隆武朝の大学士となる同郷の黄道周と交流が厚かった学者として描かれ、黄の年譜(『黄忠端公年譜』)にも時折登場する。

(93) 『東西洋考』巻六「紅毛番」「澄人李錦者、久駐大泥、与和蘭相習。而猾商潘秀・郭震亦在大泥……忽一日与酋麻葦郎談中華事。

李錦曰『若欲肥而槖、無以易漳者。漳故有彭湖嶼在海外、可営而守也。』酋曰『倘守臣不允、奈何。』錦曰『寀璫在閩負金銭癖、若第善事之、璫特疏以聞、無不得請者。守臣敢抗明詔哉。』酋曰『善。』乃為大泥国王移書……俾潘秀・郭震齎之以帰。防海大夫陶拱聖聞之大駭、白当道、繫秀於獄。震続至、遂匿移文不投。初秀与夷約入閩有成議、遣舟相迎……旋駕二巨艦及二中舟、尾之而至。」

(94)『明神宗実録』巻三三一、万暦二十七年二月戊辰条。

(95)『東西洋考』巻八「税璫考」「而黠吏・逋囚・悪少年・無生計者、率望羶而喜、営充税役、便覚刀刃在手、郷里如几上肉焉……然税額必漳・澄之賈舶為巨。寀躬自巡歴、所過長吏望風披靡。」

(96)『東西洋考』巻七「餉税考」「即隆慶間設舶税、僅数千金……迨(万暦)十三年増税至二万余。」天啓年間にもほぼ同額であったことは、龐之明「明《天啓五年趙〔彦〕等条陳澎湖善後事宜題行稿》小議」(『中国歴史文物』二〇〇六-二)が引用する中国国家博物館所蔵の檔案に「査有洋餉、歳計約有二万余金」とあることから分かる。

(97)『蒼霞続草』巻四「中丞希我袁公撫閩奏議序」「其最大者、税璫之據閩而搏噬焉、殆将二十年。閩之膏脂尽、筋力竭、莫誰何也。」

(98)『蒼霞続草』巻二「都督施公生祠記」「婁江施公杖節鎮閩、垂八年……属有紅毛夷人不知何種、駕巨艦如山。至近島求市、且請以金銭数十万上供、而厚為税璫寿。璫大喜、私許其市。公謂『此市開、是延寇也、其禍閩将無已。』時力言其不可、台使者以聞。天子聖明可其奏……公名徳政、以武進士起家。直隷太倉人。」『嘉慶直隷太倉州志』巻三九に、万暦十七年の武進士とする。

(99)『東西洋考』巻五「呂宋」。

(100)『東西洋考』巻八「税璫考」「三十年、賈舶還港。寀下令一人不許上岸、必完餉畢、始聴抵家。有私帰者逮治之、繫者相望於道。諸商嗷嗷、因鼓譟為変、声言欲殺寀、縛其参随、至海中沈之。寀為宵遁、蓋自是不敢復至澄。」

(101)以下は、この上奏を取り上げた湯開建「明朱吾弼《参粤璫勾夷疏》中的澳門史料——兼談李鳳与澳門之関係」(『澳門開埠初期史研究』中華書局、一九九九、一五四—一七三頁)を参照。

(102)『蒼霞続草』巻一六「答陳志寰」。この書簡の前後に「入朝受事、業已月余」(「答申瑤老」)「受事月余」(「答黄鍾梅」)とあるところから、この巻は大学士に就任してすぐに各方面に出した書簡を集めたものと知れる。葉向高の就任は万暦三十五年十一月二十五日(『蘧編』巻二)である。

(103)和田正広「福建税監高寀の海外貿易」(川勝守編『東アジアにおける生産と流通の歴史社会学的研究』中国書店、一九九三)三〇〇—三〇一頁。

(104)「閩中税使、向時頗有安静之称。邇来海上姦人、相与撥置、遂爾披猖、至于撓抗方岳……大疏侃侃事理明白、乃与中丞公(巡撫)疏、併寝不報。時局如此、将奈之何。」

(105)徐学聚に替わって就任した陳性学は高寀の推挙を受けていた。したがって、彼が高寀と対立していなかっただけなのかも知れないが、この時に福建以外から高寀を弾劾したことを示す史料も見つからない。

(106)『蒼霞続草』巻一九「答陳匡左」。最初に「丁公祖已開府、甚為海邦幸。惟是承前政之後、人情属望更切」とある。丁公祖とは丁継嗣のことで、左布政使からの昇格であった。一方、「前政」は陳子貞（万暦八年進士）のことで、前述の陳所学の後任である。ここで葉が「前任者の後だけに世間の期待が大きい」と述べているのは、陳子貞が通倭問題をうまく処理できなかったことを指すだろう。

(107)「惟通倭一事、利害最大。初間猶是姦氓射利扞罔、今良民亦為之。積漸不止。非但倭能禍閩、即閩人皆倭矣。近雖奉官府禁緝、然海上干掫之卒、皆与之為市。誰敢捕捉……如捕盗能獲通倭之人、即与把総……而其所獲之人、情真当罪者、即行論殺。雖在勢豪顕宦之家、亦必不宥。庶幾其猶有警乎。此今日閩中第一切要之事。」

(108) 三木聰「裁かれた海賊たち——祁彪佳・倭寇・澳例」（山本英史編『近世の海域世界と地方統治』汲古書院、二〇一〇）五一—五四頁。これからの行論は三木論文と重なるところがある。私は前著『江南』一六九—一七二頁でこれらの書簡を取り上げたが、史料を引用せずに急ぎ足で叙述をしたために、三木論文に私の主張（というほどのものではないが）は反映していない。

(109)『蒼霞続草』巻一九「答丁撫台」「通倭利害、前已備陳。且聞有冒弟家名色者。故弟不得不言。昨浙中両台亦有捕獲条陳、其意殊望隣邦共為協力。今已下部必当覆行也。朝鮮連歳送還漂海人口、尽係通倭之徒、確然無疑。此而軽縦、則尚安用禁緝為哉。当部覆時、職方郎告弟云『此輩法当重処。以関説者多、故不得已循例発回本省耳。』夫此輩在都門、已有為之関説、何況本省。此非台下主持、奸終不可弭也。近日朝鮮又送一起来。別疏中明言『其為盗、本国甚受害。若発回本省、是送之還郷、為害何已。』其言甚切。今兵部覆准、尽発西北極辺以充戍守矣。」

(110) 范金民「明代万暦後期通番案述論」（『南京大学学報（哲学・人文科学・社会科学）』二〇〇二―二）八六頁。

(111)『蒼霞続草』巻一九「答丁撫台」「昨見舎親林客部、請『近日有人捜出所販之物、至有紀効新書・籌海重編各千余部、不知曾報官否。』則是明導倭以入寇也。安得縦容。弟非敢嘵嘵多言。但恐有事未亮者、或反謂郷官勢豪阻撓、難於禁治。不得不豫白耳。蔽郡同年如林楚石・余石竹皆屢書来言此事。台下試一詢之、何如。」三木論文五二頁に翻訳がある。

(112) 同巻二〇「答陳観察」。

(113) 宇田川武久『東アジア兵器交流史の研究』（吉川弘文館、一九九三）第三編第三章「兵書『紀効新書』の学習」。

(114) 万暦二十二年に大臣誹謗の廉で左遷され、その後故郷に戻っていた（『明史』巻二四二）。

(115)『蒼霞続草』巻二〇「答丁撫台」「販倭事、一時或以為小民射利、未必有勾引之謀。不知射利不止、必至于勾引。失今不図、後且悔之。琉球既折而入于倭、倭之借寇以通貢、亦必然之勢。如此、濱海之禍、将不可言。来教所云『厳査而拒絶之』、其策亦無以易此也。弟嘗妄謂治乱相乗、乃一定之数。今南倭北虜、安静已四五十年、自古所未有。茲亦其蠢動之時也。而敝郷習俗、日就奢華、当嘉靖倭乱時、亦是如此。」三木論文五三頁にも翻訳がある。

(116) 渡辺美季「琉球侵攻と日明関係」（『東洋史研究』六八―三、二〇〇九、四八二—五一五頁）。

(117) 夫馬進「一六〇九年、日本の琉球併合以降における中国・朝鮮の対琉球外交――東アジア四国における冊封、通信そして杜絶」(『朝鮮史研究会論文集』四六、二〇〇八、五―三八頁)。

(118)『蒼霞余草』巻一二「明嘉議大夫巡撫福建都察院右副都御史禹門丁公墓誌銘」「倭躙中山、欲藉以窺閩。一日、中山使者栢寿以貢至。公曰『中山新破、何暇修歳事、且非期。人数什倍、而所挟多異物、受之、将堕其計。』遂拒却之。」

(119)『崇相集』疏「厳海禁疏」「臣閩人也。閩在嘉靖之季、受倭毒至惨矣……推其禍始、乃繇閩浙、沿海奸民与倭為市、而閩浙大姓没其利、陰為主持、牽連以成俗。当時撫臣朱紈欲絶禍本、厳海禁。大家不利、連為蜚語中之、紈驚死矣。紈死而海禁益弛……今之与倭為市者、是禍閩之本也、而省城通倭、其禍将益烈于前。臣聞諸郷人、向時福郡無敢通倭者。即有之、陰従漳泉附船、不敢使人知。今乃従福海中開洋、不十日、直抵倭之支島、如履平地。一人得利、踵者相属、歳以夏出、以冬帰……又況琉球已為倭属、熟我内地、不難反戈。又有内地通倭者為之勾引。此非独閩憂、天下国家之憂也……由今思之、則朱紈曲突徙薪之策、勝于十万之師、猶当追録而祀之……今臣郷郡通倭、而臣独言之、則臣之家族必受其禍矣。」この上疏については、夫馬論文一九頁参照。また、三木論文五〇―五一頁に翻訳がある。

(120) 山崎岳「巡撫朱紈の見た海――明代嘉靖年間の沿海衛所と「大倭寇」前夜の人々」(『東洋史研究』六二―一、二〇〇三、一―三八頁)参照。

(121)『国榷』巻八一、万暦四十年十月戊辰条。さらに閩人謝肇淛の「海禁を厳しくしても中使(高寀)がいる限り、効果はない」という言が付記されている(『五雑組』巻四)。談遷が董応挙の存在に注目していたことは、彼の吏部員外郎任命(同年八月)まで記録している(『明実録』にはない)ことにもうかがわれる。注目の理由はやはり海禁論者として異彩を放っていたからだろう。

(122)『蒼霞続草』巻二〇「答丁撫台」「承教琉球貢事、業已具報。此夷既折而入于倭、其情誠不可知。惟厳詰其所由来、真則納、而偽則拒、如台下之所云者。固不易之策也。敝郷人憂販倭如剥膚、無日不以書来聞。在事者或以董銓部之疏為過計、然乎否乎。」

(123) のちに、葉は「倭奴窺伺、姦民興販」を丁継嗣と共におさえこんだ陸の手腕を評価している(『綸扉奏草』巻二一「聖節條陳要務疏」)。

(124)『蒼霞続草』巻一九「答陸按院」「通倭事、蔽郷人多以為慮。而董選部尤為激切、若不啻剥膚之災、業已特疏条陳……小児書来言『此等姦民中有借寒家名色者。』故不肖亦不得不急、非独為桑梓隠憂、亦将為家門防禍釁也。海上将卒、妄拿売放、此誠有之。然亦有獲真犯而反為豪右所持。」

(125)『明神宗実録』巻一〇五、万暦九年十一月癸巳条「兵科給事中劉朝畺疏参礼部侍郎林士章、掲其通番・私税二事、謂宜罷斥。士章自陳不職、求去、且弁其被誣状。部覆謂『士章素清謹、科臣論劾、出於風聞。宜令之照旧供職。』上従之。」

(126)『蒼霞続草』巻二〇「答丁撫台」「琉球貢事、曾于礼部覆疏中擬上而不下、後又于兵部条陳倭事疏中擬上而又不下。聖意不可知。度之、殆有二端。其一則以二百余年恭順之邦、一旦絶之、非所以昭服遠之化。一則以倭中貢物、既自遠来、不必却還……販倭事、

藉台下厳禁□稍斂戢。聞省城有捕獲渠魁、必当以新例痛繩之也。」前半部分については夫馬論文一六―一七頁に翻訳があり、「琉球貢物」とあるべきところが「倭中貢物」となっていることの意味を解説している。

(127)『明神宗実録』巻五〇三万暦四十年十二月乙巳条「兵部題覆福建巡撫丁継嗣・巡按陸夢祖奏擒獲通倭蔡欽・陳思蘭等、乞宸断処治、亟正重典、以彰国法、併申厳海禁、一責成澳甲、二責成県官、三責成官兵、四責成各道。上是之、仍命依議著実行、有違玩的、査参重治。」

(128)『海防纂要』巻一二「私出外境及違禁下海」「一、凡姦民希図重利、夥同私造海船、将紬絹等項貨物、擅自下海、船頭上仮冒勢宦牌額、前往倭国貿易者、哨守巡獲船貨尽行入官。為首者用一百斤枷、枷号二箇月、発煙瘴地面、永遠充軍。為従者。枷号一箇月、倶発辺衛充軍。」

(129)范論文八九―九一頁。

(130)当時左布政使だった袁一驥にも、琉球の貢事と通倭者の逮捕について述べた手紙を書いている(『蒼霞続草』巻二〇「答袁希我」)。

(131)渡辺論文一〇七―一〇八頁。渡辺によれば、上疏の写し(梅木哲人が二〇〇一年に島津家文書の中から発見)に日付はないということだが、葉向高が言う「此本曾於夏間来奏……今又来催疏」の後者にあたるので、秋口以降ということになるだろう。

(132)『蒼霞続草』巻二〇「答丁撫台」「頻承台諭、所為海邦計者、至為懇切。不肖与八郡氓黎、当共戴明徳也。繕兵理餉、製器造船、此外更有何策……琉球貢事、得大疏催請。弟恐若下部、又致躭延、故即擬允行、而附一掲懇言之、始得請矣。閩人多言倭之志在于通市、不在入寇。據其情理、似亦近之。然通市是決不可行之説、誰敢任此。今所慮者、彼既呑琉球、漸而據鶏籠・淡水、去我愈近。駆之則不能、防之則難備。是剥膚之災、而将何策以処也。」葉の「琉球入貢掲」が丁・陸の再奏を受けてなされたとする渡辺の推断はこの手紙からも支持される。

(133)『綸扉奏草』巻一七。

(134)夫馬論文二〇―二一頁。

(135)『蒼霞続草』巻二〇「答董吏部」「販倭之禁、吾郷頗厳。近聞又逃而之浙。浙与閩、禍福共之者也。将何計以杜之。閩人惟士大夫有遠慮者、言其当禁。其余則皆以禁為非是、其説之所以易惑人者、言『我以繒絮雑物、而得倭之金銭、利莫大焉。且一与之絶、倭必速来、反以致害。』故当道亦狐疑于此、難以堅決。此乃吾閩人之自誤耳。頃直指書来謂『福・興可禁、泉・漳不可禁。』尤篤論也。」

(136)范論文八六―八七頁。

(137)『蒼霞続草』巻二一「答汪邑侯」「下邑近来奸徒斂手、倭販潜蹤、皆台下精明振刷之力。」汪は『閩書』巻五二の福清知県中に見える汪泗論(万暦三十八年進士)である。

(138)『閩書』巻四五文蒞志には、大計で監司を糾弾しなかったために弾劾されて自ら致仕を願い出たとする。

(139)『蒼霞続草』巻二一「答丁撫台」「頃得敝郷親友書、皆云『不当使台下去閩。』弟甚愧其言、惜太宰当時之堅執也。」この書簡には「枚卜」が終わり、「之国」は明春（万暦四十二年の福王の就藩）に間違いない」とあるので、閣臣の選択が終わった万暦四十一年九月以後、年末に至るまでのものである。『万暦起居注』四十一年十一月十八日条に、ようやく福建巡撫の批発が行われたことを載せる。

(140)同巻二二「答袁撫台」「洋税之罷、乃台下造福地方之厚意。惟中多高監移于広東之説。広人痛恨。昨郭掌科已有説矣。弟向広人言『此乃地方士民之意。』台下不得不為一言『非嫁禍于広也。』然高監竟須阻其入広。不然、広人之害不更烈哉。各省税惟広最重。加之以税監、将何以支。即明旨亦未嘗令税監入広也……主上概然罷撤税監、真蒼生大幸耳。」

(141)同巻二一「中丞袁公生祠記」「会粤璫死、天子使宷兼莞粤税。宷故垂涎粤、既被命、則造楼船艅艎、治戎器、招集亡命、徴集百貨、将闌出与諸夷市、而躬自往粤。粤人惴惴恐、将禦諸境上。宷躊躇未即発。」

(142)『閩書』巻四五文蒞志によってその名が判明する。

(143)『蒼霞続草』巻二二「答徐按院」「島夷桀黠、日以通貢為謀。近見朝鮮有疏言『倭酋移文其国云「閩・浙之人商販者已数千、何為独靳于北。」』則其窺伺狂逞之意、蓋可見矣。販倭之禁雖厳、終不能絶。若併西洋而禁之、則泉・漳之奸民為禍更甚。此亦当慮者。」

(144)『明神宗実録』巻四九六、万暦四十年六月庚午条には、上奏者として楊崇業の名しか上がっていないが、次注の『李朝実録』には沈有容の名も記す。

(145)『光海君日記』五年五月乙丑条。

(146)『明神宗実録』巻五一二、万暦四十一年九月乙亥条。

(147)『蒼霞続草』同巻二一「答林楚石」「税監殺人放火、劫脅地方官、宇宙間一大変也。謬悠之譚、反謂撫公欲殺税監激之至此、恐聖意不能無動。弟力請于上、必当撤回。雖一時濡忍、未能遽割、然聖明神見、必有処分耳。顧弟不容于時、旦夕当掛冠、得了此而後行、於心方安。」

(148)『崇相集』議二「紀璫変」。

(149)『蒼霞続草』同巻二一「答袁撫台」「税監事、承教已具報。聞聖明有撤回之意。而連日因山陵事冗、故尚未及。抑或撓之者衆耶。要之、終有処分耳。」

(150)『崇相集』議二「紀璫変」「(呂)始出、謂予『有何策乎。』予曰『委之百姓。』呂曰『不可。民不堪再乱。毫釐之差、満城流血。』予大服其言……竇公不察、以為此是和議、且宷既得志、不尽鋤其兇党、万一海上有他奸賊、效宷所為、将奈何。……一日顧予曰『我能制璫、恐与人相左取尤。奈何。』予直謂之曰『公毋為是言……公能制即制、勿以相左為言。』当是時、鋒鋭義憤者皆是竇、深沈有識者是呂……至五月、米価大起、奸民乗機欲為乱……米価稍減、乱乃不生。而予亦出山矣。抵延津、乃聞撤宷之旨。方宷之変、撫按科道交章請誅宷者至衆、而内閣葉先生上言『宷劫撫臣為逃死計、不撤、将死於禍。』予従報中見之、亦病其言。竟以是得旨撤宷

矣。時蓋六月某日也。宋聞報、固不肯発……呂公設謀遣部下将士、陰散其党、将内乱。至九月、宋乃発。」董応挙が邸報を通じて知ったという葉向高の上奏は五月十九日のものである（『輯校万暦起居注』伍、天津古籍出版社、二〇一〇、三〇七〇頁）。

(151) 崔著書一二八―一三八頁。

(152)『綸扉奏草』巻二七「請撤税監高宋掲」「臣今日接得福建撫按官掲帖与臣郷縉親友之書……而負山阻海之奸民、乗之為乱、内鳩亡命、外引倭夷、東南之禍自此始矣……臣恐撫按官所言、或因相激、未敢遽信。乃郷人之書、無不云然、且更甚焉。」

(153) 和田論文三一二―三一四頁。

(154)『蒼霞続草』巻二「中丞袁公生祠記」「然公自是去意愈堅、数上書陳乞、既不得請、則自三山移建州俟命。三山之薦紳父老、以至卒伍、相与遮道……乃群走闕下、書請以公借閩。」

(155) 注(150)。

(156)『崇相集』書二「答徐按院　乙卯」「某覆淮南（竇子偁のこと）致仕、略其遅而揚其功。某与淮南書、就其語而規其不大、欲使賢者交相済也。兵垣不察、反以為罪。某直受之所以不弁者、恐弁則淮南益受傷也……高宋遷延道路、説謊抗旨、斂郷両衙門一時倶尽。某又被言。」

(157) 万暦刊『崇相集』巻五「覆福建両院題竇布政乞休事」。

(158)『崇相集』書二「奉鄭太宰求処書　乙卯」「因覆贊本省布政竇子偁、被兵科参駁、合当引退、既不敢邀休致之美名、亦不敢託告病之偽跡。」

(159) 同、書二「寄奉太常鄭鳴岘書　出都至良郷寄　乙卯」。

(160) 万暦刊『崇相集』巻五「辞大理丞疏」「三月内、以痰盛耳壅、疵疾相尋、題帰田里……九月内条蒙聖恩、起職今官。」『崇相集』疏一「大理求去疏」には「以至今官、歴任十二、閲年十九……起為今官、又不能見幾堅隠。孟浪赴任、再被前言、拝疏乞身……杜門三月……未得陛下命、不敢去也。近于五月十五日接得吏部照箚、留臣供職」とある。任官してから十九年とあるので、この上疏は彼が任官した万暦二十七年から数えて十九年目の万暦四十五年のものである。その内容からして、少なくともこの年の初頭には南京にいた。その一方で、後述するように前年五月の村山隊出現時と、冬に沈有容と会った時点では郷里にいた。この間も南京と福州を往来していたのである。

(161)『崇相集』議二「新旧堡始末　癸丑」「龍塘旧堡、自先贈公始也。時当嘉靖之季、倭患歳棘……為（応）挙署曰『董信二十両。』信、挙乳名也……凡為堡一百七十丈……承平久而生歯繁、董垣作俑、折盈科門右十数丈、而城隳……其後效尤者衆、旧堡石皆取以自用……出仕十三年、帰見郷里時事日悪、怵心嘉靖末年焚惨之変、若在目前……遂請于撫院丁公継嗣・按院陸公夢祖・廉訪陳公邦瞻、皆可之……適予仮帰、遂捐金八十三両……乃以壬子四月十八日始事……諸費合之、共費金銭二千一十三両三銭、皆出于地直・間架及公私助……予亦另捐三百余金、力殫矣。所造僅三百丈。」造堡については、書二「答沈寧海　壬子」「答馮督学　壬子」「復荘徴甫

書　壬子」「答陳季立（陳第）書」などでも言及されており、彼にとってこの事業が持った重みが分かる。とくに、陳第への返書はこの話題から始まっているので、陳第もこの造営に関心をもって手紙で尋ねたのだろう。

(162) 福建の土堡については、楊国楨・陳支平『明清時代福建的土堡』（聯合報文化基金会国学文献館、一九九三）参照。

(163)『崇相集』議二「論修隣堡」「奉告東崎大小賢達君子。頃海警流聞、遠近鹿駭。不肖見貴堡与長湾堡、弛壊已多、人不肯守。恐賊據為巣、為省城門戸憂……故具与当道言、且親身往説修築、為省城、亦為貴郷也。今蒙委官督修、計家出財……独貴堡費大而有家者少、出財頗難。不肖曾嘱委官、須多請助、以寛諸君之力……今聞、大小怨恨、帰罪不肖。」

(164) 岩生成一「村山等安の台湾遠征と遣明使」（『台北帝国大学文政学部史学科研究年報』一、一九四三、一—七五頁）。

(165) 龐新平「元和台湾遠征と日明交渉」（『大阪経大論集』四八-三、一九九九、四一三—四三一頁）。

(166)『盟鴎堂集』巻一「題琉球咨報倭情疏」。なお、岩生が使ったのは『皇明経世文編』巻四七九（岩生が巻四五五とするのは誤り）に収録されたものだが、巡撫への具体的な情勢報告の部分がすべてカットされている。

(167)「據北路参将劉思祖稟報、琉球国通事官蔡廛称『彼国有日本七島夷人来説：各島見在造船、欲収小琉球……』……先據小埕寨把総劉承慶報称、本月二十三日據捕盗周龍報称『本日寅時、瞭見進嶼外洋有異船一隻駕使。査、係琉球人衆旗懸報倭二字、攔在長澳外海拋泊。』……准琉球国中山王尚寧咨称『今特遣通事蔡廛捧咨文一通、前赴貴司告投……邇聞倭寇造戦船五百余隻、本年三月内恊取鶏籠山等処。』」

(168)「據泉州府海防官呈報、紅毛番有大船六隻・小船十隻于正月十六等日来到呂宋、攔把港口、候打洋船貨物。幸呂宋国王、討船与洋商林懐貴等先回、報知各商、不得再往等情。」

(169) 中島楽章「十六世紀末の福建—フィリピン—九州貿易」（『史淵』一四四、二〇〇七、五五—九二頁）参照。

(170)「又據銅山寨把総汪伯泓報称『三月十七日、督兵于広東赤澳、遇三賊船攻沈、斬級獲賊、擄盧十二等。合夥往販日本啷野沙機・長旗港等処。』又称『琉球降伏日本、倭王造船二十余隻、挑撰倭衆、奪占東番山、意在互市』等情。」前者はランガサキ（長崎のNを福建人はLと発音する）。長旗港もやはり長崎で、日本語・中国語両方の発音を併記したものであろう。

(171)「本道治兵泉州、曾結正私度東番捕採葉徳等一獄、而因知倭有烏尾船、時時収買鹿獐・錦魴等皮于番中。及領海道、又斥絶妄援三十八九年例請添給淡水洋引之陳文陽輩、而益疑閩有奸民必将勾引倭奴、接済貿易于此港。今果見萌兆矣。」

(172)「或謂『琉球警報、徒借倭事、以相恐嚇、且温貢道、以示款誠、而不必有是情実。』然未雨綢繆乃完。不虞預備何害……仍請咨会浙直広東軍門、戒厳隄備。」

(173)『崇相集』議二「中丞黄公倭功始末」。この史料は岩生論文二九—三〇、三八—三九頁に紹介され、句読が施されている。まず、論旨とも関わる部分の誤読箇所を指摘しておく。「某（董応挙）の通倭を禁ずるを疏するを以って、海道石公は二人（蔡欽所・陳思蘭子）を法に置くなり」と読んでいるが、これでは意味が通らない。「董応挙が海禁の上疏を行い、海道の石公が二人を法で処断したために彼等が復讐にやってきた、という噂が広まった」という意味である。また、「無船為討、館頭施七船」と切るのも間違いで、「無船、為討館頭施七船」でなければならない。岩生論文は今後も参照され続けるものだから、ここで誤脱の部分を列挙する。「講張」→「譸張」、「西望」→「四望」、「倶缺」→「倶卸」、「遂今」→「遂令」、「面目」→「面白」、「持力」→「持刀」、「等安来」→「等安差来」、「儁汝首軍」→「借汝首軍」、「送帰」→「送汝帰」、「伯起同通事、曰、彼待十一隻有帰」→「伯起問通事曰『倭何不去。』通事曰『彼待十一隻斉帰』」、「者城」→「省城」、「不到了□墻」→「不倒了城墻」、「遂詣」→「遂語」（以上、二九―三〇頁）、「三崎」→「王崎」、「不佩刀、道友曰」→「不佩刀、沈公問曰『汝何不佩刀。』道友曰」、「予恐或」→「予恐倭或」、「御解」→「綁解」、「順行」→「頒行」（以上、三八―三九頁）。また、原文は引いていないが、四三頁の翻訳「千余人を捕へ」は、「捕盗の余千（人名）および兵目十八名を捕え」が正しい。なお、「中丞黄公倭功始末」は万暦刊本には載らない。その代わりに載るのが次注に掲げた「東湧偵倭実語」である。おそらく、「東湧偵倭実語」を一部用いて「倭功始末」が書かれたために、不要と見なされて文集から外されたのであろう。

(174)「東湧偵倭実語」（比較のため、「中丞黄公倭功始末」と記述が重複する部分には傍線を引いた。大きく異なるところはカッコに入れて示した）「五月二十七日、偵探柁手施七回説『董伯起同李進・葉貴・傅盛三人、十六夜、自館頭開洋。十七天明、至竿塘、一更至横山。十八早至東湧、一路並無兵船、不知躲在何処。遂上東湧山四望、因倭船一隻泊在山後南風澳、一隻泊在布袋澳、二澳相連、篷檣倶卸、但掠定海白艕、蔵在南礵隠処、伺船探望不見、疑謂無倭矣。伯起即将海道紅票、埋蔵山上、并抅天妃判官手為証、忽見南礵船張帆来。施七曰「此不是好船矣。好船不起帆趕我也。」李進曰「今勿走。走則銃打立尽。」少頃、倭船至。通事同倭過船捜問「汝何船也。」斉応曰「討海船。」通事問「見有兵船否。」応曰「無有。」通事目伯起等曰「汝但説有兵船。他以五十金僱我来。我欲去、他不肯去。説有兵船、他方去也。」衆曰「我説、恐殺我。」通事曰「不怕、不怕。汝但開口作説話状。我為汝説。」又曰「汝既討海人、為我取水。」衆見倭在我船坐、不得已為取水。取水訖、不知彼首軍何故過船、細視伯起、相其手、又視葉貴三人偏相之、即揺首「汝不是討海人。老実説。不説、殺汝。」衆不説、倭以刀恐之者数。衆慄慄相視。伯起知不免、乃大声曰「我説亦死。不説亦死。我等是軍門・海道差来。聞汝造船三百隻来、我軍門・海道已備用戦船五百隻。汝来則戦、汝若是好船、不該久泊此地。今日殺我也由汝、不殺亦由汝。汝殺我、兵船即至矣。」于是、群倭斉拍手、喃喃且吐舌。通事曰「他琅砂磯国王（「倭功始末」では「長崎島等安」とする）差往鶏籠、風既不便。帰去、恐得罪。欲你首軍一人去回報国王、免罪。決不難為你也。（「倭功始末」では「八月即送汝帰、無恐也」とする）即問各人「何人是守《ママ》軍。」衆指伯起。首軍者、彼処老爹（「倭功始末」では「頭目」）之称也。遂呼伯起過船。伯起不得已過船曰「我今拼命報国矣。」即索網巾于倭奴得之、又索衣。首軍以番衣予之、不受。問葉貴等借衫穿。倭首軍陪伯起食飯。此在十八晩事也。十九亭午、遂帯所掠船、併我船送至台山外。伯起為請放、即放各船帰。伯起為不相識漁船乞釣網、謂通事曰「彼窮人、無此、一家餓死。要他何用。」通事言于首軍、即挙網還漁船。李進要同伯起去。倭不肯与去。李進曾通倭者、故略知事体。倭船大可丈八、内有馬四疋、銅鉄満艙、皮箱甚多。叫我人去看説「汝国人往我処、毎年有三四十船、我倶礼待。你中国人見我来、便要殺。」説彼国簡易、説中国即皺眉。倭亦能写字、以筆与伯起写。伯起不写。倭即写「日本人無情」、伯起取其筆写「日本人有情」。他又抹

「有」字、仍写「無」字。』此皆施七之言也。又言倭人与吾人亦無甚異、但喜弄刀可畏、睡醒即弄、或以刀作銃、眇視而声之、無刻不然。同伯起去偵者、止李進・葉貴・傅盛三人、並無林鳳。独施七為柁手耳。蓋伯起奉命偵探時、持硃筆小票（「始末」では紅票）、説軍門・海道差去東湧偵探、無処討船。時某方在龍塘堡、治守具。恐悞軍機、乃遣人転語館頭澳長李景春・船甲陳文龍覔小船一隻、倩施七為柁手、許有重賞。此船若不帰、施七等家斉到某家哭鬧矣。今傅盛等乃冒報林鳳、不報施七、何也。此差原係方輿、輿薦伯起自代。傅盛等三人皆方輿所遣、三人帰而伯起不返、可憐也。沿海許多寨遊兵船並無一隻敢出。日日影響妄報、亦得苟免、標下食糧被恩沢為奸欺者不少。独伯起以白晳少年並未出海、拼命報功、慷慨不屈。観其来書、雖死亦所甘心。但其母孫氏年二十四、孀守二児、而少者甚痴、出継其伯。伯起読書不成、去而為吏習武、田園屋宅売尽、無以為食。所生幼児一人尚未週歳、女子二人、妻程氏日夜号泣不休。倘得少施恩沢、以激効死之士、励守節之婺、則伯起雖死猶生。決不敢望差人往取以開棍徒寅縁倭市之端、反成悞国也。其施七等愚蠢窮民、亦乞少済担石。他日可以使人。李進此行、始謀弗帯器械以免疑、後議勿走以免追、終欲与伯起同去。雖不成、亦見其有心也。南京大理寺右寺丞董応挙録。」なお、「倭功始末」では李進を李五としている。この報告が彼らを東湧に渡した船頭の証言でもっぱら構成されているのに対し、「倭功始末」は董伯起の帰還後、彼から得た情報により修正が施されたのだろう。董伯起の自己正当化が含まれているかどうかはにわかに判断できないが、少なくとも李進らが脇役どころかほとんど消えかかっていることが注意される。

(175)『盟鴎堂集』巻一「類報倭情疏」「至六月二十九日、又據巡海道副使韓仲雍呈為通倭劇賊相次剿擒類報、請行紀賞并議前後機宜事……至五月二十四日、據長楽県知県万編申報……見擒獲柯慈吾等六名通番異書一冊、刀鎗銃等器一十五件……二十六日又據海壇遊把翟国儒申称、於三洲外洋捕獲劫賊陳用等十二名……六月初一日又據管標遊把総潘麟申報、督同哨官張貴於東沙外洋、擒獲陳仕揚等五名……初六日、據興化府帯管海防通判陳所前呈報……於燕山外洋、尽日攻打、擒獲通番賊王振宇等一十八名……二十七日、准標下坐営候代朱参将移報……緝獲慣賊陳三等八名……是見監王醋六等通倭一夥……二十八日、又准中路張遊撃移報……該職密訪得劇賊大夥在白犬外洋出没窺伺……生擒藍泉等三十三名、審、係被擄十名、船内倭器、丢水甚多、尚余倭銃一門、倭衣三件、倭槍一把、腰刀・踢刀・透甲鎗各二把、藤盔一頂、倭箱内蔵火薬三袋、硝磺一筐、連銃一門、倭箭四枝、倭紙二張、倭筆二枝。倭寄来字一張、寄倭家信八張、各写慶長・元和等年号。」

(176)『崇相集』議二「黄中丞勘功揭」「憶自万暦丙辰、奸徒搆倭、棲泊東湧、張声作勢、上下震驚、城門為之昼閉。」

(177)夫馬論文二〇—二一頁。

(178)『崇相集』議二「籌倭管見　丙辰」「今又再挙者、不特倭利鶏籠、亦通倭人之志也……且昔日倭殺我人、今日倭煦我人。倭殺我人、人怨之。倭煦我人、人暱之……今通倭人皆言倭国好……而我五瑕、通番奸民為倭作間、飛語惑人、摇動人心、一瑕也。将領包兵以媚上、兵無実数、二瑕也。通倭人以船予倭、我船又率小而不牢、不可以犂賊、三瑕也。無頼少年喜乱、海上盗乗乱而与倭合、四瑕也。城郭不完、土堡少而多壊。賊至、則掠所有以為資、用吾民為向導、民化為盗、五瑕也……其大要在択将、在募海人、在通琉球市……至若琉球、往時歳市易于我、以転市他島。自十年一貢之旨下、漢物之外市者少。于是、通倭者大得利、相踵以去。初猶候風、今即秋冬亦往。名雖禁之、実不能禁……今開琉球之市于外寨交易、則外貨流通。奸人牟利者亦得售、不待生心于鯨鯢之窟、而勾引潜消。或曰『倭以琉球市、将如之何。』曰『琉球人貢則受之、琉球以倭人貢則我厳備而却之……且与其以鶏籠市也、孰若以琉球市、与其闌出而醸勾引、孰若開一路于琉球。』」

(179)同、議二「与韓海道（仲雍）議選水将海操」は同年の冬に、倭の再来に備えて水軍の練成を論じたものである。

(180)同、書三「答韓璧老海道」「往時倭人以為仇、今日倭人以為好。往時之倭、殺劫我人。今日之倭、誘使我人……今日之倭謀、恐又在嘉靖末年之上……某前疏禁通倭者、亦恐通倭人以船予倭也。兪虚江有言『勝倭無別法、只以大船犁小船、以多船勝寡船。』若彼得吾船、則奪吾長技矣。」

(181)注(173)参照。

(182)『崇相集』書三「答韓璧老海道」「我人蓄妻生子其中、如陳思蘭輩不少矣。」

(183)同、書三「答葉閣下」「警報未至、飛語已四煽、謂『思蘭女為王妃、蔡欽所子為将、能飛躍数十船、今来屠某』者、宗戚皆恐、妻妾皆泣。小児請某避三山、而某堅不肯……某前上禁通倭疏時、曾曰『臣言則家族禍、不言則天下禍。』若欲走、則当時不該上此疏。既上此疏、又造此堡、則今日不宜走矣。」

(184)同、議二「中丞黄公倭功始末」「廿二、伯起報書始至省城、乃解厳。於是、通番棍徒又哄『海道欲往長崎尋伯起。』予以伯起肯誓死、何必尋、毋落棍徒計。」

(185)注(174)。

(186)同、書三「答項聴所年兄」「海禁之疏已伝至倭、倭知弟名、或伝某公之子為之。然恃有天也、前年倭至、坐掌大土堡、幸以無事。」

(187)同、書三「答曾明克」「四五十年無倭警、今乃有之、通倭之效也。反謂『疏禁通倭者、致其窮極。』夫通倭人何曾禁哉。即倭自言亦曰『中国歳有四五十船往。此官遣之耶、抑自通耶。』而禁之窮極、何説也。尚有四五十船、若不之禁、当千余艘耶。」

(188)同、書三「与韓璧哉」「自去夏以来、飛語万端、或言『海本無倭。』或言『倭来有仇。』或言『伯起未去、躲在某家。』或言『伯起誘倭為害。』或言『伯起頭髡。』或言『伯起以船載物、蔵于某家。』」

(189)同、書二「答沈寧海　壬子」は万暦四十年のものである。具体的な状況は分からないが、沈有容が「納賄」の濡れ衣を着せられた不満を董応挙にぶつけたのに答えたものである。前述したように、沈有容はこの頃朝鮮問題について上疏していたが、その情報入手におそらく通倭者の力を借りていた。彼に対する批判はそのことに起因するかも知れない。

(190)同、書四「与朱未孩」「若楼船洗海、則惟兪大猷・秦経国両人、近則有沈有容而已。」「与熊撫台書」「今之水将、求如秦経国・沈有容者、恐不易得。」

(191)同、書三「答韓璧老海道」「其嘗搏撃賊、能用奸人、少有功効者、似無如沈有容……此人若起為閩海将、則漳州賊可収為用。」

(192) 董応挙の文章では「見素畢公」。『明史』巻二四二に伝がある。

(193) 「中丞黄公倭功始末」「予乃以書与見素畢公云『閩海事非参将沈有容不能了。』……遂力薦之。畢公転告黄公、黄公立差人往寧国、起沈於家。其冬沈公訪予於百洞、見伯起帰報書曰『此子倉皇写書、暇豫如此。必帰也。』」

(194) 『蒼霞続草』巻二二「答沈寧海」「敝郷今歳海警乍聞、人情惶擾。咸欲借重干城、僕亦随人口吻。聞撫台礼聘甚勤。希速命駕以慰此邦想望也。」

(195) 注(193)参照。

(196) 「中丞黄公倭功始末」「次年四月、明石道友果送伯起帰、泊船王崎澳。上下又驚惶、莫測倭意……沈公遂帯伯起、見軍門。予恐倭或挟伯起為互市計。請綁解、軽其所挟。黄公然之。」

(197) 『東西洋考』巻一二「款倭詳文」、岩生論文三二三―三二八頁。

(198) 「総摂嗣立未久、毎念四夷皆自得通天朝、而彼独隔絶。先世亦常列名職貢而後乃棄捐。心中時常以為恥憤。今因送到伯起。辞気耿介、愈仰中華人物、始悟、毎年軽舟越販、峨冠進謁、或為衙門差官、以求供饋、或領互市価値、竟至脱騙、皆骫法奸民、使小国慕化之心有負、而天朝字小之恩不沾。今幸撥雲見日、自願輸忱。」

(199) 万暦刊『崇相集』巻九「与沈寧海」「伯起居夷一年、色・貨両字、不染一絲。初至、道友進婢供爨、僅留十歳児名禄主者為役。居一月、得王居華教之見武蔵王。王許之帰、而後道友・等安加敬。武蔵送盤纏四十三両、即以与通事。将行、等安進金六百両、却之。到家、無一文。弟亦時給之。初、弟亦疑伯起或自有資、至以滅門為誓。微察細詢之人皆信……伯起至倭、通倭者皆欲殺之。独福清人王居華、往視心憐焉。教見武蔵王、出金為資、身為役、不啻兄弟。及見王、而仮官奸民之情状始露。帰計既決也、皆居華為之先也。居華落魄倭中、銭本無多。罄為伯起用。」

(200) 同巻九「与韓璧老」「此一役也、武蔵新立、而虞薩摩之軋己、其厳禁入犯、送帰伯起、以仁厚誘我人、而傾其所忌、彼亦一算也。其対伯起言『我国亦無求于天朝。但得一両船往来、便有外聞耳。』外聞者、彼国所謂名声也。伯起謂其寵臣宗一『爾将軍愛外聞。我天朝独不愛外聞乎。収我琉球、何也。』宗一言『此亦易処。我将軍豈惜琉球二三千金米于薩摩哉。』其言如此。今能就中作計、使彼令薩摩退還琉球、以武蔵制薩摩、内消其匪茹之心、上策也。」

(201) 秀忠の番頭であった立花宗茂の弟直次の初名の一つが宗一であった。亡くなったのは、日本年号の元和三年、つまり董応挙が帰還した年である（『国史大辞典』9、吉川弘文館、一九八八、一九三頁）。しかし、ここでいう宗一と同一人物なのかは分からない。

(202) 「問渠何故侵奪琉球、使吏治其土宇。称、係薩摩酋陸奥守恃強擅兵、稍役属之。今歳輸我王、不過銀米三千、収利幾何而不忍割出。但須転責該島耳。」

(203) 岩生論文三六―三七頁。『日本関係海外史料　イギリス商館長日記　訳文編之上』（東京大学史料編纂所、一九七九）七二〇頁。

(204) 「款倭詳文」「来表文理不通、字跡又非正韻、本紙亦非体式、有難転奏。倭官稟称願収回前表。」

(205)「彼国欲頒示條禁、以為遵守、使出誠心、即差官往諭、亦無不可。一欲為我殺作歹之人、二欲帰我明人、三令殺仮官人以杜生端。能如是、通倭不禁而禁矣。不然、厚遺道友、而為玉関之閉、亦可也。」

(206)岩生論文三四三―三四四頁。『影印本異国日記――金地院崇伝外交文書集成』(東京美術、一九八九)三八頁。岩生は「国書」とするが、一総兵官の書状に過ぎない。書面の内容についても奇妙なところがある。「将軍様」という呼びかけが漢文書簡として違和感を覚えるのが第一点だが、通倭者に入れ知恵されたのを丸呑みにしたと考えられなくはない。より怪しいのは、董伯起の送還が朝廷に報告されてから、「海禁従寛、来往商船得以通行」とすることである。実態として商船の行き来はあったが、「海禁が緩み、日本に商船が通行するようになった」ことを当局が公認するとは思えない。鄭傑西「万暦四十七年徳川将軍に外交文書を送った「浙直総兵」について」(『東アジア環流』三-二、二〇一〇、三〇―四八頁)は、差出人の「浙直総兵王」が王良相であることをつきとめているが、書簡そのものには疑義を抱いていない。しかし、この書簡への幕閣の態度は「兎角今度之使書は偽に必定と聞え」(小松原濤『陳元贇の研究』竜船堂、一九六二、六五頁)というものだったのである。

(207)『異国日記』同頁の上段。書状には「万暦四十柒年六月」とあるが、使者の単鳳翔が京都から送還されることになったのは二年後の元和七年である(『異国日記』でも書状は送還の記事の後に付されている)。この年三月に林羅山が京都で単に会っていることも確かめられる(鈴木健一『林羅山年譜稿』ぺりかん社、一九九九、六三頁)。書状の日付と使者の出発に時間差があったとしても、少し間があきすぎている感がある。

(208) Leonard Blussé, "Minnan-jen or Cosmopolitan? The Rise of Cheng Chih-lung alias Nicolas Iqaun," in Eduard B. Vermeer ed., *Development and Decline of Fukien Province in the 17th and 18th Centuries*, Brill, 1990, pp. 245-264.

(209)林偉盛「荷蘭人據澎湖始末(一六二二―一六二四)」(『国立政治大学歴史学報』一六、一九九九、一―四六頁)。

(210)南居益が着任したのが天啓三年六月であることは、葉向高から彼に宛てた書簡に「聞台車以六月入境」とあることから分かる(『後綸扉尺牘』巻八「与南二太撫台」)。村上直次郎『バタヴィア城日誌』一巻(平凡社東洋文庫、一九七〇)序説(一七頁)は同年早々にライエルセンが福州で総督(巡撫が正しい)と会談したことを記し、これを『対外関係史総合年表』(吉川弘文館、一九九九)五九九頁が採録して巡撫を南居益としているが、誤りである。

(211)なお、一節に少し顔を見せた泉州人蔡献臣が天啓三年に巡撫商承祚と蘭人対策について論じた書簡が残っている(『清白堂稿』巻一〇「与商撫院論紅夷求市　癸亥」)。蘭人の捕虜釈放要求に対し、三つの条件をつきつけるよう助言している。一、速やかに澎湖の銃城を去り、「わが内島」に逗留しないこと、二、すぐに帰れば二引を発してバタビアに商船を派するが、その時商品の価格査定が公平であるべきこと、三、わが民でルソンに交易に行く者を港口で強奪しない。さらに「市は行くべきも、来たるべからず」として、沿海での交易を認めるべきでないとする。当局の対応とほぼ重なる内容である。

(212)張嘉策は、商承祚の先代の巡撫王士昌のもとでは「劇寇の余党」を生捕りにする活躍を見せている(『蒼霞余草』巻一「中丞王公靖寇碑」）が、この時は澎湖での互市を願うオランダと漳南道副使の程再伊の仲介をしている。程は紅夷の三万金を受けたとして天啓四年正月に弾劾された（『国榷』巻八六）。

（213）『棄草二集』巻二「董見龍老師八十寿」。

（214）『棄草文集』巻五「条陳福州府致荒縁由議」「今因紅夷據湖、所首戒厳之門戸、則金門所也、中左所也、浯嶼也。皆商船適広東海道必繇之路、被其阻截。即無紅夷之日、亦有南賊邀劫、故商販甚難。往時、興・泉・漳三郡不足、則仰広米。凡自広来者、半係広人販運、半即漳・泉駕南船行糴。資本多者千金、米船多者数百艘、毎艘多者千余石。下三府熟、則広船・南船駕入福州港。下三府歉、則自截広船・南船、以贍其地、而入吾港者少矣。今有夷患、聞接済紅夷者多漳・泉人也。非販広米以済之、則盤其地之米、以済之。故接済之禁在漳・泉、宜最厳。若来福州盤米、計到紅夷竊據之地、順風可二十日。若非風汛、守泊一二月不定。故吾郡接済之禁、比漳・泉稍緩。」

（215）次注引用の書簡の中に「勾引の人を梟した」というくだりがあるが、オランダ人と通謀した商人の殺害を指すので、それ以後に書かれたものである。

（216）『崇相集』書四「与南二太公祖書」「閩中地狭、左山右海。海徒偸其隙為田、皆仰上四府之粟……漳・泉田少、而仰粟于東粤。海上多盗、兼窘紅夷、粟道益艱。不駆紅夷、其憂不少……聞諸人言『老公祖毅然以閩事為意、不憚炎蒸、身抵海上、日夜経画所以駆逐之法、至厳至密。』昔沈有容以一把総能却退紅夷、弭無窮之禍。今乃迎之入城、生其戎心、得賂勾引之人。梟之非過、何也。紅夷既據澎湖、倭必来據東湧。即不據東湧、且与紅夷合而互市。昔勾倭于日本、今勾于澎湖。故不駆紅夷、閩不知其誰有。紅夷無能、止恃一銃。能制其銃、技無所施。用兵以謀為主、以簡（間？）為策、以乱止乱、想幕府自有石画。」

（217）『棄草文集』巻四「上司理章公祖乞止上司之勧借及海務書」「即以紅夷一節言之、使接済之禁早厳、則紅夷経年坐困食尽、当自還也。今也、海中小寇到処劫掠以済之。吾奸民甚盤内地米以済之。名曰『彼銃大難敵』、然火薬吾奸人市之也。真紅夷実不下二百余人。大半皆海賊為之奔走恐嚇也。紅夷与倭為一。紅夷来、則倭当継至。因紅夷絶呂宋、則呂宋又有後患。澎湖者、淡水所出也。凡海上出入者、到此必取水。紅夷據其水利、則他夷皆当与之結好。前者言拆城出洋、皆虚詞耳。城実未拆也、船実未去也。小夷四・五船挟市而受其恐嚇至此。仮令彼挙国而来、当如之何。琉球貢使現在、倘知吾国虚実、以情授日本、而日本踵紅夷之求市也、当如之何。」

（218）『崇相集』書四「与南二太公祖書　甲子」「紅夷恃銃、近則難施。恃船大、浅則難施……今事已至此、問一旧為海賊者、云『此不可以力破、可以計誘。彼方欲市。陽為私市、送火薬、上其船、火薬桶中用小竹筒蔵火、幸一発而糜爛矣。』又問一漳人、云『此事只可用間、陽得罪而投彼者、乗機図之。』今紅夷截海、人不得為生。但委土人之有心計者、能了此事。繇沈（有容）言、則当不惜舟、不惜兵力、乗其敝而図之、此正兵也。繇後言、則当不惜餌、不吝官賞、乗其間而施之、此奇着也。両着並用、不必明登之疏……此番決不能以空口退賊。凡所施設、亦不必聞之朝、事成而陳之可也。始誘紅夷者、法其一二以警耳目、而後間可能施。」

(219) 葉向高の「中丞二太南公平紅夷碑」など。
(220)『後綸扉尺牘』巻八「与南二太撫台」「惟是紅夷盤據、築堡搶商、志在不小。頃粤東一弁送澳夷至此。具有掲帖、録以奉覧。果如其言、匪七閩之患、亦海内之憂。然所患者、又不在此夷、而在海濱之人勾通接済。若勾通接済禁絶、則夷如在股掌之上……或言『即募海濱之人、予以厚賞、責其駆夷、必当有効。』」「与陸鳳台方伯」「顧紅夷為虐、患切剥膚。近有粤東澳夷応募来京。詢之、甚言『此夷志在不小。且曾捜得其与諸国通謀之書。』果爾、則閩之患無已時矣。要之、所憂尚不在夷、而在奸民之勾連接引、相与為暴。往日倭奴入犯、多不過千人、或数百人。其余皆泉・漳人也。若敝郡、則福清・長楽之間、亦有一種販私塩之奸徒、縦横海上、殺人掠貨与泉・漳同。若不設法厳禁、亦将胥而為夷矣。今日所急、在処置紅夷、而処置紅夷之法、莫過于禁勾通。」
(221) 呉志良・湯開建・金国平編『澳門編年史』（広東人民出版社、二〇〇九）第一巻、三八四頁。
(222)『後綸扉尺牘』に収録される南居益宛ての書簡の中では先頭に置かれているし、他簡が「答書」であるのに対し、これは「与書」である。冒頭には南の「入境」にも言及があるので、任地に着いた巡撫に葉向高がまず送ったアドバイスだろう。
(223)『後綸扉尺牘』巻九「答南二太撫台」「使来承教、即具一函、附邸報奉達矣……或言『旧歳、漳・泉有三百人願殺紅夷、但欲得其所有、不許官兵搶掠。而将吏不肯。是以散去。』不知果有此説否。閩人多言『必当用兵』、而漳・泉士夫謂『若用兵、則二郡且作戦場、先受其害。』乃前撫台之不用兵、人又尤之。是将安適従也。集衆論而用其長、是在台下矣。」
(224) 同、巻九「答喬献畫按院」「漳・泉士夫恐用兵則此両郡先受其禍。且夷船高大、又有銅銃難敵。或又謂『船雖大、然不能渉浅水、銃之力能遠而不能近。若募慣海之人、広設方略、乗煙霧之時、駕竹筏、而攻其不備。彼必不能支。』此其説亦有可採。聞漳泉人有可応募者。是在台下与撫台択将官中有智識者、与之商画、必有長算耳。」
(225) 崔来廷著書二五一—二五二頁。
(226)『後綸扉尺牘』巻九「答南二太撫台」「計紅夷亦不能大肆。惟是奸民勾引接済、終無奈何。雖禁令甚厳、未必能絶、而閩中災荒已甚……聞台下欲巡行海上生意。開府厳重、須算有定策、方可以牙纛臨之。如尚未有以控制此夷、而軽于一行、将為彼所窺矣。」
(227)『蒼霞余草』巻一「中丞二太南公平紅夷碑」「公詗知海上奸民多為夷耳目……其最黠者、為洪燦仔・池貴、以夷書至、併献明珠……公集夷衆之被擒者于演武場、焚其物、誅燦仔等。」
(228)『後綸扉尺牘』巻九「答南二太撫台」「焚紅夷貢物、斬通事、皆快人意。顧恐将吏無能奉行。泉南縉紳謂『此夷亦易制。但苦接済人多。其接済之難禁、則弁輩先自為之。故奸民益無所忌。』殆或然耶……尊諭謂『閩中吏治太寛。』非太寛也、乃太濶耳。」
(229) 崔来廷著書二五四—二六一頁。
(230)『蒼霞余草』巻一「中丞二太南公平紅夷碑」「中丞会稽商公檄将吏、飭兵為備……商公復諭夷使帰、夷遂俛首聴命、願市于咬嚁吧。未幾、商公去。復負約據彭湖如故……閩人或言戦、或言市、相持未決。南公独決策……遂与将吏約必勦夷……又察旧帥兪咨皐夙負才略、且家世名将、習海上事、請授以副帥、重其任……閩之将吏士民、咸稽首帰功。公遜謝不居曰『此役也、以始事則有前中丞、以力戦則有諸帥、以給餉簡器励士詰奸、則有藩臬諸大夫……不穀受成而已。何力之有。』衆曰『公言雖是……甚且謂彭湖原非我地、予之無傷。微公毅然断決破盈庭築舍之議、其為閩禍、将無已時……』」

(231)『崇相集』議二「福海事」「海政壊極矣……往時賊劫船、止在海洋、少有登岸者。去年且上黄崎・北茭・奇達・五虎門沿海諸澳、攻堡殺人、搶畜焼房、偏于寨遊近処肆毒、明示無畏……夫芝龍初起亦不過数十船耳。当事不以為意。醸至百余、未及一年、且至七百、今且千矣。此莫非吾民、何以従賊如是之多。我棄之、彼収之。我駆之、彼用之……毋使芝龍之禍、復移之福海、拱手以聴其糜爛而莫之救也。」

(232)『崇相集』議二「米禁」「鄭芝龍初起也、不過数十船耳。至丙寅而一百二十、丁卯遂至七百、今并諸種賊計之、且千矣。」

(233)『崇相集』書四「答朱軍門書」「海賊猖獗、別無他術。只是巧用吾民。在福海者劫而用之、在南海者恩而収之。劫者易除、収者難測。而皆有奪之之法。総不出于用海上豪傑、鼓用漁船一着。当芝龍初至時、能捐数千金以収彼中漁船、令其魁自相統率、与兵船相為経緯、則我得其用、賊不能収矣……若福海之賊、初至亦只数隻。掠船既多、分䑸益衆、遂至数十余隻……今若用海上豪傑、乗漁船不能営生之憤、鼓之殺賊、乗夜飛渡、出賊不意、必可成功……往賊嘗有言『我不畏兵船。只畏汝兄弟兵。』兄弟兵者、漁船・商船自相為也……参用漁船、必須用海上豪傑、自相統率、人乃楽従。若分配兵官、不惟離心、必至悞事。何也。彼不成為兄弟兵也。」

(234)同、書四「与熊撫台書」「鄭芝龍受撫未決。聞城内有奸人密貽書、挑其反側。福海之賊未除、事可寒心。」

(235)同、書四「寄張蓬玄」「漳・泉二郡以通番作賊為生理……漳・泉為鄭芝龍残破矣。福海又為周三・鍾六諸賊騒掠、民不聊生、地方幾為賊有。旧撫非其人。総兵恃其郷之奥援、沈酔玩寇也……前撫不能了賊、只禁米粟販船出海、以為絶賊餉道、不知賊之米粟皆打劫而得、豈待接済……不知米粟未禁之先、僅有芝龍数賊、既禁之後、遂加林姐哥・梅宇六七種。絶賊餉道、而賊益多者、何也。我厲禁而漳・泉益饑、益饑則益生賊、我厲禁而芝龍済貧之説、益足以収人心……非新撫熊公接手、閩将不可為矣。某聚族海上、連年播遷甚苦。頗知賊之情形、念無可告語者。不意熊公虚心下問……而以精募海兵、参用漁船之説進。熊公大以為是、遂托小児、募漁民、用其頭目為兄弟兵、兵既精矣……(九月)十八日、与賊大戦海之外洋。漁船低小、仰攻其母船、即獲勍賊許六等……鄭芝龍亦報獲周党、皆以漁船取勝矣。撫公之料兵於海上也、某親見其日一食……但其性善罵、一事不肯仮手於人。又漳・泉士夫、力為芝龍請餉。而持之頗堅。恐其間有不悦者……在廟堂諸公、当亮此公之苦、毋揺浮議而已……独芝龍桀黠、焼船殺将為多。非為我尽滅諸賊、不足贖其罪。今一挫於紅夷、再挫於其党李芝奇。或能弭心、悔罪効死乎、不然、天或者授我以漁人鷸蚌之一機、亦未可知……如使一賊起、一賊撫、作賊者尽得美官、則元季張仕《ママ》誠之禍可鑑也。某家居海上、与盗賊為難、非保全身家之計、且使寨遊側目、海防修船諸衙門側目。其陰螫必多、然而不避者、誠激於桑梓之大禍、不得不爾也。近旨『閩帥不用閩人』極為有見。兪帥敗壊極矣。」

(236)『靖海紀略』巻一「上過承山司尊」「所慮者、賊在於外、奸在於内耳。兪総兵腹中止有許心素、而心素腹中止有一賊。多方勾引、多方脅嚇、張賊之勢、損我之威。」

(237)『崇相集』書四「与朱未孩書」「答金遊撃書」は、巡撫を文・武でサポートする立場にある人と海事を論じたものである。前者の朱大典は当時福建右布政使。軍事に関心が強く、のちに鳳陽巡撫となると、イエズス会士と組んで西洋大砲の導入を図る。中砂明徳「イエズス会士フランチェスコ・サンビアシの旅」（『アジア史学論集』三、二〇一〇）四六―四七頁。

（238）これは彼の文集『鏡山文集』に付載される弟子たちによる伝記に出てくる話である。ただし、林田芳雄「何喬遠と閩書」（『史窓』五四、一九九七、一九―四四頁）が指摘するように、鄭芝龍招撫の過程についてつぶさに記した『靖海紀略』には、全く何喬遠の名が出てこない。彼の説得が本当に鄭芝龍に効果を発揮したのかどうかは疑問である。

（239）林田論文参照。

（240）『石民四十集』巻七四「与董崇相少司徒書四　癸酉」「儀嘗言『熊撫軍去閩、必一大変。不変則乱、変一大乱也。不変之禍遅、変之禍速。然古有速則禍小、遅則禍大者。此独不然。』今其事皆験。独不禁通諸夷、閩必淪為夷、然其禍遅。不禁通紅夷、則閩必淪於夷、其禍速。鄭芝龍既帰正、何不可収為用。熊撫軍倚之為腹心、藉之為重軽。此禍之為始也。今一旦薄之、欲以解紛、又一旦厚之。厚之矣、而其通紅夷之事明告朝宁、使終藉芝龍通紅夷之市以安閩、則芝龍有閩矣。使紅夷不得市而使芝龍明負通紅夷之名、則与閩芝龍矣。明公何以策之。」

（241）Blussè, op. cit.

（242）『焚書』巻四「因記往時」「向在黄安時、呉少虞大頭巾曾戯予曰『公可識林道乾否。』蓋道乾居閩・広之間、故凡戯閩人者、必曰林道乾云。予謂『爾此言是罵我邪、賛我邪。若説是賛、則彼為巨盗、我為清官。我知爾這大頭巾決不会如此称賛人矣。若説是罵、則予是何人、敢望道乾之万一乎。』夫道乾横行海上三十余年矣。自浙江・南直隷、以及広東・福建数省、近海之処、皆号称財賦之産・人物隩区者、連年遭其荼毒、攻城陥邑、殺戮官吏、朝廷為之旰食。除正刑都総統諸文武大吏外、其発遣囚繋、逮至道路而死者、又不知其幾也。而林道乾固横行自若也。今幸聖明在上、刑罰得中、倭夷遠遁、民人安枕。然林道乾猶然無恙如此矣。称王称覇、衆願帰之、不肯背離。其才識過人、胆気圧乎群類、不言可知也。設使以林道乾当郡守二千石之任、則雖海上再出一林道乾、亦決不敢肆。設以李卓老権替海上之林道乾、吾知此為郡守林道乾者、可不数日而即擒殺李卓老、不用損一兵、費一矢為也。又使卓老為郡守時、正当林道乾横行無当之日、国家能保卓老決能以計誅略擒林道乾、以掃海上数十年之逋寇乎。此皆事之可見者、何可不自量乎。嗟乎、平居無事、只解打恭作揖、終日匡坐、同於泥塑、以為雑念不起、便是真実大聖人大賢人矣。其稍学姦詐者又攙入良知講席、以陰博高官。一旦有警、則面面相覷、絶無人色。甚至互相推委、以為能明哲。蓋因国家専用此等輩、故臨時無人可用。又棄置〔此等輩―衍字？〕有才有胆有識之人而不録、又従而弥縫禁錮之、以為必乱天下、則雖欲不作賊、其勢自不可爾。設国家能用之為郡守令尹、又何止足勝兵三十万人已邪。又設用之為虎臣武将、則閫外之事、可得専之。朝廷自然無四顧之憂矣。唯挙世顚倒、故使豪傑抱不平之恨、英雄懐罔措之戚、直駆之使為盗也。余方以為痛恨、而大頭巾乃以為戯。予方以為慚愧、而大頭巾乃以為譏。天下何時太平乎。」『李贄全集注』（社会科学文献出版社、二〇一〇）第二冊五三頁の注によれば、万暦二十年の文章という。

(1) 内藤虎次郎『支那史学史』(弘文堂、一九四九。平凡社東洋文庫、第一巻、一九九二、二九四、二九八頁)。

(2) 内藤は「たとへば朱子学派の本である通鑑綱目といふようなものは、当時支那でどれほど流行したか分りませんから、それが日本に来て親房が見られたかどうかといふことは疑問ですが」と述べ（一九二三年の講演録「日本文化の独立」。『日本文化史研究』弘文堂、一九二四に収録。『内藤湖南全集』第九巻、筑摩書房、一九六九、一一九頁)、正統論はともかく、『綱目』自身の影響については慎重である（「朱子の通鑑綱目」と書いていないところに内藤の含意があるだろう）。和島芳男も『綱目』の親房への影響については懐疑的である（『日本宋学史の研究』吉川弘文館、一九六二、一八三―一八四頁）。

(3)『アジア歴史研究入門1　中国Ⅰ』(同朋舎出版、一九八六)「序論」四一頁。

(4) 中山久四郎「朱子の史学特に其の資治通鑑綱目につきて（正）（続）」(『史潮』一‐三、三三―六〇頁。二‐一、七二―九八頁。一九三〇、三一)。

(5)「綱目前編一巻」とするのは誤りで、正しくは「通鑑前編十八巻」である。おそらく「首一巻、前編十八巻」とすべきところが脱落したのであろう。

(6)「六合の戦」云々は巻二七至正十四年十月条の「命右丞相脱脱督兵撃張士誠」の「目」の文章「西平六合、賊勢大蹙」を指すのだろう。たしかに六合の戦いについて具体的に述べられず、朱元璋がこの戦に援軍としてかけつけたことも書いていない。軍中にいた朱元璋をも合わせて「賊」とするのが笑止というわけである。主力は張士誠軍であり、ここには朱元璋は出てこないのだから、何気なく読んでしまうところをよく気づいたとは思うが、これで鬼の首をとったかのように言うのはいかがなものだろう。

(7)『四庫全書総目』巻八八「御批通鑑綱目五十九巻通鑑綱目前編一巻外紀一巻挙要三巻通鑑綱目続編二十七巻。康熙四十七年吏部侍郎宋犖校刊、皆聖祖仁皇帝御批也。朱子因司馬光資治通鑑以作綱目、惟凡例一巻出於手定、其綱皆門人依凡例、而修其目則全以付趙師淵。後疏通其義旨者、有遂昌尹起莘之発明・永新劉友益之書法。箋釈其名物者、有望江王幼学之集覧・上虞徐昭文之考証・武進陳済之集覧正誤・建安馮智舒之質実。弁正其伝写差互者、有祁門汪克寛之考異。明弘治中莆田黄仲昭取諸家之書、散入各条之下、是為今本、皆尊崇朱子者也。故大抵循文敷衍、莫敢異同。明末張自勳作綱目続麟、始以春秋旧法糾義例之謬。芮長恤作綱目拾遺、以通鑑原文弁删節之失。各執所見、屹立相争。我聖祖仁皇帝睿鑑高深、独契尼山筆删之旨、因陳仁錫刊本、親加評定、権衡至当、袞鉞斯昭、乃釐正群言、折衷帰一。又金履祥因劉恕通鑑外紀失之嗜博好奇、乃蒐採経伝、上起帝堯、下逮周威烈王、作通鑑前編、又括全書綱領、撰為挙要、殿於末、復摭上古軼聞、撰為外紀、冠於首。陳仁錫稍変其体例、改題曰通鑑綱目前篇、与綱目合刊、以補朱子所未及。亦因其旧本、御筆品題。至商輅等通鑑綱目続編、因朱子凡例、紀宋元両代之事、頗多舛誤、漏六合之戦、誤称明太祖兵為賊兵、尤貽笑千秋。後有周礼為作発明、張時泰為作広義、附於条下。其中謬妄、更不一而足。因陳仁錫綴刊綱目之末、亦得同邀乙覧、并示別裁。乾隆壬寅、我皇上御製題詞、糾正其悖妄乖戻之失、以闢誣伝信。復詔廷臣取其書詳加刊正、以協於至公、尤足以昭垂千古、為読史之指南矣。」

（8）なお、余嘉錫（一八八四―一九五五）の『四庫全書弁証』も『綱目』についてはノーコメントである。単に気づかなかったのか、それともこれも『綱目』に対する典型的な態度と見るべきか。

（9）注（4）中山論文（続）八三頁。

（10）『四庫全書総目』巻四七「証綱目伝写刊刻不免譌脱、不必以鈔胥刻工之失、執為朱子之筆削。尤為洞悉事理之言。」

（11）『四庫全書総目』巻四七「於聖人不能無誤、而大儒之心廓然無我、亦必不以偶然疎漏生回護之私。是即真出朱子、亦決不禁後儒之考訂。況門人代擬之本哉……是亦可為綱目之功臣矣。」

（12）四庫館臣は、この点についてはさすがに「儒生膠固の見」として退けている。

（13）『遜志齋集』巻二「釈統」。周・漢・唐・宋を正統とし、「晋也、秦也、隋也、女后也、夷狄也、不謂之変、何可哉」とするように、秦・晋・隋と女后（呂后・武后）、夷狄が「変統」とされる。なお、彼が元をどう見ていたかについて直接述べたものはないが、「正俗」（『遜志齋集』巻三）で、「元朝下に中国の民が文化・風習の面で夷狄に変じた」としているので、おそらく正統には数えていないのだろう。

（14）『通鑑』研究の古典である張煦侯『通鑑学』（修訂本、安徽人民出版社、一九八一）にも、『通鑑』の後継作品として『綱目』が取り上げられてはいるが、その扱いは他の作品に比べて大きいわけではない。

（15）『中国史学名著評介』（山東教育出版社、一九九〇―九二）。『綱目』の項目の執筆者は葉建華である。なお、二〇〇六年の新版でも『綱目』の項に加筆はない。

（16）「朱熹和《資治通鑑綱目》」（『安徽史学』二〇〇七-一、一八―二四頁）。

（17）『中国史学名著評介』第二巻一一三―一二八頁。ただし、『綱目』の受容史の記述は不正確である。

（18）葉建華「論朱熹主編《綱目》」（『文史』三九、一九九四、二七一―七六頁）、湯勤福「朱熹与《通鑑綱目》」（『史学史研究』一九九八-二、四五―五〇頁）。後者はほぼそのまま『朱熹的史学思想』（斉魯書社、二〇〇〇）第五章第四節「従朱熹親撰《通鑑綱目》看其編纂思想的演変」に取り入れられている。

（19）『史学史研究』の論文では葉の論文には触れておらず、著書の時点で言及している（二〇六頁）。

（20）葉建華も同書簡を取り上げているが、単に「改訂作業が続いている」ことを示す史料としてしか見ていない。また、湯勤福は淳熙九年の「辞免江東提刑奏状三」（『晦庵集』巻二二）に「数年の前、草稿略ぼ具わる」とあるのを証拠として引くが、この「数年前」を淳熙二年と見ても支障はない。この点、葉の解釈のほうが適切だろう。

（21）郭斉「関于朱熹編修《資治通鑑綱目》的若干問題」（『四川大学学報（哲学社会科学版）』二〇〇一-六、八四―九〇頁）。

（22）「朱熹給趙師淵〝八書〟考弁」（『史学史研究』一九九八-三、五七―六三、七七頁）。これも前掲書第五章第四節に収録されている。

（23）『朱子語類』巻一〇五自注書「通鑑綱目」「問『正統之説、自三代以下、如漢・唐、亦未純乎正統、乃変中之正者。如秦・西晋・隋、則統而不正者。如蜀・東晋、則正而不統者。』曰『何必恁地論。只天下為一、諸侯朝覲、獄訟皆帰、便是得正統。其有正不正、又是随他做、如何恁地論。有始不得正統而後方得者、是正統之始。有始得正統而後不得正統者、是正統之余。如秦初猶未得正統、及始皇并天下、始得正統。晋初亦未得正統。自泰〔太〕康以後、方始得正統。隋初亦未得正統、自滅陳後、方得正統。如本朝、至太宗并了太原、方是得正統。又有無統時、如三国・南北・五代、皆天下分裂、不能相君臣、皆不得正統。某嘗作通鑑綱目、有無統之説。此書今未及修。後之君子必有取焉。温公只要編年号相続。此等処須把一箇書帝書崩、而余書主書殂、既不是他臣子、又不是他史官、只如旁人立看一般、何故作此尊奉之態。此等処合只書甲子、而附注年号於其下、如魏黄初幾年・蜀章武幾年・呉青龍幾年之類、方為是。』又問『南軒謂漢後当以蜀漢年号継之、此説如何。』曰『如此亦得。他亦以蜀漢是正統之余。如東晋亦是正統之余也。』問『東周如何。』曰『必竟周是天子。』問『唐後来藩鎮割據、則如何。』曰『唐之天下甚闊、所不服者、只河北数鎮而已。』」

（24）田中謙二「朱門弟子師事年攷」（『田中謙二著作集』第三巻、汲古書院、二〇〇一）一四六頁。なお、田中は同一記事に複数の弟子の発言が取られている際には、それが必ずしも同時期とは限らないことを指摘している。この場合は陳淳の師事期が一一九〇年と一一九九年の二度であり、黄義剛のそれが一一九三年以後であることから、いずれにせよ一一九〇年以後のこととしてよい。

（25）田中著書七七頁。

（26）『朱子語類』「又問『三国如何書。』曰『以蜀為正、蜀亡之後無多年、便是西晋。中国亦権以魏為正。』」

（27）田中著書五八頁。

（28）『朱子語類』「温公通鑑以魏為主、故書『蜀丞相諸葛亮寇何地』、従魏志也。其理都錯。某所作綱目以蜀為主。後劉聡・石勒諸人皆晋之故臣、故東晋以君臨之。至宋・後魏諸国、則両朝平書之、不主一辺。年号只書甲子。」

（29）同右「問『武后擅唐、則可書云「帝在房陵。」呂氏在漢、所謂少帝者又非恵帝之子、則宜何書。』曰『彼謂非恵帝子者、乃漢之大臣不欲当弑逆之名耳。既云後宮美人子、則是明其非正嫡元子耳。』」

（30）ただし、通行本や「中華再造善本」所収の宋刊本・元刊本（後述）では、「房陵」でなく「房州」となっている。

（31）『南軒集』巻一四「経世紀年序」「蓋呂氏不可間漢統、而所仮立恵帝子亦不得而紀元、故以称制書也。」

（32）『《通鑑綱目》宋元版本考』（『華東師範大学学報（哲学社会科学版）』一九九九-三、四二―四四頁）。

（33）八行十七字。巻四六～五一には他の二種の宋刻本が補配されているとする。『北京図書館古籍善本書目』（書目文献出版社、一九八七）二七二頁には、補配について具体的に巻四六と四七～五一にそれぞれ別の宋刻本を配したとする。同本は「中華再造善本」（史部唐宋編）に影印が収められている。本章ではそれを利用した。また、台湾の国家図書館所蔵の『綱目』宋刊本は「嘉定十二年泉州刻本」と著録されているが、厳は北京本と対校して後刻本にすぎないと結論している。この本を阿部隆一『増訂中国訪書志』（汲古書院、一九八三、二二三四頁）は淳祐刊本とするが、その根拠は校勘者として名前が見える宋慈について『鉄琴銅剣楼蔵書目録』が淳祐間の人とするのによる。しかし、これは余りに大雑把である。前述のように、宋慈は後村の友人で、彼が墓誌銘を書いている。それによれば、亡くなったのは淳祐六年であるので、晩年に校正した可能性もなくはない。しかし、若い頃に真徳秀に入門しており、その縁で校正を行った可能性がある。とにかく、彼の名が見えるから淳祐年間の刻だとする根拠はない。

(34) 同じく八行十七字。存二十九巻。巻九に別の宋刻本を、巻三に明抄本を補配。また、元人の修補箇所が散見するとする。巻首に載る「資治通鑑御製序」や朱子の「綱目序例」は後人の抄補によるが、陳・李の後序は原刻だとする。

(35) 八行十五字。上海図書館残本は一九、五六の二巻。印記が同じことからもともとは同じ本であったことが分かる。尾崎康「上海図書館蔵宋元版解題　史部（二）」（『斯道文庫論集』三二、一九九七、二六頁）は、この本の刻工に嘉泰四年周必大刊行の『文苑英華』の刻工と同じ名前が見えることから、「十二・十三世紀の交のころ、吉州に近いところで刊刻されたもの」とするが、初刻の泉州本の出版時期から見てこれはおかしい。『上海図書館蔵宋本図録』（上海古籍出版社、二〇一〇）の解題（一六九頁）によれば、この残本の分かれ（巻五九。前世紀末に市場に出現した後、個人所有に帰す）に嘉定十四年の臨川人饒誼の跋文があり、そこには嘉定戊寅（一二一八）に郡庠で板刻が始まり三年で完成したとあり、吉州本が泉州本と同時平行的に刊行されたことが記されている。同版のものが国家図書館（巻五三、巻五四）、中国国家博物館（巻二一、五五、五九）にあり、上海図書館本と同じ本の分かれが前掲の巻五九以外に、吉林省図書館（巻一八）、山東省博物館（巻五〇〜五二、五四）、天津図書館（巻四八）に分散しているという。

(36) 陳孔碩後語「蓋朱文公先生祖司馬公之成書、而断以春秋之法……如四皓定太子事、司馬公以一時之疑而削去之。又如置漢昭烈于藩臣而帝曹魏、……皆因旧史之失、与春秋不合。前輩鉅儒固嘗弁明而論著之、其大義明甚。先生皆竊取其説而附見於伝注之下、使後世得詳焉、皆羽翼通鑑而補其所未及、蓋有功於司馬氏之書也……自元符以来、姦臣得志、党禍一起、至以御製序為非神皇所作、此書堙厄、又不知其幾何年。中興以来、始蒙表出。由是、此書始得登経幃以備乙覧、而其本益光。朱文公生於紹興之初、首紬繹而条理之。然則此書之廃興、夫豈偶然。其述作之艱、亦豈一人之力哉……嘉定己卯仲夏後学陳孔碩謹書。」

(37) 『東莱集』付録巻三収録の哭墓詩の表題が「門人廸功郎陳膚仲（孔碩の字）」となっている。

(38) 『晦庵集』巻四九「答陳膚仲」一─六。

(39) 前節で引かなかった「語録」が二つあり、一つは李方子、もう一つは余大雅の記録である。前者は二つのことを言っている。一、『通鑑』は無統の時代においても一個の主体を立てて記述したが、『綱目』は並列している。二、権臣に爵位が与えられる場合、それが彼の意思によるものであったにせよ、史書は建前を重んじて「以某人為某王某公」と書くことが多いが、『綱目』では范曄が「曹操自立為魏公」と書いた例にならったとする。後者は則天武后に仕えた狄仁傑をめぐるもので、「通鑑提綱（『綱目』の綱文のこと）」では、逆臣の死はすべて「死」と書いているが、狄仁傑については非常に迷った。しかし、唐の回復に貢献したとは言ってもやはり周の大臣として死んだのであるから、やはり例にしたがって『某年月日狄仁傑死』と書いた」とする。現行の『綱目』では

「司空梁文恵公狄仁傑卒」とあり、少なくとも朱子の初意とは異なっている。

(40) 李方子後序「春秋、魯史之旧名也……独司馬公処史法廃墜之余……其於春秋懲勧之法、又若有未尽同者。此子朱子綱目之所為作也……則是継春秋而作、未有若此書之盛者也……或曰『然則此書之作、曷不継春秋。麗沢先生呂公之為大事記也、固接於獲麟。且託始而迷先幾、斎居感興亦既言之矣、今而不易、何也。』曰『事記之書、用馬遷之法者也、故続獲麟而無嫌。綱目之書、本春秋之旨者也、故続獲麟而不可……其間蓋欲晩歳稍加更定、以趨詳密、而力有未暇焉者……』……子朱子首釈四書、以示入道之要、次及諸経、而後可以読此書焉……而著書之凡例、立言之異同、又附列於其後、使覧者得考焉。」

(41)『四庫全書総目』巻一三五。

(42) 現在、通行しているのは、延祐四年序円沙書院刊本の系統であるが(明代の翻刻の影印が新興書局から一九七〇年に出ている)、ほかに大徳十一年序建陽書林劉徳常刊本が『善本書室蔵書志』巻二〇に、大徳間建陽書院詹氏重刊本が『浙江採集遺書総録』辛集に著録される。

(43) 林駉については、ほかにも嘉定丙子(一二一六)序の『新編分門標題皇鑑箋要』を編纂したことが知られるが(『愛日精盧斎蔵書志』巻二六)、その人自身については、宋代の記録には出てこない。『弘治八閩通志』巻七二には「景炎元年以易魁郷薦」とあって、宋の末年に科挙を受けたことになっているが、時代的に一致しない。黄履翁は福州寧徳県の人で、紹定五年(一二三二)の進士である(龔延明・祖慧編『宋登科記考』江蘇教育出版社、二〇〇九、一四八五頁)。

(44) しかし、「中華再造善本」の宋刊本・元刊本を見ても、五十九年は大書されている。それに、『源流至論』ではこの後「秦昭襄王五十二年、楚孝烈王六年、燕孝王三年云々と分注す」とあるが、これらの年は翌年にあたる。したがって、これは単なる勘違いと見るべきだろう。しかし、後出の事例からすると、『源流至論』が使ったのは別系統のテクストだった可能性がある。

(45)「再造善本」の宋刊本は「処士」に、元刊本は「徴士」に作る。「七家注本」では「徴士」となっている。

(46) のちに、王幼学の「集覧」(巻四二「安楽公主適武延秀」条)が『源流至論』のくだりをそのまま引いているように、ほかにはない指摘である。「発明」は「公主が自発的に嫁いだということである」と説明する。

(47) 巻四七、貞元十三年「秋七月、起復張茂宗為左衛(将)軍、尚公主。」

(48) なお、ここでは嗣聖八年に続いて分注の年号を「周武氏如意元年」とするが、「再造善本」の宋刊本では嗣聖八年の分注は載初元年になっている。これに対し、元刊本は如意元年とする。つまり、注(45)の陶淵明の「処士」「徴士」の問題とは逆で、『源流至論』はここでは元刊本と同じである。なお、嗣聖八年は正しくは天授二年にあたる。つまり双方ともに正しくない。「七家注本」ではこれが正されている。

(49) 二人の採録には若干の違いがあるが、『源流至論』は宋義剛のほうを採用している。

(50)『古今源流至論』続集巻一「嗚呼、使晦翁非真見此書無歉、必不肯発此語也。」

(51)「厥今秘閣珍蔵、璧星相映、翠幄進講、遺編有光、而公之言験矣。」

(52)『楳野集』巻一「甲辰九月十六日進講」。

(53)「按温公旧例、凡莽臣皆書死、如太師王舜之類。独於揚雄匿其所受莽朝官称、而以卒書、似渉曲筆。不免書按本例書之、言『莽大夫揚雄死』。」

(54)ただし、それは狄仁傑に「周」を冠することについてではなく、その死の書法へのコメントである。注(39)参照。

(55)この点に着目した宋人がほかにいないわけではない。劉克荘は方蒙仲の『通鑑表微』(現存せず)への序文でこの点に触れているし(『後村先生大全集』巻一〇六)、王応麟にも言及がある(『困学紀聞』巻一四)。『通鑑』を研究した方蒙仲、王応麟(『通鑑地理通釈』の作あり)だからこそ気づいたのだろう。

(56)『朱子語類』巻五五「孟子去斉章」。

(57)嘉熙二年に朝廷に進呈された銭時の『両漢筆記』がこの問題を取り上げている(『南宋館閣続録』巻九、『両漢筆記』巻四)。

(58)『郡斎読書附志』「希弁又嘗参以泉本、校其去取之不同、并考温公・文公之書法、為資治通鑑綱目考異。淳祐丙午、秘書省嘗下本州、借本書写云。」

(59)元の貢師道の『敬郷録』巻一四に、慶元丙辰の進士で国子博士まで達したことを述べる。なお、『四庫全書総目』が、『宋史』の儒林伝に附伝されているというのは間違いである。こうした誤りが生まれた理由を李偉国が種明かしをしている。明の正徳刊本の書首の「山堂先生真像」の背面の文章に「按宋史本伝……」とあることを指摘し、これを四庫館臣が引きうつしたとみる。そのとおりだろう。彼は続いて「章如愚には『国史』に伝があったのに、『宋史』では落とされた。明刊本の文章は『国史』系統の史書から引用された」とする(「《山堂考索》的作者和版本」『文献』二二-四、九一―九二頁)。しかし、この説明に根拠はない。中国国家図書館所蔵の元刊本の刊記の横に正徳刊本とほぼ同じ文章が載るが、そこには「按宋史本伝」はない(『第二批国家珍貴古籍名籍図録』国家図書館出版社、二〇一〇、第三冊、五六頁)。明刊本でこれを加えたのは、刊行者の慎独斎である。彼のいろいろな手口については、おいおい述べてゆく。

(60)前注の論文九二―九五頁。

(61)『晦庵集』巻三五「答劉子澄」五では「綱目亦修得二十許巻、義例益精密。上下千有余年、乱臣賊子真無所匿其形矣。」のあとに「根相去遠、不得少借余力。一加訂正、異時脱藁、終当以奉累耳」が続く。

(62)湯勤福、葉建華ともに淳熙三年の書簡とするが、根拠は示されていない。ここではひとまず陳来『朱子書信編年考証(増訂本)』(生活・読書・新知三聯書店、二〇一一、一六〇頁)の説に従っておく。

(63)なお、「再造善本」宋刊本では、建安二十五年でも黄初元年でもなく、間の延康元年となっている。これに対して元刊本は建安二十五年となっている。この問題にはのちに触れる。

(64)『晦庵集』巻三三「答呂伯恭」に「此間頗苦難得人商量、正唯条例体式亦自難得合宜也。如温公旧例、年号皆以後改者為正、此殊未安。如漢建安二十五年之初、漢尚未亡。今便作魏黄初元年、奪漢太速、与魏太遽。大非春秋存陳之意。」とあり、『山堂考索』には傍線部がない。

(65)『晦庵集』巻三七「答尤延之」「綱目不敢動着。恐遂為千古之恨。」

(66)「如蒙聖慈、就閑秩、即当繕写首編草本、先次進呈、恭俟臨決。」

(67)丸山真男「闇斎学と闇斎学派」(『日本思想大系　山崎闇斎学派』岩波書店、一九八〇。『丸山真男集』一一、岩波書店、一九九六、二八四頁)。

(68)『郡斎読書附志』「綱目発明五十九巻。右建康布衣尹起莘所著、以発明綱目義例。別之傑帥金陵、進其書于朝。魏文靖公了翁為之序。」

(69)巻一安王二年の「秦伐魏」条に「臣前蓋以論之」とあるほか、数カ所見られる。

(70)『十駕斎養新録』巻一四「元芸文志」「按趙希弁読書附志載此書云……則非元人矣。趙氏云建康布衣、而黄以為遂安人、当考。」黄とは、『千頃堂書目』の黄虞稷である。明末の彼が見た『綱目』は「七家注本」である。

(71)『鶴山先生大全集』巻五六「通鑑綱目発明序」「朱文公為之綱目……亦幾無余憾。而尹君起莘又為之発明。或疑其贅。而予謂不然……著国統之離合、謹義例之正変、貫事辞之始終、此猶坦白易見。至有直書詳述而一字一言之間……不加褒貶而美悪自見者、則発明之書於是為不可已。予以疾懲、読尹君之書、不能竟帙而嘗渉猟焉……是書既行、綱目之忠臣也。」

(72)『米国国会図書館摂影国立北平図書館善本書膠巻』(日本では国会図書館にマイクロフィルムが、東洋文庫に紙焼本がある。以下、『善本膠巻』とする)を利用した。

(73)元代の『至正金陵新志』巻一二下に、「尹起莘の墓」が金陵にあったことが記され、同書巻一三上之上の宋代の「遊宦」の中にもその名が見える。後者に従えば、彼は金陵の出身者ではないということになるが、金陵にいた時点では「布衣」でなかったということでもあり、『発明』の作者と同一人物であるかさだかではない。

(74)呉廷燮『北宋制撫年表　南宋制撫年表』(中華書局、一九八四)四四六頁。

(75)彭東煥『魏了翁年譜』(四川人民出版社、二〇〇三)四二一頁。

(76)「義例の正変」とは朱子の序例の言葉を借りたもの。この正・変をどう考えるかが『綱目』解釈の鍵となる。

(77)巻二三の義熙元年の鳩摩羅什の国師任命、巻二四の癸亥年十一月の天師道場建立、巻三〇の辛丑年三月の宦官の三公任命、巻四〇の貞観二十三年六月の官名の改称、巻四一の嗣聖七年九月の武周建国、巻四二の神龍元年正月の則天武后に尊号をたてまつった記事の各条。

(78)巻四二の神龍元年十一月則天武后崩御の「発明」の下がいきなり「丘濬曰、武氏自称皇帝……」となっている。

(79) 巻二六、戊戌年六月「宋沙門曇標反伏誅」条。

(80) 巻一七、元康九年正月「(孟)観撃(斉)万年獲之」条。

(81)『世史正綱』巻一一、永嘉二年十月の「匈奴劉淵僭号」条に対する丘濬のコメントをくっつけたものである。

(82) 朱子は張良を無条件に評価していたのではない。廖徳明に対して「陰謀多き人」と張良を評し、廖が程子の「張良には儒者の気象あり」という有名な評語を引くと、朱子は「それは韓のために復讐を果したことを指している」と述べたが(『朱子語類』巻一三五)、張良を「韓人」とする意図を直接説明した発言はない。

(83)『綱目発明序』「……因述其指意条例於篇端、以俟後之君子、則知先正注意是書、其有望於後人発揮而講明之者、亦甚不浅也。且夫先正書法、有正例、有変例……若其変例、則善可為法、悪可為戒者、皆特筆書之。如張良在秦、而書曰韓人、陶潜在宋、而曰晋処士、揚雄在漢、而書曰莽大夫、呂后在一統之時、而以分注其紀年、武氏改号光宅、而止書中宗嗣聖之類、是皆変文見意者也。至於其間微詞奥義、又有不可得而偏挙。如陶侃以藩鎮入撃賊、而必書温嶠以陶侃討峻、褚淵以旧臣為司空、而必書於斉王道成称帝之下。唐宇文士及邪佞之臣也、而卒書其爵、五代馮道失節之人也、而卒具其官。」

(84)「春秋書『以』者有之。僖公以楚師伐斉取穀之類也……夫借兵他国、則書曰以。……書之曰以、所以見侃本無赴難之心。」しかし、『公羊伝』や『胡氏伝』は「蛮夷(楚)」の兵を用いたことをそしったとするだけで、尹起莘の言うところと少しずれている。

(85)「考之綱目、曹・馬・劉宋更代之際、非無翼賛之人、然皆不書于冊。而此独書褚淵者、彼皆本国之党……至褚淵、則以前朝顧命大臣、躬受託孤之任、乃反売国於人、則罪可勝誅哉。昔晋荀息受献公之託、輔奚斉・卓子、不克而死。故春秋書『及其大夫』以予之……綱目特筆起義、大書『以淵為司空』於簒国之下……所以誅乱臣討賊子。」

(86)「士及之佞、太宗亦既知之、乃不能斥而遠之、故綱目於其卒也、反書其爵、以著太宗不能去佞之失。」「綱目凡名臣之卒、則書官書爵。今馮道書法如此……今乃顕栄終始之極、其殊遇至於如此。故反書其太師・中書令・瀛王以譏之也。」

(87)「凡若此類、殆未易察……此固鯫生所以妄意発明有不容自已者……昔孟軻氏以孔子作、与抑洪水・膺戎狄・放龍蛇・駆虎豹者、異事而同功。」

(88)『宋史』巻二〇二芸文志に「陳藻・林希逸春秋三伝正附論十三巻」が見える。

(89)『癸辛雑識』後集「綱目用武后年号」「余向聞林竹渓先生云……晦翁病其唐経乱周、史遂有嗣聖二十四年之号、年之首曰『帝在某』……此意甚厳。但武氏既革唐命、国号為周、既有帝而又有周……而帝与周同書、則民有二王、天有二日矣。豈無窒礙。」

(90) 正しくは『続後漢書』である。朱子と同時代の周必大が序文を寄せている(『文忠集』巻五三「続後漢書序」)。『綱目』の刊行より前なので、その影響を受けたわけではない。

(91) これも現存しない。鄭雄飛は端平二年(一二三五)の進士で、国史実録院校勘の職にあった(『南宋館閣続録』巻九)。著作の時期は分からないが、彼の場合は『綱目』の影響を受けているだろう。

(92) やはり現存せず。『癸辛雑識』は翁再とするが、翁甫が正しい。宝慶二年（一二二六）の進士で淳祐八年に礼部の官となっているが（『南宋館閣続録』巻七）、劉克荘が彼から「新修の蜀漢書」を示され、「考亭の大旨に合う」と評しているから（『後村先生大全集』巻一三一書「答翁仲山礼部」）、確実に朱子の影響を受けている。鄭・翁は理宗朝下での『綱目』重視の流れを受けて著作したものであろう。

(93)『癸辛雑識』後集「正閏」「正閏之説尚矣。欧公作正統論……其後廬陵蕭常著後漢書……近世如鄭雄飛亦著為続後漢書……最後翁再〔甫〕又作蜀漢書……蓋欲沽特見之名、而自附於朱・張也。」

(94) 徐誼（一一四四―一二〇八）は朱子とほぼ同時代の人。したがって、周密は直接彼から聞いたのではなく、著述から引用したものである。

(95)「余嘗聞徐誼子宜之言云……漢儒雖以秦為閏位、亦何嘗以漢継周耶。若如諸公之説、則李昪自称為呉王恪之後、亦可以続唐矣。」

(96) 陳過についてはくわしいことは分からない。『斉東野語』巻二〇「慶元開慶六士」の「開慶六士」の一人として同名の人物が見える。

(97)「余嘗見陳過聖観之説甚当、今備録於此云、綱目序例有云……或問綱目主意於朱子、曰……夫正閏之説、其来久矣。甲可乙否、迄無定論……自綱目之作、用春秋法、而正統所在有絶有続……此昔人所未及。」

(98)『綱目』は武徳七年から正統を与える。

(99)「……可謂密矣……然他如秦以無君無親、嗜殺人、隋以外戚有反相、而皆得天下、是皆始不得其正者。得其次、如晋武帝襲祖父不義之業、卒以平呉一統而与秦・隋倶得正統、此其所未安也……独漢・唐・本朝可当正統、秦・晋・隋有統無正者、当分註。薫蕕碔玉、居然自明。漢魏之際、亦有不待弁者矣。」

(100) 巻一四、章武元年四月「漢中王即皇帝位条」「李昪徐州人、世本微賎……此与昭烈大相遼絶。」

(101)『斉東野語』巻一三「綱目誤書」「綱目一書、朱夫子擬経之作也。然其間不能無誤。而学者又従而為之説。」

(102)「従官暍死者六十余人、見本紀。通鑑書曰『賜死』。賜乃暍之訛耳。綱目直書曰『殺其従官六十人』、而不言其故、其誤甚矣。」

(103)「綱目書殺而不書其罪。斉氏至是滅亡已著、固不可律以常理。然緯雖昏狂、未至如洋之暴虐。何乃一旦戮其従官至若是之多耶……参以北史本紀、乃是暍死六十人耳。通鑑出於後来、固当以北史為正……綱目何見而以殺書之哉。嘗孟子……凡置人死地者、不必問梃之与刃、刃之与政、其実則均為殺之……今斉主以盛夏遨遊、馳逐苑囿、遂使其従官暍死者至於六十人……不謂之殺不可也……綱目不書暍死而書曰殺、変文起義。斉主雖欲曲辞其責、尚可得乎。」

(104) この点については「考証」も尹起莘の読み込みを否定している。周密を引用してはいないが、書きぶりが似通っており、参照した可能性がある。

(105)「郭威遇禍挙兵而不免書反者、威有令将之心、因乱而為己利也。漢主書殺而不書弑者、已実有罪故也。」「至湘陰之事……則固欲戴之為君……威為漢之臣子而戕其社稷宗祧之主、則罪有所帰矣。」

(106)「又郭威弑二君、綱目於隠帝書殺、於湘陰王書弑。尹又為之説云『此二君有罪無罪之別也。此書法所寓也。』然均之弑君。隠帝立已数年、湘陰未成乎君。不応書法倒置如此。亦恐誤書耳。」ただし、彼が引いた尹起莘の言はそのままの形では現行の「発明」には見えない。

(107)【考異】「提要作弑其君。按凡例、僭国無統、則曰『某人弑其君某。』此郭威実漢主之臣。上既書反、下当書弑。且湘陰公未嘗即位、君臣之分未明。旧史書『殺湘陰公於宋州。』綱目特書威弑、以示戒。竊意当従提要為是。尹氏曲為之説、非朱子筆削之意也。」【考証】「殺当作弑○謹按、尹氏発明曰……新安汪氏曰『秦二世・隋煬無道、夷狄、臣下殺其君長、猶皆以弑書。今正其誤、殺当作弑。』猶恐惑於発明、敢併及之。」ところが、この「考異」「考証」には不可解なところがある。「考異」は湘陰公の殺害を『綱目』が特書して「弑」としたとする。しかし、「凡例」を引けばそれで十分で、さらに「特書」を持ちだす必要はない。むしろ「特書」＝変例を認める点では尹起莘に近い。一方、「考証」は尹氏を全文引用した後、「新安汪氏」を引くが、これは本条の「考異」に見えないばかりか、ほかの箇所にもない。じつは「考異凡例」（後出）の「簒賊例」に載る文言である。「考証」としては、尹起莘に対する反証として、無道の君でも「弑」と書くという説を引いてきたのだが、そもそも「考異」が自らこの言を引用しないのがいぶかしい。後述するように、「考異凡例」はおそらく汪の作ではない。それをここで使う「考証」のこのくだりも、もとの「考証」の姿を伝えているか怪しい。

(108)「春秋僖元年書『夫人氏之喪至自斉』、不書其姓。公羊謂以其与弑閔公故貶之。今書『皇后崩』、亦不書姓。豈有故乎。考之通鑑、是年十一月甲午、立淑妃王氏為皇后、至丁酉崩、不書氏者承上文也。然則自立至崩、特四日耳。又考之唐史后伝『妃久病、帝念之、遂立為后、冊礼方訖而崩。』然則綱目所以不書其氏者、悪其以病立也。夫皇后母儀天下、儻欲正位中宮、固当告之宗廟、親受冊礼。今乃病於床簀、遽正坤儀、則非義矣。万一疾必不愈、則有他日追謚之制存焉。烏可以斉体宸極之礼、加之病廃之人、其将何以告謝宗廟。此則綱目不書姓也。不然、他時皇后未有不書姓者、何独於此而闕之哉。」

(109) ちなみに、「書法」も『春秋』は引かないが、尹起莘と同意見である。

(110)『春秋左伝正義』巻二一、宣公元年条。

(111)「故綱目前書『発兵救東甌』於『星孛西北』之下、此書『遣兵撃閩越』於『星孛東方』之下、皆以見武帝忽天戒亟用兵之咎。此固書法之深意也。」

(112)『通鑑』には「上曰『何自不諌。』曰『臣不居重任、知諌不従。』上曰『何為立其朝。』」とするのを、『綱目』は「上曰『卿仕世充、位不卑矣。何亦不諌。』対曰『臣非不諌。但不従耳。』上曰『然則何以立於朝。』」に変えた。前者では諌言の対象が煬帝であるのに対し、後者では王世充になってしまっている。

(113)『稼村類稿』巻一二「代徐司諌上参政蔡九軒献通鑑綱目考異書」「嘗聞之先公云：西山守泉時、先公従之遊。泉士林梅塢、考亭之高弟也。移書西山曰『通鑑綱目一書、所謂綱者断断乎出於先師之手、而分注之目或委諸生。先師平生工夫詳於四書、故未及修改。自今読之、一章之内文意不相聯属、必須検尋温公故本、然後意足明。公倘為主盟、俾敏博通明士数人、以温公本参校、完其闕失、明公従而可否之、名曰綱目考異、以成先師之志、甚大恵也。』……西山乃以此書属之先公……今某成是書、為巻三十、為条千四百余……近世嘗有著綱目発明者、魏文靖為之序、金陵帥上其書且官之、以為儒生光寵。亦有以吉本泉本校其去取之不同為綱目考異。淳祐丙午有旨行下写而蔵之秘書……今是書之成、其与綱目発明者既不同。而其考異又以温公本為據、非徒以吉本泉本校其去取之不同而已。」

(114) 前注に引用したように、彼は趙希弁の本を「ただ、吉本・泉本を対校しただけのもの」とするが、趙希弁によれば「温公・文公の書法を比較検討した」とあり、いささかくいちがう。もっとも、徐の本はもっぱら目の部分を取り上げたものだろうから、尹起莘や趙希弁とはアプローチが違う。

(115)『説郛』一二〇弓本の弓一〇に「綱目疑誤」として収められる。

(116)『宋学士文集』巻二五「通鑑綱目附釈序」「而周公謹所疏為尤多。」ちなみに、この序文はやはり精読者の一人であった孔克表（孔子の五十五世孫）の作への序文だが、「附釈」は現存していない。宋濂の序文によれば、尹起莘・劉友益の恣意的な解釈を批判し、史炤（『通鑑釈文』）・胡三省・王幼学の三家を取って折衷したとする（そのうちの後者の部分が『文淵閣書目』巻二に載る「孔克表綱目音訓一部一冊」だろう）。つまり、「七家注」のうち三家を相手取る意欲作なのだが、「集覧」が後述するようなでたらめさにもかかわらず、普及していったのに対し、こちらが後世に痕跡を残さなかったのは、ひとえに民間の出版ベースに乗らなかったためだろう。

(117) あと一人、『綱目』の草本の不備を指摘し、それを歴史に暗い弟子たちの責任に帰した李心伝（『建炎以来朝野雑記』乙集巻一二「昔人著書多或差誤」）を精読者に加えておく。

(118) 周少川『元代史学思想研究』（社会科学文献出版社、二〇〇一）六七―七一頁。

(119) ここで明末に刊行され、御批『綱目』の底本にもなった陳仁錫本の巻首掲載の文章の題目を順番に示しておく。御製通鑑綱目序（成化経廠版『綱目』の御製序）／資治通鑑綱目序（朱子）／重刻通鑑綱目序（崇禎三年蘇州知府史応選撰。陳仁錫の評閲に対するもの）／評鑑十八法／資治通鑑綱目総目録／資治通鑑綱目凡例／朱子与訥斎趙氏論綱目手書／資治通鑑綱目凡例後語（王柏）／資治通鑑綱目凡例識語（文天祐）／資治通鑑綱目後序（李方子）／資治通鑑綱目発明序（尹起莘）／資治通鑑綱目書法凡例（劉友益）／資治通鑑綱目書法序（掲傒斯）／資治通鑑綱目書法序（賀善）／資治通鑑綱目書法後跋（劉椝）／資治通鑑綱目凡例序（倪士毅）／資治通鑑綱目考異凡例序（汪克寛）／資治通鑑綱目考異凡例（汪克寛）／資治通鑑綱目集覧序（王幼学）／資治通鑑綱目考証序（徐昭文）／資治通鑑綱目集覧正誤序（陳済）／資治通鑑綱目集覧正誤序（楊士奇）／資治通鑑綱目合刻各注引（劉寛）／資治通鑑綱目質実序（馮智舒）／資治通鑑綱目合注後序（黄仲昭）／資治通鑑綱目合注序（余以能）／資治通鑑綱目編集諸儒姓氏（末尾に正徳八年劉継善の識

語あり)。傍線を引いたものは、慎独斎刊本をはじめとする建陽の坊刻本の多くには載っていないものである。現存する建陽本『綱目』には正徳八年の識語がついたものが多く、諸目録に「弘治十一年慎独斎刊」とあっても、それは木記によっただけで必ずしも当てにはならない。たとえば、ライブラリー・オブ・コングレス所蔵の「弘治戊午慎独斎刊」の牌記を持つ本にも劉継善の跋文がついている(Wang Chung-min comp., *A Descriptive Catalogue of Rare Chinese Books in the Library of Congress*, Washington, 1957. 王重民『国会図書館蔵中国善本書録』一〇〇頁)。

(120) この点について、芮長恤は「王柏が『趙の文集で発見するまで、『綱目』編纂に趙が関与していたことを知らなかった』と言うのはおかしい、なぜなら朱子の文集中に書簡が収められているのだから」と述べるが、これは勘違いである。朱子の文集には、湯勤福が言うように『綱目』に関連した趙への書簡は収められていない。

(121) 湯は「朱子大全」と言うが、朱子全集の宋刻本をこの名で呼ぶのは不適当である。「大全」ないし「大全集」を称するようになるのは元代あるいは明初からであろう。

(122) 郭斉論文八八—九〇頁。

(123) ただし、余大雅が記録者となった時、趙師淵が同席していたことを田中謙二が指摘している(『著作集』第三巻、五八—五九頁)。しかし、田中が「『通鑑綱目』の纂定が完成したのが乾道八年だから(年譜)、師事は意外に早いが」とするのは誤りである。

(124) 『宋元学案』巻六九に、宰相趙汝愚が讒言をもって退けられると、趙師淵が故郷に戻って学問に打ち込んで十余年出仕しなかったとあることを指す。

(125) 『清容居士集』巻三二「翰林学士嘉議大夫知制誥同修国史趙公行状」「師淵字幾道、官至太常丞、為朱文公高弟。文公述通鑑綱目、条分例挙、整斉芟奪、迄于成書、皆太常所定。其言理学澁奥、心受耳属、精析該邃、非若語録所伝、剽臆謬妄。東南後進、咸尊太常、与黄榦氏並。於公為伯祖。」

(126) 同巻二八「翰林学士嘉議大夫同修国史趙公墓誌銘　代院長作」。院長の閻復に代わって作ったもので、『元文類』巻五一には閻復の作として収録する。「伯祖師淵与朱文公纂次通鑑綱目・凡例。」

(127) 巻四に収録される「続国語序」である。自著の『続国語』の執筆動機を語る中で、『通鑑』と並べて『綱目』に言及するが、李方子の後語の存在に触れるものの、「凡例」には言及がない。

(128) 『礼部集』巻一〇「節録何王二先生行実呈史局諸公」「諸書無不標抹点校、四書・通鑑綱目尤著者也。」危素の「王柏補伝」(『危学士文集』巻一〇)はこれを用いたものだろう。

(129) 「一日、観訥斎趙公文集間考亭往来書問、乃知綱下之目、蓋属筆於訥斎。而昔未之聞。訥斎曰『凡例一冊、已鈔在此。』信乎果有是書也。塵編将発、影響自露。及因上蔡書堂奉祠謝作章為趙之婣、力囑其訪問、曰『嘗毀於水、而未必存。』越一年、始報曰『凡例幸得於趙君与欑。』録以見授、如獲天球弘璧。復得倸軒趙公本、参校互正、遂成全書。」

(130)『魯斎集』巻一二「跋趙俵軒帖」「公諱希悦、文公之甥孫。昔倅于婺、不欲見之。及為守、乃蒙下顧。」

(131)『朱子語類』巻八三に載る。

(132)「朱子曰『春秋伝例、多不可信、非夫子之為也。』今綱目之凡例、乃朱子之所自定。」

(133)「凡例識語」「右通鑑綱目凡例、得之今貳車潘公子輿。蓋金華始鋟木、而学者多未見也……貳車念家学考亭、謂刻諸学宮以恵我人。既成矣、復相語曰『安得併刻綱目、備此一書、以為宣学鉅麗之典也哉。』郡文学掾廬山文天祐謹識。」

(134)李安『宋文丞相天祥年譜』（台湾商務印書館、一九八〇）六頁。

(135)現存の「七家注」諸本で、私が確認した限りでは「方氏」となっているものが多いが、陳仁錫本やそれに先行する蘇州知府朱燮元による万暦刻本では「李氏」となっている。

(136)「凡例序」「至元後戊寅冬、友人朱平仲晏帰自泗濱。明年春、出其所録之本、謂『得於趙継清篔翁之子嘉績凝、始獲披閲、遂即録之。』暇日詳観、因転相伝録、而不能無小誤、惜未有他本可以参校、乃随所可知、正其錯簡三条（歳年門二条・即位門一条）・漏誤衍文三十余字、以寄建安劉叔簡錦文、刊之坊中……又記昔受学于先師定宇陳先生時、得方氏綱目論一編……今併録以附于後……当与尹氏綱目発明並行……至正二年壬午夏五月辛未朔。」

(137)『四庫全書総目』巻三七「三魚堂四書大全」「四書大全陰據倪士毅旧本、潦草成書、而又不善於剽竊、龐雑割裂、痕蹟顕然。」

(138)『四書輯釈』をめぐる倪・劉の交渉については、佐野公治『四書学史の研究』（創文社、一九八八）第四章「四書注釈書の歴史」にくわしい。

(139)『東山存稿』巻七「倪仲弘先生改葬志」「以其学教授於黟二十有三年、既没而家貧不能葬……所注書曰四書集釈。閩坊購其初藁刻之。」

(140)中砂明徳『江南』八三—八六頁。

(141)蕭啓慶「元至正十一年進士題名記校補」（『食貨月刊』復刊一六-七・八、一九八七、三三二頁）による。初名が晏でのち克正と改名した。

(142)巻一六「送趙継清赴潮州推官」。

(143)『山右石刻叢編』巻三四。

(144)注(107)の郭威による漢主殺害（弑でなく殺と書く）の説明のほかに、巻一赧王三十一年の「其相淖歯殺之」条、巻四五宝応元年四月の「殺皇后張氏」条への尹起莘の解説に対して、「尹氏曲為之説」「尹氏発明曲為之説」とする。

(145)「然魯斎王公刊之金華、敬所文君刊之宣城、而伝之未広也。至元丁丑、友人倪仲弘偶得於其友朱平仲、遂以示余。余喜其有益於後学、欲鋟棗俾遠其伝。海寧任用和、以其子従余遊、聞而楽之、迺刻諸家塾。余因考其同異、以附於後……至正三年癸未良月既望、後学新安汪克寛謹書。」

(146)『定宇集』巻七「問性理二字如何解」「問司馬温公不信風水……呂誠公・楊誠斎・羅鶴林、近年文敬所・方虚谷　不之信。」

(147)『環谷集』巻四「重訂四書輯釈序」。

(148)『弘治徽州府志』巻一〇「宮室」水南山房の項の注「在万安。里人任用和建。汪仲魯記。」汪仲魯は『本朝分省人物考』巻三七に伝記がある。

(149)『国朝（元）文類』巻三四「走未壮時、読通鑑綱目書於蘇門山……四十年矣。是歳之秋、同門友許君得卿自金陵過宣、留語再月、間以示之。得卿善其非出己意而新奇為説。特抽綱目所有、彙而為編、雖刊置凡例之後、猶不為僭。而校官劉君徳恭方刊胡公読史管見於宣庠、聞之、謂因是工可断手於旬浹。遂聚徽・建二本、重勘校之、得三誤焉。」

(150)「其一、建安二十五年、徽作延康元年。凡例曰『中歳改元、無事義者、以後為正。其在興廃存亡之間関義理得失者、以前為正。』其下注云『建安二十五年、改元延康。考之范史及陳志注文、是漢号。通鑑所書、乃若曹丕称王時所改者。今不能悉見。』例云然、則為漢為丕、疑猶不決。矧其時正在興廃存亡之間。今以前為正、従建本注二十五年。」

(151)「其一、章武三年、徽大書『三年後主禅建興元年。』建無三年、余与徽一。凡例則曰『章武三年五月、後主即位、改元建興。而通鑑目録・挙要、自是年之首、即称建興。非惟失其事実、而於君臣父子之教、所害甚大。故今正之。』即是観無三年者、則昭烈為無終。独建之失。曰後主者、徽・建皆非。嘗求其原由……至綱目書出、始曰『漢中王即皇帝位』、統斯正矣。而於其子独曰後主、何哉。且自建興以及炎興、用天子制、以臨四方者、実四十年。鄧艾至成都、書『帝出降。』明年猶書『魏封故漢帝禅為安楽公。』亡国之余且然。豈於即位正始之年、不帝、反曰後主乎。是与十四・十五・十六巻之起尽反凡例。諸曰後主者、皆溺於熟口順耳不思、而失於刊正者也。凡例又曰『有被廃無謚者、但曰帝某、而不用後人所貶之爵。』建興之帝、未嘗被廃、亦鈞於無謚者。故下取晋帝奕与唐睿宗景雲二年注『玄宗皇帝先天元年』、明年始大書『玄宗明皇帝開元元年』者例、大書『三年』注『帝禅建興元年』、明年大書『帝禅建興二年』。庶前後参稽、可皆吻合、無齟齬也。」

(152)「又其一、天宝十五載注『粛宗皇帝至徳元載』、明年惟曰『二載』、未嘗大書『粛宗皇帝至徳』、為無始。故今於二載上加『粛宗皇帝至徳』、使得上同於開元。」

(153)尾崎康は上海図書館本について、月崖書堂が宋代に刊行したものに、同じ版元が重刊した元版を補配したものと見る。残四十二巻中元版が三十巻を占めているが、宋代の刊行を主と見るのである（前掲論文二六―二八頁）。

(154)『綱目』巻一四漢献帝建安二十五年、漢後主建興元年のそれぞれの年号表記に対する「考異」に「紫陽書院本」を引き、後者はさらに「提要」も「(章武) 三年と書く」とする。

(155)「今諸刊本所書之綱、与所定凡例或多不合、至如承統之帝或称為主……凡此之類、相因互誤者不能悉挙。」

(156)「初朱子之修是書也、凡例既定、晩年付門人訥斎趙氏接続成之。今所存語録、多面命之辞、手書告戒、至甚諄切。其曰『綱欲謹厳而無脱落、目欲詳備而不煩冗』、豈訥斎属筆之際、尚欠詳謹、故有脱誤、失朱子之本意。初学受読者、不能無疑也。果斎李氏曰『朱子蓋欲稍加更定、而未暇焉。』勉斎黄氏亦曰『綱目近能成編、毎以未及修補為恨。』牧庵姚氏序国統離合表、僅得三誤。其一則建安末年誤書延康、今刊本已正之矣。新安汪氏考異、多所究明、惜其未精也。昭文僭不自揆、輒本大賢之立言、摭諸儒之同異、反覆訂定、補漏正誤、註於各提要之下、間亦竊附己意……至正己亥中秋、後学上虞徐昭文敬序。」黄榦の原文では「僅能成編」。

(157)「当去此六字（「後主建興元年」）、補書『三年』、分注『帝禅建興元年』。」

(158)「当書『粛宗皇帝至徳』於二載之上○謹按姚氏曰『睿宗景雲二年下分注「玄宗先天元年」、明年始大書「玄宗明皇帝開元元年」、至天宝十五載下分注「粛宗皇帝至徳元載」、明年惟書「二載」、未嘗大書「粛宗皇帝至徳」、為無始。故今於二載上加「粛宗皇帝至徳」、使得上同於開元矣。』」

(159)「紫陽書院刊本作延康元年、按改元例注曰『建安二十五年改元延康。考之范史及陳志注文、是漢号。而通鑑所書、乃若曹丕称王時所改者、今不能悉見。』則此当従閩本及提要、作二十五年為是。」

(160)「今綱目刊本、於歳首即書建興元年、而不著章武三年。然唐中宗景龍四年六月、睿宗即位。太極元年八月玄宗即位。綱目分注嗣君改元於先帝之末年、至次年始大書睿宗皇帝景雲二年。」

(161)巻四四「據睿宗即位於中宗景龍四年六月、歳首分注睿宗皇帝景雲元年、而次年始大書睿宗皇帝景雲二年。」

(162)「考異」「考証」は姚燧の文章をどこで見たのか。彼の文集『牧庵集』にこの文章は収録されている。『文淵閣書目』にも載せるこの文集を目睹した可能性は否定できないが、ほかには著録されていないので（『四庫全書総目』巻一六六）、流布していたとは思えない。おそらくは『元文類』巻三四所収の同文を見たのであろう。

(163)なお、前掲の『朱子全書』所収の『綱目』の底本がこの宋刊本なのだが、「再造善本」収録の同本と比べると、宋本の字句を注記なしに元本の字句に改めている箇所が散見する。

(164)『綱目』巻二六癸巳年「宋太子劭弑其君義隆」条に付された「考異」には、「提要」は弑を誤まって殺に作る。竊かに考えるに『綱目』刊本および「提要」は互いに得失此の類のごとき者あり」とする。

(165)「提要、中常侍作宦者。按凡例『賊宦可見者、並著之。』則此当従綱目刊本。」ちなみに、現行の「凡例」には「賊宦可見者、並著之」とあって、注に例として「秦庶長改の類」をあげる。つまり、宦官のことを言っているわけではないのに、「考異」は君主を弑した宦官ととらえている。また、理屈からいえば「宦者」に作る「提要」で問題ないはずなのに「当従綱目刊本」とするのは混乱である。おそらく、これらは汪克寛のミスではあるまい。一方、「考証」は当該箇所については触れていない。「考異」が見た「凡例」が現行のそれと異なるものであったとも考えられようが、後述するように、「考異」の杜撰さからして単なる読み違えであった可能性が大きい。

(166)たとえば、巻三高祖皇帝十一年「后殺淮陰侯韓信」条の「考異」は「提要、后上有皇字。據永康元年書『皇后殺故太子遹』、唐乾封元年書『皇后殺其従兄武惟良』、皆不去皇字。此蓋刊本漏皇字耳」とする。

(167) たとえば、巻五孝武皇帝太初三年春「帝東巡海上」に対して、「考異」は「還宮」の二字が漏れているとして、その根拠に元封元年の例をはじめ「還」と書く計九例を出して傍証とする。

(168) 汪克寛の文集『環谷集』巻四にも「通鑑綱目考異凡例序」という題目で収められているが、この文集は清の康熙年間に裔孫が編纂したものである。「序」とあるが、「考異凡例」自体も収録されている。しかし、これは「考異」の凡例を述べたものではなく、「凡例」と今刊本の考異を行うのだから、「凡例考異」でなければおかしい。文集がこのタイトルで収めているのは『綱目』通行本から移録したからである。文集よりも早くこの文章を収録したのが、明の程敏政『新安文献志』巻三二であって、こちらは「凡例考異」としている。しかし、郷里の先輩の文章を集めたこの書物に収録されたからといって、それが汪克寛の文章であることを必ずしも保証しない。

(169) 「尹氏発明乃或曲為之説。噫、朱子論春秋変例、謂門人曰『此烏可信。聖人作春秋、正欲示万世不易之法。』今乃忽用此説、以誅人。」

(170) 「春秋之法、美悪不嫌同詞。綱目取法春秋、亦有詞同而旨異者。」

(171) 「封拝例曰『凡宦者封爵皆加宦者字。』今刊本『唐玄宗開元元年、以高力士為右監門将軍、知内侍省事。』分註『宦官之盛自此始。』而不書宦者字。」

(172) 「謹按凡例曰『宦者除拝当書者、皆加宦者字。』」

(173) 「按封拝例曰『凡宦者除拝当書者、皆加宦者字。』」

(174) 「即位例曰『凡僭国始称帝者曰某号姓名称皇帝。』註云『魏王曹丕・宋王劉裕・梁王朱晃之類。』今刊本、惟曹丕書姓、宋王裕・梁王晃皆不書姓。」

(175) 【考異】「按凡例註『封其故君、則曰廃。』而不曰奉。此奉字当作廃。」【考証】「全忠当作朱全忠。」

(176) 「『凡殊礼皆書「自」。註曰、王莽加号九錫之属、王莽是自為之、以「自為」書。』今刊本、加安漢公莽宰衡……並不書『自』。愚按簒賊例註曰『王莽・董卓・曹操等自其得政、遷官建国、皆依范氏、直以自為自立書之。』今董卓・曹操・司馬昭等遷官・殊礼皆称『自』、惟王莽不書『自』、蓋漏誤耳。」

(177) 「謹按凡例曰『凡簒国其事不同、故随事異文而猶謹其始。操等皆依范史、直以自為自立書之。』其後司馬懿・師・昭・劉裕以下皆倣之。」

(178) 『新安文献志』巻七二「環谷汪先生克寛行実」「乃取聖人手筆之春秋……以胡文定公之伝為主、而研究衆説、会萃成書、名之曰春秋経伝附録纂疏。翰林学士虞公序、行於世。易有程朱伝義音考、詩有集伝音義会通、礼有経礼補逸、綱目有凡例考異。」

(179) 『東山存稿』巻三「答趙伯友書」「此間有郷先生汪公嘗作綱目考異。」

(180) 『新安文献志』巻八九「故城県丞汪先生徳懋行実」「環谷先生編春秋纂疏及輯通鑑綱目考異。」

(181)『環谷集』巻三「越国公論」「吾邦朱子著通鑑綱目凡例『凡起兵以義曰起兵、其起雖不義、而所与敵者不得以盗賊名之、則曰兵起。』故隋末白瑜婆・王薄之類、人微而事未成、則書曰兵起。蓋深悪秦・隋之暴、謂人人得而誅之。故漢・唐之初、書法不異、乃立論之至公也。惜乎、越国公之始末、史不立伝、是以綱目不獲特書以表之耳。」

(182)「非以常例而議之也。朱子於綱目書『魏荀攸』、書『司空梁文恵公狄仁傑』。漢末為魏而言魏、仁傑未贈司空而称司空、亦先事而致褒貶、豈非取法春秋之遺意乎。」

(183) ちなみに「考証」は「考異凡例」が挙げる十二人について、すべて諡を分注すべしとしているので彼らを賢者と見なしていることになる。「考証」もまたこの問題に関心を寄せていたことは、霍去病の死去の記事の条で「凡例」の「人事例」の「宰相の賢なる者は某官某爵姓名卒と書き、而してその諡を注す」「凡そ賢臣特書は賢相の例による」を引いて、賢将霍去病については諡を分注にすべしとしていることに示される。

(184)「按崩葬例曰『秦漢以後、王侯死皆曰卒、賢者則注公諡曰某』……則当書『聞喜公裴行倹卒、注云諡曰憲。』今考太宗賢臣魏徴・房玄齢・李靖・高士廉等並不書諡。」「考証」も「凡例」を引き、「考異」と同じ結論を出している。

(185)「愚按、秦以前皆踰年即位。漢恵以後即位於先君即世之年、然猶踰年改元。自漢帝禅即位改元于昭烈崩之次月、厥後皆一年二君而両建元矣。然朱子綱目必大書先君之年、分注嗣君之改元、以為君臣父子之教、所関甚大、皆取法於春秋踰年改元之意。此年雖定公未即位、而追書元年者、以昭公已薨、則是年実嗣君之年、不可不書元年春、亦猶晋建武元年愍帝既廃、元帝始於三月即晋王位、而綱目追書建武元年春正月也。」

(186) 朱子自身、年号の書法については、前に見たように呂祖謙への書簡で「後改」を優先する司馬光に甚だ不安を覚え、漢の建安二十五年を魏の黄初元年とするのはおかしいと述べるが、一般論としてどうなのかについては何も言っていない。

(187)「謹按、是年四月晋武帝崩。歳首即太康十一年也。当依章武三年例、以前為正。或曰『愍帝亦四月即位。元帝三月即晋王位。夫以後為正乎。』曰『不同也。是年書太康十一年者、正武帝之終。次年書元康元年者、正恵帝之始。此綱目之正例也。愍・元二帝即位之年、即書元年、本春秋之法也。魯昭公在外薨。定公六月即位、故於歳首即書元年。晋懐帝永嘉五年、漢人遷帝于平陽、明年封為会稽郡公、晋已曠歳無君矣。又明年被弑。懐帝不得正其終。而愍帝雖四月即位、故必於歳首追書建興之号、至四年復降于漢、愍帝又不得正終。明年三月元帝即晋王位、亦必於歳首追書建武元年、二者非惟本春秋之法、抑所以正其統也。』」

(188) 注(156)参照。

(189)『玩斎集』巻八「跋白沙送別聯句」に貢師泰が福建に赴任する途中、明州で宴を張った友人の中に上虞徐季章（昭文の字）の名が見え、この文章の日付は至正十九年十二月六日である。そして、「考証」に序文を寄せている朱右の『白雲稿』にも、徐昭文に乞われてこの時の状況を述べた文章がある（巻四「白沙餞別詩序」）。ほかにやはり貢師泰が徐の母の墓誌銘を書いている（『玩斎集』巻一〇「徐母葉氏墓誌銘」）。

(190)『明史』巻三八六。

(191)『皇明文衡』巻三九「通鑑綱目考証序」「近代尹起莘発明既相依附、汪克寛考異又多未精。比以朱子凡例参会今本、未免致疑。茲読徐君考証、則渙然氷釈矣。其大者、如莽之弑帝、必加進毒。操・懿進爵、必加自為。劉裕・朱晃称帝、必著其姓、君臣之義、凛不可犯。漢昭烈章武三年分註建興、晋武太康十一年分註永熙、父子之倫有叙不紊。如漢景尊太后則加薄氏、帝禅立張后則加貴人、於以別嫡庶貴賤之分、竇憲曰舅、梁冀曰后兄、楊堅曰后父、楊釗曰貴妃兄、於以懲外戚僭竊之禍。高力士・李輔国・程元振輩皆書宦者、於以防寺人干政之患。拓跋禄官・南詔酋龍之卒皆以死書、於以戒蕃将用事之漸。李従珂必書養子又以明異姓絶嗣之危。他如高后廃少帝則改曰主、霍光輔少主則改曰帝。至若臨・視・如・幸、攻・討、誅、弑、莫不注意而備書之……其徒将鋟梓以伝、遂書於首簡。」

(192)当該条の「書法」では、「兵は未だ至る所を書くものあらず。至るところを書くは何ぞ。深入を譏るなり」として、北魏、唐の例を挙げる。よるべき「凡例」がないために、こうして実例をかき集めて帰納的に処理するのが「書法」の特徴である。

(193)「自元光六年至是、衛・霍凡八出。綱目毎謹書之、志窮黷也。元光六年・元朔二年、上書『匈奴入寇』、是応兵也。綱目或書『撃走』、或書『撃却』、叙其功也。五年雖因入寇而出、然綱目但叙其賞而已。六年以後、則皆師出無名矣。是故衛青春出、則書『撃』、而不叙其功。其夏再出、則直書其敗。元狩二年、去病春夏凡再出、綱目不復一一書之、并書所至、以見其窮追深入之実。及是、衛・霍同出、一則書其部将之失期、一則書其窮兵之所至、皆譏辞也。然則其書『皆為大司馬』、何。譏也。大司馬、古夏官之長也、有小司馬。故其長以大別言之。物不両大。今漢益置大司馬位、而以青・去病皆為之、無義謂甚矣。它日、丁・傅並為大司馬（哀帝元寿元年）、帝啓之也。書曰『皆為大司馬』、深譏之。」

(194)「両漢卒、具官爵、書姓者為美辞。不姓者為恒辞。惟不具官爵者廼貶之。蜀漢至晋以後、無不書姓者。不書姓者、変例也、惟不具官爵者為貶辞。」

(195)「凡興師、有名曰征、曰伐、曰討。無名曰侵、曰撃、曰攻。」

(196)後述するように現存する元刊本には「凡例」はあるが、「書法凡例」はない。しかし、「書法」の性格からして、本文から抽出して「凡例」を作ることは容易である。

(197)「世之言綱目者、亦無慮数十家……能言、未有若廬陵劉氏綱目書法者……曹氏親受漢禅、威加中国、卒不能奪諸葛孔明漢族之分。元魏據有中国、行政施化、卒不能絶区区江左之晋而継之、此万世之至公而不可易焉者……劉氏諱友益、字益友、遭宋訖録、閉門読書……其為此書、幾三十年……天暦二年六月十日、掲傒斯謹序。」

(198)たとえば、周少川『元代史学思想研究』六九頁。

(199)「先生既取綱目要領、命善為之賛矣……若此類者、不可勝挙、皆変例也……抑嘗請於先生曰『或者以是書為門人之作、又或以為未脱稿之書、何如。』曰『皆非也。胡不観綱目篇端之自叙乎。夫子固曰『輒与同志取両公四書、別為義例、増損檃括矣。』且如尚書集伝、止曰訂定、豈肯奪門人之名以為己作哉。若以為未脱藁者、則又不然。夫子之修綱目也、書成之歳、僅踰強仕、非晩年之絶筆也。是後二十八年、修書者復九……皆在綱目以後成、安有書未脱藁而遽及他書耶。書未脱藁而可謂之通貫曉析如指諸掌耶。』……至順壬申二月中和節、門人賀善再拝謹序。」

(200)『文安集』巻一三「劉先生墓誌銘」「吉之永新儒師劉先生諱友益、字益友……宋之亡、郷里豪猾並起為乱、伯兄真長・従弟人暐皆遇害。先生絶而復蘇……鍵門著書、不与世接……乃著通鑑綱目書法五十九巻。蓋歴三十年而後成。天暦中、邑進士馮君翼翁伝其書至京師。国子先生得之、大驚曰『……書法不作、綱目之義又将微矣……』遂録副在官、俾六館諸生伝習之。至順三年三月三日昧爽、先生疾作……卒、年八十五……又明年夏馮君調官京師、矩具状介以請銘。」

(201)『書法』がかなり普及していたという言説は、陳櫟の『増広通略』への龍雲の序文の「その書海内に行われること六十年」にも見られる。龍雲がこの序文を書いたのがいつか判然としないが、「郷邑遭燬」とあるのが元末の戦乱を指すとすれば、明の初年ということになろうか。もっとも、彼は劉友益の郷里の後輩なので、身びいきは割り引かねばならない。

(202)『麟原文集』前集巻一二「高州通守馮公哀辞」「水窓劉先生著綱目書法、公携詣京師、而表章之、遂大行於世……公諱翼翁、字子羽、生壬辰、年六十三。」

(203)『圭斎文集』巻七「廬陵劉氏通鑑綱目書法後序」「近時儒者、疑為文公未脱藁之書、或疑為門人之作、皆未究所以作綱目之志云爾。廬陵劉先生研覃於是三十余載……余従友鄂省宰属馮君子羽得而読之三復。」

(204)『圭塘小稿』巻五「綱目書法序」「永新劉益友先生作書法、発明之。其徒進士湖広省照磨馮君敬修欲其襮於世、俾抒其概。」

(205)『至正集』巻三二「送馮照磨序」「泰定丙卯来鄂、甲子進士馮君敬修為漢陽丞……再為湖広省照磨。」『元史』巻一八二許有壬伝「(泰定)三年六月陞右司郎中……明年、丁父憂。」

(206)『宋元学案』巻六九「滄洲諸儒学案」に一応彼の項目は立てられているが記事はなく、その按語に「李方子らと『綱目』が未定の書であるか否かを争った人であり、おそらく朱子の教えを受けた人なのだろう」とする。それは清代浙東の代表的歴史家全祖望(一七〇五―一七五五)の見解(『鮚埼亭集外編』巻三四「書朱子綱目後」)でもあった。しかし、これは賀善の序文を斜め読みしたために彼が生きていた時代すら勘違いしていて、論外である。なお、全祖望は『綱目』について数々の勘違いをしている。

(207)「書成、馮君子羽自国学録示朱夫子綱目凡例、無不脗合。但於立后例・某人下獄例、略有異同。而先君子歿且二年矣。然求之書法、有確乎不可易者……時至元二年丙子十月朔、男榘百拝謹述。」

(208)阿部隆一『増訂中国訪書志』(汲古書院、一九八三)二三五頁、『善本膠巻』収録の不完本は序跋等を欠く。

(209)龍仁夫については『大明一統志』巻五六に「仕元為湖広儒学提挙」とあり、馮魯には墓誌がある(『申斎集』巻一一「元故従仕郎吉水州判官馮君墓誌銘」)。

(210)この書物の意義については、宮紀子『モンゴル時代の出版文化』三八五―三九四頁参照。

(211)「看通鑑及参綱目……然後参諸儒論断管見・綱目凡例・尹氏発明・金仁山通鑑前編・胡庭芳古今通要之類、以験学識之浅深。」

(212)『金華黄先生文集』巻三三「将仕佐郎台州路儒学教授致仕程先生墓誌銘」「先生所著、有進学規程若干巻。国子監以頒郡県学、使以為学法。」

(213)『礼部集』巻二〇「綱目改定文」では、文章の若干の補正まで行っている。

(214)『礼部集』巻一七「趙彦衛補定安公紀後題」「江陰趙彦衛作西漢定安公紀補、首書元年、四年書『策命孺子為定安公』、五年至十八年、毎歳首書『公在定安。』其説以為孺子雖幼、実係大統、公在乾侯、聖経可法、意亦美矣。愚按、通鑑綱目於莽簒之年、注『新莽始建国元年』、蓋従簒賊於〔干〕統、正統已絶之例。意以孺子未立而廃、不得以係統也。按孺子嬰、宣帝曾《ママ》孫……非若呂后取他姓子比矣……則孺子雖未正帝位、固已為天下之君矣……又考序〔凡〕例云『正統雖絶而故君尚存、則追係正統之年、而注其下、唐武氏例』。是趙氏補紀、殆類此。但其書法、則有可議者……竊因而思、以為綱目所書、宜自初始二年、下注新莽始建国元年……而書『孺子在京師』……孺子係統、蓋欲正新莽簒竊之偽、明劉氏之未嘗絶耳。諸将共立玄、而玄遣兵誅莽、其事自当係玄、綱目以玄不成君、注漢帝玄更始元年、処之当矣。」

(215)『直齋書録解題』巻一一。『雲麓漫鈔』（中華書局、一九九六）付録三「版本源流考証」。

(216)現行の「凡例」によれば「干」とする。これでなければ意味が通らない。

(217)ここで呉は「序例に云わく」としているが、「序例」とは朱子の序文のことであり、「凡例」と混同している。

(218)『大明一統志』巻四八「史伯璿、平陽人。精究四書、得朱子之旨、所著四書管窺及外編、行世。」

(219)本文で取り上げたほかにも、王侯の死を「卒」とする根拠を述べた「凡例」とその注を引用している。字の微細な違いはあるが、現行の「凡例」の条文とほぼ同じである。

(220)『管窺外篇』巻下「近代汪氏注凡例考異謂『西秦称単于、未見有復称王之事。凡例此注可疑。』……又至義熙五年、乾帰自後秦逃帰、復称王。凡例所引、正是此年之事。汪氏失於簡点、而遂疑凡例。信著述之不可草草也。」

(221)「今刊本晋武帝太元十年書『乞伏国仁称単于』注云『是為西秦。』十三年書『西秦王乞伏国仁卒』而不書西秦復称王。疑脱簡也。」「考異」本文も同様である。

(222)「入綱目以来、人臣之卒、未有書諡者。至唐裴行倹、始以諡書。自後往往書諡。以凡例推之、恐当以書爵、而註其諡者為正。更詳之。」

(223)「按、三人同功一体。綱目於晟・燧書諡、於瑊独不書諡。抑有説乎。意者、不書諡者、正合凡例。書諡者、往往未及修改耳。姑誌於此以俟知者。」

(224)「独於粛宗、不於次年大書粛宗皇帝、而但書二載。竊意書法往往如此。正是粛宗不待君父之命而自立之罪、非筆誤也。而尹起莘更不発明、此意何邪。」

（225）この「朱子年譜」とは李方子が編んだものを指すだろうが、単行本としては現存せず、その摘要が真徳秀の『西山読書記』に収められている。乾道八年に「資治通鑑綱目成」とあって、改訂が終わっていないという記述はないが、完本にはあるのだろう。

（226）「綱目一書、朱子与趙訥斎書及朱子年譜、皆以整頓未及修改為言、然則此処書『幸』、恐只是誤因史氏旧文、未及修改爾。更詳之。」なお、本書を収める四庫全書には「趙訥斎書」の「書」の字を「鈔本では者に作る」と注記するが、「者」では意味が通らないので、四庫本の「書」字に従う。

（227）『鉄琴銅剣楼蔵書目録』巻五「春秋属辞」の解題に、校正者として著者趙汸の門人金居敬の名が挙がっている。また、『弘治徽州府志』巻九に洪武二年、四十九歳でなくなったことを記す。この人も新安学派であり、『新安文献志』に見える汪克寛の「凡例考異」とは、この本と混同したものかも知れない。

（228）「用是伏読文公通鑑綱目、志在渉猟、冀可粗通。奈其中有仮字古文、有援引幽邃、或句読疑難、読而値之、訓詁弗明、理辞弥蹟、未免澄凝繹味、鄭重覃思、甚至移日通宵、竟不会其指要。迺重尋古史、申請老師、雖南栄之宿滞、冰釈於一旦、復苦華子之忘病、尤劇於中年……紬繹経伝群書、采刺儒先曩説、事必窮其波源、而随加演註、字必究其巣穴、而即便翻音。凡載綱目文辞、靡不鋭心覈実。至如山河形勝、動植飛潜、南北方言、荒裔殊俗、亦無放失、悉用旁捜……句読若渉疑昧、則必剖判義理、而註曰句絶、或備録一句全文、而註曰為句、庶爾後読之、脱復迷忘、頼有此編矣。猶患属輯無倫、遂本綱目篇章、掲以帝王載紀……且無統之作、動輒二三、多至十数、若皆小字分註、似覚要領支離。今従変例、以閏秦・呂后・新莽・劉玄・南朝・五季不得統者、与晩周・漢・晋・隋・唐正統之国、一体特書。如七雄・西楚・曹魏・孫呉・北朝君国、及諸竊号僭名、倶不枚標顕列、大概欲端緒同帰、便於披閲而已……編始於大徳己亥、迄于延祐戊午、積二十年、七易稿而編甫成……因題之曰通鑑綱目集覧。既成六年、三復讐正……時歳次甲子泰定元年燈夕前一日、古舒望江慈湖王幼学行卿端拝謹書。」

（229）『善本膠巻』に三種の単行本が収録されている。そのうち洪武重刊本（木記あり）のほかに「元刊本」にも、五本の序文が並んでいるが、前者と順序が違う。本文では洪武本の順序に従ったが、「元刊本」では貢奎、馬端臨、鮑澥、王寔、羅允登の順である。

（230）「余録同安、聞望江王行卿名徳尚矣。終更之暇、始獲拝公之門……蒙示通鑑綱目集覧若干巻、公所自著也。試一披覧、則平時読史之疑、至是恢恢遊刃乎肯綮間矣。余然後知欲求綱目春秋之旨者、不可以不観尹氏之発明、欲尽綱目訓詁之詳者、又不可以不観吾行卿之集覧。三書当並行於世、無疑也。丁卯進士羅允登叙。」「丁卯の進士」なのか「丁卯年」に序文を書いたのかが判然としないが次注と考えあわせ、前者と考えておく。

（231）桂栖鳳『元代進士研究』（蘭州大学出版社、二〇〇一）一一〇頁に泰定四年進士として羅学升の名を挙げる（『滋渓文稿』巻三〇「書羅学升文稿後」）。同一人（字が学升）であろうか。この文章が書かれた時点では、彼は県の属官にすぎず、その後も顕れなかったのだろう。

（232）「至其名物之音訓、句読之疑惑、往往以為非大義所関、過眼還迷、習而不察者、皆是也。望江王君行卿、始著集覧。間窺一二、則攷訂精研、引援詳悉。此書成、後学之読綱目者、可以氷釈理解矣……使文公可作、当為忠臣首肯。延祐丁巳嘉平既望、馬端臨書。」

（233）「君請序之巻首、因得論其本末云。延祐六年秋七月翰林待制文林郎兼国史院編修官宣城貢奎序。」

（234）『嘉靖寧国府志』巻八「貢奎、字仲章……再遷応奉翰林文字同知制誥、兼国史院編修官、纂修成宗実録……天暦二年、奉使、還卒于家。」『元史』に立伝されている貢師泰は彼の従子である。

（235）「同安（望江の雅名）王行卿用力於是、今已八十有八矣……我朱夫子因之以寓筆削、集大成者朱夫子也……今皆萃而集之、然則又集大成者、吾行卿也……卿至正辛巳蒲節双溪鮑遡再拜書。」

（236）「司馬文正公作通鑑、其子康釈之、蜀人史炤又釈之、朱文公因通鑑作綱目、増損司馬氏之旧、故読者求釈於二家、若闕焉者。望江王行卿学朱氏書、絶補二家之釈、会粹成編、観其用心勤矣……至治元年歳次辛酉正月既望、将仕佐郎・蘄州路教西岷王寔題。」

（237）『至順鎮江志』巻一九「王実、字応夫。歴通州・蘄州路儒学教授……博学能文、多著述。」

（238）『康熙望江県志』（国立公文書館蔵）巻九「理学」「生於宋季……罹北兵俘掠至河南、陳氏得之、養以為子……元世祖至元間年六十始帰葺望江旧業……（叙例による記述）……当時名公宣城翰林貢奎輩皆為序。至正間年九十三、終于家。」鮑遡の記述を信じれば王幼学は至正元年（一三四一）に八十八歳だから、宝祐二年（一二五四）生まれということになる。したがって、至元の末年時点でも四十を越えたところであり、「六十になって帰郷して」云々はおかしい。ただ、ここに貢奎らの序文に言及があるように、この文章の書き手は「集覧」単行本を見ている。巻一二「元大儒慈湖先生墓碑記」は邑人の龍之珠が書いたものである。

（239）王重民『中国善本書提要』（上海古籍出版社、一九八三）九四、九五頁は「北京図書館」の三本を取り上げているが、これら三本はアメリカを経由して台湾にある（後述）。注(229)の『善本膠巻』収録の三本はアメリカでマイクロフィルム化されたもので、それを実行したのがほかならぬ王重民であり、「洪武戊辰孟夏梅渓書院重刊」の牌記がある本以外の二点をそれぞれ「元刻本」「洪武間刻本」と記録したのも彼である。しかし、一本を「元刻本」とするのは序文の記述によっただけで、ほかに証拠があるわけではない。また、「元刻本」には黒く塗りつぶされたところがあることが注意される。あとの二本では、その部分に文字が埋められていたり、空白のままだったりする。とにかく、この「元刻本」が原刻でないことだけはたしかである。もう一つ注目すべきなのは、洪武重刊本（戊辰＝二十一年）と前掲の『発明』単行本が同じ年に出ていることである。刊行元は前者が「梅渓書院」、後者が「建安書市」とあって異なっているが、羅允登の序に「発明と並行すべし」とあるように、明初の時点において『綱目』注で重んじられていたのは、この二つであったことが分かる。また、『天禄琳琅閣書目』巻五や『鉄琴銅剣楼蔵書目録』巻九が「元刊本」を著録するが、それが明の景泰刊の魏氏仁実堂本であることは、『書林清話』巻五が指摘している。

（240）この本は『善本膠巻』に収録されているもののほか、宮内庁書陵部にも同版のものが所蔵されている。後者には桃山時代の日蓮宗の僧侶日典の印が捺されている。頭部を欠き、巻一～四、七・八・四六は別本により補写されているために刊記を欠くが、巻五・六、九以下（四六を除く）は前者と全く同じである。この景泰本は、「考異」が本文（「集覧」のうしろ）に組み込まれている巻（巻四三、四七〜五九）と末尾にまとめられている巻の二種類があり、後者においても、年号を大書したり細書したり、あるいは白抜きにしてみたりとバラバラである。それが、先行の刻本を複数取り込んだことによるものなのか、それとも版刻のフォーマットを統一する気がそもそもなかったのかは分からない。なお、補写巻のうち、「七家注本」が使われているところもあるが、巻一・二はそうではなく、綱文の後に考異→目→集覧→正誤の順に並んでおり、これが原本を忠実に模写したものであるとすれば、別の形態の一本がまた存在したことになる。

(241)「晋陵即延陵季子之邑。漢改毘陵県、晋置郡。後諱毘、又改晋陵。隋置常州、治晋陵・武進二県。」『方輿勝覧』巻四「常州・建置沿革」「呉延陵季子之邑也……漢改延陵為毘陵県……晋為毘陵郡。又諱毘、改晋陵郡。隋於蘇州常熟県置常州……治晋陵・武進二県。」なお、『翰墨全書』所引の『聖朝混一方輿勝覧』にも建置沿革はあるが、晋における改変と治所の二県の記述がない。『聖朝混一方輿勝覧』については、宮著書五二六頁参照。

(242)『方輿勝覧』の名を出しているのは、巻三の陰陵山（烏江県の西北四十五里とするが、『混一』には距離が書かれない）、巻九の汶山（『方輿』巻五五の沿革と事要の記述を組み合わせる。『混一』は沿革の「秦漢君長」云々がない）、巻一三の赤壁（『方輿』巻二八と五〇から。赤壁の場所については古来いろいろなことが言われているので説明はさすがに長いが、「集覧」はこれをほとんど丸写しする。『混一』にはそうした考証の部分がない）、巻五〇の烏林（『方輿』巻五〇。これも赤壁がらみである。『混一』はやはり簡略である）。

(243)『方輿勝覧』巻二「在呉江県。即利往橋、東西千余尺、用木万計。前臨具区、横絶松陵、湖光海気、蕩漾一色、乃三呉之絶景。」

(244)『増補校正王状元集註分類東坡先生詩』「与秦太虚参寥会于松江而関彦長徐安中適至分韻得風字二首」の注。

(245)巻三七戊寅「秋七月唐秦王……」条。

(246)たとえば、巻四元鼎三年「遣使喩南越入朝」条の「尚楽」を「集覧」は「音楽を崇尚するなり」と説明するのに対し、「正誤」は「今按胡三省注、楽音洛、謂好尚逸楽也。」とする。

(247)巻二始皇帝二十九年条。

(248)宮著書五二五—五二六頁。

(249)同五三〇頁。

(250)たとえば、巻四の孝景皇帝二年六月条に出てくる「冗官」の注「韻会注、宮中之冗食人也。徐曰『無定所執也。』」は「徐曰」も含めてまるごと『古今韻会挙要』巻一一からの引用である。

(251)巻四五上元二年九月「置道場」条の「膜拜」の注には、「韻会挙要」とある。

(252)『古今韻会挙要』巻六「標」「標之言、表也……標、記也。」

(253)巻三九貞観十一年秋七月条。

(254)「集覧」「三峡：盛弘之荊州記、三峡七百里中、両岸連山、略無闕処。重巌畳嶂、隠天蔽日。自非亭午及夜分、不見日月。」『方輿勝覧』巻五七引「盛弘之荊州記」と全く同文である。

(255) たとえば、巻五〇会昌五年五月条の「蘭若」に対する注は「杜甫大覚高僧蘭若詩注：蘭若、寺也。若字案梵語音惹。釈氏要覧云『蘭若者梵言阿蘭若。唐言無諍。』回分律云『空静処』、薩婆多論云『間静処』、智度論云『遠離処』、大悲経云『阿蘭若者、離諸忽務也。』数説不同。其実無諍」とあって、一見すると、「集覧」が様々な仏典を引用しているかのようにも映るが、杜甫の当該の詩注（『補注杜詩』巻一四）の「修可曰」に「釈氏要覧云」以下はすべて見える。「蘭若、寺也」は「洙曰」からである。字音についての注だけはよそから引っ張ってきたものである。

(256)「晦庵集註」をはっきりかかげる場合（たとえば、巻八建安十二年八月の「鶉尾」に対するものがそうである）以外にも、『楚辞』から引くもの（四十カ所程度か）は朱子を使ったのだろう。また、『楚辞弁証』が引かれることもある（巻三四戊子年十一月条の「升遐」）。『蔵園群書経眼録』巻一二によれば、『楚辞集註』『弁証』がセットになった元代の建陽刊本が存在する（後至元年間に刊行）。

(257)『綱目』巻五三天復元年「以韓全誨……」条「撓権撓、擾乱也。漢書『撓楚権。注、撓、女教反、弱也。或従木。』」

(258)『古今韻会挙要』巻二二「橈、女教切……又弱也。前酈食其伝『謀橈楚権。』」

(259)『分門集注杜工部詩』巻八「憶昔行」「洪河怒涛過軽舸。注曰舸、加我切。」

(260)「史云『子業之世、衣冠懼禍、咸欲外出。至是、流離外難、百一不存。衆乃服蔡興宗之先見。』史文明白如此。集覧不詳其意、而草率引証、故多類此。」

(261) 巻二一甲子年夏四月条。胡三省が引く『水経注』に「懸瓠城、汝南郡治」とあり、ここに郡治同様に県治があったことはたしかだが、それが即県名ということにはならない。「質実」は正しく城名としている。

(262) たとえば、巻一赧王十七年条の「堅白」↑『荘子』、巻一〇章和二年「帝崩条」の「察察」↑『老子』、巻二六戊戌年六月条の「朝三暮四」↑『列子』について「林希逸口義」を引用している。おそらく三子の合本を利用したのだろう。

(263) そのことに加えて、「民族的抵抗思想がある」ために、近代以後の胡三省の人気はさらに高まるが、少なくとも音注の部分については、史炤にケチをつける一方で剽竊をしながら頬かむりしていることを清人が指摘している。森賀一恵「史炤『通鑑釈文』と胡三省『音注資治通鑑』」はさらに胡の音注を精査して、胡三省が「司馬康注」について作為的な操作を行い、自説を補強していることを明らかにした（『富山大学人文学部紀要』四九、二〇〇八、一一三―一三九頁）。森賀が言うように、胡注全般をクールに見直す必要がある。

(264)『明憲宗実録』巻一一三成化九年二月丁丑条「先是、上命儒臣考訂宋儒朱熹資治通鑑綱目、尽去後儒所著考異・考証諸書、而王逢集覧・尹起莘発明附其後。」王逢と王幼学が混同されたのは、王逢自身の名声によるのではなく、『少微通鑑』がそれだけ普及していたということだろう（次章参照）。政府刊行の『綱目』の底本が建陽本であることと合わせて、建陽版史書の普及力を物語る。「考異」「考証」が取り除かれたのは、テクストの揺れを示していた「考異」「考証」が欽定により不要になったからだが、それでも「発明」「集覧」が付録として刊行されているのは、諸注の中でこの二つが当時重視されていたことを物語る。

(265)『宋学士文集』巻二五。

(266)『明史』巻一五二「陳済伝」。

(267)「王行卿集覧為綱目而作、是以盛行於世。惜乎其草率欠精、繆戾為多、如三家文、若元表政君之類、有誤初学非浅。早歳閲習、見有未当、輒用他書考正、無慮四百余条。間有標挙而無註者。闕其所不知、固無足議、亦為逐一考補、久而成編、至今三十年矣。謂夫摭前人之短、非謹厚者所為、蔵諸巾笥、不以示人。歴年既久、重加修改、義有所疑、旁質同志、索稿観之、時見与可、力勧梓行、亦不之許……猶慮一旦溘先朝露、姑掇旧稿、大字浄書、以遺児輩習之……時永楽壬寅正月上日、後学毘陵陳済識於北京寓舎。」ここで「標挙して註無き者」というのは、彼が見た単行本に空白箇所があったことを示している。そうした本が実在することは注(239)で述べた。

(268)『覚非斎文集』巻二〇「故右春坊右賛善陳先生行状」「所著有綱目集覧証誤若干巻……蔵于家……葬里之某山、乃涕泣求予状其行実。」

(269)国立公文書館所蔵の朝鮮刊本を見た。

(270)「望江王氏之著集覧也、自謂『積二十年、七易稿而成。』其用心蓋亦勤矣。読鑑者、争先快覩、視皆指南、共珍惜而尊信之。予自幼閲分注、遇有疑難、試出是編以考焉、則亦欠然無所稽載也。竊意所志者、不過地理之沿革・官制之変更、音訓之異同、句読之断続而已。遂高閣束之。未暇徧覧也。不料残齢、久拘囹圄。長昼黙坐、無所用心。適都督袁公賫綱目一部、乃建寧新版、就於分注下附刊集覧者、因得以備観焉。則荒辞猥註、層見錯出、地理不分南北、官制不弁古今、音訓謬於理、而句読不成文。甚則違道背義而肆為臆説者有之。蓋嚮者、自為一書。雖有舛誤、人未易見。今附録、于於随事証験、玼纇瞭然、始不可得而掩矣。輒不自揆、毎事以片楮録之、久而盈篋。公因命標註於巻上、遂不獲辞、既而仍存其旧稿、凡二百一十六条、析為上中下三巻。第患難中別無書籍可考、而新版又多脱略。乞善本校正、為可恨耳……永楽八年歳在庚寅冬十月初吉、銭塘瞿佑謹書。」

(271)王重民は景泰刊本への解題（『中国善本書提要』九三頁）の中で、『永楽大典』巻一二二七五、七六所載の『綱目』に「集覧」が付載されていることを指摘するが、「集覧」を付したのは館臣であろうとする。しかし、「集覧」が付載された刊本をそのまま抄録したものであるかも知れない。

(272)「永楽間瞿長史宗吉・陳賛善伯載、倶博学多才……宗吉嘗鑑定王氏綱目集覧之誤。時在非所、偶得其書読之……得二百一十有六条、俟加詳焉、始入梓補各巻之末、此宗吉志也……既見伯載已梓行其正誤曰『吾志成矣。』」

(273)『中国古籍善本書目』巻六。上海図書館に所蔵される。

(274)『北京図書館古籍善本書目』二七五頁に単行本二巻「宣徳四年張輔刻成化六年陳鑑重修本」が載る。宣徳四年とはおそらく楊士奇の序文（後掲）によったものだろう。しかし、『鐫誤』の出版者が見たのはこの単行本ではなく、後述する『文公先生資治通鑑綱目』だったと考える。

(275) 瞿佑の卒年を宣徳二年とするものもあるが、ここでは徐朔方「瞿佑年譜」（『小説考信編』上海古籍出版社、一九九七、四六五―四九一頁）に従った。

(276)『東里続集』巻一七「通鑑綱目書法」「五十九巻、六冊。吾得之国子司業張智……掲文安公叙之曰『其辞公羊・穀梁。其義春秋、其志朱子。』」

(277)『東里続集』巻一七「通鑑綱目凡例」「十九類……今太学有刻板。余家一冊、鄒仲熙侍講所恵。又有鈔録汪克寛凡例考異在後。」「凡例考異」は刻本にあったものを写したのであろう。この文章が書かれた時点が分からないが、彼の存命中に、「凡例考異」を付した刊本が出ていることはたしかなので（後述）、それを写したものだろう。

(278)「昔王行卿嘗著集覧、以便学者、其意善矣、然其間不無文選蹲鴟之陋。亡友右春坊賛善陳済伯載、為正其謬誤四百余条、曰集覧正誤。伯載学博識端、於此書致力勤而歴年多、考據精切、殆無余憾、有助於綱目也。其書故蔵於家、近陪太師英国公在史館、間論及綱目書、公益深嘆集覧之誤、因出伯載所著、公閲而是之、曰『宜広其伝。』遂取梓乃行之。嗟乎、綱目有関治道之書也。伯載此書、誠不可無者。太師公勲徳大臣、好賢重儒之有素、而図其不泯、所存厚矣。士君子有志尊主庇民之道、而欲稽古以拡充焉者、是編豈小補之哉。建陽尹盱江張光啓氏、既以尹氏発明・徐氏考証及集覧・考異纂集於綱目書中、而属書林劉寛綉梓、復請是編刊於巻末、以備全美、其用心亦勤矣。予深嘉之、故為序諸簡首。宣徳四年歳次乙卯五月甲子、栄禄大夫・少傅・兵部尚書兼華蓋殿大学士廬陵楊士奇序。」

(279) 英国公張輔（一三七五―一四四九）は、『明史』巻一五四に立伝されている。

(280) 屈万里『普林斯敦大学葛思徳東方図書館中文善本書志』（芸文印書館、一九七五）一一八頁。なお、この解題で張光啓を取り上げ、「建陽知県張光啓」が景泰年間の『節要続編』（後述）にも登場するのに、『建陽県志』に彼を宣徳年間の建陽知事とするのは、二十年近くを隔てることになるから、『県志』の記載は誤りで、しかも版式から見て景泰年間のものだろうとする。版式鑑定の根拠は明らかでないが、そういう可能性も否定はできない。ただし、張光啓については『県志』の記載が正しく、屈万里（というよりこの書誌の底稿を作った王重民か）が誤っている。張光啓が宣徳年間の知県だったことは間違いない（次章参照）。

(281)『中国古籍善本書目』巻六には、尹・汪・王の名を表示するものに上海図書館（不完本。巻一～一三、二二～五一）、中国歴史博物館（巻五二～五九）所蔵本が、これに陳済と劉寛裕を加えたものに天津、吉林大学、浙江、福建省図書館（完本）、北京師範大学図書館（巻二八～三五、頭部を欠く）所蔵本が、陳済のかわりに張光啓の名を録したものに中国社会科学院文学研究所、天津図書館、陝西図書館所蔵本が挙げられている。しかし、北京師範大学本に関しては、南開大学の胡宝華教授から、少なくとも残巻に徴する限り、王・尹・汪の三氏の名しか載っていないとのご教示を得た。記して感謝する。

(282) 川瀬一馬編『お茶の水図書館蔵新修成簣堂文庫善本書目』(一九九二)一〇〇四頁に著録されている。なお、箱書きには徳富蘇峰が明治四十一年に購入したことが記される。

(283) 方彦寿「建陽劉氏刻書考(上)」(『文献』一九八八-二、一九六―二二八頁)参照。方は劉氏の族譜を利用してその系譜を紹介している。それによれば、建陽に移ってきた始祖の劉翱は京兆の人とされている。後出する建陽劉氏が「京兆の人」を名乗るのはこれによる。また、彼を始祖とする「西族北派」の系図は Lucille Chia, *Printing for Profit*, pp. 82-83 に示され、その中に寛の名が見える。賈晋珠は系図に「錦文」の名前が見えないのをいぶかっているが、錦の通称が錦文なのであろう。

(284)「文公先生修治鑑綱目一書、推究本義、未易観読。近代尹氏為之発明、微顕闡幽、而文公筆削之深意粲然明白。汪氏又為之考異、徐又為之考証。其分注、名物難知、句読難暁、又得王氏為之集覧、陳氏又為之正誤、是書可謂明矣。惜乎各為巻帙、学者難於披閲、有終身不得見者、莫不慊然。今得族弟仁斎先生刕纂而輯之、合而為一……宣徳龍集壬子季冬良日書林京兆九十三翁劉寛謹識。」

(285) これは、プリンストン本も同様である。プリンストン本の特徴は同図書館のコレクション形成に大きな貢献があったギリス(Irvin Van Gordon Gillis 1864-1948)から北平図書館長袁同礼に宛てた手紙の中に記されているが、成簣堂本の特徴と一致する。この手紙の存在とプリンストン本の特徴を教えてくださったのは同館のマルティン・ハイドラ(Martin Heijdra)氏である。ご教示に感謝する。ちなみに、東京都立中央図書館所蔵の『綱目』は末尾に「弘治戊午慎独斎刊」の木記があるが、残念ながら首巻は嘉靖按察司本で補われているために、「七家注」の序文一式が存在しない。ただ、その中の巻四一、四六に『文公先生資治通鑑綱目』が補配されており、これも成簣堂本、プリンストン本とほぼ同版である。

(286)『天禄琳琅書目』巻九に『資治通鑑綱目』が著録されているが、「集覧・発明・考異・正誤がある」という記述から、『文公先生』の一本であることは間違いない。「書内の第十六巻に「陳済正誤」と書かず、別に「張光啓纂修」としたのは、別本から竄入したものか」とするが、そうではなく、陳済から張光啓に変えたのであることは、前述の巻四三が成簣堂本でもプリンストン本でも「張光啓纂輯」となっているところから明らかである。ただ、この文章が示しているように、もともとは「後学毘陵陳済正誤」とあったのである。

(287) 楊士奇序にも不自然なところがある。それは、「豈小補之哉」と「予深嘉之」の間(つまり傍線部)を二字分空けて改行している点である。傍線部の字数は五十七字であり、この楊士奇序のフォーマットは一行十二字で当該箇所は一字下げ(皇帝を表す「主」字を擡頭させるため)で十一字である。傍線部の五十七字を十一×五+二と考えれば、もともと傍線部が存在していたのを五行縮めて余った二字分を削ったものと考えることができる。

(288) 巻頭に出てこないだけでなく、各本には「考証」の序文も欠いているのだろう。『文公先生』諸本をすべて確認したわけではないが、少なくとも台湾本とプリンストン本には「考証序」は存在しない。それどころか、プリンストン本には朱子の「序例」と「集覧叙例」しかなく、台湾本には「序例」と尹起莘「発明序」しかない（後者については、同図書館特蔵組の張囲東氏のご教示を得た。謝意を表する）。成簣堂本のように三家の序がついているものはおそらくほかに例がない。また、成簣堂本の一、二葉が朱子の「序例」だったことはまず間違いない。巻七葉にもともと誰の序文があったかは決め手がないが、おそらく陳済の「正誤序」があったのだろう。

（289）北京師範大學図書館の不完本（巻二八～三五）においても、「集覧正誤」「考証」は巻末に見えている。この点についても、胡宝華教授のご教示による。台湾本も調べたところ、同じである。

（290）「近代以来、古舒王氏為集覧以備其事、固善心也。但其間輿地郡邑之沿革、多有欠略。事物典故之本原、尤有遺漏。観者靡不憾焉。愚因不揆譾膚、乃於暇日将是書再四校勘、逐一捜尋。其典故遺漏処、一以元儒所著五経笥之備載者、随篇而釈之、一遵本朝所頒一統志之詳悉者、依類而附之。由是、歴一紀、易五稿、始克成編、名曰質実……時成化元年春正月之吉旦、建安木石山人馮智舒謹書。」

（291）たとえば、嘉靖三十九年の書林楊氏帰仁斎刻本（『第二批国家珍貴古籍名籍図録』（国家図書館出版社、二〇一〇、第四冊二五八頁）や嘉靖八年慎独斎刻本（国立公文書館所蔵、図版3-5）がそうである。

（292）『明孝宗実録』巻一五七弘治十二年十二月乙巳条「吏科給事中許天賜言……邇者福建建陽県書坊被火、古今書板、蕩為灰燼。先儒嘗言『建陽乃朱文公之闕里。』今一歳之中闕里既災、建陽又火、上天示戒……俗士陋儒妄相裒集、巧立名目、殆且百家。梓者以易售而図利、読者覬僥倖而決科……伏望明詔有司、大為釐正、将応習之者、或昔有而今無者、検自中秘所蔵、与経生学士所共習者、通前存編、刪定部帙、頒下布政司、給与刊行。」

（293）この書（正徳十一年刊行）の刊記に「七十三翁」とあるので、これを信じれば正統九年（一四四四）の生まれである。

（294）慎独斎の活動と現存刻本のデータについては、張麗娟「明代建陽書坊慎独斎刻書考述」（『王重民先生百年誕辰紀念文集』北京図書館出版社、二〇〇三、三四〇―三五一頁）参照。

（295）「仲昭承乏提督江西学政、因為学者定読書之法、其於諸史、則欲其熟観綱目以端其本。顧書板刻板、歳久刓欠、而其所附考証・考異、及集覧正誤三編、倶類刻於各巻之後、殊不便於覧観。又元儒盧陵劉友益所著書法一編、甚有功於朱子提要之旨。建安馮智舒所集質実一帙、尤有功於王氏輿地之詳、旧皆未嘗附載於篇也。仲昭毎欲重新繕写、而取上五編之言、各附入本条之下、刻梓以詔学者……弘治丙辰閏三月甲戌、後学黄仲昭書。」

（296）『善本膠巻』に収録。ただし、完本ではなく頭の部分を欠く。

（297）注（294）張論文が雲南大学図書館所蔵本に佘以能序があることを指摘する。

（298）「吾考亭朱子因司馬文正公所輯資治通鑑而修綱目……曩者我書林刊刻旧本、伝之四方、奈何久而刻板刓欠、而所附考証・考異及集覧正誤三編、倶類刻於各巻之後、学者不便観覧。而元儒劉氏所著書法一編、馮氏所集質実一帙、亦未嘗附載于篇。故四方少有見聞。

邇者前江右提学莆陽仲昭黄先生、因書林旧本残欠失次、多所未備。乃重新較正、而取上五編之言、各附本条之下、刻梓以詔学者……昔余在京師時、得其繕写全集、閲翫未忘。及余承乏建陽、乃因公務臨蒞書坊、較勘是書与所得於仲昭先生者、果多刓欠未備、乃出示義官劉洪、命其従新繍梓、以広其伝……越三載、板刻始成、来請余為序……且余承乏是邑、仰思修是書者、正在吾邑之考亭、而遺風可想、刊是書者、又在吾邑之書林、而文献足徴……弘治戊午春二月癸巳、郷貢進士文林郎建陽県知県銅陵余以能謹書。」

(299)『善本書室蔵書志』巻二〇。

(300)『天禄琳琅書目後編』巻一五。

(301) 彼が建陽知県に任じられたのは、『嘉靖建寧府志』巻五によれば、弘治九年であり、彼の出身地銅陵がある池州の地方志（『嘉靖池州府志』巻七）によれば、在任中になくなったとあり、また『建寧府志』によれば、後任者は十一年、つまりこの序文が書かれた年に着任している。

(302)『四庫全書総目』巻一七〇「東里全集九十七巻別集四巻」「李東陽懐麓堂詩話曰『楊文貞東里集、手自選択刻之広東。為人竄入数首。後又其子孫刻続集、非公意也。』」李東陽がここで直接問題にしているのは詩の選択についてだが、『続集』が子孫が編んだものであることに変わりはない。

(303)『善本膠巻』所収。

第四章

(1)『太平御覧』巻三〇〇に「三、十国春秋曰」として、この話を引く。晋を扱った史書だから「三十国春秋」が正しいが、郎瑛がどのテクストを見たのかは分からない。

(2)『七修類稿』巻二二「孫皓答人不同」「十三国春秋云『晋武帝与侍中王済弈。済問孫皓「聞君在呉、剥人面、刖人足、有之乎。」皓曰「人臣失礼於君者、則如是。」済時伸足局下、矍然収之。』晋史・綱目倶同。独少微鑑又改王済為賈充、剥人面為鑿人目、人臣弑君不忠者則如是。伸足収之則無也。以是論之、答賈充甚当、而済足事微、対君或不坐。史之不同如是、此之謂。未可尽信也歟。」

(3)『晋書』巻四二王済伝「帝嘗与済弈棋。而孫皓在側、謂皓曰『何以好剥人面皮。』皓曰『見無礼於君者、則剥之。』済時伸脚局下、而皓譏之。」足切りの一句は『晋書』にこのエピソードが収録される際に落ちてしまったのだろう。

(4)『綱目』巻一七晋武帝太康元年四月、賜孫皓爵条「帝臨軒大会、引見皓、謂曰『朕設此座以待卿久矣。』皓曰『臣於南方、亦設此座以待陛下。』賈充謂皓曰『聞君在南方鑿人目、剥人面、此何等刑也。』皓曰『人臣有弑其君及姦回不忠者、則加此刑耳。』充黙然甚愧。」

(5)『通鑑』（巻八一）と『少微』（巻二六）を対照させるため、『通鑑』原文をまず示し、『少微』の当該箇所を傍線部で示す。「庚寅、帝臨軒、大会文武有位及四方使者、国子学生皆預焉。引見帰命侯皓及呉降人。皓登殿稽顙。帝謂皓曰『朕設此座以待卿久矣。』皓曰

『臣於南方、亦設此座以待陛下。』賈充謂皓曰『聞君在南方鑿人目、剥人面皮、此何等刑也。』皓曰『人臣有弑其君及姦回不忠者、則加此刑耳。』充黙然甚愧、皓顔色無作。」このエピソードにサビをきかせているのが、末尾の「孫皓は羞じるところがなかった」である。『少微』『綱目』ではこれが省かれたことによって面白みが半減している。『三国志演義』の末尾(第一二〇回)もやはり「充黙然甚愧」で止まっている。

(6)『七修類稿』巻二六「老杜許蜀不真」、『続稿』「天文難知」に司馬光が魏を正統としたことに言及するのみである。

(7)武宗朝の前半を牛耳った宦官劉瑾に逆らって失脚したが、のちに官界に復帰して山西提学僉議となった(『両浙名賢録』巻二四)。

(8)『両山墨談』巻一二「少微江氏作通鑑節要、学者多喜其径便、而不知以其節省字句、故多謬誤。漢書項籍伝『羽学書不成去学剣又不成去。』去者、罷棄之意、本謂学書学剣皆以不成而棄去。而少微節其字謂『学書不成去学剣又不成。』遂使学者例以去学剣為句。彭越伝『皇帝赦越為庶人徙蜀青衣西至鄭逢呂后従長安東。』本謂『徙越置蜀之青衣県、越西行至鄭、道逢呂后自長安来。』而少微節其句曰『伝処蜀青衣西逢呂后従長安来。』遂使学者以伝処蜀青衣西為句。此亦読漢書、而偶挙其一二。他凡謬誤、固未能尽摘。」

(9)『通鑑』周辺の著作は引用している。巻四・九で劉恕『通鑑外紀』を、巻二・四・一一で金履祥『通鑑前編』を引用し、陳桱『通鑑続編』も読んだ形跡がある(巻一二「陳子桱通鑑続編、其面目儼然綱目也。独惜其義例有未然者……」)。また巻三・一八で「続通鑑」を引用し、後述する『続通鑑節要』(『節要続編』のこと)にも目を通している(巻一一)。ここで「続通鑑」とあるのは何を指すのだろうか。巻三の引用において彼は「続通鑑作於李燾」として、李燾が生きた時代とさして離れていない北宋末の政和六年の記事において「続通鑑」と正史がくいちがっていることをいぶかっているが、当該の記事「雄州安撫和詵引契丹亡人」以下は、李燾の『続資治通鑑長編』には見えず、『宋史全文続資治通鑑』巻一四に見えるものである。『宋史全文続資治通鑑』(以下『宋史全文』)は元代に刊行されたもので、著者は不明である。『続資治通鑑』にはもう一つ、建陽で元代に刊行され、「宋鑑」と称されるものがあるが、これには見えない。また、巻一八に引かれるのは建炎三年の記事だから、北宋史である『長編』に載るはずがなく、『宋史全文』にもないが、「宋鑑」(後集巻二)には載る。このように「続通鑑」という呼称は紛らわしい。じつは、前者について著者を李燾とする混線は、陳霆だけに起きたものではない。この混乱の責任が建陽出版界にあることは後述する。

(10)巻一七。「凡此讜言直気、蓋興・申屠嘉・汲長孺相望而興者。而通鑑節要乃不能略載。小生末学能知者或鮮矣。」

(11)『千頃堂書目』巻五。

(12)『四書蒙引』巻九「少微鑑載孟軻嘗問牧民之道何先。」

(13)『四書蒙引』巻九「通鑑以伐燕之歳為宣王十九年、則孟子先遊梁、而後至斉見宣王矣。然考異亦無他據。又未知孰是也。此段今断従黄氏日抄。」

(14)『本朝分省人物考』巻五九に伝記がある。

(15)『古城集』巻三「乙巳、論事忤旨、坐貶景東、乃西南極陬、去家幾万里。所持、易本義・書蔡伝・詩朱伝・春秋胡伝・礼陳氏集説、及少微江先生所纂資治通鑑節要而已。取其編帙省約、多則不克致也。」

(16)『亭林文集』巻二「鈔書自序」「当正徳之末、其時天下、惟王府・官司及建寧書坊、乃有刻版。其流布於人間者、不過四書・五経・通鑑・性理諸書。」

(17)寺田隆信「士人の史的教養について──あるいは『資治通鑑』の流布について」(『歴史』八二、一九九四。『明代郷紳の研究』京都大学学術出版会、二〇〇九、七二─九四頁)。

(18)左桂秋『明代通鑑学研究』(中国海洋大学、二〇〇九)は未見で、博士論文(山東大学)を見た。全一三二頁中、『少微』とその「続編」に触れるのは三一─三二、一〇〇─一〇一頁である。刊行書でも『少微』の中身をつつくような増補はされていないだろう。

(19)東洋文庫所蔵の『歴代名賢列女氏姓譜』で確かめたところ、王重民が本書をもって『万姓統譜』の記事を補ったのは、「通鑑節要」の巻数の部分だけである。後述するように、『少微』の巻数は、古いものは五十六巻、三十巻、五十巻であるが、明代後半になると二十巻本が優勢となる。蕭智漢もそれによって巻数を補ったのであろう。

(20)『中国善本書提要』の編輯説明にあるように、王重民が言う「北京図書館善本書目」とは、一九三三年に編刊された『国立北平図書館善本書目』を指す。この目録が編まれた後、日本軍による文化掠奪に備えて、北平図書館の善本はアメリカのライブラリー・オブ・コングレスに寄託されて、現在は台湾に所蔵されている。『国立北平図書館善本書目』には、元刻本と記す二本を載せる。ただ、一方を五十巻ではなく、五十六巻としている。こちらが正しい。

(21)『北京図書館古籍善本書目』(北京図書館、一九八九)六九頁。ただ、この十八行本残巻を五十巻とするのはおそらく誤りである。王重民が言うように、十八行本は三十巻であり、十四行本のほうは五十六巻(五十巻ではなく)であることは、後述する日本所蔵の諸本からも確かめられる。

(22)『江南』一一二─一一四頁。

(23)『弘治八閩通志』巻六六「江贄、字叔圭。崇安人。初遊上庠、与龔深之以易学並著名。後、帰隠里中。近臣薦其賢、召不赴。政和中太史奏少微星見、朝廷挙遺逸。命下、邑宰陳難謁其廬、聘以殊礼、復以詩勉其行、三聘不起。賜号少微先生。所著通鑑節要、行于世。」

(24)『世宗実録』巻四七、十二年三月戊午条。

(25)『中国善本書提要』一〇一頁。なお、王重民が宣徳本でなく、嘉靖刻本からこの序文を引用したのは彼が見た前者に序文がなかったからだろう。国立公文書館所蔵本にもやはり江序はついていない。しかし、ハーヴァード大学燕京図書館所蔵本には「読通鑑法」「資治通鑑総要通論」「釈例」とともに、この序文もついている由である(沈津主編『美国哈仏大学哈仏燕京図書館中文善本書志』広西師範大学出版社、二〇一一、三四〇─三四一頁)。なお、沈津が「阿部隆一『中国訪書志』がハーヴァード大学イェンチン研究所蔵の元刻本といっているのは、この本のことである」と指摘しているが、それは『増補中国訪書志』(汲古書院、一九八三)、三一五頁の記述を指す。しかし、阿部自身はハーヴァード本を見たわけではない。阿部の解題は上掲の現台湾所蔵本に対するもので、彼は元末明初とする根拠を述べているわけではないが、結果的には正しい。

(26)「通鑑一書、易紀伝而為編年。上下数千百載、興亡治乱瞭然在目。誠史学之綱領也。然編帙甚煩、未易周覧。後之君子固嘗節其繁、取其要矣。其間、詳者猶失之泛、略者又失之疎、学者病焉。少微先生江氏家塾有通鑑節要、詳略適宜、於両漢・隋唐、則精華畢備、於六朝・五代、則首末具存。点抹以挙其綱、標題以撮其要、識者宝之。其後、建寧公默游晦庵先生門、嘗以此書質之、先生深賞嘆。自是、士友争相伝録、益増重焉。今、南山主人淵、力学清修、有光前烈。復取此書、附益而潤色之、増入諸史表・志・序・賛、参以名公議論・音注。簡厳明白、得失暁然、以為庭下訓、客有過之曰『善則善矣。与其襲珍以私於家、孰若鋟梓以公於世。』主人笑曰『少微先生、養高林泉、名動京闕。皇帝三使人聘之、終不能其囂囂楽道之志、凡著書立言、亦惟自明其心、非欲求知於人也。先世有書、惟恐人知、余得其書、顧乃恐人不知耶。』客固請。予嘉其言、以賛其請。主人曰諾。於是乎書。嘉熙丁酉良月朔、迪功郎・新部武県南尉・巡捉私茶塩礬私鋳銅器兼催綱江鎔謹序。」

(27)『晦庵集』巻四四。

(28)『弘治八閩通志』巻六五「江默、字徳功。崇安人。乾道中第進士……後知建寧県、卒于官。邑民像而祠之。默従朱文公游。」

(29)『十七史商権』巻一〇〇「通鑑節要五十六巻、宋少微先生崇安江贄撰……愚謂、宋人史学、提綱撮略之書……亦已多矣。乃江贄先有此鈔掠剽擬之作、想晦庵必不賞嘆及此。江鎔序云爾、恐不足信。入明而如此輩者益夥。」この「五十六巻本」は後述するように元刊本あるいはその系統を引いたものであると考えられる。

(30)『晦庵集』巻八一「跋資治通鑑紀事本末」。

(31)葉徳輝『書林清話』巻一「書之称冊」、宮紀子『モンゴル時代の出版文化』四三五頁。私がようやくそれに気づいたのは、後者を読んでからである。不明を恥じるばかりである。なお、宮は「少微通鑑詳節横馳」の「横馳」を「綴じあわせる」と解釈しているが、他の書物の記述のしかた（「〇〇一冊釘」）から見て、「横馳」も書名に含まれるのだろう。

(32)「江西学館読書皆有成式。四書集注作一冊釘、経伝作一冊釘、少微通鑑詳節横馳作一冊釘、詩苑叢珠作一冊釘、礼部韻略増注本作一冊釘。廬陵婁奎所性遊学溧上、其子弟皆如此云。易于懐挟、免致脱落也。此法甚便。吾甚倣之。」

(33)至元刊本が東京大学東洋文化研究所に所蔵され、同刊本は『四庫全書存目叢書』にも収められている。

(34)上海図書館に宋刻を蔵する。百四巻。『上海図書館宋本図録』（上海古籍出版社、二〇一〇）の解題は「林省元にあたる人物は見当たらず、書中の題籤に『林之奇集注資治通鑑詳節五函』とある。評者の中に林の名が見えるが、偽託である」とする。また、同館所蔵の元刊「陸状元本」と比較すると、後者には巻一〜一六の序文等の付録部分があること、巻六〇以後に評が少なくなっていることを除けば、ほぼ同じであるとする。

(35)『中国善本書提要』九二頁。呂大著とは、著作郎まで至った呂祖謙のことである。

（36）同九一頁。

（37）司馬光自身が「節要」を作ったという説が根強くあり、王重民もそう考えている。『宋史』芸文志にも司馬光の作として「通鑑節要」六十巻を載せているが、南宋の周必大は司馬光自作説を否定している（『文忠集』巻一八七書「黄日新」）。彼が見た「節要」の司馬光自序（彼は「いわゆる」をつけているが）には、「神考寵以冠序」の語や「退居独楽園、取旧編、削繁蕪」の文があった。しかし、この序文の肩書である門下侍郎は司馬光が神宗の死後二カ月して就いたものであり、この時にはまだ廟号が用いられていなかったこと、その後司馬公は宰相となり在位のまま死んでいるので再び読書生活に戻ってはおらず、「退居云々」とくいちがうことを指摘し、さらに、もし時期をさかのぼって元豊年間に洛陽にあった時の作というのであれば、なおさら「神考」とは言えないはずであり、元豊年間のことに言及していないのもいぶかしいとして、この序文に疑問符をつけ、本体のほうも「文正の親節ではない」と断じている。傾聴すべきであろう。周必大が見た序文は「陸状元本」にも「温公親節資治通鑑序」として載るものである。司馬光が作ったダイジェストは「挙要暦」であり、朱子が『綱目』の「序例」で取り上げたのもこれである。司馬光自ら『通鑑』の浩瀚さに嘆息していたという有名なエピソードが、節本を彼に偽託する細工を生み出したのであろう。

（38）『遺山集』巻三六「集諸家節要序」。

（39）ちなみに『詩苑叢珠』元大徳刊本（国立公文書館所蔵）は約四八〇葉、『礼部韻略』元至正刊本（国立公文書館所蔵）は約三一〇葉で、後掲の『少微』趙氏本は約六三〇葉である。

（40）寺田著書八三—八八頁、宮著書一〇六—一一〇頁。

（41）科学出版社、一九九一、五八頁。宮著書一〇七頁もこれに従っている。

（42）段玉泉「黒水城文献《資治通鑑綱目》残頁考弁」（『寧夏大学学報（人文社会科学版）』二〇〇六-三、六八—七一頁）。表題が示すように、『俄蔵黒水城文献』の編号TK316の残頁が『綱目』であることの指摘が主だが、あわせてこの残葉についても検討され、二つを同じ版式のもの（ただし、印刷された紙質は異なる）とする。

（43）崔巍「明魯荒王墓出土元刊古籍略説」（『文物』一九八三-一二）八五頁。現在は山東省博物館に所蔵されている。

（44）北京図書館出版社、二〇〇六。

（45）『米国国会図書館摂影国立北平図書館善本書膠巻』（以下、『善本膠巻』）所収。

（46）巻一一元封元年条「[新増]尹氏曰『弘羊一賈人之子……』」など。

（47）『御茶の水図書館蔵新修成簣堂文庫善本書目』九七八頁はこれを元刊本とする。その証拠は示されていないが、少なくとも宣徳本以前であることは確かである。十四行五十六巻本、二冊の零本のうち一冊が巻四九—五六までである。

（48）十八行、三十巻。洪武乙亥西清書堂刊。

（49）『陸状元増節音註精議資治通鑑』（『四庫全書存目叢書』所収）。

(50)『中国善本書提要』九二頁。

(51)宋刻本と元代の増修本の違いは、前者が記事の出典を示し、評語も多いのに対し、後者には評を入れないもの、出典がないものが存在することである。『善本膠巻』に収められている数種の元代増修本（完本はない）で確かめると、それぞれに補配があり、出典・評をともに備えるもの、出典しかないもの、両方ないものが入り混じっている。

(52)「按梁・唐・晋・漢・周、旧各有一代之史。本朝欧陽文忠公始削為五代史、司馬温公雖時取欧陽公一二論説、而所援引事多是旧史。其言辞詳略与今欧陽公五代史、多有同異。亦非詞賦所引用、更不具註也。」

(53)「陸状元本」では「岐王治軍甚寛（注に岐王の人物紹介が入る）待士卒簡易。有告部将符昭反者。岐王直詣其家、悉去左右、熟寝経宿而還。由是衆心悦服。然御軍無紀律。及聞唐亡、以兵羸地蹙、不敢称帝。」とする。『少微』は傍線部しか残らず、衆心が帰した理由を載せないが、このままでも話は通り、経済的である。なお、『少微』は減らすことばかりを考えていたわけではない。ここでエピソードをカットしたのは、岐王李茂貞が重要人物でないからだろう。蜀の王建の称帝の記事で「陸状元本」が彼の政治作風を示す記事を残しているのに対して、『少微』がそれを一切カットしているのも同様である。注については、「陸状元本」は「李茂正（貞の字を避ける）、深州博野人。本姓宋名文通。為博野軍戍卒。黄巣犯京師、茂正以功補扈蹕都頭。僖宗賜姓名、拝鳳翔・隴右節度使。昭宗時封為岐王」とする。『少微』は「岐王李茂貞、據鳳翔」以下は傍線部と共通するが（字句の微細な異同はある）、さらに「唐荘宗改封秦王、至唐明宗時、国除」を加える。つまり、「陸状元本」がその時点までしか述べていないのに、『少微』はここでまとめて李のその後まで説明するのである。

(54)巻一の末に「宣徳三年戊申翠巌精舎新刊」の木記がある。私が調べたのは国立公文書館所蔵本である。

(55)『中国善本書提要』一〇二頁。

(56)王重民はここまでしか引用していないが、この本についての説明はまだ続く。それによれば、『続資治通鑑節要』三十巻（中和処士釈義、木石山人校正）、『資治通鑑外紀節要』五巻（史炤音釈、王□〔逢〕輯義、張維翰箋注、周礼校正）とセットになったもので、正徳四年の劉吉序、同年の慎独斎校正新刊の木記があるとする。洪頤煊が指摘するように、慎独斎劉弘毅によって刊行されたものであり、以後それまでの五十巻本にかわって、この二十巻本の形で流布していくことになる。王重民言うところの「吉澄校刻本」（次章参照）もその流れを汲む一本である。

(57)『中国善本書提要』四一―四二頁。

(58)王重民より早く、王逢の略歴を『大清一統志』により紹介したのがわが桂湖村である（『十八史略国字解』上、早稲田大学出版部、一九二四、九頁）。そして、市川任三も『中国善本書提要』が世に出る前に、『楽平県志』に王逢の伝があることに気づいている（『十八史略』、明徳出版社、一九六八、四二―四三頁）。

(59)『宋元学案』巻八三「師事野谷洪氏……乃厭科挙業……宣徳初薦授富陽訓導、不就。退帰郷塾、日与門人何英等相討論。……復以明経辟、及門強起。召見、極論礼楽二字、日晡不徹、明日復賜対、堅辞不就職。帰即杜門環堵、足跡不入城市。」

(60)『学案』が個々人をいかに軽んじていたかの一例が、前章の「綱目書法」の賀善の扱いである（第三章注(206)）。

(61)これらも『千頃堂書目』を襲ったものだが、こちらでは「史略標疑」となっている。

(62)私が見たのは蓬左文庫所蔵の『四書輯釈章図通義大成』（朝鮮古活字本）と国立公文書館所蔵の『重訂四書輯釈通義大成』である。この書物を取り上げた顧永新「従《四書輯釈》的編刻看《四書》学学術史」（『北京大学学報（哲学社会科学版）』四三-二、二〇〇六、一〇六頁）は主題がこの本のもとになった倪士毅の『四書輯釈』にあるためか、王逢については「皆就かず」と述べ、「王重民による伝記がある」で片づけている。また、佐野公治『四書学史の研究』二四〇—二四九頁も同書を取り上げているが、やはり王逢には関心を持っていない。

(63)注(58)参照。

(64)『鉄琴銅剣楼蔵書目録』巻三「詩経疏義二十巻、明刊本。題『後学番易朱公遷克升疏義　野谷門人王逢輯録　松隖門人何英積中増釈』。前有至正丁亥陽所朱氏自序、次朱子集伝序并注、次正統甲子何氏序……案楽平県志、原夫、於明宣徳初、薦授富陽学訓導、尋以明経召見。放帰杜門、講学郷里、称曰松隖先生。著有詩経講説二十巻、則非元之席帽山人也。其称野谷門人者、何氏序云『先師松隖先生嘗謂「野谷洪先生、初従先正朱氏公遷先生之門受読三百五篇之詩」』、是。野谷為洪氏初之号、松隖所従受業者、而於陽所已為再伝弟子矣。」

(65)『元儒考略』巻四「朱公遷、字克升。江西鄱陽人。父梧岡翁聞同郡準軒呉中行（字直卿楽平人）得聞朱文公門人黄幹之学于広信饒魯、往準軒受業焉……元順帝時、以遺逸徴至京、授翰林直学士、毎勧帝……帝嘉納之。当国悪其切直、不能容。公遷亦知世不可有為。力辞、不許。章七上、乃出為金華郡学正。翰林学士黄溍少許可、一見公遷、特加敬愛焉。会変乱転徙無定処。已而寓婺源、後帰家、卒。」

(66)『大明一統志』巻五〇は、至正年間に処州学正となったことのみを記す。後掲注(77)の何英序の「特恩を以って校官を授かる」という書きぶりからして、その前に翰林学士になったとは到底思えない。こちらのほうが真実だろう。

(67)『増修附註資治通鑑節要続編』巻三〇至元七年七月「以朱公遷為金華郡学正。初公遷以遺逸徴至京師、授翰林直学士、毎勧帝……帝嘉納之。当国者悪其切直、不能容。公遷亦知世之不可有為。力辞、不許。章七上、乃出為金華郡学正……翰林侍講学士黄溍最少許可、一見公遷、特加敬愛焉。公遷、字克升。鄱陽人。其父梧岡翁聞同郡準軒呉中行（字直卿楽平人）得聞朱子門人黄榦之学於広信饒魯（字仲元、号双峰先生）往準軒学焉……所著有朱子詩伝疏義二十巻、四書約説四篇、四書通旨六巻、行于世。」なお、図4-1に示したのは『新刊翰林攷正綱目点音資治通鑑正要会成』（陳仁錫彙編、鍾惺訂正、張溥標題）である。タイトルに「続編」が入っていないが、後述する「翰林攷正本」系統のもので、正編・続編がセットになって明末に刊行されたもののうちの続編部分である。この記事が当初の『節要続篇』では巻三〇に収められるのに、ここでは巻二〇に入っているのは、後期になって二十巻編成のものが主流になっていくからである。

(68) 王宗沐『宋元資治通鑑』巻六二至正七年七月甲寅条、薛応旂『宋元資治通鑑』巻一五〇。

(69) 『両浙名賢録』巻一〇「梅景和煕」「少受業於番陽朱公遷、別余二十年、千里聞訃。煕至番陽為服心喪……洪武初、挙博学明経。」

(70) 『宋元学案』巻八三「朱公遷字克升、梧岡子、有家学。歴婺・処二州教授。辟兵転徙徽・栝・歙・信之間。已而以病帰。先生有篤行。里人乗乱喜戕人者、聞其来、為之止殺。先生曰『是可化也。』力疾訪之。其人感悟。然病遂以是篤。五日而卒。」ここでは朱公遷が都勤めをしたことには触れていない。

(71) 『国榷』巻一〇洪武二十七年九月己酉条にその参加メンバーの名前をすべて挙げる中に、洪初の名も見える（『実録』にはこの名簿を載せない）。なお、後述する張美和（翰林学士）も名を連ねている。

(72) 王重民が見た宣徳刊本には付いていなかった（付いていれば、王重民は気づいていたはずである）。国立公文書館本についても同様である。私がこの識語を見たのは、宮城県図書館所蔵の嘉靖刊、隆慶重刻の『新刊高明大字少微通鑑節要』と、国立公文書館所蔵の朝鮮刊本『少微家塾点校附音通鑑節要』付録の「外紀増義」においてである。

(73) 洪初、朱公遷の説明は注記の形をとっている。

(74) 「永楽丁酉冬、鄱陽松塢王先生携師　埜谷洪先生（諱初、字善初）所受克升朱先生（諱公遷、並咸鄱陽人。其学得之於父梧岡先生、梧岡得之双峰饒子、饒子得之勉斎黄先生）所著『詩経集伝疏義』、来書林、而又会聚群書五十余帙、輯而録之以附益焉……坊中好事者、已請求刊行。時剡得供繙閲之事、而得請学焉。暇日論及史学、先生嘗曰『少微先生通鑑節要一書、甚有益於学者。不旬日読之、而数千載興亡治乱、瞭然在目、誠為読史之捷径也。然統紀殽混、学者莫知適。当以　文公朱子之例読之。然後進於綱目、庶乎三綱五常之道・春秋経世之法可得而識耳。苟字義飜切之未詳、雖旁捜苦索之労、未免其意之齟齬也。吾嘗将眉山史氏通鑑音釈、慈湖王氏音訓・音義・集覧等及諸書、訓釈而標注之、以備遺忘。不敢以為学者設也。』請之数四、乃得出示、名曰資治通鑑釈義。観其名物・制度・音義、不待圏点而句読、粲然明備。又補正其脱略凡二十余処。初学得此読之、明白易暁。誠為至宝者也。剡敬承〔改行〕師命、正其統紀。坊間好事者既請板行矣……而文寿見而喜曰『是吾志也。』固請梓行……時歳在著雍涒灘中夏甲戌、門人京兆劉剡敬識。」朱子に一字空格をあけるのはよいが、洪初に空格を開け、さらには王逢に対して改行するのはやりすぎであり、かえって怪しさを感じる。

(75) 劉剡は江西筠州の人。Chia, *Printing for Profit*, pp. 82-83 が引く劉氏の族譜に劉剡の名前は出てこない。むろん、単なる付会である。のちの「綱鑑」においても劉剡は京兆の人とされる。

(76) 虞某についてはこれ以上分からないが、建陽の虞氏といえば、務本堂が元代に多くの書籍を刊行していることを『書林清話』（巻四）が紹介している。

(77) 『経義考』巻一一一「朱氏公遷詩伝疏義」「先師松塢先生嘗謂『野谷先生初従遊先正朱氏公遷先生之門、受読三百五篇之詩……時

先生以特恩授校官、得正金華郡庠、日纂月注、以成其書、名曰詩伝疏義。黄文献公溍一見、深加嘆賞……永楽乙酉、先師宗兄世載遊書林、至葉君景達家、因閲四書通旨、而語及疏義。景達尚徳之士、屢致書来請梓伝。歳丁酉、英侍先師、館於葉氏広勤堂、参校是書、旁取諸儒之説、節其切要者録而附之、藁成、未就鋟刻、先生還旆考終。正統庚申、景達書来囑英曰『所伝詩伝疏義輯録遺其藁、数巻不存。願為補葺而寿諸梓。』英竊慮其所遺忘恐成湮没。況景達欲広恵愛之仁、故不揆浅陋、敬取先師所受余稿、謹録補遺、重加増釈、足成是編、名曰詩伝疏義詳釈発明。質諸同門友京況劉剡、以卒先師之志。」傍点部が示すように、翰林院入りのことは記されず、金華郡学正が彼の初官だったことを示している。劉剡のことを「同門友京況（四庫全書本は「兄」）劉剡」としているが、「京況（兄）」は「京兆」の誤りだろう。

(78)『儀顧堂題跋』巻七。葉氏の活動については、井上進『明清学術変遷史』（平凡社、二〇一一）二七―二八頁参照。

(79)『書林清話』巻四「元時書坊刻書之盛」。

(80)陳櫟『定宇集』巻一〇「与高四叔翁」「去年、婺源胡双湖数相勉将蔡氏書伝編付録纂疏。勉従其言、成得三分之一。継而海口董養晦又挟双湖書来、欲借所編采入其叔父董深山所編中。以不見深山所編、拒之不発。今夏養晦之来、携乃叔所編四冊見示。遂亦発数篇授之。蓋深山之子季真将携入閩板行甚堅。彼中已有刊主矣。近季真貽書、尽発全書共十一冊来諉以刪定。但其所編多汎濫不切。自家議論尤泛、使人不満。其書先已経王葵初及双湖刪之矣。」「又」「蔡伝集成亦聞置一部。此大言無当、到何処謂之集大成。初与約並名而刊、為改乃父之序文、外面書套之語亦商量写定。到後、一切反之、今刊者却是元序……震哥云『彼拐先生耳。至彼必自刊乃父名。』予対以未必然。我之忠厚不逮後生之明了遠矣……奪吾説以畀新安胡氏者、五十許条。」「又」「凡『新安胡氏』者、皆吾人之説也。双湖至公平。使其在也、必不肯如此。董亦不敢如此。」「与徽学屠教授」「去冬編蔡書伝付録増註已成。已与番陽一董兄謀刊之閩坊。」

(81)市川任三『十八史略』（明徳出版社、一九六八）「解説」。

(82)『皕宋楼蔵書志』巻五。

(83)『天禄琳琅書目』巻七。

(84)「建陽県丞何景春捐俸刊」とある。ただし、これを文字どおりに建陽の地方官がサラリーをはたいて出版したと考えられるかは、また別問題である。

(85)王重民は『立斎先生標題解註釈文十八史略』の解題において、『臨川県志』の「陳勉伝」の「その祖殷はかつて十八史略を音釈した」を引く（『中国善本書提要』一四五頁）。陳勉は成化五年進士。その祖父としてかろうじて取り上げられているところに、陳殷の知名度のほどが知られよう。

(86)「題十九史略序」「定為一編、故名其篇曰十八史略……愚因音而釈之、釐為十巻。」

(87)なお、その四年後に劉氏日新堂からやはり呉忠音義本（『標題詳註十九史音義明解』）が出ている（『北京図書館古籍善本書目』一一六〇頁)。

(88) 朝鮮刊本と日本でのその翻刻しか残っていない。

(89) 注(62)顧永新論文参照。

(90)「於是首之以『歴代帝王伝授総図』以見国統之離合、先之以『読通鑑法』以見史学之大要、為修身治平之用。次之以『総要通論』以見歴代君臣治乱存亡得失之因、又次之以『資治通鑑釈例』、使知通鑑之書一字一義褒貶予奪皆有深意……大節有四。其一、尊東周君、以見赧王入秦歴七年而周家之緒尚存、別呂政之為後秦、以見荘襄竊周之余才三載而嬴氏数百年之宗祀遽滅。其二、黜簒賊王莽之号、而尊孺子嬰之年。其三、昭烈帝室之冑、親承大統、大書以表其年……其四表中宗嗣聖之年、而黜武氏之僭乱。」

(91) 正しくは「包羲氏没、神農氏作……神農氏没、黄帝・堯・舜氏作」(繫辞伝下)。

(92)「嘗謂、易称『包羲氏没、神農・黄帝・堯・舜氏作。』今自神農以上、首出庶物、継天立極、聖神之君而又闕焉。未嘗不為之慨嘆也。一旦訪得 仁山金先生通鑑前編、読則始於帝堯。又得東陽白雲許先生観史治忽幾微、則始於太昊包羲氏矣。及見四明陳氏之世編・古岡黎氏古今一覧、又皆始於盤古及天皇氏、不勝喜悦、因而筆之、謹其世而著其号、削其怪而存其常、以俟考焉。一日、予従姪文寿以 宗公秘書省丞道原公外紀全書、拝而言曰『嘗聞書毎称三皇五帝、而是書始於黄帝、余皆闕之。今少微通鑑所采外紀、尤更簡略、旧板累経謄刻、不能無訛舛矣。又自周考王以上諸王元年、不書甲子年数、互有参差。倘得吾叔考而補其未備、以示児輩、誠一快事。』其言適与予意所合、遂以前所筆者、撮其大要、而参之以外紀之全書、自盤古・天皇氏以迄神農氏、而接乎黄帝、以見上有所承、使知上古聖人開物成務制作之実、自帝堯以後、用邵氏経世書甲子、以註于元年之下、使得以有所考。」

(93) 後述する『節要続編』中の許謙の小伝にも著作として挙げられている。

(94) 明・黄佐『広州人物伝』巻一三に黎貞の伝記がある。遼東にいた時、孫蕡の死を見届けたとあるので、洪武年間の人であろう。『古今一覧』は『千頃堂書目』巻一に二巻として載せる。内容は不明。

(95) 趙氏家塾本の「通鑑外紀」では黄帝、帝顓頊、帝嚳、帝堯、帝舜を五帝に数える。

(96)『読史管見』巻一「文信侯飲鴆死」「柏翳宗廟至是而絶。為史者当自始皇元年書為後秦、正其姓氏、庶幾実録矣。」

(97)『大学衍義』巻一七「弁人材」姦雄竊国之術「故先儒以謂、始皇既立、柏翳之祀已絶。史氏紀録、宜曰後秦、可也。」

(98)「作史者、当於荘襄元年、東周既滅、方書周亡、然後進秦、使接周統於荘襄終年、呂政嗣位、特書秦亡、而後正其姓氏、別為後秦。」

(99)「秦自孝公以来、累世窺周、一念僭竊。至荘襄百有余年、東周始滅。彼固謂嬴秦之業可伝之不墜。未幾、呂政立、而嬴氏之秦已亡。嗚呼、赧王入秦之後、歴七年、而東周如線之緒尚在。荘襄取周之余、纔三載、而柏翳数百年之宗祀遽滅。天道好還、無毫髪爽。而世之窺覦借竊者、毎迷而不悟、悲夫。」前注の文章とともに、劉剡本に引用される。

(100)『双槐歳鈔』巻一〇「丘文荘公言行」「至面検毛修撰澄対策多出小学史断、全無自得。」

(101)『嘉靖江西通志』巻六に端平二年の進士としてその名が見える。しかし、その事跡はほとんど分からない。
(102)「至朱文公綱目一書成而後、古今之大経・大法粲然、如指諸掌。」
(103)「綱鑑」では、「付王莽」の場所を「漢紀」の後に移している。
(104)利用がどの程度行われているのかは検討していない。しかし、これまで『節要続編』と両『宋元通鑑』を比較した研究はない。別々のものと考えられてきた、というより『節要続編』が史学史研究の視野から外れているからである。
(105)社会科学文献出版社、二〇〇三。
(106)『綱目』についても述べられてはいるが、前章で述べた建陽書肆の具体的な工作についてはほとんど言及するところがない。
(107)六一頁。
(108)梁夢龍の著作。隆慶六年刻。『四庫全書存目叢書』所収。
(109)もとに当たらなくても、王重民による北京図書館本の紹介(『中国善本書提要』一〇二頁)を読むだけで、張光啓が知県であることは分かったはずである。
(110)*Printing for Profit*, p. 176.
(111)これも先の『少微』「北京図書館本」同様に、現在は台湾にあるものを指す。現在、大陸の国家図書館にも景泰本の端本一冊(巻一一～一五)がある由である(『北京図書館古籍善本書目』二七六頁)。景泰本の完本は名古屋市蓬左文庫に所蔵されている。
(112)王重民は劉剡の原編と史文(本文)は全く同じだとするが(『中国善本書提要』一〇二頁)、後述するようにこれは正確でない。
(113)この本は初刻本の版をそのまま使っている。巻三〇の巻首に「翠巌後人京兆劉〇〇刊行」とあって、「文寿」の二字を消した跡がある。井上進著書二八、二九、四三二頁参照。
(114)日本では宮内庁書陵部に蔵される。
(115)図4-3に示したように、巻三八の貞観十五年条に、「三刑」「六合」の釈義が残存している。
(116)『思軒文集』巻一六「嘉興府教授戴公墓表」に「建陽知県張光啓偽称其先張日中者、同文天祥起兵、仮刻書、故竄入史中。公亦以為言、削之」とある。墓主は嘉興府教授としてこの提言を行い、記載が削られたわけだが、この削除が景泰本と関係があるのかは分からない。しかし、けっきょく張日中は「復活」している。とにかく、この史料が張日中登場の理由を説明していることはたしかだが、この竄入をもって張光啓を『続編』の編集主体と見ることはできない。後述するように、劉剡の大キャンペーンに比べれば、張日中の存在主張は控えめである。
(117)丘濬の増補については、王重民も気づきかけていた。『国会図書館蔵中国善本書録』で、万暦年間の『新刊憲台攷正少微通鑑全編』(一〇四頁)について「正徳司礼監本にもとづき、これに丘濬や周礼の評語を足したものであり、その増補者は校者の赫瀛らであろう」とするのはすべて誤りだが、それとセットになる『宋元通鑑全編』の解題(一〇五頁)においては、孫氏の平津館所蔵の正徳己巳京兆劉氏慎独斎刊本について、校正者の木石山人が劉弘毅の別名であり、彼が丘・周二家を補った可能性を指摘している。万暦刊本の底本が慎独斎本であるのか、それとも万暦本の校刻者が増補したのか判断を保留しているが、前者が正解である。しかし、評語だけではなく、本文にも丘濬からの増補が行われているのである。図4-4に示したように、慎独斎以後の刊本である嘉靖刊『新刊四明先生高明大字続資治通鑑節要』（国会図書館所蔵）巻三、大中祥符八年五月条に「始賜信州道士張正随号真静先生」、注に「按瓊山丘氏」とあるが、もとの『節要続編』にはなく、本文自体が『世史正綱』からの引用である。なお、慎独斎本そのものは未見だが、丘濬の『綱目』への増入が彼によって行われたことを考えれば、これも彼の仕業であることは間違いない。以後の『続編』各本はこうした丘濬の増入を含み、それは「綱鑑」にも受け継がれる。

(118) 王重民は巻二六とするが、本巻には張九韶の評語は一つもない。

(119) 「綱目質実」には「張九韶曰」が散見する。これは彼のもう一つの代表作『群書備数』（数を含む熟語を簡単に説明した類書。国立公文書館本で確認した）を使ったものが大半だが、数に関係ない語にも張からの引用を示す場合があり、これらは他の本から引いたのか、それとも「質実」が適当に「張九韶」に帰しただけなのかは分からない。

(120) 『善本膠巻』所収のものを使用した。

(121) 序文は台湾の国家図書館の『国立中央図書館善本序跋集録　史部（一）』（一九九三、二七〇―二七一頁）の洪武丁丑建安書堂刊本の移録によった。「昔者詩人詠周之興也、其詩曰『緜緜瓜瓞、民之初生。』言周自后稷以来十有三世、至古公亶父始遷国于岐山之下、是為太王……若瓜之結実〔一字欠〕本者常小、其蔓不絶、至末而後大也。今観有元之初興自孛端叉児、十世而至鉄木真、始称帝于斡難河之上、是為元之太祖……前後朔南復合于一、其与周人之〔二字欠〕合符節、是則元之一代十有四君之行事……一日因与玉〔四字欠〕淵〔二字欠〕欲取元史正文倣曾先之所編史略例、節其要者為一書、以便観覧。黙淵欣然、力賛予為之。於是兼用資治通鑑例……書成、黙淵誦而喜之、以為少続曾氏史略之後、亟命鋟梓以広其伝……洪武甲子之秋七月既望、前翰林国史院編修官、臨江張美和」とある。同書には重刻本の序文を続けて載せるが、こちらには傍線を引いた部分がない。ふつうに考えれば、元を周に比する部分が忌まれて削られたということになろうが、『元史』を勉強する価値をアピールするために出版者が加えた可能性も否定できない。なお、この序文は宣徳本・景泰本『続編』にも「元史節要続編資治通鑑序」として載るが、ここでも周との比較がある。それによって、欠字のある部分は「一日因与玉笥王君黙淵」と補うことができる。ただ、前の二つの序文と違うのは、「兼用元史続編・資治通鑑例」となっていることである。むろんはめ込みの術であり、胡粋中の本を参考にしたことをアピールするためにやったことである。

(122) 『善本膠巻』による。「寅訓諸生以読史、自曾先之史略之外、通鑑節本頗未愜意。因以十七史節本、又従而節之、且益之以宋・遼・金、而代各異其帙、以臣之事附於各帝之後……然編帙浩繁、閭閻庶士未能快覩。張編修美和節其要略、止為二巻。友生李宗顔・宋大寧、肄業郡庠、謂寅所編史略、直続以元事、乃請再稽全史、仍歴代之例、別為元史略四巻……洪武十九年歳在丙寅秋八月、臨江蒙陽梁寅序。」

(123)『善本膠巻』による。「其後、江西張美和・梁寅譔元史略、行于世。二公蓋当時与纂修者、家有全書。惜其辞約而簡……余仕楚之明年、奉教令、傅国儲曁諸王、講肄経史、始閲此書終編、又惜詳於其世祖以前攻戦之事、於成宗而下治平之跡、略而靡悉。順帝之時、史官失職、紀載闕然……於是、取其所詳、闕其所略、起自至元十三年丙子、上接宋徳祐元年……凡十六巻、大書以提其綱、分注以備其目……永楽癸未春三月初吉、会稽後学胡粋中序。」

(124)『続編』には『元史節要』にも『元史略』にも見えない記事が若干ある。その中に『元史続編』に見えるものもあるが、すべてこれで補うことができるわけではないので、使ったという確実な証拠はない。

(125)「一、是編提綱節要、一遵四明陳氏経《ママ》所編通鑑。蓋其一字一義褒貶与奪、殊有深意。又参用李氏燾宋史宋鑑及建陽劉氏・深源劉氏時挙宋朝長編及呂氏中講義・庭芳胡氏一桂通要、与夫遼・金二史之文、載於叙事之首（注：用旁黒抹之以見義）。其下仍参録宋・金・遼史・宋鑑・長編旧文以証之、並不敢有所更改也。一、宋太祖乾徳至開宝五年以前、与列国分書者、蓋以周主猶存之故。自開宝六年以後大書、承統也。蓋太祖得天下人心久戴、天命有帰。所遺者、独河東黒子弾丸之地耳。或者以太祖之年、終始分書、概以五代之君待之、直以太宗之年大書。似非公論、今不敢従。一、遼国之年、分註于宋統之下、尊華夏也。其帝則称主、外夷狄也。夏亦称主書之、与遼例同。均為夷狄也。一、金国之年亦与遼国同例者、承遼故也。一、南宋渡江而猶大書其年者、承正統、同蜀漢・東晋之例也。一、元滅金・夏、有中国而猶分註其年、繫于宋統之下者、明天命之未絶也。一、元自世祖至元己卯滅宋方大書、承大統也。」

(126)『両山墨談』巻一一「続通鑑節要、於宋開宝六年、即大書承正統、前此猶分注也。宋之正統、陳氏続編則定於太平興国四年、蓋本之朱子之旨。続綱目則定於開宝八年、謂準之武徳七年之例。予前既論所適従矣。若六年、則江南未平、太原方負固。其大書一統、未見有據。意者、周恭帝於是年三月告殂。故輒附以進宋之例耶。然恭帝既廃、天下非周久矣。統之接続、固不係其存亡也。」

(127)宮崎市定「宋の太祖の被弑説について」（『東洋史研究』九-四、一九四五。『宮崎市定全集』10宋、岩波書店、一九九二、九七—一一二頁）。ちなみに、次章で取り上げる『大方綱鑑』はこの話を取らず、正史にしたがって改正したとわざわざ記しているが、独自の見識をもってしたのではない。宮崎が指摘するように丘濬の『世史正綱』がこの話を否定しており、おそらくそれを真似たにすぎない。さらに『歴史綱鑑補』は正史によって直したことを誇らしげにここだけ白抜きで正史と特記している。『世史正綱』の影響はすでに前章でも見たところだが、次章でさらにくわしく見ることにする。

(128)『善本書室蔵書志』巻七「続宋編年資治通鑑元刊本」「目録後有武夷主奉劉深源校定一行。」

(129)四庫全書に『続宋編年資治通鑑』の名で入っているが、存目にも同名書がある。後者が北宋を扱ったものである。

(130)張氏集義堂本・陳氏余慶堂本ともに「中華再造善本」に影印された。

(131)たとえば、丁丙は「麻沙坊賈託名之書」とする（『善本書室蔵書志』巻七）。

(132) たとえば、建隆元年に范質ら三人への加官の記事があるが、そのあとに「上初即位、用周朝三相」と切り出し、趙普らが相となったことをまとめてここで記し、さらに宰相と皇帝の関係を示す話をいくつか並べる。こうした記事は『長編』の当該年にはない。最初の「用周朝三相」はたとえば『古今紀要』巻一七に、「旧制宰相早朝」云々は『五朝名臣言行録』巻一に見えるというように、年代記の形を借りながら、その中に類書的構成をもちこんでいる。

(133) 四庫全書に入っている。ちなみに、『中興』も『宋季』も四庫全書に入っているが、(本当の)『続宋』は入っていない。『宋史全文』は二〇〇四年に黒龍江人民出版社から、『宋季三朝政要』は二〇一〇年に中華書局から点校本が出ている。

(134) 『鉄琴銅剣楼蔵書目録』巻九。

(135) 張其凡「《大事記講義》初探」(『曁南学報(哲学社会科学版)』二一-二、一九九九、五九—六四頁。

(136) たとえば、『新刊四明先生高明大字続資治通鑑節要』(嘉靖刊、国会図書館所蔵)の巻一三、開禧三年十二月の韓侂冑の死亡についてのコメントは「呂氏本中曰」となっている。呂本中は元祐年間の宰相呂公著の曾孫で『宋史』にも立伝されている。

(137) 『宋史』巻二六四薛居正伝。

(138) 『宋史』巻四二五謝枋得伝「枋得乃変姓名、入建寧唐石山転茶坂、寓逆旅中。日麻衣躡履、東郷而哭。人不識之、以為被病也。已而去、売卜建陽市中、有来卜者、惟取米屨而已……其後稍稍識之、多延至其家、使為弟子論学。」

(139) 万暦刊の『歴代名臣奏疏』巻六に載せる摘録は、ここから引いたものだろう。

(140) 『晦庵集』巻九七「観文殿学士大中大夫知建康軍府事兼管内勧農使充江南東路安撫使馬歩軍都総管営田使兼行宮留守彭城郡開国侯食邑一千六百戸食実封二百戸賜紫金魚袋贈光禄大夫劉公行状」。

(141) 『史鉞』巻一六「劉翱京兆人、官建州、以開国致仕、因家焉……其後孫劉頜収峒寇有功、死謚忠簡……世称麻沙五忠劉氏。」そして『続編』自体が理宗紹定三年五月の劉純の記事のところで「五忠劉氏」を解説している。

(142) 『大明一統志』巻七六「劉韐」に「崇安人。其先自京兆徙閩。子孫仕宋得謚忠者五人、世号五忠劉氏。」とあるが、『史鉞』が典拠であるかも知れない。ちなみに、この前の項目が江贄である。

(143) 宮紀子「程復心『四書章図』出版始末攷——大元ウルス治下における江南文人の保挙」(『内陸アジア言語の研究』一六、二〇〇一、前掲書三二六—三七九頁)。

(144) この文章は『四書通義』の付録にも収められている黄溍作の許謙墓誌銘(『金華黄先生文集』巻三二「白雲許先生墓誌銘」)の中に出てくる許のせりふ(「毎戒学者曰」)の途中からをつまみ出し(「聖賢之心、尽在四書……正坐此耳」)、勝手に「此金先生之考証之所有作也」)という文言をくっつけたものである。

（1）劉修業「王重民教授生平及学術活動編年」（王重民『冷廬文藪』上海古籍出版社、一九九二、九一二―九一四頁）。このことについて述べた文章には、「談《史綱評要》的真偽問題」（『文物』一九七七-八）、「従探索《史綱評要》一書的真偽看王重民先正直、厳謹的学者風範」（原載不明、一九九三）もある。両文とも曾貽芬・崔令印『籍海零拾』（中華書局、二〇一〇）に収録。

（2）続いて、「李卓吾を疑わず」とあり、李卓吾の作であることは間違いないとする。

（3）王重民の死後に刊行された『中国善本書提要』（一〇四頁）では、呉従先の序文を引いた後、「従先もまたこの本が真であるかどうか自信がなかったのである。内容を調べたところ、後人で『蔵書』を読んだ者がそこから記事を拾いだし、編年形式にして、この本に改編したものと疑われる」と述べ、李卓吾自身の作ではないにせよ、材料はそこから出ているとして、『史綱要領』には言及していない。この時点（本書に収める解題が書かれたのは一九三九―四九年の間である）ではおそらく『要領』の存在に気づいていなかったのだろう。ただし、すでに『評要』の本文が「綱鑑」の一本と最も接近していることを指摘していた（同書九九頁）。前掲の『冷廬文藪』に収める「《史綱評要》与《史綱要領》」（文章の日付はない）では、両書の比較が具体的に行われている。

（4）『李贄文集』全七巻（社会科学文献出版社、二〇〇〇）の第六巻。『李贄全集注』全二六冊（社会科学文献出版社、二〇一〇）の第二二～二五冊。前者の前言には、「『四書評』とともに彼の作であるかどうかは学界で意見が分かれている。これは彼の著作である可能性を排除できないということであり、かつその影響力がかなり広汎なので研究の備用として採録した」とし、後者も同様である。なお、最近始まったシリーズ「中華経典史評」の一冊として、やはり李贄の名前で選訳が出ているが（張友臣訳注『史綱評要』中華書局、二〇〇八）、偽作説に触れながら、それをどう考えるのかについては述べない。

（5）王利器「《史綱評要》是呉従先借李卓吾之名以行」（『社会科学戦線』一九八二-三）はタイトルどおり、偽託説である。彼は李卓吾評『水滸伝』の評がやはりゴーストライターの葉昼によることを指摘した人であるが、この論文では王重民らの指摘には触れていない。

（6）林暁平「《史綱評要》的〝批〟与〝評〟」（『史学史研究』一九九八-四、六一―六二頁）は李卓吾という名を持ちださずに、その批評のユニークさを評価したものである。

（7）王重民がどこで『史綱要領』を見たのかは分からない。日本では尊経閣文庫に一本を蔵する。

（8）『中国善本書提要』九九頁『鼎鍥纂補標題論表策綱鑑正要精抄』の解題。

（9）高津孝「按鑑考」（『鹿大史学』三九、一九九一、一九―四一頁）、上田望「講史小説と歴史書（一）」（『東洋文化研究所紀要』一三〇、一九九六、九七―一八〇頁）（二）（『同』一三七、一九九六、四三―九〇頁）（三）（『金沢大学中国語学文学教室紀要』三、一九九九、四九―六三頁）（四）（『同』四、二〇〇〇、四七―八三頁）。

（10）島田虔次『アジア歴史研究入門１　中国Ⅰ』（同朋舎出版、一九八三）「序論」八「通鑑など」。

(11) ここで彼は「相関する書」として『史綱評要』を上げ、呉従先を編者とする。

(12) 凡例・序文を引用したのは『歴史綱鑑補』に加えて、明末書籍編集界の雄である馮夢龍の『綱鑑統一』、そして張鼐『綱鑑白眉』の三点である。

(13) 上田の功績は、小説の材料として従来は『通鑑』か正史とそのダイジェスト本（『十七史詳節』）が取り上げられてきたのに対し、『綱目』の使用を具体的に指摘したことにある。ところが、その『綱目』自体の説明に間違いが多い。「七家注」の汪克寛を宋人、陳済を元人とするのは、悲しいかな七家の無名ゆえに先人もよく間違えていたので目くじらを立てることではないが、「元代までは七家注は各個に行なわれてきたが、明成化九年に勅令で『綱目』が校訂され、内府で刊行される時に、これらの七家注も集められて『綱目』に付け足された」（(一) 一〇五頁）とするのは誤りである。「七家注」は政府刊行の『綱目』が出た時点ではまだ出揃っていない（馮智舒の序文を信じるなら成化元年に完成していたことになるが、それを政府が取り上げた事実はない）。また、内府で同時に刊行されたのは、『集覧』と『発明』だけである。上田はこの官刻の事実を重く見、さらに司礼監本『少微通鑑』、『歴代通鑑纂要』の影響を重視するが、『綱目』『少微』「綱鑑」はいずれも民間主導で普及したものであって、官製のものはそれに影響されて出来たのであり、しかもそれらによって俗流史書の歴史が大きく変わったということはない。官製を重く見るのは、王重民ら中国の研究者にも共通する志向であり、上田個人の問題ではない。

(14) 九八—九九、一〇三頁。

(15) 王重民はこの本について、*A Descriptive Catalogue of Rare Chinese Books in the Library of Congress*（『国会図書館蔵中国善本書録』），Washington, 1957, pp. 121-122 において、「此本蓋又本自商輅・扶安所纂」としているが、商輅は『続綱目』の編者、扶安は『資治通鑑綱目集説』の共著者に名が上がっている人である。二人ともこの本には直接関係しない。王がなぜこのような記述をしたのか不可解だが、『中国善本書提要』九九頁にはこうした記述はない。

(16) 丸山浩明「余象斗本考略」（『二松學舍大學人文論叢』五〇、一九九三、一二一—一四四頁）参照。

(17) 韓敬は万暦三十八年、つまり序文が書かれた年に状元で合格したエリートである。なお、国立公文書館所蔵の二本の『歴史綱鑑補』にはともに熊明遇の序文があり、初刻ではない。『内閣文庫漢籍目録』（改訂版、内閣文庫、一九七一、七一頁）が巻末の木記によって万暦三十八年刊本とするのは誤りで、熊明遇の肩書きから見ても崇禎年間の刻本である。うち、架蔵番号二八四-三一には封面に「毎部紋価参両」の朱印が捺され、価格を知ることができる。熊の序文には先行の「綱鑑」として、蘇濬のそれと李廷機（『大方綱鑑』）に触れ、本書はこれにまさっていると述べる。なお、韓敬の序文を備えた初刻は、国内では山梨県立図書館などに所蔵されている。和刻本は初刻本を翻刻したものである。

(18) 沈俊平『挙業津梁：明中葉以後坊刻制挙用書的生産与流通』（台湾学生書局、二〇〇九）一七四—一八〇頁。

(19) 表野和江「宰相の受験参考書：李廷機と挙業書出版」（『芸文研究』八七、二〇〇四、一八五—二一五頁）は、福建の文人とくに李廷機周辺の八股文サークルと建陽出版界、具体的には後出の余彰徳との関係を指摘し（ただし、李廷機自身との関係が示されているわけではない）、科挙本への李廷機の関与をすべて架空とする従来の見解に修正を促す。八股文についてはその可能性はあるだろうが、「綱鑑」への関与はないだろう。彼が建陽出版界と関係を持っていたとしたら、偽託の書の出版を黙認したことはあったかも知れない。

（20）実際には、綱・鑑・目である。

（21）『中国善本書提要』九八頁。

（22）韓敬が状元合格した時の会試同考官が湯賓尹である。湯のさじ加減で門生が状元とされたとの弾劾が相次ぎ、一大スキャンダルに発展する。その顚末は『万暦辛亥京察紀事本末』にくわしい。

（23）金文京「湯賓尹と明末の商業出版」（荒井健編『中華文人の生活』平凡社、一九九四、三三九―三八三頁）。

（24）初出は『飆風』二七、一九九二。井上進『書林の眺望――伝統中国の書物世界』（平凡社、二〇〇六）二〇〇―二〇七頁。

（25）この本に付された序文は、葉の文集に収められている「綱鑑臆編序」（『蒼霞余草』巻五）とほとんど同文である。ただ、「臆編」であって、「彙編」ではない。書名が少し違うのは珍しくないし、当初の題名が変わったとも考えられるが、別の書物に寄せた序文が利用された可能性もある。この文章自体は、「綱鑑」というより「通鑑節略」（『少微』の一本であろう）の効用を語っている。

（26）万暦五年進士、第二甲（十四位）だが、福建の郷試ではトップ合格の「解元」である（『明三元考』巻一三）。表野論文が指摘するように、李廷機の座師であり、試験官としての評判も高かった。

（27）余秀峰はこの五年後に『新鍥大明一統輿図広略』を刊行している。

（28）前田尊経閣文庫所蔵『新鍥郭蘇二文宗参訂綱鑑彙約大成』はこれと同じ本である。郭とは郭正域のこと。当時一流の文人で、蘇濬は文名においては見劣りがする。一方、郭は科挙においては第三甲にすぎない。科挙秀才と流行作家の組み合わせである。郭の名義が借りられたのは、彼が福建左布政使であったことも関係しているかも知れない。

（29）黄氏集義堂は、ふるくは『節要続編』の一本『四明先生高明大字続資治通鑑節要』を嘉靖年間に刊行している（国立国会図書館所蔵）。

（30）これら二十巻系も、一応「綱鑑」を称するとおり、『綱目』から文章を補ってはいる。しかし、「無統」の時期の年号を大書する（たとえば、南北朝では南朝の年号を大書）など、『綱目』への意識は決して強いとは言えない。

（31）学習院大学所蔵の後刻本（梅墅石渠閣刊）がそうである。封面の写真は学習院大学東洋文化研究所・国立台湾大学人文社会高等研究院編『特別展覧会　東アジアにおける陽明学　第Ⅱ部　学習院大学所蔵漢籍からみる東アジア　展示図録』（二〇〇八）、二五頁に載る。

（32）二人の閣老の名前を並べたのが、『新鋟葉李両閣老同纂十八魁四書甲第先鋒大講』（前田尊経閣文庫所蔵）である。

(33)『中国古籍善本書目』(上海古籍出版社、一九九一)巻六、一七頁。

(34)日本では、種徳堂本は蓬左文庫に、熊体忠本は東北大学図書館狩野文庫に所蔵される。

(35)学習院大学に所蔵される梅墅石渠閣本(注(31))の他の後刻本として、南京の世徳堂刊本がプリンストン大学に所蔵される(『普林斯敦大学葛思徳東方図書館中文善本書志』一三〇―一三一頁)。

(36)Chia, *Printing for Profit*, p. 168. 万暦年間のほぼ全般にわたり活動し、彼の名を記す現存の書籍は四十五点に上るという。

(37)*Ibid.*, p. 94.

(38)熊体忠本はハーヴァード大学イェンチン図書館にも所蔵される。沈津『美国哈仏大学哈仏燕京図書館中文善本書志』(広西師範大学出版社、二〇一一)三五四頁が指摘するように、熊体忠本は巻二～五の巻頭に「麻沙植雲所繍梓」巻六、八、九に「麻沙劉朝箴校梓」と記すが、種徳堂本はそれぞれを「書林熊成冶繍梓」「書林熊成冶校梓」にかえている。しかし、本文については、後述する評者名の不自然な挿入(二字分のところに三字を押し込むなど)にいたるまで両者は共通している。

(39)「近世玉堂・鳳洲諸刻、多採時論余唾、既非名文、又荊川所著旧評、予従遊時所目撃者、今多改。葉向高・張喬諸名真可付之揶揄。」

(40)なお、『中国古籍善本書目』には、「鳳洲綱鑑」の隣に「鐫王鳳洲先生会纂歴朝正史全編二十三巻」(万暦十八年萃慶堂余泗泉刻本)がある。余泗泉は余彰徳のことである。これは彼が出した一連の「綱鑑」のうち、現存するもので最も時期が早いが、じっさいには宋・元時代しか扱っていない。

(41)東京大学東洋文化研究所所蔵の王世貞会纂『綱鑑大全』三九巻は清刻であり、『歴史綱鑑補』をベースにしたものである。『鳳洲綱鑑』で最も多いのは陳仁錫の評あるいは訂をうたうものだが、これらは崇禎以後の刊本である。

(42)*Printing for Profit*, p. 160. 余彰徳は黄洪憲の名を冠する『歴朝紀政綱目』も出しており、一手で数種出しているという点で、余象斗に拮抗している。

(43)諸燮は嘉靖十四年の進士である。年記が入っている現存最古のものは嘉靖二十八年の刻本である(『中国古籍善本書目』巻六)。

(44)『四庫禁燬書叢刊』(北京出版社)所収本を利用した。

(45)李槃(本書によれば号は大蘭)についての詳細は分からないが、おそらく浙江余姚人で万暦五年の進士(『皇明貢挙考』巻九)の同名の人物であろう。ほかに並ぶ名のうち、王陽明は言うまでもなく余姚人。謝遷(成化十一年状元)、そしてほとんど無名の李純卿(『雍正浙江通志』巻一三〇に「賢良に挙げらる。臨淄主簿」とある。本書の肩書きも「臨淄李純卿」とするが任地を名前に冠するのは妙である)もそうである。つまり、王世貞以外はいずれも余姚人で固められており、李槃もそうであろう。むろん、謝遷・王陽明が関与したなどまずありえない話であり、李槃自身の本書への関与も疑わしい。「閩七星道人葉従文」の万暦三十一年序文に彼が李自身から原稿を授けられて刊行したことを述べる一方で、余応虬(余彰徳の子)らの序文には「癸卯(三十一年)冬に李から原稿を示され、翌年出版した」と全く別のことを言っていて、ちぐはぐである。
(46) 蓬左文庫等に所蔵される『古今韻会挙要小補』万暦三十四年序刊本がそうである。
(47) 山梨県立図書館所蔵。なお、『山梨県立図書館所蔵漢籍目録』(一九八七)ならびにそれを写した「全国漢籍データベース」には万暦三十一年刻の『歴史綱鑑補』を載せる。この本は『歴史綱鑑補』の名目を『世史類編』に変えただけのもので(巻首の編者等の名前をすべて『世史類編』のそれに変え、耳子の書名「歴史綱鑑補」の「歴史補」の三文字を削って「綱鑑」とするなどしている)、目録がこれを『歴史綱鑑補』とするのは正しいが、万暦三十一年という日付はそこに載る「世史類編」の序文のものであって、この「中身は歴史綱鑑補」本の出版時点とは無関係である。じっさいには、『歴史』が刊行された万暦三十八年以後のものである。
(48) 『中国善本書提要』一〇〇頁。
(49) 東京大学東洋文化研究所に一本を所蔵する。
(50) 国立公文書館所蔵本による。「我孝宗敬皇帝……嘗命翰林儒臣取皇王大紀・通鑑綱目諸書、撮其要略、上自三皇、下訖元末、総為一書、賜名歴代通鑑纂要……朕即位之初、仰承先志、亟命儒臣、日以進講……近偶検少微節要、悦之。其書首載帝王之事、本諸経為多、諸史則表・志・序・賛及諸儒議論・音注、或総類於一代之後、或附著於各事之下……前日纂要之修、亦備採択……第歳久、字画間有模糊。因命司礼監重刻之。又以宋元節要続編、附于其後。」
(51) 『歴代通鑑纂要』の序文(『中国善本書提要』九七頁に全文移録)には、歴代の事迹を通史としてまとめたものに「戦国以後では『通鑑綱目』、宋・元代については、『綱目続編』、三皇以後周末には『通鑑節要』、『通鑑前編』などがある」とするだけで、『少微』を材料としたとは書いていないし、その価値を『通鑑』以前の時期にしか認めていない書きぶりだが、先帝が『綱目』『続綱目(綱目続編)』を刊行しているのでこう書かざるを得なかっただけで、じっさいには『少微』をかなり参考にしたはずである。武宗の序では『少微』の意義を強調したために、かえって本当のことを告げている。
(52) 国立公文書館所蔵。『閩刻珍本叢刊』(人民出版社、二〇〇九)に収録されている。
(53) 『中国善本書提要』九九頁。
(54) 同九八頁。
(55) 沈俊平『挙業津梁』一四九頁は、タイトルの改変に触れるが、王重民に従って内容は同じだとしている。『美国哈仏大学哈仏燕京図書館蔵中文善本書志』の『大方通鑑』の解題(三五一頁)も、『大方通鑑』と同じ本としてライブラリー・オブ・コングレス所蔵の『大方綱鑑』を挙げ、さらに『歴史綱鑑補』への解題においてやはり王重民の「三次更換名目」を引いて、誤りを踏襲している。
(56) 唐順之が翰林学士だったことからそう称する。国内では『新刊翰林攷正綱目批点音釈少微節要通鑑大全』二十巻、万暦十六年張氏新賢堂本が蓬左文庫に(図5-3)、『重刻翰林校正少微通鑑大全』二十巻、建邑書林楊壁刻本が国立公文書館にある。前者の題名に「綱目」が入っているが、本文に『綱目』のスタイルは取り入れられていない。この時期には「綱鑑」がすでに出ているので、それを意識して書名に入れたものだろう。後者には刊年を知る手がかりがないが、沈津『美国哈仏大学哈仏燕京図書館蔵中文善本書志』（三四二頁）は同本について、楊璧卿の序文によって崇禎三年刻本とする。ずいぶん後の時代の刻だが、面白いのは「唐順之攷定」の前に「京兆慎独斎劉弘毅古本」とあることである（蓬左本も同じ）。これと関連するのが、前章で紹介した江鎔序を載せる貴重な史料として王重民が取り上げた『新刊古本少微先生資治通鑑節要』（嘉靖三十二年刻、北京大学図書館所蔵）であって、同本に付された劉吉序文（正徳四年）に、「建陽義士劉君弘毅」が『少微』の新しい刻本を作ったことが記される。そして、王重民が正しく指摘するように、本書に王逢釈義とは別に付けられた「補注」は、続編の「釈義」同様、劉弘毅の手になるものであった。つまり、『少微』『続編』ともに、慎独斎の改編を蒙っているのである。なお、やはりハーヴァード・イェンチン図書館所蔵の『新刊翰林攷正綱目点音釈少微節要通鑑会成』に載る「隆慶三年余氏敬賢堂序」と「楊璧卿序」が同文であることから、沈津は崇禎本をこの隆慶本の重刻でないかとする。この本と同図書館所蔵のやはり隆慶三年刊行の木記を持つ『新刊憲台攷正綱目点音資治通鑑節要会成』（『善本書志』三四八頁）と前記蓬左文庫本は書名が類似し、版式も一致している――『善本書志』の頭に載る「憲台攷正本」の図版と蓬左文庫本の比較による。つまり、これらは、「大全」が「会成」に改められたり、「翰林」が「憲台」に入れ替わったりしたにすぎない。沈津の推定の話に戻ると、楊璧卿本の校正者の福建按察司廉使の張謙は嘉靖年間の人なので、その可能性が高い（しかし、本当に張謙が校正に関わったかは疑問である）。それより注目したいのが、隆慶本の序文に「本堂は因りて翰林攷正の古本を得て」とあることである。要するに、『少微』は慎独斎の時点でリニューアルされ、「翰林本」では「唐順之がこれを攷正した」と称することで、値打ちを出そうとしたのである。効果があったのか、翰林本は隆慶、万暦、崇禎と刻本が出ている（『善本書志』三四八頁にもう一つの崇禎刻本を載せる）。これに対し、吉澄本は現存例に徴する限り、万暦年間の徐元太刻本と余象斗本が残っているだけである。『少微』の明代後期の主流は、この「翰林本」としてよい。

（57）巻六、一六頁。山西省図書館、哈爾濱師範大学図書館に所蔵されているとのことである。

（58）楊氏一族では清江堂が前期の代表なら、後期の代表は清白堂であり、とくに歴史小説を多く出したことで知られる（*Printing for Profit*, pp. 215–217）。帰仁斎はそれに比べると地味だが、嘉靖三十八年に『大明一統志』（国立公文書館等に所蔵）を、「唐順之評」の『文章正宗』を嘉靖四十年に出している（国立公文書館所蔵）。

（59）「於是、魏献国輯自羲・軒、至元末、而諸名家因稍刪訂為綱鑑大成。」

（60）「正学堂類編世史便蒙集序」。

（61）「故以荊川氏彙所合併者、稍加潤色、櫛其浮靡。」

（62）お茶の水図書館成簣堂文庫に朝鮮本の『綱鑑大成』残本が所蔵されているが、帰仁斎本との関係は分からない。評語は一切省かれ、本文のみである。

（63）『世史類編』の条例で「旧例」とされているものが、「綱鑑大成」の凡例かも知れない。「旧例」は『大方』の「凡例」と重なる点が多い。しかし、これ自体が『大方』の「凡例」を加工した可能性もある。

(64)「一、修史以綱目為主、而通鑑附焉。書法・発明、皆本諸儒先褒貶大旨、一宗於紫陽。若左伝・国語・戦国策・史記・漢書・唐鑑・新旧唐書・晋書・五代史・十九史諸史詳節・路史・皇王大紀・読史管見・大事記・文献通考・憲章録・続通鑑諸書、亦参考以広聞見。」『世史類編』が挙げている参考書は『大事記』までは同じだが、その後に『通鑑纂要』、正史諸書となっていて『大方』と少しだけ異なる。

(65)たとえば、巻三六武徳九年十二月「張蘊古上宝箴」条の二つの「訂義」は、「八珍」「酒池」の説明であるが、前者は「集覧」(あるいはそれを引いた「翰林本」)の文章を縮めたものである。『大方』の注の来源も同じだが、『玉堂』のように一から八まで列挙してはない。後者は「集覧」の説明から「汲冢古文」という出典名を外しただけのものであり、『大方』の注と同文である。いずれにせよ、『玉堂』が新たに加えたと言えるものではない。

(66)巻一七辛亥年に登場する徐摛について『南史』の列伝を引用している。また、同巻丁卯年に出てくる募容紹宗について『北史』の列伝を引いている。

(67)劉瑞『五清集』巻一五「祝参政墓誌銘」に祝萃(一四五二—一五一八)の著作として「宋元史詳節」を挙げるが、「家に蔵さる」とあり、その後出版されたか不明である。

(68)巻二八に二条、二九に四条、三一に一条、三三に一条、三五に一条、三六に二条が引かれる。一カ所、『長編』を引いたとする箇所があるが(巻二九天禧元年七月条)、偽りである。

(69)巻二八に二条、二九に二条、三一に一条、三三に一条、三四に四条、三五に一条、三七に二条が引かれる。ちなみに『元史略』からの引用はない。

(70)巻三〇、熙寧六年「六月周敦頤卒」条と巻三三、建炎元年「五月康王即位」条である。

(71)巻三六、嘉熙二年「元領中書行省楊惟中建太極書院」条。

(72)「一、作史之義、嘗聞李空同曰『其文貴約而該。約則覧者易徧、該則首末弗遺。』今玆凡例、刪繁蕪、補闕略。辞語要簡、題目要全。論・策・表・詔・誥諸題罔不備載。一事究其顛末、一人詳其出処。庶免掛一漏万之誚、而魯魚差訛者竊加訂校。」

(73)『空同集』巻六二「論史答王監察書」。

(74)金文京『三国志演義の世界』などが指摘する「秉燭達旦」(曹操が捕虜にした関羽と劉備の二夫人に寝室をともにさせた時、関羽が燭を持って朝まで起立していたという話)がその一例である。これは『通鑑』に載らない。『歴史綱鑑補』では「目」のもとに載せられているが、『綱目』にもこのような話はない。関羽が降伏の時に出した三約(こちらは正史に載る)の話とともに潘栄の「通鑑総論」から滑り込ませたものである。しかし、この話はすでに『大方』にも載っている。また、『世史類編』では「三約」は本文で、そして「秉燭達旦」は注の形で載せている。一方、『玉堂』は「三約」に注で触れるのみである。

(75) それぞれ、『少微』劉刻本の巻七孝文皇帝六年、巻九孝武皇帝建元元年にある。

(76) 「一、史断不拘新旧。自両漢而下及我朝名公所著述論賛、有裨史学者、咸多櫽括。泛者截之、腐者去之。粋者存之、或全篇、或節文、或警語、求可為筌蹄、不資縏〔鞶〕帨已也。凡断旧者大書之、新者細書之、宋元則一概書之。」

(77) 『大方』巻六文帝五年「是時匈奴……」条、張南軒曰「賈生英俊之才、若董相則知学者。治安之策、可謂通達当世之務、然未免有激発暴露之気。其才則然也。天人之対、雖若緩而不切、反復誦味、淵源純粋、蓋有余意。以其自学問涵養中来也。」

(78) 『宋史全文』や「宋鑑」に散見する。

(79) 天禧四年「詔太子参議朝政」条の「李丹稜曰」、天聖元年「閏月寇準卒」条の「李氏燾曰」、慶暦二年「九月曁契丹平」条の「李丹稜曰」はいずれも『宋史全文』に見え、『節要続篇』がすでに採録しているものである。

(80) 劉定之は大臣にまでなった人であり、その権威もあって宋史評論の代表格とみなされた。全部で二十九条しかないが、『節要続編』には慎独斎本の段階でそのほとんどが取りこまれた。

(81) 『清朝続文献通考』巻一六七経籍考は同書を挙げ、著者を「弘治中、以貢生官桐城県教諭」とする。顧潜（弘治九年進士）の『静観堂集』巻一二「題宋史闡幽後」には、彼が国子助教の許克深からその兄の克大（浩）の著になる本書を入手したことを記し、『宋論』に匹敵すると評している。

(82) 『晁氏宝文堂書目』に見える。鄭瑗（一四八一年進士）『井観瑣言』には『宋論』に劣るとする。『四庫全書総目』巻九〇には「正誼斎編集」と記し、著者不明とする。全十二巻で宋代全体をカバーし、約百六十条の史論を収める。最初に年代を示すことが多いので、編年史書には挿入しやすい。国会図書館にかつてフランク・ホーレーが所蔵していた（宝玲文庫）こともある木活字本がある。

(83) 慎独斎本の系統の『新刊四明先生高明大字続通鑑節要』と宣徳本の評語を南宋の寧宗紀で比べてみよう（前者が巻一三、後者が巻一九）。宣徳本についている評語は、陳桱二、史臣賛（金史）しかないのに対し、高明大字本はそれに丘濬二・蔣宗誼・巣睫子三・永豊劉氏（永新劉氏が正しい。劉定之のこと）、呂氏本中（呂本中ではなく、呂中が正しい）が加わる。蔣宗誼は成化二年の進士。『続宋論（紀）』からの引用である（『張東海詩文集』巻四、『千頃堂書目』巻五）。巣睫子については明らかにしえない。

(84) 「天下混一為正統。正統者大書紀年、継世雖土地分裂、猶大書之。其非正統、則分註細書之。雖一統而非正系、或女主、或夷狄、一遵朱子之正例・変例。」

(85) 「一、温公書官名例、凡官名可省書〔者〕、不必備書。公相以善去曰罷、以罪去曰免。書反乱例、凡誅得譽〔譽をもう一字加える〕曰有罪、逆上曰反、争疆曰乱。書両国相渉、凡両国〔事〕相渉、則称某主、両君相渉、則称諡号。不相渉而事首已見〔具〕、則称上称帝。此史学標準也。」

(86) ただし、司馬光の曾孫伋が綴輯したとされる釈例と現行の釈例には条数の違いなどくいちがいがあり、現行のものが本来の姿をどれだけ伝えているかは疑問である（『四庫全書総目』巻四七）。

(87)「一、字難認者、則載音釈、以便後学。句有難暁者、間亦訓誥〔詁〕一二、務使了然顕明。大都考諸先儒註疏及群史釈義、或有未当者、間亦附以己見再更之、観者幸恕其僭云。」

(88) ちなみに『玉堂』の凡例は七条である。『大方』のように「綱鑑」の成り立ちに言及した箇条はない。第三条の「正統」の記述は『大方』と全く同じ、「通鑑釈例」について記した第四条もほぼ同文。文章に関する第二条もほぼ同文だが、李空同の名前を出していない。史断についての第五条は、『大方』で「我朝名公」となっているところが「我朝賢達」となっている（『歴史』は「賢達」）ほかに、『大方』にある「新旧の評者の区別を表記により示す」とする部分がない。かなり違うのは注釈に関する第六条で、『大方』で「句難暁者、間亦訓誥《ママ》一二」となっているところが、「句難暁者、則有訂義」となっている。これは前述の「訂義」を指している。これらの点から見て、『玉堂』の凡例は『大方』のそれを加工した可能性が大きい。あるいは、『大方』『玉堂』の祖本があって、その凡例を直接加工したとも考えられるが、先行する『大方』のそれを意識していたことは確かである。また、第一条・第七条は『大方』と全く異なるが、それぞれ『玉堂』の特徴をアピールした部分である。第一条は「為七十有二者、法七十二候者」とする巻数の説明と、秦・隋・元は天下を統一したが正統を与えないとする記述からなる。しかし、本文では秦には始皇帝の天下統一から滅亡まで正統を与えているし、隋から正統を奪ったのも末期のみで、完全に正統を与えないのは元だけである。第七条は評者の名の表示を諱で行うことを述べたものであり、先行する『大方』が号で表示したことを意識したものであろう。

(89)「読通鑑要法　論読史為格物致知之要。程子曰……葉平巖曰……朱子曰『程先生毎読史至一半、便掩巻思量、料其成敗、然後却看有不合処……』又曰『読史須見聖賢所存治乱之機……便是格物。』問看史、曰『亦草率不得。当看人物是如何、治体是如何、国勢是如何、当仔細上察看明道先生看史、逐行看過、不差一事。』」

(90) 謝良佐が程顥の読史法に最初不満であったが、のちに感服してよく話に持ち出したというエピソードは『宋名臣言行録』外集巻七に見える。

(91)『東莱集』巻一六「読史綱目」。

(92)『二程遺書』巻一八。

(93) 李空同曰「……至於宋・元二史、第據文移、一概抄謄、辞義両蔑。其書各逾百帙、観者無所啓発、展巻思睡矣。僕謂諸史猶可耳。晋・宋・元三史必修之書也……或憚其難、止取二史、約而精之、亦弘文之嘉運、昭代之景勲矣。」

(94)「始之以夏・商・周、継以漢・唐・宋、終而復始、而我朝之興、其視商・周之夏、唐・宋之漢乎。」秦・隋にも正統を与えない点で、方孝孺と同じである。しかし、方と違うのは、はっきりと元の正統を否定していることと、上記の引用が示すように明も含めた一種の循環史観を抱いていることである。この史観において、明は新たな三代の先頭に位置づけられることになるが、彼の基準からすれば、明滅亡後、新たなサイクルを形成するはずの正統政権は生まれていないことになる（清も民国も中共も失格である）。

(95) 朱志先『明人漢史学研究』(湖北人民出版社、二〇一一)では、両評林に一章が割かれている。
(96)『唐鑑』については、白林鵬・陸三強による校注本が二〇〇三年に三秦出版社から、劉韶軍らによる選訳本が二〇〇八年に中華書局から出ている。また、呂祖謙の音註が入ったものが行われてきたので、最近刊行された『呂祖謙全集』(浙江古籍出版社、二〇〇八)にも収められている。
(97)『読史管見』もようやく標点本が岳麓書社から出る由である。
(98)『四庫全書総目』巻八九。
(99)『湧幢小品』巻一三「蚤致仕」「常熟丁南湖、名奉、正徳戊辰進士、南司封郎中、年三十九致仕。」李園園「明朝丁奉生卒年新証及有関考述」(『常熟理工学院学報(哲学社会科学)』二〇一〇-五、一〇一—一〇三頁)は表題どおり、丁奉の生没年を確定したものだが、地元の文人の経歴に関心を寄せるだけで、『通鑑節要』について触れるところはない。
(100) 王樹偉「明嘉靖刊本丁奉《新編通鑑節要》跋」(『河北師院学報』一九八八-四、一二五頁)。
(101) つまり、『宋史紀事本末』は純粋に『宋史』を紀事本末体に編成しなおしたものではない。『四庫全書総目』巻四九は本書の材料について言及せず、遼・金史の記述が含まれることをいぶかっているが、『続綱目』を使っているためにそうなっているのである。
(102) *Printing for Profit*, pp. 169–170.
(103)『南湖先生文選』巻七「新編通鑑節要自序」「聖朝永楽間閩省書林以宋劉恕通鑑外紀与少微通鑑節要、並刊一帙。逮宣徳間盱江張光啓作続編節要、又成一帙。而盤古以至胡元之大略、二帙具挙矣。此誠史学之捷径、宜乎今之人誦而家伝也……僭将二帙所載、参之綱目、以定褒貶、検之二十一史、以敷事実、共編一部四十五巻、総名之曰通鑑節要。」「盤古以来」とあるので、「外紀」は劉剡本のものを指しており、その出版は宣徳年間である。劉剡の識語に永楽年間の話が出てくるので、それに拠ったのであろう。『続編』の主役が劉剡であることはすでに述べた。ここで言うように、現在「綱鑑」に残っている「丁南湖曰」には、『綱目』との比較を意識した評語がかなりある。
(104)『明代史学的歴程』四六頁。もっとも、銭自身が引用するように、胡応麟の『史学佔畢』が「春秋の後に朱子あり、而して『綱目』の後に丘氏あり」と評価している。
(105) 首巻に載る「先儒名公姓氏」にもそれは表れている。『大方』は明人を中期の薛瑄(一三八九—一四六四)までしか挙げないが、『玉堂』はこれに続けて、近人の名前を並べる。
(106) 彼の名を冠するのが『歴朝紀政綱目』七十四巻である。万暦二十五年序刊。黄洪憲は福建の学校官、科挙の試験官を務めたことがあるので、福建人にとっては親しみのある名前であった。
(107)『通鑑答問』巻一「或問『智伯求地、韓・魏与之、而趙不与。趙之謀臣、有張孟談。何以不若段規・任章也。』曰『左氏言智伯貪而愎。二字尽之。違智国之諫、見其愎、求三家之地、見其貪。以愎済貪、何郷不敗。段規・任章之謀深。所謂将欲奪之、必固与之

也。趙襄子之怨深、所謂有以国斃、不能従也。智伯方如猛虎跳梁於康荘、奮爪吻以搏且噬。三子者、皆欲食其肉、寝其皮。与地、所以驕之、不与、所以怒之。驕敵者、其変遅、怒敵者、其釁速。襄子舎長子・邯鄲、而走晋陽、知人和之可与同患難。蓋有以待智氏矣。非無謀也。趙以懼存、智以驕滅。易大伝曰『危者使平、易者使傾。』在人、不在勢。」『玉堂』では「或問、曰」の問答形式を外してモノローグに変え、若干の字句を変えて（傍線部）、真ん中と最後の部分をカットしている。『大方』も同じ。

(108) 「鴻門の会」の条のコメントは、『大方』では尹起莘、陳傅良、丁奉、趙弼であるが、『玉堂』は後二者のかわりに唐順之を入れる。『大方』の売りである丁奉のかわりに唐を入れたところに、『歴史』は『玉堂』の作為を見たのだろう。

(109) たとえば、巻二三、建安二十四年「曹操表孫権……」条の評語「余読史至魏操……」は『弇州山人四部稿』巻一一〇に見える。

(110) 『玉堂』巻七周赧王四十五年「秦伐趙」条の張裔曰「趙奢所以……」は『大方』巻三の当該条では「愚按、奢所以……」である。

(111) 元朝については張四知が書いている。『国権』巻六九万暦四年九月条にその死を伝える人であろう。同名の崇禎期の大学士ではありえない。

(112) 彼については、李剣国・陳国軍「趙弼生平著述考」（『文学遺産』二〇〇三―一、六五―七四頁）を参照。

(113) 『四庫全書存目叢書』には成化甲辰の魏氏仁実堂（すでに第三章で『綱目集覧』の刊行者として登場）の刻本の鈔本を収録する。十巻本で伏羲から南宋末までを扱い、人物論を中心として百条弱の史論を載せる。孫緒（一四七四―一五四七）『沙渓集』巻一三「雑著」は、後述する周礼の「続綱目発明」などと並べて、「内容が浅薄卑俗であり、ただちに火にくべてしまうべきだ」と評するが、逆にそれだけ読まれていたということだろう。『大方』ではそのうちの約三分の一が使われているが、ほぼ漢代までに限定されている。

(114) 『四庫全書存目叢書』に、南京の有名な書肆で『三国演義』の刊行でも知られる周曰校の万暦十二年刊本を収録する。十二巻で周～元代までについての史評を載せる。郭大有は、『百川書志』巻五に本書の著者として「字用亨、南京人」とする以外に分からない。「凡例」に「評史諸題凡可以為策論者、学者任意択取以備観覧、利於挙業」とあるように、もともと科挙用に作られた書物である。『大方』では『雪航膚見』同様に漢代までしかとられていない。

(115) 『遜志斎集』巻五雑著に、人物論を中心とした史論を四十四本載せる。

(116) 『椒丘文集』巻六・七に宋、八に元の史論を載せる。しかし、『世善堂蔵書目録』巻上に載る彼の『宋元史臆見』は二十巻もの分量がある。前章の注(294)張麗娟論文に『椒丘文集』の慎独斎刊本があったことを指摘する。

(117) 朱用光は万暦四年の浙江、林奇石は隆慶四年の福建、柯挺は万暦元年の直隷のそれぞれ解元である（以上、『皇明貢挙考』による）。柯挺は『玉堂』の序文の作者でもあるが（図5-2）、本当に彼が書いたかは怪しい。

(118) 王鳳霊は正徳十二年の進士で莆田人。葉維栄は浙江人、万暦十一年の進士である。

(119) 国立公文書館所蔵。

(120) たとえば、巻二十、貞観二十一年条の太白が現れて太史がこれを女主の出現を予兆するものだと占った話について、「袁了凡曰」は、次のようになっている。「讖記曰女主、曰武王、曰其人已在宮中。由後以徴於前、此非武氏莫可当也。按武氏為宮人時、太宗有馬、名獅子驄、肥逸無能調教。武氏曰『妾有三物能制之。一鉄鞭、二鉄撾、三匕首。鉄鞭撃之、不服則以鉄撾撾其首、又不服、則以匕首断其喉。』太宗壮之。夫以十四歳女子而逞雄傑於万乗之前、造語驚人若此、是豈粉黛間物。而太宗恬不之悟、顧以疑求人而殺之。豈非数耶。」『金罍子』中篇巻七には、則天武后が吉頊に怒った話として「……昔太宗有馬、名獅子驄、肥逸無能調馭者。朕為宮人侍側、言曰『妾有三物能制之。一鉄鞭、二鉄撾、三匕首。鉄鞭撃之、不服則以鉄撾撾其首、又不服、則以匕首断其喉。』太宗壮之。今日卿豈汙匕首」を紹介した後、按語として「太宗之世、太白屢昼見。太史占曰『女主昌。』又伝秘記云『唐三世之後、女主武王代有天下。』……曰女主、曰武王、曰其人已在宮中。由後以徴於前、此非武氏莫可当也。以十四歳女子逞雄傑於万乗之前、造語驚人若此、是豈粉黛間物。而太宗恬不之悟、顧以疑似求人而殺之。豈非数耶」とする。あるいは、巻九、元寿元年の王閎の記事についてのコメントの前半は『金罍子』を写したものだが、後半は独自の記事になっている。そっくりそのままコピーペーストしたわけでなく、改編を施すだけの手間はかけているわけだが、剽竊であるには違いない。

(121)「其命名曰山堂随鈔。予懼名之近於説、而不知者与街談巷語之書概而少之、故更之曰金罍子者、其号也……金罍子、上虞人、嘉靖甲辰進士、仕至応天府尹。所居近金罍山。」この文章は陶の文集『歇庵集』巻四に収録されている。

(122) なお、本書には泰昌年間の批点本がある（『国会図書館蔵中国善本書録』六二〇頁）。

(123)『玉堂』の「先儒名公姓氏」には「李氏、名京、字尹弘、号蕉鹿、閩県人」とある。

(124) 蓬左文庫所蔵『鼎鍥郭青螺閲発四書火伝』万暦二十五年序刊。

(125) 蓬左文庫所蔵『鼎鍥李先生易経火伝新講』万暦二十五年序刊。

(126) 万暦三十六年序刊の類書『文苑彙雋』（国立公文書館所蔵）の校正者として名が見える。

(127) 注(38)で述べたように、種徳堂本では劉朝箴の名が多く「種徳堂」に置き換えられているが、巻一・二には「劉朝箴　精校」が残っている。

(128) 李京の評自体、ほかからの剽窃である可能性もある。巻二〇永初三年の虞詡についてのコメント「有罪不貰……」は『大方』巻一一の「愚謂」を丸写ししたものである。しかし、大半についてはほかに材料は見つけられない。とにかく、その文章はいかにも明末のものらしく、凝っていて読みにくいわりに中身に乏しいものが多いが、人物評をする際に別々の時代の人を持ちだして比較する、いかにも受験向きの文章も書いている。なお、彼の評は「李蕉鹿曰」として崇禎刻の『鼎鋟鍾伯敬訂正資治綱鑑正史大全』などに転載されている。

(129) 喬承詔本は巻数ではこれを上回るが、大字本で字数は少ない。また、巻数で匹敵する湯賓尹本はその中身自体は『大方』系であるからやはり『玉堂』より少ない。万暦刊行のもので分量が多いのは『世史類編』と、『歴朝紀政綱目』である。また、崇禎年間の

『鼎鋟鍾伯敬訂正資治綱鑑正史大全』（東京大学東洋文化研究所蔵。『四庫禁燬書叢刊』所収）が記事量、明人の評語の多さ（先行「綱鑑」の評語を結集した感がある）の点で、綱鑑のピークをなす。

(130) 中川諭『三国志演義版本の研究』（汲古書院、一九九九）序論参照。

(131)『世史類編』でも、この区別はなされていない。

(132) 細かい点を上げれば「私亳」の間違いはやはりそのまま受け継ぎ、さらに「伏兵」を「休兵」と誤っている。『大方』には誤字・誤植が山のようにあり、『玉堂』よりおそらくは多い。

(133) 当該条の「質実」には武帝元鼎六年条の参照を指示している。それ（巻四）を見ると、「国朝改為行都司、隷四川」とあるだけである。『玉堂』が「今の四川越巂衛」としたのは、『大明一統志』巻七三の「四川行都司」の記事にもとづいたものである。

(134)『大方』はたとえば、高宗年間で「発明」を五カ所、「書法」を七カ所入れているが、『玉堂』は尹起莘が一つあるだけである。

(135)『大方』は「太昊伏羲氏」とした後、字を下げて、誕生の際の奇蹟、木徳、風姓に言及し、それから「太昊」の意味を説明し、牧畜を始めて食用や祭儀に供したことで伏羲氏と呼ばれるようになったとする。一方、『玉堂』は段は下げずに、「太昊」の呼称を説明し、その後に「作都于陳」とする（『大方』は都を宛丘とする）。

(136) 出版された当時のタイトルは『通鑑前編挙要新書』。戴良『九霊三房集』に序文が収録され（巻一二「通鑑前編挙要新書序」）、楊士奇が読後感を記している（『東里文集』巻一〇「題通鑑前編挙要新書」）。

(137) 国立公文書館所蔵。

(138)『明世宗実録』巻五二一、嘉靖四十二年五月辛巳条。

(139)「而金氏又等而上断之唐虞、茲前編所由名也……第庖羲氏万世文字鼻祖、不宜闕如……年八秩而書得就、以示弟子不敏。」楊光訓は南軒と同じ渭南の人で、万暦十四年の進士である。

(140)『四庫全書総目』巻四八「此書以金履祥通鑑前編・陳桱通鑑前編外紀、合併刪削、共為一編、起自伏羲、終於周威烈王。然不明提綱分目之法、冗瑣糅雜、殊無可取……又金履祥受業王柏、故徴引師説、称子王子。此書既尽変履祥之例、而引王柏之説、仍称為子王子。」

(141) 李廷機が歴任したのは南京吏部右侍郎である（『明史』巻二一七）。

(142) 湯王崩御条の「自虞書危微……」が、『玉堂』では「仲虺作誥」条に移り、葉向高に化ける。

(143) 沃丁崩御条の「成湯播告于衆……」、盤庚崩御条の「盤庚遷都……」が『玉堂』では多少位置を変えて王世貞に、紂死条の子王子は王通に変わっている。盤庚の場合、『歴史』も王世貞となっている。『玉堂』の影響である。

(144)『大方』の「章山堂曰、嘗怪傳説……」が、『玉堂』では「章懋曰、嘗怪傳説……」に化ける。ちなみに、『大方』の同条には丁南湖もあるが、『玉堂』にはこれがなく、かわりに唐順之が置かれている。

（145）『明史』巻二一五。

（146）『大方』の「按陳永嘉」は「劉道源」のコメントの末尾に加えられている。これが「凡例」の言う細書なのであろう。

（147）同様の例として、周の成王への『大方』の呉氏のコメントをやはり正体が分からず、元代の呉澄としている。もともと宋代の蔡沈『書集伝』に載るものなので、呉澄ではありえない。

（148）岡崎勝世『聖書vs世界史』（講談社現代新書、一九九六）参照。

（149）ジュリオ・アレーニ（艾儒略）の『万物真原』に「綱鑑」を引く。John Witek, "Principles of Scholasticism in China : A Comparison of Giulio Aleni's *Wanwu Zhenyuan* with Matteo Ricci's *Tianzhu Shiyi*," in Tiziana Lippiello and Roman Malek eds., *"Scholar from the West"*——*Giulio Aleni S.J. (1582–1649) and the Dialogue between Christianity and China*, Fondazione Civiltà Bresciana and Monumenta Serica Institute, 1997, p. 280. また、一六八七年にイエズス会士フィリップ・クプレがパリで刊行した『シナの哲人孔子（*Confucius Sinarum Philosophus*）』の中に『歴史綱鑑補』が使われていることを、高田佳代子が指摘している（「『中国の哲学者孔子』（一六八七）に関する一考察——第四章『大学』ラテン語訳の注記部分を中心に」『国際ワークショップ「十七～十九世紀東アジアにおける西学の受容と展開予稿集』二〇一〇）。

（150）ド・マイヤと同時代のゴービルの書簡集は、彼の歴史・天文研究に正史がしばしば使われていたことを示している。Renée Simon ed., *Antoine Gaubil, Correspondance de Pékin, 1722–1759*, Librairie Droz, 1970.

（151）Joseph-Anne-Marie de Moyriac de Mailla, *Histoire générale de la Chine*, Paris, 1777, preface, pp. xlix–l.

（152）ただ、正編の場合同様、「綱鑑」に使われた『節要続編』は劉剡本そのものではなく、『世史正綱』の記事を加え、注釈・評語を増補した慎独斎系のテクストである。

（153）王秀麗「《続資治通鑑綱目》纂修二題」（『史学史研究』二〇〇四-二、四六—四九頁）。

（154）森川哲雄「大元の記憶」（『比較社会文化』一四、二〇〇八、六五—八二頁）。

（155）御製序では『経世大典』なども使っていると称し、凡例では『元史』に見えない記事は圏印で分けて示したとするが、その数は少ない。

（156）『続資治通鑑綱目』国立公文書館所蔵本（「広義」「発明」が付されたもの。刊記はないが、慎独斎刊行のものと考えられる）による。「吏部聴選監生張時泰謹奏為進呈書籍事……愚謹摘要条、発揮奥旨、亦猶尹起莘発明綱目之意也。臣於此書研精覃思十有余年、而始克成編、総廿七巻、名之曰続資治通鑑綱目広義……弘治元年八月十三日進、本月十五日奉聖旨『張時泰所進書已以了。著礼部知道、欽此。』」

（157）『明孝宗実録』巻一七、弘治元年八月乙巳条。『国権』巻四一には、さらに刊行が命じられたことを記すが、もとづくところがあって付加したものかは不明である。

(158)注(156)と同じ本に載る。「雲間西洲張君時泰、蚤歳窮経、尤邃史学、仰窺積慮、十年于玆、用所得者、作為広義以附之。書成、適上新服改元、進経乙夜之覧、賜儲秘閣。明年分教淛之秀水、行将寿其私本於梓。余友西蜀周相劉君、備道西洲之実、而要余為之序。大明弘治己酉冬十月望後学南城羅玘謹序。」

(159)未見。清華大学図書館に弘治三年刊本が所蔵されている由である(『清華大学図書館蔵善本書目』清華大学出版社、二〇〇三、五八頁)。

(160)『明清進士題名碑録索引』によれば、弘治六年の進士である。浙江余姚の人。

(161)注(156)と同じ本に載る。「吾庠友静軒周君徳恭、夙負奇才、屢薦場屋、奈之何時運不斉……乃作発明二十七巻、蔵于家……予毎勧之進奏、徳恭力以好名為拒……予因竊録元藁、上進明廷。孝宗皇帝深加歎賞、方欲徴擢、而九重晏駕矣……弘治乙丑仲夏望日、賜進士第南京工部郎中前行人司左司副余杭仰儒拝手謹序。」

(162)十七巻となっているが、二十七巻のはずである。

(163)国会図書館所蔵の劉弘毅校刊『宋儒致堂先生読史管見』の巻三〇の末尾に「余杭後学周徳恭句読」とあり、さらに彼による後序があって、その末尾には「余杭後学静軒周礼徳恭拝手書于建陽慎独斎」とある。いぶかしいのは文中に「予亦嘗效顰続綱目発明・通鑑綱目広義、庶幾潜心於史学者」とあることである。これをそのまま読めば、彼は「続綱目発明」や「通鑑綱目広義」の顰に倣って史学に思いを深くしていた者である」となる。そうすると、「続綱目発明」は彼の仕事ではないということになるし、「通鑑綱目広義」なる書もない。今までのストーリーを信じるなら、「続綱目広義」の顰に倣って「発明」を書いたとあれば、すんなり話は通るが、この文章はどうしたってそうは読めない。しかし、建陽本の序跋を文字どおり解釈しようとしてうまくいかないことは往々にしてある。それははめ込みの術が使われるからで、おそらくこの文章ももともとは「続綱目広義」に倣って」とあったところに、周礼の作をアピールしようとして「綱目発明」の四字を後から挿入したのであろう。周礼が「続綱目発明」を書いたことを否定する材料はないが、少なくともそれを売り込もうとする慎独斎の意図がここには感じられるのである。私は朝廷への献呈の事実があったかどうかも怪しいと考えている。

(164)鄭振鐸『中国文学研究』上(作家出版社、一九五七)二一八—二二二頁。劉修業『古典小説戯曲叢考』(作家出版社、一九五八)六六—六七頁。

(165)イエズス会士は『玉堂鑑綱』を西洋に持ち帰っている。そのほかに現在ヨーロッパに存する明代の「綱鑑」は、管見の限りでは『歴史綱鑑補』と『全史詳要』である。両書はローマ・イエズス会文書館に所蔵される(Jap-Sin. III)。『玉堂鑑綱』はバチカン図書館の Borgia Cinese コレクション中にあり、『歴史綱鑑補』も存する(P. Pelliot, *Inventaire sommaire des manuscrits et imprimés Chinois de la Bibliothèque*, reedited by T. Takata, 1995, p. 8)。これらのうち、珍しいのが王昌会纂の『全史詳要』で、少なくとも日本では存在を知られていない。その封面には先行作を列挙して「坊本纂史、自綱鑑大成、正史全編而外、諸有通鑑集要、秦有綱鑑要略、李有世史類編、湯有綱鑑全史」とする。「綱鑑大成」は唐順之本、「正史全編」は鍾惺本を指し、「通鑑集要」「世史類編」「綱鑑全史」はすでに登場した。ただ、秦某の『綱鑑要略』については詳らかにしない。『五雑組』巻一三に「余自八九歳即好観史書……然塾師所授、不過編年節要・綱鑑要略」とあるそれと同一のものか。

(166)「綱鑑」とともに多く作られた史書に現代史である『皇明通紀』の諸版があるが、その中の李卓吾評本（『新鍥李卓吾先生増補批点皇明正統合併通紀統宗』）や、談遷の『国榷』にも多くの評語が挿入されている。

結　語

(1) たとえば、林拓「両宋時期福建文化地域格局的多元発展態勢」（『中国歴史地理論叢』一六‐三、二〇〇一、八九―九六頁）、「元代福建文化地域格局的過渡性変化」（『歴史地理』一八、二〇〇二、二三七―二四九頁）、「明清時期福建文化地域格局的演変」（『中国史研究』二〇〇三‐四、一四三―一四八頁）。多洛肯『明代福建進士研究』（上海辞書出版社、二〇〇四）など。

(2) これは皇子誕生を告げる使者であった。この時、朝鮮側は出来上がったばかりの『万暦会典』に朝鮮の宗系が誤って記載されているのを正そうとしていたので、儒学の国であることを勅使にいつも以上に見せつける必要があり、黄に成均館、明倫堂、尊経閣を参観させ、五礼の儀を披露しているが、担当者がうまく事を運べずに、のちに処罰されている（『宣祖実録』巻一壬午十五年十一月条）。国王の力の入れ方が分かる。なお、黄には『朝鮮国紀』の著があり、文集に収められ（『碧山学士集』）、『学海類編』にも収録されている。

(3) たとえば、姜在彦の『朝鮮儒学の二千年』（朝日選書、二〇〇一）を読んでも、そうした書物の話はほとんど出てこない。

(4) 蘆田孝昭「明刊本における閩本の位置」（『ビブリア』九五、一九九〇、九一―一一七頁）。

(5) 李光地については、滝野邦雄『李光地と徐乾学――康熙朝前期における党争』（白桃書房、二〇〇四）がある。この本を読んでいて、彼が引く李光地『榕村語録続集』の中に「君閩人也、渠輩肯以是相譲耶」（巻一四）「公閩人也、視予（明珠）更孤危也」（巻一三）とあるのに目が止まった。鄭氏・三藩という抵抗勢力への清朝の警戒感がこの時期の閩人官僚の身の処し方を難しくしたこともあるだろうが、康熙帝に対して「臣本閩人、孤陋寡聞」（『語録続集』巻一四）と言ったかと思えば、「閩人聡明、非他可及、病在執徳不宏、信道不篤」（巻一六）と自分を戒めながら優越感を覗かせたりしているところに、黄克纘らの後輩としての彼の姿を見る。また、平田昌司論文（第二章注(44)）が清朝政府の官話普及政策の一環として李光地の『音韻闡微』を取り上げているが、閩人の彼が官話化の音頭とりをしているのが面白い。『榕村集』巻三二「答富韜尚」では、黄石斎（道周）の「呉児往往軽閩音」を引きながら「弟前書所謂閩人而欲同天下之文者」と自らが演じている逆説に彼が意識的であったことを示している。

(6) 黄洪憲『碧山学士集』巻一「福建郷試録序」「臣按、閩為東南海徼……明興煕洽久、海内同文一統、皆為閩学。臣往者奉上命、頒詔朝鮮、見三韓五部之属、襲冠帯、而漸声教者、悉被服紫陽、称功令。臣于是、頌天朝之大一統、而亦見閩学盛行、且施及蛮貊矣。

今日求士于閩、是猶挹水于河、取火于燧也。視楊文敏起家草昧、文事未遑、其難易又何如哉……然臣以為求士于草昧之時、難而易。求士于交泰之日、易而難……故平世用人、老成持重者上也。椎魯無文者次也。喜事好名者下也……閩故多儒、号海濱鄒魯。頃廷議従祀、未及俎豆于尼谿之側。至司勲・太常所為絵日月、而紀功宗者、文敏而後、嘒嘒如晨星焉。」

（7）宮崎市定「明代蘇松地方の士大夫と民衆」（『史林』三七－三、一九五四。『宮崎市定全集』13明清、岩波書店、一九九二、四頁）。

後語

本文で「綱鑑」のことを「奇態な書物」と評したが、この本自体が奇態、ケッタイである。通常、学術誌に載った論文を積み重ねて本が作られ、もしそれが読書界にも関心をもって受け止められるようなものなら、分かりやすく一般向けにリライトされるというのが筋道だろうが、この本は逆コースを辿っている。なぜこうなってしまったのか、そしていかにして本書が成ったのか、そのいきさつについて少々長くなるが、述べておきたい。

このような本が生まれることになった原因は、ひとえに私がこの十年仕事らしい仕事をしていないことにある。二〇〇二年に『江南』(講談社選書メチエ)という一般向けの本を出してから、私は二、三の論文を書いたが、その反響は皆無だった。こうした状況を見るに見かねた同僚の先生方に「とにかく本を作れ」と勧められたのが、約二年前のことである。しかし、ない袖は振れず、すでに畳んだ店をもう一度開くしかなかった。その旧店舗にも在庫があるわけではない。それは、学術誌に論文として発表したものがこの本には二篇しか入っていないことに表れている。残りは書き下ろし、といえば聞こえはいいが、前著で取り上げたテーマを敷衍したものである。

とにかく、なけなしの在庫にハタキをかけて、もう一度陽の目を見させるしかないと思い定めて、作業にとりかかったが、なかなかエンジンがかからない。ここ十年ほど、講読・演習や論文査読以外に漢文を読むことがなくなっていたから、この新たな「二重生活」が当初苦痛だった。競走馬にたとえれば、芝コースに使われて良績が挙げられず、ダートに転じて下級条件をウロウロしている馬が再びターフに戻されたようなもので、少なからぬ戸惑いがあったのである(それでも、演習の授業で清朝のB級学者の文章を読んできていたことが随分役に立った。清朝考証学と一口に言っても、一流のすぐれた仕事を残した人は一握りしかいないという当たり前の事実に気づかせてくれたからである。しかし、それにつき合わせている学生たちに、かつて自分が学生として竺沙雅章先生の「雍正硃批諭旨」の演習に出ていた頃に感じた楽しさを伝える力を持たないことを申し訳なく思う)。しかし、四の五の言ってはいられない。「書き下ろし」にとりかかり、その後に旧稿二本の手直しにとりかかった。

いちばん最後に手をつけたのが、第一章の「劉後村」である。もともと、当時奉職していた京都大学人文科学研究所で梅原郁先生の『清明集』の研究班に出ていて、その論集用に書き出したものだが、法制とは縁もゆかりもない不良品ができあがってしまった。どうせ規格外ならいっそのこと好きに書こうと思い、紀要である『東方学報』六十六冊に発表したのが一九九四年のことである。年月を経てかび臭くなっているものに食指が動かず、後まわしになった。いざ読み返すと、力みかえっていた自分をそこに見出してほほえましくもあったが、熱気はともかくとして、スタイルは中途半端である。伝記のできそこないを書くくらいなら、ちゃんとした年譜でも編むのが玄人の仕事というものだろう(前年に中国で程章燦の『年譜』が出ていたことを当時知らなかった)。本来、大いに稿を改めるべきだが、そうできないのは宋代史の勉強をやめてしまったからである。史料の読み下しを翻訳に書き換え、『年譜』や李裕民『宋人生卒行年考』(中華書局、二〇一〇)などによってデータを改め、近年の研究成果についてのコメントなどを多少補筆し、冗長なところを削った。文章も相当いじくったが、骨格は変わっていない。

本文で触れたように、三年前に四川大学から『大全集』の点校本が出たが、校正中に辛更儒氏による『劉後村集箋校』(中華書局)の出版予告を見て少なからず驚いた。慌てて取り寄せてギリギリで何とか目睹することができた。四川本が底本に四部叢刊本を使用しているのに対し、辛氏のものはより正確と見られる別の清抄本を使っている。辛氏が言うようにこの抄本(翁同書の校語がある)が『宋集珍本集刊』に収録されて見られるようになった今、これを底本とすることは合理的だし、それによって、四川本が一万五千条の誤りを陳列しているスペースを丁寧な箋注に当てることが可能になっている。付録として年譜がつき、程譜の誤りを正している点もありがたい。私にとっても参考になった。しかも、これを個人で成し遂げられたことに敬意を抱いた。しかし、今回私が引用した史料の箇所を調べたところ、いくつか字の選択や読みに疑問を覚えた。一例だけ、四百六十五頁に引いた「与李丞相」をあげよう。

後村が江西提挙の任を受けるの受けないので理屈をこねている文面なのだが、そこで引き合いにだされるのが従弟の希仁である。ところが、その直後に四部叢刊・翁校本ともに「希伋」が出てくる。四川本は四庫全書収録の『後村居士集』によって「伋」を「仁」に改めているが、辛氏は四庫本を余り評価しないからか、そのまま「伋」として、この人物を「趙希伋」とみなして注をつける。しかし、文脈からしてここは希仁でなくては話が通らない。あくまで私が引用した史料の狭い範囲内のことだが、このように四川本と読みが違うところでは、四川本のほうが妥当である場合が多いという印象である。

このようにあいついで点校本が出るほど、後村が脚光を浴びつつあるのはたしかなのだが、私の文章はむろんそれには何の影響も与えてはいない。文人としての彼に注目が集まっているだけで、官僚としての彼に関心が寄せられていない点は相変わらずである。かつての南宋の首都杭州で企画された近刊の「南宋史研究叢書」シリーズ（全五〇冊）の「南宋人物」十一人の中に彼の名前はないし、その中の張金嶺『宋理宗研究』でも彼が本文に登場するのは江湖詩案と彼の時代認識を示す史料に言及される時だけである。政治史の文脈からすれば当然なのかも知れないが、時代の証言者としての後村、南宋後期の官僚社会について最も多弁である彼がいまなおもっぱら江湖詩案や賈似道との関係において取りざたされるだけなのは、なんとももったいない。

また、南宋後半の政治史の理解には、「ブラックボックス」である史嵩之の存在をどうとらえるかが鍵だと思うのだが、その答えを出せていない。奇妙なことに、張の著書や同シリーズの何忠礼『南宋政治史』においても史嵩之の時代の記述がすっぽり抜け落ちている。こうした点も含めて、若い人にはぜひ『後村先生大全集』をフルに活用した仕事をしてもらいたい。

さて、この文章を書いてからしばらくして転勤することになった。京都という濃密な学術空間を離れてせいせいしていた。そんなところに『東洋史研究』から執筆依頼が来て書いたのが、序説に組み込んだ「士大夫のノルム」(『東洋史研究』五四-三、一九九五年)である。手持ちのネタといえば劉後村くらいしかなかったが、好きに書いてまたボツになってもいいやと思って投稿した。掲載の通知を受けた時には逆に拍子抜けしたものである。読み返した感想は一言でいえば、「イキってる」である。今となっては気恥ずかしいが、改訂はやはり一部にとどめるしかなかった。

この論文もほとんど反響はなかったが、個人的には朱子の書簡を少し読んで、書簡の歴史研究への効用に気づいたことが大きかった。他の研究分野については知らないが、なまじ編年史料や政策を論じた奏議類が豊富に残る中国前近代史の研究において書簡が史料として活用されることは、朱子のような例外はあるものの、余りない。たしかに、手紙には日付がないものがほとんどで、書かれた背景も一読してつかめるものではないので、朱子のようにたくさん数が残っている大名人のもの以外は使いにくい。しかし、じっさいに起こった事件、官僚の公的な政策立案ばかりが歴史を語るものでもなかろう。これが、『江南』において葉向高の手紙を取り上げることにつながった。

その後、岩波の『講座世界歴史』に「江南史の文脈」(一九九七年)という文章を書いたが、本来の担当者の代打である。それもあって「好きに書いてよろしい」と言われたので気は楽だったが、正統派の箱物の間尺にあわせようと色気を出してしくじっている。きちんとした結構を持った文章を書けない人間にはやはり無理があった。しかし、岩波講座の威力は大したもので、編集者の目にとまることになり、その結果書いた本が『江南』である。

さすがに今度は一般書なので、編集者からいろいろ注文がついた。それでも、まとまりがない本しかできないのはいかにも私らしい。選書メチエというブランドのおかげでそれなりには知られ、看板を下ろした今でも、一応名刺がわりになってくれているが、読んでくださった方には、全体として何が言いたいのかよく分からなかったことと思う。江南の書画市場を扱った「趣味の市場」(第一章)と海域を舞台とした「動乱の時代と南人」(第五章)に対してポツポツ反応があった程度なのも仕方がない。

本書の第二章は後者を敷衍したものだが、舞台を福建に限定し、焦点も葉向高から董応挙に移した。もともと、葉向高になぜ関心を持ったかといえば、ご多分にもれず、彼がイエズス会士ジュリオ・アレーニと交流を持っていたことにあった。葉向高の招きで福建にやってきたアレーニは精力的に布教し、明末の時点で最も広汎に信者がいたのは福建であった。そのきっかけを作った葉向高の文集の中には、アレーニの『職方外紀』に対する序文などを除けばほとんど西学の影は差していないが、彼が二度内閣にあった時代の書簡が収録されている。これに魅せられて『江南』に「故郷からの便り」という一節を設けたのだが、今回はその時いっしょに読んだ董応挙の書簡に黄克纘らその他の閩人のものを加えて読み直した。

劉後村、朱子と閩人を順番に取り上げながら、その時点では福建にさほど関心を持っていたわけではなかったが、南宋の孝宗皇帝の「福建子、信ずべからず」という言葉が何とはなしに気になっていた。このひっかかりと、科挙における異様な強さ、そしてキリスト教が一時期とはいえ急速に広まった福建という土地柄をどうとらえたらよいのだろうかという疑問が漠然と浮かぶようになった。本章はその疑問に答えようとして途中で終わっている。ただ、「閩人コンプレックス」はさらに考えられてよい問題だと思う。

＊

しかし、『江南』で本当に書きたかったのは「通鑑一族の繁衍」（第三章）である。「江南」と「通鑑」ではほとんど関連がないのに、無理やり入れたのは一番この問題に関心を持っていたからだが、さすがにそれに枚数を割きすぎると、羊頭狗肉の肉片がさらに小さくなってしまうので、編集者の当然の指示もあって自己規制した。それでも、なぜこんな話が入っているのかと首をかしげた読者もいただろう。

私にとって、『資治通鑑』は東洋史に進もうと決めたきっかけになった書物であり、現在も十年以上にわたって二回生向けの講読のテクストに取り上げている（だんだん受講者が減ってきて、やっぱり教材を変えるべきなのかと少し迷っている）くらいだから好きではあるが、まじめな読者とは言えない。だからこそ、「節本」などに興味を持つようになったのである。しかし、『資治通鑑綱目』については、私も内藤湖南が言っているようにしかつめらしいイメージしか持っていなかったし、それを読もうなどとは思いもしなかった。

しかし、礪波護先生が編集された週刊朝日百科の『世界の文学』の中国歴史書編（一〇三号、二〇〇一年）で『綱目』を担当して「埃をかぶった教科書」という文章を書いてから、この本と、節本のもう一方の雄である『少微通鑑』そして「綱鑑」と、「通鑑ファミリー」の存在が私の中で大きくなってきた。また、その間に京都に戻ってきていたために、科学研究費のプロジェクト「古典学の再構築」に最後の二年間入れていただくことになり、そのお金で資料を集めることができた。けっきょく何の貢献もないままに終わったし、『江南』を出してしまうと興味を失ってしまったが、集めた史料のコピーがその後も研究室の片隅で存在を静かに主張していた。

今回それを引っ張り出して、第二部の文章を書いた。だから、この本に投入したエネルギーの九割がたは、こちらに向けられている。建陽出版界が登場するとはいえ、文章の大半はテクストの中身を扱っているから、そうした意味では「看板に偽り」がある。しかし、『江南』のタイトルが編集者の指示によるものだったのに対し、今回看板を書いたのは私である。

第三章は「埃をかぶった教科書」の埃をはたくことで自分なりの始末をつけようとしたものだが、こんなハタキのかけ方ではすぐにまた埃まみれになるかも知れない。とくに「七家注本」に先行する『文公先生資治通鑑綱目』の存在に気づくのがうかつにも遅すぎたのが悔やまれる。諸本を精査する余裕がなかった。第二部の関連諸本の調査にあたっては各地の図書館の方々にお世話になったが、とくにこのテクストについて、お茶の水図書館成簣堂文庫の方々やプリンストン大学図書館のマルティン・ハイドラ氏のご高配、そして南開大学の胡宝華教授の友情がありがたかった。おかげで概略のところは把握できたが、そのご厚情に答えるだけの成果が出せているかは心もとない。ここにお礼とお詫びを申し上げる。ただ、『綱目』を建陽という場に置いて、他の書物ととりあえず同じ地平から眺めるという視角だけは間違っていないと信じている。

第四章、第五章の敵役は中国屈指の目録学者王重民である。彼の偉大さは、二〇〇三年に生誕百年を記念して出された記念文集の存在が示している。いわば、目録学界の朱子である。私が彼の名を知ったのはやはり竺沙先生の目録学の授業においてであった。今となっては信じられないほどの受講生の数で（十五人～二〇人くらいいただろうか）、東洋史だけでなく、中国文学や中国哲学史の教室からも受講者がいた。その受講生には、現在すぐれた書誌的研究を発表している方が何人もいる。そうした先輩たちを私はひそかに竺沙門下と呼んでいたのだが、私自身は門前の小僧にさえなれなかった。「目録学は中国学の基礎だ」とその重要性が理屈では分かっても、膚に合わないものはどうしようもない（それがターフを離れた一因でもある）。さらに、京都のお家芸である敦煌学にもトンと興味がないと来ては、ますます王重民先生とは縁遠くなるばかりだった。ただ、授業から巣立ったすぐれた研究者の一人でいちばん親しい先輩には中国人の名前を訓読みで呼ぶ癖があり、彼が「しげたみ、しげたみ」と呼ぶのを聞いているうちに、そこらにいるオッサンのような気がしたこともあった。

その「しげたみさん」と再会したのが、『少微通鑑』においてであった。湖南が『綱目』をバカにしたのは、史学史の対象としては二次編纂物のしかも二流の書と判断したからだが、「一流は一流を知る」の反対で、私には二流・三流の素材が性に合う。というか、それしか扱う力がないから、しぜん一流でも「当代」の限定つき（劉後村、葉向高）に関心が向くことになる。だから、私がこのダイジェスト本に興味を持つのは自然のなりゆきではあったが、王重民が書いた解題を読まなければ研究対象にしようとは思わなかっただろう。もっとも、その当時は私も他の人たち同様に彼が間違ったことを書くなど思いもよらなかったし、『中国善本書提要』におんぶに抱っこで、『江南』の「通鑑一族」を書き、いくつもの間違いを犯した。数年前にこの本が売れゆき不振で断裁処分になるという通知を受けた時にはさすがに少しさびしかったが、ほかにもチョコチョコ間違いに気づいたので、今ではよかったと思っている（本書に間違いがないという意味ではない）。

あとで間違いに気づいたものの、「これはもうおしまい」と思ってうっちゃっておいたのだが、今回調べなおすにあたって、はじめて『善本書提要』に正面から向き合った。しかし、先生が間違うはずがないという思いはなかなか消えなかった。「余象斗が看板を三たび書き換える」という斯界では有名なフレーズも「アレッ、おかしいな」と思いながらも彼の理路に沿って理解しようとしたために前に進めなかった。何のことはない、現物を見たら簡単に分かることだったのである。少しカッコつけて言うなら、王重民との闘いというより、権威に安直によりかかる自分との闘いだった。考えてみれば、王重民も人間である。数千本も解題を書いていて無謬であるはずがない。朱子だって誤りはあるのだから。問題は彼を神棚にまつりあげてしまう我々にある。中国の研究者なら夫子を畏敬するのも理解できるが、我々は彼に「しげたみさん」として接すべきなのだ。

と机をたたいてみても、どれだけ賛同が得られるか分からないが、そうしたメッセージを込めて書いたつもりである（近刊の范邦瑾『美国国会図書館蔵中文善本書続録』上海古籍出版社は王重民がアメリカ時代に書いた解題――その一部は『善本書提要』に収められている――を百条以上訂補しているが、本書で取り上げたものは手つかずである）。

福建人を論じるはずじゃなかったの？　そう、第二部に福建の時空間の描写を期待して手にとってくださった方にはお詫びする。本書の舵取り役である名古屋大学出版会の橘宗吾氏の適切なご助言で、まだしも読みやすいだろう文章を前の方に配置し、重箱の隅をつつくような二部の話は後ろに回すことにしたが、それでも読者から？は消えないだろうと思う。もう一度ゴメンナサイ。

最後にお世話になった方々にお礼を申し上げます。まず、レールを敷いてくださった同僚の方々に。お勧めがなければ、出走ゲートに入ることはなかった。それから橘氏に。構成など重要な点についてはご助言くださったが、細かいことは言われなかったので気持ちよく走ることができた。余りにも何もおっしゃらないので見捨てられたかと思うこともしばしばだったが、平成二十三年度日本学術振興会科学研究費（研究成果公開促進費）を交付していただくことが決まるまで「こんなのが本になったら、出版会の顔に泥を塗ることになる」など時々くどくどしたメールをお送りしたのも受け流し、何とかゴールまでもってきてくださったことに感謝します。しかし、いくら名騎手でも馬がダメならどうしようもない。凡走の責任は一切、馬の方にある。それから、その場しのぎの自転車操業のくり返しで校正のたびにゲラをよごしまくる羽目になったが、丁寧に対応していただいた校閲の方、印刷所の方々にもお礼を申し上げる。

何とか逸走せずにこられたのは、橘氏の誘導のほかに、ダートコースに早く専念したいという思いがあったのと、着外だろうがとにかくゴールで待ってくれている厩務員の姿が見えていたからである。私の勉強は一人遊びでしかないと常々思っているが、何か張り合いがないとツマラナイことも事実である。その張り合いを作ってくれた妻に感謝する。

二〇一二年一月

著者

《著者略歴》

中砂《なかすな》 明徳《あきのり》

1961 年　大阪府に生まれる
1984 年　京都大学文学部卒業
1989 年　京都大学大学院文学研究科博士課程研究指導認定退学
現　在　京都大学大学院文学研究科准教授
著　書　『江南――中国文雅の源流』（講談社，2002 年）

中国近世の福建人

2012 年 2 月 29 日　初版第 1 刷発行

定価はカバーに
表示しています

著　者　中　砂　明　徳

発行者　石　井　三　記

発行所　財団法人　名古屋大学出版会

〒 464-0814　名古屋市千種区不老町 1 名古屋大学構内
電話（052）781-5027/FAX（052）781-0697

印刷・製本 ㈱太洋社　ISBN978-4-8158-0689-7
乱丁・落丁はお取替えいたします。

人名索引

＊本文を中心として，注からも適宜採っている。

あ　行

青木正児　22, 29
明石道友　156, 158, 160-162, 164, 169
浅見絅斎　358
阿部隆一　258, 502, 530
アレーニ，ジュリオ　8, 555
晏璧　361
市川任三　330, 332, 333, 533
井上進　375, 449, 536, 538
岩生成一　154, 156, 161-164, 491
尹起莘　187, 210-223, 248, 250, 253, 282, 283, 287, 293, 296, 314, 341, 357, 389, 393, 394, 423-425, 506, 510
上田望　372, 543
ウェールト，ヒルデ・デ　26, 27
尉遅敬徳　405-409
宇文士及　213, 214
ウリャンカダイ　107, 109, 110
睿宗（唐）　234, 237, 263
エセン　422
エルマン，ベンジャミン　10
袁一驥　148, 150, 152, 153
袁桷　226
袁黄（了凡）　369, 374, 398, 400, 401, 403, 420, 429
袁韶　75, 78
袁燮　41
袁枢　24, 34
袁甫　82
王安石　61, 305, 319, 437
王宇　439, 463
王応麟　398, 505
汪華　245
王圻　325
汪逵　19, 21
王羲之　17, 18, 22
王居華　161, 162
王元春　75
王元善　335
王衡　375
翁合　90
王厚之　17-19
汪克寛　187-189, 222, 227, 230-232, 236, 242, 244-248, 250, 259, 262, 264, 265, 282, 283, 287, 293, 294, 296, 362
王士禛　45, 111
王樹偉　396
王檝　64, 71, 73, 74, 78, 82, 95, 98
王重民　11, 304-311, 313-316, 319, 321-324, 327, 328, 345-349, 351, 354, 367-369, 372-375, 378-381, 395, 400, 418, 511, 521, 524, 525, 532, 538, 543, 547
王守仁　378
王述堯　46, 439, 475
王寔　267, 271, 277
王詵　22, 445
王慎中　133
王遂　90
翁正春　128, 133
王世貞（弇州，鳳洲）　128-130, 370, 377, 378, 398, 399, 417
王錫爵　128, 375, 398, 399
王宗沐　325, 343, 387
王著　19
王通　417
汪道昆　398, 399
王柏（魯斎，子王子）　223, 225-232, 236, 260, 293, 294, 296, 415-417
王伯大　90
翁甫　90, 215, 508
王逢（松塢）　277, 305-307, 313, 315, 321-330, 332-335, 345, 346, 351, 362, 363, 431, 533
王逢（席帽山人）　321, 323
王夢熊　165
王鳳霊　398, 400
王邁　75, 76, 78, 80-82, 90, 100, 103, 114
王明見　475
王鳴盛　309, 310, 313
王莽　194, 204, 205, 216, 242, 243, 248, 260, 261, 266, 336, 341, 342
王幼学　187, 265-268, 276-278, 280, 282, 283,

287, 288, 291, 294, 295, 327, 334, 431, 510
欧陽玄　256-260
欧陽脩　17, 215
王麟　256
荻生徂徠　186, 297
オゴデイ　71, 428

か 行

柯維騏　387
何英　322-325, 327, 328, 330
何基　226
賈貴妃　110
何喬遠　176, 177
何喬新　399, 429
郭威　218
郭惟賢　122
郭応聘　122, 123, 127, 181, 436
霍去病　250-252, 516
郭斉　194, 224, 225
郭正域　133, 544
郭造卿　135
郭大有　398, 399, 401
賈似道　45-47, 84, 98, 107-111, 113, 114
賈渉　109
賈晋珠（チア，ルシル）　345, 376, 377, 441, 447, 526
柯潜　128, 129
賀善　254, 257, 259, 395, 534
桂湖村　324
柯挺　398, 400
顔異　205, 206
韓敬　373-375
韓世忠　18
韓侂冑　45, 62
韓仲雍　155, 156, 158, 160-162
魏献国　382
魏斉賢　25
吉澄　378, 379
乞伏国仁　262
丘濬　212, 349, 391, 393-395, 397, 398, 400, 403, 429
堯　336, 415
龔原　304, 305, 307-309
喬行簡　77, 78, 82, 84, 85
仰儒　424
喬承詔　172, 374, 375
恭帝（後周）　352, 353
龔茂良　50, 52, 53, 61, 437
許堪　86
許謙　335-337, 363, 541
許浩　387
許衡　234
許心素　175
許天賜　290, 434
許有壬　230, 256-258, 260
ギリス，アーヴィン　526
魏了翁　15, 16, 33, 34, 58, 78-80, 210-212, 222
金淵　86
金学曾　138
金居敬　265
金実　278
金文京　371, 375
金履祥（仁山）　187, 188, 335-338, 363, 414-416, 431
虞叔載　333
クビライ　107, 109, 352, 426, 427
瞿佑　277-280, 288
瞿鏞　324, 328
クラーク，ヒュー　48
桑原隲蔵　1, 2, 4, 47, 453
クーン，ヤン・ピーテルスゾーン　165
掲傒斯　254-256, 258, 259
景紅録　453
倪士毅　227, 229-232, 259, 282, 293, 296, 322, 330, 335, 362
恵帝（晋）　247
元好問　46, 312, 314
玄宗　234, 237, 263, 320
元帝（晋）　246, 247, 340
厳文儒　200, 201, 234, 235
胡安国　193, 214
胡一桂　329-331, 338-340, 352, 362, 416
胡寅　201, 205, 314, 319, 339, 391-395
項維聡　159
ゴヴェア，アントニオ・デ　8
江淵　308-310
黄艾　52
黄榦（勉斎）　41, 54, 90, 194, 226, 235, 322, 325, 327
黄義剛　195-197, 206, 215
康熙帝　186-189
黄虞稷　324, 424, 506
貢奎　267, 268
黄景昉　128, 130, 133, 179
黄洪憲　398, 434, 436, 437
黄公度　50

黄克纘　8, 118-123, 127, 132, 142, 181, 433
孔克斉　311
黄国鼎　133
孔克表　277, 510
高宋　121, 137-141, 148-153
江贇（少微先生）　300, 304-310, 323
黄士毅　13, 16
洪咨夔　58, 82
貢師泰　248
高斯得　86
黄襲　121
洪初（野谷）　322-324, 326, 327
黄師雍　98
黄承玄　154, 160
黄汝良　119
黄溍　325, 328, 363
黄震　110
孝宗（宋）　53, 61, 74, 437
孝宗（明）　379, 380
黄仲昭　187, 188, 290-293, 296, 307, 434
黄定　52
黄帝　336-339
黄道周　179, 370, 374, 378, 483
光武帝　342
黄鳳翔　118, 130
江黙　308-310
江鎔　308-310, 313, 380
黄履翁　204
高力士　241, 249
胡纇　90
呉泳　79, 82
呉淵　111
顧炎武　2, 303
呉革　89
顧起元　118
胡榘　57
顧憲成　119
胡宏　338, 339, 416
呉国英　244
胡三省　270, 510
呉師道　226, 228, 260, 261, 341, 342
顧充　398, 399
呉従先　368
呉叔告　76
呉昌裔　79, 80, 82, 113
呉乗権　369
呉燧　104, 105
胡粋中　344, 346, 350, 351
呉勢卿　90
呉潜　90, 99, 101, 109-111
呉宣徳　125-127, 131
呉存　322
呉忠（友忠）　331, 332
呉中行　322, 325
コックス，リチャード　154, 163
小林義廣　47
胡炳文　229
渾瑊　263

さ　行

蔡淵　54
済王竑（趙竑）　43, 58, 59, 63, 75, 81, 83, 86
崔巍　313
蔡欽（所）　146, 158
蔡京　53
蔡堅　144
蔡献臣　122, 495
蔡元定　54, 90, 193
蔡抗　87, 90, 221, 222
蔡襄　53, 62, 79
蔡清　302, 398
蔡正孫　28, 359
柴中行　58
蔡沈　276
蔡廛　154
蔡文子　24
崔与之　107
崔来廷　123, 151, 152, 165, 172, 480
左圭　35
左桂秋　303
佐野公治　441, 512, 534
四皓　201, 320
始皇帝（呂政）　339, 340
史炤　267, 305, 321, 510
史嵩之（山相）　44, 64, 66, 67, 71, 78, 79, 81, 82, 84-87, 94-101, 103, 109, 110, 113, 114, 466
施徳政　138
司馬懿　242, 243, 248
司馬伋　336
史伯璿　260-264, 293-295, 335
司馬光　9, 83, 193, 196, 305, 319, 415, 532
司馬昭　242
司馬貞　338
史弥遠　43, 44, 56-58, 60-64, 68, 70, 75, 77, 78, 82, 86, 90, 110, 113

史弥堅　90
史弥忠　86, 100
島田虔次　186, 369–372
佘以能　292, 297
謝遷　378
謝枋得　28, 346, 358, 359, 362, 427
佘夢鯉　143
謝隆儀　166
謝良佐　390
朱晏　229, 230, 293
朱一馮　174, 175
周之夔　167, 169, 170, 175
周坦　100
周天驥　331, 332
周弼　28
周必大　20, 21, 532
周密　75, 98, 214–222
周礼（静軒）　187, 414, 424, 425, 533, 538, 556
朱紈　144
粛宗（唐）　234, 237, 264
祝穆　26, 270
朱元璋　346, 384
朱公遷　322, 324–328, 330, 335, 362, 363, 428
朱吾弼　139, 140
朱国祚　117
朱在　200
朱子（朱熹，晦庵）　4, 6, 9, 10, 13, 14, 17–19, 23, 26, 27, 29–35, 42, 43, 46, 51, 54, 60, 89, 90, 114, 185–199, 202, 204, 206–210, 212, 215–218, 221–228, 232, 235, 244, 246, 253–255, 283, 292, 296, 297, 308–310, 320, 340, 341, 360–362, 387–391, 421, 422, 434
孺子嬰　260, 261, 336, 341, 342
朱之蕃　395, 398
朱全忠（晃）　216, 241, 249, 316
朱素　331, 332
朱大典　499
朱黼　306
朱右　248–250, 293
朱用光　398, 400
荀彧　194, 209
荀攸　245
向以鮮　46, 440, 451
章琰　97–100, 111
蒋峴　81, 82, 465
少昊　338, 339
焦竑　131, 398, 399
蕭国梁　52
聶子述　57
商承祚　165, 166
章如愚　203, 207, 417
少帝（漢）　198, 199, 249
蒋徳璟　179
尚寧　154
章懋　417
邵雍　337
章良肱　90
昭烈帝（劉備）　201, 204, 217, 233, 246, 249, 342
商輅　187
饒魯　327
徐学聚　140
諸葛亮　198
徐鑑　149, 150, 153
徐誼　215–217
徐乾学　305
徐元杰　93, 206
徐光啓　134, 482
諸燮　370, 378
徐昭文　187–189, 235, 236, 248, 250, 283, 285, 287, 294, 296
徐清叟　79, 80, 90
徐熥　402
徐民式　120
沈一貫　117, 118
秦檜　52, 94, 95, 97
沈括　19
秦熺　97
辛棄疾　46
秦経国　160
申時行　128, 398, 416
沈俊平　10
真徳秀（西山）　6, 15, 43–45, 58–64, 66–80, 83, 90, 92, 113, 114, 200, 202, 203, 211, 221, 339, 456
沈有容　134, 137, 138, 149, 160, 161, 168, 170, 171
任用和　231
鄒維璉　178
成化帝　380
芮長恤　187, 190, 385
戚継光　135, 136, 143
薛応旂　325, 343, 387
薛極　57
薛居正　355–358
全子才　78

銭四娘　49
全祖望　518
銭大昕　210, 293
銭茂偉　343-345, 370-372, 381, 397, 398
単鳳翔　164
宗一　162, 163
曾一本　136
曹学佺　402, 480
曾鞏　319
曾極　42
曹彦約　90
宋江　396
宋慈　90, 106, 502, 503
曾従龍　62, 78, 80
倉修良　192
荘襄王　339, 340
宗臣　398, 399
桑世昌　18
曾先之　322, 330, 332
曹操　242, 243, 248, 503
曾覿　53
曹丕　233, 237, 238, 241
臧懋循　118
曹履泰　175
宋濂　222
則天武后　198, 199, 201, 205, 212, 214, 215, 243, 261, 314, 339, 342, 387
蘇濬　374, 375, 398, 544
蘇軾（東坡）　24, 27, 43, 93, 270, 391, 394
蘇轍　205, 319
孫覿　24

た　行

太祖（宋）　352-355
太宗（宋）　352, 354, 355
太宗（唐）　320, 404-412
戴燿　121
タガチャル　64, 65, 67, 95
高津孝　29
高橋芳郎　91
ダスマリーニャス，ゴメス・ペレス　138
田中謙二　197, 443, 502, 511
谷秦山　296, 297
赧王（周）　204, 340
段玉泉　313
チェイフィー，ジョン　49, 50
竺沙雅章　453
中宗（唐）　198, 205, 212, 260, 263, 314, 336, 342
趙篔翁　229, 230
張嘉策　167
張瀚　127
趙葵　63, 67, 98, 109
趙希悦　227
趙希埊　95, 97
張吉　303
趙希弁　200, 203, 207, 210, 221, 222, 234
張九韶（美和）　333, 346, 349, 350
張喬　377, 398, 399
趙凝　229, 230
張金嶺　476
趙彦衛　260, 261, 341, 342
張光啓　281-285, 344-346, 348, 362, 525, 526, 538
張鎡　29
趙師淵　185-187, 221, 223-227, 232, 235, 236, 293
張自勳　187, 190, 222, 225
張時泰　187, 423-425
張四知　552
張日中　348
張浚　52
張燮　137, 483
張栻（南軒）　14, 194, 196, 197, 199, 215, 386
趙汝述　57
趙汝騰　90, 95, 97
張瑞図　119
趙東元　47
趙范　63, 67
趙弼　398-401
張輔　281
趙汸　229, 244, 265
張鳳翔　175, 176
趙与票　226
張良　205, 206, 212, 507
張麗娟　527
褚淵　213, 214
陳韡　66, 90, 98-101, 106, 111
陳殷　331, 332
陳栄捷　17
陳垣　453
陳過　215-217, 341
陳起　14, 43, 451
陳桱（四明先生）　337, 338, 344-347, 352, 379, 421, 431
陳経邦　118

陳塤　90
陳元桂　107
陳彦甫　25
陳絳　401
陳澔　303
陳孔碩　90, 98, 200-203, 235
陳済　187, 189, 277-285, 287, 288, 295, 526
陳山　131, 477
陳思　14, 15, 442
陳自強　62
陳淳　195-197, 206, 215
陳俊卿　50, 52-56
陳襄　62
陳所学　140
陳思蘭　146, 158
陳振孫　15, 55, 77
陳性学　484
陳宗　104
陳第　135, 136, 490
陳霆　301, 302, 353, 387
陳宓　18, 19, 54, 56, 57, 59, 61, 62, 66, 80
陳邦瞻　141, 143
陳用賓　121, 122
陳来　505
陳櫟　229, 231, 329, 362
程頤（伊川）　33, 205, 319, 389-391
鄭寅　54, 57, 73, 76
帝奕　234, 237
鄭伋　76, 105
鄭僑　52, 54, 57
程顥　389, 390
鄭厚　51, 56
程公許　100
丁継嗣　141-148, 152, 154
鄭寀　98-101
鄭士昌　82
鄭衆　241
鄭樵　51, 53, 56
鄭少垣　374
程章燦　47, 451, 453, 457, 463, 465, 474
鄭昭先　62
鄭芝龍　8, 165, 173-179
鄭清之　40, 43, 44, 57, 63, 64, 67, 76-82, 100-105, 108, 113
帝禅（蜀後主）　233, 234, 246, 249
鄭善夫　133
丁大全　108, 110, 111, 114
程端礼　259
丁伯杞　40
丁伯桂　57
程敏政　244
程復心　335, 362, 363, 428
丁奉（南湖）　379, 394-398, 400-401, 403, 417, 435
鄭雄飛　215
狄仁傑　204-206, 245, 246, 503
寺田隆信　303, 312
寺地遵　469
董応挙　8, 9, 124, 133-136, 144, 145, 147, 150-154, 156-164, 167-172, 174-178, 181, 437
董槐　104, 108
陶侃　205, 213
湯漢　108
董其昌　2, 395, 398
湯勤福　193, 194, 195, 208, 209, 223-225, 227, 232, 236, 255, 294
竇子偁　151, 153
唐順之　377, 381, 382, 398, 399, 547
鄧鐘　136, 143
董真卿　329, 330
陶潜（淵明）　205, 206, 212
董宋臣　108
董卓　242, 243
董鼎　329
董伯起　156, 158-163, 171
湯賓尹　120, 373, 375
陶望齢　398, 399, 401
唐璘　89
徳川秀忠　161, 162
徳富蘇峰　526
杜杲　85
杜範　79, 80, 82, 86, 87, 93, 102
杜甫　27
ド・マイヤ，ジョゼフ・アンヌマリー・ド・モーリアック　420
豊臣秀吉　135, 136, 138, 143, 154
屠隆　398, 399

な　行

内藤湖南　185, 186, 188, 297
中山久四郎　186
南宮靖一　340
南居益　166-173, 415
南軒　415

は　行

梅熙　326
裴行倹　246, 262, 263
柏寿　144
莫沢　57
馬光祖　86, 90
馬端臨　267, 276
バトゥ・モンケ　422
浜田弥兵衛　170
林田芳雄　499
林羅山　189, 495
馬良弼　144
潘栄　336, 371
范応鈴　89, 90
潘凱　104
范金民　142, 147, 148
樊献科　378, 379
盤古　336, 337, 420
范鍾　87, 92, 94
范成大　42, 46
范祖禹　314, 319, 392-395
潘牥　81, 114
万暦帝　138, 140, 146, 147, 149-151, 179, 436
糜弇　110, 111
畢懋良　160
日比野丈夫　439
平田昌司　480, 557
愍帝（晋）　246, 247
ファン・ネック，ヤコブ・コルネリスゾーン　137, 140
ファン・ワールウェイク，ウェイブラント　137
馮琦　122
馮従吾　325
馮智舒　187, 288-292, 431
馮道　213, 214
馮夢禎　398, 399
馮夢龍　375
馮翼翁　255-258, 260
馮魯　258
武宗（元）　427
武宗（明）　305, 306, 379, 380
伏羲　337-339, 414, 415, 420
武帝（晋）　216, 247
傅伯寿　62
傅伯成　42, 58, 59, 62
富弼　387
夫馬進　144, 147, 157, 487
フランクス，クリスティアン　167, 170
ブリュッセイ，レオナルド　165
文敬所　230-232, 293
文天祥　46, 228, 346, 348, 358, 359, 362, 427
文天祐　227, 228, 231, 232, 234, 293
米芾　21, 22
別之傑　210, 211
方回　111, 231, 452
方岳　90
方景楫　76
茅元儀　177, 178
方彦寿　10, 526
方孝孺　192, 216, 398, 399
茅坤　398, 399
方采　54
鮑澵　267
方従哲　117
方信孺　42
龐新平　154
方大琮　54, 75, 81, 89, 90, 103, 114, 476
方大東　76
方瀍　54, 451
方符　54
北郷公（漢）　243
濮斗南　86
輔広　13, 16, 33
蒲寿庚　47
蒲寿宬　47, 453

ま　行

麻韋郎　→ファン・ワールウェイク
マルティニ，マルティノ　3, 7, 8, 124
丸山真男　210, 296
三木聰　141
宮崎市定　110, 438, 540
宮紀子　10, 272, 311, 313, 522, 541
村上哲見　28
村山秋安　154
村山等安　154, 161, 162
孟珙　64, 65, 67, 85, 98
孟子　205, 206, 302
毛晋（汲古閣）　12, 315
毛澄　340
毛鳳儀　144
森賀一恵　523

や　行

山崎闇斎　296

山崎岳　440, 486
耶律楚材　46, 67
熊禾　416
游似　92
熊成冶　374, 376, 377, 545
熊体忠　376, 377, 402
熊文燦　175-178
尤袤　17, 19, 46, 194, 206, 209
兪咨皐　173, 175
兪松　18
兪大猷　136, 158, 160, 173
葉維栄　398, 400
楊員寿　381
楊栄（文敏）　118, 119, 131, 132, 436
楊簡　58
葉顒　52, 53
葉向高　8, 9, 117-119, 121-123, 127, 132-138, 140-152, 158, 160, 171-173, 175, 181, 375-377, 380, 398, 399, 401, 417, 437
葉景達　328
葉建華　193-195, 208, 209, 255, 501
楊光訓　415
葉采　389
楊時　205, 231
姚之駰　376
楊士奇　118, 125, 280, 281, 295
姚舜牧　368
楊慎　398, 399
姚燧　232-236, 248, 259, 260, 294, 295
楊崇業　149
葉大有　100
楊琢　230
葉適　29, 42, 51
楊道寅　119
楊道賓　119
葉徳輝　10, 26, 311
楊万里　24, 46, 105
楊溥　118
葉武子　90
葉蕡　25
揚雄　45, 185, 194, 204-206, 209, 212
姚璠　90
余嶸　41
余秀峰　375
余象斗　12, 371, 374-378, 381, 401, 403, 416
余彰徳　377, 378, 545
余進　322, 333
余大雅　195, 198, 199
余鑄　73
余天錫　57
余有丁　128

ら・わ行

ライエルセン，コルネリス　165, 166
羅允登　267
羅玘　424
羅大経　231, 384, 418
李偉国　208, 505
李錦　137
陸完学　171
陸九淵　46
陸唐老　315
陸夢祖　145, 147
陸游　18, 45, 46, 105
李京　401, 402, 430, 435
李光地　435
李贄（卓吾）　179-181, 367, 368, 430
李芝（魁）奇　176
李思誠　150
李純卿　378
李俊甫　48, 75
李進　156, 162, 492
李心伝　510
李清馥　435
李全　58, 61, 63, 70
理宗（宋）　58-60, 63, 65, 67-74, 76, 77, 82, 96, 97, 99, 101, 104, 112, 206
李曾伯　110
李宗勉　84, 85
李旦　164, 167
李知孝　57, 75
李丑父　76
李長者　49
李廷機　117-119, 122, 127, 130-132, 373, 374, 376, 382, 398, 399, 416, 543
李燾　352, 356, 357, 387, 529
李道伝　13, 14
李東陽　398, 399
李槃　370, 377, 378, 382, 545
李昇　215, 217
李鳳　139, 140
李昴英　89, 90, 98-100, 111
李方子　195, 200, 202, 222, 224, 235, 389
李夢陽　385, 391
李鳴復　82, 86
劉隠　318

劉炎　283, 284, 286, 288, 290, 292-296, 305-307, 313-315, 317, 321, 322, 327, 328, 330, 332, 333, 335-347, 350, 351, 358, 361-365, 398, 413, 422, 431, 432, 435
劉寛（裕）　281-283, 287
劉漢弼　93
劉祁　384
劉起晦　48, 51
劉希仁　51, 84, 90
劉起世　51
柳義孫　286
劉吉　533
劉珙　359, 360, 362
劉錦文　229-231, 282, 283, 294, 330, 526
劉榘（矩）　255, 257-259
劉玄（更始帝，淮陽王）　261, 266, 341, 342
劉元起　25
劉香　177
劉頎　359, 361
劉韐　359, 361, 362
劉翺　526
劉弘毅（洪，慎独斎，木石山人，中和処士，京兆不才子）　290, 292, 293, 296, 307, 344-349, 351, 384, 398, 410, 414, 416, 417, 424, 425, 431, 505, 533, 539, 547, 552
劉克荘（後村）　5, 6, 9, 18-21, 26, 27, 39-48, 50-67, 69, 70, 75-115, 127, 433, 505, 508
劉克遜　102, 103
劉朔　48, 50, 51
劉子羽　361
劉子翬　362
劉時挙　352, 356
劉修業　367
劉夙　48, 50, 51, 53
劉恕　187, 327, 336, 337, 415, 416
劉子翼　359, 361, 362
劉辰翁　29
劉深源　352, 356
龍仁夫　258
留正　52
劉清之　208
龍大淵　53
劉朝箴　402, 545
劉定之　387
劉伯正　106
劉弥邵　54
劉弥正　41, 48, 51, 454
隆武帝　178, 179
劉文寿　328, 337, 346, 361
劉裕　205, 241, 242, 249
劉友益　187, 250, 253-258, 260, 280, 291, 296, 424, 425, 510
梁寅（孟敬）　332, 333, 346, 349, 350
梁克家　52
梁成大　57, 62
梁方仲　126
呂恵卿　61, 62, 437
呂后（漢高后）　198, 199, 201, 212, 216, 249, 261, 266, 387
呂坤　191
呂純如　150, 151
呂祖謙（東莱）　23-25, 28, 30-33, 77, 185, 193, 194, 202, 208, 209, 231, 269, 306, 312, 315, 391, 551
呂中　208, 352, 357, 387
呂不韋　339
呂本中　357
李劉　24
林偉盛　165-167
林懐貴　155
林学蒙　221
林希逸　18, 39, 75, 103, 215, 276
林奇石　398, 400
林堯兪　133
林駉　203, 204
林光朝　51-53, 55, 56
林材　143, 150, 151
林賜　195, 197
林時　53
林士章　130, 145
林瑑　48
林道乾　136, 179, 180, 181
林道楠　120
林彬之　76
林傅　54
林鳳　136
林欲厦　121
林欲楫　119
黎靖徳　15
黎貞　337
冷東　479
郎瑛　299-301
渡辺美季　144
和田正広　140, 152

作品名索引

＊本文を中心として，注からも適宜採っている。

あ　行

安晩堂集　105
異国日記　164, 495
伊川易伝　33, 267, 276
伊洛淵源録　31, 33
雲麓漫鈔　260
永楽大典　189, 277, 295
易経火伝新講　402
易伝会通　329
燕史　135
弇州山人四部稿　399
宛陵群英集　231
王状元集百家注分類東坡先生詩　27, 522

か　行

晦庵集　442, 443, 448, 449, 506
海棠譜　14, 35
会要詳節　312
楽毅論　18, 19, 22, 33
鶴山先生大全集　441, 442, 463, 506
郭襄靖公遺集　479
閣帖弁記　19, 20
鶴林玉露　384, 418, 457
画史　22
括地志　269, 270
管窺外編　261–264
環谷集　513, 515
観史治忽幾微　336, 337
漢書　198, 199, 205, 301, 302, 320
漢書評林　392
翰墨全書　270
款倭詳文　161, 163
紀効新書　142, 143
貴耳集　456, 462
癸辛雑識　98, 214–217, 315, 462, 465, 472
帰潜志　384
棄草文集　496
客座贅語　118
玉海　26, 27
蘧編　476, 477
近古堂書目　305
金史　352, 354, 384
近思録　32
近思録集解　389
金罍子　401, 403
臞軒集　458, 460, 463
郡斎読書志　305, 312
郡斎読書附志　200, 201, 239
群書会元截江網　34
群書備数　539
経世紀年　199, 215
元一統志　272
建炎以来繫年要録　47
厳海禁疏　144, 145, 158, 159, 486
元史　125, 325, 349, 350, 362, 363, 384, 423
元史節要　325, 333, 346, 349, 350, 362, 363, 426, 428, 429
元史続編　344, 346, 350, 351, 422, 539
元儒考略　325
憲章録　384
元史略　332, 333, 346, 350, 363, 429
献徵録　131, 132
元典章　312
元文類　513
元明事類鈔　376
皇王大紀　338, 379, 416
光海君日記　149
綱鑑　11, 12, 254, 304, 336, 343, 345, 353, 357, 365, 367–432, 535, 538, 539
　綱鑑易知録　369
　綱鑑統一　374, 375
　合鋟綱鑑通紀今古録註断論策題旨大全　404
　新刊古本大字合併綱鑑大成　381, 382
　新刊補遺標題論策綱鑑全備精要　375
　新刻九我李太史編纂古本歴史大方綱鑑　12, 289, 373–376, 382–395, 397–404, 408–418, 421, 425–430, 540
　新刻紫渓蘇先生刪補綱鑑論策題旨紀要　375
　新刻世史類編　378, 382, 384, 429, 546–548,

553, 554
新鍥太倉王衡増修名賢定論綱鑑実録　375, 403
新鐫献藎喬先生綱鑑彙編　374, 375, 553
鐫紫渓蘇先生会纂歴朝紀要旨南綱鑑　374, 375
鼎鍥纂補標題論表策綱鑑正要精抄　374, 375
鼎鍥趙田了凡袁先生編纂古本歴史綱鑑補　369, 371, 373-377, 381, 383, 399-401, 403, 404, 408, 409, 411, 413, 416, 418-420, 429, 430, 540, 543, 546, 548, 554, 555
鼎鍥葉太史彙纂玉堂鑑綱　376-378, 383, 384, 393-395, 398-404, 408-418, 426, 427, 429, 430, 548, 550
湯睡庵先生歴朝綱鑑全史　373, 375, 553
鳳洲綱鑑　377, 399
歴朝紀政綱目　429, 434, 551, 553
歴朝綱鑑輯要　374, 375
康熙望江県志　268
皇極経世書　337, 416
黄氏日抄　302
江西詩徴　228
後村詩話　45, 46
後村先生大全集　6, 47, 453
弘治八閩通志　307-309, 453, 504
皇朝仕学規範　29
皇朝名臣言行事対　29
皇朝名臣言行類編挙要　29
皇明馭倭録　379
皇明通紀　404
綱目折衷　424
綱目続麟　187, 190-192, 216, 253
綱目分註拾遺　187, 190-192, 221
広輿記　3
後漢書（范曄）　25, 233, 237, 242
後漢書（蕭常）　215
古今一覧　337
古今韻会挙要　272-274
古今合璧事類備要　269
古今紀要　541
古今名賢歌詩押韻　29
国権　145, 486, 535
国史唯疑　478, 481
国統離合表序　232-238, 246, 248, 250
梧渓集　321, 323
古文関鍵　23, 24, 445
語孟集注　16, 31
語孟精義　31, 33
語孟要義　32
後綸扉尺牘　495, 497

さ　行

冊府元亀　27
三国志　198, 233, 237
三国志演義　299
三国志伝　377
三体詩　28
山堂先生群書考索　26, 27, 203, 204, 207-209, 290, 292, 357, 417
史鉞　361
詩苑叢珠　311
史学佔畢　551
史記　202, 338
史記評林　392
詩（経集）伝疏義　324, 327, 328, 330, 333
史綱評要　367-369, 392, 403
史綱要領　368, 369, 403
四庫簡明目録標注　305
四庫全書総目　186-188, 192, 195, 207, 291, 414, 415, 452, 467, 505, 512, 551
資治通鑑　9, 12, 34, 187, 193, 194, 198, 201-209, 211, 216-221, 233, 237, 246, 259, 263, 266-268, 271, 272, 275, 278, 300-303, 308, 310, 312-320, 336, 339-342, 364, 365, 369-374, 386, 392, 404-406, 414, 418, 431, 436, 528
音注（胡三省）　269-271, 273-278, 431, 523
挙要暦　193, 233, 255, 532
挙要暦補遺　193, 255
考異　302
釈文（史炤）　267, 271-277, 318, 321, 327
釈文（司馬康）　267
釈例（司馬伋）　336, 388
資治通鑑綱目　4, 9-11, 34, 185-297, 300, 301, 303, 304, 310, 312-317, 319, 320, 327, 330, 331, 334, 335, 339-343, 345, 352, 353, 356, 358, 364, 365, 369-372, 374, 379, 383, 385, 387-395, 397, 406-411, 413, 414, 418, 420, 421, 426, 429-431, 435, 543
合注後序（黄仲昭）　291, 292, 527
合注序（余以能）　292, 527
吉州本　201, 234
徽本　233, 235
御批通鑑綱目　187-189, 371, 414, 415
月崖書堂本　234, 235

元刻本　223, 234, 235, 239, 502, 504, 505
建本（閩本）　233, 235, 237
考異序（汪克寛）　230–232, 238, 240, 244, 247, 286, 293, 294, 512
考異凡例（汪克寛）　240–246, 248, 262, 264, 265, 286, 293, 509, 515
考証序（徐昭文）　235, 236, 250, 263, 282, 285–287, 293–295, 513, 526
七家注
　考異　187–191, 218, 230, 235–250, 256, 260, 262–265, 268, 280–283, 286–288, 291, 293, 296, 297, 343, 388, 389, 422, 509, 514, 524
　考証　187–191, 218, 236–238, 240–243, 246–250, 256, 260, 262–265, 281, 283, 285–288, 291, 293, 295–297, 388, 389, 422, 508, 509, 514, 516, 524
　質実　187, 265, 272, 288–292, 296, 348, 388, 410, 430, 431, 539
　集覧　187, 265–283, 285–289, 291, 294, 295, 327, 334, 335, 388, 408, 410, 430, 431, 504, 510, 524, 543
　集覧正誤　187, 265, 270, 271, 274–283, 285–288, 291, 295
　書法　187, 190, 191, 207, 212, 250–260, 265, 280, 291, 296, 297, 383, 388, 393, 413, 509
　発明　187–191, 206, 207, 210–214, 217–222, 229, 230, 232, 237, 240, 250, 253, 256, 259, 261, 264, 265, 267, 281–283, 285–288, 291, 294, 296, 297, 383, 388, 393, 413, 423, 504, 524, 543
七家注本（通行本）　10, 11, 189, 190, 203, 210–212, 223, 230, 237, 240, 242, 243, 248, 252, 254, 256–258, 264, 265, 269, 277, 280, 282, 283, 290–292, 294–297, 349, 372, 389, 504, 506, 515
質実序　527
集覧叙例　265, 269, 282, 285–287, 295, 520
集覧正誤序（陳済）　278, 279, 295, 524, 527
集覧正誤序（楊士奇）　280–285, 292, 295, 525, 526
朱燮元本　415, 512
紫陽書院本　235, 237
書法後跋（劉渠）　257–259, 518
書法序（賀善）　250, 254–259, 517
書法序（掲傒斯）　254, 517
書法凡例　252, 253, 257, 258
　慎独斎本　283, 284, 292, 511, 526, 527
　成化経廠本　277, 348, 380, 422, 543
　宋刻本　200, 201, 203, 223, 224, 239, 502–505, 514
　趙師淵宛書簡（八書）　190, 195, 223–226, 232, 236, 264, 286, 287, 294
　陳仁錫本　12, 187–189, 282–284, 292, 414, 415, 510, 512
　提要（単行本）　237, 239, 265
　発明序（尹起莘）　212–214, 282, 286, 287, 507, 527
　凡例　185, 187, 189–195, 203, 207, 218, 222–253, 255, 257–265, 280, 286–288, 293–297, 388, 389, 514
　凡例後語（王柏）　223–228, 231, 232, 236, 286, 287, 293, 511
　凡例識語（文天祐）　228, 229, 286, 287, 293, 294, 512
　凡例序（倪士毅）　229–232, 240, 286, 293, 294, 512
　仏語訳　420
　方氏綱目論　229, 230
　李方子後序　200–203, 207, 223, 224, 235, 286, 504
　劉寛識語　282–284, 286, 287, 292, 526
　六家注本（黄仲昭本）　292, 434
資治通鑑綱目訓義（朝鮮本）　286
資治通鑑綱目考異（汪克寛）　244, 245, 250, 293
資治通鑑綱目考異（趙希弁）　207, 221, 222
資治通鑑綱目集説　543
資治通鑑綱目集覧（洪武本）　267, 268, 521
資治通鑑綱目集覧（景泰本）　269, 279, 287, 521, 552
資治通鑑綱目集覧鐫誤　278–280
資治通鑑綱目発明（洪武本）　210–212, 521
資治通鑑綱目凡例考異　265
資治通鑑綱目附釈　277, 510
詩集伝　255, 303, 324
至順鎮江志　268, 312
四書火伝　402
四書管窺　261
四書集注　204, 311
四書集註章図纂釈　362
四書輯釈　229, 231, 294, 322, 324
四書大全　229
四書通　229
四書通義　324, 335, 363, 541

四書輯釈章図通義大成　334, 534
重訂四書輯釈通義大成　534
四書通旨　328
四書発明　229
四書蒙引　302
至正金陵新志　506
至正集　230
至正直記　311, 312
七修類稿　299-301
詩伝纂集大成　331
シナ新地図帳　3, 124
事文類聚　26, 27
周易本義　31, 303
十九史略　330-333
十九史略大全　330-333, 390, 391
十九史略通攷　333
標題詳註十九史略音義明解　332
集古録　17, 35
十三経注疏　12
十七史纂古今通要　338, 340, 352
十七史商榷　309
十七史詳節　290, 292, 312, 384, 543
十八史略　322, 330-333, 343, 350, 358, 364, 384
史略標題　322, 324, 333
朱子語類　14, 15, 195-199, 202, 204, 206, 209, 215, 216, 240, 390
朱子大全　434
朱子読書法　34
淳化閣帖　19-22, 33, 35
春秋　187, 194, 197, 201, 202, 213-215, 218, 219, 225, 227, 228, 240, 245-247, 253, 267, 374, 418, 431
公羊伝　218, 219, 507
胡氏伝　214, 219, 248, 303, 507
胡伝纂疏　244-247
四伝　379
小学史断　340
上蔡語録　30, 31
小字録　14
松窓夢語　127
鐘鼎款識　17
少微通鑑　9, 11, 272, 283, 286, 289, 290, 292, 300-323, 327, 328, 330, 333-343, 364, 365, 367, 370-373, 376, 379, 380, 381, 383, 385, 386, 388, 389, 393, 421, 429-431, 435, 436, 523
翰林（攷正）本（唐順之）　381, 393-395, 408, 410, 416, 534, 546, 547
釈義（王逢）　322, 324, 327, 334, 335, 349, 380, 381, 388, 389, 404, 406, 408-410, 431
少微家塾点校附音通鑑節要
宣徳本（劉剡本）　300, 310, 313-319, 321, 323, 336-342, 351-353, 371, 380, 383, 404-406, 408, 409
外紀増義　327, 328, 336-339, 353, 363, 413-416
識語（劉剡）　327, 328, 335-338, 537
通鑑総要通論　336, 371, 530
趙氏家塾本（元刊本）　313, 314, 317, 319, 320, 336, 337, 341, 342, 537
司礼監本　305, 347, 378-380
少微通鑑詳節横馳　311, 312
新刊憲台攷正少微通鑑（吉澄本）　374, 378, 379, 381, 533, 547
新刊高明大字少微通鑑節要　535
新刊古本少微先生資治通鑑節要　308
新刻九我李太史校正古本歴史大方通鑑　373, 374, 379, 381
新編通鑑節要　396, 397
補注（劉弘毅）　381, 410, 547
史要編　345
書苑菁華　14, 15
蜀漢書　215
書史　22
書集伝　255, 276, 303, 326, 329
書小史　14
書林清話　10, 26, 311, 442, 521, 535
四六標準　24
新安文献志　244, 515
心遠楼有稿　229
新刊国朝二百家名賢文粋　29
鍼灸資生経　328
晋書　300
新箋決科古今源流至論　26, 27, 203-210
新唐書　205, 219
神皇正統記　185
真文忠公文集　456-461
新編古賦題　331
新編四六宝苑妙語　26
新編通用啓箚截江網　25, 26
水心文集　454
崇相集　8, 482
数馬集　477-479
靖海紀略　176, 498, 499
精騎　23

靖献遺言　358
誠斎先生四六発遺膏馥　24
西山先生読書記　60
世史正綱　212, 349, 391, 397, 398, 426, 540
精選古今名賢佳話詩林広記　28, 359
成宗実録　267
聖宋名賢五百家播芳大全文粋　25
聖宋名賢四六叢珠　25
聖朝混一方輿勝覧　270
斉東野語　61, 75, 214, 217–221, 456, 457, 462, 474, 475, 508
清白堂稿　479, 495
西銘説　31, 32
清容居士集　511
性理大全　303, 416, 430
雪航膚見　399
説郛　222
洗冤集録　90
千頃堂書目　324, 335, 424, 425
戦国策校注　260
潛守治獄好生方　89
全芳備祖　26
宣和画譜　22
宣和書譜　22
蔵園群書経眼録　445, 446, 523
蒼霞草　483
蒼霞続草　478, 479, 482–489, 494
蒼霞余草　486, 495, 497
宋季三朝政要　206, 356
宋元学案　323, 324, 326, 435, 511, 518
宋元史臆見　399
宋元資治通鑑（王宗沐）　325, 387
宋元資治通鑑（薛応旂）　325, 387
宋元史詳節　548
宋史　45, 81, 98, 111, 318, 352, 354, 358, 360, 361, 384, 452, 464
宋詩紀事　228
宋史紀事本末　396
宋史新編　387
宋史全文続資治通鑑　357, 360, 361, 387, 529
宋史闡幽　387
宋史筆断　346, 387
蔵書　367
増節入註附音司馬温公資治通鑑　306, 312
増入諸儒議論杜氏通典詳節　312, 448
増入名儒講義皇宋中興両朝聖政　448
宋文鑑　25, 290
宋名臣言行録　29, 30, 361
滄浪詩話　46
宋論　387
続閣帖　19
続後漢書　215
続資治通鑑（宋鑑）　356, 358, 529
続資治通鑑綱目（綱目続編）　187, 192, 344, 345, 353, 357, 362, 380, 387, 391, 396–399, 414, 421–428
　広義　187, 192, 387, 423–425, 428
　発明　187, 192, 387, 424, 425, 428, 552, 556
続資治通鑑長編　47, 356, 358, 387, 529
続宋中興編年資治通鑑　356, 357, 361
続宋編年資治通鑑　356, 357
続文献通考（王圻）　325
楚辞集註　273
孫仲益内簡尺牘　24

た　行

対越集　89
大学衍義　69, 72, 76, 83
大学衍義補　398
太学新編黼黻文章百段錦　28
大事記　185, 186, 202, 224, 225, 312, 431
大事記講義　352, 357, 358, 387
大明一統志　288–290, 293, 304, 306–308, 346, 348, 410
籌海重編　136, 142, 143
籌海図編　136
中興大事記　357
中国善本書提要　304–306, 308, 321–323, 345–347, 367, 373, 374, 378, 379, 521, 524, 530, 536, 538, 542
中丞黄公倭功始末　156, 162, 490–494
中庸集解　32
中庸章句　31
籌倭管見　157, 493
直斎書録解題　55, 200
通鑑外紀　187, 327, 336, 337, 374, 380, 418, 529
通鑑外紀論断　424, 425
通鑑紀事本末　24, 34, 208, 310
通鑑綱目前編　187, 415, 416, 418
通鑑集要　378
通鑑詳節　312
通鑑節要　312
通鑑節要（司馬光）　532
通鑑節要続編　283, 321, 325, 326, 330, 333, 335, 343–363, 370, 387, 391, 392, 396, 398,

413, 414, 416, 421-423, 426-429, 529, 537
資治通鑑節要続編（司礼監本）　345-348, 379
四明先生高明大字続資治通鑑節要　349, 539, 541, 544, 549
釈義（劉弘毅）　344, 346, 347, 349, 389, 533, 547
増修附註資治通鑑節要続編（景泰本）　345-348, 351, 361, 538, 539
増修附註資治通鑑節要続編（宣徳八刊本）　347, 348, 351, 539
増修附註資治通鑑節要続編（朝鮮本）　345, 346, 348, 351
増修附註資治通鑑節要続編大全（弘治本）　345-347
通鑑前編　187, 188, 336-338, 363, 374, 414-416, 418, 431, 432, 529
外紀　187, 188, 414, 425
挙要　187, 188, 338, 414
通鑑続編　338, 344-346, 351-361, 396, 414, 418, 421-423, 431, 529
通鑑地理通釈　270
通鑑答問　398
通鑑筆記　424
定宇集　513, 536
程氏家塾読書分年日程　259
鉄庵集　454, 464
鉄琴銅剣楼蔵書目録　324, 447, 502, 520, 521
天一閣書目　305, 332
伝是楼宋元版書目　305
天禄琳琅書目　287, 311, 521, 526
唐鑑　60, 392
東西洋考　137, 141, 161, 484
唐察院判案　89
同治楽平県志　322-324
洞天清禄集　22, 23, 443, 445
東番記　135, 138
東方見聞録　3
東湧偵倭実語　156, 158, 491, 492
東莱集　445, 446, 448, 449
東莱先生分門詩律武庫　23, 27
東莱博議　269
東里続集　281, 282, 295, 525
読史管見　233, 392
慎独斎本　395, 425, 556

な　行

南嶽稿　42, 43, 451
南史　384
二刻英雄譜　404
二程（程氏）遺書　30, 390

は　行

万姓統譜　304-308
万暦会典　126
万暦野獲編　119, 127
百川学海　35
評史心見　399
閩書　177, 487, 488
閩中理学淵源考　435
福海事　174
復斎先生龍図閣陳公文集　455, 459
復斎碑録　17
撫浙疏草　142
文苑英華　25, 27
文溪集　467, 471
文献通考　29, 290
文公先生資治通鑑綱目　237, 268, 282-288, 291, 292, 294, 295
劉寛裕本　279, 282, 287
文章軌範　28, 358
文場資用分門近思録　34
分門纂類唐歌詩　28
分門纂類唐宋時賢千家詩選　27
分門集注杜工部詩　273, 523
平津館鑑蔵記　321, 347
平心録　89
勉斎集　236, 468
宝刻叢編　14, 15, 17, 19, 35
方帥山判　89
方輿勝覧　26, 270-273
牧庵集　514
北史　217, 218, 384
補注杜詩　273, 523
補定安公紀　260
莆陽比事　48-53, 62
本朝分省人物考　130, 132, 477

ま　行

未軒文集　291
明三元考　129
明実録　142, 146, 323, 424
明状元図考　129
盟鴎堂集　490, 492
名賢氏族言行類稿　29
名公書判清明集　29, 88-91, 111

名臣事纂　29
名臣碑伝琬琰集　29
門類増広十註杜工部詩　27
門類杜工部詩　27

や・ら行

湧幢小品　395
輿地要覧　271, 272
礼記集説　276, 303
蘭亭序　17, 18, 22, 33, 35
蘭亭続考　18
蘭亭博議　18
陸状元資治通鑑詳節　24, 306, 311, 315–320, 334, 336, 364
　汲古閣本（陸状元増節音註精議資治通鑑）315, 319
　元代増修本　312, 316, 319, 531, 533
李朝実録　307
両漢筆記　505
両山墨談　301, 302
遼史　352, 354, 384
呂氏家塾増注三蘇文選　24
呂氏家塾通鑑節要　312, 314
呂大著点校標抹増節備注資治通鑑　312
林公省元集註資治通鑑詳節　312
綸扉奏草　477, 479, 486, 487, 489
礼部韻略　311
歴代通鑑纂要　379, 380, 413, 432, 543
歴代名賢列女氏姓譜　304
歴朝捷録　399
歴年図　319
老荘列三子口義　276
魯斎集　226
論学縄尺　28
論語孟子集註考証　363

図版一覧

第一章
地図 1 - 1　南宋時代の福建 …… 49
第二章
地図 2 - 1　明代の福建 …… 139
図 2 - 1　景泰二年の状元柯潜（『明状元図考』国立公文書館所蔵） …… 129
図 2 - 2　武蔵と薩摩（『崇相集』国立公文書館所蔵） …… 163
図 2 - 3　1621 年オランダ人作成地図（ベルリン国家図書館所蔵，『十七世紀荷蘭人絵製的台湾老地図』漢声雑誌社より） …… 167
第三章
図 3 - 1　「七家注」の面々（『資治通鑑綱目』国立公文書館所蔵） …… 189
図 3 - 2　丘濬の竄入（嘉靖刊『資治通鑑綱目』国立公文書館所蔵） …… 213
図 3 - 3　『文公先生資治通鑑綱目』の劉寛識語と巻頭題名（お茶の水図書館成簣堂文庫所蔵） …… 284
図 3 - 4　『文公先生資治通鑑綱目』の「考証」と「集覧正誤」（東京都立中央図書館所蔵『資治通鑑綱目』巻四一に補配されたもの） …… 285
図 3 - 5　劉弘毅↔馮智舒（嘉靖刊『資治通鑑綱目』国立公文書館所蔵） …… 290
第四章
図 4 - 1　『節要続篇』の朱公遷の記事（架蔵本） …… 326
図 4 - 2　『四書通義』の主役劉剡（国立公文書館所蔵） …… 334
図 4 - 3　「釈義」の消し忘れ（司礼監刊『少微通鑑』国立公文書館所蔵） …… 347
図 4 - 4　丘濬の竄入（『新刊四明先生高明大字続資治通鑑節要』国立国会図書館所蔵） 349
図 4 - 5　くわしすぎる紹介（『増修附註資治通鑑節要続編』蓬左文庫所蔵） …… 361
第五章
図 5 - 1　種徳堂刊『玉堂鑑綱』（蓬左文庫所蔵） …… 376
図 5 - 2　序文の剜改（『玉堂鑑綱』蓬左文庫所蔵。熊体忠本の「壬寅」を「新歳」に改める） …… 377
図 5 - 3　『少微』翰林本（蓬左文庫所蔵） …… 382
図 5 - 4　評者の入れかえ（『玉堂鑑綱』蓬左文庫所蔵） …… 400
図 5 - 5　「閩の鉅儒」李京（『四書火伝』徐熥序，蓬左文庫所蔵） …… 402
図 5 - 6　玄武門の変（上『大方綱鑑』東京大学東洋文化研究所所蔵，下『玉堂鑑綱』蓬左文庫所蔵） …… 407
図 5 - 7　記事の配置の違い（上『大方綱鑑』東京大学東洋文化研究所所蔵，下『玉堂鑑綱』蓬左文庫所蔵） …… 412
図 5 - 8　子王子が葉向高に化ける（左『玉堂鑑綱』蓬左文庫所蔵，右『大方綱鑑』東京大学東洋文化研究所所蔵） …… 417
図 5 - 9　『玉堂』の影響（上『玉堂鑑綱』蓬左文庫所蔵，下『歴史綱鑑補』国立公文書館所蔵） …… 419